현대교육평가 5판

MODERN EDUCATIONAL EVALUATION

| **성태제** 저 |

학지사

5판 머리말

세상은 변한다. 변하는 세상 따라 교육도 변화되고 또 세상의 변화를 유도한다. 교육의 변화는 학생들의 미래를 준비하는 방향으로 발전되어야 한다. 이를 위하여 교육 그리고 교육평가와 관련된 이론들도 발전하거나 재조명되고 출현한다. 이를 담기 위하여 『현대교육평가』 책도 2002년에 출간한 후 현재까지 이르러 개정 4판이 출간되었다. 2014년에 개정된 4판은 미국에서 형성평가가 재조명되어 학교 현장에 널리 사용되었기에 형성평가를 새로운 장으로 추가하였으며, 국가에서 추진하였던 컴퓨터화 검사로서 NEAT를 소개하였다. 2019년까지 교육평가에 있어 새로운 이론의 출현이나 큰 변화는 없었으나 사소한 부분에 많은 변화가 있었다. 차별기능문항 추출방법이라든가 준거설정방법 분야에 발전이 있었고, SAT의 변화 그리고 우리나라 교육정책에 소소한 변화들이 많이 나타났다.

이러한 변화들을 수용하기 위하여 개정 5판을 출간하게 되었다. 우리나라 입시제도와 대학수학능력시험, SAT, 국제수준에서 실시되고 있는 PISA나 TIMSS, 그리고 미국의 입학전형제도 등을 수정하고 보완하였다.

개정 4판까지 이 책을 높이 평가하여 교재로 채택하거나 참고문헌으로 사용하여 주신 교수님이나 강사님과 독자 분께 특히 감사드린다. 그런 애정이 없었다면 이 책을 개정할 필요가 없었을 것임을 말씀드리며, 책을 개정함에 있어 꼼꼼히 의견을 주고 수정하여 준 대학원 박사 과정생 이보람, 안선영, 곽예린에게 감사한다. 제가 쓴 책들이 많은 독자분께 사랑을 받을 수 있도록 정성을 기울여 주신 학지사 김진환 사장님과 최임배 부사장님 그리고 이 책의 역사와 같이 하시면서 편집이하 모든 부분을 지속적으로 도맡아 주신 김순호 편집이사님께 감사드린다.

2019년 1월 2일

성 태 제

4판 머리말

정범모 교수님이 쓰신 『내일의 한국인』에서는 인격과 국격, 국혼을 특별히 강조하셨다. 격이 높은 국민이 있을 때 국격은 높아진다. 인격을 높이기 위해서는 그래도 기본적인 지적 능력을 갖추어야 할 것이다. 그런 의미에서 세계의 여러 나라가 학력을 높이기 위해 노력을 다하고 있다. 미국의 부시 전 대통령은 일찍이 '기초미달 제로 정책(No Child Left Behind Act: NCLB)'을 실시하여 학생들의 능력을 향상시키기 위해 노력하였고, 오바마 대통령도 '차세대 교육평가 정책 2.0(Assessment 2.0 for Next Generation)'을 발표하여 교육의 질을 향상시키기 위한 노력을 기울이고 있다. 우리나라에서도 학생들의 능력을 향상시키기 위해 노력하고 있다.

이러한 국제적 추세에 비추어 교육평가가 강조되고 있으며, 우리나라에서도 창조경제를 위하여 교육평가의 패러다임이 변화되어야 한다는 주장이 대두되고 있다. 맞춤평가에 대한 지향, 준거참조평가는 물론 성장참조평가와 수행평가 실시의 필요성, 컴퓨터를 이용한 평가 등이 강조되고 있다. 이처럼 교육평가의 변화를 강조하는 것은 평가의 목적이나 방법에 따라 교육내용과 교수방법이 달라지기 때문이다.

이 책을 2002년 2월에 출간한 이래 2005년에는 2판을 그리고 2010년에는 3판을 개정하여 출간하였다. 이 기간 동안 이 책에 대한 많은 분의 사랑을 받음을 확인할 수 있었다. 이제는 4판을 출간하려 한다. 지난 3년간 한국교육과정평가원의 원장직을 수행하면서 교육평가에 대한 세계적 흐름을 목도하였고, 우리나라의 교육을 발전시키기 위한 교육평가와 관련된 사업을 수행하였으며 바람직한 교육평가의 방향에 대한 고민을 많이 하였다. 이번 판에는 이러한 경험과 고민이 녹아 있다.

교육의 진행과정에서 시행되는 진단, 형성, 총합평가 중에 최근에는 형성평가의 중요성이 강조되어 이에 대한 단행본까지 출판되었다. 특히 미국에서는 수업과정에서 학생들의 표정, 시선, 목소리까지도 분석하고, 이로부터 도출된 피드백을 바탕으로 교수법을 수정하여 학습 효과를 극대화하고 있다. 이러한 경향을 반영하여 형성평가를 독립적인 주제로 다루는 제5장을 추가하였다. 형성평가에 대해서는 McMillan이 저술한 Classroom Assessment의 5장을 우리나라 학교 현실에 맞게 의역하고 재구성하였다. 그리고 3판까지는 '학교평가와 수업평가'에 대한 장이 있었으나 이번 판에서는 삭제하였다. 또한 컴퓨터화 검사의 발전에 따라 최근 외국에서 실시하고 있는 컴퓨터화 검사와 한국교육과정평가원에서 개발한 NEAT를 소개하였다. 새로운 평가정책과 국제학업성취도 평가 등에 대한 설명을 추가하였고, 정권이 바뀔 때마다 변화되어 온 대학수학능력시험에 대한 내용을 추가하였으며, 교육평가의 과제와 전망 등의 내용을 수정하였다.

교육평가는 교육과정과 교수–학습 내용까지 구속하는 막강한 영향력을 갖고 있다. 그렇기 때문에 평가의 내용, 방법, 절차는 매우 중요하다. 새로운 정부가 들어설 때마다 교육을 변화시키기 위하여 새로운 평가 방법을 동원하는 경우가 있는데, 이를 측정선행교수(Measurement Driven Instruction)라 한다. 이런 방법은 실행이 가능하기는 하지만 고비용에 저효율일 뿐만 아니라 학교 현장에 많은 어려움을 불러일으킨다. 시행과 착오는 고스란히 학생과 학부모 그리고 선생님들의 몫이 되기 때문에 바람직하지 않다. 합의에 의하여 교육과정이 구성되고 교육내용이 결정되면 그에 따라 교수 · 학습이 이루어진 후에 평가를 실시하는 것이 교육의 흐름이다. 이것은 매우 기본적이고 중요한 원칙이어서 개정판을 출간하며 다시 한 번 언급한다.

이번 개정 작업에 많은 도움을 준 한국교육과정평가원의 시기자, 서민희 박사와 구슬기 선생 그리고 이화여자대학교 박사 과정 권승아의 수고에 감사한다. 더 좋은 책을 발간하기 위하여 노력하여 주신 학지사 사장님과 임직원께도 감사한다.

2014년 2월
정동 평가원장실에서

1판 머리말

평가라면 귀찮고, 무섭고, 때로는 골치 아프기 때문에 가능하면 피하려 한다. 그렇다면 과연 평가 또는 평가학의 본질이 그러한가 하는 의문이 제기된다. 절대 그렇지 않다. 평가에 대한 이와 같은 인식은 평가란 이름 아래 행하게 되는 평가의 실제가 평가를 받는 기관이나 개인에게 권위적이며, 고압적이고, 불친절한 행위를 하여 왔으며, 평가가 기관이나 개인의 발전에 별로 도움이 되지 못하였기 때문이라는 사실을 부인하지 않을 수 없다.

우리나라에서 실시되었던 수많은 교육평가는 교육을 도와주는 기능보다는 감시 · 감독하고 책임을 묻는 행위로 이어져 왔다. 그렇기 때문에 평가자는 권위적이고 고압적이며 잘된 점을 칭찬하거나 보상하기보다는 잘못된 점을 밝히려 하였다. 그렇기 때문에 평가를 받는 기관이나 개인은 위축되어 수동적이며, 손해가 되겠다고 생각하는 자료는 숨기려 한다. 또한 평가결과는 가능하면 공개하려 하지 않는다. 이러한 우리나라의 평가를 혹자는 형식적인 평가, 표피적인 평가, 행정적인 평가, 때로는 허위평가라 지적하고 있어 안타까운 마음이다.

교육평가에 대한 좋지 않은 인식은 평가의 개념 및 기능에 대한 오해에서 비롯되었다고 본다. 교육평가는 교육과 관련된 모든 현상을 분석하여 교수 · 학습효과를 극대화시키기 위하여 진정으로 도와주는 기능을 하여야 하며, 평가대상이 평가결과를 내면화할 때 교육평가의 기능이 최대한 발휘될 수 있다. 특히 교육기관평가에서 평가의 기능은 더욱 그러하다. 교육과 관련된 모든 사람이 평가에 대한 올바른 이해를 갖도록 하기 위하여 평가전문가에 의하여 평가이론이 적용되고 그에 따라 평가가 실시되며, 타당하고 신뢰로운 평가결과는 평가받는 개인이나 평가기관의 발전을 도모하도록 하여야 한다.

지난 10년간 수업을 통하여 교육평가의 정의, 목적, 기능과 역할, 방법, 평가결과에 대한 해석, 그리고 새로운 이론 등, 특히 교육평가가 미치는 영향과 관련하여 진정한 의미의 평가적 관점을 설명하면서 수집한 자료가 적지 않았다. 1991년 적은 분량의 강의노트가 해를 거듭하면서 보강되어 2001년에 제7판의 두꺼운 강의 교재로 정리되어 많은 분들께 도움이 될 것이라는 자신감이 생겨 책을 출간하게 되었다. 이 책이 교육평가에 대한 전문적 지식을 전달하는 목적 이외에 최소한 교육평가에 대한 기존 인식을 바꾸는 역할을 하기를 기대한다. 교육평가는 교육을 도와주는 순교자와 같은 역할을 하여야 하고 평가가 미치는 영향을 심각하게 고려하여야 한다는 두 가지 인식만을 독자에게 이해시켜도 이 책을 쓴 목적은 이루었다고 할 수 있다. 또한 교육평가가 교육과정과 교육내용, 교수 · 학습방법 등을 변화시킬 수 있는 강력한 힘도 지니고 있음을 밝힌다.

30여 년 전에 교육평가를 접하게 해 주셨던 황정규 교수님, 'I want to be a teacher, not Ph.D. not professor'라는 말씀을 주신 Mike Subkoviak 석사과정 지도교수님, 규칙적인 생활과 은퇴하시기 전까지도 학회지에 논문을 게재하시는 학문적 자세를 보여 주신 Frank Baker 박사과정 지도교수님, 그리고 많은 은사님의 가르침이 없었다면 이 책이 출간되지 못하였을 것이라는 것을 되새기며 이분들께 감사드린다. 적지 않은 기간 동안 저녁시간에 필자가 일을 할 수 있도록 묵시하여 준 가족에게 고맙다는 인사도 곁들인다.

또한 개조식으로 정리한 강의노트를 유학 전에 입력하여 준 Univ. of Wisconsin에서 곧 박사학위를 마칠 이영선 선생, 책을 집필하는 과정에서 교정뿐 아니라 전공 분야와 관련된 내용에 대하여 조언을 해 준 한국교육과정평가원의 김경희 박사와 ACT에 Post Doctor로 가 있는 송미영 박사, 그리고 박사과정에 있는 시기자, 임현정, 황소림, 서민희에게 감사한다. 뿐만 아니라 강의 참고서나 강의 교재로 사용하는 과정에서 오자와 탈자를 바로잡아 주고 잘못된 내용을 지적하여 준 석사과정 학생들과 학부생들에게도 감사의 마음을 전한다.

책을 쓰면서 그리고 쓰고 나서 바라는 소망은 교육평가이론이 우리 교육현장에 제대로 적용되어 우리나라에 살고 있는 모든 사람이 평가로 인하여 시달리지 않고 즐거운 마음으로 평가에 임하게 하고 싶은 마음이다.

2002. 2. 1.

저자 성태제

일러두기

이 책은 교육평가의 기초 이론뿐 아니라 최근에 소개된 이론 그리고 각각의 주제와 관련된 연구 논문까지 소개하여 학부생뿐 아니라 대학원생을 위한 교재로도 사용될 수 있도록 저술하였다. 그러므로 어느 장은 학부생을 위한 학습내용의 수준을 벗어나는 내용이 포함되어 있기도 하나 최대한 쉬운 말로 쓰려고 노력하였다. 이 책은 다음과 같은 특징을 지니고 있다.

첫째, 새로운 이론을 소개하였다.
둘째, 교육평가이론을 교육현장에 적용할 수 있도록 설명하였다.
셋째, 교육평가와 관련된 현안을 다루었다.
넷째, 검사분석 컴퓨터 프로그램을 수록하고 그 사용법을 설명하였다.

새로운 이론으로는 능력참조평가와 성장참조평가, 특수한 형태의 진위형과 선다형 문항, 논술형 문항의 답안을 채점하는 컴퓨터 프로그램, 다분문항반응이론, 특히 1999년 AERA, APA, NCME에서 제안한 새로운 타당도의 개념과 종류 등을 들 수 있다.

교육평가이론을 단순히 소개하고 나열하는 수준이 아니라 교육현장에 교육평가와 관련된 이론을 적용하는 방법, 그리고 현재 적용되고 있는 상황에서의 모순점 등을 지적하였다. 그리고 중등교육기관에 적용하고 있는 준거참조평가인 절대평가, 교육기관평가, 수행평가의 적용 등에 있어서의 문제점을 지적하며 개선방안을 제안하였다. 학교현장에서 실시하고 있는 검사를 위하여 문항제작과 분석 그리고 결과보고, 타당도와 신뢰도 분석, 논술형 검사와 수행평가를 위한 채점자내 · 채점자간신뢰도를 실제로 분석할 수 있도록 쉽게 정리하였다.

최근에 실시하고 있는 교육기관평가, 교수평가, 강의평가와 관련된 내용으로 선진국의 평가방법을 소개하였으며, 앞으로 나아가야 할 방향을 제시하려 하였다. 또한 해방 이후 11회 이상 변화된 대학입학전형제도를 분석하여 다각적인 관점에서 우리나라의 교육문제를 해결하기 위한 방안과 교육평가의 과제를 제시하였다.

그리고 교육현장뿐 아니라 자격증 시험에 가장 많이 사용하고 있는 선택형 문항을 실제로 분석할 수 있는 컴퓨터 프로그램을 수록하였다. 고전검사이론에 의한 TestAn과 문항반응이론에 의한 BayesiAn은 문항분석뿐 아니라 피험자의 점수까지 분석하는 기능을 가지고 있다. 두 프로그램 모두 윈도즈용으로 제작되어 누구나 쉽게 사용할 수 있는 컴퓨터 프로그램이다.

이 책은 전체 9부 25장으로 구성되어 있으며, 제1부는 교육과 교육평가로서 인간을 보는 교육의 관점과 교육평가, 그리고 교육목표와 교육과정의 관계를 설명하고 있다. 제2부는 교육평가의 종류로 교육의 진행 과정에 의한 진단, 형성, 총합평가, 참조준거에 의한 규준, 준거, 능력, 성장참조평가를 다루었다. 제3부는 평가와 총평, 측정, 검사를 설명하고 그들의 관계를 서술하였으며, 표준화 검사를 소개하고 인지적 행동 특성과 정의적 행동 특성을 측정하는 방법을 설명하였다. 제4부는 문항제작으로서 문항제작자의 자격과 문항제작과 관련된 내용, 선택형 문항제작, 서답형 문항제작, 그리고 문항편집지침을 설명하였다. 제5부는 문항분석과 점수보고로서 고전검사이론과 문항반응이론을 소개하고, 문항분석을 실시하고 해석하는 방법을 설명하였으며, 문항분석 프로그램인 TestAn과 BayesiAn으로 응답자료를 분석하고 해석하는 절차도 추가하였다. 그리고 차별기능문항에 대한 내용도 설명하였다. 또한 검사점수를 해석하고 보고하기 위하여 규준점수에 의한 해석을 설명하고 준거점수 설정과 그 적용방법도 소개하였다. 제6부는 타당도와 신뢰도로서 1999년 AERA, APA, NCME에서 새로 제안한 타당도의 종류를 소개하며 검증방법을 설명하고, 신뢰도의 개념과 추정방법을 설명하였다. 그리고 타당도와 신뢰도의 관계와 정보함수를 다루었으며 논술형 검사나 수행평가를 위한 채점자내 신뢰도와 채점자간신뢰도를 설명하였다. 제7부는 컴퓨터화 검사와 수행평가로서 컴퓨터화 이용검사, 컴퓨터화 능력적응검사를 설명하였으며, 수행평가의 본질, 역사, 특징 그리고 장단점을 설명하였다. 제8부는 평가모형으로 목표중심, 운영중심, 소비자중심, 전문가중심, 반론중심, 참여자중심 평가 등 여섯 개의 평가모형을 소개하였다. 제9부는 교육평가의 과제와 전망으로서 이 책의 집필을 마감하면서 우리나라 교육 분야의 어려운 과제 중의 하나인 대학입학전형제도의 문제점과 그 원인을 분석하고 문제 해결을 위한 방안을 정리하였으며, 교육평가와 관련된 과제를 제도적 측면과 이론적 측면에서 제안하였다.

제25장으로 구성된 이 책의 모든 내용을 학부 학생들이 한 학기 동안 공부하기에는 많은 편이다. 이를테면 학부 교재로 사용하기 위하여 제14장 문항반응이론에 의한 문항분석, 제15장 차별기능문항, 제8부 제22장의 교육평가모형, 제23장 학교평가와 수업평가, 그리고 마지막 장인 제25장 교육평가의 과제와 전망 부분을 생략하여도 되나 일부 내용은 학부생들의 학습 의욕을 높이는 내용이라 생각한다.

책을 저술할 때마다 느끼는 점이지만 이 책을 저술하면서 자세히 알고 있지 못한 내용이 무엇인지 알게 되었다. 특히 제22장의 교육평가모형에 대하여 더욱 그렇다. 제24장 우리나라 대학입학전형제도는 저자의 교육적 신념이 넘쳐 강한 의지가 표현된 부분도 없지 않다.

이 책의 부족한 부분 그리고 넘치는 부분은 모두 저자의 책임이다. 부족한 점은 메우려 할 것이며, 보다 좋은 책으로 개정되도록 계속 노력할 것이다. 잘못된 내용을 지적하거나 조언하여 주실 분은 전자메일 tjseong@ewha.ac.kr이나 홈페이지 http://home.ewha.ac.kr/~tjseong로 연락 주시면 감사하겠습니다.

차 례

제2부 교육평가의 종류

제3부 총평, 측정, 검사

제13장 문항편집지침 / 261

제5부 문항분석과 점수보고

제14장 고전검사이론에 의한 문항분석 / 275

제15장 문항반응이론에 의한 문항분석 / 307

제16장 차별기능문항 추출 / 343

제7부 컴퓨터화 검사와 수행평가

제21장 컴퓨터화 검사 / 473

제22장 수행평가 / 499

제8부 평가모형

제23장 교육평가모형 / 529

제9부 교육평가의 과제와 전망

제24장 우리나라 대학입학전형제도 / 561

제25장 교육평가의 과제와 전망 / 609

제1부

교육과 교육평가

제1장

교 육

1. 정 의

교육이란 무엇인가에 대한 논의는 지속적으로 이어져 오고 있다. 교육에 대한 어원을 풀이하더라도 한글, 한자, 희랍어, 라틴어에서 주는 의미가 다양하다. 한글에 의한 어원을 풀이하면 **교육**은 '가르치다'와 '기르다'의 합성어로 구성되어 있다. '가르치다'는 '갈다'와 '치다'의 합성어로 경작의 의미를 포함하며 '사육하다', 그리고 '생성한다'는 의미를 지닌다. '기르다'는 '성장시킨다'의 의미를 지니므로 교육이란 갈고 닦게 하는 훈련을 통하여 성장시킨다는 의미를 지니고 있다.

한자어로 **教育**의 教는 본받을 효(爻)와 아들 자(子), 막대기를 들고 방향을 제시하는 복(卜)과 어른 수(乂)로 합성되어 있다. 즉, 어른은 막대기를 들고 방향을 제시하고 자식은 어른을 본받는다는 의미다. 育은 子와 肉의 합성어로 𠫓은 子를 거꾸로 한 것으로 아기가 어머니의 태내에서 나오는 모양으로 '태어난다'는 뜻에서 '자라다', '기르다'의 뜻으로 발전하였다. 肉은 '기르다', '키우다', '자라다'의 의미를 지니고 있다. 그러므로 教育이란 어른이 막대기를 들고 아이들이 본받도록 하며 어머니가 자식을 안고 키운다는 뜻을 포함하고 있어 훈육과 양육의 의미를 동시에 지니고 있다. 특히 중요한 것은 어떤 방향을 제시하는 작업이 교육이라는 점이다.

희랍어로 교육을 **Pedagogy**라 하며 Pedagogy의 어원은 paidagõgos로서 paidos와 agõgos로 합성되어 있다. paidos는 'child'의 의미이며 agõgos는 'direction'을 의미한다. 그러므로 Pedagogy는 '어린이를 이끈다' 혹은 '어린이에게 방향을 제시한다'는 의미다.

라틴어로 교육을 **Education**이라 하며 education은 e와 duco의 합성어로 e는 '밖'을, duco는 '꺼내다'를 의미하여 안에 있는 잠재적 특성을 밖으로 꺼낸다는 의미를 지니고 있다.

김정환과 강선보(2006)는 교육을 한글의 어의로 '가르치다'와 '기르다'의 합성어로 분석하며 교육은 피교육자의 발전 가능성, 교육자의 교도 훈련성, 그리고 인격적 매개성을 전제로 하고 있다고 주장한다.

교육이란 용어의 의미를 해석하더라도 어원에 따른 차이가 있으며, 여러 학자들이 교육에 대하여 내린 정의는 다음과 같다.

- Durkheim: 교육은 아동을 사회화시키는 활동이다.
- Kant: 교육의 목적은 개인의 능력을 가능한 한 완전하게 개발하는 것이다.
- 정범모: 교육은 인간행동 특성을 계획적으로 변화시키는 것이다.

교육에 대한 정의가 학자들에 따라 다소 다르더라도 공통적으로 교육은 인간이 지니고 있는 무엇인가를 변화시키려 하는 활동이라고 정의하고 있다.

2. 인간관

교육의 대상은 인간이고, 인간을 어떻게 보느냐에 따라 교육평가관뿐 아니라 교육이 달라질 수도 있다. 인간의 본성, 인간의 행동, 목적의식에 따라 인간을 분류하면 〈표 1-1〉과 같다.

〈표 1-1〉 인간에 대한 분류

인간의 본성	인간의 행동	목적의식
성선설	수동적	무목적
성악설	능동적	유목적
중립설	상호작용적	현상학적

인간은 인간이 지니고 있는 본성에 따라 성선설, 성악설, 중립설로 분류된다. 맹자, Socrates, Rousseau, Pestalozzi 등은 인간은 태어날 때부터 선하게 태어난다고 보고 **성선설**을, 순자, Calvin, Freud, Hobbes는 인간의 본성은 악하다고 보는 **성악설**을 지지하고 있다. 특히 Hobbes는 만인에 의한 투쟁을 제기하고 있다. Locke는 중립설을 지지하였는데, 인간은 선하지도 악하지도 않으며 백지와 같은 상태로 태어난다는 **백지설**(tabularasa)을 제안하며 어떻게 성장하느냐에 따라 선해지거나 악해질 수 있다고 주장하였다. 또한 Watson과 같은 행동주의자들도 인간의 본성을 백지상태로 보는 중립설을 지지한다. 그러므로 행동주의자들은 교육을 통하여 인간의 행동을 얼마든지 변화시킬 수 있다고 본다.

인간의 행동은 수동적, 능동적 그리고 상호작용적으로 분류할 수 있다. Skinner는 인간이 외부자극에 의하여 반응한다고 보았으며 이에 따라 **자극-반응**(S-R)**이론**을 교수·학습의 중요한 이론으로 전개하였다. Pavlov 역시 학습은 자극과 그에 따른 반응, 그리고 강화에 의하여 이루어지고 있다는 행동주의 이론을 발전시켰다. 반면에 인간을 능동적 존재로 보는 관점은 인간자체가 적극적이고 탐색적이기 때문에 자발적으로 행동한다고 보는 견해다. 다른 관점으로는 인간이 수동적이거나 능동적으로 행동하기보다는 환경에 따라 달리 행동한다고 보는 이론이다. Lewin은 [그림 1-1]과 같이 인간의 행동은 인간의 성격과 그를 둘러싸고 있는 환경에 의하여 이루어진다고 보는 **장이론**(field theory)을 전개하였다.

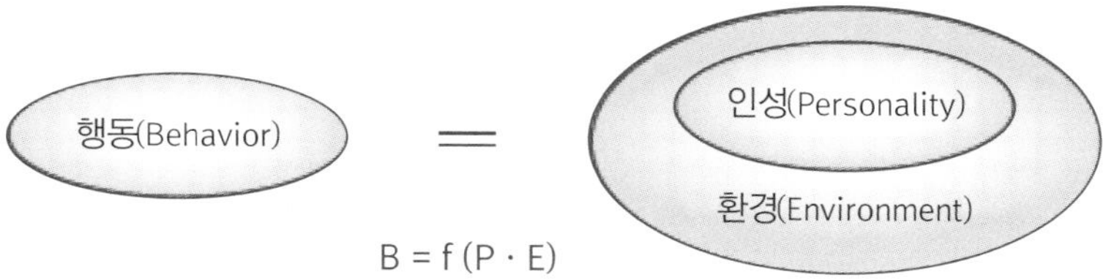

[그림 1-1] Lewin의 장이론

또한 인간을 목적의식에 따라 무목적, 유목적, 현상학적으로 분류한다. **무목적 인간**이란 어떤 특별한 목적 없이 행위한다는 관점이고, **유목적 인간**이란 어떤 행위를 하든 목적을 가지고 행위한다는 관점이다. 그리고 **현상학적 해석**이란 인간의 행위에 의미가 부여될 때 목적이 생긴다는 관점이다.

교육과 교육평가의 대상인 인간을 보는 관점은 다양할 수 있으나 인간을 악하게 보기보다는 선하거나 최소한 중립적이라 보고, 능동적이며 유목적적이거나 현상학적으로 보며 인간의 행동은 환경에 따라 전개된다고 보는 것이 바람직하다고 할 수 있다.

3. 교육의 목적

교육의 **목적**은 인간의 행동 특성을 변화시켜 조화로운 인간을 만드는 데 있으나 교육은 주변환경으로부터 독립적일 수 없다. 교육은 제도권에서 이루어지는 학교교육과 자연적인 상태에서 이루어지는 가정교육, 학교 이외의 사회 등에서 이루어지는 교육으로 구분된다. 그렇다면 학교의 교육은 [그림 1-2]와 같이 가정, 사회, 국가로부터 독립적일 수 없으므로 정치, 경제, 문화, 사회의 모든 분야와 조화를 이루면서 개인과 국가, 나아가 인류의 발전에 이바지하는 방향으로 전개되어야 한다.

교육의 목적인 조화로운 인간을 개발하기 위하여 교육은 인간의 인지적 특성, 정의적 특성, 심동적 특성의 변화를 추구한다.

인지적 행동 특성은 두뇌와 관련된 행동 특성으로 지식의 수준이나 정신능력과 관련된 특성이다. 정의적 행동 특성은 가슴과 관련된 행동 특성으로 인간이 살아가는 데 필요한 도덕성, 가치관, 태도, 인성 등을 말하며, 교육이 추구하는 정의적

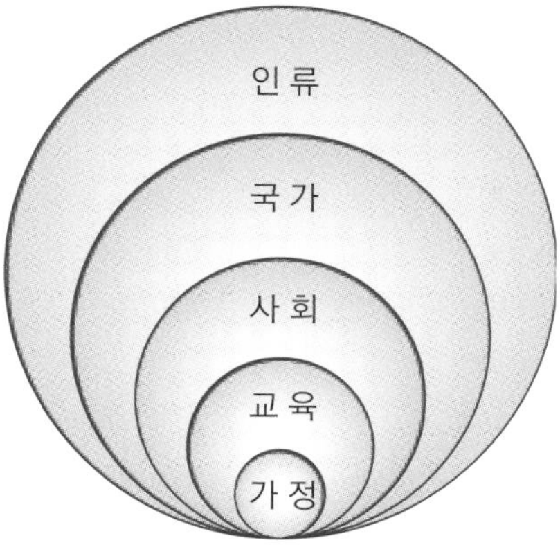

[그림 1-2] 교육과 주변환경

행동 특성의 궁극적 목표는 다양할 수 있으나 가치체계를 내면화하는 것을 최종단계로 한다. 심동적 행동 특성은 신체의 기능과 관련된 행동 영역으로서 교육은 심동적 행동 영역의 변화를 추구한다. 예를 들어, 고전무용이나 첼로 연주를 가르칠 때 동작, 자세, 연주법, 연주 기술 등의 변화를 가져오게 한다.

인간의 행동을 크게 세 영역으로 분류하지만 교육은 세 영역을 독립적으로 변화시키기보다는 종합적으로 변화시키는 것이 바람직하다. 따라서 교육은 [그림 1-3]과 같이 조화로운 인간을 만드는 데 목적이 있다.

[그림 1-3] 교육을 통한 인간의 변화

주요 단어 및 개념

교육
Pedagogy
Education
Tabularasa
자극-반응(S-R)이론
장이론
교육목표분류학

연습문제

1 교육에 대한 자신의 정의를 내리시오.

2 성선설, 성악설, 중립설에 의한 교육에 대하여 논하시오.

3 인간의 행동을 수동적, 능동적, 상호작용적 관점에서 교육을 논하시오.

4 인간의 목적의식과 교육의 관계를 논하시오.

5 올바른 교육을 위하여 인간의 본성, 행동분류, 목적의식을 어떤 관점에서 보아야 하는지 논하시오.

6 교육의 목적을 설명하시오.

제2장

교육평가

1. 교육평가의 정의

교육의 목적이 인간의 행동을 변화시키는 것이라면 교육평가의 목적은 교육이 행동변화를 가져왔느냐를 판단하는 행위라고 정의할 수 있다. **교육평가**(Educational Evaluation)란 단어는 1930년부터 사용되었으며 **Tyler**(1942)는 교육목표의 달성 여부를 판단하는 행위를 교육평가라 정의하였다. 이어 Tyler(1949)는 **교육평가**란 교육과정과 교수 프로그램에 비추어 교육목표가 얼마만큼 달성되었는가를 판단하는 행위라 하였으며 [그림 2-1]과 같다.

Cronbach(1969)와 Stufflebeam(1971)은 교육평가란 의사결정을 위한 정보를 제공하는 일이라 정의하였으며, Stufflebeam(1976)은 평가란 어떤 것의 가치, 질, 유의성, 양, 정도, 조건에 대한 판단과 시험행위라 하였다. Guba와 Stake(1967)는 평가를 판단과 설명을 조화시키는 작업이라 하였으며 Nevo(1983)는 평가를 교육대상에 대한 체계적 서술 혹은 교육대상의 가치와 장점에 대한 평(Eisner, 1979; Glass, 1969; House, 1980; Scriven, 1967)이라 하였다.

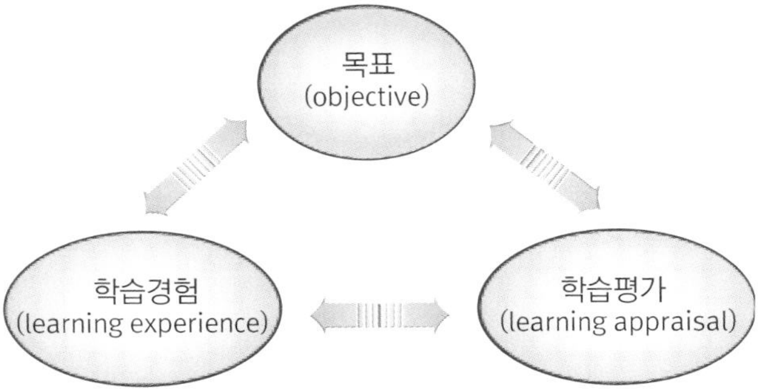

[그림 2-1] Tyler의 교육평가에 대한 정의

Cronbach(1960)는 평가의 목적을 새로운 교육과정을 검사하고 그에 근거해서 교육과정을 개선하는 것이라 하였고, Beeby(1978)는 평가에 필요한 정보는 체계적인 방법으로 수집되어야 하고 수집된 정보에 대한 해석이 필요하며 교육과정, 교육결과에 대한 기술과 해석이 아니라 그것을 바탕으로 하여 교육과정과 결과, 교육목적에 대해 가치 판단을 내리는 것이라고 정의하였다. 이러한 정의를 종합해 보면 교육평가란 교육과 관련된 모든 것의 양, 정도, 질, 가치, 장점 등을 체계적으로 측정하여 판단하는 주관적 행위로서 교육목적에 대한 가치를 판단하는 행위라고 할 수 있다. 교육평가를 위하여 교육과 관련된 정보는 체계적으로 수집되어야 하고, 특별한 교육정책이나 제도 개선을 위한 기초자료로 사용되어야 한다.

2. 교육평가의 기본 가정

교육평가를 위한 기본 가정은 크게 네 가지를 들 수 있다.

- 학습자의 잠재능력 개발 가능성
- 교육평가의 대상과 자료의 무한성
- 시간의 연속성
- 평가의 종합성

첫째, 평가를 하기 위한 기본 전제로서 인간은 개발할 수 있는 무한한 잠재 능력을 지니고 있다고 보아야 한다. 유전적 관점에서의 교육은 인간 발달의 가능성을 제한함으로써 교육평가의 기능을 극대화할 수 없기 때문이다.

둘째, 교육평가의 대상과 자료는 무한하다고 앞 절에서 설명한 것과 같이 어떠한 행위, 대상, 자료도 교육평가의 대상이 될 수 있다. 예를 들어, 아동이 그린 가족의 그림도 가정환경을 예측하고 평가하는 자료가 될 수 있으며, 이 그림을 통하여 가족관계를 분석함은 물론 때로는 가족치료를 위한 중요한 자료로 이용할 수 있다.

셋째, 평가는 일차적으로 실시하고 종료하는 것이 아니라 지속적으로 이루어져야 한다. 연속적인 평가로서 평가대상의 변화에 따른 성장 혹은 발달 등을 점검할 수 있으며, 그에 따라 교육의 효과를 알 수 있다.

마지막으로 교육평가는 종합적이어야 한다. 평가대상이 가지고 있는 모든 자료를 종합적으로 수집하여 평가하여야 한다. 그러므로 지필검사에 국한되던 평가방법에서 벗어나 관찰, 면접, 수행평가 등 다양한 평가방법을 동원하여 평가를 실시하여야 한다.

평가의 과정은 진단, 형성, 총합평가로 구성된다. [그림 2-2]와 같이 교수 · 학습이 진행되기 전에 진단평가가, 교수 · 학습의 진행과정에서 형성평가가, 교수 · 학

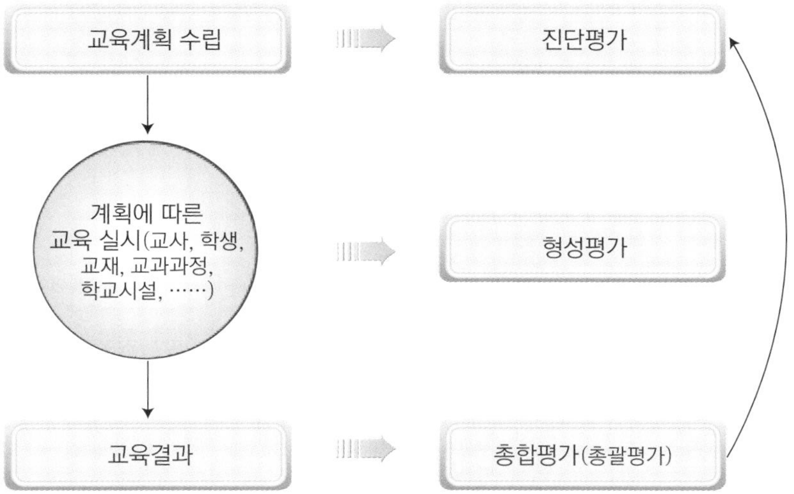

[그림 2-2] 진단, 형성, 총합평가

습이 완료된 시점에서 총합평가가 실시되므로 평가는 지속적으로 이루어진다. 뿐만 아니라 총합평가의 결과는 다음 학습을 위한 진단평가의 자료가 될 수 있다. 평가를 할 때 총합평가의 결과에 의하여 평가를 할 수 있으나 진단, 형성, 총합평가의 모든 결과를 가지고 종합적으로 평가하는 것이 바람직하다.

3. 교육평가의 목적과 기능

교육평가는 교육과 관련된 모든 것에 대한 의사결정을 위하여 정보를 사용하거나 수집하는 과정을 포함하여야 하고 수집한 정보에 의하여 교육적 의사결정을 하거나 이를 도와주는 기능을 지니고 있다. 그러므로 교육평가는 학습과 교육과정에 최대한 도움을 주어 학습을 극대화시키려는 데 목적이 있다.

교육평가의 **목적**을 구체화하면 다음과 같다.

- 학습을 극대화한다.
- 학업성취수준을 총평한다.
- 교육의 질을 향상시킨다.
- 교육과정, 교수 · 학습 프로그램, 교육자료 등을 개선한다.
- 정책구안이나 의사결정을 위한 기초를 제공한다.
- 공공기금의 지출을 점검한다.

평가의 가장 중요한 목적은 평가를 위한 평가가 아니라 교수와 학습을 도와서 학습을 극대화하는 것이다. 이를 위하여 학업성취수준을 측정하여 분석하고 분석결과를 바탕으로 교육과정을 개선하거나 교재, 교구, 교육자료 등을 교체할 수 있다. 또한 교육정책을 수립하기 위하여 평가의 자료를 활용할 수 있다. 이상에서 교육평가의 목적은 교육을 도와주는 기능이지 구속하는 기능이 아님을 강조한다. 그러므로 교육평가가 교육대상에 긍정적 영향을 주어야 하는 것은 당연하다.

교육평가의 기능은 다양하다. 가장 중요한 기능으로는 교육의 진행과정에 있는 교육과정, 프로그램, 교구, 교재 등을 개선하고 발전시키는 기능을 든다. 그 외에 신입생 또는 신입사원을 선발하거나 자격증을 부여하는 기능이 있다. 교육의 질을 통제하기 위하여 국가단위나 지역단위의 학업성취도 시험을 실시하여 교육에 대한 책임 여부를 점검하는 책무성 평가 기능도 교육평가의 중요 기능이라 할 수 있다. 그러나 유의하여야 할 점은 책무성을 지나치게 강조하는 평가는 부작용이 따른다. 2016년까지 실시하였던 중학교 3학년과 고등학교 2학년의 국가수준 학업성취도 평가의 기본 목적은 기초학력 미달 학생들을 파악하여 이들의 비율을 낮추는 데 있으며, 이보다 더 중요한 목적은 그들의 학습 결손을 해결하여 차기 학습을 성공적으로 수행할 수 있도록 하는 데 있었다. 이와 같이 교수적 기능이 중요함에도 불구하고 학생들의 성취결과로 시 · 도 교육청을 비교하거나 학교나 교사들을 평가하는 데 이용하고 있어 이에 대한 부정적 시각과 반대가 심하여 2017년도부터 표본조사만 실시하고 있다.

또한 평가 자체가 행위에 대한 동기를 부여하는 기능을 한다. 예를 들어, 시험을 본다고 할 때 학생들은 복습하게 된다. 즉, 평가를 예고할 때 평가와 관련된 준비를 하게 하는 기능을 한다.

평가를 통하여 권한을 행사하는 기능으로 상과 벌을 들 수 있다. 뿐만 아니라 평가자는 어떠한 권한도 행사할 수 있지만 평가대상에게 윤리적으로 피해가 가게 하여서는 안 된다. 오로지 평가의 목적을 극대화하는 방향으로 권한이 행사되어야 하고 교육과 관련된 평가인 만큼 교육평가는 윤리적이고 인간적으로 이루어져야 한다. 학업성취도를 높이기 위하여 미국에서 2001년 상원에서 통과되고 2002년 부시대통령이 서명하여 2015년까지 실시하였던 「낙오방지법(No Child Left Behind Act: NCLB)」의 부작용에 대한 Murray(2005)의 설명은 교육평가의 기능에 대해 시사하는 바가 크다고 볼 수 있다.

4. 교육평가의 대상

교육평가에 대한 고전적 정의에 의하면 교육평가의 대상은 제한되었다. 교수와 학습에 따른 학업성취도에만 주된 관심을 두어 교육과정, 교수 · 학습이론, 학업성취도가 교육평가의 주요 대상이 되었다. 그러나 교육은 교실 안에서만 이루어지는 것이 아니라 매우 다양한 형태로 이루어지므로 교육평가는 교육과 관련된 모든 현상과 구성 요소를 평가의 대상으로 한다.

교육평가의 **대상**을 크게 분류하면 다음과 같다.

- 인적 대상: 학생, 교사, 학부모, 학교행정가, 학교경영자, 주민
- 물적 대상
  - 소프트웨어: 교수 · 학습 프로그램, 교육과정, 교구, 교재
  - 하드웨어: 시설, 환경, 교육예산, 예산집행관계
- 평가: 평가에 대한 평가

평가대상을 학생에만 국한하던 종전의 개념에서 교사도 평가의 대상이 되고 있으며, 학부모도 자녀교육을 위하여 어떤 행위를 하였는지를 평가하기 위한 평가대상이 되고 있다. 학교행정가와 학교경영자는 물론 학교를 둘러싸고 있는 지역사회의 주민들도 교육에 어떤 영향을 주는지 평가의 대상이 되고 있다.

교육과정은 물론 교구, 교재, 그리고 교육 프로그램도 당연히 교육평가의 대상이 된다. 최근에 교육환경문제가 중요 평가대상으로서 교육유해지구의 선정, 학교 앞 환경개선운동이 전개되어 교육환경도 평가의 대상이 되고 있다. 또한 학교예산의 적절성, 학교예산 집행의 타당성도 평가대상이 된다. 주목하여야 할 것은 평가 자체도 평가대상이 된다는 것이다. 교육기관도 평가대상으로 초 · 중등학교 평가, 유치원 평가, 대학 평가 등이 실시되고 있다. 또한 해당 기관을 평가한 평가 결과도 평가대상이 된다. 평가를 타당하게 하였는지 그리고 신뢰롭게 하였는지가 확인되어야 한다. 또한, 교사들이 학생들에 대하여 평가한 성적 부여 자체도 평가대상이 되어야 하고, 학생들이 평가한 강의평가도 평가대상이 되어야 한다. 최근에 와

서 평가가 활성화되면서 평가에 대한 평가로서 메타평가가 강조되고 있다. 메타평가란 평가 자체에 대한 평가를 의미한다.

평가에 대한 **판단기준**은 다음과 같이 네 가지를 들 수 있다(Joint Committee on Standards for Educational Evaluation, 1981).

- 실현성(feasibility): 평가가 실현 가능하였는지 여부
- 실용성(utility): 평가가 실제적으로 필요하였는지 여부
- 적합성(propriety): 평가가 윤리적으로 실시되었는지 여부
- 정확성(accuracy): 정확한 정보를 전달하였는지 여부

평가가 실현 가능하였는지, 평가의 필요성에 얼마나 부합하였는지, 윤리적으로 실시되었는지, 그리고 정확하게 실시되었는지가 평가에 대한 평가기준이 될 수 있다. 평가가 끝난 후 평가에 대한 평가는 생략하는 경우가 많으나 이상의 네 가지 기준에 의하여 평가에 대한 평가가 이루어져야 한다. 특히 평가가 평가대상뿐 아니라 평가대상을 둘러싼 모든 현상에 어떤 영향을 주었는지에 대한 결과타당도를 점검하는 것이 매우 중요하다.

5. 평가방법

교육평가는 교육과 관련된 현상, 구성 요소에 대한 자료를 체계적이고 과학적으로 수집하여 장단점과 특징을 전문적으로 판단하는 주관적 행위라 하였다. 이때 수집하는 자료에 따라 교육평가를 양적 평가와 질적 평가로 구분한다.

주관적 판단은 언어적 모호성 때문에 의사전달의 문제점과 상이한 이해를 야기하게 되므로 평가는 객관적 정보에 의존하게 된다. 이 객관적 정보는 측정이나 검사를 통해 얻을 수 있다. 가시적 특성은 계측기로 측정하여 정보를 수집하고, 비가시적인 인간의 특성은 검사라는 도구를 사용하여 평가한다. 이와 같이 검사와 측

정에 의해 자료를 수집하는 평가를 **양적 평가**라 하며, 이 양적 평가는 실증주의 철학을 기초로 한다. 양적 평가는 과학성과 정밀성을 지니고 있음에도 불구하고 평가대상을 전체적으로 조망하지 못하며 심층적으로 평가하지 못한다는 제한점이 지적되면서 관찰에 의하여 인간의 특성을 기술하는 평가방법이 대두되었다. 이와 같이 양적인 정보가 아니라 관찰이나 기술에 의한 평가방법을 **질적 평가**라고 한다. 질적 평가는 평가자의 주관적 판단, 즉 전문성에 의존하며 문화인류학적 · 민속지적 접근방법을 주로 사용한다.

양적 평가는 과학적이고 체계적이어서 신뢰성을 보장받을 수 있으나 평가대상을 심층적으로 평가하기 어려운 점이 있다. 반면 질적 평가는 평가대상에 대한 전반적인 판단을 용이하게 내릴 수 있으나 평가자의 주관이 개입될 소지가 많아 논란이 일어날 가능성이 크며 평가결과를 일반화하는 데 제한점이 따른다. 그러므로 양적 평가와 질적 평가가 상호 보완적으로 이루어질 때 평가의 효과를 극대화할 수 있다.

6. 평가주체, 요소 및 절차

1) 평가주체

평가의 주체는 평가의 내용과 목적에 의하여 결정된다. 예전에는 교육평가의 주체는 교육공급자 위주였다. 즉, 교사, 교육행정가, 교육내용전문가들이었다. 예를 들어, 학업성취도평가를 실시할 때, 교사, 교과내용전문가가 평가의 주체가 되었고, 학교평가를 실시할 때도 장학사, 학교경영자, 교수 등이 평가의 주체가 되었으나 교육평가의 개념이 확장되면서 교육수요자도 평가의 주체가 되고 있다. 교육기관을 평가할 때 학부모뿐 아니라 지역사회 인사도 포함하게 되었다.

교육평가의 **주체**는 크게 전문가 집단과 국외자로 분류할 수 있다. 전문가 집단은 교육과정전문가, 교육평가전문가, 교사 등 교직에 종사하는 모든 사람을 말하고 국외자(outsider)로서는 학부모, 납세자, 국민을 들 수 있다. 국민이 평가의 주체로서의 역할을 발휘한 대표적인 예는 소련이 지구 궤도에 무인인공위성 Sputnik를 미국보다 먼저 쏘아올렸을 때 미국 국민이 연방정부에 교육에 대한 책무성을 제기한 경우다. 이로 인하여 미국 연방정부는 미국 국가교육방위조약을 공포하고 기초과학교육을 중요시하는 교육과정을 수립하였다.

평가자의 범위가 확대되었지만 **평가자**는 다음의 **자격**을 갖추어야 한다.

- 평가내용에 대한 충분한 숙지
- 측정과 평가방법의 기술적인 능력 소유
- 사회상황과 평가대상의 본질에 대한 이해
- 인간관계 능력
- 성실성과 탈권위성
- 객관성

2) 평가 요소 및 절차

평가요소는 평가 내용과 대상에 따라 다르지만 일반적으로 크게 네 단계로 나눈다.

- 1단계: 목표설정의 적절성 여부
- 2단계: 목표달성을 위한 계획의 적합성
- 3단계: 계획에 따른 시행 여부
- 4단계: 결과의 목표달성 여부

교수·학습의 목표이든 교육기관의 목표이든 교육목표가 적절하게 설정되었는지, 그 목적을 달성하기 위하여 세부 시행계획이 제대로 구성되어 있으며 이를 위한 주변환경이 좋은지, 계획대로 시행되었는지, 시행결과가 목표에 얼마만큼 도달하였는지를 평가한다. 크게 이 네 단계에 입각하여 모든 평가가 이루어진다고 볼 수 있다.

앞의 네 단계에 의하여 **교수 · 학습결과**를 **평가**하는 **절차**를 구체화하면 다음과 같다.

① 교수 · 학습목표의 설정
② 교수 · 학습목표의 구체화
③ 교수 · 학습목표를 행위동사로 표현
④ 구체적인 평가상황 제시-폭넓은 행위의 형태로 나타나므로 구체적 상황을 예시하고 잠정적 평가상황을 언급
⑤ 자료수집방법 선택-검사, 질문지, 관찰점검표
⑥ 예비평가 실시-평가방법의 개선과 발전을 위한 평가방법의 타당성 검증과 실현 가능성 검토
⑦ 평가방법의 개선과 결정
⑧ 평가실시
⑨ 평가결과의 해석과 활용
⑩ 평가에 대한 평가

교수 · 학습목표를 설정한 후 구체적 행위동사로 표현하여야 한다. 평가대상이 광범위한 내용의 반응을 하게 되면 평가결과를 활용할 수 없어 교수 · 학습목표의 도달 여부를 확인하기 어렵기 때문이다. 그러므로 평가상황을 구체적으로 제시하여야 하고 자료를 수집하는 방법도 다양하게, 그리고 종합적으로 평가하여야 한다. 비록 평가방법이 구안되었다 하더라도 평가방법이 교수 · 학습목표의 도달 여부를 점검할 수 있는 타당한 방법인가를 검증하여야 하고 그 평가방법이 실현 가능한가에 대한 유용성을 검증하여야 한다. 뿐만 아니라 평가과정에서 나타날 수 있는 모든 문제점을 파악하기 위하여 예비적으로 평가를 실시하는 것이 바람직하다. 예비평가에서 나타난 문제를 수정 · 보완한 뒤 평가를 실시하여야 하며 평가결과의 교육적 활용을 위해서는 평가결과에 대한 타당하고 신뢰로운 해석이 이루어져야 하므로 점수에 대한 올바른 이해를 위하여 적절한 규준이나 준거의 설정이 요구된다.

7. 평가결과의 보고 및 이용

1) 평가보고서

평가보고서는 평가의 사전계획부터 평가진행과정, 평가에 의하여 수집한 정보, 분석결과, 결과에 대한 해석 등의 평가를 통한 모든 내용을 일목요연하게 체계적으로 정리한 보고서다. 그러므로 평가보고서를 통하여 평가에 대한 모든 내용을 알 수 있다. **평가보고서**의 **일반적인 양식**은 다음과 같다.

① 평가일시 및 평가자	② 평가대상
③ 평가목적	④ 평가내용
⑤ 평가절차	⑥ 평가결과
⑦ 평가결과 해석	⑧ 결론 및 논의

2) 평가보고서의 활용

평가의 결과, 즉 평가보고서는 평가대상뿐 아니라 평가대상과 관련된 모든 대상에게 공개됨을 원칙으로 한다. 그 이유는 평가대상이 평가결과를 인지하였을 때 가장 바람직한 변화가 나타나기 때문이다. 예를 들어, 학생들의 학업성취도를 평가하였을 때 해당 학생은 물론 학부모, 그리고 학교장, 나아가 지역사회에도 평가결과가 공개되어야 한다. 지역사회에의 공개는 개인의 점수를 공개하는 것이 아니라 학교단위의 학생 학업성취도를 공개하여 해당지역 학생들의 성취 수준을 인지할 수 있도록 하는 것이다. 학교기관평가를 실시할 때 학교평가결과가 공개되어야 학교 구성원들이 학교의 장단점을 인지하여야 문제점을 자각하게 되고 그 문제를 해결하기 위한 노력을 스스로 기울이게 된다. 평가결과가 평가대상에게 송환되지 않거나 올바르게 인지되지 못하면 행동의 수정이나 변화가 일어나기가 용이하지 않기 때문이다.

평가결과를 공개하지 않는 이유를 이해 당사자들 간의 갈등 탓으로 돌리는 경향은 평가의 타당성과 공정성에 대한 오해를 불러일으킬 소지가 많으며, 평가를 위한 평가로 전락시켜 평가에 대한 부정적 시각을 갖게 하는 원인이 되기도 한다. 평가결과도 평가대상이 되므로 평가결과인 평가보고서는 공개되어야 하고, 필요에 따라 평가 자체에 대한 공정성과 책무성도 검증되어야 평가가 바람직한 방향으로 정착될 수 있다.

타당성과 신뢰성을 검증받은 평가보고서는 중요한 의사결정을 하는 유용한 자료로 사용되어 교육을 개선하는 데 중요한 자료가 되며, 나아가 책무성을 부여할 수 있는 자료로 사용된다. 우리나라에서 진행되고 있는 교육기관평가, 그리고 인사고과평가 결과는 공개되지 않기 때문에 많은 문제점이 야기되고 있다. 그러므로 평가결과를 공개하는 것이 평가의 기능을 극대화하는 방법이다.

8. 교육평가의 역사

교육평가는 시대적 상황과 평가의 목적에 따라 변화하여 왔다. 교육평가는 교육과 더불어 시행되어 왔으며, 19세기 미국에서부터 체계적이고 과학적으로 정립되기 시작하였다. 그러므로 미국의 교육평가 역사를 참고하는 것이 교육평가의 역사를 이해하는 데 도움이 된다. 여기에서는 미국의 교육평가 역사와 더불어 우리나라의 교육평가의 역사를 알아본다.

1) 미국의 교육평가 역사

교육평가의 시대적 구분이 학자에 따라 다소 상이하나 대표적인 두 학자의 시대 구분은 다음과 같다.

Walberg와 Haretel(1990)은 다음과 같이 여섯 단계로 시대를 구분하였다.

① 형성기(Age of Reform, 1800~1900)
② 검사와 효율성 강조기(Age of Efficiency and Testing, 1900~1930)
③ Tyler 시대(The Tylerian Age, 1930~1945)
④ 순수 시대(The age of Innocence, 1946~1957)
⑤ 확장 시대(The age of Expansion, 1958~1972)
⑥ 전문화 시대(The age of Profession, 1973~1990)

Stufflebeam과 Shinkfield(1985)는 미국 교육에 있어 역사적으로 중요한 사건을 계기로 교육평가의 기본방향이 변화된다고 보고 다음과 같이 5단계로 구분하였다.

① Tyler 이전 시대
② Tyler 시대(1930~1945)
③ 순수 시대(The age of Innocence, 1946~1957)
④ 현실 시대(The age of Realism, 1958~1972)
⑤ 전문화 시대(The age of Professionalism, 1973~)

교육평가는 교육에 수반되는 행위이므로 중요한 교육적 사건이 있을 때마다 교육의 행위는 변화될 수밖에 없으며 그 변화된 교육행위가 바람직한 방향으로 진행되는지 평가하게 된다. 만약 교육적 사건이 일어남에도 불구하고 교육적 행위가 변화되지 않을 경우 교육평가의 방법을 전환하여 교육행위가 변화되게 유도할 수 있다. Stufflebeam은 교육에 영향을 미친 역사적 사건으로 Tyler의 교육평가 용어 사용, 제2차 세계대전 종료, 소련의 Sputnik 발사를 들고 있다.

1930년 Tyler가 Educational Evaluation이란 용어를 사용하기 이전 시대를 **Tyler 이전 시대**로 규정하였다. Tyler 이전 시대의 교육평가는 인류 역사와 같이 존재한다 하여도 과언이 아니다. Socrates의 대화법도 교육평가의 한 방법으로 볼 수 있으나 형식을 갖춘 최초의 교육평가로는 737년 중국 당나라 현종 때 실시한 과거시험을 든다. 현대적 의미에서 체계적이고 과학적으로 공인받는 최초의 교육평가 프로그램은 Rice가 1887년부터 1898년까지 미국 대도시에 있는 초등학교에서 철자법 교육을 실시한 후 학습효과를 검정한 철자법 시험을 들 수 있다. 그보다 앞서 1845년 Mann이 Boston에 있는 학교 학생들에게 학업성적을 측정하여 교육의 성공 여부를 평가한 경우와 1900년 초반의 지능검사 개발도 교육평가의 행위로 본다. 19세기 초 영국 왕실에서도 공공사업을 추진한 후 국민을 위한 사업이었는지를 평가하는 작업을 실시하였다.

제2시대인 **Tyler 시대**는 Tyler가 교육평가 용어를 사용한 1930년부터 제2차 세계대전이 종료된 1945년까지다. Tyler가 평가는 목적의 달성 여부를 판단하는 것이라 정의하였으며, 8년 연구를 주도하였다. Tyler 시대의 시대적 상황은 1930년대 경제공황을 벗어나기 위하여 New Deal 정책을 수립하고, 학교의 재정난이 심각하였던 시기로서 이를 극복하기 위한 실용주의 철학이 주도되어 교육에서 창조적이며 재생하는 역할을 강조하였다. 그러므로 행동주의 요소가 강조되고, 교육철학적 관점에서 진보주의가 성행하였다. 그는 8년 연구에서 미국 전역의 30개 중등학교에서 사용하는 교육과정과 교수 전략의 효율성을 평가하였다. 8년 연구는 학업성취 수준이 준거 혹은 목표에 도달하였는지를 평가하였지만 교수의 질, 그리고 학습환경 등을 무시하였다는 지적을 받고 있다. 즉, 무엇을 가르칠 것인가, 학생이 어떤 행동을 지향하여야 할 것인가 등을 고려하지 않고 학습결과만 가지고 평가하므로 학교에서 일어날 수 있는 내적 요인이 무시되었다는 비판을 받았다.

제3시대로 **순수 시대**는 제2차 세계대전이 종료된 다음 해인 1946년부터 구(舊)소련이 지구 궤도를 도는 무인인공위성 Sputnik를 발사한 1957년까지다. 당시 미국은 진보주의 교육관이 교육현장에 적용되고 있었으며, 경제공황을 극복하여 경제적인 여유로 윤택한 생활을 즐기는 시기였다. 특히 제2차 세계대전을 승리로 이끌어 국민의 자긍심은 최고에 도달하여 무한한 가능성에 대한 믿음이 확산되었고 사회, 정치, 경제, 문화적으로 여유 있는 시기였으므로 집단보다는 개인이 중심이 되는 교육철학이 전개되었다. 그러므로 교육은 개인에 대한 관심과 교육시설 투자에 대한 관심이 높았으며 새로운 교육기관으로 정신건강연구소, 상담원, 예·체능계 및 직업학교 등이 설립되었다. 또한 정신지체부자유아를 위한 교육기관과 특수아동을 위한 교육기관 등이 설립되었다. 교육평가 분야에서도 새로운 평가방법으로 검사점수 계산방법, 행동목표분류학, 교육연구법 등이 제안되었다. 그러나 많은 연구소의 설립과 대학 등 교육기관의 자율권 확대로 인하여 도시와 농촌의 격차가 커지고 인종 차별의 문제가 제기되었다.

제4시대인 **현실 시대**는 1958년부터 1972년에 이른다. Sputnik 발사에 따른 충격으로 미국 국민은 그동안 교육의 안일함을 질타하며 교육의 책무성을 제기하였고, 이에 미국 연방정부는 1958년 국가교육방위조약(National Defense Education Act)을 발표하였다. 국가교육방위조약에서는 과학교육을 중요시하여 수학, 물리학, 화학 등의 기초 과학 분야의 교육과정을 강화하였다. 또한 연방정부가 교육에 개입하여 학교교육을 평가하기 시작하였다. 이를 위하여 Tyler의 전통적 교육평가관이 다시 적용되어 교육목표 달성 여부를 확인하기 위한 국가 수준의 표준화 검사가 개발되었고, 교육 종사자에 대한 업적을 평가하여 학교와 학군의 교육결과를 상대적으로 비교하는 작업을 실시하였다. 연방정부에서 선발한 전문가 집단이 수시로 혹은 정기적으로 학교를 평가하였다. 이 시대의 교육평가는 평가이론의 개발보다는 실제적 적용을 중시하였다. 또한 규준참조평가, 즉 상대비교평가가 널리 이용되어 1957년 이후 수년간 학력비교, 서열화 등의 목적으로 학업성취도를 비롯한 교육결과를 평가하였으나 1963년 이후에는 상대비교평가, 즉 규준참조평가에 대한 비판이 제기되었다.

Cronbach(1963)는 규준참조평가에 의하여 상호비교가 유행하고 있는 현상을 보며, 교육평가는 '어떤 말이 일등으로 들어왔느냐'에 관심을 두는 승마경기가 아니라고 비판하였다. 그리고 1971년에 조직된 National Study Committee도 교육평가가 병들고 있다고 지적하였다. 규준참조평가의 문제점이 제기되면서 준거참조평가에 대한 관심이 높아지고 또한 최저능력수준(minimum competency level) 설정에 대한 논의가 진행되었다.

제5시대는 **전문화 시대**로 1973년부터 현재에 이른다. 제4시대에서 교육의 책무성을 강조하여 여러 분야에서 교육평가가 실시되어 적지 않은 폐단을 주었다. 예를 들어, 교육평가전문가들이 넓은 영역에서 다양한 내용을 평가하다 보니 교육평가의 전문성을 결여할 뿐 아니라 교육평가자로서의 주체성을 상실하기에 이르렀다. 이와 같은 문제점을 해결하기 위하여 평가 영역이 세분화, 구체화되고 분야에 따라 전문화되어 갔다. 교육평가의 영역별 전문성을 유지하기 위하여 교육평가의 영역별 전문가 집단과 학회지가 발간되기도 하였다. 학회지로 *Educational Evaluation and Policy Analysis*, *Evaluation Review*, *New Directions for Program Evaluation* 등을 들 수 있다. 그리고 다양한 교육평가의 새로운 모형들이 제안되었다.

1980년대 들어서면서 선다형 검사에 의한 평가의 한계를 극복하고자 대안적 평가방법으로 수행평가가 제안되면서 포트폴리오와 참평가 등에 대한 이론이 소개되고 학교현장에서 학생들의 고등정신 함양과 수행능력을 향상시키기 위하여 적용범위를 넓혀 가고 있는 추세다.

미국은 21세기에 접어들면서 학생들의 기초학습능력 부진과 PISA(Programme for International Student Assessment)나 TIMSS(Trends in International Mathematics and Science Study)(〈표 2-1〉 참조)에서 낮은 평가를 받음으로써 교육의 질을 높이고 책무성을 강화하기 위하여 NCLB(No Children Left Behind Act)를 2002년 1월 8일에 의회에서 통과시켜 학업능력을 향상시키기 위한 노력을 하고 있다.

〈표 2-1〉 PISA와 TIMSS

	PISA	TIMSS
명칭	OECD 학업성취도 국제비교 연구 (Programme for International Student Assessment)	수학·과학 성취도 추이변화 국제비교연구(Trends in International Mathematics and Science Study)
주관 국제기구	경제협력개발기구 (Organization for Economic Co-operation and Development: OECD)	국제 교육성취도 평가협회 (International Association for the Evaluation of Educational Achievement: IEA)
평가 대상	만 15세(OECD 회원국의 평균적인 의무교육 종료시점)	4, 8학년(12학년: TIMSS Advanced)
평가 특징	실생활에 필요한 기본 능력 평가 2015년부터 컴퓨터 기반 평가로 전환	세계 공통 교육과정에 근거한 평가
평가 영역	읽기, 수학, 과학 글로벌 역량 협력적 문제해결력, 금융소양	수학, 과학
평가 주기	3년(2012, 2015, 2018)	4년(2011, 2015, 2019)

참여국	PISA 2012: 회원국 34개국, 비회원국 31개국, 총 65개국 PISA 2015: 회원국 35개국, 비회원국 37개국, 총 72개국	TIMSS 2015 기준으로 49개국의 초등학생 약 31만 명, 39개국의 중학생 약 27만 명
우리나라 참여현황	PISA 2000(1주기)~PISA 2018	TIMSS 1995(1주기)~TIMSS 2015
성취 결과	2012: 읽기 1~2위, 수학 1위, 과학 2~4위 2015: 읽기 3~8위, 수학 1~4위, 과학 5~8위	2011: 초 4; 수학 2위, 과학 1위, 중 2; 수학 1위, 과학 3위 2015: 초 4; 수학 3위, 과학 2위, 중 2; 수학 2위, 과학 4위

미국은 「**낙오방지법**(No Child Left Behind Act: NCLB)」을 통하여 기초미달 학생들의 비율을 낮추고자 각 주마다 평가도구를 개발하고 준거를 설정하며 기초미달 학생들에 대한 학습을 지원하는 등 많은 노력을 기울여 왔으나 그 성과가 크지 않았다. 기대와는 달리 좋은 결과를 얻지 못하고 오히려 학교현장에서는 교육적으로 바람직하지 못한 일들이 나타났다. 학습부진 학생들이 도리어 학교를 중퇴하는 사례가 늘어났으며, 학습성취수준이 높은 학생들이 다른 학교로 전학하는 것을 막거나 흑인 학생들이 입학하지 못하도록 하는 등의 일이 발생하였다. 이러한 현상은 평가의 교수적 기능보다 행정적 기능을 강조하여 보다 우수한 학교로 평가받기 위한 분위기에서 비롯된 것이다.

오바마(Obama) 정부가 들어서면서 이런 문제점을 해결하기 위해 연방정부가 주정부에 부여하였던 교육의 자치권을 돌려받고, 연방정부에서 교육의 질을 향상시키기 위한 **차세대 교육평가정책 2.0**(Assessment 2.0 for Next Generation)을 발표하였다(Tamayo, 2010). 차세대 교육평가정책 2.0은 각 주마다 다양하게 평가를 실시하지 않고 미국의 교육부가 4가지 기초 원칙에 입각하여 평가를 실시하기로 한 정책이다. PARCC(Partnership for the Assessment of Reading for College and Carrers)와 SMARTER(SMARTER Balanced Assessment Consortium)에 의한 포괄적 평가 시스템(comprehensive assessment system) 설계는 다음의 4가지 기초 원리에 근거하며 2014년과 2015년에 전면 시행하였다. 네 가지 원칙은 CCSS(Common Core State Standards)에 의한 조정, 수행기반 평가, 컴퓨터기반 평가와 성적보고 방식의 변화다.

첫 번째 원칙으로 CCSS에 의한 조정이란 PARCC와 SMARTER에 참여하는 주의

3학년부터 11학년까지의 모든 학생에게 영어와 수학 시험의 평가를 CCSS에 의하여 합의된 공통 평가시스템으로 실시한다는 원칙이다. 두 번째 원칙으로 PARCC와 SMARTER 시스템은 학생의 대학입학이나 경력의 준비도를 측정하기 위하여 읽기, 쓰기, 수학적 추론의 수행평가를 통해 학생의 능력과 기술을 보여 주어야 한다는 것이다. 세 번째 원칙은 수행평가를 포함하여 대부분의 평가는 컴퓨터와 온라인 자원을 이용하여 시행에서부터 채점에까지 이루어질 수 있도록 기능적으로 발전된 방법을 적용하는 것이다. 그래서 학교나 교사가 학생의 학업성취나 성장을 위하여 불필요한 시간을 허비하게 하지 말라는 것이다. 네 번째 원칙은 주정부나 지역사회 지도자로부터 학부모를 포함한 모든 이해관계자에게 보다 명료하고 이해가 용이하도록 학생이 수행한 자료를 제공하여야 하며, 이렇게 제공된 학생의 성취도나 성장에 대한 보고서를 학생이 대학 진학이나 경력 준비를 위하여 제대로 활용하고 있는지 여부를 확인할 수 있게 하여야 한다는 원칙이다.

2) 우리나라의 교육평가의 역사

우리나라에서의 교육평가의 행위로는 옛날 서당에서 훈장에 의한 질문을 들 수 있다. 고려 광종 9년인 958년에 처음으로 과거제도를 도입하였고, 문과, 무과, 잡과로 관료를 선발하는 제도가 확립되었다 한다(한국학중앙연구원, 2015). 조선시대의 과거시험 역시 교육평가의 예로 볼 수 있다. 정낙찬(1992)은 성균관에서 실시한 과거시험은 강경(講經)과 제술(製述)로 나뉘어 있으며, 두 부분에 대한 채점기준과 지침이 설정되어 각 등급에 따라 부분 점수를 주었다고 밝히고 있다. 조연순(1994)은 우리나라 교육을 상고시대, 삼국시대, 고려시대, 조선시대, 개화기, 일제기로 구분하였으며, 각 시기에 따라 교육평가를 설명하고 있다. 형식적이고 제도적인 교육의 시작은 개화기에서 찾을 수 있으나 교육평가에 대한 자세한 기록을 찾기는 쉽지 않다. 1910년 한일병합 이후 해방까지 일본점령교육시기, 그리고 해방 이후 현재까지 시대적 구분에 의하여 교육평가를 조망할 수 있으나 구체적으로 시기를 나누기는 모호하다. 해방 이후 교육과정은 7차에 걸쳐 변화되었고 최근에는 수시로 수정하여 2009 개정교육과정과 현재는 2015 개정교육과정을 적용하고 있다. 입시제도도 열두 번 이상의 변화를 가져왔으나 교육평가관의 변화에 따른 시대 구분은 쉽지 않으며, 교육평가에 대한 이론의 전개나 적용보다는 대학입시제도에만 국한된 경향이 있다. 황정규(1986)는 우리의 교육평가는 학업성취 및 지적 능력에 관한 수준과 질을 파악하고 그에 근거하여 의사를 결정하는 미시적 시각의 평가에 한정된 경향이 있었다고 주장한다. 즉, 우리나라의 교육평가는 대학입시제도의 변화가 교육평가의 전부인 양 오해받고 있다고 할 수 있다.

1945년 해방과 더불어 우리 교육이 서구 이론과 접목되면서 급속도로 발전된 교육 분야는 교육심리, 교육과정, 그리고 교육평가 분야다. 교육심리 분야에서 자극반응(S-R)이론, 완전학습이론 등의 많은 교수이론이 도입되었으며, 교육과정 분야에서도 교과중심 교육과정과 생활중심 교육과정의 수립을 위하여 많은 이론이 도입되었다.

교육평가는 인간의 잠재적 능력을 측정하기 위한 검사도구 개발에 치중하면서 교육평가 분야가 검사로 국한되었다. 그러나 1960년대는 교육측정, 검사이론 전문가가 거의 없었으며 교육심리 전공자들의 주도하에 각종 검사가 주로 제작되었다. 이 시기에 교육평가 분야는 한국교육학회 산하 교육심리연구회에 포함되어 있다가 1983년 교육평가에 대한 중요성이 부각됨에 따라 교육평가연구회가 한국교육학회의 11번째 분과로 독립하였으며, 1986년 『교육평가연구』 제1권 제1호가 발간되면서 학문적 전문성을 띠기 시작하였다. 최근에 평가이론으로서 프로그램 평가뿐 아니라 교육측정이론의 검사이론 중 문항반응이론, 고차적인 자료분석을 위한 통계적 방법으로 구조방정식모형, 다층자료분석이론 등으로 교육평가 영역이 확대되고 있다. 교육평가 영역에 포함될 수 있는 측정이론, 평가이론, 교육통계, 교육연구법의 새로운 이론이 도입되면서 한국교육학회 교육평가연구회(1995)는 교육측정 · 평가 · 연구 · 통계 용어사전을 출간하였다. 학교현장에서의 교육평가의 중요성에도 불구하고 교사 양성을 위한 교직과목으로서 교육평가는 교육과정과 묶여서 '교육과정 및 교육평가'로 개설되다가 2009년부터 교육평가 과목으로 독립되었다.

교육의 책무성이 강조되면서 우리나라에서도 초 · 중 · 고 학생들을 대상으로 하는 전국단위 학업성취도 평가로, 2011년부터 초등학교의 경우 6학년 때 국어, 영어, 수학, 사회, 과학을, 중학교의 경우 3학년 때 국어, 영어, 수학, 그리고 고등학교는 2학년 때 국어, 영어, 수학 시험을 모든 학생을 대상으로 시행하고 있다.

이를 통하여 학생들의 학업성취수준을 측정하고, 특히 기초학력 미달 학생들을 파악하여 학습을 보정하는 작업을 수행하였다. 기초학력 미달인 학생들에게 학교별로 여름방학이나 혹은 방과후 학교를 통하여 학습 부진 내용을 보충하게 하였다. 특히 초등학생의 기초학력 미달 학생 비율을 최대한 줄이고자 하는 정부의 노력으로 국어, 영어, 수학의 경우는 기초학력 미달 학생의 비율이 1% 미만으로 줄어들었으며, 학력의 상향 평준화, 학력 격차의 완화, 기초학력 향상, 잘 가르치는 학교 분위기 확산의 효과가 있었다(김동영, 김도남, 신진아, 2013). 또한 초·중·고 학생들의 성취수준(보통이상, 기초학력, 기초학력 미달)의 비율만 공시하는 것이 아니라 학교의 향상도를 공지하여 해당학교 학생들의 학력 변화 추이도 분석하였다.

그러나 국가수준 학업성취도 평가에 대한 찬성만이 있는 것이 아니다. 시험에 대한 부정적인 견해를 지니고 있는 집단에서는 일제고사라 명명하며 시험 거부운동을 전개하였고, 박근혜 정부에 들어와서는 초등학교 전수평가는 폐지하고 중·고등학교에서만 국가수준 학업성취도 평가를 실시하였다. 문재인 정부가 들어서면서 2017년 6월 전국 시도교육감 협의회와 국정기획자문회의에서 학업성취도 평가를 표집평가로 전환할 것을 제안하여 2017년 6월부터 표집평가를 시행하고 있다.

한국교육과정평가원에서는 국제학업성취도평가 시행, 준거참조평가인 성취평가제 적용, 새로운 형성평가 실천, 인지진단이론을 적용한 평가, IT기반의 스마트 평가, 클라우드기반의 국가영어능력평가시험, 서답형 한국어 자동채점 프로그램 개발 등 다양한 연구와 사업을 진행하고 있다(성태제, 2013). 대학입시제도로 대변되던 교육평가가 시대의 발전과 더불어 이제는 우리나라의 교육평가 분야가 명실공히 세계적으로 선도적 역할을 하고 있다고 할 수 있다.

주요 단어 및 개념

교육평가
진단평가
형성평가
총합평가
Tyler의 교육평가
Tyler의 8년 연구
순수 시대
현실 시대
전문화 시대
Sputnik

연습문제

1 교육평가의 정의를 정리하고 자신의 정의를 내리시오.

2 교육평가의 목적을 논하시오.

3 교육평가의 기본 가정을 설명하시오.

4 교육평가에 대한 고전적 정의와 현대적 정의에 의한 교육평가 대상에 대하여 비교·설명하시오.

5 교육평가의 주체와 평가자가 갖추어야 할 자격을 설명하시오.

6 평가보고서의 평가기준을 설명하시오.

7 미국과 우리나라의 교육평가에 대한 역사를 비교 · 설명하고, 미국 역사에 비추어 우리나라의 교육평가는 어느 시대에 있는지 생각해 보시오.

8 PISA와 TIMSS를 비교하여 설명하시오.

9 차세대 교육평가정책 2.0에 대하여 조사하여 보시오.

10 초등학교 학업성취도의 전수평가가 폐지되고 표집평가로 전환한 이유에 대하여 설명하고, 학생들에게 어떤 영향을 미칠 것인지 평가학적 관점에서 논하시오.

11 한국교육과정평가원에서 수행하고 있는 새로운 연구와 사업에 대하여 조사해 보시오.

제3장

교육과 교육목표, 교육과정과의 관계

1. 교육목표의 진술

교육평가가 실시되기 전에 교육목표를 확인하는 작업이 이루어져야 한다. 그러므로 교육목표는 교육을 실시하기 위하여 중요할 뿐 아니라 평가를 위하여도 중요하다. **교육목표**는 교육의 전체 과정에서 방향을 설정하고 규제하는 것으로 국가적 · 사회적 차원에서 타당하고 바람직한 가치적 · 규범적 개념을 말한다. 그러므로 교육목표는 학습자 행동에서의 바람직한 변화를 진술하여 놓은 것이라 할 수 있다. 교육목표는 광의의 개념으로 국가, 사회, 학교의 교육목표가 있으며, 협의의 개념으로 교과, 학습목표 등이 있다. 교육목표와 동의어로 사용하는 용어로는 **교수목표**, **행동목표**, **수행목표**가 있으며, 각 용어에 대한 설명은 다음과 같다.

- 교수목표(instructional objectivity): 학생에게 가르쳐야 할 내용과 수준
- 행동목표(behavior objectivity): 학습 후 행동으로 나타내어야 할 목표
- 수행목표(performance objectivity): 학습 후 수행하여야 할 목표

교육목표, 교수목표, 행동목표, 수행목표는 모두 동의어로 사용되나 교육목표는 광범위한 의미를 포함하는 상위 개념이라 할 수 있다. **교수목표**는 가장 많이 사용되는 단어로 교수·학습과정에서의 목표를 의미하며, 교수행위에 기대되는 학습결과로서 학생이 무엇을 알아야 하는가에 초점을 맞춘다. **행동목표**는 교수·학습 이후에 나타내어야 할 행위로 표현한 목표를 말한다. **수행목표**는 교수·학습 후에 어떤 일을 얼마만큼 수행할 수 있는가를 진술한 목표다.

국가가 추구하는 교육목표는 국가의 형태와 이념에 따라 다를 수밖에 없다. 우리나라, 미국, 일본, 독일, 조선민주주의인민공화국의 교육목표를 알아본다.

1) 우리나라

우리나라의 **교육목표**는 「교육기본법」 제2조(http://www.law.go.kr/법령/교육기본법, 2007)에 명기되어 있으며 다음과 같다.

> 교육은 홍익인간의 이념 아래 모든 국민으로 하여금 인격을 도야하고 자주적 생활능력과 민주시민으로서 필요한 자질을 갖추게 하여 인간다운 삶을 영위하게 하고 민주국가의 발전과 인류공영의 이상을 실현하는 데 이바지하게 함을 목적으로 한다.

2) 미 국

미국의 **교육목표**는 **7가지 원리**(Seven Principles)로서 다음과 같다.

> ① 건강(Health)
> ② 기본능력 습득(Command of fundamental process: 3R－읽기, 쓰기, 셈하기)
> ③ 가족구성원의 가치(Worth home membership)
> ④ 직업(Vocation)
> ⑤ 시민정신(Citizenship)
> ⑥ 여가의 가치(Worth use of leisure)
> ⑦ 윤리적 특성(Ethical character)

건강, 그리고 국민의 지적 기본능력인 세 가지 기본학습능력으로 읽기, 쓰기, 셈하기를 열거하였으며, 가족구성원으로서의 가치, 그리고 직업에 대한 관심, 시민정신, 여가선용, 윤리적 특성을 든다. 미국의 교육목표는 개인을 중심으로 규정하는 특징을 지니고 있으며, 추상적이라기보다 구체적으로 명기되었다고 볼 수 있다.

3) 일 본

일본의 **교육목표**는 「교육기본법」 제1조와 제2조에 명기되어 있으며 다음과 같다.

제1조: 교육은 인격의 완성을 꾀하고 평화적인 국가와 사회의 형성자로서 진리와 정의를 사랑하며, 개인의 가치를 존중하고, 근로와 책임을 중히 여기며 자주적 정신이 가득한 심신과 함께 건강한 국민을 육성하도록 하여야 한다.

제2조(교육의 방침): 교육의 목적은 모든 기회와 모든 장소에서 실현되어야 한다. 이 목적을 달성하기 위하여는 학문의 자유를 존중하고 실제 생활에 부응하며, 자발적 정신을 기르고, 자신과 타인의 공경, 경애와 협력에 의하여 문화 창조와 발전에 공헌하도록 노력하여야 한다.

4) 독 일

독일의 **교육목표**는 「학교법」 제1조에 명기되어 있으며 다음과 같다.

학교의 임무는 독일연방공화국의 기본법과 바덴-뷔르템베르크 주헌법에 근거한 법령에 의하여 결정되며, 특히 모든 청소년은 출신이나 경제 여건에 관계없이 자기의 소질에 적합한 교육을 받을 권리가 있으며, 국가와 사회, 그리고 그가 속해 있는 공동체에서 책임과 권리, 의무를 수행할 수 있도록 노력한다는 것으로부터 규명된다.

5) 조선민주주의인민공화국

조선민주주의인민공화국의 **교육 이념**과 **목표**는 「사회주의 헌법」이나 「어린이 보육교양법」, 사회주의 교육체제 등을 통하여 명시되고 있다. 1992년 개정된 「사회주의 헌법」 제43조는 다음과 같다.

> 국가는 사회주의 교육학의 원리를 구현하여 후대들을 사회와 인민을 위하여 투쟁하는 견결한 혁명가로, 지덕체를 갖춘 공산주의적 새 인간으로 키운다.

또한 1976년에 채택된 「조선민주주의인민공화국 어린이 보육교양법」에는 취학 전 아동의 보육교육에 관한 기본 방향과 지침을 명시하고 있다. 제1조는 다음과 같다.

> 조선민주주의인민공화국에서 어린이들은 조국의 미래이며 공산주의 건설의 후비대이며 대를 이어 혁명할 우리 혁명위업의 계승자들이다.

조선민주주의인민공화국의 교육목표는 공산주의 건설을 위하여 사회와 인민을 위한 혁명가적 자질을 지닌 공산주의적 인간을 만드는 것이다. 이는 우리나라의 교육목표와 비교할 때 상반되는 교육목표를 지니고 있다고 할 수 있다.

여러 나라의 교육목표를 살펴볼 때 국가마다 다양하게 교육목표를 수립한다는 것을 알 수 있다. 국가의 교육목표는 국가의 역사와 시대적 사건에 의해 영향을 받을 수 있으며 시대에 따라 변화될 수 있다. 일반적으로 민주주의는 자유시민 양성을, 사회주의는 사회주의자 양성을 교육목표로 두고 있다. Goodlad(1966)는 교육목표를 설정할 때 교수적 차원, 기관적 차원, 사회적 차원에서 결정한다고 주장한다. 교수적 의사결정(instructional decision)이란 무엇을 가르칠 것인가를 구체화하여 교수·학습과 연결하여 설정하는 것이고, 기관적 의사결정이란 행정적 기능으로 기관에서 결정하는 목표와 관련된 것이며, 사회적 의사결정이란 정부, 사회, 국가의 차원에서 교육목표가 결정되어야 한다는 주장이다.

Gronlund(1970)는 교수 · 학습목표를 서술할 때 교육목표를 행동적 용어로 구체화해서 그 목표를 행위로 나타낼 수 있게 서술하여야 한다고 주장한다. Popham (1975)도 역시 잘 진술된 교육목표는 학습 후에 어떤 행위 결과가 나타나는지를 명백한 용어로 진술하여야 한다고 주장하였다.

이와 같이 교수 · 학습목표를 구체화 · 세분화하는 이유는 교육목표의 제시, 학습내용의 선택과 조직, 교육과정 개발, 평가가 용이하기 때문이다.

2. 교육목표 분류

교육은 인간의 인지적 특성, 정의적 특성 그리고 심동적 특성을 변화시키는 행위이므로 교육목표도 세 영역에서 달리 서술되어야 한다.

1) 인지적 영역의 교육목표

인지적 영역에 대한 교육목표를 서술하기 위한 이론으로 Bloom(1956)의 교육목표분류학, Gagne(1970)의 학습위계설, Mager(1962)의 조작주의 이론, Bruner의 발견학습이론(1960), Piaget의 인지발달이론(1965) 등이 있다.

인지적 행동 특성을 서술하기 위하여 Bloom(1956)은 지적 영역을 체계화한 **교육목표분류학**(taxonomy of education)을 제시하였다. 어떤 교수목표가 지적인 행동과 연결되어 있을 때 그 지식의 수준은 난이도가 있다고 가정한다. 지적 행위의 습득 단계는 [그림 3-1]과 같다.

Bloom은 **지적 행동**의 **교수목표**를 크게 지식 그 자체와 지식에 대한 기능으로 분류하였으며 〈표 3-1〉과 같다. 또한 지식의 기능을 단순정신능력에서 고등정신능력으로 위계화하였으며, 이해, 적용, 분석, 종합, 평가 중 평가가 가장 복합적인 지적 능력이라 규정하였고, 지적 영역은 복잡성의 원리(principle of complex)에 의하여 위계적으로 구성되어 있다고 보았다.

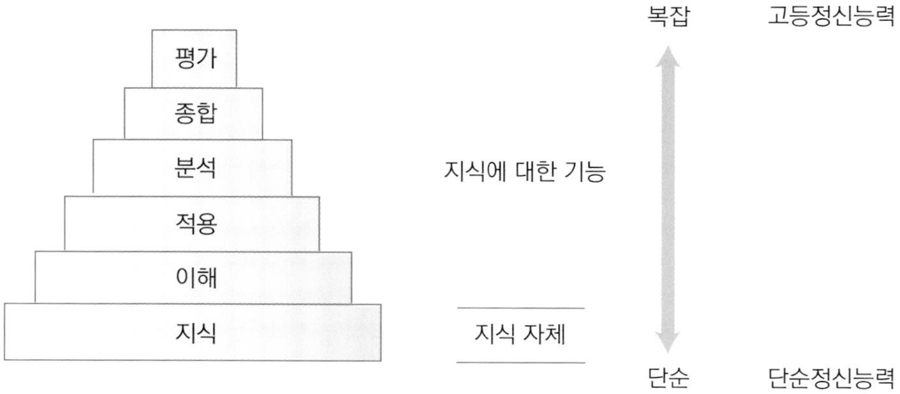

[그림 3-1] Bloom의 인지능력 영역 교육목표분류학

〈표 3-1〉 Bloom의 인지적 영역 교육목표분류학

분류	설 명
지식	교육과정 속에서 경험한 아이디어나 현상으로, 전에 배운 내용을 기록한 것으로 정의된다. 특수한 사실부터 이론까지 광범위한 범위의 내용에 대한 기억을 말한다. 이 모든 것은 머리와 관련된다. 지식은 지적 영역의 가장 낮은 수준의 산물이다.
이해	사실, 사물의 의미를 이해하는(grasp) 능력을 말한다. 이는 어떤 것을 다른 단어나 수로 번역하는 능력, 해석, 설명, 요약, 미래 경향을 예측하는 능력이다. 이해는 사실에 대한 단순한 기억, 그리고 가장 낮은 이해 수준의 다음 단계에 오는 능력이다.
적용	학습한 내용을 새로운 상황이나 구체적 상황에 사용하는 능력이다. 이는 규칙, 방법, 개념, 원리, 법칙 그리고 이론 같은 것들을 적용하는 것을 말한다. 적용은 이해 수준 이상의 능력을 요구한다.
분석	어떤 사실을 구성하는 요소로 분해하는 능력으로 구성 요소의 구조를 이해하는 능력이다. 이는 구성 부분을 확인하고 그 부분 간의 관계를 분석하여 구성 원리를 인지하는 능력을 말한다. 분석은 내용과 내용의 구성 형태를 이해하여야 하기 때문에 이해와 적용보다 높은 지적 능력이다.
종합	새로운 것을 만들기 위하여 부분들을 모으는 능력이다. 이는 연설이나 강연 등을 위한 독창적 의사 전달, 실행 계획이나 관계의 요약을 말한다. 이 단계는 새로운 양상의 구조를 강조하는 창의적 행동을 강조한다.
평가	주어진 목적을 위하여 사실들에 대하여 판단하는 능력이다. 이 판단은 규명된 기준에 근거하며, 그 기준은 내적 기준과 외적 기준이 있다. 이 능력은 이상에서 설명한 모든 지식 기능을 포함하는 가치판단까지 요구되므로 가장 높은 정신기능이다.

인지적 영역의 **교육목표분류학**에 의한 지식과 지적 기능의 보다 세분화된 분류는 다음과 같다.

Bloom의 인지적 영역 교육목표분류학

1.00 지식(knowledge)
- 1.10 특수한 것에 대한 지식(knowledge of specifics)
- 1.11 용어에 대한 지식(knowledge of terminology)
- 1.12 특수한 사실에 대한 지식(knowledge of specific facts)
- 1.20 특수한 것을 다루는 방법과 수단에 대한 지식(knowledge of ways and means of dealing with specifics)
- 1.21 합의에 대한 지식(knowledge of convention)
- 1.22 경향과 순서에 대한 지식(knowledge of trends and sequences)
- 1.23 분류와 유목에 대한 지식(knowledge of classification and categories)
- 1.24 준거에 대한 지식(knowledge of criteria)
- 1.25 방법론에 대한 지식(knowledge of methodology)
- 1.30 보편적인 것과 추상적인 것에 대한 지식(knowledge of the universals and abstractions in a field)
- 1.31 원리와 일반화된 내용에 대한 지식(knowledge of principle and generalizations)
- 1.32 이론과 구조에 대한 지식(knowledge of theories and structures)

2.00 이해(comprehension)
- 2.10 번역(translation)
- 2.20 해석(interpretation)
- 2.30 추론(extrapolation)

3.00 적용(application)

4.00 분석(analysis)
- 4.10 요소분석(analysis of elements)
- 4.20 관계분석(analysis of relations)
- 4.30 원리분석(analysis of principles)

5.00 종합(synthesis)
  5.10 독특한 의사전달 창안(production of unique communication)
  5.20 계획 혹은 목표의 창안(production of a plan, or proposed set of observation)
  5.30 추상적 관계 도출(derivation of a set abstract relation)

6.00 평가(evaluation)
  6.10 내적 근거에 의한 판단(judgement in terms of internal evidence)
  6.20 외적 근거에 의한 판단(judgement in terms of external evidence)

지식은 어떤 현상이나 사실에 대한 그 자체를 말하고, **이해**는 전달된 지식을 받아들이는 것을 말하며, 이해 수준에도 번역, 해석, 추론이 있다. **적용**이란 이해한 지식을 일반적 상황이나 특수 상황에 응용하는 지적 기능을 말한다. 그리고 **분석**이란 어떤 사실이나 현상을 구성 요소로 분해하고 요소 간의 관계와 조직되어 있는 방법을 발견하는 능력이다. **종합력**은 여러 개의 요소나 부분을 하나가 되도록 묶는 지적 능력으로 나열된 사실들을 종합하여 체계화시켜 새로운 자료를 창안하는 능력이다. **평가**란 지적 기능의 가장 높은 단계로서 문제해결방법, 작품, 소재 등에 대한 가치판단으로서 비판력과 판단력을 포함한다. 평가는 준거에 따라서 실시하며 양적 준거이거나 질적 준거일 수도 있다. 여섯 단계로 구분된 인지적 영역의 교육목표는 더 세분화되어 있으며 세분화된 내용은 성태제(2005), 임의도 외(1966)를 참고하라.

Bloom의 교육목표 분류학에 대한 비판으로는 지적 기능의 위계로 하위위계인 단순정신능력이 충족되어야 상위 지적 기능 단계인 고등정신능력으로 전이가 가능하다고 하였으나 하위능력이 충족되지 않아도 상위능력은 발휘될 수 있다. 또한 각 지적 기능의 단계를 구분하기가 용이하지 않다는 점이다.

Bloom의 인지적 영역 교육목표분류학의 저서를 임의도, 고종열, 그리고 신세호(1966)가 번역하였으며, 그 번역서에 예시된 문항들을 문항제작에 참고할 수 있다.

Anderson, Lorin, Krathwohl과 David(2001)는 Bloom의 교육목표분류학을 원리의 교육적 문제, 원리의 중립성 문제, 정보, 내용, 그리고 지식의 구분, 유목의 구인타당도, 유목의 모호성, 위계의 비타당성, 일차원적 단일성의 문제를 제기하고 〈표 3-2〉와 같이 대안을 제시하였다(강현석, 정재임, 최윤경, 2005).

〈표 3-2〉 Anderson, Lorin과 Krathwohl의 교육목표분류학

지식의 영역	1. 기억	2. 이해	3. 적용	4. 분석	5. 평가	6. 창조
부분지식						
개념 이해						
절차적 지식						
메타분석적 지식						

지식을 네 단계로 부분지식에서부터 메타분석적 지식까지 구분하고 지식의 기능은 단순기능인 기억부터 이해, 적용, 분석, 평가, 그리고 최고 고등정신기능인 창조까지 구분하였다.

2) 정의적 영역의 교육목표

인지적 행동 특성에 대한 교육 못지않게 중요한 것이 정의적 행동 특성에 대한 교육이다. 정의적 행동 특성에 대한 교육이 여러 가지 이유에서 경시되고 있으나 현대 사회에서 정의적 행동 특성에 대한 교육은 매우 중요하다고 할 수 있다.

정의적 행동 특성은 인간의 마음과 관련된 특성으로 인성, 가치관, 도덕성, 적성, 태도, 흥미와 같은 정서적 측면을 의미한다. Krathwohl, Bloom, 그리고 Masia (1964)는 정의적 행동 특성을 개인이 내면화(internalization)하는 정도에 따라 다음의 5단계로 나누었다.

Krathwohl, Bloom, Masia의 정의적 영역 교육목표분류학

1.0 감수(receiving): 현상, 자극에 대한 민감성. 주의와 관심을 초래

1.1 감지-그냥 받아들임

1.2 자진감수-내가 의도적으로 받아들임

1.3 선택적 관심-자신이 통제

2.0 반응(responding): 관심의 수준을 넘어 반응

3.0 가치화(valuing): 사물, 현상, 사실에 대한 판단-값진 것

4.0 조직(organization): 가치체계의 조직-가치의 위계관계

5.0 인격화(characterization): 가치체계의 내면화

감수(receiving)란 인간의 정의적 행동에 영향을 주는 모든 사건에 대하여 관심을 갖게 되는 정의적 행동 특성으로 어떤 사건이나 현상을 받아들이거나 선택적으로 관심을 갖는 단계를 말한다. **반응**(responding)이란 관심의 수준을 넘어 어떤 사건이나 현상에 대하여 어떤 형태로든 반응함을 말한다. 예를 들어, 넘어진 아이를 보고 관심을 표현한 것이 감수라면 가서 일으켜 주든지, 일어나라고 말하든지, 아니면 그냥 지나치는 것이 반응이다. **가치화**(valuing)란 여러 가지 사건과 현상 중에 어떤 것이 가치 있는가를 구분하는 행동 특성을 말한다. 예를 들어, 넘어진 아이를 보고 관심을 갖는 행위와 약속 시간을 지켜야 하기에 그냥 지나치는 경우, 어떤 행위가 더 가치 있는가를 판단하는 행위다. **조직**(organization)이란 여러 행위와 사건에 따른 각기 다른 가치가 존재하므로 이들 가치를 위계적으로 조직하는 행동 특성이다. **인격화**(characterization)란 가치화와 가치체계의 조직이 정착되면 가치체계가 내면화되어 성숙한 인간, 즉 성스러운 사람이 된다. 인격화는 정의적 행동 특성의 최고 단계로 가치체계를 내면화한 예로서 간디, 테레사 수녀 등을 들 수 있다.

3) 심동적 영역의 교육목표

교육목표에는 신체와 관련된 기능의 숙달과 발달도 포함되어 있다. 그러므로 심동적 영역에서 신체의 운동을 조절하는 신체능력에 관한 행동능력도 단계가 있으며, Simpson(1966)은 수용, 태세, 유도반응, 기계화, 복합외현반응의 5단계를 정하였고, 1972년에는 적응과 독창성을 추가하여 다음과 같이 7단계로 체계화하였다.

Simpson의 심동적 영역 교육목표분류학

1.0 **수용**(perception): 행동화 단서를 얻기 위한 감각기관 사용에 관심

2.0 **태세**(set): 행위를 하기 위한 준비 상태

3.0 **유도반응**(guide response): 복잡한 기능을 배우는 초기단계

4.0 **기계화**(mechanism): 행동이 습관화되고 신뢰성과 효율성 증진

5.0 **복합외현반응**(complex overt response): 최소의 에너지로 신속 부드럽게 행동

6.0 **적응**(adaption): 문제 상황이나 특수한 요구에 적합하게 숙달된 행위를 수정 또는 변화

7.0 **독창성**(origination): 개인의 특이한 행동 개발

심동적 행동 특성의 교육목표 7단계를 탁구의 예를 들어 설명하면, **수용**이란 탁구를 배우기 위하여 탁구에 관심을 가지고 보는 행위를 말한다. **태세**란 탁구를 배우기 위하여 간단한 복장과 가벼운 신발 그리고 탁구 라켓을 준비하는 단계를 말하며, **유도반응**이란 탁구공을 넘기기 위하여 배우는 단계로서 심동적 행동 특성 교육의 초기단계다. 유도반응을 넘어서 자연스럽게 탁구를 치게되는 단계를 **기계화**라 하며, 이 단계에서는 탁구치는 자세가 습관적으로 고정되어 안정감을 주며 탁구를 잘 친다는 평가를 받게 된다. **복합외현반응**이란 최소한의 힘으로 탁구공을 신속 · 정확하게 보내는 단계를 말한다. **적응**이란 특수한 상황에 숙달된 자세나 행위를 변형하여 행위하는 단계로서 탁구공이 왼쪽으로 왔을 때 라켓을 허리 뒤로 돌려 받아넘기는 행위를 예로 들 수 있다. **독창성**이란 탁구를 잘 치는 일반적 자세가 있으나, 그런 일반적 자세가 아닌 개인의 독특한 자세로 어떤 행위를 매우 잘하는 단계를 말한다. 즉, 개인의 독창적 행동과 자세로 행위결과를 최대화하는 단계다.

3. 교육평가와 교육과정과의 관계

교육평가는 무엇을 가르치고, 무엇을 배워야 하는가 하는 명제를 위한 교육과정 및 교수 · 학습과 불가분의 관계에 있다. 교육과정 및 교수 · 학습과 교육평가의 관계에 비추어 Madaus와 Kellaghan(1992)은 교육평가를 두 종류로 구분하고 있다. 하나는 Tyler의 정의에 입각하여, 평가는 교육과정과 교육 프로그램에 기초한 교육목적의 달성 여부를 평가해야 한다는 관점이다. 이를 **교수선행측정**(Instruction-Driven Measurement: IDM)이라 한다. 교수선행측정은 교육과정과 교수 프로그램에 근거하므로, 이를 위한 평가도구는 내용타당도를 중요시해야 한다. 즉, 검사가 교육과정에 포함된 내용과 가르친 내용을 포함하고 있느냐에 큰 관심을 두게 되며, 그 예로 학업성취도검사(academic achievement test)를 들 수 있다. 교수선행측정에 의한 학업성취도검사를 제작할 때는 교과서, 교수내용, 측정되어야 할 내용과 행동, 검사문항의 관계를 매우 사려 깊게 고려하여야 한다. 교수선행측정에 의한 평가를 하기 위해서는 제9장에서 설명할 이원분류표가 제대로 작성되어야 한다. 잘 작성된 이원분류표에 의하여 제작된 검사는 내용에 기초한 근거(내용타당도)를 보장받을 수 있다. 1993년까지 실시된 대입학력고사는 교수선행측정에 의한 검사로 분류된다.

이와는 달리 **측정선행교수**(Measurement-Driven Instruction: MDI)는 Popham과 그의 동료들에 의하여 1980년대 초반에 제안된 방법이다. 교육과정과 교육내용을 의도적으로 변화시키기 위하여 교육평가는 교육과정 및 교수 · 학습과 독립적으로 기존의 교육과정에 기초한 교수 · 학습내용을 측정하지 않을 수 있다는 것이다. 측정선행교수가 실시되는 경우로는 교육내용을 변화시키기 위하여 교재나 교구, 그리고 교육과정을 개정 혹은 변화하고자 할 때 기득권을 유지하고 있는 집단의 반대가 심할 경우, 예를 들어 현재 교육내용에 익숙한 교사집단, 교구 · 교재 제작자들 또한 현재 교육과정에서 우수한 능력을 발휘하고 있는 학생은 물론 학부모 집단의 반발이 심할 경우, 합리적인 방법으로 교육내용을 변화시키기가 어려울 때 측정선행교수를 사용하게 된다.

교육과정의 변화에 강력한 저항이 있을 경우, 평가방법을 통하여 교육과정을 변화시킬 수 있으며, 나아가 교수와 학습의 방향을 유도할 수 있다. 그 예로 1960년대와 1970년대의 Australia의 화학교육, Irland의 물리, 화학, 수학교육, Belgium의 초등교육, 미국 College Entrance Examination Board의 수학시험, 우리나라에서 1994학년도부터 실시한 대학수학능력시험을 들 수 있다.

측정선행교수를 통하여 평가가 교육과정에 지대한 영향을 줄 수 있으며, 교육과정의 변화는 물론 교수 · 학습내용도 변화시킬 수 있다(Popham 1983, 1987a, 1987b). 특히 평가결과가 평가대상에게 영향을 많이 줄수록 측정선행교수의 영향력은 커진다. 측정선행교수는 교육과정과 별도로 평가가 교육과정 및 교육제도의 변화를 유도할 수 있는 장점을 지니고 있다. 교수선행측정과 측정선행교수를 비교할 때 측정선행교수는 비용이 많이 들고 학교현장에 혼란을 가져오기 쉬우므로 성공 가능성이 높지 않다는 단점이 있다.

주요 단어 및 개념

교수목표	행동목표	수행목표
홍익인간	교육목표의 7가지 원리	3R
Worth use of leisure	Bloom의 교육목표분류학	

지식 / 이해 / 적용 / 분석 / 종합 / 평가

감수 / 반응 / 가치화 / 조직 / 인격화

수용 / 태세 / 유도반응 / 기계화 / 복합외현반응 / 적응 / 독창성

교수선행측정	측정선행교수

연습문제

1 우리나라의 교육목표와 북한의 교육목표를 비교하고, 우리 민족을 위한 교육목표를 수립하시오.

2 우리나라와 미국의 교육목표 특징을 비교·분석하고 두 나라의 교육목표에 대한 장단점을 설명하시오.

3 교육목표가 어떻게 진술되어야 하는지 논하시오.

4 Bloom의 인지적 교육목표분류학에 의한 단계를 설명하고, 이 이론의 장단점을 논하시오.

5 Anderson, Lorin, Krathwohl과 David의 교육목표 분류학을 설명하고 장단점을 논하시오.

6 Krathwohl, Bloom, Masia의 정의적 영역 교육목표분류학에 의한 단계를 예를 들어 설명하시오.

7 측정선행교수의 장단점을 설명하고, 교육과정과 교육평가의 바람직한 관계를 논하시오.

제2부

교육평가의 종류

제4장

교수 · 학습 진행에 의한 교육평가

교육평가는 지속적이고 종합적인 특징을 가지고 있다. 교육이란 활동을 하기 위해서는 교육이 시작되기 전과 교육이 진행되는 과정, 그리고 교육이 끝난 후에 평가가 이루어져야 한다([그림 2-2] 참조). 이런 의미에서 진단평가, 형성평가, 종합평가를 설명한다.

1. 진단평가

1) 정 의

우리가 병원에 갔을 때 의사가 증상이 어떠냐고 여러 가지 질문을 한다. 이를 진단이라고 한다. 이는 의사가 치료를 하기 전에 환자가 지니고 있는 건강상의 문제를 알기 위해서다. 교육에서도 학습자에게 교수 · 학습을 투입하기 전에 학습자의 특성을 파악하여야 하며, 이를 파악하기 위한 평가를 진단평가라 한다. 그러므로 **진단평가**(diagnostic evaluation)는 학습이 시작되기 전에 학생이 소유하고 있는 특성을 체계적으로 관찰, 측정하여 진단하는 평가로서 사전학습 정도, 적성, 흥미, 동기, 지능 등을 분석한다.

2) 목 적

평가의 궁극적 목적은 학습을 극대화하려는 것으로 진단을 제대로 하지 못하면 교육내용이나 교수법을 적절히 수립하지 못하여 교수 · 학습의 행위가 제대로 이루어지지 않을 뿐더러 교육목표에 도달하기도 어렵다. 그러므로 진단평가는 매우 중요하다. 진단평가의 중요한 목적은 적절한 수업전략을 투입하기 위함이다. 교수 · 학습이 진행되기 전에 학생이 소유하고 있는 지적 능력뿐만 아니라 흥미, 적성, 태도, 가정환경 등을 파악하여야 학습자에게 보다 적절한 교수법을 투입할 수 있다. 그러므로 진단평가에서는 학습자가 지닌 다음의 특성을 분석하여야 한다.

- 학습목표의 선수요건이 되는 출발행동 및 기능의 소유 여부
- 학습단위 목표 혹은 교과목표의 사전 달성 여부 파악
- 적절한 교수법이나 대안을 제공하기 위하여 학생의 특성 파악

예를 들어, 학습단원이 두 자리수의 곱셈과 나눗셈인데 만약 한 자리수의 곱셈과 나눗셈을 이해하지 못하였다면 두 자리수의 곱셈과 나눗셈의 학습은 이루어질 수 없다. 반면 학습자가 두 자리수의 곱셈과 나눗셈에 대한 내용을 집이나 학원에서 학습하여 완전히 이해하였다면 보다 어려운 학습내용이 제시되어야 한다. 그렇지 않으면 학습에 대한 흥미와 동기가 떨어진다. 더불어 학생의 지적 능력 이외에 다른 특성을 이해한다면 학생들에게 부합하는 다른 교수법을 제공할 수 있다.

진단평가 결과에 따라서 학습자를 분류, 배치하는 경우가 있다. 이는 학습자에게 표식을 붙여 차별화하는 것이 아니라 비슷한 학습자를 집단화하여 그들에게 적절한 교수법을 투입하여 학습의 극대화를 추구하는 목적으로 이루어져야 한다. 교과별 이동수업을 예로 들 수 있다. 예전에 일류대학 진학을 위하여 일부 학교에

서 모든 교과목을 우반과 열반으로 나눈 일이 있었다. 그러나 학습을 극대화하기 위한 반 편성은 이 개념과는 다른 차원에서 이루어져야 하며, 일정기간이 지난 후에는 능력 변화에 따라 학습자 집단이 다시 편성될 수 있도록 하여야 한다.

3) 평가 요소

진단평가에서 평가되는 요인은 크게 지적 출발행동과 정의적 출발행동으로 나뉜다. 지적 출발행동이란 학습에 영향을 주는 가정이나 학교에서 형성된 지적인 능력으로 학습을 위한 기본 기능을 말한다. 예를 들면, 문장을 이해하는 능력, 언어를 구사하는 방법과 의사소통능력, 논리적인 사고구조, 학습능력으로서 중요한 점을 찾는 능력, 요약하는 능력 등이 포함되며 앞에서 설명한 선수학습 정도를 평가하는 것이 중요하다. 그리고 학습결손의 유무와 정도도 분석하고 그 원인이 무엇인지 진단한다.

지적 능력을 평가함에 있어 종전에는 지능에만 의존하였다. 지능이론은 인간이 지닌 개인차에 관심을 두면서 전개되었다고 할 수 있다. 지능에 대한 초기의 관심은 Greenwich 천문대의 우주관측자들이 항성이 움직이는 방향과 거리를 각각 다르게 지각하는 데서 비롯되어 시각적 반응의 차이에 관심을 두게 되었다. 그 후 개인마다 자극에 반응하는 시간이 각각 다름에 착안하여 반응시간(reaction time)을 지능과 관련지어 논의하게 되었다. Binet와 Simon(1905)은 지능을 잘 이해하고 판단하여 추리하는 능력으로 정의하였으며, 이후 요인분석을 이용한 지능이론이 전개되면서 Thurstone은 지능이 어휘력, 추리력, 지각력, 공간력, 수리력, 기억력, 언어 유창성의 7가지 기본정신능력(seven primary mental ability)으로 구성되어 있다고 제안하였다. 그러나 이 이론은 학업과 관련된 능력만 고려하였지 다른 능력을 고려하지 않았다는 비판과 인종에 따른 편파성, 다시 말하면 차별기능에 대한 문제가 제기되면서 지능검사 결과에 대한 의존도는 감소하였다. California 주에서 처음 실시된 지능검사는 상담 목적으로 사용되어 오다가 1992년에는 상담의 목적으로도 지능검사 점수를 사용할 수 없다는 판결이 나왔다. 지능에 대한 이론적 논란은 계속되고 있으며, Sternberg(1985)의 삼위일체이론과 Gardner(1983)의 다지능이론이 전개되고 있다.

이상에서 지능점수를 진단평가의 요소로 고려할 때 주의해야 할 점은 다음과 같다. 지능은 단일성이 아닌 다양성의 특징을 가지고 있으므로 지능점수가 높다고 모든 것을 잘하는 것이 아님에 유의하여야 한다. 또한 지능점수는 검사의 난이도 수준에 따라 달리 측정되므로 지능점수에 대한 절대적 해석에서 벗어나야 한다. 즉, 150점 이상이면 천재로, 두 자리 수의 지능이면 저능아로 인식하는 일반적 관점에서 벗어나야 한다. 나아가 지능이 유전적이라는 생각에서도 벗어나야 한다. 지능이 학습에 주는 영향력에 대한 믿음이 점차 감소됨에 따라 진단평가를 위한 지능점수의 활용도가 낮아질 것이다.

정의적 행동 특성으로서 학습자의 학습동기, 흥미, 성격, 태도 등을 파악하는 것이 필요하다. 더불어 학습 외적 요인으로 가정환경, 친구관계 등도 고려해야 한다. 진단평가를 위하여 전 학년도의 성적표와 종합생활기록부를 참고하는 것이 진단평가에 도움이 된다.

4) 절차와 방법

진단평가의 절차와 방법에 대하여 구체적인 순서나 종류를 제시하는 것은 쉽지 않다. 그러므로 진단평가를 하는 절차는 교육내용에 따라 다양할 수 있다. 진단평가를 하기 위하여 형식적인 평가를 실시하기가 용이하지 않으므로 일반적으로 자료에 의존하여 평가한다. 전 학년도의 성적표나 종합생활기록부를 토대로 학습자의 특성을 파악하고 교수·학습을 투입하기 전에 교사가 간단히 제작한 시험이나 질문 등을 이용하여 진단평가를 실시할 수도 있다. 학교가 아닌 사회교육기관 등에서는 진단평가의 방법으로 과목 선택의 동기 및 목적, 관련 과목의 수강 여부, 현 직업, 그리고 교과를 통하여 얻고자 하는 내용 등을 기술하여 분석할 수 있다.

전략적인 교수·학습이론을 투입하기 위해서는 체계적인 진단평가가 필요하다. 대학에서는 교양영어나 수학과 같은 과목의 경우 대학에 입학한 후 배치고사(replacement test)를 보아서 해당 교과목을 면제해 주든가 반편성을 하게 된다. 미국에서는 수학이나 영어 등의 경우에 강의 내용의 수준을 결정하기 위해 매우 체계적인 배치고사를 실시하고 있다.

2. 형성평가

1) 정 의

의사가 환자를 진단하고 약을 처방한 후 치료가 제대로 진행되고 있는지, 아니면 부작용이나 건강상의 다른 문제가 나타나지 않았는지를 확인하기 위하여 다시 병원에 오도록 한다. 교육에서도 진단평가를 통하여 교수 · 학습을 투입하고 난 후 그 교수법이 학습자에게 적절한지 확인하여야 하며, 이 작업을 형성평가라 한다. **형성평가**(formative evaluation)란 교수 · 학습이 진행되고 있는 도중에 학생에게 학습결과를 송환하여 주고 교육과정 및 수업방법을 개선시키기 위한 평가를 말한다. Scriven(1967)이 형성평가란 말을 최초로 사용하였으며, 이는 교육과정의 개선을 통하여 수업을 발전시키기 위한 평가라 하였다.

학습극대화를 위한 형성평가의 형향이 크다는 인식이 높아지면서, Black과 Wiliam (1998)의 연구를 기점으로 형성평가에 대한 이론이 발전하였고 학교현장에 활발히 적용되고 있다. 형성평가를 바라보는 새로운 관점은 학생의 학습과 교사의 수업을 개선하기 위한 평가, 교사와 학생이 함께 참여하는 평가, 의사소통이나 협력, 문제해결력과 태도 등 통합적 역량에 대한 평가, 학습결과보다는 학습을 위한 평가로 재조명되고 있다. 새로운 관점의 형성평가는 제5장에서 설명한다.

2) 목적 · 역할 및 특징

형성평가의 목적은 학습이 유동적으로 이루어지는 과정에서 교수 · 학습을 개선하는 데 있다. 목적을 이루기 위하여 형성평가는 다음과 같은 역할을 하여야 한다.

첫째, 학습의 개별화를 추구한다. 형성평가를 실시하면 학생 개개인의 결과가 다르게 나타나므로 개인별 학습능력에 맞추어 개인학습을 진행하도록 도와줄 수 있다.

둘째, 송환효과의 역할을 하여야 한다. 형성평가 결과를 학생에게 알려 주어 자신의 장점과 문제점이 무엇인지를 알게 하여야 한다.

셋째, 학습곤란을 진단하여야 한다. 학습을 하는데 어느 부분이 쉽고 어려운지를 파악하여야 하며, 특정 학습단위에서 실패율이 높다면 그 실패의 원인이 어디에 있는가를 알 수 있어야 한다.

넷째, 학습동기를 유발하여야 한다. 형성평가의 결과로 칭찬을 하면 그것이 하나의 강화제 역할을 하여 학습동기를 유발할 수 있다.

형성평가의 목적과 역할에 비추어 볼 때 형성평가는 준거참조평가, 쉽게 말하여 절대평가를 지향하며 평가의 주체 혹은 검사도구는 교사와 학생이 같이 제작할 수 있으며 평가결과의 송환도 강화된다. 형성평가는 학습의 곤란 정도를 파악하여야 하므로 평가도구를 제작할 때 매우 어려운 문제나 매우 쉬운 문제보다는 학습내용에 적절한 난이도의 문제를 출제하여 최저성취기준에 의하여 학습의 곤란 정도를 파악하는 것이 바람직하다. 즉, 평가자가 고려하는 최저성취기준과 유사한 난이도의 문항들로 형성평가를 위한 검사를 제작한다.

3) 절 차

형성평가의 일반적 **절차**는 다음과 같다.

① 학습단위를 세분화하여 분석한다.
② 학습단위별로 교육목표를 진술하고 목표진술은 최저성취수준을 설정하여 제시한다.
③ 학습단위의 교육을 세분화하고 행위동사로 표현한다.
④ 평가도구를 제작한다.

평가도구를 제작할 때, 학습단위 중의 중요한 모든 요소와 이원분류표에 의한 행동소의 각 단계를 모두 포함시킨다. 또한 다양한 형태로 다양한 정신능력을 평가하고 학생의 교육목표 성취 여부를 파악하기 위해 최저준거에 준하는 난이도의 평가도구를 제작하여야 한다. 학생들의 상대적 서열에 대한 정보가 중요시 될 때는 규준참조평가를 선택하여야 하며, 학생들을 변별하기 위하여 매우 쉬운 문항부터 매우 어려운 문항까지 골고루 출제하여야 한다. 그러나 형성평가는 일반적으로 준거참조평가를 강조한다.

3. 총합평가

1) 정 의

의사는 환자를 치료하면서 최종적으로 완쾌 여부를 판정한다. 교육에서도 교육목적에 따라 일련의 교육행위를 종료한 후 최종적인 결론을 내리게 된다. 이를 위하여 총합평가가 필요하다. **총합평가**(summative evaluation)란 교수 · 학습의 효과와 관련해서 학습이 끝난 다음에 교육목표의 달성 여부를 종합적으로 판정하는 평가를 말한다. Scriven(1967)은 교육과정이 끝난 다음에 교수 · 학습에서 괄목할 만한 성장이 이루어졌는가를 규명하고 교육목표를 성취하였는가를 판정하는 평가를 총합평가라 하였으며, 학교현장에서는 총괄평가라고도 한다.

2) 목적과 특징

총합평가의 정의에서 설명하였듯이 총합평가의 목적은 다음과 같다.

- 성취수준의 도달 여부를 판정하여 서열 부여
- 자격증 부여의 역할을 함
- 집단 간 비교
- 학생들에게 송환작용
- 프로그램 시행 여부 결정
- 책무성 부여

이상의 목적을 지닌 총합평가는 다음과 같은 특징이 있다.

- 교수 · 학습이 끝난 뒤에 의사결정을 위한 평가
- 교사보다는 평가전문가에 의해서 제작된 검사도구를 사용
- 준거참조검사와 규준참조검사를 혼용

의사결정의 내용은 교수방법의 개선에 대한 것과 책무성에 대한 것으로 그 다음 교육행위에 대한 정보를 제공한다. 그러므로 총합평가의 결과는 다음 교육을 위한 진단평가의 정보로 이용할 수 있다. 총합평가는 교수 · 학습이 끝난 상태에서 이루어지는 평가이므로 교수 · 학습을 진행한 교사보다는 교과내용전문가와 교육평가전문가에 의하여 제작된 표준화 검사나 평가도구를 사용하는 경우가 흔하다. 그 예로 전국단위 학업성취도검사 등을 들 수 있다.

총합평가는 목적에 따라 평가의 유형이 결정된다. 서열에 의한 판단을 지닌 평가를 중요시한다면 규준참조평가를 지향하여야 하고, 최저 기준의 통과 여부를 중요시한다면 준거참조평가를 지향하여야 한다.

3) 평가도구 제작 및 절차

총합평가 도구를 제작할 때 가장 중요한 것은 상대적 서열을 중요시하는 규준참조평가를 할 것인가, 아니면 교육목표의 달성 여부만을 판단하는 준거참조평가를 실시하여야 할 것인가를 결정하는 일이다. 평가의 목적이 결정되면 평가내용은 가르치고 배운 내용을 모두 포함하여야 한다. 총합평가 도구를 제작하는 절차는 다음과 같다.

① 교육목표를 재확인, 진술한다.
② 교수 · 학습의 전반적인 내용을 포함한다.
③ 다양한 정신능력을 측정하기 위하여 다양한 문항 형태를 이용한다.
④ 규준참조평가: 다양한 난이도의 문항이나 평가도구를 제작한다.
준거참조평가: 최저 준거에 부합하는 난이도의 문항이나 평가도구를 제작한다.
⑤ 규준참조평가: 규준을 만들고 서열을 부여한다.
준거참조평가: 준거에 따라 통과와 미통과를 판정한다.

4. 진단, 형성, 총합평가의 비교

진단평가, 형성평가, 총합평가를 정리하면 <표 4-1>과 같다.

<표 4-1> 진단평가, 형성평가, 총합평가의 비교

구분 / 내용	진단평가	형성평가	총합평가
시 기	교수 · 학습 시작 전	교수 · 학습 진행도중	교수 · 학습 완료 후
목 적	적절한 교수 투입	교수 · 학습 진행의 적절성 교수법 개선	교육목표 달성 교육 프로그램 선택 결정 책무성
평가방법	비형식, 형식적 평가	수시평가 비형식, 형식적 평가	형식적 평가
평가주체	교사, 교육내용전문가	교사, 학생	교육내용전문가, 평가전문가
평가기준	준거참조	준거참조	규준 혹은 준거참조
평가문항	준거에 부합하는 문항	준거에 부합하는 문항	규준참조: 다양한 난이도 준거참조: 준거에 부합하는 문항

진단, 형성, 총합평가는 교육의 전체 과정에서 진행순서에 의하여 실시되는 평가이며 비형식적이거나 형식적 형태로 이루어진다. 진단평가와 형성평가는 비형식적으로 이루어지는 경우도 적지 않으며 총합평가는 일반적으로 형식적 평가에 의해 이루어진다. 형성평가는 교과를 담당하고 있는 교사나 교육담당자와 학생들에 의하여 이루어지나 총합평가는 교육내용전문가와 평가전문가에 의하여 실시된다. 평가의 목적에 따라 준거참조평가나 규준참조평가가 실시되며, 형성평가는 일반적으로 준거참조평가를 실시한다.

Airasian과 Madaus(1972), Linn과 Gronlund(2000)는 평가를 배치평가, 형성평가, 진단평가, 총합평가로 분류하였다. 배치평가(placement assessment)는 교수 · 학습이 시작되기 전에 학생들의 출발행동을 분석하는 평가라 하였으며, 형성평가는 교수 · 학습 진행 중에 학습과정을 모니터링하기 위하여 사용하는 평가, 진단평가

(diagnostic assessment)는 형성평가의 학습 교정에 의하여 해결되지 않는 학습곤란과 관련된 평가로 설명한다. 만약 학생이 읽기, 수학 같은 교과에 다른 교수법을 사용함에도 불구하고 계속적으로 실패할 경우 특별한 진단이 필요하다. 이때 사용되는 평가가 진단평가로 이 평가는 종합적이고 구체적으로 이루어진다. 이 진단평가의 목적은 학습곤란의 원인을 밝히고 학습 교정을 위한 계획을 수립하는 데 있다. 총합평가는 교수 · 학습이 완료된 뒤 실시되는 평가다. Airasian과 Madaus는 교수 · 학습이 실시되기 전에 실시하는 진단평가를 배치평가로 명명하였다.

총합평가를 실시하고 난 후 교육과정을 개편하거나 교수법을 개선하는 것이 일반적이나 Black과 Wiliam(2004)이 교수 · 학습을 위하여 총합평가 결과보다는 형성평가 결과를 이용하는 것이 효과적이라 주장하였다. 교수 · 학습이 진행되는 형성평가가 학생들이 습득한 학업내용의 수준과 목표 간의 차이를 교사들에게 분명히 알려 줄 수 있어서 형성평가 결과를 교수 · 학습에 반영하면 그 차이를 더욱더 줄일 수 있다는 주장이다. 학생들에게 즉각적으로 평가결과를 알려 주고 교수 · 학습 계획이나 방법에 반영하면 학습을 증진시킬 수 있다는 것이다. 이런 주장을 뒷받침하기 위하여 APM(Applied Measurement in Education) 2008년 겨울호에서는 형성평가를 특별주제로 다루어 다섯 편의 논문을 소개하였다.

Shavelson 외 7인(2008)은 과학교육에서 교육평가전문가 간의 협력, 형성평가를 적용한 교육과정(curriculum-embedded formative assessment)이 학생들의 학업 성취도, 개념적 변화, 그리고 동기에 영향을 준다고 주장하였다.

주요 단어 및 개념

진단평가 형성평가 총합평가
배치평가 송환효과
7가지 기본정신능력(seven primary mental ability)

연습문제

1 진단평가에서 고려하여야 할 요소를 설명하시오.

2 진단평가의 평가요소로서 지능을 고려할 때 주의점을 설명하시오.

3 진단평가, 형성평가, 총합평가를 비교하여 설명하시오.

4 배치평가, 형성평가, 진단평가, 총합평가로 구분할 경우, 진단평가의 의미를 설명하시오.

5 형성평가 결과를 교수 · 학습에 반영할 때 장단점을 논하시오.

제5장

형성평가

제4장에서 교수와 학습 과정에서의 진단, 형성, 총합평가에 대하여 설명하였다. 최근에 들어 교수 · 학습 개선을 위한 평가가 강조되면서 교수 · 학습이 진행되는 과정에 실시되는 형성평가에 대한 관심과 세부적 절차 그리고 새로운 방법들이 제안되었다. 이런 형성평가는 학교의 환경과 학습자에 따라 다양하게 적용되면서 매우 효과적인 평가방법이 되었으며 학업성취도 향상뿐 아니라 학생들의 학습 태도, 자아 개념, 자신감, 흥미 등을 변화시키는 연구 결과들도 발표되었다. 따라서 교수 · 학습의 향상뿐 아니라 학생 개인의 변화를 유도하는 형성평가에 대하여 별도의 장을 만들어 소개한다.

1. 새로운 관점

1) 정의와 목적

제4장에서 형성평가는 교수 · 학습 과정에 시행되는 평가로서 학습에 중요한 영향

을 주는 내용을 중심으로 정의되었다. **형성평가**란 용어를 처음 사용한 Scriven(1967)도 교육과정의 개선을 통하여 수업을 발전시키는 평가가 형성평가라 강조하였다. 형성평가는 궁극적으로 학습의 극대화가 목적이라 할 수 있다.

Black과 William(1998)은 교실수업에서 방대한 자료를 수집하여 메타분석을 실시한 후 학습을 위한 평가가 강조되어야 한다고 주장하면서, 형성평가를 교사나 학생들이 참여하는 교수·학습활동을 수정하기 위하여 피드백을 제공하는 모든 활동으로 정의하였다. Cowie와 Bell(1999)도 형성평가를 학습 도중에 학습을 강화하기 위하여 교사나 학생들이 학생의 학습을 재인식하고 반응하는 모든 과정을 말한다고 정의하였다. 이러한 정의는 교사위주의 평가에서 학생까지 참여하는 평가의 주체가 확대되는 특징을 보여 준다.

Kahl(2005)은 형성평가를 교사가 가르치는 기술이나 어떤 주제에 대하여 학생들이 따라가는 정도를 측정하기 위한 도구라 정의하였다. 즉, 학생들이 배우는 과제에 대한 실수나 잘못된 개념 등을 규명하기 위한 중간적인 평가도구(mid stream tool)라 하였다. 이러한 정의는 형성평가는 학습을 위한 도구이며, 학습을 증진시키는 과정임을 강조하고 있다. McMillan(2014)은 형성평가를 학생의 학습 증거를 수집하고 그 자료에 근거하여 학생에게 피드백하며 학생의 성취도를 높이기 위하여 교수전략을 개선한다고 주장한다. 이는 학생의 학습 향상뿐만 아니라 교사의 교수전략 개선까지 형성평가의 기능이 확대된 것이라 볼 수 있다.

Furtak(2009)은 형성평가의 주요 목적은 학생이 무엇을 알아야 하는가와 현재에 얼마만큼 알고 있는가라는 지식수준의 차이를 최소화하는 것이라고 설명한다. 형성평가는 학생의 학습과 흥미 그리고 동기를 향상시키기 위하여 교사는 지속적으로 교육과정을 적용하고 학생들의 작업이나 행동을 평가하는 과정이며, 학생에게 평가 결과를 피드백하고 교수법을 개선하는 것이라고 주장한다. 교사가 학생의 지식, 이해 그리고 기능에 대한 자료를 관찰, 질문 등의 방법을 통해 자료를 얻은 후에 적합하게 해석하고 평가하여 학생에게 즉시 또는 특정 시기에 피드백하며, 다음 단계의 행위를 위하여 학습을 교정하는 순환적 절차를 거친다. 그러므로 교수법의 수정이 없는 평가는 형성평가가 아니라 할 수 있다.

김성숙, 김희경, 서민희(2013)는 미래의 핵심역량인 비판적 사고, 문제해결 능력, 이해력과 소통력, 협력적 관계, ICT 활용능력, 융통성과 적응력, 글로벌 언어

능력, 혁신적 창의성을 함양하기 위해서는 평가가 문제 풀이 위주나 지식 습득 여부를 판단하는 성격의 기존 평가에서 학생들의 역량과 기술을 표현하는 수행중심의 새로운 평가로 전화되어야 한다고 언급하면서 이를 위하여, 결과에 대한 총합평가보다는 학교 교실의 수업·학습 상황에서의 평가, 즉 과정중심의 형성평가로 무게를 이동시켜야 한다고 주장한다. 이는 결과지향적 평가(assessment of learning)에서 학습지향적 평가(assessment for learning) 혹은 학습으로서의 평가(assessment as learning)로의 전환을 의미하며, 이러한 과정에서 학생에 대한 정보 수집, 피드백 제공, 교사와 학생 간 상호작용을 강조하는 통합적 평가가 강조된다. 김진규(2013)는 형성평가가 학생의 이해 정도를 측정하기 위한 도구를 넘어서 교사의 교수활동과 학생의 학습활동을 연결시켜 주는 다리로서의 역할을 강조한다. 이렇게 형성평가를 바라보는 관점은 최근 들어 학생의 학습 향상과 교사의 교수법 개선을 위한 평가, 교사와 학생이 함께 참여하는 평가, 의사소통이나 협력·문제해결력·태도 등 통합적 역량에 대한 평가, 학습 결과가 아닌 학습을 위한 평가로 재조명되고 있다.

2) 특 징

McMillan(2014)은 **형성평가**를 **11개의 특성**으로 구분하고 각 특성에 따른 수준별 특징을 〈표 5-1〉과 같이 제시하였다.

〈표 5-1〉 형성평가의 특성

특성	낮은 수준	←――――→	높은 수준
학습근거	객관적, 표준화	표준화, 일화적	표준화, 구성형, 다양한 평가
구조	형식적, 계획적, 예시적	비형식적, 자발적, 순간	형식적 그리고 비형식적
평가자	교사	학생	교사와 학생
평가 시기	수업 및 평가 후(단원 뒤)	수업 중과 수업 후	수업 중
과제 선택	교사	학생	교사와 학생
교사·학생 상호작용	주로 형식적 역할에 따른 상호작용	형식적 역할에 따른 상호작용	광범위하고 비형식적이며 신뢰할 수 있으며 솔직한 상호작용

피드백 시기	지연(문제를 주고, 다음날 학생에게 피드백), 일반적	지연, 즉각적, 구체적	즉각적, 구체적
교수·교정	규범적, 계획적(수업계획에 따라 조율)	규범적, 융통적, 비계획적	융통적, 비계획적
자기평가 역할	없음	별로 없음	필수적
동기부여 역할	외재적(자격시험 통과)	내재적, 외재적	내재적
성공 귀인	외부 요인(교사, 운)	내부 요인(능력)	내부 요인(학생의 노력)

낮은 수준의 형성평가는 기본적이고 원론적인 평가로서 시험을 본다든가 간단한 피드백을 하는 과정이다. 보다 객관적이고 표준화된 학습내용에 근거하고 형식적 구조를 가지고 있으며 교사가 주도한 평가로서, 주로 수업이 끝난 후 피드백하며, 형식적 수준에서 교사와 학생 간의 상호작용이 이루어진다. 자기평가는 없는 편이고 외재적 원인에 의하여 동기가 유발되며, 성공과 실패의 원인을 외부로 돌리는 경향이 있다.

반면, 높은 수준의 형성평가는 수업 진행 중 자료 수집, 피드백, 수업교정 그리고 자기평가 등 여러 요소를 통합할 수 있어야 한다. 즉, 다양한 형태의 평가방법을 사용하며, 그 과정에 있어 교사와 학생이 모두 참여하여 형식적·비형식적 형태로, 피드백이 즉시 혹은 다양한 시기에 제공되도록 통합적이고 유동적으로 할 수 있는 것을 말한다. 교사와 학생 간의 상호작용은 밀접하고 과제 선택도 교사와 학생이 같이 결정하며, 자기평가가 필수적이고 동기는 내재적으로 형성되며, 성공과 실패의 원인을 내적 요인에서 찾는다.

형성평가를 사전 계획 여부에 따라 형식적 평가, 비형식적 평가로 구분할 수 있는데, 형식적 평가는 계획된 평가활동으로서 시험, 보고서, 구조화된 연습 등이 있으며, 나중에 피드백을 하고 수업교정을 위해 이용한다. 비형식적 평가는 학습 도중에 교사들의 관찰, 질문 등을 통해 이루어지며 즉각적으로 피드백이 이루어진다.

2. 자료 수집

형성평가의 중요한 목적은 교수·학습을 수정·보완하여 학습을 극대화하는 것이라 하였다. 이를 위해서 중요한 것은 교수·학습 과정에서 수업에 대한 학생들의 반응과 지식이나 기술에 대한 학생들의 진도 등을 지속적으로 모니터링하여 자료를 수집하는 것이다. 학생들의 행위 흐름이 어떻고, 어떻게 반응하는가를 살펴보고 그 결과를 수집하는 것이 중요하다. 자료 수집은 형식적 평가와 비형식적 평가를 통하여 이루어지며 그 특성은 〈표 5-2〉와 같다.

〈표 5-2〉 형성평가를 위한 형식적·비형식적 평가의 자료 수집

평가 / 내용	형식적 평가	비형식적 평가
수집 방법	숙제, 시험이나 퀴즈, 수업반응분석, 중간평가	관찰, 질문
수집 계획	계획됨	자발적이고 즉각적
수집 시기	수업 후	수업 진행 중 밀접한 모니터링
피드백 시기	추후	즉시
수업교정 시기	추후	즉시

형성평가를 위한 형식적·비형식적 형태의 특징은 사전의 계획 여부에 의하여 구분된다. 형식적 평가는 수업 전에 혹은 사전에 예고된 정형화 형태의 평가를 말하며, 피드백이나 수업 수정도 추후에 이루어진다. 비형식 평가는 학생들을 밀접하게 모니터링하면서 즉각적으로 질문을 하는 등 바로 피드백하고 수업도 즉시 수정하는 특징을 지니고 있다.

1) 형식적 형성평가의 자료 수집

형식적 형성평가는 교수·학습이 지속적으로 이루어지는 학급을 대상으로 하며, 학생의 지식 및 이해 정도를 평가하고 교사들이 그 결과를 피드백하고 수업을 설계하는 데 사용한다. 형식적 형성평가는 계획적으로 실시되며, 결과 수합 및 분

석에 일정 시간을 배정한다. 일반적으로 평가와 피드백 사이에는 몇 시간, 며칠, 혹은 몇 주간의 시간이 걸린다. 그 예로 몇 주간의 수업을 평가하는 단원평가가 있으며, 이는 학생들이 이해하지 못한 것이 무엇인지를 알려준다. 학생들의 이해 정도에 대한 정보를 얻기 위한 형식적 형성평가 자료 수집 방법으로는 수업 전 구조화된 연습문제, 사전검사, 숙제, 수업반응분석, 중간평가, 퀴즈와 단위검사가 있다.

수업 전 구조화된 연습문제는 수업을 하기 전 학생의 현재 지식과 능력을 파악하기 위한 방법으로써 학생들이 특정한 수행 상황에서 어떻게 반응하는지 알 수 있다. 수행 상황의 예로는 모든 학생을 참여시키는 작문, 발표, 그룹 활동과 같은 것이 있다. 예를 들어, '외국 배낭여행'에 대한 글을 쓰게 하고 발표를 시키면 작문 능력과 발표력을 측정할 수 있다. 형성평가는 학생의 현재 학습 수준을 정확히 진단하는 것이 목적이므로 학생들에게 편안한 마음을 갖도록 해야 하며 일반적으로 점수를 부여하지 않는 것이 바람직하다.

사전검사는 교사가 학생들에게 앞으로 배울 내용에 대하여 시험이 있다는 것을 사전에 공지하고 시험을 보는 것이다. 사전시험은 학생들이 알고 있는 것과 모르는 것, 할 수 있는 것과 할 수 없는 것을 미리 파악하기 위한 목적이 있다. 하지만 시험이 있다는 것 자체가 학생들에게 수업에 대한 부담과 불안을 안겨 줄 수 있으며, 교사가 지식을 지나치게 중요시 한다는 인상을 줄 수 있기 때문에 공식적인 사전시험을 자주 사용하지는 않는다. 사전시험이 효과적이기 위해서는 간단하고, 특정 지식과 기술에 초점이 맞춰져야 하며, 시험에 대한 학생들의 동기가 충분해야 하고, 시험의 목적이 교사의 효율적 수업 설계를 위한 것임을 학생들에게 충분히 이해시켜야 한다. 그리고 결과는 추후 진단평가의 방향 설정에 도움이 되어 수업 설계와 교수방법에 영향을 주어야 한다.

수업반응분석은 학생이 수업에 반응하는 과정을 분석해서 교사가 다양한 관점에서 학습에 대한 정보를 얻음으로써 학생이 이해한 것, 할 수 있는 것에 대하여 자신의 판단이 맞는지를 확인하는 데 이용된다. 교사는 수업에 반응하는 학생의 수행능력을 점검하고 이를 기반으로 피드백을 제공한다. 최근들어, 기술의 발달로 스마트폰이나 클릭커 등을 이용하여 학생들의 이해 정도를 표현하며 이러한 결과는 즉각적으로 표나 그래프로 제시되어 학생들의 소집단 논의로 이어질 수도 있고 교사는 추후 분석에 사용할 수도 있다.

교사가 과제를 부여하는 목적은 학생들에게 배운 지식이나 기술을 연습시키기 위한 것이다. 과제는 학습을 확장시키고 정교하게 만드는 역할을 한다. 이 밖에도 교사는 학생이 개인 활동 또는 그룹 활동을 무리 없이 수행하고 있는지에 대한 학생의 학습 상태를 점검할 수 있도록 도와주어야 하고 과제를 통해 특정 분야의 지식 및 기술에 대한 보충 학습이 필요한가도 진단한다. 이런 과정을 거쳐 학생에게 다른 과제, 그룹 활동, 개인 지도 등 어떤 활동이 필요한지를 알게 된다.

교사는 부가적 목적으로 퀴즈와 단원검사를 사용한다. 형성적 관점에서 **퀴즈**는 학생의 학습을 점검할 수 있는 구조화된 절차다. 이는 교사가 학생들의 현재 지식 및 기술의 상태를 즉각적으로 알기 위해 사용한다. 퀴즈로 얻은 결과는 그룹을 구성하거나 학습 부진과 같은 맞춤형 수업을 설계하는 데 사용된다. 퀴즈나 검사를 위하여 교사들은 선다형 문항을 만들거나 문제은행의 문항을 추출하여 사용할 수 있다. 문제은행을 이용하는 것은 문항 출제가 용이하고 학생들이 온라인으로 퀴즈를 풀 수 있기 때문에 높은 인기를 얻고 있다. 문제은행의 한 예로 ETS(Educational Testing Service)를 들 수 있으며, 약 50,000개의 표준화된 선다형 및 서답형 문제를 보유하고 있는 국가형성평가문제은행이 있다. 그리고 Pearson은 3학년부터 8학년을 위한 Progressive Assessment Series와 Stanford Learning First를 만들었는데 3학년부터 8학년 대상으로 한 형성적 교수평가 시스템으로서 성취기준을 제시하고 있다.

중간평가(Interim Assessment)는 학기말 혹은 학년말에 성취도를 평가하는 것은 부담이 크기 때문에 학기 중에 정기적으로 시험을 치루는 것으로 벤치마크 시험(benchmark test)이라고도 부른다. 대부분의 중간평가는 학생에 대한 피드백이나 교수법을 개선하기 위하여 활용되는 예가 드물기 때문에 낮은 수준의 형성평가로 분류된다. 중간평가의 한 가지 장점으로서 교사는 다른 형태의 형성평가에 비해 한 번의 시험을 통해 학생에 대한 많은 정보를 얻을 수 있다는 것이다. Abrams, McMillan과 Wetzel(2010)은 교사들은 이 시험의 결과로 학생들의 장단점을 파악하고, 추후 수업의 우선순위를 결정하며 차별화된 수업을 구상하는 데 참고한다고 설명한다. 그리고 중간평가가 좋은 형성평가가 되기 위해서는 시험 결과를 활용하기 원하는 사회 분위기, 양질의 문항 개발, 동료 교사와 결과의 의미를 토론하는 학교 풍토가 필요하다고 주장한다. 중간평가를 수업 중에 꼭 활용해야 한다면, 학습 부진을 판단하기 전에 다른 정보를 참고할 필요가 있다. 그리고 낮은 성취도의 원인을 분석하기 위해서 동료 교사와 결과에 대해 상의해 보는 것도 좋은 활용 방안이다.

중간평가는 형성평가 성격보다는 총합평가의 성격에 더 가까울 수 있으나, 학습 후에 시험을 보고 결과를 바로 교사에게 알려주어 피드백을 줄 수 있다면 형성평가라 할 수 있다. 이 시험이 수업에 실제적으로 영향을 주고, 학습 향상에 도움을 줄 수 있도록 하기 위해서는 중간평가 출제 과정을 교수 · 학습 진행 단계를 고려하여 구조화할 필요가 있다.

2) 비형식적 형성평가 자료 수집

비형식적 평가는 사전 계획 없이 교수 · 학습 도중에 교사와 학생, 학생과 학생들이 서로 상호작용한 결과로 나타나며 개인, 소규모 그룹, 학급 단위 활동을 포함한다. 자료는 수업 도중 교사에 의해 수집되고, 언어적 · 비언어적 일 수 있으며, 순간 혹은 실시간의 특징을 갖는다. 비형식적 형성평가 방법으로는 관찰과 질문이 있다. 질문보다 관찰, 특히 비형식적 관찰만큼 교사들에게 중요한 평가방법은 없다. 관찰을 통해서 학생이 수업에서 토론하는 자세, 협동학습에서 다른 학생들과의 관계와 설정 능력, 질문에 대한 응답의 정확성과 음성, 언어 구사 능력과 표정, 이해 정도, 흥미와 자신감 그리고 자존감 등도 파악할 수 있다.

비형식적인 관찰은 계획된 것이 아니기 때문에 학생들의 즉각적인 반응으로 현재의 이해 정도뿐 아니라 비언어적 행위를 통하여 지적 이외의 정의적 행동, 나아가 심체적 특성까지 파악할 수 있는 장점이 있다.

(1) 비언어적 행위 관찰

교사들은 수업도중에 학생들을 파악하기 위한 비형식적 관찰을 한다. 이를 통해 얻은 정보는 직접적으로 수업에 적용할 수 있기 때문에 관찰은 구체적인 학생의 이해보다는 수업에 영향을 주는 일반적인 특성에 초점을 맞춰야 한다. 초등학교 수준에서 교사들은 인지 및 비인지적 특성에 중점을 두며, 중등학교 수준에서는 교과목에 대한 흥미, 학습 준비 및 능력에 초점을 맞춰야 한다.

새 학기 시작 후 며칠 동안 교사는 학생들의 특성에 대한 정보를 찾아야 하며, 자연스럽게 학생의 행동을 관찰하여야 한다. Gordon(1987)은 이러한 관찰을 정보 수집, 정보 해석, 정보 통합, 그리고 학생의 특성 판단 네 단계로 구분한다.

첫 번째 단계에서 교사는 학생에 대한 정보를 수집하기 위하여 학생의 외모, 언어적 표현, 행동 등을 관찰한다. 예를 들어, 어떤 옷을 입었는가, 위생 상태는 좋은가, 다른 친구들과 대화를 하는가, 어떤 비언어적 행위를 하는가, 어떤 어휘를 구사하는가, 표정은 어떠한가, 예의를 잘 지키는가, 발표를 잘 하는가 등의 관찰을 한다. 학생의 외모 및 행동을 관찰하는 것은 학생의 행동, 반응, 상호작용을 기록하는 만큼 어려운 일은 아니다.

두 번째 단계는 관찰한 것을 해석하는 일이다. 이 단계에서 교사는 학생의 외모와 행동이 의미하는 것을 분석하며, 분석 결과를 토대로 다음과 같이 해석할 수 있다. 예를 들어, '학습에 흥미를 가지고 있으며 경청을 잘한다.'고 할 수 있다. 교사 개개인의 관점이 다르기 때문에 다른 해석이 나올 수 있다. 그래서 교사의 배경이 해석에 어떻게 영향을 끼치는지 이해할 필요가 있으며, 다른 동료 교사나 구조화된 평가를 통해 자신의 해석이 맞는지 확인해 볼 필요가 있다.

세 번째 단계는 관찰에 대한 교사의 해석을 학생의 특성과 통합시키는 것이다. 즉, 귀납적 사고를 바탕으로 몇 개의 다른 해석을 통합하여 학생의 특성에 대한 잠정적 결론을 도출해 내는 단계다. 예를 들어, '어떤 학생은 의욕적이다.' '속도는 빠르지만 완성도는 부족하다.' 혹은 '사회성이 부족하다.'를 들 수 있다.

마지막 단계는 학생들의 특성을 판단하는 것이다. 교사는 의욕적, 부진, 주의산만, 수다스러움, 재능 있음 등과 같은 자신만의 언어로 학생의 특성을 정리한다.

교사들이 관찰하고 해석할 때 범하기 쉬운 오류들이 있어 주의를 기울여야 한다. 관찰자로써 교사는 관용 및 관대한 경향이 있으며, 학생에 대한 교사의 첫인상이 관찰을 왜곡시킬 수 있고, 가장 최근에 이루어진 관찰에만 의존하여 판단할 수 있다. 어떤 특정 분야에 대한 비언어적 행동이 다른 분야에도 적용될 수 있다고 가정하는 것도 범하기 쉬운 오류 중의 하나다. 예를 들어, 수학에 대한 자신감 결여가 영어 교과에도 적용된다는 판단을 할 수 있다. 교사는 자주 일어나지 않는 행동을 관찰하여 학생을 판단할 수 있으며, 교사의 선입견이 관찰 결과를 왜곡시킬 수 있고, 너무 빠르게 지나가는 행동은 단서를 놓칠 수 있으며, 동시다발적인 행동에 대한 관찰이 불가능할 수 있고, 학생의 속임수에 넘어 갈 수 있다(MaMillan, 2014). 이런 이유에서 관찰에는 주의가 필요하고 학생을 판단할 때 학생의 관점도 고려하여야 한다. 하나의 행동이나 태도를 단서로 해석하지 말아야 하고, 판단에 확신을 갖기 위해서는 다양한 행동을 관찰하고 종합적으로 해석해야 한다.

관찰은 일반적으로 학생들의 몸짓, 얼굴 표정, 눈맞춤과 같은 비언어적 행위에 대하여 이루어지며 이런 관찰을 통하여 학생들의 많은 부분을 이해할 수 있다. Mottet와 Richmon(2000)은 비언어적 행위는 의도하거나 통제되지 않은 자연스러운 상황에서 발생하기 때문에 언어적 행위보다 더 중요하다고 하였다. 학생이 무엇을 얼마만큼 알고 있느냐를 답하는 과정에서 나타나는 학생의 모든 행위를 관찰할 수 있기 때문에 교사가 관심을 가지고 이 모든 자료를 이해한다면 학생의 학습 능력뿐 아니라 학교생활이나 교우관계 등 다른 문제까지 해결하는 단서를 찾을 수 있다. 지금까지 평가를 통한 교수 · 학습 향상을 강조하였지만 이보다 더 중요한 것은 학생을 사람답게 키워 사람답게 만드는 것이 교육의 궁극적인 목적일 것이다. 그러한 인성교육을 위해서도 평가방법을 현명하게 활용할 필요가 있다. 이를 테면, 관찰을 통하여 자료를 수집하고 학생에 대한 이해를 높임으로써 학교폭력과 학생범죄 등의 문제를 해결할 수 있는 실마리를 찾을 수 있지 않을까 기대해 본다.

학생을 관찰할 때 중요한 곳은 얼굴 표정, 몸짓과 시늉, 제스처가 있다. 얼굴 표정이야말로 그대로 나타나 감정을 숨기거나 왜곡하지 못하기 때문에 감정을 드러내는 가장 기본적인 표현으로서 학습에서 학생들의 비언어적 정보를 얻는 것이 가장 중요하다. 일반적으로 얼굴은 세 부분으로 나뉘며, 이마, 눈과 눈꺼풀 그리고 코, 그 아래 부분이 있다. 얼굴의 윗부분은 관심이나 화가 남을 알 수 있으며, 아래 부분, 특히 입은 행복이나 즐거움을 나타낸다. 미소, 눈살을 찌푸림, 입을 실룩거림, 턱을 고임, 입을 꼭 다뭄의 표정은 의사전달에서 학생들의 느낌을 명료하게 표현한다고 할 수 있다. Leathers와 Eaves(2008)는 10가지의 표정을 제시하였고, McMillan(2014)은 7개 표정을 [그림 5-1]처럼 제안하였다. 교사들은 가르칠 때 학생들이 즐거워하거나 곤혹스러워 하는 표정에 주의를 기울여야 한다고 주장한다. 교사들은 학생들의 흥미와 동기 그리고 이해 정도를 파악하기 위하여 집중적으로 이런 감정을 이용하여야 한다고 강조한다. 당혹스러운 표정은 혼돈, 의심, 좌절, 골칫거리의 느낌을 전달한다. 이런 느낌은 학생들이 이해하지 못하거나 진도를 따라가지 못함을 알려주는 단서가 될 수 있다.

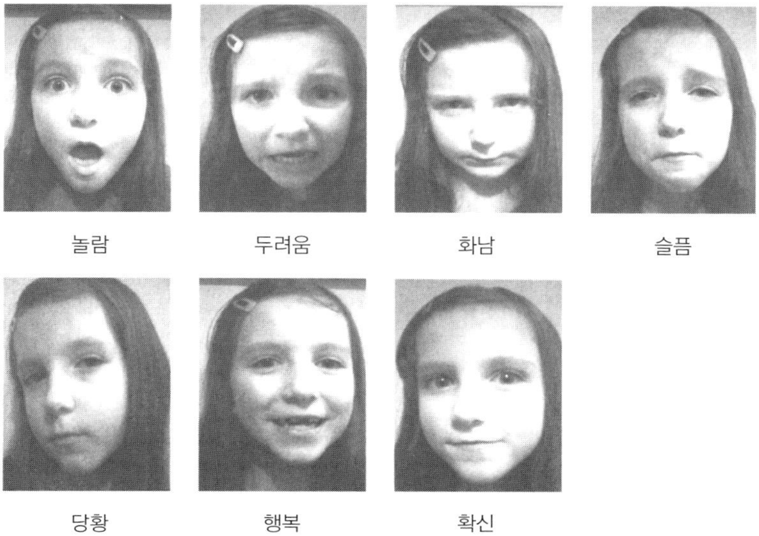

[그림 5-1] 얼굴 표정

[그림 5-1]은 학생들의 얼굴 표정에서 읽을 수 있는 감정이나 느낌을 제시하지만 겉으로 보이는 모습으로 학생의 감정을 속단할 수 있으므로 그때 그때의 상황과 전후 맥락을 고려하여 학생의 심리적 상태를 파악하여야 한다.

다른 얼굴 표정으로 중요한 것은 눈과 시선이다. 시선은 의사전달의 준비로서 올바른 시선은 자신감과 신뢰를 나타낸다. 교사를 바로 쳐다보고 교사의 행동을 주시하는 긍정적 눈동작과 시선은 학습에 주의를 집중하고 있다는 의미이며 흥미가 있다는 뜻일 것이다. 잦은 주시나 오랜 주시는 신뢰의 의미와 존경을 나타낸다. 눈을 치켜뜬다든가 혹은 당황하는 눈 모습은 질문에 자신이 없다거나 무관심을 나타낸다는 의미라 할 수 있다. 학생이 질문을 받았을 때 아래를 본다거나, 교사의 눈을 피한다거나 혹은 천장을 바라보는 행위는 학생들이 자신이 없거나, 알지 못하거나, 할 수 없음을 의미하는 부정적 느낌을 지니고 있다고 해석할 수 있다. 수업 중에 서로 두리번거린다든가, 창밖을 내다보는 행위는 흥미가 없다는 것이고, 수업에 참여하고 싶지 않음을 표시하는 것이다. 이럴 경우 교수방법을 변화하든가 학습내용을 변화시켜야 한다.

얼굴 표정처럼 몸짓, 동작 및 자세 역시 메시지를 전달한다. 특히 손을 이용한 표시는 대부분 간단한 단어를 대체하기 위한 것이다. 예를 들어, 다른 사람을 향해 엄지와 검지를 모아 동그라미를 그리면 '좋다' 혹은 '동의한다' '이해한다'의 의미로 해석할 수 있다. 몸의 위치와 자세, 특정 몸짓으로도 학생들은 감정을 이해할 수 있다. 학생이 팔과 다리를 꼬고, 경직되어 구부정한 자세로 있다면, 이는 부정적이며 방어적인 감정을 가지고 있음을 나타낸다. 한 학생이 의자에 구부정하게 앉아 한손은 턱에 괴고, 다른 손은 책상을 두드리고 있다면 이 학생은 수업이나 과제에 흥미가 없고, 학습을 방해할지 모르는 부정적인 감정을 가지고 있는 것이다. 다른 것으로는 눈 맞춤, 고개 끄덕임, 미소, 눈썹 찡긋하기 등이 있다. 학생들이 대답하기를 원하지 않을 때는 책상 아래로 시선을 떨어뜨리거나 의자에 몸을 심하게 기대는 것과 같은 행동을 한다. 대화를 이어가고 싶은 학생들은 교사를 향해 몸을 바로 세우고, 그들의 생각을 보여 주는 몸짓을 하며, 열정적이고 기대에 찬 얼굴을 한다. 만지작거리기, 손톱 깨물기, 손장난 같은 행위는 초조, 불안, 걱정 증세를 보여 준다. 얼굴로 손을 가리는 행위도 불만스럽고 고통스럽다는 뜻이다.

제스처는 어깨와 손 등을 움직이는 쉽고 간단한 방법으로 자신의 학습 정도를 표현하는 수단이며, 때로는 언어로 표현할 수 없는 부분까지 표현할 수 있게 한다. 예컨대, 학생이 이해했다는 표시로 답을 가리키거나 제스처를 사용할 수 있다. 교사들은 학생의 몸짓을 통해 학생들이 학습을 완벽히 또는 부분적으로 이해했는지 파악할 수 있다. 말과 몸짓이 일치하지 않는다면 충분히 이해하지 못했다는 것을 보여 주는 반면, 말과 몸짓이 일치한다면 학생이 완전히 이해했다는 표시다.

(2) 음성 청취

글을 쓸 때도 강조하기 위하여 진하게 한다든가, 밑줄을 치듯이 말을 하는 과정에서도 말의 내용보다 음성의 높낮이, 중단, 음성 변화, 강한 어조 등이 학생을 이해하는 데 중요할 수 있다. 이런 것을 통하여 학생들은 그들의 현재 심리상태를 무의식적으로 표현한다. Knapp와 Hill(2010)은 말하는 과정에서 비언어적 행위라 할지라도 확인과 반복, 부정과 혼돈, 강조, 통제 등이 은연중에 나타난다고 설명한다. 자신 있게 말하는 언어적 행위를 할 경우, 언어적 행위와 비언어적 행위는 매우 연관성이 있음을 알 수 있다. 학생이 질문의 답을 알면서 답을 할 경우, 얼굴 표정으로 눈은 바로 뜨고, 책상에 허리를 곧추고 앉아서 손은 천장을 향해 바로 올리며 목소리도 클 것이다. 협동학습이나 그룹 활동 과정에서 어떤 일에 대하여 자신이 없거나 혼돈스러울 경우 '예'라 하더라도 학생의 얼굴 표정이 어둡고 눈은 아래를 내려다보는 곤혹스러운 표정을 지었다면 이는 말로는 '예'라 하지만 실제로는 그렇지 않음을 나타내는 것이다. 일반적으로 언어적 표현과 비언어적 행위가 일맥상통할 때 해석의 어려움은 줄어든다 할 수 있다.

언어적 표현으로서 음성의 톤, 크기, 강도, 정지, 정적, 억양, 간격, 강조 등은 의사를 전달하는 과정에서 의미를 갖는다. 이는 학생들의 이해 정도, 자신감, 감정상태 등에 대한 정보를 제공한다. Leathers와 Eaves(2008)는 음성과 의미의 관계를 다음과 같이 설명한다.

음성이 크면 자신감을 가지며 작으면 불확실하거나 부끄러움과 관심이 없음을, 그리고 높낮이가 높으면 흥분하거나 감정적이고 낮으면 차분하거나 무관심을 나타낸다. 빠르면 흥미가 있고 자랑스러우며 자신이 있는 반면, 느리면 무관심하거나 흥미가 없으며 침착함도 나타낸다. 또한 습득한 지식 및 기술에 대한 자신감이 있는 학생은 말 사이의 '아' 같은 끊김, 문단 변경, 헛기침, 같은 말 반복, 불완전한 문장 등을 구사하지 않고 상대적으로 큰 목소리, 높은 음성, 빠른 어투로 유창하게 말을 한다는 것을 알 수 있으며, 이와 반대로 자신감이 없는 학생들은 더듬거리거나 잦은 끊김과 헛기침을 하며, 변화 없는 낮은 음성으로 천천히 말을 한다고 보고하고 있다.

그러나 오직 음성만 가지고 이해가 부족하다든지, 열심히 하지 않는다든지 혹은 동기가 부족하다고 간주하는 것은 위험하다. 다른 비언어적 행동과 마찬가지로 음성은 학생에 대한 정보를 얻기 위한 하나의 단서에 불과하다. 중요한 것은 교사가 언어 및 비언어적 단서를 인지하고, 이를 올바르게 해석하며, 필요한 행동을 취할 수 있는 능력을 갖춰야 한다는 것이다. McMillan(2014)은 비언어적 행동 및 음성이 전달하는 메시지를 보다 구체적으로 〈표 5-3〉에 제시하였다.

〈표 5-3〉 비언어적 행동 및 음성에 담긴 의사 표현

의사 표현	얼굴 표정	몸짓	음성
자신감	편안함, 눈 맞춤, 동공 확대	곧은 자세, 팔과 다리 벌림, 턱 올림, 손을 흔듦, 의자 앞으로 몸을 내밂	유창함, 말 사이의 끊김이 없음, 다양한 톤, 큰 목소리
불안함	긴장, 눈썹이 내려감, 동공 축소	경직, 긴장, 물건을 치거나 만지작거림	말 사이 끊김, '아' 소리를 냄, 반복, 떨림, 빠름, 조용함
화가 남	눈썹이 내려가고 모아짐, 이빨을 깨물고 미간을 좁힘.	손장난, 손을 오므림, 고개를 숙임	크고 흥분됨
방어적	시선을 내림, 동공 축소, 눈을 찌푸림	꼬아진 팔과 다리, 몸을 기댐, 손으로 머리를 바치고 있음	크고 흥분됨
지루함	두리번거림, 느긋함, 동공 축소	구부정한 자세, 손으로 얼굴을 만짐	부드러움, 평평하고 단조로운 톤
좌절감	미간을 좁힘, 시선을 내림, 눈을 찌푸림	긴장, 물건을 치거나 만지작거림. 손가락이나 손으로 한쪽 머리를 만짐	말 사이 끊김, 낮은 음성
행복함	미소, 웃음, 느긋함, 미간이 좁혀지지 않음, 동공 확대	느긋함, 고개를 끄덕임, 비스듬히 기대어 있음	고양됨, 크고 빠름
흥미 있음	눈 맞춤, 눈썹이 올라감	비스듬히 기대어 있음, 팔과 어깨를 벌림, 고개를 끄덕임, 손과 손가락을 올림	빠르고 높은 음성
이해하지 못함	찡그림, 입 꼬리가 내려감, 눈을 가늘게 뜸, 눈길을 돌림	몸을 뒤로 젖힘, 팔짱, 고개를 젖힘, 손으로 이마를 짚음, 손장난, 턱을 긁음, 손으로 고개를 받침	느림, 말 사이 끊김, '아' '음' '그러니까' 표현, 낮은 음성, 조용하고 부드러움

학생들이 교실 주변을 두리번거리거나 서로 바라보면서 낮은 목소리로 소곤거리면, 수업을 이해하지 못하거나 지루해하는 학생들이 있다는 의미다. 이 경우 해당 학생을 재관찰하고, 전 차시를 복습시키거나 재설명하고, 그룹을 재구성한다. 또한 학생들이 조용히 필기를 하고 있다면 수업이나 과제에 흥미를 가지고 있다는 뜻이므로 수업을 그대로 진행하는 것이 좋다. 그러나 너무 길어지지 않게 해야 한

다. 마지막으로 학생들이 눈을 찡그리며 눈의 초점을 재조정하고 있다면 수업을 이해하지 못하고, 좌절을 하거나 지루해하고 있으므로 질문을 다시 설명하고, 학생들이 무엇을 이해하지 못했는지 질문함으로써 수업내용의 다음 단계로 넘어가는 시점을 결정한다.

(3) 질문법

효과적인 수업은 학생의 이해도를 지속적으로 점검하는 것이다. 학생이 수업을 이해하고 목표를 달성했는지를 알기 위해, 교사는 수업 중에 학생이 질문에 어떻게 답하는지를 지켜봐야 한다. Green과 Johnson(2010)은 좋은 질문법은 유동적임을 강조한다. 이는 개인이나 그룹 모두에게 사용 가능하며 특정 학생의 답을 기반으로 변경이 가능하기 때문이다. 또한 질문은 학생들이 사고력 및 이해력을 증진시키고, 중요한 내용을 복습하게 하며, 학급을 운영하기 위한 학생 지도와 수업에 적극적으로 참여할 수 있게 돕기 때문에 다양한 목적으로도 사용할 수 있다.

질문법은 주로 교사 주도 복습, 토론, 수업 진행, 개인 학생 및 그룹 간 상호 작용 중에 많이 사용된다. 복습은 특정 지식을 위한 간단한 훈련이다. 토론은 질문 및 의견 교환, 주제의 명료화, 사고력 증진, 문제해결 능력을 기르기 위해 사용된다. 교사가 수업 진행 중에 가르치는 내용을 제시하면서 학생을 참여시키는 방법의 하나로 질문을 던질 수 있다. 이때 교사는 학생 개인에게 질문할 수도 있지만 그룹을 대상으로 특정 정보에 대한 질문을 할 수도 있다. 이를 통해 교사는 개별 평가 및 다음 목표를 설정할 수 있다.

질문은 학생의 주의를 환기시키며 수업 참여를 도모하므로 학생들이 학습해야 하는 중요한 내용을 중심으로 하여야 하고, 학생 스스로 이해 정도를 평가하는 기회여야 한다. 질문의 유형에 따라 학생들은 자신의 이해 정도를 어떤 방식으로 표현할지 알 수 있다. 질문은 학생의 행동지도 및 학급 운영을 위해서도 사용된다. 간단하지만 정답을 요구하는 질문을 무작위로 할 경우, 이는 학생들이 주의를 집중할 수 있게 한다. 반대로 질문은 바른 행동을 강화시키기 위해서도 사용된다. 그리고 학생들에게 학급 규칙 및 절차를 상기시키기 위해서도 사용된다. 좋은 질문은 학생들을 학습에 집중시키고 잘못된 행동을 막는 역할을 한다.

질문법은 형성평가의 가장 중요한 방법이며, 학생의 이해와 발달에 대한 정보를 제공한다. 이를 위해서는 질문이 학생의 이해를 판단하고 다음 학습 설계에 도움을 주는 효과적이고 명확한 정보를 제공할 수 있어야 한다. 좋은 질문 및 질문법은 다음과 같은 10가지 요소를 갖추어야 한다(McMillan, 2014).

첫째, 질문의 의도를 파악할 수 있게 명확하고 간결하게 질문한다. 학생들이 질문에 답할 능력이 있음에도 불구하고 질문이 모호하다거나 일반적이어서 다양한 응답 반응이 가능하다면 학생들이 혼란스러워하거나 답하기를 주저할 수 있다.

둘째, 학습목표에 맞는 질문을 하여야 한다. 교사의 질문은 학습목표, 단원평가에 반영될 주제의 중요도, 학습목표의 어려움 정도를 반영해야 한다. 학습목표가 어렵다면 더 많은 질문을 하는 것이 바람직하다. 이것은 학생이 목표를 이해하는데 도움을 준다. 그리고 추후평가에 나올만한 질문은 대략적으로 다뤄야 한다.

셋째, 학급 전체와 소통하여야 한다. 소수의 학생에게 대부분의 질문을 하는 것보다 학급 전체를 대상으로 질문을 해야 한다. 발표를 원하는 학생과 그렇지 않은 학생, 자신감이 있는 학생과 없는 학생, 교사와 가까이 앉은 학생과 멀리 앉은 학생 사이의 균형을 맞춰야 한다.

넷째, 학생에게 생각할 시간을 충분히 주어야 한다. 학생들이 문제에 어떻게 답을 할 것인지 충분히 생각할 시간을 갖는다면 학생들에 대한 보다 정확한 평가가 이루어질 수 있다.

다섯째, 학생의 대답에 적절한 반응을 보여야 한다. 학생의 대답에 대한 교사의 반응은 의미가 있고 정직한 피드백이어야 한다. 피드백은 학생들이 알고 있는 것을 말하고 얼마만큼 발전이 되었는지를 확인하는 과정이기 때문에 형성평가의 일부가 된다.

여섯째, '예/아니요'로 답하는 단순한 질문을 피하여야 한다. '예/아니요'를 요구하는 질문으로는 학생들의 이해 정도를 정확히 파악할 수 없다. 질문의 특성상 학생을 평가하는 데 도움이 되지 않는다. 이러한 질문은 학습을 평가하기 전 가벼운 연습을 위한 것이다. 예/아니요 질문 후, 그 이유를 묻는다면 학생 평가에 더 도움이 될 것이다. 그리고 이런 종류의 질문은 그룹보다는 개인별로 묻는 것이 더 좋다.

일곱째, 학생의 답을 확장시키는 탐구적 질문을 하여야 한다. "왜 그렇게 생각하느냐?" "어떻게 그런 결과를 얻었느냐?" 등의 탐구적 질문은 학생들이 답을 도출하는 과정과 추론능력을 보여 줄 수 있다.

여덟째, 모호한 질문, 추측성 질문, 유도성 질문을 피하여야 한다. '그리고' '그래서' 등의 질문이나 '그래, 맞아' '그렇지' 등의 유도성 질문은 학생의 지식 추론능력에 대한 정확한 판단에 도움을 주지 못한다.

아홉째, 피상적인 질문을 삼가야 한다. 이를테면, '유리수의 나눗셈 방법을 알고 있느냐' 혹은 '어제 배운 것 다 알고 있느냐' 같은 질문이다. 이러한 경우 학생들을 선뜻 대답하기를 주저하거나 주로 우렁차게 대답하는 학생들은 모르는 학생일 가능성이 크다.

열째, 적절한 질문을 연속적으로 하는 것이 바람직하다. 이해력, 판단력, 창의적 사고를 측정하기 위해서는 질문을 단계적으로 연속해서 할 필요가 있다.

3. 피드백

교사는 학생들이 지식, 추론능력, 기량, 과제를 발표하거나 수행한 후, 이들에게 어떤 반응을 보일 것인가를 판단하기 위한 방법으로 평가 정보를 사용할 수 있다. 이러한 교사의 반응을 피드백이라고 한다. 점수를 제공하는 것은 매우 제한적인 피드백을 제공하는 방법이지만, 피드백은 단원평가 점수나 성적표의 형식으로 제공될 수도 있다. 피드백으로써 점수를 제공하는 것은 17장에서 자세히 다룰 예정이다. 이번 장에서는 수업 중이나 수업 후에 제공되는 효과적인 피드백의 특징에 대해 설명한다.

학업성취를 바탕으로 교사가 제공하는 피드백의 특성, 목적, 종류에 대해서는 지금까지 많은 연구가 이루어졌다. 문헌연구 및 일반 사례를 통해 올바른 피드백은 효과적인 교수·학습에 중요하다는 것을 알려준다. 간단한 피드백은 학생의 답변과 행동이 옳고 그른지 알려주는 것이다. 학생에게 맞힌 문제와 틀린 부분을 말해 주는 것은 일반적으로 시험 후 교사들이 하는 일이다. '좋아' '맞았어' '비슷해'와 같이 구두로 피드백을 제공하기도 한다. 이런 종류의 피드백은 학생들이 자신의 학습 향상을 위해 필요한 정보 중 일부다. 학생들은 자신이 수행한 과업과 학습 목표를 비교하는 방법과 이 둘 사이의 간격을 좁히는 방법을 알아야 하고 노력하여야 한다. Mayer(2002)는 피드백이 이런 정보를 제공할 때, 학생들의 유의미한 정보 구성, 이해, 학습, 내적 동기 등이 향상된다고 설명한다.

효과적인 피드백은 점수만을 제공하는 것이 아니라 보다 구체적이고 세부적이어야 한다. 골프를 배우는 학생에게 스윙을 하게 한 후 50점을 부여하였다면 학생은 자신이 잘 하지 못한다는 것을 알지만, 무엇을 해야 하는지는 알지 못한다. 골프를 배울 때, 공을 치지 못하는 실수를 할 것이다. 이는 골프 실력이 매우 낮음을 보여 준다. 그러나 실력을 아는 것만으로는 도움이 되지 않는다. 왜 공을 치지 못했는지에 대한 피드백이 필요하다. 그것은 채를 쥐는 법, 머리의 위치, 백스윙 등에 문제가 있기 때문이다. 골프 교사가 무엇이 잘못되었고, 어떻게 교정을 해야 하는지 등 알려준다면 효과적인 피드백을 받은 것이다.

수업은 학생의 특성, 상황, 교과목에 영향을 받는 복잡한 과정이며, 효과적인 피드백을 제공하는 것도 쉬운 일이 아니다. 어떤 종류의 피드백을 언제, 얼마나 제공해야 하는지를 결정하는 것은 학습목표와 학생의 특성에 따라 다르다. Brookhart(2008)는 결론적으로, 피드백은 유동적이며, 다른 요인의 영향을 받는다고 설명한다. 효과적인 피드백은 단순히 "구체적이고 학생의 특성에 맞게 제공하라." "분명하고 간결하게 제공하라."와 같은 중요한 원리를 기억하는 것이 아니라, 중요한 변인을 고려하여 교사가 적절하게 판단하고 대응하는 것이다. 즉, 효과적인 피드백은 학생에 따라 다르게 이루어져야 한다. 한 학생에게 효과적인 방법이 다른 학생에게는 효과적이지 않을 수 있다는 것을 인지해야 한다. 효과적인 피드백을 제공하기 위하여 가장 먼저 할 일은 학생의 학습 및 동기를 향상시키는데 가장 적합한 피드백의 종류를 찾는 것이다.

1) 피드백의 종류

다양한 종류의 피드백이 있다. 간단함은 실증적 피드백을 의미하며, 복잡함은 정교화된 피드백을 말한다. 일반적으로 정교화된 피드백이 학습에 더 도움이 될 것 같아 보이지만 Schute(2008)의 연구에 의하면 반드시 그렇지만은 않다. Schute는 피드백의 정교성도 중요하지만 오히려 피드백의 성격이 더 중요하다고 주장한다. 나아가 피드백의 형태, 즉 목표지향적, 비계설정식, 자기참조, 준거참조 피드백 등이 형성평가에 중요한 피드백이라고 설명한다.

목표지향적 피드백은 학습목표에 도달하게 하기 위하여 학습자에게 수업목표에 대한 정보를 제공한다. 도전적이지만 달성 가능한 목표를 설정하고, 자신이 목표를 달성할 수 있다는 기대를 가지고 있어야 한다. 너무 높은 목표는 실패, 사기저하를 초래하며, 너무 낮은 목표는 효능감 향상에 도움을 주지 않는다.

적절히 어렵고, 달성 가능한 목표는 학생의 흥미와 동기를 유발하고 참여를 증진시킨다. 목표지향적인 학생들은 성과지향적인 학생들보다 더 의욕적이라 한다. 목표지향적 학생들은 실패를 하더라도 인내심을 가지고, 더 도전적인 과제를 선택하지만, 성과지향적 학생들은 실패를 두려워하며 도전적인 과제보다 쉬운 과제를 선택한다. 숙달 및 학습을 강조하는 피드백은 숙달목표지향적 성향 발달에 도움을 준다. 즉, 피드백의 종류는 학습과 동기유발에 긍정적인 효과를 주는 목표지향적 성향에 영향을 미친다.

비계설정식 피드백은 학생의 학습목표를 달성하기 위해 교사가 과제를 나누어서 제시하거나, 이전 단계에서 다음 단계로 넘어갈 때 도움닫기가 될 수 있는 보충자료를 제공하면서 가르치는 교수방법이다. 여기에서 교사는 학생이 자신만의 학습전략을 발달시킬 수 있게 도와주는 조력자의 역할을 하며, 학생에게 정보, 전략, 새로운 자료, 힌트를 제공한다. 학생의 학습 및 이해가 발전되면 힌트나 보조자료 같은 추가지원을 중단한다.

자기참조 피드백은 학생이 자신의 과업 및 기대치를 이전 성과와 비교하는 것을 말한다. 학생은 이전 성과와 비교를 통해 자신의 발전 정도를 인지할 수 있다. 이는 무엇을 기반으로 성과를 이루었는지, 이전보다 얼마나 나아졌는지 파악하기 위한 것이다.

준거는 기대학습을 의미한다. 준거참조 피드백은 학생의 성과를 성취 목표나 기준 및 예시에 비추어 제공하는 것으로 학생을 다음 단계로 향상시키는 데 매우 중요하고 효과적인 피드백이다. 이러한 피드백은 목표지향적이며 학생이 자신의 성과를 성취기준과 어떻게 연결시키는지 이해하도록 돕는다.

준거참조 피드백은 학생이 무엇을 얼마만큼 알고 모르는지에 대한 정확한 정보를 제공하기 때문에 교수·학습 이론에 적합하다. 이를 통하여 학생들의 학습이 증진될 뿐 아니라 교사들은 교수내용뿐 아니라 교수전략도 수정할 수 있다. 준거참조 피드백은 다른 학생과 비교하지 않기에 상호 경쟁이 강조되지 않으며, 학생들과의 협동심을 고양시킬 수 있다.

규준참조 피드백은 상대적 위치에 대한 정보만 제공하므로 무엇을 얼마만큼 아는지에 대한 정보를 제공하지 못하므로 교수 · 학습에 도움을 주지 못한다. 더욱이 문제가 되는 것은 경쟁을 교육의 당연한 원리로 받아들여 협동학습, 공동과제 수행이나 타인을 배려하지 않는 비교육적 활동이 될 수 있다.

2) 피드백의 종류를 결정하는 요인

피드백은 상황에 따라 매우 다양하기 때문에 특정 상황에 맞는 피드백을 제공하기 위해서는 피드백의 양, 시기, 방법, 대상, 수행과업의 종류, 학습자 유형을 고려해야 한다.

일반적인 설명보다 구체적이고 서술적인 피드백이 더 효과적이다. 구체적이고 서술적인 진술은 학생의 성과에 대한 특성을 명확하게 설명해 준다. 예를 들어, "너는 말을 조금 빠르게 하는구나. 단어를 좀 더 천천히 발음하고, 문장 사이를 조금 띄어 읽으면 좋겠구나."가 있다. "잘했어" "좋아" "좀 이상하구나" "더 분발해야 되겠다"와 같은 모호한 피드백은 정답의 확인만 가능할 뿐 자세한 내용을 전달하기 어렵다. 이것은 학생들에게 더 노력할 필요가 있는 학생의 성과나 행동에 대한 정보를 제공하지 않기 때문에 피드백은 구체적이어야 한다. 그러나 구체화하는 데 한계가 있으며, 너무 구체적이고 자잘하게 많은 양의 피드백은 이해하기 어려울 수 있다. 유용한 피드백은 너무 일반적이지도 구체적이지도 않는 것이 바람직하다. 학생의 능력을 향상시키기 위해서는 그 중간 정도의 피드백이 필요하다. 예를 들어, 학생의 과제에 대한 피드백으로 각 문단이나 각 문장 중간 중간에 교사의 의견을 적어서 학생에게 돌려준다면, 학생들은 무엇이 중요한지 혼란스러워 판단하기 힘들며, 많은 시간이 소요된다. 그러므로 중요한 문단 및 문장을 선택한 후, 여기에 중요한 의견을 적어 주는 방법이 효과적이다.

피드백은 학생들이 과업을 수행하는 중이나 수행 직후에 주는 것이 좋다. 즉각적인 피드백은 학생들이 피드백으로 얻은 정보를 사용할 수 있게 된다. 피드백을 늦게 준다면 피드백의 효과가 약화된다. 그러므로 과업 수행 중에 피드백을 주는 것이 가장 효과적이다. 골프를 배울 때 연습 후가 아니라 연습 중에 "머리를 들지 마라. 상체를 젖히지 마라."라는 코치의 피드백을 받았을 때 바로 교정이 쉬워진다. 그러나 Shute(2008)는 느린 피드백이 즉각적인 피드백보다 더 효과적일 수 있다고 주장한다. 즉각적인 피드백이 더 효과적일 때는 성취도가 낮은 학생들을 위해 단순한 인지적 과제를 제시할 때이며, 복잡한 과제 및 높은 성취도 학생을 대상으로 할 때는 느린 피드백이 더 유용하다고 설명한다. 그러나 일반적으로 학생들에게 즉각적으로 피드백을 주는 것이 몇 주 뒤에 피드백을 주는 것보다는 더 효과적이다.

피드백을 제공하는 방법으로는 구두, 서면 및 시범 세 가지가 있다. 구두로 제시하는 방법은 교사가 학생의 좌석을 순회하면서 점검할 때 사용되며, 어린 학생들이나 읽기에 어려움이 있는 학생들에게 효과적이다. 서면으로 제시하는 방법은 학생들의 보고서, 프로젝트, 시험에 대해 구체적인 검토 의견을 제공할 때 사용된다. 악기를 연주할 때나 운동을 배울 때는 언어에 의존한 피드백보다는 실제로 수행하는 것을 보여 주는 시범의 피드백이 매우 효과적이다.

피드백은 개인이나 그룹, 작은 규모 또는 대규모의 그룹에게 제공된다. 대부분의 피드백은 개인에 따라 다르지만, 같은 정보를 많은 학생에게 제공할 때는 그룹 피드백이 더 효과적이다. 교사는 자습에 어려움을 느끼는 학생들을 발견하고, 전체 그룹을 대상으로 하는 설명이나 피드백을 제공한다면 이는 학생들의 학습을 방해하는 것이다. 두세 명의 학생을 위해 학생의 자습을 방해하면서 그룹 전체에 피드백을 제공하는 것은 부적절하다. 그러므로 소수 학생들은 개인적으로 피드백을 하여야 하고, 대단위 평가 대상이 있을 경우는 그룹 혹은 전체를 대상으로 피드백한다.

피드백은 무엇을 어떻게 배웠는지에 중점을 둔다. 학습내용에 대한 피드백을 제공할 때는 지식 및 이해, 숙달해야만 하는 내용, 무엇을 이해했고, 무엇이 부족하며, 학습 향상에 필요한 조치들은 무엇인지를 강조한다. 학습방법에 대한 피드백은 기량, 전략, 학습 중 학생들이 사용한 방법, 절차적 목표, 학생들이 어떠한 사고 전략 및 단계를 적용했는지에 중점을 둔다. 피드백은 잘한 부분, 노력해야 할 부분, 기량 및 전략을 향상시킬 수 있는 방법을 알려주면서 중요한 기량 및 전략에 초점을 맞춰야 한다.

학습자들은 개인의 인지 형태가 다르다. 즉각적인 사고자와 생각한 것을 다시 생각하고 여러 번 생각한 후 행동하는 반추적 사고자가 있다. 즉각적인 사고자는 분석 · 종합능력을 측정하는 질문이라도 짧은 시간에 생각하고 대답할 것이다. 일반적으로 고등정신능력을 평가하는 질문의 응답에 대한 피드백시기는 늦어지지만 개인 특성을 고려하여 시기를 달리할 수도 있다. 즉각적인 사고자들에게는 분석 · 비교 · 통합하는 정신능력을 평가하는 문항의 응답에 대한 피드백은 반추적 사고자보다는 빠른 것이 더 효과적일 수 있다는 것이다.

3) 형성적 피드백의 차별화

효과적인 피드백은 개인에 따라 다르며, 상황적 요인에 따라 피드백의 종류와 성격이 바뀐다는 것을 설명하였다. 학습자의 능력과 특성, 점수, 과목 변수에 따라 피드백이 다르다.

성취 능력이 높은 학생들이 복잡한 학습과제를 수행할 때, 천천히 계획되고 일반적인 피드백이 효과적이다. 성취능력이 낮은 학생들은 즉각적이며 구체적인 피드백이 더 필요하며 실증적 피드백과 정교화된 피드백을 함께 사용하는 것이 더 효과적일 수 있다. 또한 단계적으로 조금씩 팁을 주는 비계설정식 피드백을 활용하는 것이 더 바람직하다. 과업 수행에 어려움을 겪는 학생들에게는 피드백을 이해하고 있는지 점검하는 것도 도움이 된다. 이런 학생들은 과업을 제대로 수행하지 못하고 있기 때문에 피드백을 확인하거나 설명을 요청하는 질문을 하는 것을 꺼려한다.

마지막으로, 성취능력이 낮은 학생들에게 주는 피드백은 무조건 칭찬을 함으로써 긍정적으로 제공하기보다는 본인의 수행능력을 인지할 수 있도록 정직해야 하지만 그로 인해 과제를 제대로 하지 못할 것이라는 자아 충족적 예언을 갖지 않게 하는 것도 중요하다. 학습을 꺼려하고 성취도가 떨어지는 학생들의 경우, 어떤 종류의 피드백도 중요하다고 인지하게 하여야 하고, 잘 하지 못하니 열심히 해야 한다는 피드백을 제공해야 한다. 이 학생들에게는 자기참조 피드백을 제공하고, 더 어려운 목표로 넘어가기 전에 첫 성과에 대한 목표를 설정하며 전 단계 학습의 성공에 대해서는 칭찬을 아끼지 않아야 하며, 가능하면 부정적 피드백을 삼가는 것이 바람직하다.

성취능력이 높은 학생들에게는 더 높은 단계의 학습으로 이끌어 갈 수 있는 질문이나 도전적인 과제가 효과적이어서 더 넓은 지식 기반을 가질 때까지 학생들이 자신의 실수로 인한 잘못을 인지하게 도와주는 피드백을 제공해야 한다. 이런 학생들은 자신의 이해를 높이거나 학습의 단계를 높여 주는 피드백을 더 잘 수용하고, 비판적인 의견을 잘 받아들이는데 이는 이러한 의견이 자신이 부족한 부분을 보여 주고, 이를 배움의 한 과정으로 생각하기 때문이다. 또한 이들에게는 도전적인 학습을 제공하는 정교화된 피드백, 인지적 기량 및 전략과 같은 과정을 중시하는 피드백이 필요하다. 이 학생들은 자기참조 피드백 역시 더 잘 수용할 것이다.

학년수준에 따라 피드백의 성격도 달라진다. 교사가 한 학급을 책임지는 초등학교에서는 즉각적이고, 비계설정이 되어 있으며, 학생들의 피드백 이해도를 점검할 수 있는 피드백을 제공하는 것이 용이하고, 중등학교 수준에서는 정교화된 피드백이 더 효과적이다. 초등학교 교사는 학생들의 사고와 노력을 지도하는 데 있어서 학생과 개별적으로 소통할 수 있는 기회가 많다. 초등학교 수업은 학생 주도적이기보다 교사 주도적이며, 피드백에 대한 통제는 교사에게 달려있다.

나이가 많은 학생일수록 더 천천히 계획된 피드백이 필요하다. 제한된 수업 시간과 많은 학생 수는 즉각적이고 개별적인 피드백을 제공하기 어렵게 한다. 구두로 하는 피드백은 그룹 중심적으로 이루어져야 한다. 중등수준에서는 학생이 주도적으로 이해 정도를 표현하거나 자기평가를 통해 학생수준을 파악할 수 있다. 초등학교 고학년을 포함한 학년이 높은 학생들은 채점 및 평가 기준, 자기평가에 능숙하여 피드백을 주도하는 경향이 있다.

배우는 교과목에 따라 피드백은 다양하다. 수학과 과학은 상대적으로 명확한 학습 절차를 가지고 있다. 형성평가는 계획되고 구조화되어야 하고, 학생들의 시험 결과를 근거로 계획된 피드백을 천천히 제공하여야 한다. 비계설정 피드백은 수학, 과학에서는 상대적으로 용이하다. 이 과목들은 사고력, 기량, 전략의 구조화된 패턴을 강조하기 때문이다. 과학교과에서는 시범을 보이는 것도 효과적이다.

영어 및 인문계열 과목들은 아이디어, 상상력, 창의력을 강조하면서 좀 더 자유로운 방법으로 가르쳐야 한다. 다양하고 예측 불가능한 학생의 의견과 질문을 통해 학생들의 사고력 및 이해력을 높이기 위해 즉각적인 질문이나 피드백을 사용할 수 있다. 교실 안에서 대부분의 피드백은 즉각적이며, 특정 수업 시간과 교실에서 일어나는 일들의 특성을 고려하여 제공되어야 한다. 영어나 사회교과는 비계설정 피드백 제공이 어렵기 때문에 내용 지식을 강조하면서 학생들 스스로 비계설정 피드백을 제공하게 하는 것이 좋다. 내용 지식을 강조하는 것은 실증적이며 천천히 계획된 피드백을 사용할 것을 권장한다.

4) 피드백 계획

교실의 학습상황을 고려했을 때 피드백에 영향을 주는 요인을 고려하여 피드백을 주는 것은 힘든 일이다. Furtak(2009)은 효율적인 교사들은 피드백을 미리 계획해야 한다고 설명한다. 교과목, 학생의 지식수준, 학습 장애물에 대한 이해를 통해 교사는 비형식적으로 피드백을 계획할 수 있어야 한다. 복잡해 보이지만 이러한 교수법은 피드백을 줄 기회를 기다리는 것보다 더 효과적이라는 것이다. Furtak(2009)은 단 몇 개의 피드백의 주요 요소를 알고 있는 것만으로도 학생을 가르치는 데 도움이 된다고 주장하며, 피드백을 미리 계획하는 방법을 단계적으로 설명한다. 첫 단계는 학습목표를 이해하고, 둘째 단계는 예상 가능한 학생들의 오류를 파악하며, 마지막 단계는 피드백을 계획하여야 한다. 효과적인 피드백을 위해 해야 할 일과 하지 말아야 할 일은 〈표 5-4〉와 같다.

〈표 5-4〉 효과적인 피드백을 위해 해야 할 일과 하지 말아야 할 일

해야 할 일	하지 말아야 할 일
도전적이지만 성취 가능한 목표 설정	지나치게 높거나 낮은 목표 설정
숙달목표지향	성과목표지향
명확하고 이해하기 쉬운 피드백 제공	불명확하고 어려운 피드백 제공
학생의 성과와 성취 기준, 평가 기준, 인지적 전략, 이전 성과와 비교	학생의 성과를 다른 학생과 비교
구체적, 서술적, 개별화된 피드백을 적절한 양으로 제공	일반적이고 모호한 피드백 제공
간단한 인지적 과제 및 시험의 경우, 하루이상 지체되지 않게 피드백 제공	성취 수준이 높은 학생의 경우, 피드백을 매우 늦게 제공
실증적 및 정교화된 피드백 모두 사용	실증적 피드백만 사용

학생의 능력에 맞는 피드백 제공	모든 학생에게 동일 피드백 제공
중요 오류 인지	중요 오류 무시
노력 귀인 강조	외부 귀인 강조
학습 중 피드백 제공	학습 후 피드백 제공
예상 가능한 피드백 사전 계획	무계획적 피드백에 의존

4. 교육적 처방

학생이 학습목표를 도달하도록 맞춤형 교수법을 제공하는 것은 형성평가의 중요한 요소 중의 하나다. 이는 학생의 현재 성과와 학습목표 사이의 간격을 줄이기 위한 학습을 돕는다. 처방활동은 실용적이며 실행 가능한 것이어야 한다. 학생에게 구체적인 지침을 제시하며, 이 지침은 전에 사용한 방법과는 달라야 한다. 처음에 효과가 없었던 방법을 되풀이할 이유가 없다는 것이다.

학습 전체를 효율적으로 점검하기 위해서 교사는 속도 조절, 검토할 과제를 선정할 수 있어야 하며, 학습, 그룹 및 개인에 따른 새로운 교수법을 시도할 수 있어야 한다. 이러한 교사의 결정은 학생에게 적합한 수업을 제공하기 위해 사용된다. 학습목표를 달성한 학생들은 자신의 학습을 확장시키기 위한 피드백이 필요하다. 이것은 부족한 것을 개선한다는 의미의 처방적 피드백은 아니지만, 학생의 학습을 발전시키고 유지하게 만든다. 형성평가와 관련된 교육적 처방은 맞춤형 수업을 제공하는 것이다.

1) 맞춤형 수업

맞춤형 수업은 새로운 연구와 수업에 대한 포괄적인 접근방법을 포함하는 Bloom의 완전학습의 개정판이라 할 수 있다. 이는 학생들에게 학습에 대한 선택적 접근방법을 제시하고, 평가를 중요 요소로 통합시키기 때문이다.

맞춤형 수업은 평가를 통해 나타난 학습자의 필요에 따라 맞는 수업을 계획하고 행하는데 반영되어야 함을 강조하는 교수 · 학습의 한 이론이다. 교사는 학습

환경 조건을 학생들의 필요와 흥미에 맞게 계획한다. 학생의 성취 수준(낮음, 보통, 높음)에 따라 세 가지의 다른 요건이 있으며, 맞춤형 수업이 한 학생당 하나의 수업 계획을 세워야 한다는 것을 의미하지는 않는다. 그룹 구성원은 모든 학생이 도달해야 하는 목표 안에서 각기 별개의 지도를 받을 수 있다. 이는 학생들이 자신이 할 수 있는 수준보다 약간 어려운 수준에서 학습이 이루어 질 때, 학습 효과가 최대화된다는 이론을 근거로 하고 있다.

2) 학습 진행

Alonzo와 Gearhart(2006), Heritage(2007), Heritage와 Anderson(2009)은 대부분의 수업은 지식과 이해의 발달 순서, 학생이 첫 단계에서 다음 단계로 넘어가기 위해 필요한 절차를 거친다고 설명한다. 이러한 학습 진행은 학생들이 어떻게 A지점에서 B지점으로 갔는지를 보여 준다. 교사는 필요한 단계를 인지하고, 그 단계에 필요한 형성평가를 통해 다음 수업에 대한 정보를 얻을 수 있다. Heritage(2008)는 교사들이 학습의 진행과정을 보면서 피드백과 교육적 처방을 계획할 수 있다고 설명한다.

학습 진행은 학생의 이해에 대해 필요한 정보와 이에 상응하는 교육적 처방을 알려준다. 교사가 학습활동을 학습 순서와 일치시키고, 각 단계의 평가에 맞는 기준을 설정하도록 도와준다. 교사가 학생의 현재 단계를 알고 있다면, 이에 맞는 수업을 할 수 있을 것이다. 이는 특정 내용 영역에 필요한 추론 및 사고방법을 보다 정교하게 만드는 것을 목표로 하며, 형성평가를 이용하여 교수방법을 수정하는 계획을 수립하거나 이행하는 데 도움이 된다.

학습 진행의 중요한 특징은 학습목표보다 더 자세한 정보를 제공한다는 것이다. 기준은 목표지점을 보여 주지만 그곳에 도달하는 방법은 보여 주지 않는다. 교사는 발달의 중간 및 하위 기준을 설정함으로써 형성평가를 통해 단계를 측정할 수 있다.

[그림 5-2] 역사과목 학습 진행

[그림 5-2]는 역사교과의 학습 진행을 보여 준다. 학생들이 1단계에서 2단계로 올라가면서 이해도가 향상됨을 알 수 있으며, 수업과 각 단계를 연결할 수 있는 방법을 볼 수 있다. 교사는 학생들이 중요한 단어와 개념을 '인식'에서 '이해' '심화' 단계로 나아갈 수 있게 만들었다. 이 결과는 각 단계마다 과제, 피드백, 교육적 처방을 하는 방법이 다르다는 것을 보여 준다.

3) 맞춤평가

학습의 극대화를 추구하고 이를 위하여 맞춤형 수업이 필요하고, 형성평가를 위하여 학생들의 얼굴 표정, 몸짓과 시늉, 제스처, 음성 등도 모두 참고하여야 한다고 하였다. 그리고 학생들에게 적절한 피드백을 제공함이 중요하다고 설명하였다. 맞춤형 수업을 제공하고 적절한 피드백을 주기 위해서는 학생에 대한 평가도 역시 맞춤형 평가를 실시하는 것이 바람직하다.

학생들의 학습능력과 개인적인 특성을 배려하지 않은 평가로는 형성평가의 본래 목적이나 기능을 극대화 할 수 없다. 모든 학생에게 동일한 진술이나 시험으로 평가하는 것이 쉬운 일이나 이는 학생들의 능력에 따라 응답이나 검사 결과가 매우 달라 능력이 낮은 학생은 좌절을, 그리고 능력이 높은 학생은 지루하거나 흥미를 잃게 된다. 이럴 때 평가의 결과에 기반을 둔 피드백은 모두 부정적일 수 있다.

그러므로 피드백이 긍정적이어서 학생들의 흥미와 동기를 유발시켜 학습 의욕을 북돋우기 위해서는 평가도 학생의 특성에 맞은 맞춤평가가 되어야 한다.

맞춤평가는 Lord가 1970년 맞춤검사(tailored testing)를 제안한 데서 연류된다. Tailored suit가 맞춤양복이듯, 모든 사람은 체형이 달라 맞춤복이 있다는 일반적 논리가 시험도 학생들의 능력에 맞춤시험이어야 한다는 주장이다. 모든 학생에게 동일한 시험을 치루게 한다면 능력이 매우 낮은 학생은 검사 불안이 고조되어 실수를 유발하거나 포기하게 되며, 능력이 매우 높은 학생은 너무 쉬우므로 헤이해지고 부주의해서 실수를 범하게 된다는 것이다. 이는 양자 모두 실수를 저질러 검사의 신뢰도를 저하시키는 측정학적 문제가 야기되며, 더욱 큰 피해는 전자의 경우 해당 과목이나 단원에 대해서는 포기를, 후자의 경우는 흥미를 잃게 되어 자아충족적 예언이 고정된다는 것이다. 따라서 맞춤평가는 이런 근본적인 문제를 해결하기 위하여 평가도 학생수준에 맞게 해주어야 한다는 원리에 기초한다. 즉, 학생의 능력에 부합하는 질문을 하고 답을 맞히면, 그 다음 질문은 다소 어렵거나 다음 단계의 질문이 제시되고, 그렇지 못할 경우 쉬운 질문이 제시되어야 한다는 것이다. 이럴 경우, 학생들은 성취감을 이루고 다음 단계에 도전하는 의욕이 생긴다. 학생의 능력수준이나 특성에 부합하는 평가야 말로 형성평가의 기본이라 할 수 있다.

4) 형성평가를 위한 교육적 처방 모델

[그림 5-3]은 교육적 처방과 형성평가의 사용 방법을 보여 주기 위해 완전학습 및 맞춤형 수업의 이론 및 실제를 설명한다. 1차 평가를 바탕으로 교사는 주목해야 하는 내용적 · 절차적 목표를 인지하고 적절한 피드백을 제공한다. 그 후, 학생들의 필요에 대한 추가적 평가를 바탕으로 맞춤형 수업을 계획하고 시행한다. 수업 후, 추가적인 형성평가를 제공하여 학습 과제, 활동, 평가를 학생의 필요에 일치시키는 과정을 되풀이한다.

완전학습, 맞춤형 수업, 수업에 대한 다른 이론 및 접근 방법들은 형성평가 과정을 완성시키는 데 교육적 처방이 중요함을 보여 준다. 이는 평가와 수업이 통합되는 결과를 보여 주고, 학생의 학습을 극대화하는 데 두 가지 모두 중요함을 시사한다.

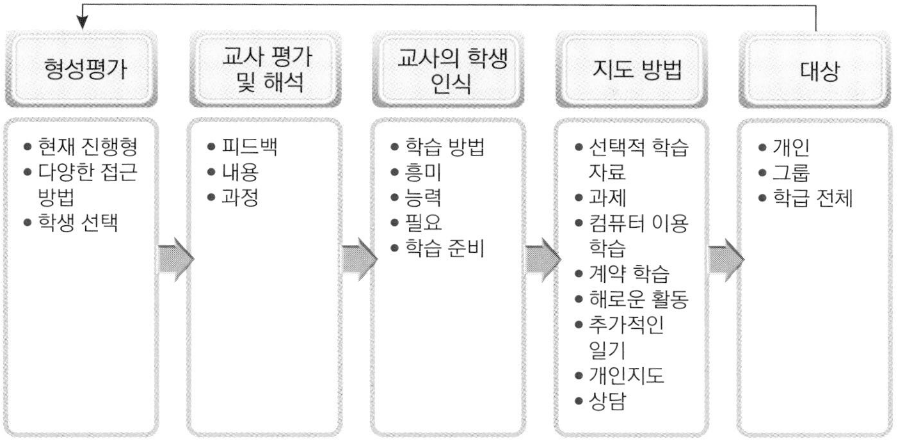

[그림 5-3] 교육적 처방 순환모델

교육적 처방은 항상 교사가 결정하는 것은 아닐 수 있다. Harlen(2003)은 학생들도 현재 어떤 단계에 있는지 결정하는 과정에 참여한다면, 효과적으로 다음 단계를 인지할 수 있다고 주장한다. 교사는 학생들에게 선택적 접근법을 제공하거나 이해를 높이기 위해 할 수 있는 방법을 질문할 수도 있다. 학생들은 피드백이나 제안들을 수동적으로 받아들이는 것이 아니라, 교사와 함께 구성하고 적용함으로써 동반자의 역할을 수행하는 것이다. 평가는 물론 처방에 있어 학생이 함께 참여함으로써 학생의 자기효능감, 학습의 내적 통제를 향상 시킬 수 있다.

주요 단어 및 개념

결과지향적 평가
학습지향적 평가
비형식적 관찰
질문법
피드백
맞춤형 수업
맞춤평가

연습문제

1 형성평가와 총합평가의 공통점과 차이점에 대하여 논하시오.

2 학생에 대한 자료수집방법에 있어 형식적 자료수집방법과 비형식적 자료수집방법을 비교·설명하고 각 방법이 가장 효과적으로 사용될 수 있는 상황을 예를 들어 설명하시오.

3 학생들의 얼굴 표정, 음성, 몸짓이 학습에서 어떤 메시지를 전달하는지 설명하시오. 그리고 세 행동의 관계를 논하시오.

4 비계설정식 피드백을 설명하고 예시를 제시하시오.

5 다음의 피드백에 대하여 평가하시오.

> "민희야, 어제 제출한 작문이 지난 달에 제출한 작문보다 낫더라. 조금만 노력하면 다음에 A를 받을 수 있겠어."

6 '학습지향적 평가(Assessment for Learning)'와 관련하여 형성평가의 정의와 특징을 설명하시오.

7 대규모 평가(예: 국가학업성취도 평가)의 형성평가적 기능과 교실평가의 형성평가적 기능을 비교 · 설명하고 장단점을 논하시오.

제6장

참조준거에 의한 평가

교육과 관련된 현상과 모든 것의 가치와 질, 장점 등에 대한 주관적 가치판단을 교육평가라 하였다. 주관적 판단은 임의적인 것이 아니라 판단의 기준이 있어야 하며, 그 기준에 따라서 규준참조평가, 준거참조평가, 능력참조평가, 성장참조평가로 분류한다.

1. 규준참조평가

1) 정 의

규준참조평가(norm-referenced evaluation)란 개인이 얻은 점수나 측정치를 비교집단의 규준(norm)에 비추어 상대적인 서열에 의하여 판단하는 평가를 말한다. 규준참조평가에 사용되고 상대적 서열에 대한 변환점수의 예로 대학수학능력시험 점수의 보고에 사용하는 백분위(percentile)나 T점수 등을 들 수 있다. 그러므로 규준참조평가를 **상대비교평가** 혹은 **상대평가**라고도 부른다.

규준참조평가는 준거나 목표의 도달 여부에는 관심이 없고 서열이나 상대적 위치를 부여하여 분류하는 작업에 치중하므로 무엇을 얼마만큼 알고 있는가에 관심이 있는 것이 아니라 학생의 상대적 서열에 관심을 두게 된다. 학부모들이 그들의 자녀에게 다른 질문보다는 몇 등이냐, 너보다 잘한 학생이 몇 명이냐고 서슴없이 묻는 것은 규준참조평가에 익숙한 결과다. 우리나라의 교육제도는 일반적으로 상위학교 진학에 구속되어 있으므로 규준참조평가인 상대비교평가가 지배하고 있다고 보아도 과언이 아니다. 다른 예를 들어 보면 어린이 노래경연대회의 '누가 누가 잘하나'란 프로그램의 제목은 상대비교평가를 의미한다고 할 수 있다. 왜냐하면 그 주의 장원은 노래를 잘하는 어떤 준거에 의하여 결정되는 것이 아니라 그 주에 출연한 아이들의 우열에 의하여 결정되기 때문이다.

2) 역 사

규준참조평가는 평가가 시작되면서부터 사용된 평가방법으로서 오랜 역사를 지니고 있다. 인간에 대한 평가가 산업화 이전에는 다양하고 보다 자연스러운 상황에서 이루어졌으나 인구의 증가가 경쟁을 유발하였고 평가의 결과에 의하여 진학, 취업이 결정되면서 평가방법이 구조화되는 경향을 보였다. 미국에서도 1930년 이후부터 평가방법을 주관식 평가방법에서 객관식 평가방법으로 전환하였으며(Mislevy, 1997), 규준참조평가를 사용하게 되었다.

미국이 규준참조평가에 많은 관심을 갖게 된 계기는 1957년 소련이 지구 궤도에 세계 최초로 무인인공위성인 Sputnik호를 발사한 이후 미국이 교육의 경쟁력을 강화하면서부터라고 볼 수 있다. 미국은 무인인공위성의 발사가 소련에 비하여 늦어진 이유를 기초과학교육의 부실에 있다고 보았으며, 기초과학교육을 강화하기 위하여 학교 간, 교육구 간, 주 별로 상호 경쟁을 유도하기 위한 상대비교평가를 적용하였다.

우리나라의 경우 현대적 의미의 형식적 교육이 일제 강점기에 시작되었다고 볼 때 상급학교 진학, 특히 일류대학의 진학은 입학정원의 제한 때문에 검사점수에 의한 상대적 서열에 의하여 결정되었으며, 이는 오늘날까지 그 체제를 유지하고 있다. 그러므로 우리나라는 현재까지 진정한 의미의 준거참조평가를 사용할 수 없었으며, 현재 이루어지고 있는 대부분의 평가들은 규준참조평가에 의존한다 하여도 과언이 아니다.

3) 규 준

규준참조평가의 정의에서 설명하였듯이 규준참조평가의 목적은 상호비교에 있다. 상호비교를 위해 필요한 기준을 규준이라 하는데, 이 규준은 규준참조평가에서 가장 중요한 요소다. **규준**(norm)이란 원점수의 상대적인 위치를 설명하여 주기 위하여 쓰이는 자로서 모집단을 대표하는 표본에서 얻은 점수를 기초로 하여 만들어진다.

규준, 규준점수, 변환점수, 표준점수 등은 제17장에서 자세히 설명할 것이며 여기서는 간단히 설명하면 [그림 6-1]과 같다. 만약 창수가 전국단위의 수학시험에서 70점을 받았다면 그 학생의 상대적 위치가 어디에 있는가를 알기 위하여 규준이 필요하다. 그러나 전국의 모든 중학교 3학년 학생들에게 검사를 실시할 수 없으므로 이들을 대표할 수 있는 10,000명의 학생을 표본으로 추출하여 검사를 실시한 결과 표본에서 얻은 평균점수가 70점이고 표준편차가 10점이었다면 이 통계값이 규준이 된다. 이에 비추어 70점을 얻은 어떤 학생의 상대적 위치는 규준의 평균과 같으므로 가운데, 즉 50%에 있음을 알 수 있다. 다른 학생이 80점을 얻었다면 그 학생은 평균보다 1 표준편차 위에 있으므로 50%보다는 위에 있다고 짐작하며 [부록 1]에 의하면 84.13%에 해당하므로 상위 15.87%에 있다고 해석하게 된다. 60점

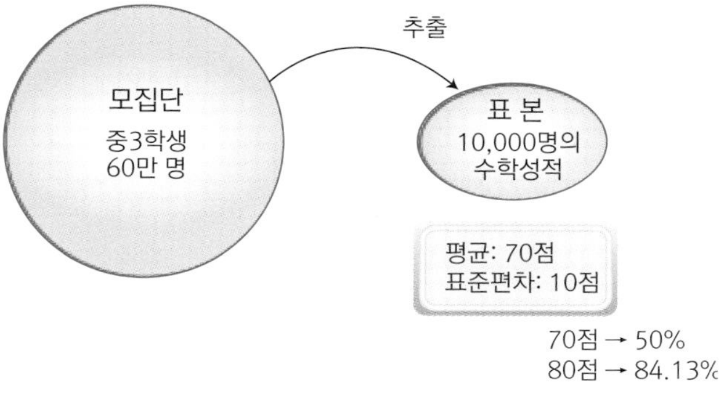

[그림 6-1] 전국 수학 학업성취도검사의 규준

을 얻은 학생은 반대로 1표준편차 아래이므로 34.13%에 있으며, 90점을 얻은 학생은 2 표준편차 위이므로 97.72%에 있다.

규준점수의 종류와 내용은 제17장에서 자세히 설명하고 있으며, 현재 우리나라 고등학교에서 사용하고 있는 고교내신점수인 9등급(stanine)도 규준에 따라 상대적 서열이 결정된다. 그러므로 규준을 설정하기 위하여 표본이 모집단을 얼마나 잘 대표하였느냐가 관건이 되며 모집단에 따라 규준의 종류가 다양하다. 비교기준에 따라 국가단위 규준, 지역단위 규준, 학교단위 규준, 학급단위 규준이 있으며, 나이 혹은 학년 규준도 있다. 지능검사의 경우 나이 단위의 규준을 사용하고 학업성취도 비교를 위해서는 학년단위 규준을 이용한다.

4) 장단점

규준참조평가의 장단점을 설명하기에 앞서 규준참조평가에서 가장 중요한 부분인 규준에 대한 논의가 필요하다. 규준과 관련하여 제기되는 비판에는 규준을 만들기 위해서 제작한 검사도구의 문항들이 교육내용, 교육과정, 교육목표를 적절히 잘 포함하고 있는지의 문제와 규준을 만들기 위해 모집단으로부터 추출된 표본이 모집단의 특성을 제대로 대표하고 있는지에 대한 의문 등이 있다. 그러므로 이 두 가지의 질문에 대한 타당한 답변이 이루어진 후에 규준참조평가를 실시하여야 한다.

규준참조평가의 장점은 개인의 상대적인 위치를 파악하여 우열을 가리기가 쉽고 경쟁을 통한 학습동기를 유발할 수 있다는 것이다. 그러나 다음과 같은 단점들도 지적되고 있다.

첫째, 무엇을 얼마만큼 아느냐에 중점을 두지 않기 때문에 무엇을 가르치고 배워야 하는가에 대한 시사와 기준이 모호하다.

둘째, 개인 또는 집단의 성취를 기초로 한 상대적 서열을 중시하기 때문에 교수·학습이론에 부적절하다. 학습목표의 달성 정도에 따라 강화가 주어지는 것이 아니라 집단의 수준에 따라서 평가결과가 좌우되므로 학습행동을 체계적으로 강화해 주지 못한다.

셋째, 경쟁심의 조장으로 경쟁을 교육의 당연한 윤리로 생각하게 하여 협동심을 상실하게 할 수 있다.

넷째, 다른 사람보다 1점이라도 높은 점수를 얻기 위한 경쟁이 강조되기 때문에 충분한 시간 동안의 지적 탐구를 통해 문제를 해결하기보다는 암기위주의 교육을 조장할 우려가 있다.

다섯째, 이해력, 분석력, 창조력, 탐구정신이 결여된다.

여섯째, 서열주의식 사고가 팽배해진다.

일곱째, 정신건강에 좋지 않은 영향을 주며 지나친 검사불안, 이기심, 명예 등으로 인해 정의적 행동 특성에 부정적 영향을 미친다.

2. 준거참조평가

1) 정 의

규준참조평가가 학습자의 상대적 서열에 관심을 둔 평가라면 준거참조평가는 준거에 비추어 학습자들이 무엇을 얼마만큼 알고 있느냐에 관심을 두는 평가다. Glaser(1963)는 준거참조평가의 점수는 학생이 무엇을 알고 무엇을 모르는가에 대한 확실한 정보를 제공한다고 하였으며, Nitko(1980)는 준거참조평가는 개인의 성취점수를 정해진 준거에 비추어 직접적으로 해석하는 평가로서 성취수준은 개인이 학습해야 할 학습과제의 영역에 의해 한정된다고 하였다. **준거참조평가**(criterion-referenced evaluation)는 학습자 또는 개인이 무엇을 얼마만큼 알고 있는지를 준거에 비추어 재는 평가로서, 이때 무엇이라 함은 학습자가 성취해야 할 영역(domain) 혹은 분야를 말한다. 예를 들어, 어느 학생이 수학시험을 보았을 때 미적분 분야에서 준거를 통과하였다면 이때 미적분이 영역이 된다.

준거참조평가에서 가장 중요한 요소는 영역과 준거다. **영역**은 교육내용으로서 측정내용이 되고, **준거**는 교육목표를 설정할 때 도달하여야 하는 최저기준(minimum competency level)이라 할 수 있다. 준거참조검사는 일반적으로 자격증을 부여할 때 사용된다. 자격증이란 앞으로 어떤 일을 성공적으로 수행할 수 있다고 보장하는 증명서이기 때문에 일정한 준거에 도달하는 사람에게 발급하게 된다. 준거참조평가에서는 무엇을 평가할 것인가에 대한 영역을 구체적으로 명시하여야 하고 이를 근거로 준거를 설정하는 것이 매우 중요하다.

2) 역 사

상호 비교의 용이함 때문에 규준참조평가에 많은 관심이 있었으며, 특히 Sputnik호 발사 이후 미국의 기초과학 교육 향상을 위하여 학교 간의 경쟁을 유도하는 규준참조평가가 활성화되었다. 그러나 1960년 이후 평가의 관심이 되는 서열이 무엇에 대한 서열인지, 무엇을 위한 서열인지에 대한 회의에 빠지고 상대적 서열만의 강조는 교육의 본질을 잃게 함을 알게 되었다. 교육이란 상호경쟁을 유도하는 것이 아니라 상호 협동에 의한 학습이 바람직하다는 자각을 하게 되면서 상대적 서열보다는 특정 기준에 비추어 무엇을 얼마만큼 알고 있는가에 대한 관심이 고조되었다.

Cronbach(1970)는 교육은 경마장에서 이루어지는 승마경기가 아니라고 비판하면서 준거참조평가가 강조되어야 한다고 주장하였으며, Glaser와 Klaus(1963)도 앞으로의 평가는 규준참조평가에서 준거참조평가로 전환되어야 한다고 지적하였다. 특히 이 시기에 교육공학의 발달로 인하여 다양한 교수 · 학습이론이 전개되었으며, 교수방법과 교육목표에 대한 논의가 활발히 전개되면서 준거참조평가가 관심을 끌게 되었다.

준거참조평가와 관련된 다양한 검사 용어들도 나타났는데, **준거참조검사**(criterion-referenced test), **영역참조검사**(domain-referenced test), **목표참조검사**(objective-referenced test) 등이 그 예에 해당한다. 이들 용어는 동의어로 사용되나 강조점이 다소 다르다. 준거참조검사는 특정한 영역의 내용을 어떤 특정한 준거에 비추어 도달한 정도에 주안점을 두는 검사로서 목표참조검사와 내용적으로 가까운 용어다. 영역참조검사란 내용 영역을 보다 구체화하고 강조한 검사라 할 수 있으며, 이 또한 준거점수를 설정한다.

준거참조평가가 다시 강조되기 시작한 것은 미국에서 기초학력 미달과 같은 학력 저하가 국가적으로 문제시 되면서 부시(Busch) 대통령이 **낙오방지법**을 발표하였고, 이에 근거하여 기초미달의 수준을 설정하여 기초 학력을 신장시키기 위함이다. 주마다 다른 형태의 내용과 검사 그리고 다른 준거를 설정하여 시행되는 기초미달제로정책이 효과적으로 진행되기 어렵기 때문에 오바마(Obama) 대통령은 **차세대 평가정책 2.0**(Assessment 2.0 for Next Generation)을 발표하였고, 기초학력 미달 학생의 비율이 현격히 감소하는 학교를 전환(turn around)학교라 명명하였다.

우리나라에서 규준참조평가에 의하여 부여하던 고등학교 내신성적은 2001년부터 준거참조평가에 의하여 '수' '우' '미' '양' '가'로 평가하였다. 준거참조평가의 장점에도 불구하고 학생들의 대학 진학을 위하여 학교성적을 후하게 주는 고교내신 부풀리기 현상이 나타났다. 학업 달성 수준을 교육목표인 준거에 비추어 평가하기보다는 더 높은 평가를 받도록 하기 위하여 문항을 쉽게 출제하든가 아니면 사전에 가르쳐 주거나 준거를 낮게 설정하는 경향이 나타났다. 이에 대학들은 대학입학전형 자료로서 고등학교의 학교내신을 신뢰하지 않고 고교내신 점수를 변환하거나 보정함으로써 사회문제로 비화되었다. 준거참조평가는 그 평가의 목적에 부합하게 사용되어야 준거 설정도 타당하고 교육적 기능을 발휘할 수 있다. 우리나라에서 나타난 고교내신 부풀리기가 준거참조평가의 본질적 문제인 양 고교내신 산출 방법을 다시 규준참조평가의 형태인 내신 9등급(stanine)제로 전환하였다.

노무현 정부에서는 변별력 없는 수능과 내신을 보완하기 위하여 논술 비중을 확대하는 통합 논술 실시 입시안을 발표하고, 대학입시에서 내신, 수능, 논술을 균형적으로 반영하였다. 또한 2008학년도 입시에서 대학수학능력시험의 점수 체제가 등급제로 변화됨에 따라 내신 성적 또한 9단계의 석차 등급과 과목별 원점수를 표시하는 내신등급제를 적용하였다. 이는 현재 성취평가제에서 채택하고 있는 절대평가방식과 상반되는 상대평가방식으로서 1등급은 상위 4%, 2등급은 다음 7%, 3등급은 다음 12%, 4등급은 다음 17%, 5등급은 다음 20%, 6등급은 다음 17%, 7등급은 다음 12%, 8등급은 다음7%, 9등급은 다음 4%로 분류하였다. 내신등급제의 기록은 과목별 석차 등급제로 전환되어 석차는 '석차+{(동일 석차 학생수−1)/2}'로 산출하고, 9개 등급 간 학생수 산정 비율을 적용하였다.

이후 교육과학기술부는 고교내신 9등급제가 창의인성교육을 저해하는 원인 중의 하나임을 인지하고, 2013년부터 고등학교에서도 준거참조평가를 실시하기로 하고 이 사업을 위하여 기초연구를 진행하였다(성태제 외, 2009). 이어 2011년에는 글로벌 지식기반사회에서 요구되는 창의인재를 양성하기 위한 중등학교 '학사관리 선진화 방안'을 발표하면서 평가제도를 규준참조평가에서 준거참조평가로 전환시키기로 하였다. 특히 인성교육의 부실과 학교폭력과 같은 문제는 무한 경쟁으로 인한 인간성 상실이 상대비교평가와 무관하지 않고, 창의성 향상을 위해서도 상대비교평가인 규준참조평가보다는 준거참조평가가 더 교육적이라는 판단에 기인한다. 이에 석차 등급의 기재 양식과 9등급제를 준거참조평가로 전환하도록 하면서 명칭을 성취평가로 명명하였다. 중학교는 2012학년도부터, 고등학교는 2014학년도부터 학생기록부에 석차대신에 성취수준을 A, B, C, D, E의 5단계로 구분하여 기록하도록 하였다.

그러나 박근혜 정부가 들어서면서 지난 정부에서 시행하기로 계획한 성취평가제가 학교현장에서는 아직 준비가 되어 있지 않고 김대중 정부 시절에 수, 우, 미, 양, 가로 부여한 절대평가가 고교내신을 부풀리는 부작용이 있음을 우려하여 학교에서는 이미 예고된 대로 성취평가제는 실시하되 성취평가결과(A, B, C, D, E)는 대학입학 반영을 위해서 2019년까지 보류하는 것으로 발표하였다(교육부 대입제도 발전방안 연구위원회, 2013).

교육평가의 방법은 교육과정과 교수·학습법, 그리고 교육내용까지 제한할 수 있다. 창의인재를 양성하고 행복교육을 추구하기 위해서는 교수방법도 맞춤교육이어야 하며, 평가방법도 개인을 존중하는 평가체제로 발전하여야 한다. 학생과 학생을 상호 비교하는 평가는 무한경쟁을 유발하고, 따라서 학생들이 여유롭게 분석하고 비판하여 새로운 생각을 이끌어내는 데 제한적이다. 경쟁적인 평가체제에서는 남보다 1점이라도 높은 점수를 얻어야 하므로 이해가 되지 않으면 암기를 강요받게 된다. 그리고 남을 배려하거나 협동하는 학습을 진행하기가 용이하지 않고, 규준참조평가의 장단점에서 설명한 것처럼 교수·학습이론에도 부합하지 않는다. 그래서 행복을 추구하는 선진국에서는 규준참조평가는 사용하지 않으며 준거참조평가를 사용하고 있다. 국가의 장래를 위해서는 준거참조평가가 진행되어야 할 것이다.

3) 준 거

준거참조평가에서 가장 중요한 요소는 준거이며 자격증을 부여할 때 준거참조검사가 이용된다고 하였다. 예를 들어, 의사 자격시험이나 간호사 자격시험에 준거참조검사를 실시한다. 자격증을 부여할 때 상대적 서열보다는 어떤 일을 성공적으로 할 수 있다고 믿는 기준에 도달한 사람에게 자격을 부여하게 된다. 그러므로 **준거**(criterion, standard, cut-off)란 피험자가 어떤 일을 수행할 수 있다고 대중(public)이 확신하는 지식 혹은 기술 수준을 말한다(AERA, APA, NCME, 1988). AERA, APA, NCME(1999)에서는 **준거점수**(cut score)란 용어를 사용하였으며, 성패나 당락을 구분하는 점수라 설명하고 있다.

학업성취도검사에서 준거는 교사나 교과내용전문가가 해당 내용을 이해하였다고 가정하는 최저 학습목표라 할 수 있다. 준거는 교과내용전문가와 평가전문가에 의하여 설정될 수 있으며, 준거를 설정하는 구체적인 방법은 제17장에서 설명한다.

4) 장단점

준거참조평가와 관련하여 제기되는 비판 중의 하나는 준거 설정이 임의적일 수 있다는 점이다. 이에 대해 Berk(1986)와 Popham(1978)은 임의적이라는 단어는 멋대로의 뜻보다는 개인 평가전문가의 주관에 의하여 설정된다는 의미로서 준거가 아무렇게나 설정되지는 않는다고 말하고 있다.

준거참조평가의 장점은 다음과 같다.

첫째, 무엇을 알고 무엇을 모르는가 하는 직접적인 정보를 제공한다.

둘째, 제공된 정보를 기초로 교육목표와 교육과정(curriculum)을 개선할 수 있다.

셋째, 학습효과를 증진시킨다.

넷째, 탐구정신과 협동정신을 함양한다.

다섯째, 지적인 계급, 서열의식보다는 지적인 성취를 유발한다.

여섯째, 정신건강에 좋다.

준거 설정에 어려움이 있으며 경쟁을 통한 학습 외적 동기유발이 부족하다는 단점도 문제점으로 지적되고 있으나 이는 모두 극복할 수 있는 단점이다.

3. 능력참조평가

개인 간의 비교, 개인의 성취와 어떤 준거와의 비교보다는 개인을 위주로 하는 평가로서 능력참조평가와 성장참조평가가 제안되었다.

능력참조평가(ability-referenced evaluation)는 학생이 지니고 있는 능력에 비추어 얼마나 최선을 다하였느냐(maximum performance)에 초점을 두는 평가방법이다. Oosterhof(1994, 2001)에 의하면 개인의 능력 정도와 수행결과를 비교하는 평가에서 다음의 두 가지 질문이 제기될 수 있다. 한 가지 질문은 "이것이 그 학생이 지니고 있는 능력을 최대한 발휘한 것인가" 하는 것이며, 또 다른 질문은 "충분한 시간이 부여되었을 때 더 잘할 수 있었는가" 하는 것이다. 학생 개인이 지니고 있는 능력을 얼마나 발휘하였느냐에 관심을 두므로 개인을 위주로 하는 평가방법이라 할 수 있다. 예를 들어, 우수한 능력을 지녔음에도 불구하고 최선을 다하지 않은 학생과 능력이 낮더라도 최선을 다한 학생이 있을 때 어떻게 평가하는 것이 학생들의 학습태도를 바람직한 방향으로 유도할 수 있을 것인가를 고민하여야 한다.

만약 규준참조평가와 준거참조평가에 의하여 평가를 실시한다면 전자는 후자보다 항상 높은 평가를, 후자는 전자보다 항상 낮은 평가를 받게 된다. 이럴 경우 이런 평가가 두 학생에게 바람직한 평가가 될 수 있느냐 하는 의문이 제기된다. 왜냐하면 전자는 항상 좋은 평가를 받음으로 자만에 빠져 나태할 수 있으며, 후자는 열심히 최선의 노력을 다 했어도 낮은 평가를 받음으로 학습동기를 잃게 된다는 것이다. 능력참조평가에 의하여 후자의 경우 능력에 비하여 많은 노력을 발휘한 점을 고려하여 보다 높은 평가를 함으로써 학습동기를 유발하게 하여 교육목표에 도달할 수 있게 한다는 것이다. 반대로 능력이 탁월함에도 불구하고 노력을 하지 않았다면 낮은 평가를 함으로써 경각심을 주어 최대한의 노력을 하게 하는 것이 바람직하다는 평가관이다. 이와 같이 능력참조평가는 각 학생의 능력과 노력에 의하여 평가되는 특징을 지니고 있다.

능력을 얼마나 발휘하였느냐에 관심을 두는 능력참조평가는 학업성취도검사에서 적용함이 바람직하며, 표준화 적성검사에서도 사용될 수 있다. 그러나 적성검사의 경우 이는 다른 변인들과 합성되어 있으므로 해석하기가 곤란한 경우가 있으며 학생이 지니고 있는 능력에 대한 정확한 정보가 없을 경우 능력참조평가를 적용하는 데 어려움이 있다. 능력참조평가는 특정 기능과 관련된 능력의 정확한 측정치에 의존하게 되므로 해당 능력에 제한되어 학습자의 수행을 해석하게 되는 한계를 지닌다. 그러나 능력참조평가는 개인을 위주로 개별적 평가를 실시한다는 장점을 가지고 있으므로 앞으로 개발될 연구과제가 된다.

4. 성장참조평가

성장참조평가(growth-referenced evaluation)는 교육과정을 통하여 얼마나 성장하였느냐에 관심을 두는 평가다. 최종 성취수준에 대한 관심보다는 초기 능력수준에 비추어 얼마만큼 능력의 향상을 보였느냐를 강조한다. 즉, 사전 능력수준과 관찰 시점에 측정된 능력수준 간의 차이에 관심을 둔다. 그러므로 성장참조평가는 학생들에게 학업 증진의 기회 부여와 개인화를 강조하는 특징을 지니고 있다. 황정규(1998)도 개인 수준의 성장을 변화로 표현하고, 변화의 내용과 변화의 정도를 측정 · 평가하는 방법을 갖고 있었다면 교육은 혁신적인 변모를 겪었을 것이라 주장하고 있다.

Oosterhof(1994, 2001)에 의하면 성장참조평가 결과가 타당하기 위해서는 다음의 세 가지 조건이 충족되어야 한다.

첫째, 사전에 측정한 점수를 신뢰할 수 있어야 한다.

둘째, 현재 측정한 측정치를 신뢰할 수 있어야 한다.

셋째, 사전 측정치와 현재의 측정치의 상관이 낮아야 한다. 사전에 측정한 측정치나 현재 측정한 측정치가 신뢰롭지 못하다면 능력의 변화를 분석할 수 없음은 당연하다. 만약 사전 측정치나 현재의 측정치가 본질적으로 상관이 높다면 이는 성장에 의한 것이 아니라 관계에 의한 당연한 결과를 가져오게 되므로 두 측정치

간에는 상관이 낮아야 한다.

능력참조평가나 성장참조평가가 대학 진학이나 자격증 취득을 위한 행정적 기능이 강조되는 고부담검사(high-stakes tests)와 같은 평가환경에서는 평가결과에 대한 공정성 문제가 제기되어 적용하기가 어려울 수 있다. 그러나 평가의 교수적 기능이나 상담적 기능이 강조되는 평가환경이라면 이 두 평가방법이 보다 교육적이므로 교육의 선진화에 이바지할 수 있다고 본다. 그러므로 개별화 학습을 촉진시킬 수 있는 성장참조평가는 초등교육이나 유아교육에 적극적으로 적용할 필요가 있으며 상대비교에 치중하지 않는 평가라면 성장참조평가를 실시하는 것도 바람직하다.

5. 규준, 준거, 능력, 성장참조평가의 비교

규준참조평가, 준거참조평가, 능력참조평가, 성장참조평가를 정리하면 〈표 6-1〉과 같다.

〈표 6-1〉 규준, 준거, 능력, 성장참조평가 비교

구분 내용	규준참조평가	준거참조평가	능력참조평가	성장참조평가
강조점	상대적인 서열	특정 영역의 성취	최대 능력 발휘	능력의 변화
교육신념	개인차 인정	완전학습	개별학습	개별학습
비교대상	개인과 개인	준거와 수행	수행 정도와 소유 능력	성장, 변화의 정도
개인차	극대화	극대화하지 않으려고 함	고려하지 않음	고려하지 않음
이용도	분류, 선별, 배치 행정적 기능 강조	자격 부여 교수적 기능 강조	최대 능력 발휘 교수적 기능 강조	학습 향상 교수적 기능 강조

평가를 실시할 때 평가의 대상, 목적에 따라 평가방법을 선택하게 된다. 평가방

법에는 개인과 개인을 상호 비교하는 규준참조평가, 개인의 학습결과와 준거를 비교하는 준거참조평가, 그리고 개인과 개인의 내적 요인에 의하여 평가하는 능력참조평가와 성장참조평가가 있다. 규준참조평가는 행정적 기능을, 준거참조평가는 교수적 기능을 강조하며, 개별화된 평가인 능력참조평가와 성장참조평가는 개별학습과 같은 교수적 기능을 강조하게 된다.

이 두 가지 평가방법은 학생 개인에 초점을 맞추어 개인 능력의 최대 발휘, 성장과 변화의 기회를 부여하도록 하는 측면에서 보다 교육적인 평가방법이라 할 수 있다. 현재 우리나라에서 이루어지고 있는 대부분의 평가는 규준참조평가와 준거참조평가로서 학생들을 분류, 선발하는 기능에 치우쳐 왔다. 단순히 학생들의 대학 진학이나 자격증 취득을 위한 목적을 넘어서 교육을 통한 행동과 능력의 변화라는 교육의 본래 목적을 생각할 때보다 교육적이며 교수적 기능을 강조하는 능력참조평가와 성장참조평가를 실시하는 것이 바람직하다. 능력참조평가와 성장참조평가를 실시하기 위한 기본전제조건은 학생이 지니고 있는 능력에 대한 정확한 정보가 제공되어야 하며, 학생이 소유한 능력의 정도, 능력의 변화 등을 측정하는 도구의 타당도와 신뢰도가 고려되어야 한다. 또한 교사들이 학생 개개인에게 관심을 갖고 능력을 파악할 수 있도록 교사 1인당 학생 수를 줄이는 정책도 병행되어야 한다.

모든 평가목적과 평가환경을 충족시키는 평가는 존재하지 않는다. 그러므로 평가방법을 선택할 때에는 평가목적, 평가대상, 평가환경, 평가결과의 영향, 그리고 각 평가방법의 장단점 등을 고려하여야 한다.

주요 단어 및 개념

규준	준거	규준참조평가
준거참조평가	영역	준거참조검사
영역참조검사	목표참조평가	최저기준
능력참조평가	성장참조평가	고부담검사

연습문제

1 규준의 정의를 내리고, 규준을 만드는 예를 설명하시오.

2 규준의 타당성을 검증하는 방법을 설명하시오.

3 규준참조평가의 장단점을 논하시오.

4 준거의 정의를 내리고, 준거참조평가의 장단점을 논하시오.

5 능력참조평가와 성장참조평가의 정의를 내리고 두 평가방법의 차이점과 공통점에 대하여 논하시오.

6 규준, 준거, 능력, 성장참조평가를 비교하고, 가장 바람직하다고 생각하는 평가방법과 그 이유를 논하시오.

제3부

총평, 측정, 검사

제7장

총평, 측정, 검사

평가와 동의어로 사용되는 용어로 총평, 측정, 검사가 있다. 이 용어들은 동의어로 사용될 수 있으나 어원상 차이가 있으며, 목적과 특성 등에 따라 상이하다.

1. 총 평

1) 개 념

총평(assessment)이란 인간의 특성을 하나의 검사나 도구로 측정하여 평가하는 것이 아니라 여러 다양한 방법을 동원하여 종합적으로 평가하는 방법으로, 사정이라고도 한다. 그러므로 총평은 지필검사와 같은 단일한 방법에 의하여 자료를 수집하는 것이 아니라 관찰, 구술, 면접 등의 다양한 방법을 동원하여 얻은 자료를 가지고 종합적으로 평가하는 방법이다. 총평이란 용어는 Murray(1938)가 처음으로 사용하였으며 OSS 총평에서는 전인적 평가로 불리고 있다. 이때 총평의 개념은 특별한 목적과 환경, 과업과 준거에 비추어 개인의 특성에 대한 의사를 결정하기 위하여 사용한다.

OSS 총평이란 제2차 세계대전 중 미국 국방성에서 군사 첩보요원을 양성하기 위하여 첩보요원으로서의 적성을 지니고 있는지를 평가하는 방법으로 3일간 심층 면접과 검사를 실시하고 집중관찰 등 종합적인 평가방법을 통해 선발하는 제도다. 평가요원들의 계속적인 관찰 속에 소집단으로 구성하여 생활하게 하며 상황검사(situational test), 적성검사(aptitude test), 투사적 방법(projective technique), 집중면담도 실시하며 인과적인 조건과 비공식적 조건에서 관찰을 실시한다. OSS 총평의 목적은 개인과 환경에 관한 증거를 찾고, 두 요인을 관련시켜 인간행동 변화와 현상을 이해하며, 예언과 분류, 실험 등을 통하여 미래를 예측할 수 있도록 하는 것이다.

최근에 검사라는 용어보다 총평이라는 용어를 유행어처럼 말하는 경향도 있으나 Popham(2011)은 총평이란 교육적으로 관심 있는 변수의 관점에서 학생의 특성이나 현재의 상황을 결정하기 위한 공식적인 시도라 정의하고 있다. 그러므로 교사가 학생을 총평하려는 목적은 학생의 장단점을 진단하고, 학생의 진행 상황을 점검하며, 학생에게 성적을 부여하고, 교육의 효과성을 검증하는 데 있다고 하였다.

또한 지필검사에 의하여 학습자를 평가하는 수준을 넘어서 보다 종합적인 평가를 통해 학생들을 평가하여야 한다는 주장이 대두되는데, 이에 수행평가(performance assessment)가 널리 사용되고 있다.

2) 절 차

Airasian(1991)은 총평을 위한 절차를 다음의 4단계로 설명하였다.

1단계: 평가대상에 대한 다양한 정보를 수집한다.
2단계: 수집된 정보를 해석한다.
3단계: 정보를 종합한다.
4단계: 정보를 선별하기 위해 서술하고 판단한다.

총평은 측정이나 검사와 달리 평가대상의 여러 정보를 수집하고 종합하여 평가하므로 다양한 정보를 수집하는 것이 중요하다.

2. 측 정

1) 개 념

우주에 존재하는 모든 사물은 똑같은 것이 없다. 수만 분의 일의 오차도 허용되지 않는 최첨단 과학제품이라 할지라도 엄밀한 의미에서 똑같은 것은 없다. 이같이 다양한 사물은 각기 다른 속성을 가지며 독특한 특징을 지닌다고 할 수 있다. 인간 역시 태어날 때부터 각기 다른 모습으로 태어난다. 일란성 쌍생아라 할지라도 신체적 조건뿐 아니라 많은 면에서 다른 모습을 발견할 수 있다. 그러므로 인간의 다양성은 개인차(individual difference)라는 주제로 교육심리학에서 중요한 연구과제다. 교수 · 학습이론에서는 개인의 특성인 개인차를 고려한 적성-교수방법 상호작용이론(Apperception Treatment Interaction: ATI) 등이 제안되었으며, 측정이론에서는 인간의 각기 다른 능력수준을 정확하게 추정하기 위하여 검사이론이 발전되고 있다.

사물이나 사람을 구분할 때 사물은 색, 형태, 무게 등으로 분류할 수 있으며, 사람 역시 키나 체중 같은 외모적 특성에 의하여 분류할 수 있다. 어떤 경우에 그 사람은 멋있다느니, 머리가 좋다느니, 혹은 성격이 좋다느니 하는 말로 다른 사람과 구별하기도 한다.

Thorndike(1918)는 어떠한 것이 존재한다면 그것은 양으로 존재하기 때문에 측정할 수 있다고 주장하였다. 날씨가 덥다든지, 길이가 길다든지, 시간이 많이 걸린다든지, 능력이 높다든지 하는 말은 재고자 하는 속성이 존재하기 때문에 이와 같은 속성은 얼마든지 측정할 수 있다는 것이다. 따라서 **측정**(measurement)이란 사물의 성질을 구체화하기 위하여 수를 부여하는 절차라고 정의한다. Stevens(1946)는 측정이란 규칙에 의하여 사물이나 사건에 수를 할당하는 것이라 정의하였고, Hopkins, Stanley, 그리고 Hopkins(1990)는 사물을 구별하는 과정이라 정의하였다.

측정의 대상은 직접측정이 가능한 것과 직접측정이 불가능하여 간접측정만이 가능한 대상으로 구분된다. 예를 들어, 가시적인 길이, 무게 등은 직접측정이 가능하지만 인간이 지니고 있는 **잠재적 특성**(latent trait)은 직접측정이 불가능하다. 그러므로 인간이 내면에 지니고 있는 능력은 검사라는 도구를 사용하여 측정할 수밖에 없다. 그 예로 지능, 성격, 흥미, 태도, 자아개념, 학업성취도 등을 들 수 있다.

2) 목 적

어떤 사물에 대하여 크다든지, 어떤 사람에 대하여 젊다 매력적이다라는 말은 그 사물과 사람을 관찰한 사람의 주관적인 판단이다. 즉, 판단하는 사람의 기준에 의한다. 만약 어떤 친구가 교제하고 있는 여성에 대하여 키가 크고 날씬하다고 하였을 때 그 판단은 어떤 친구의 가치판단이 포함되어 있다는 것이다. 다른 친구도 그 여성이 키가 크다고 느끼고 날씬하다고 여긴다고는 할 수 없다. 키가 크다고 말할 때 어떤 사람은 180cm 이상을, 어떤 사람은 170cm 이상을 기준으로 할 수 있기 때문이다. 이와 같이 어떤 사람의 특성이 언어적으로 표현될 때 측정의 주체에 따라, 그리고 측정의 대상에 따라 달라진다. 앞에서 언급한 경우와 같이 동일한 사람이라 할지라도 그 사람에 대한 속성은 언어적으로 달리 표현될 수 있다.

측정은 가능한 한 측정의 결과를 수량화하고자 한다. 그 여성은 키가 크다는 표현보다는 172cm라든지, 머리가 좋다는 말보다는 지능지수가 135라든지로 표현한다. 이와 같이 측정은 사물이나 사람의 속성을 수량화할 때 언어적 표현에 따르는 모호성과 막연성을 배제할 수 있고, 판단에 따른 실수의 근원을 감소시킬 수 있다. 특히 과학 분야에서는 이와 같은 절차를 거칠 때 타인과의 의사소통을 원활히 할 수 있는 것이다. 만약 매우 자세한 자료가 요구되는 연구보고서에서 언어적 표현에 의한 결과만 제시되었을 때 그 논문의 내용을 학계에서 어떻게 토론할지 상상해 본다면 측정 목적의 필요성을 직감할 수 있을 것이다.

3) 절 차

측정대상과 그 대상의 특성에 따라 측정방법은 매우 다양하다. 측정방법으로는 직접측정이 가능한 측정도구에 의한 방법, 간접측정방법으로 검사도구를 사용하는 검사지법, 그리고 관찰, 면접 등이 있다. 그러나 다양한 측정방법이 일반적으로 지켜야 할 측정절차는 다음과 같다.

① 측정하고자 하는 대상 선정
② 규명된 측정대상의 측정하고자 하는 행위나 속성을 구체화
③ 측정단위에 수를 할당하는 기본규칙 설정

우선 사람이든 사물이든 측정하고자 하는 대상을 밝힌 다음, 측정하고자 하는 행위나 속성을 구체화한다. 측정대상이 사람일 때 측정의 행위나 속성으로서는 키, 몸무게, 팔 굽혀 펴기 횟수, 100m를 달리는 데 걸리는 시간 등이 될 수 있다. 사물이 측정의 대상으로 선정되었을 때 측정의 속성은 크기, 부피 등을 들 수 있다. 그러고 나서 측정단위에 수를 할당하는 기본규칙을 정한다. 즉, 길이를 잴 때 m로 한다든지, cm로 한다든지 등의 측정단위를 선정하여야 한다. 이상과 같은 절차에 따라 측정이 수행될 때 측정의 오차를 줄일 수 있다.

4) 척 도

사물이나 사람의 특성을 측정하고자 할 때 측정단위를 설정하여야 한다. 측정의 단위를 **척도**(scale)라 하며, 척도는 명명척도, 서열척도, 등간척도, 비율척도, 절대척도로 구분된다.

명명척도(nominal scale)는 사물을 구분, 분류하기 위하여 사용되는 척도다. 예를 들어, 성별, 인종, 색깔 등을 들 수 있다. 그러므로 명명척도는 사물 하나에 이름을 부여하는 일대일 대응(one to one transformation)의 특징을 지니고 있다. 일부 학자들은 사물에 이름을 부여하는 것은 측정이라 볼 수 없으므로 척도에 포함시키지 않아야 한다고 주장한다. 그러나 사물에 이름을 부여하는 것도 사물을 구분, 분류하는 것이므로 척도로 분류한다.

서열척도(ordinal scale)란 사물이나 사람의 상대적 서열을 표시하기 위하여 쓰이는 척도로서 학생들의 성적의 등위, 키 순서 등을 들 수 있다. 서열척도는 서열 간의 간격이 같지 않으므로 측정단위의 간격 간에 동간성이 유지되지 않는다. 예를 들어, 1등과 2등의 점수 차이와 5등과 6등의 점수 차이를 비교할 때 등위의 차이는 각각 1등급으로 같으나 점수의 차이는 같지 않다. 이는 서열 간에 동간성을 유지하지 못함을 말한다. 서열척도의 다른 특징으로 서열이 증가할 때 서열을 나타내는 측정치는 감소하지 않고 계속 증가하거나, 반대로 증가하지 않고 계속 감소한다. 이를 단조증가함수(monotonic increase function) 특성이나 단조감소함수(monotonic decrease function) 특성이라 한다.

등간척도(interval scale)는 임의영점과 가상적 단위를 지니고 있으며, 동일한 측정단위 간격에 동일한 수적 차이를 부여하는 척도를 말한다. 온도와 검사점수를 예로 들 수 있다. 온도를 측정하는 단위에서 0℃는 온도가 전혀 없음을 뜻하는 것은 아니며, 물이 어는 점을 0℃라고 임의적으로 협약한 것이므로 이를 **임의영점** 혹은 **가상영점**이라 한다. 또한 1℃라는 단위는 절대적인 것이 아니라 상호 협약에 의하여 얼마만큼의 온도를 1℃로 정하였으므로 이는 가상적 단위가 되며 동간성을 유지한다. 그러므로 0℃에서 5℃까지의 온도 차이는 20℃와 25℃의 차이와 같다. 이는 똑같은 측정단위 간격에 동일한 수적 차이를 부여하므로 등간척도는 **동간성**을 유지하는 특징을 지니고 있다.

비율척도(ratio scale)란 절대영점과 가상적 단위를 지니고 있으며, 동일한 간격에 동일한 수적 차이를 부여하는 척도를 말한다. 무게, 길이 등을 예로 들 수 있다. 무게와 길이가 0이란 뜻은 아무것도 존재하지 않으므로 **절대영점**을 의미한다. 영어로 표현하면 절대영점은 nothing을 말하며, **상대영점**은 something을 말한다. 그리고 길이를 나타내는 단위로 m, cm, feet는 협약에 의하여 결정된 것으로 이는 가상적, 즉 임의적으로 설정한 단위다. 예를 들어, 영국에서 길이를 재는 단위가 다양하여 물물거래 및 길이의 측정에 혼란이 있을 때 Henry IV세가 그의 발 크기를 1foot로 하여 길이의 단위로 통일하였다. 그 후 국제적으로 사용되는 cm의 단위에 의하여 1foot는 30.3cm가 된 것이다. 만약 Henry IV세의 발 크기가 컸더라면 1foot는 50cm가 되었을 것이다.

등간척도인지 비율척도인지를 구분하기 위하여 덧셈법칙과 곱셈법칙을 적용하여 덧셈법칙만 성립하면 등간척도, 두 법칙이 성립하면 비율척도가 된다. 예를 들어, 학생들의 학업점수에 두 법칙을 적용하였을 때, 50점은 25점에 25점만큼의 점수가 더해진 것으로 덧셈법칙은 적용되나, 50점은 25점의 두 배의 점수라는 곱셈법칙은 적용되지 않는다. 즉, 학업점수 50점을 받은 학생이 25점을 받은 학생이 지닌 능력의 두 배가 되지 않는다는 것을 의미한다. 그러므로 학업점수는 등간척도가 된다. 다른 예로 20cm는 10cm에 10cm를 더한 것으로 덧셈법칙이 적용되며, 20cm 역시 10cm의 두 배가 되므로 곱셈법칙도 적용된다. 그러므로 길이를 측정하는 척도는 비율척도가 된다.

절대척도(absolute scale)는 절대영점(absolute zero, true zero)과 **절대단위**(absolute unit)를 지닌다. 예를 들어, 사람 수와 자동차 수를 들 수 있다. 사람 수를 나타내는 측정단위로서 0일 때 이는 한 사람도 없음을 나타내는 절대영점이며, 1, 2, 그리고 3은 절대적인 단위로서 협약하지 않아도 모두가 공감하는 측정단위를 말한다.

3. 검 사

1) 정 의

측정대상은 직접측정이 가능한 것과 직접측정이 불가능하여 간접측정을 해야 하는 대상으로 구분된다. 인간에 내재된 잠재적 속성은 직접측정이 불가능하기 때문에 간접측정을 해야 하며, 이를 위해 사용되는 도구가 **검사**(test)다. 검사는 인류의 역사와 같이 시작되었다고 보아도 무리는 아닐 것이다. 다만, 형식적인 형태를 갖추었느냐에 따라 검사의 역사를 논할 수 있다. 일반적으로 검사의 기원을 737년 중국 당나라 현종 때 실시한 과거시험에서 찾는다.

표준화 검사의 기원으로는 1905년 Binet가 제작한 지능검사를 든다. 더불어 미국에서 대학입학사정 준거로 사용되는 SAT도 1926년에 시작되어 현재까지 시행되고 있다. 우리나라도 해방과 더불어 1960년대 표준화 검사의 전성기를 맞이하여 많은 표준화 검사가 제작되었다. 뿐만 아니라 자격을 부여하는 고시는 물론 수

많은 학생들의 상급학교 진학을 위한 검사를 실시하고 있다. 특히 외국에 비하여 상급학교 진학을 위한 결정적 변수는 검사결과라 해도 지나친 말은 아니다. 검사는 여러 형태가 있을 수 있으며 지필검사(paper and pencil test)가 가장 일반적이나 컴퓨터를 이용한 컴퓨터화 검사(computerized test)가 보편화되고 있다.

Findley(1963)는 검사의 기능을 교수적 기능, 행정적 기능, 상담적 기능으로 구분하였다. 검사의 **교수적 기능**(instructional function)은 교사들에게 교과목표를 확인시켜 주며, 학생과 교사들에게 송환효과를 제공하고, 학습동기를 유발하며, 시험의 예고는 복습을 위한 수단이 된다. 또한 검사를 통하여 잘못된 인지구조나 학습태도를 고칠 수 있다. **행정적 기능**(administrative function)은 교육 프로그램, 학교 혹은 교사를 평가하고 학생들을 분류 · 배치하는 데 사용된다. 선발 기능으로서 대학 입학, 입사, 그리고 자격증 부여 등을 들 수 있다. 뿐만 아니라 학교나 학교 구조의 질을 통제할 수 있다. **상담적 기능**(guidence function)은 피험자의 정의적 행동 특성을 진단 · 치료하는 데 있다. 즉, 적성검사, 흥미검사, 성격검사 등을 통하여 피험자가 지니고 있는 문제점을 발견할 수 있다. 심지어 학업성취도검사를 통해서도 피험자의 진단이 가능한데, 예를 들면 학업성취도검사 점수의 급격한 변화, 특히 급격한 하락은 피험자에게 심리적 변화가 있음을 예견하여 상담의 필요성을 제공한다. 검사의 기능으로 교수적 기능과 상담적 기능이 매우 중요함에도 불구하고 우리나라의 경우는 행정적 기능이 강조되고 있다.

검사의 기능이 다양해지면서 학생, 교장, 교사, 상담교사와 지역사회 구성원들이 검사에 대해 갖는 관심은 다양하다. Kubiszyn과 Borich(2010)는 검사에 대한 다양한 관심을 [그림 7-1]과 같이 설명하고 있다.

검사를 사용함에 있어 교장, 학생, 상담교사는 다소 다른 관심을 지니고 있으며, 해당 교육구의 학교위원회, 감독관, 교사연합에서 강조하는 것도 다르다. 지역사회는 학부모의 관점에서뿐만 아니라 시민단체, 교육기관, 법적 문제 등에 관심을 두고 있다. 이와 같이 검사에 대하여 보는 관점이 다르다 하더라도 학생의 장단점을 진단하고 학생의 진행 상황을 점검하며, 학생에게 성적을 부여하고 교육의 효과성을 검증하는 데 목적이 있다고 할 수 있다.

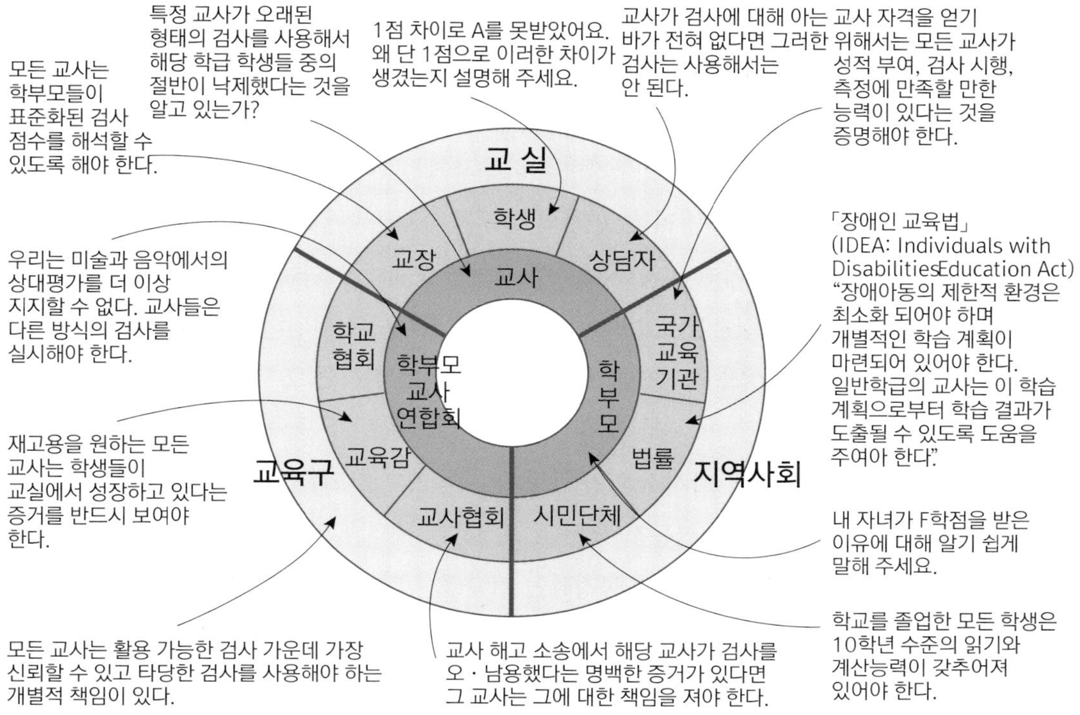

[그림 7-1] 검사 활용에 대한 다양한 관심

2) 종 류

검사는 인간의 잠재적 특성을 측정하는 도구로서 측정내용에 따라 매우 다양하다. 인간의 잠재적 특성은 인지적 행동 특성, 정의적 행동 특성, 심동적 행동 특성으로 구분할 수 있다. 인지적 영역은 인간의 지적 능력과 관련된 영역으로 지적 능력을 측정하기 위한 검사로 지능검사, 학업적성검사, 학업성취도검사가 있다. **지능검사**(intelligence test)는 지적 기본능력을 측정하는 검사로서 Binet검사와 Wechsler검사가 대표적이다. **학업적성검사**(scholastic aptitude test)는 미래의 학업을 얼마나 성공적으로 할 수 있는지를 예언하는 검사로 SAT, TOEFL 등을 들 수 있다. **학업성취도검사**(academic achievement test)는 개인의 지식, 기술 등의 현재 성취 정도를 측정하기 위한 검사로서 가르친 내용을 얼마만큼 알고 있는지를 측정하는 검사다. 학업성취도검사는 학교현장에서 제작되어 실시되는 검사의 대부분을 차지한다.

정의적 행동 특성을 측정하는 검사는 정의적 행동 특성이 다양하기 때문에 수많은 검사가 제작되었다. 예를 들어, 성격검사, 흥미검사, 불안도검사, 직업적성검사, 어떤 사건이나 사물에 대한 느낌을 묻는 검사 등이 있다. 성격검사라 할지라도 성격을 규명함에 있어 연구자마다 다양하게 정의하기 때문에 다른 정의에 따라 다양한 검사가 있을 수 있다. 인간의 심리적 특성뿐 아니라 인간의 느낌을 묻는 질문도 적지 않다. 어떤 정책에 대하여 찬반 여부를 묻는다든지, 어떤 사건에 대한 지각 등을 묻는 질문들이 있다. 학교에 대한 만족도나 직업의식 등을 묻는 검사는 정의적 행동 특성을 측정하는 것이다. 이와 같은 검사는 조사방법을 통하여 많이 사용되고 있다.

심동적 행동은 가시적 인간 행동에 대한 것으로 일반적으로 점검표나 채점표에 의하여 측정된다. 심동적 행동을 측정하는 예로 무용 실기라든지 피겨스케이팅 등 어떤 행위의 숙련도를 측정하는 검사들이 있다. 이와 같이 행위의 완성도를 측정하는 검사를 **수행검사**(performance test)라 한다. 심동적 영역에 국한하던 수행검사가 최근에는 지적 능력을 측정하는 데도 이용되고 있다(성태제, 1995a). 과학적 지식을 습득한 다음 단계로서 어떤 실험을 수행할 수 있는지를 점검하기 위하여 수행검사를 실시하는 것이 그 예다.

(1) 지능검사, 학업적성검사, 학업성취도검사

인지능력을 측정하는 검사는 지능검사, 학업적성검사, 학업성취도검사가 있다. **지능검사**는 지적 능력을 측정하는 최초의 검사이며, 지능에 대한 정의에 따라 검사가 제작되어 왔다. Binet는 잘 이해하고 판단하며 추리하는 능력을 지능이라 정의하였으며, Binet와 Simon이 지능검사를 만든 이후 많은 지능검사가 제작되었다. 이어서 요인분석을 이용하여 Thurstone은 지능을 어휘력, 수리력, 지각력, 공간력, 추리력, 기억력, 언어유창성으로 구성되었다고 정의하였으며, 이 정의에 근거한 개인위주의 지능검사가 개발되었고, 이어 집단검사 형태의 Army α 검사가 제작되었다. 그 후 Binet 검사와 Wechsler 검사가 제작되었으나 지능검사는 막연하고 포괄적이며 언어와 수리에 치우쳐 학교 학습과 관계가 적으며 인종에 대한 편파성이 있다는 비판에 따라 상담을 위한 자료로도 활용되지 않는 것이 미국의 추세다. 뿐만 아니라 지능에 대한 정의도 다른 관점에서 제시되어 Sternberg(1985)

의 삼위일체론과 Gardner(1983)의 다지능이론이 출현하였다.

지능검사의 모호성에 대한 비판과 학교 학습과 관련된 능력을 측정하고자 하는 움직임에 의해 출현한 검사가 학업적성검사다. **학업적성검사**(Scholastic Aptitude Test)는 개인이 미래의 학습을 얼마나 잘 할 수 있는지를 예견하기 위한 검사다. 학업적성검사는 미래 행위의 성공 가능 여부를 예견하므로 예측타당도가 중시되고, 미래학습을 위한 잠재적 능력을 측정하므로 축적된 학습내용을 측정한다. 학업적성검사의 예로 SAT, TOEFL, GRE 등을 들 수 있다.

학업성취도검사(Academic Achievement Test)는 개인의 지식, 기술, 성취의 현재 수준을 측정하기 위한 검사로서 가르치고 배운 내용을 얼마만큼 알고 있느냐를 측정한다. 검사의 목적이 지식이나 기술의 현재 수준을 측정하므로 내용타당도가 중요시되며 예전부터 축적된 학습내용보다는 최근에 배운 학습내용을 측정한다. 그러므로 학업성취도검사는 학교 학습과 밀접한 관련을 지닌다. 학업성취도검사의 예는 SAT subject, ACT, 그리고 1994학년도 이전에 실시된 대학입학학력고사를 들 수 있다.

이상에서 설명한 바와 같이 지능검사, 학업적성검사, 학업성취도검사의 차이를 정리하면 〈표 7-1〉과 같다.

〈표 7-1〉 지능검사, 학업적성검사, 학업성취도검사의 비교

내용 \ 종류	지능검사	학업적성검사	학업성취도검사
검사목적	지적 능력 파악	미래학습 성공 여부	현재 지식, 기술 수준 파악
측정내용	일반 지적 능력	예전 학습내용	최근 학습내용
교과목 관련성	없다	없다	있다
검사난이도	쉽다	보통	어렵다
중요 타당도	내용/구인타당도	예측근거	내용타당도
검사 종류	Binet, Wechsler	SAT, GRE	SAT subject, ACT, 대학입학학력고사

세 검사를 비교할 때 검사의 목적이 다르므로 측정내용, 측정범위, 검사의 난이도 등에서 차이가 있다. 측정내용에 있어서 지능검사는 일반 지적 능력을, 학업적성검사는 학업과 관련된 보편적 학습능력으로서 과거부터 배워 축적된 학습경험

을, 학업성취도는 최근에 배운 내용을 측정한다. 그러므로 측정내용의 범위가 가장 넓은 검사는 지능검사이며 학업성취도검사는 교과목과 밀접한 내용에서 출제하므로 출제범위가 상대적으로 좁다. 이와 같은 관점에 비추어 검사난이도는 지능검사, 학업적성검사, 그리고 학업성취도검사의 순서로 어렵다.

지능검사, 학업적성검사, 학업성취도검사 모두 지적 능력을 측정하므로 동일선상에 위치하며, 세 검사의 관계는 [그림 7-2]와 같다.

[그림 7-2] 지능검사, 학업적성검사, 학업성취도검사의 관계

지능검사, 학업적성검사, 학업성취도검사를 구분하는 절대적 기준점은 없으나 앞의 설명을 기준으로 하여 검사를 규정할 수 있다. 고등학교에서 실시하는 검사는 일반적으로 학업성취도검사이며, 학업성취도검사는, 첫째, 교수·학습목표에 명시된 내용을 측정하고, 둘째, 가르치고 배운 내용을 측정하며, 셋째, 가장 보편적이고 적절한 문항 유형을 사용하고, 넷째, 검사결과를 어떻게 사용할 것인지를 염두에 두어야 한다.

(2) 규준참조검사와 준거참조검사

검사의 세 가지 기능 중 사회적으로 가장 강조되는 것이 행정적 기능이다. 자격증을 부여하거나 당락을 결정하기 위하여 많은 검사가 사용되고 있다. 특히 우리의 교육현장에서 검사의 결과는 상위 학교 진학을 위한 중요한 자료로 사용되고 있다. 뿐만 아니라 간호사, 약사, 의사와 같은 자격증을 부여하기 위하여 검사들이 시행되고 있다.

앞의 두 검사에서 알 수 있듯이 검사는 목적에 따라 크게 두 종류로 나뉜다. 하나는 대학입학사정에 사용되는 규준참조검사이며, 다른 하나는 자격시험과 같은 준거참조검사다.

규준참조검사(norm-referenced test)는 상대비교평가의 목적을 수행하기 위하여 시행되는 검사로서 학생이 얼마만큼의 능력을 보유하고 있는가에 관심을 두기보다는 다른 학생과 비교하여 어느 위치에 있는가를 밝히는 데 목적을 둔다. 즉, 검사점수의 결과를 상대적 서열점수로 변환하여 그 상대적 서열에 의한 정보에 의하여 행정적 결정을 하게 된다. 그 전형적인 예로 현행 대학입시제도를 들 수 있다. 그러므로 규준참조검사는 검사에 응시하는 학생들의 점수를 다양하게 부여하기 위하여 문항난이도가 다양한 문항들로 구성된다. 예를 들어, 규준참조검사를 위한 50점 만점의 검사가 있다면 학생들의 점수범위가 0점에서부터 50점이 되도록 출제되어야 한다.

규준참조검사에서 중요시되는 것은 타당도보다는 신뢰도다. 이는 점수의 상대적 서열이 중요시되므로 측정의 오차를 최소화해야 하기 때문이다. 측정의 오차가 적은 검사결과여야 상대적 서열에 대한 정보를 신뢰할 수 있다. 그러므로 규준참조검사에는 서답형 문항보다는 선택형 문항이 주로 사용된다. 논술형 문항으로 구성된 규준참조검사는 채점자의 주관적 판단을 완전히 배제하기가 어렵기 때문에 행정적 기능을 위하여 사용하기에는 어려움이 따른다.

Glaser(1963)는 규준참조검사의 문제점을 지적하며 준거참조검사의 이용을 강조하였다. **준거참조검사**(criterion-referenced test)는 준거참조평가, 목표지향평가, 혹은 절대평가의 목적을 수행하기 위하여 시행되는 검사로서 피험자의 검사점수에 따른 상대적 서열에 의하여 행정적 결정이 이루어지는 것이 아니라 피험자가 무엇을 얼마만큼 알고 있는가를 밝히는 데 중점을 두는 검사다. 그러므로 준거참조검사에서 중요시되는 요인은 준거참조평가에서 설명한 것과 같이 측정 영역과 준거다. 준거참조검사는 피험자가 어떤 영역에서 얼마만큼의 능력을 지니고 있다는 직접적인 정보를 제공하며, 미래의 어떤 일을 성공적으로 수행할 수 있는지를 판단하는 목적을 지닌 검사에 사용된다. 그 예로 의사자격시험을 들 수 있는데, 만약 규준참조검사에 의하여 의사자격증을 부여한다면 의사자격증 부여 기준이 응시자 집단 특성에 의하여 매년 달라지는 문제점을 지니게 된다. 그러므로 어느 해는 의사로서의 진료를 성공적으로 수행할 수 없는 수련생에게 의사자격증이 부여되는 모순을 범할 수 있다. 미래의 업무에 대한 성공 여부가 중요할 때 준거참조검사가 실시되어야 하며, 이때 준거는 신중하게 설정되어야 한다.

준거참조검사의 제작절차는 [그림 7-3]과 같다. 준거참조검사를 제작하기 위하여 무엇을 가르쳤고 무엇을 측정할 것인지, 그리고 검사목적이 배치(replacement)에 있는지, 합격 또는 불합격 판정에 있는지를 규명한다. 이에 따라 측정 영역을 구체화하며 동시에 준거를 설정하여야 한다. 측정 영역의 구체화는 조작적 정의에 의하여 이루어지고 준거판단은 검사제작전문가의 경험적 자료에 근거한 주관적 판단에 의하여 이루어진다.

준거참조검사는 학생들을 변별하여 1등부터 꼴찌까지 배열하는 데 목적이 있는 것이 아니라 학생이 어떤 준거에 도달하였느냐에 관심을 가지므로 다양한 난이도의 문항으로 검사를 구성할 필요가 없다. 일반적으로 그 준거에 부합하는 수준의 난이도 문항으로 검사를 제작한다.

예비검사를 실시한 후 매우 쉬운 문항과 어려운 문항, 즉 준거에서 벗어난 문항들을 제거하고 잘못된 문항을 교정하며 타당도와 신뢰도를 검증한다. 끝으로 측정내용을 대표하고 문항난이도가 준거와 유사하며 문항변별력이 높은 양질의 문항들로 검사를 제작한다.

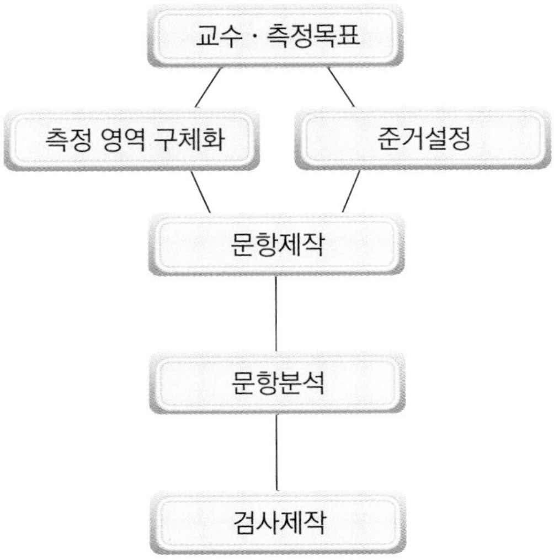

[그림 7-3] 준거참조검사 제작절차

이상에서 살펴본 규준참조검사와 준거참조검사의 차이점은 〈표 7-2〉와 같다.

〈표 7-2〉 규준참조검사와 준거참조검사의 차이점

종류 / 내용	규준참조검사	준거참조검사
검사목적	피험자 서열화	학업성취도 도달 확인
검사범위	광범위	보다 규명된 영역
문항난이도	다양한 수준 (쉬운 문항과 어려운 수준)	적절한 수준
비교내용	피험자와 피험자	피험자의 능력과 준거
기 록	퍼센타일 (%) 표준점수 (Z점수, T점수)	원점수와 준거점수
검사양호도	신뢰도 강조	타당도 강조

(3) 속도검사와 역량검사

검사의 사용목적 이외에 다른 기준으로 검사시간에 의하여 검사를 속도검사와 역량검사로 구분한다. **속도검사**(speed test)는 제한된 시간에 얼마나 빨리 정확하게 문제의 답을 맞히는가를 측정하는 검사로서 충분한 검사시간이 부여되지 않는다. 반면 **역량검사**(power test)는 충분한 검사시간이 부여되어 피험자가 지니고 있는 능력을 최대한 발휘하게 하여 피험자의 능력을 추정하는 검사다. 일반적으로 학업성취도검사는 역량검사의 형태를 취한다. 속도검사나 역량검사는 타당도와 신뢰도 모두 중요하나 속도검사의 경우 반분검사신뢰도를 추정할 때 검사를 양분하는 방법으로 전후법을 사용하지 않도록 주의해야 한다.

3) 검사가 정의적 행동 특성에 미치는 영향

검사는 피험자의 정의적 행동 특성에 적지 않은 영향을 준다. 검사의 예고는 검사불안을 야기시키는 동시에 학습동기를 유발한다. 만약 검사불안의 수준이 매우 높으면 학습동기를 상실하는 경우도 있게 된다. 특히 고시 등을 준비하는 수험생에게 검사불안은 능력 발휘에 큰 영향을 준다. 그러므로 피험자는 적절한 수준의 검사불안을 유지하도록 노력하며 검사실시자 역시 과대한 검사불안을 조장하지 않도록 배려하여야 한다. Ebel(1965)은 검사불안이 높으면 학업성취도는 떨어지며 적절한 수준의 불안이 학업성취도를 높인다고 보고하고 있다.

검사의 결과는 개인의 자아개념에 영향을 준다. 만약 검사에서 성공적 경험을 맛본 사람은 그 교과에 대하여 할 수 있다는 긍정적 자아개념이 싹트고 이로 인하여 해당 교과에 대한 흥미가 유발되어 노력을 하게 된다. 그러나 검사에서 실패의 경험이나 매우 낮은 점수를 획득한 경험을 하게 되면 그 내용에 대하여 할 수 없다는 부정적 자아개념이 싹트고 이로 인해서 해당 교과에 대한 흥미를 상실하므로 더 이상 노력을 하지 않아 부정적 자아개념이 고착되게 된다. 여기서 알 수 있는 것은 각기 다른 수준의 검사 제시가 학생의 긍정적이거나 부정적인 자아개념을 형성한다는 사실이다. 이를 나타내면 [그림 7-4]와 같다.

교육목표나 교과내용의 수준과 개인의 능력수준이 부합하는 검사를 실시하면 검사에 대한 흥미가 유발되고 동기가 형성되어 문항을 잘 풀려는 노력에 의해 좋은 결과를 얻게 된다. 이러한 성공의 경험은 측정내용에 대한 긍정적 자아개념을 형성하는 시초가 되고, 그다음의 검사에서도 이런 과정을 누적적으로 경험한 피험자는 그 교과내용에 대하여 긍정적 자아개념을 갖게 되어 자신감이 생기며, 그 교과에 적성이 있다고 말한다.

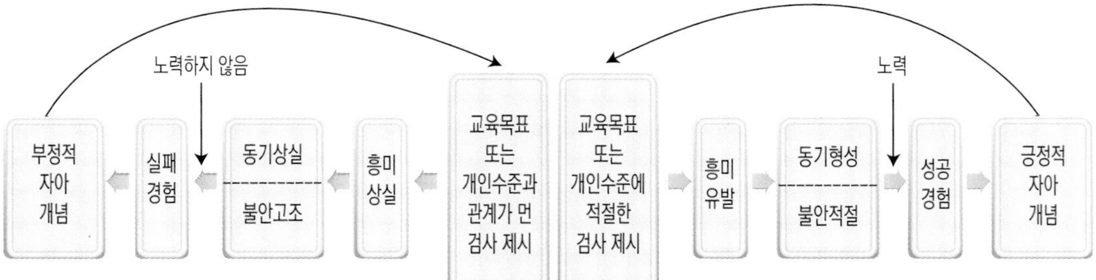

[그림 7-4] 검사에 따른 자아개념 형성

반대로 교육목표나 교과내용과 괴리가 있는 검사내용, 혹은 피험자 능력수준을 전혀 고려하지 않은 매우 어려운 검사나 매우 쉬운 검사는 특별한 목적이 없는 한 흥미를 상실하게 된다. 흥미를 상실하면 동기가 유발되지 않아 어려운 문항에 대한 응답을 포기하거나 쉬운 문항에 대하여 부주의하므로 실패를 경험하게 된다. 이와 같은 실패의 경험은 부정적 자아개념 형성의 씨앗이 되며, 이와 같은 경로의 경험이 누적될 때 부정적 자아개념이 고착되어 적성이 없다고 생각하게 된다. 그러므로 검사를 통하여 피험자들에게 성공적 경험을 인위적으로 맛보게 하는 것은 매우 중요하다고 할 수 있다. 1970년대 이후 개인의 능력수준에 적절한 평가체제로 맞춤검사(tailored test), 컴퓨터화 능력적응검사(computerized adaptive test), 그리고 자기선택검사(self adaptive test)까지 발전하고 있다.

맞춤검사는 Lord(1970)가 제안한 검사방법으로 지필검사를 이용하여 피험자의 능력수준에 맞는 문항을 제시하는 방법으로, 제시된 문항을 맞추면 어려운 문항이 제시되고 그렇지 않을 경우 쉬운 문항이 제시되는 검사전략을 말한다. 맞춤검사는 지필검사이므로 다음 문항 제시에 어려움이 있어 실용화되지 못하다 컴퓨터 공학의 발전으로 컴퓨터화 검사로 출현하였다. 컴퓨터화 검사 중 **컴퓨터화 능력적응검사**는 컴퓨터를 이용하여 맞춤검사의 원리를 실현하는 검사 형태를 말하며, 제21장에서 자세하게 설명한다. 즉, 피험자의 능력과 부합하는 첫 번째 문항을 컴퓨터를 통하여 제시한 후, 피험자의 응답 결과에 따라 답을 맞히면 어려운 문항이 제시되고, 틀리면 쉬운 문항이 제시되는 검사 형태를 컴퓨터 능력적응검사라 한다. 컴퓨터화 능력적응검사의 특징은 소수의 문항으로 피험자의 능력을 보다 정확하게 측정할 수 있다는 점이다. 최근에는 검사불안을 낮추고 검사의 신뢰도를 높이며, 학습 흥미를 고취시켜 자발적 학습을 유도할 수 있다는 자기선택검사가 출현하였다. **자기선택검사**(self adaptive test; Rocklin, 1994)는 문제가 피험자에 주어지는 것이 아니라, 많은 문제 중 피험자가 원하는 문제를 푸는 새로운 형태의 검사방법이다.

4) 검사의 활용

검사가 인간의 정의적 행동 특성에 주는 영향은 크며 평생동안 지속될 수 있다. 그러므로 평가의 일환인 검사는 다음을 염두에 두고 실시되어야 한다.

첫째, 초기 학습 시 학습자 개인을 위주로 한 검사를 실시함으로써 흥미와 동기를 유발하게 하여 성공적 경험을 맛보아 긍정적 자아개념을 싹트게 한다.

둘째, 성공적 경험을 반복 순환하여 긍정적 자아개념이 형성되도록 한다. 때로는 자만심에 빠져 있을 경우 실패의 경험도 맛보게 하여 주의를 환기시킬 필요가 있다.

셋째, 피험자가 실패를 반복한다 하여 그 교과에 적성이 없다느니, 능력이 모자란다는 표식(labeling)을 붙이지 말아야 한다. 즉, 표식화를 지양하여야 평가의 기능을 제대로 발휘할 수 있다.

넷째, 어떤 검사에서 낮은 점수나 실패의 경험을 하였을 때, 실패는 다음 시험에 성공의 근원이 됨을 주지시킬 필요가 있다.

다섯째, 검사에서의 성공과 실패의 경험은 모두 자신의 노력에 기인한다는 내적 귀인을 가지게 한다. 즉, 성공하였다면 노력을 많이 한 결과요, 실패를 하였다면 노력을 하지 않은 결과로 해석하도록 피험자에게 주지시켜야 한다.

여섯째, 검사에서 부적절한 응답을 보이는 피험자들의 인지적 · 정의적 특성에 대한 분석이 필요하다. 피험자들은 개인의 독특한 문제해결전략과 심리적 과정에 따라 검사문항에 응답하게 되며 잘못된 문제해결전략이나 부적절한 심리적 특성을 지니고 있는 피험자들은 기대와 다른 반응을 나타내게 된다. 예를 들어, 충분한 문제해결능력을 가지고 있는 피험자가 지나친 긴장이나 지나친 신중함, 조급함과 부주의, 쉬운 문제에 대한 과도한 해석 등으로 인해 쉬운 문항의 답을 틀릴 수 있으며 능력이 낮은 피험자가 부정행위나 추측 등에 의해 어려운 문항의 답을 맞힐 수도 있다. 따라서 부적절한 문항반응을 나타내는 피험자의 인지적 · 정의적 특성에 대한 분석을 토대로 개개인의 잘못된 특성을 교정해 주는 노력이 필요하며, 측정학적으로는 부적합한 문항반응을 정확히 진단하고 각 유형에 적용할 수 있는 점수 부여 방안에 대한 연구가 필요하다(시기자, 1997; 시기자 외, 1998; Meijer, 1996).

교육평가 도구로서 검사는 피험자의 정의적 행동 특성에 많은 영향을 주므로 검사제작이 간단한 작업이 아니며, 검사를 이루는 문항 하나하나의 중요성을 인식하고 문항제작에 세심한 배려를 하여야 한다.

특히 개인에게 영향을 많이 주는 검사를 고부담검사(high stake examination)라 하며 한 가지 예로 대학수학능력시험을 들 수 있다. 미국교육학회(AERA, 2000)에서는 고부담검사를 실시하기 위하여 다음과 같은 12가지 방안을 제시하였다.

첫째, 하나의 검사 또는 한 번의 검사에 의하여 결정되는 부담을 줄여야 한다. 졸업 여부를 결정하는 과정에서 한 번이 아니라 다수의 기회를 주고, 다른 대안적 평가방법도 인정하여야 한다.

둘째, 배울 수 있는 기회와 적합한 자료를 접할 수 있는 기회를 제공하여야 한다. 고부담검사의 경우 이를 준비할 수 있는 기회도 주어야 하고 자료도 제공하여야 한다.

셋째, 검사의 사용 목적을 타당화하여야 한다. 같은 검사라 할지라도 다양한 목적을 가지고 있다. 졸업을 결정하든가, 학교를 평가하든가, 다른 학교와 비교하든가 하는 등과 같이 목적이 무엇인지 구체적으로 밝혀야 한다.

넷째, 고부담검사 프로그램의 부정적 결과에 대하여 모두 밝혀야 한다. 검사제작자나 개발자들이 고부담검사 프로그램의 잠재적인 부정적 결과를 모두 밝힐 수 없으나 그런 결과에 대하여 소비자들에게 예견이라도 할 수 있게 하여야 한다.

다섯째, 교육과정과 검사 간의 균형을 유지하고 조율하여야 한다. 검사에서 요구되는 내용, 인지능력, 인지과정은 교육과정이나 교육목표에서 요구되는 내용과 같아야 한다. 이런 관계가 검사의 내용타당도를 높이는 중요한 요인이 된다.

여섯째, 합격점수와 성취수준을 명확히 하여야 한다. 합격점수와 성취수준에 대한 의미를 명료하게 하여야 그 의미에 대한 평가자와 피평가자 사이의 혼란을 줄일 수 있다.

일곱째, 고부담검사에서 실패한 피험자들이 만회할 수 있는 기회를 주어야 한다. 단순히 검사 수행능력을 높이는 것이 아니라 내용 숙지, 인지능력, 인지과정을 향상시키는 노력을 할 수 있도록 하여야 하고, 다음 시험을 치르기 전까지 충분한 시간을 주어야 한다.

여덟째, 피험자 간의 언어적 차이에 대한 적절한 조치가 필요하다. 영어가 능숙하지 않은 피험자들은 잘 수행할 수 없으므로 이에 대한 보정이 필요하다.

아홉째, 지체를 가진 학생들에게 적절한 주의가 필요하다. 청각이나 시력 등 신체적으로 불편한 학생들에게 불리함이 작용하지 않도록 편의를 제공하여야 한다.

열째, 어떤 학생들이 시험을 치러야 하는지를 결정하는 명확한 규칙을 설정하여야 한다. 특정 학생들이 시험에서 배제되는 상황이나 이유에 대한 명백한 규정이 있어야 하며, 추이 비교를 위해 이러한 규정은 시간이 흘러도 엄격하게 유지되어야 한다.

열한째, 검사의 목적을 위하여 신뢰도가 충분히 보장되어야 한다. 검사의 대상이 되는 모든 학생뿐만 아니라 일부 소수민족이나 계층이 다른 집단 등에게도 충분한 신뢰도를 보장할 수 있어야 한다.

열두째, 고부담검사의 의도한 효과나 의도하지 않은 효과 모두에 대하여 지속적인 평가를 하여야 한다. 또한 고부담검사 프로그램의 긍정적이거나 부정적인 효과에 대하여 지속적인 연구도 하여야 한다.

검사제작에 세심한 배려뿐 아니라 제작된 검사일지라도 검사를 실시하고 검사결과를 활용하는 데 있어 기술적 측면뿐 아니라 윤리적 측면에서의 배려가 있어야 한다. 이를 위하여 AERA, APA, NCME(1985, 1999, 2014)에서 *Standards for Educational and Psychological Testing*을 출판하였으며, 이순묵과 이봉건이 1985년 판을 번역하였다.

4. 측정과 검사의 역사

측정이 지니고 있는 문제점이나 한계점을 극복하기 위하여 검사이론은 심리학의 발전과 더불어 전개되었다. 특히 유럽을 중심으로 검사이론에 의하여 검사도구가 개발되는 것은 물론 수리적 모형에 의하여 인간의 특성을 측정하려는 경향이 전개 · 발전하여 왔다.

독일의 경우 실험심리학의 대부인 Wundt가 지각에 대한 연구에 관심을 두면서 측정방법을 강구하였으나 대체로 내성법(introspection)이나 비형식적인 관찰에 의존하였다. 그 후 독일에서는 수량화된 모형에 의하여 심리적 특성을 측정하기보다는 관념적 수준에서 측정이론을 전개하여 활발한 발전을 보지 못하였다.

영국의 경우 인간의 다양성은 개인차에 기인함을 직시하고 Galton은 인간의 정신능력에 관심을 두었으며, 인간의 정신능력이 정규분포를 만든다는 사실을 발견하여 수리적 모형이나 공식 도출을 전개하였다. 1890년대 상관계수와 공분산의 개념이 전개되다 Pearson(1896)에 의하여 상관계수 공식이 유도되어 인간의 특성을 이해하는 심리학과 교육학뿐 아니라 모든 행동과학의 현상을 파악하는 데 도움을 주었다. 이어 Spearman에 의하여 지능을 일반지능과 특수지능으로 구분하는 요인분석이 전개되었고, Fisher(1924)에 의하여 분산분석이 유도되었다. 20세기초 측정을 위한 수리적 모형 개발과 통계적 기법의 활용은 영국을 중심으로 이루어졌다고 해도 과언이 아니다.

프랑스에서 측정이론의 활발한 전개는 지능검사에 기인하였다고 볼 수 있다. 정신병리학자인 Binet는 파리시로부터 정상교육을 받을 수 없는 아동들을 선별할 수 있는 방법을 구안해 달라는 요구에 의해 지능검사를 개발하였다. 즉, 정상아동들과 다른 지능을 가진 아동들에게 별도의 교육을 실시하기 위하여 지능검사를 개발한 것이지 오늘날처럼 두뇌의 지적 능력을 측정하기 위해 개발한 것은 아니다. 이후 프랑스 내에서는 심리학이 발전을 하였으나 연구방법이 관찰법에 의존하며 주관적 판단에 근거한 방법을 주로 사용하였다.

미국은 문화, 경제, 교육의 많은 분야에서 영국의 영향을 받았음을 부인할 수 없다. 특히 측정이론에서 영국의 학문적 영향을 간과할 수 없다. 20세기 전까지 미국에서 발생한 측정이론이나 검사이론은 없었다고 단정할 수 있다. Cattell(1890)이 정신검사에 관심을 두었으며, 1904년 *An introduction to the theory of mental and social measurement*를 저술하여 측정이론과 검사이론이 전개되었다. 특히 유럽에서 개발된 지능검사가 미국으로 도입되고 제1차 세계대전 이후 집단검사인 Army α 검사가 개발되면서 측정학의 발전을 가져왔다. 이어 Thurstone의 일곱 가지 기본정신능력이론에 의한 요인분석방법의 전개, 그리고 고전검사이론에 의한 문항분석, 제작 그리고 신뢰도 개념과 공식의 전개 등이 미국에서 활발히 전개되었다. Binet가 문항특성곡선의 개념을 지능검사에 도입하였으나 수리적 모형 전개와 개발은 미국의 학자들이 주도하여 검사나 측정이론을 현재 수준으로 끌어 올렸다. 문항반응이론(Lawley, 1943; Lord, 1952, 1980; Wright & Stone, 1979; Baker, 1992)은 물론 일반화가능도이론(Cronbach, Rajaratnam & Glaser, 1963; Brennan, 1983), 나아가 다분문항반응이론(Samejima, 1969; Bock, 1972; Muraki, 1990), 인지진단모형 등 다양한 연구가 미국을 중심으로 계속 진행되고 있다.

5. 검사, 측정, 총평, 평가의 관계

제2장에서 평가에 대하여 설명하였고, 이 장에서 총평, 측정, 검사에 대하여 설명하였다. 평가, 총평, 측정, 검사의 정의가 상이하나 때로는 동의어로 사용되는 경우가 있다. 검사는 측정을 위한 하나의 도구이고 다양한 측정방법을 동원하여 종합적으로 평가하는 것이 총평이며, 가치판단이 부여된 것이 평가다. 의미의 범위에 따라 검사, 측정, 총평, 평가로 분류할 수 있다. 측정과 평가를 구분할 때 측정은 관찰한 내용에 대하여 가치를 부여하지 않지만 평가는 측정한 것과 그것의 중요성, 그리고 합목적성 등 다른 정보와 합성한 것이라고 Oosterhof(1994)는 설명하고 있다. 예를 들어, 어떤 학생이 100단어 이상은 알지 못한다고 하는 내용이 측정이라면 이 사실에 대하여 이는 다음 학습이 가능한지를 판단하는 것을 평가라 할 수 있다.

측정과 총평의 구분은 측정과 평가처럼 간단하지 않다. 그러나 총평은 측정보다는 폭넓은 의미와 종합적 의미를 지닌다. 측정이 지필검사나 계측을 포함한다면 총평은 관찰, 구술시험 등의 다양한 모든 방법을 동원한 종합적 방법이다. 그러므로 총평은 개인이나 어떤 집단의 복잡한 특성을 설명하기 위해서 여러 개의 측정방법을 사용한다. 그러므로 여러 작품을 모아 놓은 포트폴리오 등이 총평이 된다.

Cronbach(1970)는 검사란 어떤 사람의 행동을 관찰하고 그것을 수량적 척도(서열, 동간, 비율척도)로, 유목척도(명명척도)로 기술하는 절차라 하고 측정과 같은 개념이라고 설명하고 있다. Gronlund(1976)는 평가와 측정의 관계를 평가는 수적 측정이나 언어적 측정에 가치판단을 부여하는 것이라 설명하고 있다. 총평은 일반적으로 사람에 대한 평가를 할 때 사용하고, 평가는 프로그램이나 교육과정, 정책 그리고 조직 변수들과 관련되었다고 보는 견해도 있다.

주요 단어 및 개념

총평	OSS 총평	측정
검사	척도	명명척도
등간척도	서열척도	비율척도
절대척도	지능검사	학업적성검사
학업성취도검사	규준참조검사	준거참조검사
속도검사	역량검사	맞춤검사
자기선택검사		

연습문제

1 검사, 측정, 총평의 정의를 내리고, 이들 개념의 관계를 설명하시오.

2 서열척도, 등간척도, 비율척도의 예를 들어 비교 · 설명하고 분류하는 방법을 논하시오.

3 Findley의 검사기능을 설명하고, 가장 중요한 기능을 논하시오.

4 Kubiszyn과 Borich가 주장한 검사의 활용에 대하여 각기 다른 관점에서 설명하고 그중 중요한 활용에 대하여 논하시오.

5 지능검사, 학업적성검사, 학업성취도검사를 분류하는 기준을 설명하고, 그 예를 드시오.

6 규준참조검사와 준거참조검사의 차이점을 비교 · 설명하고, 타당도와 신뢰도 중 더 강조하여야 할 개념을 선택하여 그 이유를 설명하시오.

7 검사가 정의적 행동 특성에 주는 영향을 설명하고, 검사를 어떻게 활용하여야 하는지 논하시오.

제8장

표준화 검사

1. 정의와 특징

불안에 대한 연구를 하려면 우선 불안을 측정하는 검사도구를 찾아야 한다. 불안을 측정하는 검사가 있다 하더라도 그 검사가 모든 측정대상에게 적합한 검사인지를 확인하여야 하며 그 검사가 표준화되어 있는 검사인지도 확인해야 한다.

표준화 검사(standardized test)란 모집단을 대표하는 피험자를 표집하여 동일한 지시와 절차에 의하여 검사를 시행한 후 객관적 채점방법에 의하여 규준이 만들어진 검사다. 표준화 검사는 검사내용전문가와 측정전문가에 의하여 제작되며, 일반적으로 **검사 사용설명서**(test manual)가 있다. 표준화 검사의 예로 미네소타 다면인성검사(Minnesota Multiphasic Personality Inventory)나 웩슬러 지능검사(Wechsler Intelligence Test), 종합진로적성검사 등을 들 수 있다.

웩슬러 지능검사 중 웩슬러 성인지능검사(The Wechsler Adult Intelligence Scale: WAIS)는 성인 모집단에서 성인을 대표하는 표본을 추출하여 지능검사를 실시한 다음 규준을 제작하고 그 규준에 의하여 지능검사 점수를 해석하는 표준화 검사다.

2. 제작절차

좋은 집을 짓기 위하여 완벽한 설계도가 필요하듯이 좋은 검사도구를 제작하기 위해서도 검사제작을 위한 청사진(blue print)이 필요하다. 검사는 학급검사(classroom test)와 표준화 검사로 구분되며, 검사의 종류에 따라 검사제작절차가 다소 상이하다. 검사제작계획서인 청사진에는 검사의 영역과 내용, 검사 목적, 검사 시행 시간과 문항의 유형, 문항 수, 문항의 난이도 수준, 지시사항 및 시행절차, 그리고 채점방법의 내용이 포함된다.

앞의 검사제작계획서에 의하여 문항은 제작되며, 시행절차에 의하여 검사가 실시된 후 문항이 분석되고 타당도와 신뢰도가 검증된다. 문항분석을 통하여 좋지 못한 문항은 수정되거나 삭제된다.

검사를 제작함에 있어 측정의 내용, 검사의 목적, 검사의 종류에 따라 검사제작절차는 다소 상이할 수 있다. 그러나 일반적으로 다음의 아홉 단계를 거친다.

첫째, 측정내용을 정의하고 측정을 용이하게 하기 위하여 측정내용의 특성이나 행동을 규명한다.

둘째, 검사의 목적을 구체화한다. 진단평가, 형성평가, 총합평가 중 어떤 평가이며, 규준참조평가, 준거참조평가, 능력참조평가, 성장참조평가 중 어떤 목적을 지니는 검사인지를 규명하여야 한다. 속도검사인지 혹은 역량검사인지도 구분하여야 한다.

셋째, 검사도구제작을 위한 청사진을 작성한다. 검사제작을 위한 청사진에는 검사에 필요한 이원분류표, 검사 소요시간, 문항 수, 문항 유형, 문항난이도 수준, 지시사항, 시행절차, 채점방법 등이 포함된다. 문항 수를 결정할 때에는 피험자들의 연령과 검사시간을 고려하여야 한다.

일반적으로 초등학교 학생들이 적절한 검사동기를 유지할 수 있는 시간은 30분 이하이며, 고등학생이나 대학생은 장시간 검사를 실시할 수 있으므로 검사시간 단위를 교과시간의 길이와 유사하게 하는 것이 바람직하다. 검사시간이 결정되면 1분당 몇 문제를 풀 수 있는지를 고려하여 문항 수를 결정할 수 있으나 이는 간단한 문제가 아니다. 문항 유형과 어떤 내용을 질문하느냐에 달려 있기 때문이다. 절대적 기준은 없으나 Gronlund(1988)는 지식을 묻는 질문으로 1분당 선다형 문항은 한 문항, 진위형 문항은 세 문항이 바람직하다고 하였다. 적용, 분석, 종합, 능력 등을 측정하는 문항을 푸는 데는 많은 시간이 소요된다. 그러므로 검사 경험에 의해 문항 수를 결정하게 된다.

문항난이도는 규준참조검사와 준거참조검사에 따라 다르다. 규준참조검사에서는 매우 쉬운 문제부터 매우 어려운 문항까지 골고루 출제하여 피험자 점수의 폭을 넓혀서 서열화가 용이하도록 한다. 이에 비하여 준거참조검사의 경우 문항난이도를 어떤 과업의 수행준거와 유사하게 조정한다. 예를 들어, 수학시험에서 수학교과의 완전학습 여부 결정을 70점으로 한다면 문항난이도가 .7과 유사한 문항난이도를 지닌 문항을 제작한다. 매우 어려운 문항이나 매우 쉬운 문항은 이와 같은 준거참조검사를 위하여 필요하지 않기 때문이다.

넷째, 검사제작을 위한 청사진에 따라 문항을 제작한다.

다섯째, 검사를 시행한다.

일반적으로 학교에서 교사가 제작하는 검사나 연구를 위하여 한 번의 시행으로 끝나는 검사는 첫째부터 다섯째까지의 다섯 단계를 거치지만, 피험자들의 상대적 서열을 알려 주어야 하는 규준참조평가를 위한 표준화 검사의 제작에는 다음의 절차가 더 추가된다.

여섯째, 검사 시행 후 얻은 문항응답자료를 분석하여 문항과 검사의 질을 평가한다. 문항난이도, 문항변별도, 그리고 문항추측도뿐 아니라 검사의 타당도와 신뢰도를 검증한다. 이런 과정을 통하여 문항의 내용을 수정・보완하며 나쁜 문항은 제거한다. 표준화 검사에서 이런 절차를 사전검사(pilot test)라 하며, 검사제작자가 만족할 수준까지 다섯째와 여섯째 단계를 반복한다.

일곱째, 일반적으로 300명 이상의 피험자에게 검사를 실시한다.

여덟째, 검사의 응답자료로 타당도와 신뢰도를 추정하며, 상대적 위치를 알 수 있는 규준인 평균과 표준편차를 계산하여 원점수에 대응하는 규준점수를 계산한다.

아홉째, 검사사용설명서(test manual)를 작성한다. 검사사용설명서는 검사시행지침, 검사의 질 등 검사에 대한 모든 세부정보를 설명하므로 매우 중요하다. 타당도, 신뢰도는 물론 문항 특성에 대한 내용, 모든 세부절차, 검사를 이용할 때 주의하여야 할 점 등을 포함하여야 한다. 검사제작절차를 정리하면 [그림 8-1]과 같다.

[그림 8-1] 검사제작절차

3. 표준화 검사와 학급검사의 차이점

표준화 검사 제작절차에서 학급검사와 표준화 검사 제작과정을 설명하였고, 표준화 검사의 특징은 규준이라 하였다. 일반적으로 학급검사는 규준을 설정하지 않고 교수 · 학습의 목적으로 사용되기 때문에 교사에 의하여 제작된다. 그러나 표준화 검사는 규준을 가지고 있으며 상대적 서열을 표시하므로 내용전문가와 평가전문가가 공동으로 제작하게 된다.

학급검사와 **표준화 검사**의 **비교**는 〈표 8-1〉과 같다.

〈표 8-1〉 학급검사와 표준화 검사의 비교

내 용	학급검사	표준화 검사
검사시행지시 및 채점요령	구체화되어 있지 않음	구체화되어 있음
검사제작자	교사	교사, 교과전문가 교육측정 · 검사이론전문가
규준의 단위	학급단위, 학교단위	지역단위, 국가단위
사용과 목적	개인의 상대적인 서열 비교 어떤 준거(목표)에 대한 성취 여부	개인의 상대적인 서열 학교, 지역, 국가 간의 비교 가능

4. 검색절차

표준화 검사를 찾는 자원은 매우 다양하다. 가장 쉬운 방법은 검사목적과 관련된 참고문헌을 참고하면서 검사들을 선택할 수 있다.

검사의 내용, 검사의 대상, 검사절차, 소요시간 등을 알기 위해서는 일반적으로 검사사용설명서를 참고한다. 검사사용설명서는 검사가 측정하는 내용의 이론적 배경과 검사 사용 시의 유의사항, 검사도구의 타당도와 신뢰도, 그리고 검사의 대상에 대하여 구체적으로 설명하고 있다. 또한 검사를 시행하는 절차와 검사 상황, 검사점수에 대한 해석과 번역에 대해서도 상세히 설명하고 있다. 보다 자세한 정보를 얻고자 할 경우에는 검사제작자와 직접 접촉하여 검사사용설명서에 기록된 내용 이외의 정보를 얻을 수 있다. 예를 들어, 직업적성검사를 실시하고자 할 때 직업적성 표준화 검사의 검사 사용설명서를 참조하면 검사의 문항내용, 검사실시절차, 검사의 대상, 채점방법, 그리고 검사점수의 해석에 대한 정보를 쉽게 얻을 수 있다.

5. 표준화 검사 참고문헌

검사의 소재를 파악하기란 쉽지 않은 일이다. 검사 혹은 측정도구에 대한 정보를 제공할 목적으로 표준화 검사에 대한 정보를 수록해 놓은 참고문헌으로는 *Mental Measurement Yearbook*, *Tests in Print*, *Test Critiques*, *Tests*, *ETS Test Collection* 등이 있다.

1) Mental Measurement Yearbook(MMY)

Mental Measurement Yearbook(Geisinger, Spies, Carlson, & Plake, 2007)은 표준화 검사를 수록한 참고문헌으로 14판 이후로 2년마다 정기적으로 개정되며 2017년 20판이 출간되었다. 이는 네브래스카 대학교 Buros 연구소에서 추가 편집하고 새로 제작된 표준화 검사를 추가하여 2,200개 이상의 표준화 검사를 수록하고 있다. 검사의 목차는 검사 이름에 따라 알파벳 순서로 배열되어 있으며, 뒷부분의 검사목록에 있는 내용에 의하여 검사를 찾을 수 있다.

MMY는 검사제목, 검사목적, 검사대상이 되는 모집단, 발행연도, 검사의 하부척도 점수, 검사 시행방법, 검사 소요시간, 비평, 검사제작자, 그리고 발행자의 정보를 수록하고 있다. 또한 하부 검사의 문항 수와 질문 형태, 응답척도, 타당도와 신뢰도 등 다수의 전문가가 분석한 검사의 세부적인 내용까지 종합적으로 수록하고 있다. 관련 홈페이지는 http://buros.org/mental-measurements-yearbook이다.

2) Tests in Print(TIP)

Tests in Print(Anderson, Schlueter, Carlson & Geisinger, 2016)는 상업적으로 출간된 검사에 대한 정보, 구입과 사용이 가능한 검사의 내용을 수록하고 있다. *Tests in Print*도 *Mental Measurement Yearbook*을 출간하는 Buros 연구소에서 간행된다. MMY와는 달리 현재 구입이 가능한 검사도구와 점검표 등의 측정도구를 수록하고 있다.

TIP은 검사도구의 제목, 검사목적, 검사대상에 대한 모집단의 정보, 검사지 발행연도, 점수 부여방법, 검사 실시유형, 검사사용설명서의 유무, 가격 정보, 검사 소요시간, 검사제작자, 발행인을 소개하고 있다. TIP에는 검사의 자세한 분석내용이 포함되어 있지 않으며 개괄적인 정보만이 수록되어 있다. 현재 8판이 출간되었으며 홈페이지는 http://buros.org/tests-print이다.

3) Test Critiques

Test Critiques는 *Test Corporation of America*의 Keyser와 Sweetland가 심리학, 교육학, 경영학 분야의 검사에 대한 정보를 수록한 참고문헌이다. *Test critiques*는 검사 소개, 실제적 적용과 이용, 기술적인 측면 그리고 비평으로 구성되어 있다.

검사 소개 부분에서는 검사 개발의 역사적 배경과 절차, 그리고 검사 개발 기준 등이 소개되고 있다. 실제적 적용과 이용 부분에서는 검사 이용자의 관점에서 검사대상, 검사시행, 점수화 절차, 해석방법 등을 설명하며, 기술적인 측면에서는 타당도와 신뢰도 그리고 검사 특성을 설명하고 있다. 비평 부분에서는 검사의 장단점을 설명하고 있다. 한 검사마다 7~8쪽에 해당하는 검사 정보를 수록하고 있으며, 700개 이상의 검사에 대하여 설명하고 있다. 장점은 검사에 대한 자세한 정보를 수록하고 있다는 점이며, 단점은 다소 적은 수의 검사도구를 수록하고 있다는 점이다.

4) Tests

Tests는 Pro-ed 출판사의 Sweetland와 Keyser가 편집하는 검사 참고문헌으로 2008년 6판이 발간되었다. *Tests*는 심리, 교육, 경영 분야로 분류하여 2,000개가 넘는 검사를 수록하고, 심리 분야는 21개 하부 분야, 교육 분야는 47개 하부 분야, 경영 분야는 22개 하부 분야로 나누어 설명하고 있다.

각 검사를 설명하는 부분은 검사제목, 저자, 검사대상, 검사방법, 검사 특성, 검사 소요시간, 채점방법, 비용 그리고 발행인의 정보를 수록하고 있다. 관련 홈페이지는 http://www.proedinc.com/customer/productview.aspx?id=4244이다.

5) ETS Test Collection

*ETS Test Collection*은 ETS 검사지 도서관이 소장하고 있는 18,000개 이상의 검사와 측정도구를 참고하여 검사나 측정도구의 정보를 제공한다. *ETS Test Collection*은 6권으로 나뉘어 있으며, 각 권은 다음과 같이 구성되어 있다.

제1권: 성취도검사와 측정도구
제2권: 직업검사와 측정도구
제3권: 특수집단을 위한 검사
제4권: 인지적성과 지능검사
제5권: 태도검사
제6권: 정의특성검사와 인성검사

검사목록에는 ETS의 검사목록 번호, 검사명, 검사제작자(저자), 발행연도, 검사색인, 참고문헌, 검사대상의 나이 혹은 학년, 요약 내용, 출판사, 하부 검사, 문항 수, 검사 소요시간 등에 대한 정보를 담고 있다.

6) 국내 표준화 검사 참고문헌

미국의 경우에는 표준화 검사를 수록한 다수의 참고문헌이 발간되었으나 국내에서는 교육평가연구회(1987)가 특집으로 제2권 제2호에서 국내에서 표준화 검사에 대한 10편의 논문을 게재한 것이 처음이었다. 이 특집에서 장석우(1987)는 학력검사의 표준화 검사들을 분석하였으며, 이종승(1987)은 표준화 검사인 학업성취도 검사, 적성검사, 직업흥미검사를 설명하였다. 이어 서울대학교 사범대학 교육연구소(1997)에서 『한국교육심리검사총람』을 발간하였다. 『한국교육심리검사총람』은 2부로 구성되어 1부는 검사제작과 활용에 대한 기본원리와 검사의 종류, 검사 내용과 활용지침을 소개하고, 2부는 국내에서 간행된 표준화 검사들의 적용대상, 제작서, 제작 및 개정연도, 검사목적, 검사구성, 표준화, 신뢰도, 타당도, 검사실시상 유의점, 검사 소요시간, 채점방법, 기타 유의사항을 수록하고 있다. 『한국교육심리검사총람』은 37개의 지능검사, 18개의 적성검사, 24개의 성격 · 인성검사, 10개의 흥미검사, 9개의 기타 정의적 특성검사, 19개의 유아검사, 13개의 특수검사, 14개의 인성검사, 심동적 영역의 검사 등에 대한 정보를 수록하고 있다.

6. 표준화 검사의 종류

표준화 검사는 인간의 행동 특성에 따라 크게 세 종류로 분류할 수 있다. 인지적 행동 특성을 측정하는 검사, 정의적 행동 특성을 측정하는 검사, 그리고 신체운동과 관련된 검사를 들 수 있다. 그러나 신체운동과 관련된 행동 특성의 측정은 검사라는 도구보다는 관찰에 의하여 이루어지므로 수행평가를 실시한다.

Mehrens과 Lehmann(1969)는 표준화 검사로는 학업성취도검사, 적성검사, 흥미, 성격, 태도검사로 분류하였고, Hopkins와 Stanley(1981)는 학업성취검사, 적성검사로 분류하여 흥미, 성격, 태도검사를 적성검사에 포함시켰다. 뿐만 아니라 임상현장에서 정신분석이나 환자의 증상을 측정하는 많은 표준화 검사가 있다.

우리나라의 경우 1960년대에 많은 표준화 검사가 제작되었다. 미국의 행동주의에 의한 교수 · 학습이론과 심리측정학의 영향으로 검사들이 개발되었으나 1970년대에는 쇠퇴기를 맞는다. 이는 학교현장에서 표준화 검사를 이용하는 빈도가 감소하고 대학입학 전형요소에 정의적 행동 특성에 대한 검사결과를 반영하지 않음으로 인해 표준화 검사의 개발이 부진하였기 때문으로, 이 경향은 1990년 중반까지 이어지고 있다. 그러나 최근에 와서 적성중심 교육이 강조되면서 적성검사, 직업흥미검사, 성격검사 등이 개발되고 있으며, 최근에는 표준학력검사뿐 아니라 영재판별도구 등의 개발이 활성화되고 있다.

표준화 검사에는 학업과 관련된 학업성취도검사, 학업적성검사 등이 있으나 그에 못지않게 학습자 개인이나 집단의 특성을 측정하는 심리검사도 많다. 뿐만 아니라 최근에는 평생교육, 직업교육, 사회교육뿐만 아니라 산업교육 분야에서도 다양한 검사가 사용되는데, 직업흥미검사, 정보사 자격시험 등을 예로 들 수 있다.

1) 인지적 행동 특성을 측정하는 표준화 검사

인지적 행동 특성을 측정하는 대표적인 검사로서 SAT, SAT subject, ACT, California Achievement Test 등이 있다. 그리고 우리나라의 경우 전국단위 학업성취도검사와 대학입학에 영향을 주는 대학수학능력시험을 들 수 있다.

(1) SAT

SAT(Scholastic Assessment Test)는 1926년 미국에서 처음으로 8,040명에게 실시하였으며, 현재에는 매년 200만 명 이상의 고등학생들이 대학 진학을 위하여 치르는 선다형 문항 위주로 제작된 표준화 학업적성검사다. SAT는 New Jersey 주의 Princeton 시에 있는 대학입학시험관리협의체(The College Entrance Examination Board; The College Board라 약칭함: 1994)의 의뢰로 비영리 기관인 ETS(The Educational Testing Service)가 제작한다.

2016년부터 SAT I 에서 SAT로 명칭을 변경하였으며 대학교육이나 경력개발을 위하여 증거에 기반한 읽기 및 쓰기(Evidence-Based Reading and Writing), 수리(Math), 에세이(Essay) 검사로 구성되었으며 에세이 검사는 선택사항이다. SAT의 검사시간, 세부내용과 문항수, 문항 유형, 점수는 〈표 8-2〉와 같다.

〈표 8-2〉 SAT의 검사 내용 및 구성

영역	검사시간	내용(문항수)	문항 유형	점수
읽기	65분	• 증거기반읽기(52문항)	사지선다형	200~800점
쓰기와 언어	35분	• 쓰기와 언어(44문항)		
수리	80분 (55분/25분)	• 58문항	사지선다형, 그리드 유형	200~800점
에세이 (선택)	50분	• 1문항	논술형	3개 영역 각 2~8점

SAT의 특징은 대학생활이나 경력준비를 위하여 중요하다고 판단되는 지식과 기술 그리고 이해력에 초점을 두었다. 특히 단어의 의미 확장성과 단어 선택 시 의미, 강도, 미치는 영향을 강조하였다. 예전의 SAT Ⅰ과 달리 답이 틀렸을 때 감점제를 폐지하였고 쓰기와 언어검사는 한 지문에 여러 질문을 하고 있으며 이해도를 높이거나 문장의 표현을 달리하기 위하여 대치하거나 수정할 부분을 묻는 질문에서 답지 중 '수정할 부분없음(NO CHANGE)' 답지가 포함되었다.

SAT 읽기, 쓰기와 언어 검사는 주어진 지문을 읽고 답하는 방식이다. 읽기 검사의 문항은 맥락에 알맞은 단어 찾기(Word in Context), 근거 찾기(Command of Evidence), 역사/사회에 대한 분석(Analysis in History/Social Studies), 과학에 대한 분석(Analysis in Science)으로 이루어져 있고 지문의 주제로 미국 및 세계 문화, 역사 및 사회일반, 과학에 대한 내용이 출제된다. 쓰기 검사는 본인의 주장 표현하기, 영어의 표준 관례, 맥락에 알맞은 단어 찾기, 근거 찾기, 역사/사회에 대한 분석, 과학에 대한 분석으로 구성되었다. 지문 주제로는 직업, 역사 및 사회일반, 인문학, 과학에 대한 내용이 출제된다.

수리 검사는 계산기가 허용되는 섹션은 55분, 계산기가 허용되지 않는 섹션은 25분의 시간이 주어진다. 출제 내용 영역은 대수학, 문제해결 및 자료분석, 고급응용, 추가 영역 문항으로 이루어져 있다. 기하학, 삼각법 등을 다루는 추가영역 문항은 전체 수학 검사 점수로는 합산되지만 각 하위 영역 점수에는 포함되지 않는다.

에세이는 지문을 얼마나 잘 이해하였는지, 그를 바탕으로 글쓰기나 토론을 잘 할 수 있는지 측정하는 검사이다. 주어지는 지문을 읽고 화자가 청자 설득을 위하여 어떤 논지를 전개하는지 설명하도록 하는 문항이 제시된다. 채점은 두 명의 채점자가 읽기, 분석, 쓰기 세 가지 하위영역 각각에서 1~4점의 점수를 매겨 합산해 최소 2점에서 최대 8점으로 보고된다.

검사는 8월, 10월, 11월, 12월, 3월, 5월, 6월 연단위로 7번 실시한다. 미국대학들은 SAT Ⅰ과 SAT를 병행하여 전형자료로 사용하나 2020년 이후는 SAT를 제출할 것을 요구하고 있다. UCLA의 경우 SAT 제출시 에세이 점수도 요구한다.

(2) SAT subject

SAT subject는 종전의 SAT II의 성격을 지니며 영어, 수학, 과학, 역사, 어학 과목에 관한 전문지식의 정도와 학생들이 그 지식을 어느 정도 응용할 수 있는가의 능력을 측정하는 검사로서 보다 학업성취도검사의 성격을 지닌다. SAT subject는 각 교과과정에 부합하는 지식과 이해 및 적용 능력을 측정하는 것을 목적으로 하며 고등학교 교육과정의 전반적인 추세를 반영한다. SAT subject는 5가지 분야에 걸쳐 20개의 선택과목이 있으며, 각 분야에 해당하는 세부과목은 〈표 8-3〉과 같다.

〈표 8-3〉 SAT subject의 분야와 세부과목

분야	세부과목
영어(English)	문학(Literature)
역사(History)	미국사(United States History), 세계사(World History)
수학(Mathematics)	Level 1, Level 2
과학(Science)	생물학(Biology E/M), 화학(Chemistry), 물리학(Physics)
어학(Languages)	French, French with Listening, German, German with Listening, Spanish, Spanish with Listening, Modern Hebrew, Italian, Latin, Korean with Listening, Chinese with Listening, Japanese with Listening

시험 시간은 과목별로 1시간이며 모든 문항이 선다형 문항이다. 수학은 50문항, 물리학은 75문항, 화학은 85문항, 생물학은 80문항, 문학은 60문항, 미국사는 90문항, 세계사는 90~95문항이 출제되며, 과목별 점수는 10점 단위로 200~800점으로 보고된다. 정답이면 1점을, 오답의 경우 5지 선다형 문항에서는 4분의 1점, 4지 선다형 문항에서는 3분의 1점, 3지 선다형 문항에서는 2분의 1점을 감점하며 응답하지 않은 경우는 감점이 없다. SAT Subject는 일년 중 6번의 응시 기회가 있으며 SAT 응시 가능 날짜와 동일한 날에 같은 검사 센터에서 검사가 시행된다. 단 언어의 듣기 평가는 11월에만 응시가 가능하고 SAT와 SAT subject를 동일한 날에 실시하는 것은 불가하다.

Yale, Princeton, Stanford, UCLA, Harvard는 SAT subject는 필수 사항이 아닌 권장사항으로 하고 특정 전공에 지원 시 유리한 SAT subject 과목을 추천한다. MIT는 수학에서 Level 1 또는 2를 그리고 과학 중 한 과목의 성적을 제출할 것을 요구한다.

(3) ACT

미국 중부지역과 남부의 많은 대학교들이 요구하고 있는 **ACT**(American College Test)는 미국 내 전역에서 7학년부터 12학년 학생을 위하여 제작된 교구나 교재 그리고 주정부가 승인한 교과서의 내용을 참고하며, 중 · 고등학교에서 배워야 하는 내용이라고 판단되는 능력을 측정한다. ACT는 영어, 수학, 독해시험, 과학추론(Science Reasoning: 생물, 화학, 물리, 지질 · 천문학) 등 중등교육과정에 바탕을 둔 성취도검사(Achievement Test)로 4개 분야에 관하여 시험을 실시하며, 검사 내용 및 구성은 〈표 8-4〉와 같다.

ACT 점수는 과목별 점수를 합하여 4로 나눈 점수, 즉 4과목의 평균점수(Composite Score)를 사용한다. 과목마다 조금씩 차이가 있긴 하지만 각 과목의 만점은 대체로 36점이며 일반적으로 ACT 점수의 최저 점수는 1점, 최고 점수는 36점이며, 평균은 20점에서 21점 사이이다. SAT 추측에 의한 영향을 줄이기 위해 답을 모르는 경우 빈 칸으로 두면 0점을 부여하고, 답이 틀리면 문항배점의 1/4 또는 1/3점 정도를 감점하지만 ACT는 감점하지 않으며, 1년에 보통 5회 정도 시험을 치른다.

2005년 2월부터 30분의 작문시험이 추가되어 선택적으로 시행된다. 즉, 진학을 원하는 대학에서 작문시험 성적을 요구할 경우는 시험을 치러야 하지만, 그렇지 않은 경우라면 시험을 치르지 않아도 된다. 마찬가지로 작문시험을 본 경우에도 필요에 따라 작문시험 점수를 총점에 포함시킬 수도 있고 포함시키지 않을 수도 있다. 따라서 작문시험 결과는 기존의 영어시험과 더불어 학생들의 실력을 심사하는 보충자료로 활용된다.

〈표 8-4〉 ACT의 검사 내용 및 구성

영 역	문항 수	검사시간	내 용
영 어	40	45분	부호, 문법, 어절, 문장의 구조 등의 관용법
	35		전략, 문장의 구성 및 형태와 관련된 수사적 기능
수 학	24	60분	기초 대수, 초급 대수
	18		중급 대수, 좌표 기하
	18		기하
독 해	10	35분	사회과학(역사, 경제, 사회, 심리, 정치, 인류학 등)
	10		자연과학(물리, 화학, 생물, 지구과학)
	10		산문소설(단편 혹은 소설의 일부분을 추출)
	10		인문학(예술, 철학, 영화, 건축, 무용 등)
과학추론	15	35분	자료해석
	18		연구 및 실험
	7		연구결과의 불일치, 논쟁

(4) 대학수학능력시험

우리나라의 대학수학능력시험(College Scholastic Ability Test)은 국가에서 주관하는 검사로서 1994학년도부터 제9차 교육과정이 적용되는 현재까지 실시되고 있으며, 세부적으로 10번의 변화를 가져왔다. 대학수학능력시험은 "대학교육에 필요한 수학능력을 측정하기 위하여 고등학교 교육과정의 내용과 수준에 따라 언어, 수리, 사회탐구, 과학탐구, 외국어(영어)의 영역별로 통합 교과적 소재를 바탕으로 한 사고력 중심의 발전된 학력고사(교육부, 2001)"로 정의되었다. 2000년부터는 제2외국어의 중요성에 비추어 독일어, 프랑스어, 에스파냐어, 중국어, 일본어, 러시아어가 제2외국어 영역에 추가되었다.

이상의 정의에 바탕을 두어 2003년까지 실시된 대학수학능력시험의 성격은, 첫째 대학수학능력시험은 대학교육에 필요한 공통적이고 보편적 학력을 측정하는 시험으로서 고등학교 교육과정의 수준과 내용에 따른 발전된 학력고사다.

둘째, 여러 교과목의 공통적인 목표와 내용을 망라한 통합교과적 소재에서 출제되는 시험이다.

셋째, 단편적인 지식의 암기 수준에 머물지 않고 자료의 해석, 원리의 응용, 현상이나 사실에 대한 논리적 분석과 판단 등의 사고력을 요구하는 사고력 중심의

시험이다.

2004년부터는 대학수학능력시험의 성격은 유지하되 선택중심을 추구하는 제7차 교육과정의 기본취지에 따라 언어, 수리, 외국어, 사회/과학/직업탐구, 제2외국어/한문의 시험 영역과 교과목을 자유롭게 선택할 수 있도록 시험체제를 개편하여 시행하고 있다.

대학수학능력시험의 역사는 20년이 되었으며 교육과정의 변화와 시대적 요구에 따라 12번 이상 수정되어 처음 개발하였을 때와는 다른 형태의 시험으로 변화되었다([부록 4] 참조). 2017학년도부터 2019학년도에 시행되고 있는 대학수학능력시험의 영역별 출제범위, 문항 수, 시험 시간, 문항 유형은 〈표 8-5〉와 같다.

2019학년도 대학수학능력시험의 주요 특징은 다음과 같다.

첫째, 시험영역은 국어, 수학, 영어, 사회/과학/직업탐구, 제2외국어/한문영역으로 구분되고, 수험생은 자신의 선택에 따라 전부 또는 일부영역에 응시할 수 있다.

둘째, 한국사가 필수과목으로 선정되어 모든 학생들이 응시하여야 하며 점수체제는 스테나인 점수에 의한 9등급이 아니라 준거참조평가에 의한 9등급 점수가 부여된다.

셋째, 국어와 영어는 각각 한 가지 유형이며, 수학은 가형과 나형으로 구분한다.

넷째, 영어시험 점수체제도 한국사와 같이 준거참조평가에 의한 9등급 점수가 부여된다.

다섯째, 탐구영역은 사회/과학/직업탐구로 이루어지고, 사회탐구는 9과목 중 최대 2과목, 과학탐구는 8과목 중 최대 2과목을 각각 선택할 수 있으며, 직업탐구는 10과목 중 2과목을 선택할 수 있는데, 이때 각 과목에 속하는 하위교과 2개의 모든 내용 영역이 포함된다.

여섯째, 제2외국어/한문영역은 9과목 중 1과목을 선택할 수 있다.

〈표 8-5〉 2019학년도 대학수학능력시험의 영역별 출제범위, 문항 수, 시험 시간, 문항 유형

구분 영역		문항 수	문항 유형	배점		시험 시간	출제범위(선택 과목)
				문항	전체		
국어		45	5지선다형	2, 3	100	80분	화법과 작문, 독서와 문법, 문학을 바탕으로 다양한 소재의 지문과 자료를 활용하여 출제
수학 (택 1)	가형	30	1~21번 5지선다형, 22~30번 단답형	2, 3, 4	100	100분	미적분II, 확률과 통계, 기하와 벡터
	나형						수학II, 미적분 I, 확률과 통계
영어		45	5지선다형 (듣기 17문항, 읽기 28문항)	2, 3	100	70분	영어 I, 영어II를 바탕으로 다양한 소재의 지문과 자료를 활용하여 출제
한국사 (필수)		20	5지선다형	2,3	50	30분	한국사에 대한 기본 소양을 평가하기 위해 핵심 내용 위주로 출제
탐구 (택 1)	사회 탐구	과목당 20	5지선다형	2, 3	50	과목당 30분 (최대 60분)	생활과 윤리, 윤리와 사상, 한국 지리, 세계 지리, 동아시아사, 세계사, 법과 정치, 경제, 사회 · 문화 9개 과목 중 최대 택 2
	과학 탐구	과목당 20	5지선다형	2, 3	50	과목당 30분 (최대 60분)	물리 I, 화학 I, 생명 과학 I, 지구 과학 I, 물리II, 화학II, 생명 과학II, 지구 과학II 8개 과목 중 최대 택 2
	직업 탐구	과목당 20	5지선다형	2, 3	100	60분	농업 이해, 농업 기초 기술, 공업 일반, 기초 제도, 상업 경제, 회계 원리, 해양의 이해, 수산 · 해운 산업 기초, 인간 발달, 생활 서비스 산업의 이해 10개 과목 중 최대 택 2
제2외국어/ 한문		과목당 30	5지선다형	1, 2	50	40분	독일어 I, 프랑스어 I, 스페인어 I, 중국어 I, 일본어 I, 러시아어 I, 아랍어 I, 베트남어 I, 한문 I 9개 과목 중 택 1

2) 정의적 행동 특성을 측정하는 표준화 검사

정의적 행동 특성의 중요성에 비추어 많은 표준화 검사가 개발되었다. 정의적 행동 특성을 측정하는 검사로 인성검사, 표준적성검사, 직업흥미검사 등을 들 수 있다. 외국에는 Strong Campbell 직업흥미검사, Rorschach 잉크반점검사, 주제통각검사 등이 있다. 이 검사들에 대해서는 제9장에서 설명한다.

7. 표준화 검사 선택 시 유의사항

모든 목적에 부합하는 검사는 없다. 그러므로 표준화 검사를 선택할 경우 다음 내용을 확인하여야 한다.

- 측정하고자 하는 내용에 부합하는 검사를 선택한다.
- 검사하고자 하는 집단의 특성에 맞는 검사를 선택한다.
- 검사 소요시간, 검사결과의 활용을 고려한다.
- 문화적으로, 인종과 성별에 따른 차별기능 문항이 있는지 확인한다.
- 타당도와 신뢰도를 확인한다.
- 표준화 검사를 위한 규준이 최근 규준인지 확인한다.

검사에 대하여 많이 알수록 좋은 검사를 선택할 수 있다. 검사가 지닌 문항 내용, 문항 특성 등에 대한 세밀한 분석은 올바른 검사를 선택할 수 있으며, 검사결과의 이용을 최대화할 수 있다.

주요 단어 및 개념

학급검사	표준화 검사	청사진
검사사용설명서	Mental Measurement Yearbook	Tests in Print
Test Critiques	Tests	ETS Test Collection
SAT	SAT subject	ACT

연습문제

1 학급검사와 표준화 검사의 차이점과 제작절차를 설명하시오.

2 *Mental Measurement Yearbook*을 설명하고, 이 책을 통해서 얻을 수 있는 검사의 정보를 나열하시오.

3 SAT와 ACT를 비교 · 설명하시오.

4 SAT subject에 대하여 설명하시오.

5 표준화 검사를 선택할 때 주의할 사항을 설명하시오.

제9장

정의적 행동 특성 측정

1. 정의적 행동 특성의 중요성

우리나라에서 상급학교 진학을 결정하는 중요한 요소는 학업능력이기 때문에 학교에서는 인지적 영역만의 교육과 평가를 강조하는 것이 일반적이다. 그러나 교사는 학생의 인지적 행동 특성뿐 아니라 학생의 정의적 행동 특성인 자아개념, 학습태도, 동기, 적성, 불안 등에 대해 잘 알고 있는 것이 교수·학습을 극대화 하는 데 도움이 된다. 이런 관점에 비추어 볼 때 정의적 행동 특성에 대한 평가가 중요함에도 불구하고 정의적 행동 특성에 대한 평가가 원활히 이루어지고 있지 않다.

우리 교육현장에서 정의적 행동 특성이 중시되고 있지 않은 이유로 크게 두 가지를 들 수 있다. 하나는 교육제도 및 정의적 행동 특성 교육에 대한 인식의 부족이고, 다른 하나는 교육측정과 평가의 관점에서 정의적 행동 특성에 대한 측정의 어려움이다.

우리나라의 교육제도, 사회제도의 측면에서 본 정의적 행동 특성이 중시되고 있지 않은 이유는 다음과 같다.

첫째, 우리나라 대학입학전형제도에서 정의적 행동 특성을 고려하지 않는다는 것이다.

둘째, 교육목표로서 정의적 행동 특성을 규명해 놓으면 주입식 교육, 세뇌교육이라는 오해를 받게 되며, 학부모의 반발 때문에 불가능할 수도 있다.

셋째, 교사들이 정의적 행동 특성에 대한 교육의 책임은 학교에 있지 않다고 인식하기 때문이다.

넷째, 정의적 행동 특성 교육의 가능성에 대해 회의감을 가지고 있다.

다섯째, 정의적 행동 특성 평가에 대한 거부감, 즉 개인의 사생활을 침해한다는 이유에 기인한다.

이런 이유에서 정의적 행동 특성을 측정하는 검사의 개발이 활성화되고 있지 못하다.

교육측정과 평가의 관점에서 볼 때, 정의적 행동 특성의 개념이 모호하므로 측정과 평가가 용이하지 않다. 예를 들어, 도덕성을 평가한다고 할 때, 도덕성이 무엇이며 어떻게 측정할 것인가에 대한 합의를 도출하기가 용이하지 않기 때문이다. 측정의 목적에 부합하는 타당한 평가를 하기가 쉽지 않으며 타당한 검사가 제작되었다 하더라도 피험자들이 측정의 목적을 인지하였을 때 허위로 반응하거나 가치중립적으로 반응하게 되므로 신뢰로운 검사결과를 얻기가 용이하지 않다.

2. 정의적 행동 특성의 측정

1) 고려사항

정의적 행동 특성을 측정할 때 고려하여야 할 사항은 다음과 같다.

첫째, 정의적 행동 특성은 내재적 행동이나 비가시적 심리기제가 작용할 가능성이 크다는 것이다. 즉, 어떤 정의적 행동 특성을 측정할 때 그 특성과 관련된 잠재적 특성이나 다른 특성이 영향을 줄 수 있다.

둘째, 어떤 정의적 행동 특성을 소유한 자가 무엇을 할 것인가, 하지 않을 것인가를 고려하여야 한다. 예를 들어, 교직적성이 있는 사람이 특정한 상황에서 어떻게 행동할 것인가와 어떤 다른 행동을 할 것인가를 생각하여야 한다.

셋째, 개인평가를 할 것인가, 아니면 집단평가를 할 것인가를 고려하여야 한다.

넷째, 반응의 경향성으로서 중립화와 허위반응을 고려하여야 한다. 중립화는 어떤 태도나 가치관을 물을 때 자신의 의사를 표현함으로써 미칠 수 있는 영향을 고려하여 질문에 중립적인 반응을 취하는 것을 말한다. 예를 들어, 금융실명제에 대하여 찬성과 반대를 물을 때, 찬성을 하면 경제적으로 손해를 보게 되고, 그렇다고 반대를 하게 되면 정의롭지 못한 사람으로 분류되는 경향이 있을 때, '나는 찬성도 반대도 하지 않는다.'고 반응할 수 있다.

허위반응이란 측정도구의 목적을 인지하고 의도적으로 좋은 결과를 갖게 하는 것을 말한다. 교직적성시험에서 학생들이 시험의 목적을 알 때 교직적성이 충분한 방향으로 응답할 수 있다.

2) 측정절차

정의적 행동 특성 측정절차는 크게 다음 다섯 단계로 나눈다.

1단계: 측정 영역이나 내용을 설정한다.

2단계: 규명된 정의적 행동 특성을 소유하고 있는 사람이 어떻게 행위할 것인가를 구상하여야 한다. 반면 그 특성을 갖고 있지 않은 사람은 어떤 행위를 할 것인가도 구상하면 더 바람직하다.

3단계: 측정하고자 하는 특성을 소유하고 있는 사람, 소유하고 있지 않은 사람, 즉 대비되는 두 개인이 자연적이거나 인위적 상황에서 어떻게 반응하는지를 고려해야 한다.

4단계: 3단계를 기초로 해서 실제적이고 타당한 상황을 선택한다.

5단계: 중다측정도구를 고안한다. 단일한 측정도구로 개인의 특성을 측정할 수 있으나 보다 타당하고 신뢰롭게 정의적 행동 특성을 평가하기 위하여 여러 가지 평가도구를 구안한다.

Bloom, Madaus, Hasting(1981)은 정의적 행동 특성을 측정하는 절차를 다음과 같이 구체화하였다.

1단계: 정의적 행동 특성을 일반적인 구인으로 규명한다.
2단계: 일반적인 구인을 보다 구체화한다.
3단계: 요소적인 구인을 행위동사로 진술한다.
4단계: 요소적인 구인의 행위가 나타날 수 있는 구체적 상황이나 그를 측정할 수 있는 문항을 제작한다.

이상의 네 단계에 의하여 불안을 측정한다면, 첫째 불안을 일반적인 구인으로 상황적 불안과 고정적 불안인 정신적 불안과 육체적 불안으로 규명한다. 둘째, 상황적 불안의 구체적인 구인으로 검사불안을 들 수 있다. 셋째, 검사불안으로서 시험을 볼 때 불안이 생기며, 혈압이 올라가고, 맥박이 더 뛰며, 긴장감이 생긴다 등의 행위동사로 진술한다. 넷째, 검사불안의 정도를 측정하기 위하여 실제로 맥박수와 혈압을 재든가, 아니면 시험을 볼 때 어느 정도 긴장하는지 혹은 배가 아픈지 등을 묻는 진술을 작성한다.

3. 정의적 행동 특성의 측정방법

정의적 행동 특성을 측정하는 방법은 다양하나, 일반적으로 질문법, 평정법, 관찰법, 체크리스트법, 의미분석법, 투사적 방법 등이 사용된다.

1) 질문법

질문법은 구체적 질문을 던져 응답하는 형태의 측정방법으로 다음과 같은 방법이 있다.

- 자유반응형
- 유목분류형
- 선택형
- 등위형

자유반응형은 질문에 자유롭게 응답하는 측정방법이다. 예를 들어 '귀하가 가장 중요시하는 가치가 무엇인지 설명하시오.' 등의 질문에 명예라든지, 권력이라든지, 경제력이라든지 등의 의견을 진술하는 질문 형태다.

선택형은 주어진 질문에 부여된 선택지를 고르는 질문 형태이며, 유목분류형은 질문에 대하여 분류된 항목으로 응답하는 형태다. 예를 들어, 기독교인이 하여야 할 행동과 하지 말아야 할 행동으로 구분하라는 질문 형태가 있다. 직무분석의 경우에 교장이 해야 할 일, 교감이 해야 할 일, 부장교사가 해야 할 일, 그리고 교사가 해야 할 일 등의 항목으로 분류한다.

등위형은 질문에 근거하여 나열한 선택지 중 중요한 순서에 의하여 나열하는 질문 형태로, 예를 들면 다음과 같다.

> **예** 일류대학의 조건으로 가장 중요하다고 생각되는 순서대로 번호를 쓰시오.
>
> ( ) 교수의 질 ( ) 학교시설
>
> ( ) 교육과정 ( ) 도서관 장서

질문법은 사용이 간편하고, 의견, 태도, 감정, 가치관 등을 측정하기가 용이하다는 장점이 있다. 그러나 질문을 통해 측정할 수 없는 특성이 있으며, 응답의 진위 여부를 확인하는 것이 불가능하기 때문에 결과 해석에 주의가 요망된다.

2) 평정법

평정법(rating scale method)도 질문지에 의하여 실시되는 방법으로 정의적인 행동 특성을 측정할 때 가장 많이 쓰인다. Kerlinger의 정의에 의하면 평정법은 측정 대상에 판단의 연속적 개념을 부여하는 측정방법으로 측정하려는 정의적 특징을 여러 단계로 분류하여 해당되는 단계에 응답하게 하는 질문 형태다.

평정법에 의한 질문의 예는 다음과 같다.

예 건물 안에서의 금연에 대하여 어떻게 생각하십니까?

매우 반대	반대	그저 그렇다	찬성	매우 찬성

평정법을 위하여 사용된 척도를 Likert 척도라 하며, **Likert 척도**는 일반적으로 5단계가 있으나 3단계 혹은 9단계의 척도를 사용할 수도 있다. 3단계, 5단계, 혹은 9단계의 단계 구분은 질문지에 응답할 집단이 각 단계를 구분할 수 있는 능력에 의존하여 결정된다. 구분이 어려운 정의적 행동 특성이나 나이가 매우 어린 집단이라면 3단계로 구성된 척도를 사용하고, 전문가 집단이나 특성의 구분이 세부적으로 가능한 경우에는 9단계를 사용할 수도 있다.

평정법을 사용할 때 고려해야 할 점은 특성의 양극단에 대한 개념을 확실히 하여야 하고, 측정치를 수량화할 수 있어야 한다는 것이다. 평정법의 장점으로는 측정도구 작성이 용이하고, 자료분석이 용이하다는 점을 들 수 있으나, 응답자들이 응답의 중립화 경향이 있으며, 개인마다 각자 다른 기준에 의하여 상대적으로 판단하므로 해석에 주의를 기울여야 한다는 단점이 있다.

3) 관찰법

관찰법(observation)은 정의적 행동 특성을 측정하는 가장 오래된 측정방법이다. 질문지에 의한 응답결과는 자기기록에 의한 것이므로 응답결과가 응답자들의 허위반응이나 가치중립화 경향에 의하여 잘못된 평가를 내릴 수 있다. 이러한 문제를 줄이기 위하여 인간의 정의적 행동 특성을 평가할 때 관찰법을 사용한다.

관찰법의 종류에는 관찰하고자 하는 행동장면을 통제 여부에 따라 **통제적 관찰**과 **비통제적 관찰**이 있으며, 관찰의 조직성 여부에 따라 **자연적인 관찰**, **조직적인 관찰**이 있다.

관찰에 의한 평가를 위하여 자료를 기록할 때 주의할 점은, 첫째 기록된 자료의 활용을 염두에 두고 기록하여야 하며, 둘째 기록을 수량화할 수 있도록 고려하여야 하고, 셋째 관찰 즉시 기록해야 한다는 것이다.

기록의 종류로는 관찰한 사실을 그대로 진술하는 일화기록법과 점검표에 의하여 기록하는 checklist, 그리고 video, audio recorder를 사용하는 방법이 있다.

관찰법을 사용하여 정의적 행동 특성을 기록할 때 유의점은 계획적으로 관찰하여야 하며, 평가자의 주관이 개입되지 않은 객관적인 관찰을 하여야 하고, 상황을 고려한 변화 추이를 관찰하여야 한다. 또한 관찰대상을 선정할 때 편견이 없는 대상을 선별해야 하고, 관찰하여 나온 자료를 기록할 때 사전에 구체화하여야 한다.

관찰법의 장점은 질문지법이나 평정법에 의해 측정할 수 없는 행동변화에 관한 자료를 얻을 수 있으며, 허위반응과 중립화 경향을 어느 정도 방지할 수 있다는 것이다. 반면 점수화하는 데 제한이 따르며, 때로는 주관적인 판단을 내릴 수 있는 단점이 있다.

4) 체크리스트법

체크리스트에 의한 측정방법도 크게는 질문에 의한 평가방법으로 질문법에 포함할 수 있다. 그러나 체크리스트법은 광범위하고 다양한 형태의 질문으로 측정하고자 하는 특성을 보다 종합적으로 평가하고자 하는 측정방법이라 할 수 있다. 그러므로 체크리스트는 보다 정교하며 구조화되어 있는 특징이 있으며, 관찰자가 측정대상에게 해당되는 항목에 표시한다.

체크리스트에 의한 친구 간의 관계를 분석하는 체크리스트의 예는 〈표 9-1〉과 같다. 〈표 9-1〉은 교우관계뿐 아니라 동료 간의 관계도 분석할 수 있는 체크리스트로서 가장 좋아하는 사람 5명과 싫어하는 사람을 기록하게 하여 정리한 표다.

〈표 9-1〉 교우관계를 분석하는 체크리스트

Rejections Given		Choices Given				Students Chosen																			
OS	SS	OS	SS	Name		1	2	3	4	5	6	7	8	9	10	11	12	13	14	15	16	17	18	19	20
0	2	1	4	John A.	1		3		×	×	1	2			5		4								
0	2	0	5	Mike A.	2			②	×	×		①	4	③	5										
0	0	0	5	Jim B.	3		③				1	①		④	5										
0	0	1	4	Steve D.	4					①	2		3		4		5								
1	0	1	4	Bob F.	5				①		2	3	4				5	×							
1	0	3	2	Bill H.	6							②	①			③	×		4				⑤		
0	2	0	5	Carlos L.	7		②	④	5	×	①		×	③											
0	0	1	4	Dick N.	8	4					①	3			②		5								
0	1	0	5	Dale P.	9		②	③		5	4	①	×												
0	0	1	4	Pete V.	10					5	2		①	3					4						
0	0	2	3	Teresa A.	11						⑤		4				①		③				②		
0	0	0	5	Donna A.	12											①		⑤	②				③		④
1	1	1	4	Karen B.	13										5		②		×		①	③	4		
0	1	1	4	Lois C.	14								5			②	①						④	×	③
0	1	0	5	Sharon J.	15											1	2	4	3					×	5
0	0	2	3	Ann K.	16					5	3					4		②				①			
0	0	1	4	Maria M.	17										2	4	5	①			③				
0	1	1	4	Sue R.	18						④					②	①		③					×	⑤
0	0	0	5	Pat S.	19											2	1	3					5		
0	1	1	4	Carol W.	20						5						①	4	②				③	×	
Central (School) 5A (Class) F.R. Young				Choices Received	SS	1	4	3	2	3	8	7	5	4	5	7	8	6	5	0	2	3	6	0	4
					OS	0	0	0	0	1	4	0	2	0	2	1	4	0	2	0	0	0	1	0	0
				Rejections Received	SS	0	0	0	2	3	0	0	0	0	0	0	0	0	1	0	0	0	0	4	0
					OS	0	0	0	0	1	0	0	0	0	0	0	1	1	0	0	0	0	0	0	0
				Mutual Choices	SS	0	3	3	1	1	2	4	1	3	1	3	5	3	4	0	2	2	4	0	3
					OS	0	0	0	0	0	2	0	0	0	0	1	0	0	0	0	0	0	1	0	0

Note: SS = Same Sex OS = Opposite Sex X = Rejection

1번 학생인 John은 좋아하는 5명 중 4명의 동성친구와 1명의 이성친구를 선택하였으며 싫어하는 급우로 2명의 남학생을 선택하였다. 좋아하는 친구는 6번 Bill, 7번 Carlos, 2번 Mike, 12번 Donna, 10번 Pete 순이며 싫어하는 급우는 4번 Steve와 5번 Bob이었다. John을 좋아한다고 한 친구는 남학생으로서 한 명 8번 Dick이 있었으며, John을 좋아하는 이성친구나 싫어하는 친구는 1명도 없었다. 이 학급에서 좋아하는 동성친구가 가장 많은 학생은 6번 Bill과 12번의 Donna로서 각각 8명의 친구가 있다. 이성친구가 가장 많은 학생은 Bill과 Donna로서 4명의 친구가 있다. 동성의 급우들로부터 가장 많이 거부당하고 있는 학생은 19번 Pat로서 4명이 거부하였다. 12번 Donna의 경우 Donna가 좋아한 5명의 친구 중 4명의 친구들도 Donna를 좋아한다고 하였다.

이 체크리스트에 의해서 학습의 학생들을 대상으로 하여 학생들의 관계를 분석하면 따돌림을 당하는 학생을 파악할 수 있으며, 학생지도와 상담에 많은 도움을 받을 수 있다.

5) 의미분석법

의미분석법(semantic differential method)은 Osgood(1957)이 제안한 것으로 사물, 인간, 사건 등에 대한 의미를 공간 속에서 측정하는 방법이다. 즉, 개념의 의미를 양극의 뜻을 갖는 대비되는 형용사군으로 만들어서 의미를 측정하는 방법이다. 일반적으로 태도, 지각, 가치관을 측정할 때 쓰이며, 미국에서는 정치문제에 대한 의견이나 정치인에 대한 느낌을 묻는 데 많이 사용되었다.

의미분석법을 이용하여 교사에 대한 느낌을 묻는 방법의 예는 〈표 9-2〉와 같다. 〈표 9-2〉는 학교에 대한 느낌을 4개의 의미공간에서 측정하여 평가하기 위하여 각각 의미에서 대비되는 형용사를 양극단에 위치하게 하고, 이를 7단계로 나누어 해당하는 칸에 표시하게 하는 형태다.

〈표 9-2〉 의미분석법을 이용한 문항의 예

학교

a. 나쁘다	___	___	___	___	___	✔	___	좋다
b. 더럽다	___	✔	___	___	___	___	___	깨끗하다
c. 고전적이다	___	___	___	___	___	✔	___	현대적이다
d. 불편하다	___	___	___	___	___	✔	___	편리하다

6) 투사적인 방법

OHP 필름을 투사할 때 projector를 사용한다. projector는 조그만 것을 크게 확대시켜 표출시키는 기능을 한다. **투사적 방법**(projective method)이란 개인의 욕구, 특수한 지각, 해석 등이 밖으로 나타날 수 있는 자극을 피험자에게 제시함으로써 인간의 내면에 숨어 있는 특성을 표출하게 하여 그 표출된 행동을 분석함으로써 인성을 측정하는 방법이다. 대표적인 투사적 방법에는 주제통각검사와 Rorschach 잉크반점검사가 있다.

(1) 주제통각검사

주제통각검사(Thematic Apperception Test: TAT)는 Morgan과 Murray(1935)가 개발한 검사다. Freud의 정신분석학에 기초하여 개인의 성격은 욕구와 압력의 관계라는 이론에 근거한다. 30매의 모호한 그림과 한 장의 흰 카드로 구성되어 있으며 남녀노소에 따라 20매씩의 세트로 분류할 수 있으며 10매씩 나누어 2회 검사를 실시할 수도 있고 30매를 모두 보여 주고 질문을 유도할 수도 있다. 그림 중에 몇 개의 그림은 [그림 9-1]과 같다.

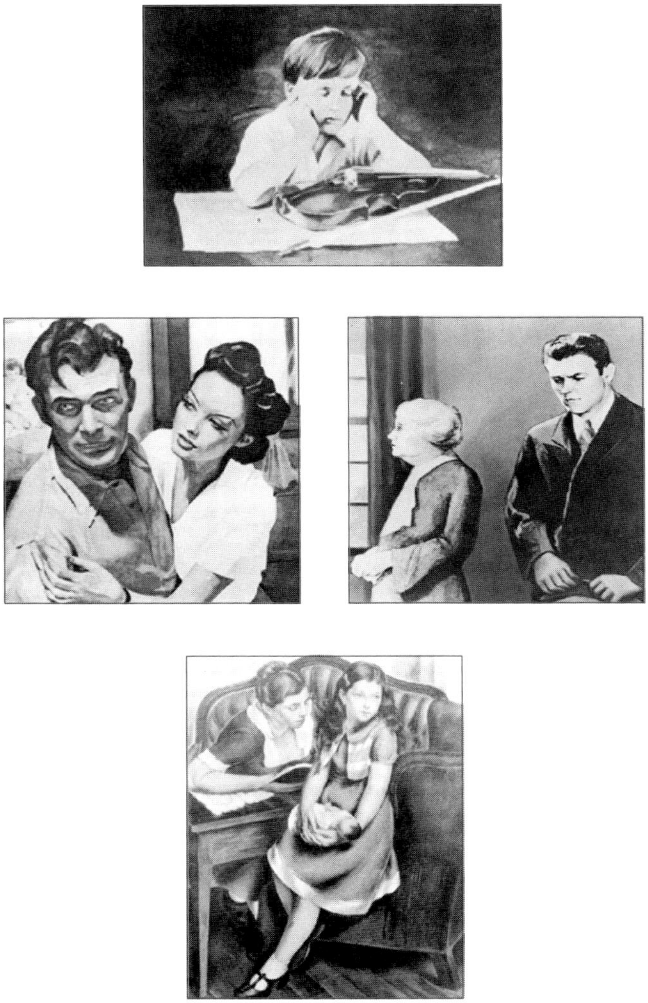

[그림 9-1] 주제통각검사(TAT)의 문항 예

[그림 9-1]에서 보듯이 불명료한 사진을 볼 때 인간의 무의식 속에 잠재된 인성의 여러 특성이 표출될 수 있으며, 이를 분석하여 인간의 성격이나 현재의 심리적 상태 등을 분석한다.

(2) Rorschach 잉크반점검사

Rorschach **잉크반점검사**(Ink-Blot Test)는 스위스 정신병리학자인 Rorschach가 1911년에 투사의 기능을 자극하고 상상력을 검사하기 위하여 만든 검사로서 [그림 9-2]와 같이 잉크를 떨어뜨려 접어서 만들어진 대칭적 모양의 10매의 그림으로 되어 있다. 10매 중 5매는 흑백이고 5매는 색채로 되어 있다.

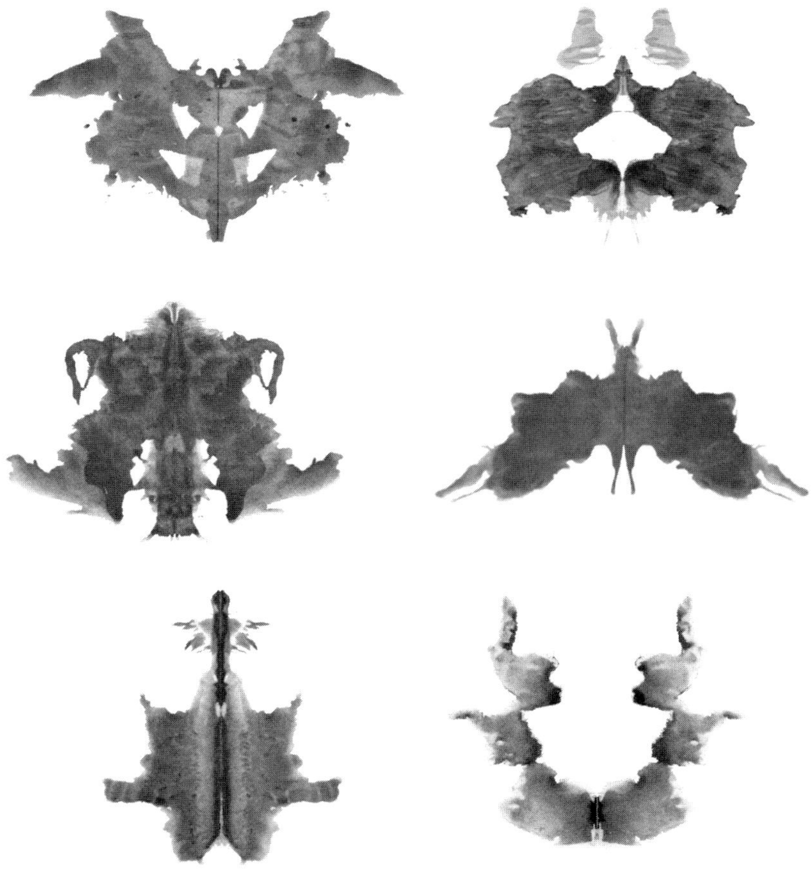

[그림 9-2] Rorscharch 잉크반점검사의 문항 예

Rorschach 잉크반점검사를 실시하는 절차는 지시를 내리면 피험자는 반응을 하고 그에 따라 질문하고 다시 응답하는 절차를 밟는다. 피험자는 그림의 형태에 대한 질문에 형태, 음영, 색채, 그리고 이동 형태에 대하여 반응하고 그 반응결과를 축적된 임상결과에 의해 해석한다.

(3) 그림검사

그림검사(drawing test)는 피험자에게 어떤 그림을 그리도록 한 뒤 그려진 그림을 보고 어떤 특성을 지니고 있는 사람들이 그리는 일반적인 그림의 경향에 의하여 분석하는 정의적 행동 특성 평가방법이다. 예를 들어, 종이 한 장을 주고 가족에 대해 그리도록 하였을 때 그림을 통하여 가족관계를 추측할 수 있다.

정의적 행동 특성을 평가하는 투사적 방법은 측정 혹은 평가 기준이 모호하긴 하지만 인간의 내재적 특성을 모두 표출하기 때문에 다른 방법으로 측정할 수 없는 부분까지 측정할 수 있다는 장점이 있다. 그러나 일반적으로 검사도구 제작이 어렵고 타당한 해석과 평가를 위하여 많은 임상경험을 통한 전문적 지식이 요구되며 평가자는 훈련을 받아야 한다는 어려운 점이 있다.

주요 단어 및 개념

Likert 척도　의미분석법　투사적 방법
주체통각검사　Rorschach 잉크반점검사　그림검사

연습문제

1 정의적 행동 특성 교육이 경시되고 있는 이유를 설명하고, 정의적 행동 특성 교육을 강조하기 위한 방안을 논하시오.

2 '정직성'을 측정하는 절차를 구안하시오.

3 Likert 척도의 단계를 구분(3단계, 5단계, 7단계, 혹은 9단계)하는 기준이 무엇인지 설명하시오.

4 의미분석법에 의하여 본인의 느낌을 평가해 보시오.

5 '교우도'를 분석하는 체크리스트에 의하여 집단구성원 간의 관계를 설명하시오.

6 투사적 방법의 정의, 특징, 종류를 정리하고, 각 방법의 장단점을 설명하시오.

제4부

문항제작

제10장

문항제작과 유형

1. 문항제작자의 자격

검사가 피험자의 정의적 행동 특성에 미치는 영향이 크다는 사실에 비추어 볼 때 검사제작은 간단한 작업이 아니며 세심한 배려가 있어야 한다고 하였다. 또한 검사의 질은 문항제작자의 능력에 비례한다고 할 수 있으므로 양질의 검사, 세부적으로 좋은 문항을 제작하기 위하여 문항제작자는 다음과 같은 능력을 소유하여야 한다.

첫째, 교육목표와 교과내용, 그리고 교과과정에 대한 충분한 이해가 있어야 한다. 즉, 학생이 무엇을 알아야 하고, 무엇을 잘못 알고 있는지를 파악하여야 한다. 또 검사도구가 가르친 내용과 교육과정의 중요한 내용을 제대로 포함하여야 한다.

둘째, 교수 · 학습이론과 인지심리학에 대한 이해가 필요하다. 교수 · 학습에서 학습자가 어떤 내용을 이해하는 전략과 문제를 해결하는 전략 등은 학습이론이나 정보처리과정에 기인하는 인지심리학에 의하여 설명된다. Wittrock(1991)은 인지과정에 기초한 검사는 학습의 진단, 학교 학습을 위한 실제와 개선에 보다 적절한 정보를 제공한다고 주장한다. 특히, 인지이론에 대한 이해가 깊을 때 피험자의 고등정신능력을 측정할 수 있으므로 문항제작자가 인지이론을 이해하는 것이 바람직하다.

셋째, 피험자 집단의 특성을 잘 알고 있어야 한다. 학습발달 수준뿐 아니라 그들이 사용하는 어휘수준도 파악하여야 그 집단에 적절한 문항을 제작할 수 있다. 만약 질문에 어려운 단어가 포함되어 있다면, 피험자가 질문의 답을 알고 있다 하여도 질문에 사용된 단어의 의미를 모르므로 답을 틀리게 되는 경우가 있다. 이는 검사도구의 신뢰도를 저하시키는 요인이 된다.

넷째, 문항작성법을 숙지하여야 한다. 문항의 종류와 각기 다른 문항 유형에 따른 특징과 장단점, 그리고 문항제작방법을 이해하여야 한다. 문항 유형은 측정의 목적에 따라 다른 유형의 문항을 선택할 수 있다. 그러므로 설명된 문항 유형의 종류와 각 문항 유형의 장단점, 그리고 제작요령의 세부절차도 숙지하여야 한다.

다섯째, 검사이론을 숙지하여야 한다. 출제한 문항이 좋은 문항인지 아니면 나쁜 문항인지를 평가하기 위한 문항분석방법, 즉 검사이론으로서 고전검사이론과 문항반응이론을 숙지하여야 한다. 문항난이도, 문항변별도, 문항추측도, 타당도, 그리고 신뢰도가 무엇인지 이해하여야 한다. 특히 선택형 문항 중 선다형 문항에서 답지의 매력을 분석하여 문항의 난이도를 조절하는 방법을 알아야 한다.

여섯째, 문항제작자는 고등정신능력을 지녀야 한다. 적지 않은 문항이 피험자의 단순암기능력뿐 아니라 이해, 적용, 분석, 종합, 평가, 창의성 등의 높은 수준의 사고력을 측정하여야 하기 때문이다. 예를 들어, 어떤 글을 주고 문항을 제작하라 하였을 때, 문항제작자의 정신능력에 따라 출제되는 문항내용의 질은 다를 수 있다.

일곱째, 문장력이 필요하다. 질문의 내용을 간결명확하게 글로 표현하는 능력이 필요하다. 산만하고 긴 문체는 자칫하면 질문의 요지를 잃게 하여 검사도구의 신뢰도를 저하시키는 원인이 된다. 총합평가를 추구하는 문제일 경우 제한된 시간에 많은 내용을 질문하여 능력수준을 평가하여야 하므로 가능한 한 질문은 간단명료하여야 한다. 특히 수학이나 과학의 경우 질문이 길면 수학이나 과학의 지식에 앞서 문장을 이해하는 능력이 요구되므로 문장의 이해력이 부족한 경우 그 문제의 답을 맞히지 못하게 된다.

여덟째, 다른 사람의 조언에 귀 기울이는 성품이 필요하다. 문항을 출제하다 보면 어떤 문항에 많은 시간을 할애하게 되어 애착을 갖게 되고 때로는 그 문항에 몰입하는 경우가 있어 다른 사람의 조언을 참고하지 않으려 한다. 문항을 제작할 경우 동료들에 의한 논의뿐 아니라, 문항검토자, 그리고 평가자에 의하여 다른 의견이 제시될 수 있고 검사가 실시된 후에는 피험자로부터 좋은 의견이 제시될 수도 있다. 예를 들어, 질문이 명료하지 않아 요구하는 정답과 다른 응답을 하였다든지, 답이 두 개일 수 있다는 지적, 혹은 질문에 어려운 단어가 있어 질문을 이해하지 못하였다는 지적 등을 들 수 있다. 이와 같은 조언을 스스럼없이 수용하여 문제점을 분석하는 여유를 지녀야 한다. 즉, 문항제작자는 모든 사람의 조언을 수용할 수 있는 마음 자세를 가져야 한다.

아홉째, 성별, 인종, 직업, 사회계층 등에 관한 편견을 지니고 있지 않아야 한다. 인종적 우월의식, 성별에 따른 고정관념, 직업에 대한 편견 등을 지니고 있으면 은연중에 특정 집단에 익숙한 문제뿐 아니라 편파적 언어로 문항을 제작하는 경우가 있을 수 있다.

열째, 경험이 필요하다. 아무리 앞에서 나열한 능력을 지니고 있다 하더라도, 문항을 제작해 본 경험이 없으면 좋은 문항을 제작하기가 쉽지 않다. 문항을 제작·분석하고 수정·보완하는 경험을 통하여 새롭고 참신한 문항을 제작할 수 있다. 혹자는 문항제작의 경험을 경시하는 경향이 있으나 실제 경험은 문항제작자가 갖추어야 할 매우 중요한 요소다.

2. 문항제작 시 고려사항

문항제작자는 앞에서 설명한 자격을 소유하여야 하며, 다음의 사항을 고려하여야 한다.

첫째, 교육목표와 교육내용이 무엇인가를 정확히 알아야 한다. 교육내용을 자세히 알지 못하면 좋은 문제를 제작하기가 불가능하다. 그러므로 교육내용이 무엇이고 측정내용은 무엇인지 확실하게 알아야 한다.

둘째, 피험자의 독해력과 어휘력 수준을 고려하여야 한다. 검사를 치를 피험자 집단의 어휘수준을 고려하여 문항을 제작하여야 문항의 타당도를 높일 수 있다.

질문의 답을 알고 있음에도 불구하고 질문의 어휘수준이 너무 높아 질문을 이해하지 못하여 문항의 답을 틀리게 되는 경우가 없어야 한다.

셋째, 문항 유형에 따른 특징, 장단점, 복잡성을 고려하여야 한다. 문항 유형에 따라 측정하고자 하는 정신능력의 수준이 다를 수 있고 문항 특성에 따라 적합한 문항내용이 있다. 예를 들어, 단순암기능력을 측정하기 위하여 역사적 사건과 연도, 작품과 작자 등은 연결형 문항이 가장 바람직한 문항이라 할 수 있다. 그러므로 문항을 제작할 때 문항 유형에 따른 특성을 고려하여야 한다.

넷째, 피험자에게 미칠 수 있는 부정적 영향을 고려하여야 한다. 이는 윤리 문제로 정의적 행동 특성에 어떤 영향을 주는지를 고려하여야 한다. 그리고 출제한 문항이 학교현장에 어떤 영향을 주는지, 또는 학교 외의 교육을 조장하지 않는지 등에 대한 고려가 있어야 한다.

3. 검사제작절차

검사를 제작하는 절차는 제8장 2절에서 학급검사와 표준화 검사의 제작절차를 설명하였으므로 생략한다. 교수·학습과 관련된 내용을 얼마나 알고 있는지를 측정하는 검사를 제작하기 위해서는 이원분류표가 중요하다.

1) 이원분류표

검사를 제작하기 위하여 검사의 목적을 규명하여야 하고 검사내용, 검사시간, 문항 유형, 문항 수 등을 결정하여야 한다. 이상의 내용이 정해진 후 어떤 내용을 어느 정신능력 수준까지 측정할 것인가를 결정하여야 한다. 이를 위하여 이원분류표가 필요하다. **이원분류표**는 검사를 제작하기 전에 문항제작자들이 참고하는 표로서 각 문항이 어떤 내용을 측정하는지를 밝히는 내용소와 그 내용을 어느 정신능력 수준까지 측정할 것인지를 밝히는 행동소로 구성된 표다. 이원분류표는 〈표 10-1〉과 같다.

〈표 10-1〉 이원분류표

행동소 / 내용소	지식	이해	적용	분석	종합	평가

내용소는 검사가 측정하고자 하는 내용으로서 검사의 내용을 나타내므로 각 문항의 내용이 되며, 이는 검사제작에서 매우 중요한 부분이 된다. **행동소**는 각 문항의 내용을 측정할 때 어느 단계의 인지능력 수준을 측정할 것인지를 나타낸다. 이원분류표의 행동소는 인지적 영역의 측정인 경우 Bloom의 인지적 영역 교육목표분류학에 근거한다.

Metfessel, Michael, Kirsner(1969)는 지적 기능에 해당하는 내용을 묻는 지시문을 〈표 10-2〉와 같이 열거하였다.

〈표 10-2〉 인지적 영역 교육목표분류학의 지적 기능을 묻는 지시어와 측정내용

목표 분류	측정 지시어의 예	측정내용의 예
1.00 지 식		
1.10 특수한 것에 대한 지식		
1.11 용어에 대한 지식	정의하라, 구별하라, 습득하라, 확인하라, 기억하라, 인지하라	단어, 용어, 의미, 정의, 참고 내용, 요소,
1.12 특수한 사실에 대한 지식	기억하라, 인지하라, 습득하라, 확인하라	사실, 사실적 정보(근거, 날짜, 사건, 사람, 장소, 기간 등), 속성, 예, 현상
1.20 특수한 것을 다루는 방법과 수단에 대한 지식		
1.21 합의에 대한 지식	기억하라, 확인하라, 인지하라, 습득하라	형태, 합의, 사용법, 규칙, 방법, 수단, 기호, 표시방법, 양식, 형식

1.22 경향과 순서에 대한 지식	기억하라, 인지하라, 습득하라, 확인하라	행위, 과정, 이동, 연속성, 발전, 경향, 계열, 원인관계, 힘, 영향
1.23 분류와 유목에 대한 지식	기억하라, 인지하라, 습득하라, 확인하라	영역, 유형, 형태, 분류, 세트, 분리, 배열, 유목, 범주/범주화
1.24 준거에 대한 지식	상기하라, 인지하라, 습득하라, 확인하라	준거, 기초, 요소
1.25 방법론에 대한 지식	상기하라, 인지하라, 습득하라, 확인하라	방법, 기술, 접근, 사용 절차, 처치
1.30 보편적인 것과 추상적인 것에 대한 지식		
1.31 원리와 일반화된 내용에 대한 지식	기억하라, 인지하라, 습득하라, 확인하라	원리, 일반법칙, 명제, 기초 법칙, 주된 요소, 함축내용
1.32 이론과 구조에 대한 지식	기억하라, 인지하라, 습득하라, 확인하라	이론, 근거, 상호 관련성, 구조, 조직, 공식
2.00 이 해		
2.10 번역	번역하라, 변환하라, 자기말로 표현하라, 예시하라, 읽어라, 변화시켜라, 다른 말로 표현하라, 재진술하라, 제시하라	의미, 표본, 정의, 추상성, 설명, 단어, 구
2.20 해석	해석하라, 재정리 · 재배열하라, 차별 · 구별하라, 만들어라, 그려라, 설명하라, 시범을 보여라	관련성, 관계, 본질적인 것, 관점, 새로운 관점, 질, 결론, 방법, 이론, 추상성
2.30 추론	추정하라, 추리하라, 결론을 내려라, 예언하라, 변별하라, 결정하라, 확대시켜라, 채워라, 결론을 유도하라	결과, 함축성 요인, 의미, 귀결, 효과, 가능성
3.00 적 용	응용하라, 일반화하라, 관련시켜라, 선택하라, 발전시켜라, 조직하라, 사용하라, 변화시켜라, 재구성하라, 분류하라	원리, 법칙, 결론, 영향, 방법, 이론, 추상성, 상황, 일반법칙, 과정, 현상, 절차

4.00 분 석		
4.10 요소분석	구별하라, 추출하라, 확인하라, 분류하라, 인지하라, 범주화하라, 추론하라	요소, 가설, 결론, 가정, (사실적) 진술, (의도하고 있는) 진술, 논쟁점, 특수한 관계, 상호관계
4.20 관계분석	분석하라, 대비하라, 비교하라, 식별하라, 구별하라, 추론하라	관련성, 주제, 증거, 오류, 논쟁, 인과, 일관성, 부분, 아이디어, 가정
4.30 조직원리분석	분석하라, 구별하라, 추출하라, 추론하라	형상, 유형, 목적, 관점, 기법, 편견, 구조, 주제, 배열, 조직
5.00 종 합		
5.10 독특한 의사전달 창안	써라, 말하라, 관계지어라, 생산하라, 구성하라, 고안하라, 수정하라, 입증하라	구조, 유형, 생산물, 수행, 설계, 작업, 의사소통, 노력, 세목, 구성
5.20 계획 혹은 목표의 창안	제안하라, 계획하라, 만들어라, 설계하라, 수정하라, 구체화하라	계획, 목적, 도식, 조작방법, 해결책, 수단
5.30 추상적 관계 도출	만들어라, 도출하라, 개발하라, 묶어라, 조직하라, 종합하라, 분류하라, 추리하라, 개발하라, 고안하라, 수정하라	현상, 분류학, 개념, 도식, 이론, 관계, 추상성, 일반법칙, 가설, 지각, 방법, 발견
6.00 평 가		
6.10 내적 근거에 의한 판단	판단하라, 논하라, 타당화하라, 총평하라, 결정하라	정확성, 일관성, 오류, 신뢰성, 결점, 실수, 정밀성
6.20 외적 근거에 의한 판단	판단하라, 논하라, 고려하라, 비교하라, 대비하라, 표준화하라, 평가하라	목적, 수단, 효율성, 경제성, 유용성, 대안, 행위과정, 표준, 이론, 일반법칙

지식과 지적 기능을 측정하기 위한 질문의 지시어는 해당 능력을 측정하기에 밀접하게 연관되어 있으며 측정하고자 하는 내용도 다양하다. 예를 들어, 피험자의 지식수준에서 용어에 관한 지식을 측정하고자 할 때 '용어를 정의하라', '의미를 확인하라', '요소를 인지하라' 등으로 표현할 수 있다. 여기서 '정의하라', '확인하라', '인지하라' 등은 지적 수준을 측정하는 지시어가 되며 '용어', '의미', '요소' 등이 측정내용이 된다.

Gronlund(1988)는 인지적 영역 측정목표분류에 따른 지시어를 보다 간결하게 제시하고 있으며 〈표 10-3〉과 같다.

〈표 10-3〉 Gronlund의 교육목표분류에 따른 지시어

목표분류	학습결과 측정을 위한 지시어
지 식	확인하라, 명명하라, 규정하라, 설명하라, 열거하라, 연결하라, 선택하라, 약술하라
이 해	분류하라, 설명하라, 변환하라, 예측하라, 구별하라
적 용	증명하라, 계산하라, 풀어라, 수정하라, 재배열하라, 조직하라, 관계지어라
분 석	차별하라, 도식화하라, 추정하라, 분리하라, 추론하라, 구성하라, 세분하라
종 합	종합하라, 창안하라, 고안하라, 설계하라, 합성하라, 구조화하라, 재배열하라, 개정하라
평 가	판단하라, 비판하라, 비교하라, 정당화하라, 결론지어라, 판별하라, 지지하라

일반적으로 이원분류표의 행동소는 Bloom의 인지적 영역에 대한 교육목표분류학에 의존하나 Hannah와 Michaelis(1977)는 지적 기능을 〈표 10-4〉와 같이 분류하고 있다.

〈표 10-4〉 Hannah와 Michaelis의 지적 기능 분류

해석(Interpretation)	비교(Comparing)
분류(Classifying)	일반화(Generalizing)
추리(Infering)	분석(Analyzing)
종합(Synthesizing)	가설화(가정, Hypothesizing)
예측(Predicting)	평가(Evaluation)

M 중학교에서 1학년생들의 영어 교과서 단원 3의 내용을 알고 있는지를 알아보기 위한 검사의 이원분류표는 〈표 10-5〉와 같다.

〈표 10-5〉 M중학교 1학년 영어검사를 위한 이원분류표

내용소 \ 행동소	지식	이해	적용	분석	종합	평가	문항 수
① 강세 위치	1						1
② 발음과 철자	1						1
③ 억양			1				1
④ be동사 의문문		1			1		2
⑤ Who 의문사					1		1
⑥ What 의문사와 용법					1		1
⑦ 선택의문문				1	1		2
⑧ 부정관사 a, an의 용법	1		1				2
⑨ 국적의 표현			1				1
⑩ this, that의 형용사 용법과 대명사 용법		1	1			1	3
문항 수	3	2	4	1	4	1	15

〈표 10-5〉의 이원분류표를 통하여 검사내용은 강세 위치, 발음과 철자, 모양, be동사 의문문, who, what 의문문, 선택의문문, 부정관사, 국적 표현, 그리고 this, that의 용법 등을 묻는 15문항으로 구성되어 있으며, 각 문항이 측정하고자 하는 지적 기능이 다양함을 알 수 있다. a나 an의 부정관사 용법에 대하여 두 문항이 출제되며 한 문항은 지식수준의 내용을, 다른 문항은 적용단계의 지적 기능을 측정한다. 이와 같이 이원분류표에 의하여 검사의 내용을 조절할 수 있을 뿐 아니라 의도하는 수준의 지적 기능을 측정하는 문항제작 계획을 수립할 수 있다.

교과 특성상이나 검사목적상 다소 상이한 지적 기능을 측정하는 경우가 있다. 그 예로 2008학년도 대학수학능력시험 수리 영역 출제를 위한 이원분류표를 들 수 있으며, 이는 〈표 10-6〉과 같다(한국교육과정평가원, 2007).

내용 영역은 이원분류표의 내용소로서 검사의 출제내용이 되며 행동 영역은 행동소로 수리능력을 측정하는 지적 기능으로서 계산, 이해, 추론에서 발견적 추론

과 연역적 추론을, 그리고 문제해결에서 수학 내적 관련성과 수학 외적 관련성을 들고 있다. 문제해결에서 수학 외적 관련 능력 측정은 대학수학능력시험이 통합교과적 출제를 지향하기 때문에 수학과 관련된 다른 능력도 측정하여야 하므로 특수한 지적 기능이라 할 수 있다.

이원분류표는 검사를 제작하기 위한 청사진에서 매우 중요한 요소이며 이 절에서 설명한 검사제작절차의 세 번째 단계에 포함된다.

〈표 10-6〉 2008학년도 대학수학능력시험 수리 '나'의 이원분류표

행동 영역 / 내용 영역	계산	이해	추론		문제해결		문항 수	비율 (%)
			발견적	연역적	수학내적 관련성	수학외적 관련성		
행렬	1	1	1	1			4	13.3
지수와 로그	1	2				1	4	13.3
지수함수와 로그함수		3	1				4	13.3
수열	1		2	1			4	13.3
수열의 극한	1	1			2		4	13.3
순열과 조합	1					2	3	10.0
확률		2				1	3	10.0
통계		1	1		1	1	4	13.3
문항 수	5	10	5	2	3	5	30	
비율(%)	16.7	33.3	16.7	6.7	10.0	16.7		100.0

2) 문항카드

문항카드는 제작된 문항의 내용 및 특성 등을 기록한 용지로서 문항들을 보관함은 물론 문항에 대한 정보를 쉽게 알기 위한 기록지다. 문항카드에 대한 일정한 양식은 없으나 문항의 내용뿐 아니라 정보를 위하여 〈표 10-7〉과 같은 양식을 사용할 수 있다.

문항카드에는 교과목, 교과단원, 교과내용, 측정내용 그리고 측정할 지적 기능의 수준을 기록한다. 측정의 지적 기능은 Bloom의 교육목표분류학에 의하거나 교과목과 관련된 특수한 지적 기능을 명시할 수 있다. 예상난이도는 검사제작자

가 경험에 따른 주관적 판단으로 문항의 쉽고 어려움을 표기한다. 문항난이도 범위는 0에서 1.0이며 1.0은 모든 피험자가 문항의 답을 맞힐 수 있음을 의미하므로 매우 쉬운 문항이다. '완전학습자의 정답 여부'는 문항제작자가 해당 교과나 단원을 정상적으로 이수한 피험자가 문항의 답을 맞힐 수 있는지 혹은 맞힐 수 없는지를 판단한다. '완전학습자 100명 중 정답자 비율' 항목은 교과나 단원을 정상적으로 이수한 피험자 100명 중 몇 명이 그 문항의 답을 맞힐 수 있는지 그에 해당하는 비율을 기록한다. 완전학습자에 해당하는 항목은 문항이 준거참조평가를 위하여 사용될 때 준거를 설정하기 위한 중요한 정보를 제공한다.

문항제작을 위한 연습지, 문항카드 등이 종전에는 자주 사용되었으나 컴퓨터의 사용이 활발해지면서 컴퓨터로 문항을 직접 제작하고 문항을 보관하는 일이 보편화되고 있는 추세다. 특히 제작된 문항을 문제은행에 직접 보관하고 컴퓨터로 검사를 실시하고, 그 결과에 의하여 문항이 분석되고 피험자 점수나 능력이 추정되는 컴퓨터화 검사가 일반화됨에 따라 문항카드의 사용은 감소되고 있다.

〈표 10-7〉 문항카드

<table>
<tr><td>교 과 목</td><td colspan="4"></td></tr>
<tr><td>교과단원</td><td colspan="4"></td></tr>
<tr><td>단원내용</td><td colspan="4"></td></tr>
<tr><td>측정내용</td><td colspan="2"></td><td>지적 기능</td><td></td></tr>
<tr><td>제 작 자</td><td colspan="2"></td><td>제작 일시</td><td></td></tr>
<tr><td colspan="5">문제 및 답지</td></tr>
<tr><td colspan="5">예상난이도</td></tr>
<tr><td rowspan="2">완전학습자</td><td>정답 여부</td><td colspan="3">맞힌다 (　)　틀린다 (　)</td></tr>
<tr><td>100명 중 정답자 비율</td><td colspan="3">%</td></tr>
<tr><td colspan="5">특이사항</td></tr>
</table>

4. 좋은 문항의 조건

좋은 문항을 제작할 때 공통적으로 장애가 되고 있는 점으로 Gronlund(1988)는 필요 이상으로 어려운 단어, 불필요하게 복잡한 문장구조, 모호한 문장, 두서없이 기술된 문장, 불분명하게 제시된 그림, 혼돈스런 지시문, 인종과 성별의 편파성을 들고 있다.

이상의 장애를 극복한 문항이 좋은 문항이라 할 수 있으나 좋은 문항이 되기 위한 절대적 판단기준을 세우는 데는 많은 어려움이 따른다. 왜냐하면 좋은 문항을 제작하는 것은 하나하나를 고려하여 제작하는 단순작업이 아니라 모든 것을 고려하여 질문하는 복합적인 작업이기 때문이다. 좋은 문항의 기준을 설정하기 어려운 이유에는 여러 가지가 있다.

첫째, 좋은 문항을 제작하기 위하여 복합적 수준의 사고력이 요구되기 때문이다. 예를 들어, 어떤 글을 주고 질문을 만들어 보라고 하였을 때, 아예 그 글을 이해하지 못한 수준에서 만들어진 문항, 그 글을 이해한 수준에서 만들어진 문항, 어떤 사실들을 종합하는 내용을 묻는 문항, 앞으로 어떤 내용으로 전개될 것인가를 묻는 문항 등 매우 다양한 수준의 문항이 제작될 수 있다.

둘째, 문항제작은 여러 가지 기술이 요구된다. 문항의 유형과 특성에 따라 제작 방법이 다르기 때문이다. 다양한 문항제작 방법이 존재하므로 고려하여야 할 사항이 매우 많다.

셋째, 검사의 목적이 다양하기 때문이다. 검사의 목적에 부합하는 문항은 좋은 문항으로 평가하지만, 목적이 다를 경우는 좋은 문항으로 평가하지 않을 수 있다. 예를 들어, 자격고시 등의 준거참조평가를 추구하는 검사를 제작할 때 매우 어려운 문항과 매우 쉬운 문항은 검사의 목적을 충족시키지 못하게 된다.

이상의 이유에서 좋은 문항 그리고 나쁜 문항이라고 단순히 평가하는 것이 적절하지 않을 수 있다.

좋은 문항이 되기 위해서는 다음과 같은 몇 가지 기준이 있다.

첫째, 문항내용이 측정하고자 하는 내용과 얼마나 일치하느냐 하는 점이다. 문항내용과 측정목적의 일치성 여부 확인은 문항제작자가 가장 먼저 고려하여야 할 점이다. 문항들이 측정하고자 하는 내용을 담고 있을 때, 검사의 타당도가 높다고 한다.

둘째, 문항내용이 복합성(complexity)을 지녀야 한다. 복합성이란 의미는 질문의 내용이 단순기억에 의한 사실보다는 고등정신기능인 분석, 종합, 평가 등의 능력을 측정할 수 있는 문항이어야 한다는 것이다. 문항내용의 복합성이란 복잡성과 구분된다. 질문이 매우 복잡하게 쓰여 있을 경우를 복잡하다고 한다.

셋째, 문항내용의 요약성을 들 수 있다. 문항은 열거된 단순 사실만을 질문하는 것이 아니라 열거된 사실들을 요약하고 일반화, 나아가 추상화시킬 수 있는 내용을 포함하여야 한다.

넷째, 문항의 참신성이다. 이는 내용 측면이나 형식 측면에서 기존에 존재하는 진부한 형태의 문항이 아니라 새로운 문항을 의미한다. 참신한 문항의 출현은 새로운 지각에 의하여 제작된다. 그러므로 참신한 문항을 제작하기가 용이하지 않다. 제한된 교육과정의 내용을 측정하기 위하여 수년간 검사를 실시하였을 때 참신한 문항제작에는 많은 제한점이 따른다. 왜냐하면 중요한 내용을 묻는 문항들은 그 전에 출제되었기 때문이다.

다섯째, 문항이 구조화되어야 한다. 이는 문항의 체계성을 의미하는 것으로서 질문이 모호하지 않으며 구체화되어야 한다. 선택형 문항이 서답형 문항보다 구조화되어 있다 할 수 있다. 예를 들어, '청년문화에 대하여 논하라.'는 질문보다 '청년들의 소비문화에 대하여 논하라.'는 질문이 보다 구조화되었다고 볼 수 있으며, 그보다 더욱 구조화된 문제는 '20대의 소비문화를 논하라.'이다.

여섯째, 문항의 난이도가 적절하여야 한다. 때로는 검사도구에 포함시킬 이유가 없는 매우 어렵거나 쉬운 문항들도 있다.

일곱째, 문항은 학습동기를 유발시킬 수 있어야 한다. 교육평가, 측정, 검사의 목적이 학습목표 도달에 있을 때, 문항은 학습동기를 유발할 수 있도록 제작하여야 한다. 그러므로 학습동기에 따른 흥미를 유발하는 문항을 제작하여야 한다. 이와 같은 문항은 노력을 통한 성공적 경험을 하게 하여 긍정적 자아개념이 형성되게 한다.

여덟째, 문항이 검사의 사용목적에 부합하여야 한다. 검사의 목적은 상호 비교하는 규준참조평가와 목표의 도달 여부를 확인하는 준거참조평가로 구분되고 각

검사의 사용목적에 부합하는 문항이라야 한다.

아홉째, 측정오차를 유발하지 않아야 한다. 문항을 제작함에 있어 문항의 답을 알고 있는 피험자임에도 불구하고 문항제작의 미숙으로 실수를 유발하게 하여 답을 맞히지 못하는 경우 측정의 오차가 발생한다. 예를 들어, 사지 선다형의 문항에서 부정문으로 질문을 할 경우 부정문에 밑줄을 긋는 이유는 주의가 산만한 피험자에게 그 사실을 환기시켜 측정의 오차를 줄이기 위한 목적으로서 이는 검사의 신뢰도와 관계된다.

열째, 문항의 형식면에서 각 문항 유형에 따른 제작지침에 근거해야 한다. 선택형 문항 중에 진위형, 배합형, 선다형 그리고 서답형 문항 중에 단답형, 논술형의 문항제작 요령에 따라 제작된 문항이어야 한다.

열한째, 문항지필지침에 준한 문항이어야 한다. 문항의 체제, 인용문의 표현, 그림과 표 제시, 보기의 예시, 지문 등이 문항편집지침에 따라야 한다. 문항편집 지침에 표준형은 없다. 그러나 기관마다 검사를 제작하기 위하여 통일된 편집 지침을 마련하고 있다. 통일된 문항편집지침을 따르지 않으면 동일 검사 내에서도 문항형식의 일관성이 결여된다.

열둘째, 문항이 윤리적 · 도덕적으로 문제를 지니고 있지 않아야 한다. 검사도 교육의 연장이라는 관점에 비춰 비도덕적 · 비윤리적 문제를 제작하지 말아야 한다. 국어의 경우 지문이 반사회적 내용이나 비윤리적 내용인 경우 그에 따른 질문은 좋은 문항이라 보기 힘들다. 특히 논술문의 경우 갈등상황을 제시하고 그에 대한 견해를 논하라는 문항 등은 좋은 문항이 될 수 없다.

열셋째, 특정 집단에 유리하게 제작하지 말아야 한다. 문항제작자의 자격에 편견을 지니고 있지 않아야 된다는 것은 편견을 가진 사람이 어떤 특정 집단에 유리한 문항을 제작할 가능성이 높기 때문이다. 특정 집단에 유리하거나 불리하게 제작된 문항을 차별기능 문항 혹은 편파성 문항이라고 한다.

5. 문항 유형

문항 유형은 다양하며, 여러 가지 형태의 이름으로 불리고 있다. 그러나 여기서는 국제적으로 통용되고 있는 분류방법과 문항 유형을 따르기로 한다. 문항의 형태는 크게 두 종류로 구분된다. 하나는 선택형 문항이고 다른 하나는 서답형 문항이다.

선택형 문항(selection type item)은 문항 내에 주어져 있는 답지 중에 하나를 고르는 문항 형태를 말하며, **서답형 문항**(supply type item)은 답이 문항 내에 주어진 것이 아니라 써 넣는 형태의 문항을 말한다. 선택형 문항을 객관식 문항, 그리고 서답형 문항을 주관식 문항으로 부르기도 하나 학문적 용어는 아니다.

Mehrens과 Lehmann(1975)은 선택형 문항과 서답형 문항에 포함되는 문항 형태를 다음과 같이 구분한다.

선택형 문항(selection–type item; selected response)
- 진위형(true–false form)
- 선다형(multiple choice form)
- 연결형(matching form)

서답형 문항(supply–type item; constructed response)
- 논술형(essay)
- 단답형(short–answer form)
- 괄호형(close or cloze form)
- 완성형(completion form)

Gronlund(1989)는 선택형 문항과 서답형 문항을 다음과 같이 분류한다.

선택형 문항(selection-type item)
- 진위형(true-false form)
- 선다형(multiple choice form)
- 연결형(matching form)

서답형 문항(supply-type item)
- 단답형(short-answer form)
- 제한된 논술형(essay: restricted response form)
- 논술형(essay: extended response form)

문항 유형을 분류할 때 Mehrens과 Lehmann의 분류가 보다 논리적이라 할 수 있다. 완성형 문항은 문장의 맨 끝에 단어나, 구 혹은 절을 써 넣는 문항 형태로서 한글의 구문상 제작하기가 쉽지 않으므로 문항 유형의 특성상 괄호형 문항 유형에 포함시킬 수 있다.

이상에서 설명한 문항 유형 이외의 새로운 형태의 문항이 개발되고 있다. 선택형의 문항 유형으로 분류될 수 있는 진위형 문항에서 수정을 요구하는 진위형 문항, 옳은 진술만 선택하는 진위형 문항, 연계성 진위형 문항이 있다. 선다형 문항의 특수한 예로 그리드(grid) 문항과 삽입형 문항이 있으며, 선다형보다는 선택형의 큰 범주 안에 넣을 수 있는 배열형 문항이 있다.

주요 단어 및 개념

이원분류표	내용소	행동소
교육목표분류학	문항카드	지식/이해/적용/분석/종합/평가
선택형 문항	서답형 문항	

연습문제

1 문항제작자의 자격을 설명하시오.

2 초등학교 4학년 학생들의 영어능력을 알아보기 위한 검사를 제작하기 위하여 고려할 사항을 논하시오.

3 검사를 제작하기 위하여 검사내용, 검사대상을 설정하고 이원분류표를 만드시오.

4 문항의 질을 평가하는 기준을 설명하시오.

제11장

선택형 문항제작

선택형 문항은 주어진 답지 중에서 정답을 선택하는 문항이다. 선택형 문항에는 진위형, 선다형 그리고 연결형 문항이 있으며, 각 문항 유형에 대한 정의, 특징, 장단점, 제작방법을 설명한다.

1. 진위형

1) 정 의

진위형 문항은 선다형 문항만큼 많이 사용되고 있는 문항 형태로서 교사들이 제작하는 검사에서 흔히 찾아볼 수 있다. 그 이유는 문항제작이 용이하기 때문이다. **진위형 문항**(true and false type)은 제시된 진술문에 피험자가 맞는지 틀리는지, 즉 옳은지 그른지를 응답하는 문항 형태다. 변형된 형태로는 '예' '아니요' 혹은 '찬성한다' '반대한다'로 응답하는 형태가 있다.

2) 제작원리

진위형 문항의 제작원리를 정리하면 다음과 같다.

진위형 문항의 제작원리

① 질문, 즉 진술문에 중요한 내용을 포함한다.
② 복합적 학습내용을 측정하기 위하여 기초적 자료에 근거한 문항을 작성한다.
③ 일반화되지 않은 주장이나 이론의 옳고 그름을 묻지 않는다.
④ 하나의 질문에 하나의 내용만 포함되도록 한다.
⑤ 부정문의 사용을 삼간다. 이중부정은 더욱 삼간다.
⑥ 교과서에 있는 똑같은 문장으로 질문하지 않는다.
⑦ 가능한 간단명료하게 단문으로 질문한다.
⑧ 답의 단서가 되는 부사어를 사용하지 않는다.
⑨ 정답이 ○인 문항과 ×인 문항의 비율이 한편으로 치우치지 않게 한다.
⑩ 정답의 유형이 고정되지 않고 무선적이 되게 한다.

① 질문, 즉 진술문에 중요한 내용을 포함한다.

중요하지 않은 내용이 답에 영향을 주지 않도록 해야 한다. 진위형 문항은 질문에 중요한 내용을 포함하고 있어야 한다. 중요하지 않은 하찮은 내용 때문에 문항의 답을 틀리게 하여서는 안 된다. 문항의 답을 알고 있음에도 불구하고 하찮은 내용에 의하여 문항의 답을 맞히지 못하였을 때 측정의 오차는 커지고 검사의 신뢰도는 감소하게 된다.

예 [수정 전] 1inch는 2.54mm이다. (×)

| 분석 | 1inch는 cm로 환산하여 계산하는 것이 일반적이다. 그러므로 mm로 환산되어 서술된 문제에 대하여 주의를 기울이지 않은 피험자는 답을 알고 있으나 실수로 틀릴 가능성이 높아진다. 이와 같은 문항은 검사의 신뢰도를 감소시킨다.

[수정 후] 1inch는 2.54cm이다. (○)

② 복합적인 학습내용을 측정하기 위하여 기초적 자료에 근거한 문항을 작성한다.

진위형 문항으로 도표, 지도, 그림 등의 해석에 근거한 복합적 지식을 측정하는 경향이 있다. 다양한 정보에 의한 복합적 내용을 해석, 분석, 비판하는 능력을 측정하기 위하여 도표나 그림 등을 이용하는 것이 바람직하다.

③ 일반화되지 않은 주장이나 이론의 옳고 그름을 묻지 않는다.

일반화되지 않은 주장이나 이론은 정답에 대한 논란 때문에 질문의 대상이 될 수 없다. 일부 학자나 학파의 이론에 대하여 옳고 그름을 묻는 것은 학문적 논쟁의 대상은 될 수 있어도 피험자의 인지능력을 측정하는 데는 바람직하지 않다. 부득이 어떤 학자나 학파의 의견이나 이론에 대하여 질문을 하고자 할 때는 학자나 학파의 이름을 명기하고 질문을 할 수 있다. 이 역시 제한된 학자나 학파의 견해인지라 지엽적이 될 수밖에 없다.

예 [수정 전] 열린교육은 어린이들의 창의성을 향상시킨다. ( )

| 분석 | 이 질문에 열린교육을 지지하는 학자들이나 집단은 그렇다고 할 것이고, 열린교육의 용어 자체를 인정하지 않는 학자들이나 집단은 그렇지 않다고 할 것이다. 그러므로 이런 문항은 논쟁을 일으킬 좋지 않은 문항이다.

④ 하나의 질문에 하나의 내용만 포함되도록 한다.

질문에 여러 가지 내용이 포함되었을 때 능력 측정의 어려움이 있다. 모든 내용을 모두 알고 있을 때 1점을, 그리고 어느 부분이라도 모르면 0점을 얻는다. 다수의 내용을 알지 못한 피험자나 일부만 모른 피험자 모두 0점으로 처리되므로 능력 추정이 정확하지 않을 뿐만 아니라 피험자를 능력에 따라 구분하기가 용이하지 않다. 또한 질문이 많은 내용을 포함하면 여러 문항으로 폭넓은 내용을 측정할 수 있는 진위형 문항의 특징을 상실한다.

예 [수정 전] 프랑스 가요를 칸초네라 하고, 이태리 가요를 샹송이라 한다. (×)

❙분석❙ 이 질문은 두 가지 내용을 질문하고 있다. 한 문제가 두 가지 내용을 포함할 때, 두 가지 내용을 모두 인지하는 피험자만이 문항의 답을 맞힐 수 있다. 문항의 답을 맞히지 못한 피험자의 능력을 구분하기 위하여 두 문항으로 출제하거나 한 가지 내용만 질문하는 것이 바람직하다.

[수정 후] 프랑스의 가요를 칸초네라 한다. (×)

⑤ 부정문의 사용을 삼간다. 이중부정은 더욱 삼간다.

부정문이 사용된 질문이 때로는 긍정문으로 인식되어 실수로 문항의 답을 맞히지 못하는 경우가 생기게 된다. 특히 능력수준이 높고 즉각적인 사고를 하는 피험자일수록 주의를 기울이지 않아 실수를 범하게 된다. 부득이한 경우 부정문을 사용할 때는 피험자의 주의를 환기시키기 위하여 밑줄을 긋는 것이 바람직하다. 이중부정문은 때로 피험자를 혼란에 빠지게 하여 실수를 유발하게 한다.

예 [수정 전] 문항제작에서 질문을 부정문으로 하는 것은 바람직하지 않다. (○)

❙분석❙ 이 문항은 실질적으로 이중부정의 내용을 지니고 있다. 부정문이란 단어가 부정의 의미를 지니고 있으며, 바람직하지 않다가 부정의 뜻을 지니고 있다. 그러므로 바람직하지 않다는 내용만 긍정문으로 교정하든가 혹은 질문 모두를 긍정문으로 수정할 수 있다.

[수정 후] 문항제작에서 질문을 부정문으로 하는 것은 바람직하다. (×) 혹은 문항제작에서 질문을 긍정문으로 하는 것은 바람직하다. (○)

⑥ 교과서에 있는 똑같은 문장으로 질문하지 않는다.

교과서에 있는 문장을 그대로 진술하면 피험자들이 기억력에 의하여 문항의 답을 맞힐 확률이 높을 뿐만 아니라 깊게 생각하지 않는 경향이 있다. 가능하면 피험자가 생각하여 응답하게 하는 문항이 좋은 문항이므로 교과서나 어떤 참고서에 있는 내용을 그대로 진술하여 질문하는 것은 바람직하지 않다.

⑦ 가능한 간단명료하게 단문으로 질문한다.

질문을 간단명료하게 한다. 또한 문어체보다는 구어체가 더 간단할 수 있다. 복문이나 여러 개의 단문을 늘어놓은 형태의 질문은 질문의 내용이 불명확할 수 있다. 뿐만 아니라 길게 제작된 질문은 측정내용의 인지 여부를 확인하기 전에 질문에 대한 이해능력, 즉 독해능력이 요구되므로 독해능력이 없으면 측정하고자 하는 영역에 대한 지식은 있으나 답을 맞히지 못하게 된다. 이와 같은 문항은 검사의 신뢰도를 저하시킨다.

⑧ 답의 단서가 되는 부사어를 사용하지 않는다.

'절대(absolutely)' '항상(always)' '모두(all)' '전혀(never)' '오직(only)' 등의 부사어는 틀린 답의 단서가 될 수 있다. 반대로 '흔히(usually)' '간혹(sometimes)'이란 부사어는 진술문이 옳음을 암시한다. 따라서 가능하면 두 종류의 부사어를 사용하지 않는 것이 바람직하다. 그 이유로 항상 진리일 수 있는 서술문에 '가끔'이란 단어를 사용하면 이는 틀린 답을 암시하고, 반대로 항상 진리가 아닌 서술문에 '항상' '절대'란 단어를 사용하면 옳지 않기 때문이다.

예 [수정 전] 문항을 추가시키면 항상 신뢰도가 증가한다. (×)

| 분석 | '항상'이란 단어는 일반적으로 답이 틀림을 암시한다. 문항을 증가시킨다고 신뢰도가 항상 증가하는 것이 아니라 양질의 문항을 추가할 때 신뢰도가 증가한다.

[수정 후] 양질의 문항을 추가시키면 신뢰도는 증가한다. (○)

⑨ ○가 정답인 문항과 ×가 정답인 문항의 비율이 한편으로 치우치지 않게 한다.

일반적으로 답이 ○인 문항과 ×인 문항의 비율을 동일하지는 않지만 유사하게 유지하여야 한다. 예를 들어, 10문항의 진위형 문항이 있다면 ○가 답인 문항과 ×가 답인 문항의 비율을 4 : 6 혹은 5 : 5 또는 6 : 4로 유지하는 것이 바람직하다. 이는 두 유형의 문항비율을 꼭 동일하게 하여야 한다는 것을 의미하지는 않는다. 만약 두 유형의 문항비율을 동일하게 제작한다면, 현명한 피험자는 알고 있는 문항들에 대하여 우선 응답하고, 모르는 문항의 답은 문항반응 비율에 의하여 응답하여 답을 맞힐 수 있다. 예를 들어, 10문항의 진위형 검사에서 9문항의 답을 알고 있으며 한 문항의 답을 알지 못할 때, 응답을 한 9문항 중 6문항의 응답이 ○이였다면 답을 알지 못하는 한 문항의 답을 ×로 응답하여 문항의 답을 맞힐 수 있게 된다. 반대로 피험자가 많은 문항의 답을 ×로 응답하고 난 후, 답을 모르는 어떤 문항이 있다면 답이 ○이거나 ×인 비율에 의하여 그 문항은 ○라고 응답하는 경향이 있다. 이런 관점에 비추어 가능한 한 추측에 의하여 문항의 답을 맞힐 수 있는 기회를 최소화할 수 있도록 문항을 제작하는 것이 바람직하다.

⑩ 정답의 유형이 고정되지 않고 무선적이 되게 한다.

정답 유형이 ○, ×, ○, ×, ○, ×로 되거나, ○, ○, ×, ×, ○, ○, ×, ×, 혹은 ○, ×, ×, ○, ×, × 등의 어떤 규칙성을 가진 유형이 되지 않게 문항을 배열하다. 무선적으로 ○와 ×가 배열되도록 한다. 정답의 유형이 어떤 형태를 이룰 때, 문항의 답을 알지 못하면 그 정답 유형에 맞추어 답을 하게 된다. 예를 들어, 첫 번째 정답 유형의 응답 형태인 ○, ×, ○, ×, ○, ×를 지니고 있는 여섯 문항의 진위형 문항이 있을 때 만약 네 번째 문항의 답을 알지 못한 현명한 피험자는 ×로 응답하게 된다.

3) 특수한 형태

진위형 문항의 특수한 형태로 Oosterhof(1994)는 세 가지를 제안하고 있다. 수정을 요구하는 진위형 문항, 옳은 진술만 선택하는 문항, 연계성 진위형 문항이 그것이다. **교정진위형 문항**(true-false requiring correction item)이란 진위형 문항에서 만약 질문의 내용이 틀린다고 응답하였을 때 틀린 내용을 수정하게 하는 문항이다.

예 수정을 요구하는 진위형 문항

프랑스 가요를 칸초네라 한다. (×)
↳ 샹송

옳은 진술만 선택하는 문항(multiple true-false item)이란 답지 중 옳은 답지만 선택하라는 질문 유형으로 다음과 같다.

예 옳은 진술만 선택하는 문항

다음 답지를 읽고 옳은 것만 고르시오. (정답: ①, ③, ④)
선다형 문항과 비교하여 진위형 문항의 특징은?
① 문항추측도가 높다.
② 신뢰도를 높일 수 있다.
③ 문항 개발에 시간이 적게 걸린다.
④ 많은 문항으로 검사를 실시할 수 있다.

연계성 진위형 문항(sequential true-false item)이란 논리를 전개하는 문항이나 그 계산절차에 의한 단계에서 각 단계마다 맞고 틀림을 묻는 문항으로 다음 예가 있다.

예 연계성 진위형 문항

아래는 $(4x-3)(3x+8)=(3x+4)(3x+6)$ 식에서 x 값을 구하는 절차다. 각 절차가 맞는지 틀리는지를 표시하라.

1. $12x^2+23x-24=9x^2+30x+24$ (○)
2. $3x^2-7x-48=0$ (○)
3. $(x+3)(3x-16)=0$ (○)
4. $x=3, -\frac{16}{3}$ (×)

연속적으로 전개되는 계산절차에서 연속적으로 제기되는 질문에 대하여 진위형으로 응답하는 문항이다.

4) 장단점

진위형 문항은 일반적으로 능력수준이 낮은 피험자 집단인 초등학교에서 자주 사용되나 많은 피험자를 간단하게 분류하는 방법으로도 이용된다. 그 예로 회사의 입사시험과 수강생이 많은 교양과목에 자주 사용된다. 진위형 문항의 장점은, 첫째 문항제작이 용이하다. 간단한 진술문, 즉 문장에 의하여 질문하므로 문항제작이 쉽다. 둘째, 채점의 객관성을 높일 수 있다. 문항의 답이 정해져 있으므로 채점의 논란이 일지 않는다. 셋째, 정해진 검사시간 내에 다수의 문항으로 많은 교과 내용을 측정할 수 있다.

이상과 같은 장점이 있는 진위형 문항은 다음과 같은 단점 또한 지니고 있다.

첫째, 추측에 의하여 문항의 답을 맞힐 수 있다. 즉, 문항의 답을 알지 못하고 문항의 답을 맞힐 확률이 .5에 해당하므로 추측에 의하여 문항의 답을 맞힐 확률이 높으므로 검사의 신뢰도가 낮아질 수 있다. Downing(1992)은 진위형 문항이 선다형 문항보다 쉽고 신뢰도도 낮게 추정된다고 보고하였다.

둘째, 고등정신능력보다는 단순정신능력을 측정할 가능성이 높다. 물론 문항제작자의 능력과 문항의 측정목적에 의하여 문항의 기능이 달라지지만 일반적으로 단순정신능력을 측정하기가 쉽다.

셋째, 학습동기가 감소된다. 검사의 문항 형태가 진위형으로 출제된다 할 때, 학생들의 학습동기가 저하되는 경향이 있으며, 심지어는 그날의 운에 의지하는 경향마저 보이는 경우가 있다.

넷째, 문항의 변별력이 감소할 수 있다. 문항의 답을 맞히고 틀리는 이분 점수이므로 문항의 변별도가 선다형 문항보다 낮은 경향이 있다.

다섯째, 곁눈질이 용이하다. 응답의 형태가 ○나 ×로 표기되므로 시험에서 부정행위인 곁눈질에 의하여 문항의 답을 맞히기 쉽다.

2. 선다형

1) 정 의

선다형 문항은 선택형 문항 유형 중 가장 많이 쓰이는 문항으로 두 개 이상의 답지가 부여되어 그중 맞는 답지나 혹은 가장 알맞은 답지를 선택하는 문항이다. 다수의 피험자들에 대한 검사의 효율성을 높이고 과정의 정확성을 기하기 위하여

Kelly가 1914년 고안하였다(Madus, Russell, & Higgins, 2009). 선다형 문항은 매우 쉬운 문항에서부터 어려운 문항을 제작할 수 있어 학업성취도검사에 흔히 사용된다. 여러 개의 답지(alternative, choice, option) 중에 정답이 아닌 틀린 답지(distractor, foil)를 어떻게 제작하느냐에 따라 문항난이도가 변화되는 특징을 지니고 있다. 만약 답지들을 단순하게 제작하면 단순기억능력을 측정하는 문항이 되며, 복합적인 답지를 제작하면 고등정신능력까지 측정할 수 있는 특징을 지니고 있다. 그러므로 선다형 문항이 암기위주 교육을 유도한다는 주장은 타당하지 않다. Wood(1977)도 선다형 문항이 창의성과 감각적 사고를 저해한다는 비판에 대하여 반론을 제기하고 있다. 잘못 제작된 문항으로 검사가 실시될 때, 암기위주의 교육이 이루어지며, 학생들의 '찍기기술'이 발달된다고 본다.

선다형 문항은 일반적으로 답지가 세 개, 네 개 혹은 다섯 개로 이루어진다. 진위형의 경우 주어진 질문에 대하여 맞고 틀림을 결정하는 문항으로 이 문항 역시 두개의 답지가 제공된 선다형 문항의 특수한 예라 할 수 있다. 선다형 문항이 측정하는 내용은 일반적으로 용어, 사실, 개념, 원리, 이론 등에 대한 지식을 묻는다.

선다형 문항은 옳은 답을 선택하는 **정답형 문항**(absolutely-correct type item)과 여러 답지 중 가장 옳은 답을 선택하는 **최선답형 문항**(best answer type item)이 있다. 최선답형은 피험자에게 혼돈과 논쟁을 야기하므로 문항제작이 정답형보다 다소 어렵다. 정답형 문항이나 최선답형 문항 모두 선다형 문항으로 분류한다.

선다형 문항의 적절한 답지 수에 대한 공통적 연구결과는 없다. 보통 사지 선다형이나 오지 선다형 문항을 제작하는 것이 일반적 경향이다. 답지 수와 문항 수는 신뢰도에 영향을 주며 Ebel(1969)은 문항 수가 적을 때는 답지 수를 늘리는 것이 좋고 문항 수가 많을 때는 답지 수가 적어도 된다고 하였다. 예를 들어, 1시간의 소요시간이 걸리는 검사에서 삼지 선다형 70문항의 검사와 사지 선다형 50문항의 검사가 유사한 신뢰도를 지닌다고 보고하였다. 그러나 Budescu와 Nevo(1985)는 이와 같은 문항 수와 답지 수의 비율적 관계에 대한 개념을 모순이라고 지적하고 질문 자체에 의하여 답지 수가 결정되어야 한다고 주장한다. 즉, 질문의 내용에 따라 답지 수가 결정될 수 있으며 답지 수를 증가시키기 위한 고의적 시도는 문항의 질을 저하시킬 가능성을 내포하고 있다. 뿐만 아니라 매력도가 떨어지는 답지는 기능을 상실하므로 오지 선다형의 문항이라도 매력적이지 않은 오답지의 수에 따라 사지 혹은 삼지 선다형 문항이 될 수 있다. 답지 수를 늘려야 하는 의무감 때문에 '모든 것이 정답', 혹은 '정답 없음'의 답지를 추가하여 작성하는 경우도 있다.

2) 제작원리

'문항제작은 예술이다(Embreston, 1985; Popham, 1984).'라는 말과 같이 문항제작에 많은 공을 들일수록 문항은 세련되고 좋은 문항이 된다. 선다형 문항의 제작원리는 다음과 같다.

선다형 문항의 제작원리

① 문항은 중요한 학습내용을 포함하여야 한다.
② 문항마다 질문의 내용이 하나의 사실을 묻도록 단순, 명쾌하게 구조화되어야 한다.
③ 용어의 정의나 개념을 묻는 질문에서 용어를 질문하고 답지에 용어의 정의나 개념을 나열한다.
④ 문항이나 답지의 서술이 간단하고 명확한 단어로 서술되어야 한다.
⑤ 문항의 질문 형태가 가능하면 긍정문이어야 한다.
⑥ 문항의 질문내용 중 답을 암시하는 내용이 포함되어 있지 않아야 한다.
⑦ 그럴듯하고 매력적인 틀린 답지를 만들어야 한다.
⑧ 답지들 중 정답이 두 개 이상일 경우 최선의 답을 선택하게 환기시켜야 한다.
⑨ 피험자에게 옳은 답지를 선택하거나 틀린 답지를 제거시킬 수 있는 단서를 제공하지 말아야 한다.
⑩ 답지만을 분석하여 문항의 답을 맞히게 하지 말아야 한다.
⑪ 가능하면 답지를 짧게 하는 것이 바람직하다.
⑫ 문항의 답지들의 내용이 상호 독립적이어야 한다.
⑬ 각 답지에 똑같은 단어들이 반복되는 것을 피한다.
⑭ 답지들의 형태를 유사하게 하여야 한다.
⑮ 유사한 답지끼리 인근 답지가 되게 하여야 한다. 답지 내용의 유사성이 있다면 유사한 내용의 답지들이 인접하게 배열한다. 그림으로 제시된 답지의 경우도 유사한 그림을 인접하게 배열한다.

⑯ 답지 사이에 중복을 피해야 한다.
⑰ 답지의 길이를 가능하면 비슷하게 하고, 다소 상이할 때는 짧은 길이의 답지부터 배열하는 것이 타당하다.
⑱ 답지들이 수나 연도로 서술될 때, 일반적으로 작은 수부터 큰 수로 배열한다. 또한 답지들이 간단한 하나의 단어로 표기될 때 가, 나, 다 순 혹은 a, b, c 순으로 나열한다.
⑲ 답지에 어떤 논리적 순서가 있다면 논리적 순서에 따라 배열한다.
⑳ 답지 중 '모든 것이 정답' 혹은 '정답 없음'이란 답지를 사용하지 말아야 한다.
㉑ 질문에 그림이나 도표 등을 포함할 경우 그림, 도표, 질문 그리고 답지가 모두 동일 쪽에 인쇄되도록 한다.
㉒ 정답의 번호가 일정 형태를 유지하지 않는 무선순에 의하도록 한다.
㉓ 정답의 번호가 일정 번호에 치우치는 것을 삼가야 한다.

① 문항은 중요한 학습내용을 포함하여야 한다.

문항을 제작할 때 중요한 학습내용을 측정하는 문항을 제작해야 한다. 교수 · 학습과정에서 중요하게 다루지 않은 교과내용을 묻는 질문은 피하여야 한다. 교과내용은 제한되어 있고 많은 문항이 출제되다 보면 측정되지 않은 내용이 거의 없어 지엽적이고 하찮은 내용을 묻는 문항을 제작하는 경우가 있다. 그러므로 어떤 내용을 모두 이해하였다면 다른 교육내용으로 대치하여 교육과정의 변화를 가져와야 된다. 이런 관점에서 교육평가와 교육과정은 상호 밀접한 관계를 지녀야 한다. 중요한 교과내용의 인지 여부를 측정하여야만 교육목표 성취수준을 파악할 수 있다.

② 문항마다 질문의 내용이 하나의 사실을 묻도록 단순, 명쾌하게 구조화되어야 한다.

질문이 무엇을 묻는지가 명확하여야 한다. 질문이 모호하면 피험자는 답지를 보고 응답하기 때문에, 답지를 읽지 않고 질문을 이해할 수 있어야 한다.

예 [수정 전] 다음 중 '지식의 구조'와 관계가 가장 먼 것은?

① 기본 개념　② 핵심적 아이디어
③ 교과의 중간 언어　④ 학문중심 교육과정

| 분석 | 질문의 내용이 '지식의 구조'를 물을 때 이는 일반적 지식의 구조인지 혹은 어떤 이론에 의한 지식의 구조를 묻는지 분명하지 않다. 즉, 질문이 구조화되어 있지 않고 모호하므로 '지식의 구조'에 대한 구체적 내용을 제시하여야 한다.

[수정 후] 다음 중 브루너(Bruner)의 '지식의 구조'와 관계가 가장 먼 것은?

① 기본개념　② 핵심적 아이디어
③ 교과의 중간 언어　④ 학문중심 교육과정

③ 용어의 정의나 개념을 묻는 질문에서는 용어를 질문하고 답지에 용어의 정의나 개념을 나열한다.

용어의 정의와 개념에 대한 이해 여부를 묻기 위하여 두 가지 형태로 질문할 수 있다. 하나는 용어에 대한 정의나 개념을 설명하고 그에 대한 용어를 답지에서 찾게 하는 질문 형태다. 이와 같은 문항은 설명된 개념이나 관련 있는 용어를 답지에서 선택하게 하므로 용어를 구분하는 능력을 측정할 뿐, 복잡한 용어에 대한 정확한 이해 정도를 측정할 수 없다. 고등정신능력을 측정하기 위하여 용어에 대한 정의나 개념을 질문하고 그 용어나 개념에 대한 설명을 답지에 열거하여 그중 가장 옳은 답지를 선택하게 하는 것이 바람직하다. 용어의 정의나 개념에 대한 정확한 이해를 하지 못한 피험자에게 이와 같은 문항은 어려운 문항이 되며 문항의 교수적 기능도 높다. 중요한 용어나 혼돈이 자주 일어나는 용어에 대한 이해 여부를 묻기 위하여 자주 이용된다.

예 [수정 전] 모집단을 대표하는 표본을 반복하여 추출하였을 때 모집단 평균과 표본 평균들과 차이들의 표준편차는?

① 편차　② 표준오차
③ 표준편차　④ 표집오차

| 분석 | 이 질문은 표집에 따른 표준오차를 묻기 위하여 용어에 대한 정확한 설명을 하고 그에 대한 용어를 묻는 질문 형태다. 표준오차에 대한 이해가 확실하지 않더라도 4개의 답지 중에 유사한 답지를 선택할 수 있다. 그러나

다음과 같이 수정하였을 때 표준오차에 대한 정확한 이해 없이는 답을 맞히기 어려우며 혼돈을 주어 답지의 비교, 분석 등의 고등정신능력을 측정할 수 있다.

[수정 후] 표준오차란?

① 표본분포 평균들의 표준편차
② 모집단 평균과 표본평균과 차이의 평균
❸ 모집단 평균과 표본평균과 차이의 표준편차
④ 표집분포의 평균과 모집단 평균과 차이의 표준편차

④ 문항이나 답지의 서술이 간단하고 명확한 단어로 서술되어야 한다.

질문이나 답지를 서술할 때 가능한 한 정확한 단어로 서술하여야 하며, 불필요하게 어려운 단어나 복잡한 구문을 사용하지 말아야 한다. 복잡한 구문에 의한 서술은 측정하고자 하는 교과내용을 측정하기보다는 언어능력을 측정할 가능성이 크기 때문이다.

예 [수정 전] 남자 기계체조 경기에는 몇 종목이 있는지 맞는 답을 고르시오.

❶ 4 종목 ② 5 종목
③ 6 종목 ④ 8 종목

| 분석 | 이 문제는 대학입학을 결정하는 문제로서 규준참조검사의 성격과 종합평가의 목적을 지니고 있으므로 가능하면 간결 · 명확하게 질문하는 것이 바람직하다. 물론 하나의 완성된 문장으로 질문을 하므로 친절할 수 있으나 검사의 목적상 간결하게 질문하는 것이 바람직하다.

[수정 후] 남자 기계체조 경기의 종목 수는?

❶ 4 ② 5
③ 6 ④ 8

⑤ 문항의 질문 형태가 가능하면 긍정문이어야 한다.

틀린 답을 찾는 것보다 맞는 답을 찾게 하는 것이 보다 교육적이다. 검사도 교육적 행위의 일부이므로 옳은 답을, 그리고 가장 옳은 답을 찾게 하는 것이 바람직하다. 또한 질문이 부정문으로 되어 있을 때, 높은 능력은 소유하고 있으나 주의력이 산만한 피험자는 부주의로 답을 맞히지 못하는 경우가 발생한다. 이는 측정의 오차를 유발시키는 원인이 되어 검사의 신뢰도를 저하시킨다. 선다형 문항을 제작할 때 문항제작 경험이 풍부하지 않은 문항제작자는 부정문에 의한 질문 형태의 문항을 제작하는 것이 편리할 때가 있다. 그러나 가능한 부정의문문의 형태를 삼가고, 부득이 부정의문문을 사용하여야 할 경우에는 피험자의 주의를 환기시키기 위하여 밑줄을 긋거나 진하게 표시하는 것이 바람직하다.

⑥ 문항의 질문내용 중 답을 암시하는 내용이 포함되어 있지 않아야 한다.

문항제작의 경험이 풍부하지 않은 문항제작자는 질문의 내용 중에 답을 암시하는 내용을 기술하는 경우가 있다. 물론 검사가 교육적 기능을 지니고 있으므로 질문을 하기 전에 질문내용을 설명할 수 있다. 그러나 질문의 내용에 답을 암시하는 내용이 포함되어 있다면 이는 피험자의 능력을 구분할 수도 없으며 질문의 기능을 상실한다.

예 [수정 전] 황갈색의 탁한 물로서 비교적 수질오염에 내성이 강한 물고기나 거머리 등이 살 수 있는 물은?

㉮ 1급수 ㉯ 2급수
㉰ 3급수 ㉱ 4급수

| 분석 | 질문에서 '황갈색의 탁한 물'이나 '비교적 수질오염에 내성이 강한 물고기'란 내용에 의하여 피험자는 문항의 답을 맞힐 수 있다. 정확한 답을 알지 못하는 피험자라 할지라도 질문에 설명된 내용에 의하여 어떤 답지는 최소한 답이 아닐 것이라 짐작하고 나머지 답지 중에서 답을 고르게 된다. 따라서 1급수냐 2급수냐를 판정 짓는 핵심적인 내용인 서식 가능한 생물의 종류만으로 간단하게 질문하는 것이 바람직하다.

[수정 후] 거머리나 물벌레가 살 수 있는 물의 급수는?

㉮ 1 ㉯ 2
㉰ 3 ㉱ 4

⑦ 그럴듯하고 매력적인 틀린 답지를 만들어야 한다.

이 원리는 선다형 문항제작에서 가장 중요한 주의사항 중의 하나다. 개념, 정의, 사실 등에 확실한 지식을 갖고 있지 않은 피험자는 매력적인 틀린 답지에 의하여 혼동을 하게 된다. 그러므로 선다형 문항에 대한 평가는 답지들의 매력에 의존한다 하여도 과언이 아니다. 매력적인 틀린 답지들을 만든다는 것은 어려운 작업이고, 이와 같은 작업의 정도에 따라 선다형 문항은 단순기억을 측정하는 문항이 될 수도 있고, 고등정신능력을 측정할 수 있는 문항이 될 수도 있다. 저자의 경험에 의하면 선다형 문항도 피험자들의 고등정신능력을 측정할 수 있다고 본다. 매력적인 답지를 만들기 위해서는 교과내용에 대한 충분한 이해와 더불어 풍부한 문항 제작 경험, 그리고 문항분석에 의한 문항교정 경험이 풍부하여야 한다.

우리나라에서는 문항분석이 아직까지 문항수준에 그치고 있으나 답지에 대한 분석까지 확장되어야 할 것이며, 이는 제13장에서 설명한다. 선다형 문항이 단순기억에 의한 지식만을 측정하기에 오늘의 교육이 암기위주의 교육으로 전락하였다는 주장은 모순이며 선다형 문항을 잘못 제작, 사용하였기에 암기위주의 교육이 되었다고 분석하여야 할 것이다.

예 [수정 전] 철수는 생태계의 물질순환과정에서 분해자가 물질을 분해하는 과정이 필요하다는 사실을 배운 후 다음과 같은 실험을 하였다.

〈실험〉
가. 한 가지 풀로 썩힌 기간을 다르게 한 세 종류의 퇴비를 만들었다.
나. 그림과 같이 크기가 같은 화분에 같은 성분의 토양을 넣었다.

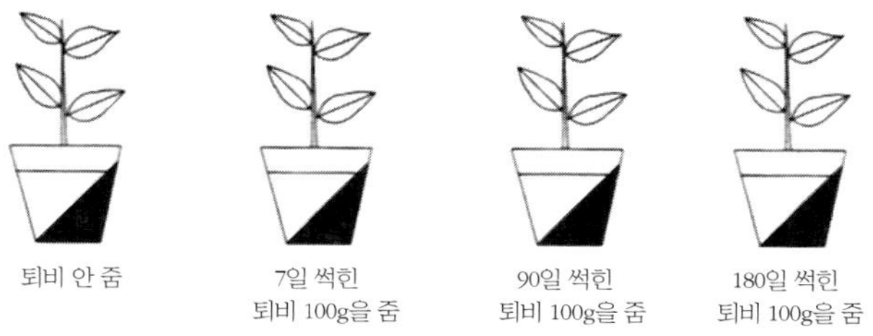

다. 각 화분에 생장 정도가 같은 콩 모종을 심었다.
라. 모든 화분을 온도가 일정하게 유지되는 같은 온실에 두었다.
마. 모든 화분에 매일 같은 양의 빛과 물을 충분하게 공급하였다.
바. 30일 후 각 화분에서 자란 콩의 키를 측정하였다.

이 실험으로 검증하고자 하는 가설로 적당한 것은?

① 화분 크기에 따라 콩의 생장 속도가 다를 것이다.
② 퇴비 200g을 사용하면 콩이 더 크게 자랄 것이다.
③ 오래 썩힌 퇴비일수록 물을 많이 필요로 할 것이다.
④ 퇴비는 여러 종류의 식물을 섞어서 만드는 것이 좋을 것이다.
⑤ 오래 썩힌 퇴비일수록 콩의 생장에 필요한 양분이 많을 것이다.

| 분석 | 보기를 제대로 읽는다면 답지 ①의 화분의 크기는 이 실험과 전혀 상관이 없음을 알 수 있어 매력적 오답의 기능을 상실한다. 또한 질문에 '적당한' 이란 표현은 검사에서 적합한 표현이라 할 수 없다.

[수정 후] 이 실험과 가장 관계가 있는 가설은?

① 퇴비 200g을 사용하면 콩이 더 크게 자랄 것이다.
② 오래 썩힌 퇴비일수록 물을 많이 필요로 할 것이다.
③ 퇴비는 여러 종류의 식물을 섞어서 만드는 것이 좋을 것이다.
④ 오래 썩힌 퇴비일수록 콩의 생장에 필요한 양분이 많을 것이다.
⑤ 퇴비의 양이 많을 수록 물질의 분해가 더 빨리 이루어질 것이다.

⑧ 답지들 중 정답이 두 개 이상일 경우 최선의 답을 선택하도록 환기시켜야 한다.

선다형 문항 중에는 답이 하나 이상인 경우가 있다. 답지 중 정답이 두 개 이상인 경우 그중 가장 알맞은 답지를 선택하라는 내용이 질문내용에 포함되어야 한다. 검사제작자는 문항의 답이 하나인지 혹은 둘 이상인지를 정확히 알고 있어야 한다. 그래야만 문항의 질을 향상시킬 수 있을 뿐만 아니라, 시험 후 발생할 수 있는 문제를 방지할 수 있다.

가능하면 가장 옳은 답을 찾게 하는 것이 측정학적 측면에서 바람직하고 피험자에게 혼란을 야기하지 않는다. 만약 두 개의 정답을 선택하라고 할 경우, 두 개의 정답 중 한 개의 정답과 다른 오답을 고른 피험자와 두 개 모두 틀린 답을 고른 피험자는 모두 똑같은 점수를 부여받지 못하게 되므로 피험자 능력추정의 정확성이 결여된다. 그러므로 가장 알맞은 것을 선택하라는 것이 더욱 바람직하다.

⑨ 피험자에게 옳은 답지를 선택하거나 틀린 답지를 제거시킬 수 있는 단서를 제공하지 말아야 한다.

예를 들어, 답지들 중 특이한 형태로 서술된 답지는 정답이나 혹은 틀린 답이 될 것이라 암시할 수 있다. 또한 교재에 있는 문장을 그대로 답지에 사용하지 말아야 한다. 이는 피험자가 자연스럽게 정답으로 선택할 가능성이 높기 때문이다. 또한 답지를 서술할 때, 다른 답지보다 구체적이고 상세한 답지 역시 자연스럽게 정답이라는 암시를 줄 수 있다.

⑩ 답지만을 분석하여 문항의 답을 맞히게 하지 말아야 한다.

논리적 분석을 즐기는 피험자는 질문의 내용 혹은 지시문을 읽지 않고 답을 맞힐 수 있다. 또한 정답을 알지 못하더라도 답지 배열의 논리성을 분석하여 답을 찾을 수 있다. 예를 들어, 여러 답지에 열거된 보기나 항목이 있으며 공통적으로 열거된 보기나 항목을 포함하는 답지를 정답으로 선택하게 된다.

예 [수정 전] 〈보기〉에서 화폐가 실질 국민총생산에 직접적인 영향을 미친 경우로 타당한 것은?

보기

ㄱ. 신용카드의 사용이 보편화됨에 따라 현금수요가 감소하고 있다.
ㄴ. 조선 숙종 때 상평통보가 주조되어 생산물의 상품화를 촉진시켰다.
ㄷ. 1930년대 초 미국 연방은행의 긴축정책은 대공황의 장기화에 영향을 미쳤다.
ㄹ. 일본은 패망 직전 조선 은행권을 남발하여 우리나라 광복 후 물가 폭등을 초래하였다.

① ㄱ, ㄴ ② ㄱ, ㄷ ③ ㄴ, ㄷ ④ ㄴ, ㄹ ⑤ ㄷ, ㄹ

| 분석 | 다섯 개의 답지를 분석할 때 ㄱ이 2개의 답지에, ㄴ이 3개의 답지에, ㄷ이 3개의 답지에, ㄹ이 2개의 답지에 포함되어 있으므로 가장 많이 열거된 보기는 ㄴ과 ㄷ이다. 그러므로 ㄴ과 ㄷ을 포함한 답지가 정답이 될 수 있음을 확률적으로 인지할 수 있다. 보기 ㄴ이나 보기 ㄷ이 보다 적게 열거될 수 있도록 답지를 작성한다.

[수정 후] ① ㄱ, ㄴ ② ㄱ, ㄹ ③ ㄴ, ㄷ ④ ㄴ, ㄹ ⑤ ㄷ, ㄹ

⑪ 가능하면 답지를 짧게 하는 것이 바람직하다.

질문이 짧고 답지들이 긴 질문들은 피험자들이 응답하기에 많은 시간과 더불어 집중력이 요구된다. 그러므로 질문을 자세하고 길게 하더라도 답지는 짧게 하는 것이 바람직하다.

예 [수정 전] 보트의 시간에 따른 가속도 변화를 나타낸 그래프다. 다음 중 이 모형 보트의 출발 후 운동상태에 대한 올바른 해석은?

① 처음 4초 동안 보트의 속력은 감소하였다.
② 4초 때 보트가 잠시 멈추었다.
③ 4초가 지난 후 보트의 속력은 감소하였다.
④ 6초 때 보트의 운동에너지가 최소였다.
⑤ 6초 때 보트의 이동거리는 최대였다.

| 분석 | 질문에 이미 '보트의 운동상태'에 대한 내용이 포함되어 있으므로 답지에서는 반복되는 내용을 생략하고 핵심만 서술하는 것이 피험자에게 도움을 준다.

[수정 후] ① 최초 4초 동안 속력 감소
② 4초 때 잠시 정지
③ 4초 후 속력 감소
④ 6초 때 운동에너지 최소
⑤ 6초 때 이동거리 최대

⑫ 문항의 답지들의 내용이 상호 독립적이어야 한다.

답지들이 매력적이나 어떤 답지들이 내용에서 상호 연관성이 있다면, 어떤 답지가 답이 아니면 그 답지와 관련된 다른 답지 역시 정답이 될 수 없으므로 이는 답지의 기능을 상실하게 된다. 예를 들어, 답지가 네 개일 때, 내용의 연관성이 있는 답지가 두 개라면 사지 선다형의 문항이 아니라 삼지 선다형의 문항이 된다.

예 [수정 전] 다음 논증의 짜임새를 옳게 분석한 것은 ?

① ㉠과 ㉡은 ㉢의 근거다.
② ㉠은 ㉣의 일반적 진술이다.
③ ㉡은 ㉢의 근거다.
④ ㉢은 ㉠의 예증이다.
⑤ ㉢과 ㉤은 ㉣의 근거다.

분석 답지 ①과 답지 ③은 내용의 일부분이 중복되어 답지 간의 상호 독립성을 결여하고 있다. 만약 답지 ③의 '㉡은 ㉢의 근거다.'라는 내용이 틀렸다면 답지 ①도 당연히 틀린 논리가 되어 오지 선다형 문항이 아니라 실제적으로 사지 선다형 문항으로 분석된다.

[수정 후]

① ㉠은 ㉢의 근거다.
② ㉠은 ㉣의 일반적 진술이다.
③ ㉡은 ㉢의 근거다.
④ ㉢은 ㉠의 예증이다.
⑤ ㉢과 ㉤은 ㉣의 근거다.

⑬ 각 답지에 똑같은 단어들이 반복되는 것을 피한다.

답지에 공통적으로 반복하여 나타나는 단어를 가능한 질문에 서술하여 피험자가 답지들을 읽을 때 소요되는 시간과 지겨움을 줄여야 한다. 답지에서 공통적으로 반복되는 단어, 문장을 제거하기가 용이하지 않을 때는 문항의 서술형태를 변화시킬 수 있다.

예 [수정 전] 지표면에서 높이 올라갈수록 물의 끓는점이 낮아진다. 이 현상과 관련하여 물의 증기 압력 특성을 바르게 기술한 것은?

① 물의 증기 압력은 온도가 올라갈수록 증가한다.
② 물의 증기 압력은 고도가 높아질수록 증가한다.
③ 물의 증기 압력은 온도가 올라갈수록 감소한다.
④ 물의 증기 압력은 고도가 높아질수록 감소한다.

| 분석 | 이 문항은 질문에도 '물의 증기 압력의 특성을'이란 구문이 포함되어 있고, 모든 답지의 앞부분에도 '물의 증기 압력은'이라는 구문이 포함되어 있다. 질문의 내용에 포함된 구문은 모든 답지에 반복하여 포함시킬 필요가 없다. 답지에 공통적으로 포함된 구나 절은 질문에 포함하여 답지를 간단하게 표현할 수 있다.
또한 답지의 배열에서 ①번은 온도가 올라갈수록, ②번은 고도가 높아질수록, ③번은 온도가 올라갈수록, ④번은 고도가 높아질수록과 같이 배열하는 것보다는 유사한 내용을 인접하게 배열하여 피험자가 논리 전개의 점진성과 구분을 용이하게 할 수 있도록 답지를 배열하여야 한다. 문항배열에 관한 세심한 배려는 검사불안이 높은 피험자에게 편안함을 주어 실수를 감소시켜 피험자 능력추정오차를 낮추며 검사의 신뢰도를 증가시킨다.

[수정 후] 지표면에서 높이 올라갈수록 물의 끓는점이 낮아진다. 이 현상과 관련하여 물의 증기 압력 특성은?

① 온도가 올라갈수록 감소한다.
② 온도가 올라갈수록 증가한다.
③ 고도가 높아질수록 감소한다.
④ 고도가 높아질수록 증가한다.

⑭ 답지들의 형태를 유사하게 하여야 한다.

우선 답지들의 길이뿐 아니라 문법적 구조, 내용도 유사하게 하는 것이 바람직하다. 일반적으로 유난히 긴 답지가 정답이 될 수 있는 가능성이 있다. 검사제작 경험이 적은 문항제작자는 정답이 되는 답지를 길게 하는 경향이 있으며, 검사 지혜가 풍부한 피험자는 긴 답지를 정답으로 선택할 가능성이 높기 때문이다.

예 [수정 전] 윗 글을 〈보기〉와 같이 해석하고자 할 때, (   )에 가장 적절한 것은?

보기

승 객	→	기　　차	→	목적지
(주체)	→	(매 개 체)	→	(지향점)
민 족	→	(　　　　)	→	민족의 장래

① 공공 질서 확립　　② 공정한 분배
③ 경제적 자립　　④ 민족 지도자
⑤ 김 주사 같은 사람

| 분석 | 이 다섯 개의 답지를 볼 때 ④, ⑤ 답지는 사람을 의미하고 나머지 ①, ②, ③ 답지와 성격이 다르다. 답지들의 동질성을 유지하기 위하여 모두 사람과 관계된 내용으로 서술하는 것이 세련된 문항이라 할 수 있다.

[수정 후] ① 교육자 ② 기업가
③ 예술가 ❹ 민족 지도자
⑤ 정치 지도자

⑮ 유사한 답지끼리 인근 답지가 되게 배열하여야 한다.

답지 내용의 유사성이 있다면 유사한 내용의 답지들을 인접하게 배열한다. 그림으로 제시된 답지의 경우도 유사한 그림을 인접하게 배열한다. 답지들이 여러 개의 유사한 단어로 서술될 때, 유사한 답지끼리 인접하게 하여야 피험자가 혼동하지 않고 비교·구별하기 용이하며, 응답에 따른 불필요한 시간을 낭비하지 않는다. 답지가 유사한 문법적 구조를 지니면 응답자가 쉽게 다른 답지들의 내용을 파악할 수 있다. 그러므로 어순도 유사하게 배열하는 것이 바람직하다.

예 [수정 전] 자동차 경주 코스를 두 자동차 A, B가 같은 방향으로 돌고 있다. A, B의 속력은 각각 a km / 분과 b km / 분이고, 경주 코스 한 바퀴의 길이는 c km이다. $3a - 3b = 2c$가 성립한다고 할 때, 다음 중 옳은 것은?
❶ 3분마다 A는 B보다 두 바퀴 더 돈다.
② 3분마다 A는 B보다 한 바퀴 더 돈다.
③ 2분마다 A는 B보다 세 바퀴 더 돈다.
④ 3분마다 B는 A보다 두 바퀴 더 돈다.
⑤ 2분마다 B는 A보다 세 바퀴 더 돈다.

| 분석 | 수리문제는 특히 혼동하기 쉬우므로 답지 배열에 어떠한 일관성이 있는 것이 필요하다. 이 문항에서는 시간의 순으로 배열하고, 'A는 B보다'의 내용을 인접하게 배열하는 것이 피험자들에게 혼동을 덜 일으키게 된다.

[수정 후] ① 2분마다 A는 B보다 세 바퀴 더 돈다.
② 2분마다 B는 A보다 세 바퀴 더 돈다.
③ 3분마다 A는 B보다 한 바퀴 더 돈다.
❹ 3분마다 A는 B보다 두 바퀴 더 돈다.
⑤ 3분마다 B는 A보다 두 바퀴 더 돈다.

⑯ 답지 사이에 중복을 피해야 한다.

답지들이 어떤 기간이나 수를 말할 때 '이상', '이하'가 동시에 답지들에 포함되는 경우가 있다. 이럴 경우 두 개 이상의 답지에 어떤 수나 기간이 중복되어 있으면 답지가 두 개가 되는 실수를 범하게 된다. 작은 실수로 어려움에 처하는 경우가 가끔 있으므로 주의가 필요하다.

⑰ 답지의 길이를 가능하면 비슷하게 하고, 다소 상이할 때는 짧은 길이의 답지부터 배열하는 것이 타당하다.

열거된 답지 중 답지의 길이가 유난히 길거나 그 형태가 다른 답지들과 유사하지 않으면 그 답지는 정답이든가 아니면 선택할 고려의 대상이 되지 않는 오답이 될 가능성이 크다. 그러므로 답지의 길이를 유사하게 하여야 한다. 부득이 답지의 길이가 다를 경우는 짧은 답지부터 가, 나, 다 혹은 논리의 전개 순으로 배열한다.

예 [수정 전] 단백질 합성이 일어나는 세포 기관(소기관)은?

① 핵　　② 리소좀
③ 리보솜　　④ 인

분석 제시된 답지를 보면 한 단어로 구성되어 있지만 글자 수가 다르다. 그리고 '리보솜'과 '리소좀'은 글자 수가 같다. 이와 같은 답지들은 글자 수에 근거하고, 그리고 가, 나, 다 순으로 배열하는 것이 문항의 세련도를 높인다.

[수정 후] ① 인　　② 핵
③ 리보솜　　④ 리소좀

⑱ 답지들이 수나 연도로 서술될 때, 일반적으로 작은 수부터 큰 수로 배열한다. 또한 답지들이 간단한 하나의 단어로 표기될 때 가, 나, 다 순 혹은 a, b, c 순으로 나열한다.

혹자는 수에 의한 답지를 배열할 때 큰 수부터 작은 수로 배열한다. 어떤 원칙이든 검사 안에서 하나의 원칙을 지키면 큰 문제가 되지 않는다. 답지들이 한 단어이고 단어의 글자 수가 동일하거나 유사할 경우 글자 순으로 답지를 배열한다. 그러나 어떤 답지는 단어 그리고 어떤 답지는 구(句)로 구성되는 경우는 단어로 된 답지를 우선하고, 그다음 구로 된 답지를 배열한다. 단어와 구로 된 답지 내에서도 글자 순에 의하여 배열한다.

예 [수정 전] (나) 시의 ㉡ '차도'가 가리키는 것을 고르시오.

① 학문의 길 ② 출세의 길
③ 군신의 도 ④ 교우의 도

| 분석 | 답지의 글자 수와 형태가 같음에도 불구하고 어떤 규칙 없이 답지를 배열하고 있다. 이와 같은 경우 가, 나, 다 순으로 배열하면 세련된 문항이 될 수 있다.

[수정 후] ① 교우의 도 ② 군신의 도
③ 출세의 길 ④ 학문의 길

⑲ 답지에 어떤 논리적 순서가 있다면 논리적 순서에 따라 배열한다.

답지 배열 시 가, 나, 다 혹은 크기 순으로 배열하지만 답지에 어떤 논리적 근거, 예를 들어 기, 승, 전, 결 혹은 시대사적 근거가 있다면 논리적 근거에 따른다.

예 [수정 전] 격구, 마상재, 수박 등이 단순한 유희적 성격에서 스포츠 활동으로 정착된 시대를 고르시오.

① 통일신라시대 ❷ 고려시대
③ 삼국시대 ④ 조선시대

| 분석 | 답지는 모두 시대다. 굳이 가, 나, 다 순으로 배열하는 것보다 시대사의 순서에 모든 피험자가 익숙하여 있으므로 시대순으로 답지를 배열하는 것이 바람직하다.

[수정 후] 격구, 마상재, 수박 등이 단순한 유희적 성격에서 스포츠 활동으로 정착된 시대는?

① 삼국시대 ② 통일신라시대
❸ 고려시대 ④ 조선시대

⑳ 답지 중 '모든 것이 정답' 혹은 '정답 없음'이란 답지를 사용하지 말아야 한다.

'모든 것이 정답' 혹은 '정답 없음'의 답지는 선다형 문항에서 답지 수를 늘리기 위해 간혹 사용된다. 두 유형의 답지는 선다형 문항에서 사용이 권장되지 않는다.

피험자가 답지를 보고 정답이 되는 보기가 두 개 이상이라 판단할 경우 '모든 것이 정답'이란 답지를 답으로 선택하는 경향이 있다. 또한 만약 피험자가 답지 중 하나라도 답이 아닌 답지를 발견하면 '모든 것이 정답'이란 답지는 답지로서의 기능을 상실하게 된다. 반대로 피험자가 답지 중 하나라도 정답이 있음을 알 때 '정답 없음'의 답지는 자연적으로 제거되므로 답지의 기능을 상실한다.

'정답 없음'과 '모든 것이 정답'이란 답지는 매력적인 답지들을 제작하기가 용이하지 않을 때 간혹 사용되고 있으나 '정답 없음'이란 답지 사용은 교육적으로도 문제를 지닌다. 시험을 교육의 연장선상에서 교육목표 도달의 보조 수단이라 볼 때, 답이 없는 문제를 출제하여 피험자를 변별한다 하여도 어떤 교육적 효과를 지니고 있는지를 고려하여야 한다.

'정답 없음' 혹은 '모든 것이 정답'이란 답지의 사용에 대하여 여러 주장이 있다. Gronlund(1971), Conoley와 O'Neil(1979)은 '정답 없음'과 '모든 것이 정답'이란 답지의 사용을 삼가는 것이 바람직하다고 하였다. Oosterhof와 Coats(1984) 역시 '정답 없음'과 '모든 것이 정답'이란 답지를 사용하는 데 주의를 기울여야 하며, '정답 없음'의 답지는 계산문제, 논리전개, 철자법, 역사적 사건, 역사적 일자 등을 묻거나 단순기억을 측정하고자 할 때 출제될 수 있다고 하였다. Kubiszyn과 Borich(1993)는 '정답 없음' 답지를 가능하면 사용하지 말고 정답에 대한 논란의 여지가 없을 때 사용할 수 있으나 가장 알맞은 답을 고르는 문항에서는 사용하지 말라고 하였다. 또한 '모든 것이 정답'은 일반적으로 정답이 되는 경향이 있으며, 부분 정보만 가지고 있는 피험자에게 매우 쉬운 문항이 되므로 이러한 답지를 사용하지 말아야 한다고 주장한다. Oosterhof와 Coats(1984)는 수학문제에서 '정답 없음'은 신뢰도를 낮추고, '정답 없음'의 답지가 정답일 때만 효과적이며 능력이 낮은 학생들은 '정답 없음'의 답지를 정답으로 고르지 않는 경향이 있음을 발견하였다. Oosterhof와 Coats(1984), Tollefson (1987)은 '정답 없음'의 답지가 문항의 난이도를 높인다는 연구결과를 발표하였지만 모든 문항에 적용되는 일반화된 결과는 아니며, 문항의 난이도가 낮아질 수도 있다. Kromhout(1987)는 '정답 없음'과 '모든 것이 정답'이라는 답지를 포함한 문항은 속임수를 쓰는 경향이 있는 문항이며, 그런 답지들이 쉽게 제외되어 좋은 문항이 될 수 없으므로 두 답지를 문항제작 시 삼가라 하였다.

예 [수정 전] 다음 글의 흐름으로 보아 밑줄 친 부분을 고칠 필요가 있다면 가장 잘 고친 것은?

> Robert was going study with Susan and was thinking of marrying her. He wanted to know what kinds of girls her sisters were, what her father was like, and <u>how long did her mother die.</u>

① 고칠 필요 없음
② how long her mother has died
③ how long was her mother dead
④ how long ago did her mother die
⑤ how long her mother had been had been dead

| 분석 | 질문 내용에 '고칠 필요가 있다면'으로 표현하고, 답지 ①에 '고칠 필요가 없음'이라 한 것은 논리적 일관성이 없으며 ①번 답지는 나머지 답지와 별개의 답지로서 질문을 위한 답지로의 기능을 상실한다. 뿐만 아니라 답지 ②번부터 ⑤번 중에 답이 있음을 강력히 암시받음으로써 ①번 답지는 매력적인 답지가 될 수 없다.

[수정 후] 다음 글의 흐름으로 보아 밑줄 친 부분을 가장 잘 수정한 것은?

> Robert was going study with Susan and was thinking of marrying her. He wanted to know what kinds of girls her sisters were, what her father was like, and <u>how long did her mother die.</u>

① how long her mother was died
② how long her mother has died
③ how long was her mother dead
④ how long ago did her mother die
⑤ how long her mother had been dead

㉑ 질문에 그림이나 도표 등을 포함할 경우 그림, 도표, 질문 그리고 답지가 모두 동일 쪽에 인쇄되도록 한다.

양질의 문항은 문항내용 못지않게 문항의 도안도 중요하다. 그러므로 그림이나 표 등의 제시가 정확하여야 하고 질문과 관계된 그림, 도표뿐 아니라 답지들도 동일 쪽에 있어야 피험자들의 불편을 줄일 수 있다. 간혹 긴 지문이나 그림 등에 의하여 답지 등이 다른 쪽에 인쇄될 경우 두 쪽으로 번갈아 가며 보아야 하는 불편함을 주기 때문에 이를 피해야 한다.

㉒ 정답의 번호가 일정 형태를 유지하지 않는 무선순에 의하도록 한다.

정답이 ①, ②, ③, ④, ①, ②, ③, ④ 순으로 된다면 피험자가 답을 모를지라도 이 규칙에 따라 문항의 답을 예견할 수 있다. 우연히 정답이 일정 순서에 의하여 나타날 때는 검사의 내용에 영향을 주지 않는 범위에서 문항의 순서를 바꾸는 것이 바람직하다.

㉓ 정답의 번호가 일정 번호에 치우치는 것을 삼가야 한다.

20문항으로 제작된 검사에서 특정 답지인 ③이 정답인 문항이 10문항이 된다든지 혹은 ②가 정답인 문항이 10문항 이상이 되게 제작하지 말아야 한다. 그렇다고 20문항을 각 답지인 ①, ②, ③, ④ 보기에 고루 5문항씩 정답이 되게 인위적으로 조절할 필요는 없다. 왜냐하면, 검사 지혜가 있는 피험자는 알고 있는 문항의 답을 먼저 쓰고, 모르는 문항의 답은 번호가 적은 답지 번호에 해당하는 답지를 정답으로 고르는 지혜를 지니고 있기 때문이다.

이상의 23가지 문항제작원리가 절대적인 것은 아니다. 문항제작 초보자에게 기본원리를 제공하여 피험자의 능력을 보다 정확하게 측정할 수 있도록 문항제작 경험을 풍부하게 하는 데 도움을 주고자 한 것이다. 문항제작 경험이 풍부해지면 이상에서 열거한 문항제작원리를 응용하여 때로는 문항제작원리에 예외가 되게 문항을 제작할 수 있으며, 기본원리를 응용하여 참신하고 좋은 문항을 제작할 수 있게 된다.

3) 특수한 문항 형태

선택형 문항으로 분류할 수 있으나 최근에 사용 빈도가 증가하는 두 가지의 문항 형태가 있다. 하나는 그리드 문항이고, 다른 하나는 삽입형 문항이다.

① 그리드 문항

그리드 문항(grid item)은 수학문제에서 자주 사용되는 문항으로 SAT Ⅰ에서도 사용되고 있다. 그리드 문항은 어떤 값을 구하는 문제에서 답을 쓸 경우 채점에 시간이 많이 소요되므로 답이 되는 수와 관련된 칸에 검게 칠하도록 하는 문항으로 다음과 같다.

예 좌표공간에서 중심이(1, 1, 1)이고 평면 $x+2y-3z=31$에 접하는 구의 반지름을 구하시오. (3점)

〈답지〉		
	⓪	⓿
	❶	①
	②	②
	③	③
	④	④
	⑤	⑤
	⑥	⑥
	⑦	⑦
	⑧	⑧
	⑨	⑨

정답은 10으로 ❶과 ⓿에 칠하는 형태의 문항이다. 이 문항의 경우 답지 수가 100개가 될 수 있어 선다형 문항의 특수한 예라 할 수 있다. 이 문항은 사실상 서답형 문항이나 채점에 따른 시간을 절약하기 위하여 답지를 제공하는 형태의 문항이다. 그리드 문항을 사용하면 채점이 용이하고 추측에 의하여 답을 맞힐 확률이 낮은 장점이 있다.

② 삽입형 문항

삽입형 문항(embedded item)은 문항의 이해를 측정하기 위하여 지문의 어느 부분에 제시된 내용을 삽입할 수 있는가를 묻는 질문의 형태로 다음과 같다.

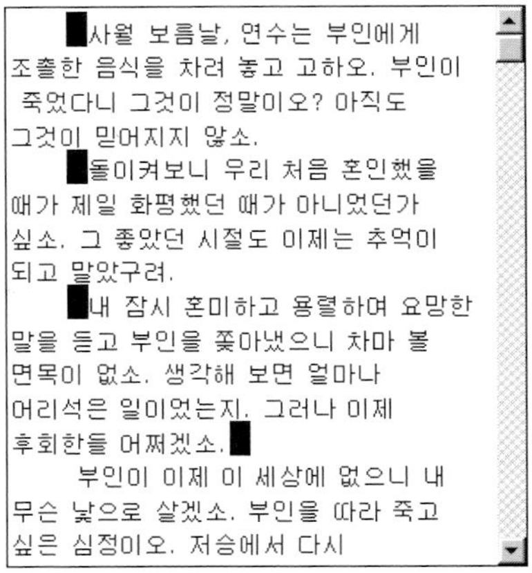

다음 문장이 들어갈 가장 적절한 위치는?
(■) 표시된 곳 중 해당하는 곳을 클릭하시오.

부인의 현숙함과 덕행은 모든 사람의 귀감이었소.

삽입형 문항은 컴퓨터화 검사가 실시되면서 TOEFL 등에 널리 적용되는 문항으로써 특수한 형태의 선다형 문항이라 볼 수 있다. 삽입형 문항 역시 문항추측도를 낮출 수 있다는 장점이 있고, 컴퓨터화 검사의 경우 어느 곳을 클릭해도 제시된 내용이 삽입될 수 있도록 할 수 있다.

4) 장단점

선다형 문항제작이 용이하지 않음을 문항제작방법에서 느꼈을 것이다.

선다형 문항에 대한 장단점은 다음과 같다.

장점으로서, 첫째 모든 문항 유형 중에서 학습 영역의 많은 내용을 측정할 수 있다(Nitko, 1983). 둘째, 다른 문항 유형보다 넓은 교육내용을 대표하는 내용을 추출하여 측정하기가 용이하다. 그러므로, Haladyna와 Downing(1989)은 교과 내용전문가이며 검사 제작경험이 풍부한 교사는 선다형 문항을 선호한다고 하였다. 셋째, 선다형 문항들은 내용타당도를 증진시킬 수 있다. 넷째, 채점 시 주관성을 배제할 수 있다. 다섯째, 양질의 문항은 고등정신능력을 측정할 수 있다. 요약하면,

문항이 지니는 구조적 특성 때문에 문항의 모호성을 배제할 수 있으며, 주어진 시험시간에 많은 문항으로 검사를 실시할 수 있으므로, 넓은 영역의 학업성취수준을 파악할 수 있어 검사도구의 내용타당도를 증진시킬 수 있다.

단점으로는, 첫째 주어진 답지에서 하나를 선택하게 하므로 창의성 계발, 분석적 능력, 문제해결능력 등의 복합적 인지구조의 발달을 제한할 수 있다. 둘째, 그럴듯하고 매력적인 틀린 답지를 제작하기가 용이하지 않으며 문항제작에 많은 시간이 소요된다. 셋째, 좋지 않은 문항은 피험자 기억에 의한 단순지식을 측정할 가능성이 있다. 넷째, 선다형 문항은 주어진 답지에서 정답을 선택하므로 문항의 답을 모를 때 추측에 의하여 답을 맞힐 확률이 존재한다.

3. 연결형

1) 정 의

연결형 문항(matching item)이란 일련의 문제군과 답지군을 배열하여 문제군의 질문에 대한 정답을 답지군에서 찾아 연결하는 문항 형태로 배합형이라고도 한다. 연결형 문항 역시 선다형 문항의 특수한 형태로 볼 수 있다. 문제군에 있는 질문의 정답을 답지군에 있는 답지들 중에서 하나를 선택하는 것이므로 답지가 많은 선다형 문항으로 간주할 수 있다. 연결형 문항은 두 가지 내용의 연관성에 대한 기초지식을 측정하는 데 적합하며, 그림, 지도, 표 등을 사용할 수 있다.

연결형 문항은 문제군과 답지군의 연관된 내용을 연결하는 문항으로 Linn과 Gronlund(1995)는 〈표 10-1〉의 내용을 서로 문제군과 답지군으로 하여 연결형 문항을 제작할 수 있다고 설명하였다.

〈표 10-1〉 연결형 문항의 문제군과 답지군의 내용

문제군	답지군
업적	사람 이름
역사적 사건	연/월
용어	정의
규칙	예
기호/부호	개념
작품	저자
기계	사용목적
동/식물	분류
위계부분	기능

2) 제작원리

연결형 문항의 제작원리를 정리하면 다음과 같다.

연결형 문항의 제작원리

① 문제군과 답지군에 각각 동질성이 유지되어야 한다.
② 답지군의 답지 수는 문제군의 문제 수보다 많아야 한다.
③ 문제군의 문제들은 왼쪽에, 답지군의 답지들은 오른쪽에 배열하고 번호를 각기 달리한다.
④ 문제군의 문제들과 답지군의 답지들을 배열할 때 각각 문자순이나 연대순으로 한다.
⑤ 문제군과 답지군은 같은 페이지에 인쇄되도록 한다.
⑥ 문제군의 문제 수가 10개 이상이 되지 않도록 한다.
⑦ 문제와 답지들은 가능한 짧아야 한다.
⑧ 지시문이 명확하여야 한다.

① 문제군과 답지군에 각각 동질성이 유지되어야 한다.

문제군을 이루는 문항이 다른 문항들과 이질적일 때 그 문항에 대한 정답을 답지군에서 쉽게 찾을 수 있다. 예를 들어, 문학작품과 해당 작자를 연결할 때, 문제군의 문항들이 한국 문학작품인데 한 문항이 외국 문학작품이었다면 작자를 쉽게 찾을 수 있다. 이와 같은 문제점을 방지하기 위하여 문제군의 문항들끼리 답지군의 답지들끼리 서로 동질적이어야 한다.

② 답지군의 답지 수는 문제군의 문제 수보다 많아야 한다.

문제군의 문제 수와 답지군의 답지 수가 동일하다면 문제군의 정답을 답지군에서 고르고 한 문제의 답을 모를 경우 남은 하나의 답지가 자연적으로 정답이 되게 된다. 그러므로 답지군의 답지 수를 문제군의 문제 수보다 많게 하여 자연적으로 문항의 답을 맞히는 일이 일어나지 않도록 하여야 한다. 일반적으로 답지군의 답지 수는 문제군의 문제 수보다 1.5배 정도가 되게 한다.

③ 문제군의 문제들은 왼쪽에, 답지군의 답지들은 오른쪽에 배열하고 번호를 각기 달리한다.

문제군의 문제와 답지군의 답지를 배열하는 데 절대적인 규칙이 있는 것은 아니나 일반적으로 왼쪽에 문제군을 오른쪽에 답지군을 둔다. 또한 문제군의 문제 번호와 답지군의 답지 번호를 부여할 때 각기 다른 형태로 번호를 부여한다. 예를 들어, 문제군의 문제 번호를 ①, ②, ③, ④로 하였다면 답지군의 답지들이 한글로 되었을 때 답지 번호는 ⓐ, ⓑ, ⓒ, ⓓ, ⓔ, ⓕ로 한다든지, 답지들이 영어로 되었을 때 답지 번호는 ㉠, ㉡, ㉢, ㉣, ㉤ 으로 한다. 최근에는 문제군의 문제를 위에, 그리고 답지군의 답지를 아래로 하는 문항 형태도 있다.

④ 문제군의 문제들과 답지군의 답지들을 배열할 때 각각 문자순이나 연대순으로 한다.

문제군의 문제들과 답지군의 답지들이 글로 되어 있으면 글자순으로 배열하고, 역사적 사건과 연대를 연결하고자 할 때 문제군은 글자순으로 답지군은 시대순으로 한다. 특히 역사적 사건과 관계된 연대를 연결할 때, 답지군의 답지들을 시대순에 의하여 배열하지 않으면 피험자들이 해당 연대를 찾는 데 시간을 소비할 수 있다.

⑤ 문제군과 답지군은 같은 페이지에 인쇄되도록 한다.

문제군의 문제와 답지군의 답지들이 모두 한쪽에 게재될 수 있도록 편집한다. 왜냐하면, 문제군과 답지군의 일부분이 다음 페이지로 넘어가면 전체 문제들과 답지들을 볼 수 없으므로 정답을 선택하는 데 불편함을 줄 수 있고, 때로는 틀린 정답을 연결할 수 있다.

⑥ 문제군의 문제 수가 10개 이상이 되지 않도록 한다.

문제군의 문제 수를 제한하는 이유는 문제군의 문제들이 많아질 때 문제들의 동질성을 유지하기가 곤란하기 때문이다. 만약에 역사적 사건과 연대를 연결하게 할 때, 역사적 사건이라도 유사한 역사적 사건을 나열하는 것이 피험자의 높은 기억력을 측정할 수 있다.

⑦ 문제와 답지들은 가능한 짧아야 한다.

일반적으로 연결형 문항은 논리적 사고나 창의성보다는 단순기억능력을 측정하는 경향이 있다. 그러므로 문제군의 문제들은 역사적 사건 혹은 문학작품, 간단한 사실들이 될 수 있다. 가능하면 문제들이나 답지들을 짧게 하는 것이 피험자의 단순기억능력을 측정하기 용이하다.

⑧ 지시문이 명확하여야 한다.

지시문에서 답지를 하나만 연결하는지, 혹은 다수를 연결하는지를 밝힌다. 연결형 문항에서 답이 하나일 때와 여러 개가 있을 때가 있다. 문제군의 문제에 대한 답지군의 답지들을 선택할 때 혼동이 없도록 지시문을 정확히 제시하여야 한다.

3) 장단점

연결형 문항의 답은 진위형과 선다형과 같이 답이 정해져 있으므로 채점이 용이한 장점을 지니고 있으며, 역사적 사건이 발생한 연도나 문학작품의 작가들을 구별하는 능력을 측정하기가 용이하다는 장점이 있다. 유사한 사실을 비교하여 구분하고, 판단하는 능력을 측정하기에 좋은 문항 형태다.

단점으로는, 첫째 문항제작의 경험이 풍부하지 않으면 문항제작에 많은 시간이 소요되고, 둘째 문제 군과 답지군이 동질성을 상실하였을 경우 피험자가 쉽게 해답을 인지하게 된다. 셋째, 단순한 사실이나 역사적 사건을 질문하므로 고등정신능력을 측정하기가 다소 어렵다. 단순정신능력을 측정하는 경향이 있기 때문에 암기위주의 교육을 유도할 수 있다.

4. 배열형

1) 정 의

배열형은 컴퓨터화 검사가 일반화되면서 작성되는 특수한 문항 형태로서 선택형 문항으로 분류될 수 있으나 선다형과 연결형과는 다소 다르다. 배열형 문항은 주어진 간단한 문장들을 배열하여 문단을 구성하거나, 열거된 문장이나 단어들을 논리적 순서에 의하여 배열하는 형태의 문항이다.

배열형 문항의 예는 다음과 같다.

예 다음 문장을 읽고 순서대로 나열하시오.

- 대중매체의 영향에 의한 대중문화 현상이 존재한다.
- 청소년들 사이에 문화사대주의 현상이 널리 퍼져 있다.
- 사회변동의 결과 사회계층이 안정되어 가고 있다.
- 청소년은 어른들보다 새로운 가치에 대한 적응이 빠르다.

지필검사의 경우 각 문장 뒤에 글을 구성하기 위하여 배열의 순서를 번호로 기록하게 하는 방법이 있으며, 컴퓨터화 검사에 이용되면서 각 문장을 클릭하여 문장을 배열하는 형태의 문항이 널리 이용되고 있다. 언어능력이나 논리적 분석능력 등을 측정하는 문항으로 주로 사용되었으나 과학의 실험절차 등을 묻는 질문으로도 사용될 수 있다. 예를 들면 다음과 같다.

예 철수는 우유가 상한 것을 우연히 발견하였다. 그리고 상한 우유에서는 세균 A가 많이 관찰되었다. 〈보기〉는 이 세균이 우유를 상하게 하는지 알아보기 위해 철수가 수행한 탐구과정을 순서 없이 나열한 것이다. 〈보기〉의 탐구과정을 순서에 맞도록 배열하시오.

보기

(가) 세균 A는 우유를 상하게 한다.
(나) 세균 A가 우유를 상하게 하였을 것이라고 가정하였다.
(다) 세균 A를 넣은 우유는 상하였고 세균 A가 많이 발견되었으나, 세균 A를 넣지 않은 우유에서는 아무런 변화가 없었다.
(라) 완전히 멸균된 우유가 든 병 두개를 준비하였다. 한 병에만 상한 우유에서 분리한 세균 A를 넣고, 두 병 모두 적당한 온도를 유지하였다.

이와 같은 과학실험에 대한 질문을 선택형 문항으로 질문한다면 실험절차를 순서대로 배열한 것을 각 답지로 만들어 실험순서가 맞는 답지를 선택하도록 지시할 것이다. 그러나 컴퓨터화 검사에서 배열형 문항은 답지가 제시되는 것이 아니라 피험자가 순서를 나열하는 것이다.

배열형 문항의 경우 주어진 내용들을 배열하는 형태의 문항으로서 배열의 경우가 다양하기 때문에 추측하여 답을 맞힐 수 없다. 배열형 문항은 다양한 정신능력을 측정할 수 있으나 문항제작이 어려울 수 있다.

주요 단어 및 개념

진위형 문항	선다형 문항	그리드 문항
삽입형 문항	연결형 문항	배열형 문항
alternative	distractor	foil

연습문제

1 진위형 문항의 정의와 장단점을 설명하시오.

2 진위형 문항을 작성하고, 문항제작원리에 의하여 평가하시오.

3 선다형 문항의 정의와 장단점을 설명하시오.

4 선다형 문항을 작성하고, 문항제작원리에 의하여 평가하시오.

5 ‘정답 없음’과 ‘모든 것이 정답’의 답지 사용에 대한 교육적 의의를 논하시오.

6 연결형 문항의 정의와 장단점을 설명하시오.

7 연결형 문항을 작성하고, 문항제작원리에 의하여 평가하시오.

8 배열형 문항의 정의와 장단점을 설명하시오.

9 어떠한 경우에 진위형, 선다형, 연결형, 배열형 문항을 사용하는지 예를 들어 설명하시오.

10 선다형 문항이 암기위주의 교육을 유도하였다는 주장에 대해 의견을 말하시오.

제12장

서답형 문항제작

서답형 문항은 괄호형, 단답형, 논술형이 있다. 채점자의 신뢰도에 대한 문제를 고려할 경우는 선택형 문항의 출제 비중이 높아지고, 채점자의 신뢰도보다는 고등정신능력을 측정하고자 하는 목적이 강하게 대두될 때는 서답형, 특히 논술형 문항의 출제가 증가한다. 최근에 각 대학에서 실시하는 논술고사가 대학입학의 당락에 영향을 많이 주므로 이 장에서는 논술형 문항, 단답형 문항, 괄호형 문항 순으로 설명한다.

1. 논술형

1) 정 의

논술형 문항(essay type item)은 최초의 문항 유형이라 보며, 주어진 질문에 제한 없이 여러 개의 문장으로 응답하는 문항 형태를 말한다. 피험자가 문제에 접근하는 방법, 정보를 이용하는 부분, 응답을 구성하는 모든 부분에서 제한을 받지 않는다. 그러므로 논술형 문항은 피험자의 분석력, 비판력, 조직력, 종합력, 문제해결력, 창의력을 측정할 수 있다.

그러나 인간의 고등정신능력을 측정할 수 있는 장점에 비하여 채점의 주관성 문제가 제기되므로 응답의 범위를 제한하는 제한형 논술 문항(restricted response question; restricted response essay item)이 있다. 이 **제한된 논술형 문항**은 논술의 범위를 지시문에서 축소시키거나 글자 수를 제한하는 문항을 말한다. 제한된 논술형 문항이 갖는 이점은 구체화된 내용과 연계시킬 수 있으며 채점이 용이하다는 것이다. 단점으로는 피험자가 제한된 범위에서 사고하고, 분석, 종합하므로 고등정신능력을 충분히 측정하지 못한다.

제한된 논술형 문항에 비하여 제한이 없는 문항을 **확장된 논술형 문항**(extended response question; extended response essay item)이라 한다. 확장된 논술형 문항은 시간 제한이나 글자 수에 제한이 없음은 물론 지시문에 의해 서술 범위를 제한하지 않는다. 그러므로 확장된 논술형 문항은 피험자의 인지구조까지 측정할 수 있는 것이 장점이다.

2) 제작원리

논술형 문항의 제작원리는 다음과 같다.

논술형 문항의 제작원리

① 복잡한 학습내용의 인지 여부는 물론 분석 · 종합 등의 고등정신능력을 측정할 수 있도록 하여야 한다.
② 논술문항의 지시문을 '비교 · 분석하라' '이유를 설명하라' '견해를 논하라' 등으로 한다.
③ 논쟁을 다루는 논술형 문항은 어느 한편의 견해를 지지하는 입장에서 논술을 지시하지 말고 피험자의 견해를 밝히고 그 견해를 논리적으로 전개할 수 있게 유도하여야 한다.
④ 질문의 요지가 분명하며 구조화되어야 한다.
⑤ 제한된 논술문항인 경우 응답의 길이를 제한하여 주는 것이 바람직하다.

⑥ 논술문의 제한된 내용이나 지시문 등의 어휘수준이 피험자의 어휘수준 이하이어야 한다.
⑦ 여러 논술형 문항 중 선택하여 응답하는 것을 지양한다.
⑧ 질문의 내용이 광범위한 소수의 문항보다는 협소하더라도 다수의 문항으로 질문한다.
⑨ 문항을 배열할 때, 쉬운 문항에서 어려운 문항으로 배열한다.
⑩ 각 문항에 응답할 수 있도록 적절한 응답시간을 배려한다.
⑪ 문항점수를 제시한다.
⑫ 채점기준을 마련하여야 한다.

① 복잡한 학습내용의 인지 여부는 물론 분석·종합 등의 고등정신능력을 측정할 수 있도록 하여야 한다.

학습내용을 분석, 종합 혹은 평가하는 능력을 측정하기 위하여 선택형 문항을 사용하는 데 한계가 있다. 이와 같은 경우, 교과내용의 전반적 사실의 이해, 분석, 종합, 평가 등의 고등정신능력을 측정할 수 있도록 문항을 제작하여야 한다.

예 [수정 전] 한 변의 길이가 3γcm인 정육면체 모양의 그릇에 물이 반 정도 차 있다. 이 그릇에 높이가 2γcm이고 밑면의 반지름의 길이가 γcm인 직원기둥 모양의 입체가 수면에 수직인 방향으로 1cm/초의 속력으로 잠긴다고 하자. 이 입체의 반이 물에 잠기는 순간의 수면의 상승 속력을 구하라. (15점)

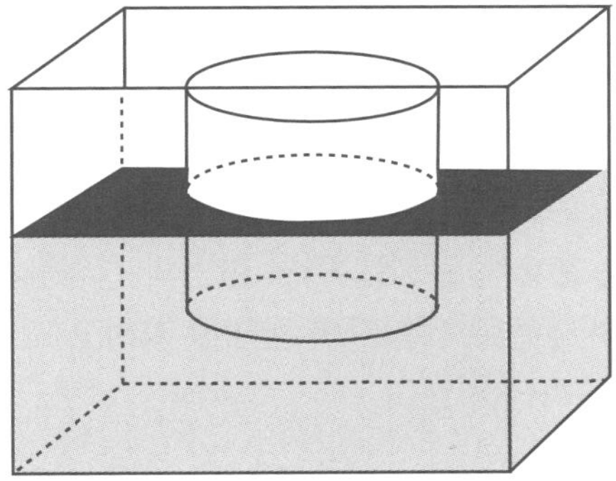

Ⅰ분석Ⅰ 최영한(1996)은 이 문항을 다음과 같이 지적하고 있다. 이 문제를 출제자의 의도처럼 풀려면 높은 수학적 사고력과 상당한 수준의 미분 또는 적분 실력과 꽤 많은 시간이 필요하다. 그러나 미적분 실력이 약한 학생은 단순히 수면이 있는 곳의 단면적을 생각하게 된다. 따라서 면적을 비교하여 그 역수를 취함으로써 간단한 암산으로도 정답이 나오기 때문에 고등학교 교과내용을 잘 이해하고, 이것을 응용하려는 학생에게는 오히려 불리하게 작용할 수 있는 문제다. 즉, 깊이 생각하지 않은 학생이 높은 점수를 얻게 된다. 따라서 교과내용의 전반적 사실에 대한 이해, 분석, 종합, 평가 등의 고등정신능력을 측정할 수 있도록 세심한 주의를 기울여야 하며, 즉흥적으로 문제를 제작하는 일은 없어야 할 것이다. 이 문항에서 '잠긴다고 하자'의 설명문을 보다 고등정신능력을 측정하는 방향으로 수정하여야 한다.

② 논술문항의 지시문을 '비교 · 분석하라' '이유를 설명하라' '견해를 논하라' 등으로 한다.

논술형 문항에서 그냥 간단하게 무엇에 대하여 '서술하라'는 형태의 문항은 암기내용을 서술하라는 것밖에 되지 않는다. 이와 같은 단순한 지시문은 피험자의 이해력을 넘어서 종합력, 분석력, 문제해결능력, 창의력을 측정하기가 용이하지 않다.

예 [수정 전] 임상장학과 자기장학에 대하여 이야기해 보시오.

Ⅰ분석Ⅰ 논술문항의 지시문을 그냥 단순하게 무엇에 대해 '써라' 혹은 '이야기하라'와 같은 방식으로 진술하는 것은 암기능력을 측정하는 문항이므로 '비교하라' '같은 점과 차이점을 논하라' 등의 지시문을 사용하여야 고등정신을 측정할 수 있다.

[수정 후] 임상장학과 자기장학에 대하여 비교 · 분석하고 장단점을 논하시오.

③ 논쟁을 다루는 논술형 문항은 어느 한편의 견해를 지지하는 입장에서 서술한 것을 지시하지 말고 피험자의 견해를 밝히고 그 견해를 논리적으로 전개할 수 있게 유도하여야 한다.

예를 들어, 어떤 나라에서 산아제한에 대한 논쟁이 뜨거울 때 산아제한에 대한 찬성 · 반대문제를 피험자에게 먼저 선택하도록 하고 그 논리를 열거하는 것이 바람직하다. 인구정책의 일환으로 국가정책상 산아제한을 지지할 수밖에 없는 입장이므로 산아제한을 지지하는 입장에서 인구정책을 논술하라는 지시문은 논술형 문항의 특징을 상실할 뿐만 아니라 반론을 지니고 있는 피험자의 논리적 사고를 제한하게 하여 고등정신능력을 평가하는 데 한계가 있다. 왜냐하면 산아제한에 대하여 반대 의견을 분석적이며 논리적으로 전개할 수 있는 능력이 뛰어난 피험자도 있기 때문이다.

예 [수정 전]

> '요즈음 젊은이들은 버릇이 없어!'라는 말은 어느 사회 어느 시대에서든 들을 수 있다. 지금 우리 사회에서는 'X 세대'로 지칭되는 젊은이들 때문에 염려하는 사람들이 많다. 기성세대는 그들 젊은 세대를 불신하고 비판하는데, 그 내용은 대체로 다음과 같이 요약될 수 있다.
>
> 첫째, 젊은 세대는 삶에 대한 뚜렷한 목표를 가지고 있지 않다.
>
> 둘째, 젊은 세대는 대중매체를 통해 밀려 오는 서구의 유행을 비판 없이 모방한다.
>
> 셋째, 젊은 세대는 우리의 전통적 가치를 파괴하여 미래를 불안하게 한다.

기성세대의 이러한 세 가지 비판에 대하여, 젊은 세대를 긍정적으로 보는 입장에서 적극적으로 논박하는 글을 쓰시오.

| 분석 | 이 문항은 제한된 논술형 문항이며 어떤 한편의 견해를 지지하는 입장에서, 그것도 적극적으로 논박하라는 지시를 하고 있다. 이러한 논술문항은 피험자가 논제에 대해 나름대로의 견해를 가지고 있고, 또한 지시와 다른 견해에서 논제를 보다 논리적이고 분석적으로 전개할 수 있는 가능성을 배제한 것이다. 따라서 인위적인 논리전개 방식을 요구하기보다는 피험자 자신의 견해를 택하게 하고, 그 견해에 맞는 주장을 전개하도록 문항을 제작해야 한다.

[수정 후] 기성세대의 이러한 세 가지 비판에 대하여, 자신의 견해를 말하고, 그 이유를 논리적으로 서술하시오.

④ 질문의 요지가 분명하며 구조화되어야 한다.

질문의 요지가 무엇인지 분명하지 않을 때, 출제자가 원하지 않는 답안이 제시되어 채점자를 당혹하게 하는 경우가 있다. 따라서 질문이 보다 구조화될 때, 정답이 분명해지며 채점이 용이하게 된다. 예를 들어, '조선시대 문화에 대하여 논하라.'보다 '조선시대 백자에 대하여 논하라.'라는 질문이 보다 구조화되었다고 할 수 있다.

예 [수정 전] 다음 □ 부분은 위 〈제시문〉이 들어 있는 글의 한 대목이다. 스포츠가 지니는 어떠한 특징 때문에 '스포츠가 집단 구획 의식이 주는 현실적 독소를 대부분 중화시키면서 인간이 지닌 이러한 본능적 욕구를 채워 준다.'고 말하고 있는지에 대해 100자 이내로 써라.

> 우리는 운동경기라는 특별한 행위양식을 통하여 본능적 집단 구획 의식이 묘한 절충을 이루어 내고 있음을 보게 된다. 이른바 스포츠라는 일견 무의미해 보일 수도 있는 행위양식이 현대사회에서 불길같이 번져 나가고 있는 것은, 바로 스포츠가 집단 구획 의식이 주는 현실적 독소를 대부분 중화시키면서 인간이 지닌 이러한 본능적 욕구를 채워 주기 때문이라고 이해될 수 있다.

❙분석❙ 질문의 초점이 불분명하다. 질문에서는 스포츠의 어떤 특성 때문에 A라는 일이 일어난다고 말하고 있는지를 묻고 있으나 제시문에는 스포츠에 관한 어떠한 특징도 언급되어 있지 않으며, 추론도 불가능하다. 따라서 제시문에서는 정답을 찾을 수 없다. 제시문을 떠나서 주관적으로 답한다고 하더라도 문제점은 남는다. 스포츠의 특징은 다양하게 분석될 수 있으므로, 본 문제와 같이 하나의 경우로 한정지을 수는 없다. 스포츠 관람의 묘미도 있을 수 있고, 순수한 운동정신 자체에 집중할 수도 있다. 스포츠의 어떤 특성과 집단 구획 의식의 현실적 독소 중화를 결부시키는 것은 인과성이 없으며, 지나친 논리비약이다. 또한 용어의 사용에 있어서도 '독소'라는 용어는 부적합하다. 이러한 표현은 문학의 세계에서나 실생활 속에서 대화의 주체가 감정을 억누르지 못해 내뱉는 경우에나 사용될 것이다. 따라서 이 용어는 피험자들에게 혼란을 초래할 가능성이 있으며, 꼭 필요하다면 쉽고 정확한 우리말로 풀어서 표현해야 할 것이다.

> [수정 후] 다음 □ 부분은 위 〈제시문〉의 일부로서 스포츠가 지니는 집단 구획 의식이 주는 문제를 중화시키면서 인간이 지닌 이러한 본능적 욕구를 채워 준다고 설명하고 있다. 스포츠의 어떤 특징이 이와 같은 역할을 하는지 100자 이내로 논하시오.

⑤ 제한된 논술문항인 경우 응답의 길이를 제한하여 주는 것이 바람직하다.

일반적으로 응답을 제한하지 않을 경우 채점의 신뢰도가 낮아지기 때문에 질문에 대한 응답의 길이를 제한하는 것이 바람직하다. 응답의 길이를 제한하는 경우 "500자 이내로 서술하라."라고 할 때 빈 칸이나 부호의 포함 여부를 밝혀 주는 것 등 지시문을 명료화하면 피험자의 불필요한 질문을 방지할 수 있다.

⑥ 논술문의 제한된 내용이나 지시문 등의 어휘수준이 피험자의 어휘수준 이하이어야 한다.

논술문의 내용이나 지시문 내용이 너무 난해한 수준으로 표기될 때 피험자들이 질문의 요지를 파악할 수 없어 피험자의 의견을 서술할 수 없게 된다. Oosterhof(1994)는 지문이나 지시문의 내용이 피험자에게 어려우면 측정내용에 대한 인지능력과 독해력이 포함되어 피험자의 능력을 추정하는 것이 부정확하다고 보고하였다.

⑦ 여러 논술형 문항 중 선택하여 응답하는 것을 지양한다.

여러 논술문항 중 피험자가 좋아하는 문항을 선택하여 응답하게 하는 것이 피험자에게 자유로움과 융통성을 주므로 바람직하게 보이나, 이는 서로 다른 피험자들이 서로 다른 조건하에서 검사를 치르게 되므로 평가의 기준이 달리 설정된다고 할 수 있다. 또한 여러 개의 논술형 문항을 같은 수준의 문항난이도에 의하여 제작하기가 불가능하므로 선택하여 응답하게 하는 것은 삼가야 하고 피험자에게 같은 문항을 제시하여 응답하게 하는 것이 가장 바람직하다. 만약 '다섯 문제 중 아는 것 세 문제만 논하라'는 문항 형태에 익숙한 피험자는 넓은 교과내용 중 본인이 원하는 내용만을 공부하는 부분 학습 습관 및 요행심을 키우게 될 가능성도 있다.

⑧ 질문의 내용이 광범위한 소수의 문항보다는 협소하더라도 다수의 문항으로 질문한다.

광범위한 내용을 질문하는 소수의 문항으로는 넓은 영역의 내용에 대한 인지 여부를 측정하기에 제한점을 지니고 있다. 가능하면 다수의 논술형 문항으로 넓은 학습내용을 질문할 수 있게 하여야 가르치고 배운 내용의 모든 범위의 인지 여부를 알 수 있다.

⑨ 문항을 배열할 때, 쉬운 문항에서 어려운 문항으로 배열한다.

피험자가 만약 어려운 문항을 처음에 접하게 된다면 검사불안도가 높아져, 답을 알고 있는 문항에도 응답하지 못하는 경우가 있게 된다. 이와 같은 경우 피험자 능력추정의 오차가 발생하여 검사의 신뢰도가 떨어진다.

⑩ 각 문항에 응답할 수 있도록 적절한 응답시간을 배려한다.

피험자가 문제를 인지하고 문제해결전략을 구상하여 비교 · 종합 · 분석하고 새로운 의견을 제시하려면 충분한 응답시간을 주어야 한다. 가능한 문제의 난이도 수준에 비추어 적절한 시간이 부여될 때 피험자의 고등정신능력을 측정할 수 있다.

⑪ 문항점수를 제시한다.

다수의 간단한 논술형 문항으로 인지능력을 측정할 때, 혹은 학업성취도를 측정할 때 각 문항에 대한 점수를 명시하는 것이 바람직하다. 문항의 점수가 제시될 때 피험자는 문항의 점수를 고려하여 문항에 응답하는 전략을 세울 수 있다. 문항점수가 높은 문항 중 피험자에게 보다 익숙한 문항이 있다면 그 피험자는 편안하게 느껴지고 높은 문항점수가 부여된 문항부터 답안을 작성할 수 있기 때문이다.

⑫ 채점기준을 마련하여야 한다.

논술형 문항의 가장 큰 단점은 채점에 있다. 문항 특성상 구조화될 수 없는 특성 때문에 동일한 답안이라도 채점자마다 다른 점수를 부여할 수 있으며, 심지어 동일한 답안을 동일한 채점자가 다시 채점을 하더라도 다른 점수를 부여할 수 있다.

이를 방지하기 위하여 채점기준을 마련하여야 한다. 채점기준은 가능한 모든 답안을 열거하여 해당 부분에 몇 점을 주어야 할 것인가까지 결정되어야 한다. 모범답안을 허술하게 작성하여 놓고 피험자들의 답안을 보아 가면서 채점을 하면 채점의 일관성을 결여하기 쉽다.

채점기준이 추상적일 경우 때로는 문제지에 명시하는 것도 바람직하다. 피험자가 이 문제가 어떤 정신능력을 측정하는 것인지 몰라서 당황해하는 것을 방지하기 위해서도 채점기준을 명시하는 것이 바람직하다.

3) 장단점

논술형 문항의 가장 중요한 장점은 피험자의 응답을 어느 형태로든 제한하지 않고 자유를 주므로 피험자가 지니고 있는 모든 정신능력을 발휘할 수 있다는 점이다. 예를 들어, 문제를 이해하는 능력, 문제를 해결하는 능력, 논리적으로 전개하는 능력, 분석적 사고력, 그리고 논리 전개에 따라 결론을 유도하는 능력, 새로운 견해와 문제를 제시하는 능력 등 매우 다양한 정신능력을 측정할 수 있다. 수리능력과 관계된 논술형 검사는 문제풀이과정을 통하여 피험자의 문제해결능력과 인지구조를 분석할 수 있다. 그러므로 논술형 문항은 피험자들의 조직력, 분석력, 비판력, 종합력, 창의력, 문제해결능력을 함양시킬 수 있다. 또한 문항의 형태에 따르는 장점으로 문항제작이 선다형이나 단답형에 비해 상대적으로 수월하다는 점이 있다.

이상의 중요한 장점에 못지않은 단점 또한 있다.

첫째, 논술형 검사는 많은 문항을 출제하기가 용이하지 않으므로 학업성취도검사 시 넓은 교과 영역을 측정하기가 쉽지 않다는 것이다.

둘째, 광범위한 내용을 논술하는 문제는 어렵다는 것이다. 교수·학습에 근거한 내용을 물어보는 논술형 문항은 그래도 학습내용에 근거하므로 추상적이지 않으나, 대학별고사에서 실시하는 논술문제는 매우 추상적이다. 이는 무엇을 써야 될지 막연하다는 것이다.

셋째, 문장력이 작용하여 채점에 영향을 줄 수 있다. 논술형 문항은 일반적으로 고등정신능력을 측정하기 위한 문항임에도 불구하고 문장력이 뛰어난 피험자의 답안은 상대적으로 높은 점수를 얻을 수 있다.

넷째, 가장 심각한 단점이라 할 수 있는 채점의 일관성 문제다. 논술형 문항의 답을 여러 채점자가 채점할 때, 모두 다른 점수를 부여할 수밖에 없다. 같은 피험자의 답안지를 같은 채점자가 다른 시간에 채점할 때 다른 점수를 부여할 수 있다. 이와 같은 문제는 채점자간신뢰도와 채점자내신뢰도로 채점의 객관성을 확보하여야 할 부분이다.

다섯째, 문항이 제대로 제작되지 않는다면 선택형보다 더욱 단순한 지식의 인지 여부를 묻는 질문이 될 수 있다. '무엇에 대하여 써라.'는 형태의 문항은 단순한 사실에 대한 기억 여부나 이해 정도를 묻는 질문이 된다. 그러므로 논술형 문항이라 해서 모두 고등정신능력을 측정한다고 볼 수는 없다.

4) 채점방법

논술형 문항에 대하여 주의를 기울여야 할 점은 채점에 있어서 주관성이 개입될 가능성이 있다는 것이다. 채점자가 피험자의 인상, 느낌에 따라 채점에 영향을 주는 **후광효과**(halo effect)가 나타날 수 있다. 또한 채점을 피험자별로 채점한다면 앞에 있는 문항의 응답결과가 다음 문항의 채점에 영향을 주는 **문항 간의 시행효과**(carry over effect)가 발생할 수 있다.

이와 같은 채점에 따른 문제점을 제거하기 위하여 점수 부여 기준을 명료화하거나 채점방법을 체계화하여야 한다. 채점방법에는 분석적 채점방법(analytical scoring method)과 **총괄적 채점방법**(global scoring method; holistic scoring method)이 있는데, **분석적 채점방법**은 응답내용을 요소요소로 구분하여 점수를 부여하는 채점방법이고, 총괄적 채점방법은 피험자의 응답을 전반적으로 읽은 후, 전체적인 느낌에 의하여 점수를 부여하는 방법이다.

총괄적 채점방법은 상대적으로 빠른 시간에 채점하여 정답을 구성 요소로 나누지 않는 장점이 있으나 채점의 신뢰도가 떨어지며 피험자의 응답이 정답이 되고 안 되는 이유를 설명하지 못하는 단점이 있다. 총괄적 채점방법은 피험자의 응답이 다양할 수 있는 보다 복합적인 논술형 질문을 채점하는 데 이용된다.

분석적 채점방법은 채점을 하기 전에 교재, 노트, 참고서 등을 종합하여 모범답안을 작성하고 그에 따른 부분 점수 부여 기준을 설정하는 것이 총괄적 채점방법과 다르다. 특히 답안 요소의 중요성에 따라 점수가 배분되고, 부분 점수 채점기준이 명시되어야 한다. 그렇지 않으면 채점의 일관성을 상실하여 평가가 타당하지 못하게 된다. 총괄적 채점이든 분석적 채점이든 채점의 신뢰성을 높이기 위해서는 다음과 같은 방법이 있다.

첫째, 답안지를 일차적으로 한 번 읽고 난 뒤, 구체적으로 채점기준에 의하여 채점하여야 한다. 피험자에 따라서 서술하는 방법이 다르므로 응답의 내용이 다른 순서에 의하여 기술될 수 있기 때문이다.

둘째, 후광효과(halo effect)를 없애기 위하여 피험자의 성명과 수험번호를 가리고 채점을 하여야 한다.

셋째, 문항 간의 채점 시행효과를 없애기 위하여, 피험자의 답안지별로 채점하지 말고, 문항별로 채점하여야 한다. 즉, 모든 피험자의 논술형 문항 1번의 응답을 채점하고 난 후, 모든 피험자의 2번 문항의 응답결과를 채점하고 이후에 모든 피험자의 3번 문항의 응답을, 즉 문항별로 채점한다.

넷째, 두 명 이상의 채점자를 필요로 한다. 이는 주관성을 배제하고 채점의 객관성을 유지하기 위해서다. 논술형 검사에서 고려되는 것은 채점자간신뢰도(inter-rater reliability)로서, 채점자들의 채점이 얼마나 유사한가를 측정한다. 채점자간신뢰도를 추정하는 방법으로 간단히 채점자 간 점수의 상관관계로 입증하는 방법이 있으며, 나아가서는 일반화가능도이론이 있다.

1994학년도부터 실시된 우리나라 대학별고사에서 실시하고 있는 논술고사의 경우 문제점이 지적되고 있다. 논술고사가 분석력, 비판력, 문제해결능력, 창의성 등의 고등정신능력을 함양하기 위하여 실시되었으나 마치 문장력을 측정하거나 철학적 사고 여부를 측정하는 검사인 듯하여 논술시험에 대한 출제와 채점방법에 대한 연구가 필요하다고 생각된다. 김성숙(1995)은 논술고사에서 채점자의 영향을 무시할 수 없다고 보고하고 있다. 이에 비추어 볼 때 논술고사에서 무엇을 측정하는지 측정의 목적을 분명히 하여야 한다. 철학과 신입생 선발을 위한 검사라면 철학적 사고능력이 측정내용이 될 수 있으며, 국문학과 신입생 선발을 위한 검사라면 문장력과 문학적 표현이 평가항목으로 충분하다. 대학별고사에서 실시되는 논술고사의 경우는 고등학교 수준에 맞는 보편적인 주제에 대한 피험자의 생각을 서술하고 능력을 측정하여야 한다. 논술형 문항의 평가항목으로 Kubiszyn과 Borich(1993)는 〈표 12-1〉과 같이 6가지 요소를 열거하였으며, 질문내용에 따라 평가항목이 변화될 수 있다.

〈표 12-1〉 논술형 문항의 평가 요소

<table>
<tr><th>항 목</th><th>내 용</th><th>항목별 평가방법</th></tr>
<tr><td>내용(content)</td><td>질문의 내용에 타당한 응답 여부</td><td rowspan="6">〈5단계 평정〉
매우 우수함
우수함
보통
부족함
매우 부족함

혹은
〈3단계 평정〉
A
B
C</td></tr>
<tr><td>조직(organization)</td><td>서론, 본론, 결론 혹은 기승전결에 따른
문장의 조직</td></tr>
<tr><td>과정(process)</td><td>응답내용이 정신기능의 이해, 적용, 분석,
종합, 평가의 어느 수준에 해당하는지의 여부</td></tr>
<tr><td>정확성/합리성
(accuracy/rationality)</td><td>과학적 질문에 대한 응답의 정확성
논리적 질문에 대한 응답의 합리성</td></tr>
<tr><td>완성도/
내적 일관성</td><td>질문의 내용에 대한 응답의 완성도
응답내용의 일관적 서술</td></tr>
<tr><td>독창성/창의성</td><td>응답내용의 독창적이고 창의적 여부</td></tr>
</table>

논술형 문항에 대한 6가지 평가요소를 5단계의 평정법에 의하여 '매우 우수함', '우수함', '보통', '부족함', '매우 부족함'으로 평가하거나 'A', 'B', 'C'의 3단계 평정법으로 평가할 수 있다. 보다 구체적인 채점표로서 각 평가항목을 구체화하여 부분 점수를 부여하는 방법을 강구할 수 있다.

2. 단답형

1) 정 의

단답형 문항(short-answer form item; short type answer item)이란 간단한 단어, 구, 절 혹은 수나 기호로 응답하는 문항 형태로, 용어의 정의나 의미를 물을 때나 계산문제에 자주 사용된다. 단답형 문항제작이 선다형 문항제작에 비하여 상대적으로 용이하나, 다음과 같은 문제점을 지니고 있다.

첫째, 정답이 하나가 되도록 질문을 하기가 쉽지 않다.

둘째, 답에 틀린 글자가 있을 때 정답 처리의 문제에 직면하게 된다. 가능하면 철자법에 따라 점수 부여가 영향을 받지 않아야 하지만, 철자법이 틀린 정도의 기준을 설정하기가 용이하지 않다.

2) 제작원리

단답형 문항의 제작원리를 정리하면 다음과 같다.

단답형 문항의 제작원리

① 가능한 한 간단한 형태의 응답이 되도록 질문한다.
② 직접화법으로 질문한다.
③ 교과서에 있는 구, 절의 형태와 같은 문장으로 질문하지 않는다.
④ 채점하기 전에 정답이 될 수 있는 답들을 준비한다.
⑤ 계산문제의 경우 정답이 되기 위하여 계산의 정확성 정도나 계산절차의 수준을 명시하여야 한다.
⑥ 정답이 수로 표기될 때 단위를 표기하여야 한다.

① 가능한 한 간단한 형태의 응답이 되도록 질문한다.

질문의 내용이 간결 · 명확할 때, 정답이 여러 개가 될 수 있는 가능성을 배제할 수 있다. 그러므로 질문에서 어떠한 답을 원하는지를 묻는 정확한 용어가 사용되어야 한다. 단답형은 일반적으로 정의나 간단한 개념, 법칙, 사실 등을 질문하므로 간단한 응답이 되도록 질문하여야 한다.

② 직접화법으로 질문한다.

질문의 방법이 간접적일 때 질문의 초점이 흐려져 모호해질 수 있으므로 직접화법으로 질문한다.

예 [수정 전] 중국 남북조시대에 보리달마에 의하여 창립되었다고 하고, 자기 마음이 곧 부처라고 하는 불교의 종파 이름은 무엇인가?

| 분석 | 질문의 내용에서 '창립되었다고 하고'와 '부처라고 하는' 표현은 간접적 표현으로 확실하지 않은 내용을 질문하는 것으로 간주될 수 있다. 그러므로 정확한 사실이라면 간접적 표현보다 직접적 표현을 사용하는 것이 바람직하다.

[수정 후] 중국 남북조시대에 보리달마에 의하여 창립되었고, 자기 마음이 곧 부처라는 불교의 종파 이름은 무엇인가?

③ 교과서에 있는 구, 절의 형태와 같은 문장으로 질문하지 않는다.

교과서에 있는 문장을 그대로 출제한다면 피험자들이 교과서에 있는 내용을 이해하기보다는 암기한다. 새로운 문장으로 질문을 할 때, 피험자의 단순기억 능력보다 분석, 종합, 문제해결 등의 고등정신능력을 측정할 수 있다. Ebel과 Frisbie(1986)는 단답형 문항작성요령으로 정답을 얻을 수 있는 단어나 구를 우선 결정하고 질문을 만들기 위하여 선택된 단어나 구를 배열하라고 권유하고 있다.

④ 채점하기 전에 정답이 될 수 있는 답들을 준비한다.

가능하면 정답이 하나가 되게 질문을 하여야 하나, 동의어 문제로 여러 개의 정답이 될 수 있는 경우가 있다. 그러므로 이 같은 경우 여러 개의 정답을 예시하는 것이 좋다.

예 [수정 전] 다음 대화가 이루어지고 있는 장소의 이름을 쓰시오.

> Clerk: Your room will be ready in approximately one hour, sir. We're getting it ready right now.
> Man: I'm sorry, but that just won't do. I want my room now. I've had a long flight from Chicago.
> Clerk: Our official check-in time is 4 p.m., sir. The departing guest don't have to check out until noon. I'm afraid we don't have any vacancy at the moment.
> Man: I want to speak to the manager!

| 분석 | 피험자의 반응이 다양하게 나타날 것이기 때문에 정답이 될 수 있는 가능한 모든 답을 추출하여 정답 기준을 마련하여야 한다(hotel, motel, inn, hostel, condominium 등의 숙박업소).

⑤ 계산문제의 경우 정답이 되기 위하여 계산의 정확성 정도나 계산절차의 수준을 명시하여야 한다.

계산하여 간단한 답을 쓰는 계산문제의 경우 소수 셋째 자리에서 반올림하여 계산하라든지, 혹은 계산절차를 어느 수준까지 제시하라는 지시가 포함되어야 한다.

⑥ 정답이 수로 표기될 때 단위를 표기하여야 한다.

정답이 어떠한 단위에 의한 수일 경우 단위를 표기하지 않는다면 피험자들은 어떤 단위로 환산된 정답을 써야 되는데 혼돈할 경우가 있을 뿐만 아니라 정답이 여러 개가 되므로 채점에도 번거로움이 따른다.

3) 장단점

단답형 문항의 장점은 문항제작이 용이하며, 정의, 개념, 사실 등을 질문하므로 넓은 범위의 내용을 측정할 수 있다. 또한 추측에 의하여 정답을 맞힐 수 있는 요인을 배제할 수 있으며, 채점이 논술형보다 객관적으로 될 수 있다. 그리고 문장력에 의하여 점수가 부여되는 효과를 배제할 수 있는 장점이 있다. 반면 짧은 답을 요구하는 문항 유형의 특성상 단순지식, 개념, 사실들을 측정할 가능성이 높으며, 선택형 문항에 비하여 채점의 객관성을 보장받기 힘들다는 단점이 있다. 특히 다양한 정답이 만들어지는 문항의 경우 정답의 다양성 때문에 논란이 야기될 수 있다. 그러므로 주로 단답형 문항으로 평가가 이루어질 때 기억능력에 의존하는 학습이 조장될 수 있다.

3. 괄호형, 완성형

1) 정 의

괄호형 문항(close form item)은 질문을 위한 문장에 여백을 두어 응답을 유도하는 문항 형태를 말한다. 여백의 형태가 괄호일 수도, 상자일 수도, 밑줄이 그어질 수도 있으며, 어떤 형태라도 무방하다. **완성형 문항**(completion form item)은 질문을 위한 문장의 끝에 응답을 하게 하는 문항 형태다. 즉, 문장의 끝에 응답을 하므로 문장을 완결한다는 의미에서 완성형 문항으로 불린다. 괄호형이나 완성형 문항 모두 질문을 위한 문장에 여백을 두어 질문하는 형태로 정의할 수 있다. 그러므로 완성형 문항은 괄호형 문항의 특수한 예로 볼 수 있다.

괄호형 문항은 처음에 Taylor(1953)에 의하여 완성형 문항의 문항 중간에 여백을 주어 써 넣게 하는 방법으로 여백 앞뒤의 문맥을 파악하는 독해능력을 측정하기 위하여 고안되었다. 독해능력을 측정하는 괄호형 문항의 난이도는 제시된 지문의 난이도와 관계가 있다. 이후 Bormuth(1970)가 괄호형 문항의 이용과 개발을 위한 이론을 제시하였다. 처음에는 질문의 문장에 언제, 어디서, 무엇을, 어떻게, 왜 등을 묻기 위하여 여백을 두었으나, 이와 같은 질문은 좋은 문항이 되지 못하며, 시(詩)에 대한 내용을 묻는 질문이 되기가 쉽지 않으므로 문항의 형태가 발전하게 되었다.

완성형 문항의 특징은 응답이 문장의 끝에 여백이 주어지므로 우리 한글 구문상 제작하기가 쉽지 않은 문항 형태다. 예를 들어, 영문으로 색의 삼원색을 질문할 때 질문은 다음과 같다.

예 The three primary colors of the light are red, yellow, and (   ).

이 영문은 한글로 질문할 때는 '색의 삼원색은 빨강, 노랑, (   )이다.'가 된다. 그러므로 우리 문법에 의한 문항 형태를 분류할 때 완성형 문항을 달리 구분하지 않고 괄호형 문항에 완성형 문항을 포함시키는 것이 바람직하다.

2) 제작원리

Finn(1978), Roid 그리고 Haladyna(1978)가 제시한 괄호형 문항의 제작원리를 정리하면 다음과 같다.

괄호형 문항의 제작원리

① 중요한 내용을 여백으로 한다.
② 여백은 질문의 후미에 둔다.
③ 정답이 가능한 단어나 기호로 응답되도록 질문한다.
④ 교과서에 있는 문장을 그대로 사용하지 않는다.
⑤ 질문의 여백 뒤의 조사가 정답을 암시하지 않게 하여야 한다.
⑥ 여백에 들어갈 모든 정답을 열거한다.
⑦ 채점 시 여백 하나를 채점단위로 한다.

괄호형 문항을 제작하는 것은 쉽지 않다. 왜냐하면 단순히 어떤 문장이나 단어에 대하여 무선적으로 여백을 두는 것이 아니라 질문의 의미를 파악하고 중요한 부분을 여백으로 남겨야 하기 때문이다.

① 중요한 내용을 여백으로 한다.

검사는 학습내용을 알고 있느냐를 확인하는 작업으로 질문은 중요한 내용의 인지 여부를 확인하여야 한다. 그러므로 지엽적이고 미세한 내용보다는 중요한 내용을 물어야 한다.

② 여백은 질문의 후미에 둔다.

질문을 위한 여백은 문장의 어느 부분에도 둘 수 있으나 Oosterhof(2001)는 문장의 후반부에 여백을 두도록 권장한다. 문장의 뒷부분에 여백을 둠으로써 피험자들이 문장을 읽고 자연스럽게 응답할 수 있기 때문이다.

③ 정답이 가능한 단어나 기호로 응답되도록 질문한다.

괄호형 문항은 문장의 중간이나 끝에 여백을 두어 질문하는 형태이므로 긴 형태의 서술이 응답이 될 수 없다. 그러므로 가능한 한 짧은 단어로 응답이 되도록 하여야 한다.

④ 교과서에 있는 문장을 그대로 사용하지 않는다.

질문의 문장이 교과서에 있는 문장 그대로일 때, 피험자들은 암기력에 의하여 쉽게 응답할 수 있다. 완성형의 문항이라도 암기력보다는 이해력, 응용력, 분석력, 종합력 등을 측정하는 것이 바람직하므로 교과서에 있는 문장을 그대로 쓸 것이 아니라 다른 문장으로 구성하여 질문하는 것이 바람직하다. 또한 여러 문장을 조합하여 간단한 문장으로 변형시켜 여백을 두는 문항은 좋은 문항이라 할 수 있다.

⑤ 질문의 여백 뒤의 조사가 정답을 암시하지 않게 하여야 한다.

질문의 중간에 여백을 두어 질문을 하게 되면 여백 뒤에 조사나 어떤 글자를 쓰게 된다. 예를 들어, '을'과 '를', '은'과 '는' 혹은 '이'와 '가' 등이다. '을' 대신에 '를'을 쓰면 '를'과 관계된 단어가 정답이 될 것임을 암시할 수 있다. 그러므로 문장의 여백 뒤에 '을', '를'을 모두 사용하는 것이 바람직하다.

예 [수정 전] 방송, 영화, 연극 등의 제작에 종사하는 작가, 조명, 장치, 음향, 영상 등을 담당하는 배우(성우, 탤런트) 이외의 모든 사람을 일컬어 (   )라 한다. (정답: 스태프)

| 분석 | 피험자들이 여백 뒤의 조사와 관계된 단어를 정답으로 연상하기 쉬우므로 여백 뒤에 가능한 조사를 모두 서술하는 것이 바람직하다.

[수정 후] 방송, 영화, 연극 등의 제작에 종사하는 작가, 조명, 장치, 음향, 영상 등을 담당하는 배우(성우, 탤런트) 이외의 모든 사람을 일컬어 (   )라(이라) 한다.

⑥ 여백에 들어갈 모든 정답을 열거한다.

여백 안에 들어갈 정답이 하나가 아니라 여러 개일 때 가능한 모든 답을 추출하여 정답 기준을 설정하여야 한다. 간단한 정의를 물어 하나의 명사로 대답하는 괄호형 문항에는 별 문제가 없으나 형용사나 부사가 정답이 될 때는 정답이 여러 개가 될 수 있다. 예를 들어, '소비가 증가하면 물가는 (　　)한다.'는 질문에 정답은 여러 개가 될 수 있다. 정답의 예로 '하강', '감소', 그리고 '내려간다'로 쓴 피험자도 있게 된다. 여기서 '내려간다'라는 응답은 문장의 구문상 말이 되지 않으므로 피험자의 응답이 틀렸다고 할 수 있다. 그러나 이 문제는 국어의 문법시험이 아니므로 구문이 옳게 만들어지지 않은 응답이라도 질문에 대한 정답을 알고 있으므로 정답으로 처리하여야 한다. 그러므로 정답이 되는 모든 내용을 채점 전에 열거하여야 한다.

예 [수정 전] 다음 대화를 읽고 'May I help you?'와 같은 의미가 되도록 빈칸에 들어갈 적절한 말을 쓰시오.

> Jane: Thanks for visiting me, Tom.
> Tom: How long are you going to be in the hospital?
> Jane: About a week.
> Tom: That's too bad. Is there anything I _______________?
> Jane: No, I'm fine.

| 분석 | 'need to help' 'can help you with' 'can do to help' 'can should do for you' 등 여백에 들어갈 정답이 매우 많다. 그러므로 정답 가능한 모든 답을 채점 전에 결정하여야 한다. 또한 '적절한 말을 쓰시오'라는 지시문보다는 단어, 구, 절 등으로 쓰게 지시하는 것이 바람직하다.

⑦ 채점 시 여백 하나를 채점단위로 한다.

채점의 정확성과 체계성을 위하여 여백 하나하나를 채점단위로 한다. 어떤 여백의 경우 두 개를 묶어 점수를 부여하고 다른 여백의 경우 세 개를 묶어 점수를 부여할 때, 여백을 묶는 방법에 대한 논란이 일 수 있으며, 채점의 일관성이 결여된다.

예 [수정 전] (지문 중 일부)

> [B]……The snow was (a) deep that the woodcutters went very slowy. …….
> [D]……"Why do we want to live? Life is so hard for the poor. It would be better to die (b) cold in the forest. …….

빈 칸 (a)와 (b)에 들어갈 단어를 쓰시오. (3점)

| 분석 | 한 질문에 두 개의 여백을 둘 경우, 두 개의 응답이 모두 맞았을 때 문항점수를 부여하기보다는 여백 하나하나에 독립된 점수를 부여하거나, 중요한 내용 하나만을 여백으로 남겨두는 것이 더욱 바람직하다.

[수정 후] 빈 칸 (a)와 (b)에 들어갈 단어를 쓰시오. (각 2점)

3) 장단점

괄호형 문항의 장점은 다음과 같다.

첫째, 정의, 개념, 간단한 사실 등의 인지 여부를 질문하므로 광범위한 내용을 측정할 수 있다. 둘째, 선택형 문항처럼 답지가 제공되지 않으므로 추측요인을 배제할 수 있다. 셋째, 검사의 타당도와 신뢰도가 높다. Hively, Patterson, 그리고 Page (1968), Finn(1978), Roid 그리고 Haladyna(1982)는 괄호형 문항이 서답형의 논술형 문항이나 단답형 문항보다 신뢰도뿐 아니라 타당도가 높으며, 선택형 문항인 선다형 문항보다 신뢰도가 높다고 밝히고 있다. 특히 괄호형 문항이 선택형 문항보다 높은 신뢰도를 갖는 것은 문항의 추측요인을 배제하기 때문이다. 넷째, 문항제작이 수월한 편이다. 선택형의 선다형 문항제작에서 답지를 제작하는 것보다 문장 내용의 중요 부분에 여백을 남기는 것이 더 수월하다. 다섯째, 채점의 객관성을 유지할 수 있다. 정답이 간단한 용어이므로 채점자 간의 일치도를 높일 수 있으므로 채점이 용이하다. 여섯째, 문장력에 의한 효과를 배제할 수 있다. 여러 문장으로 응답하는 문항일 경우 문장력이 점수 부여에 영향력을 줄 수 있으나, 단어, 형용사, 부사로 응답되는 괄호형은 문장력이 채점에 영향을 주지 않는다.

이에 비하여 단순한 지식, 개념, 사실 등만을 측정할 가능성이 높다는 단점이 있다.

주요 단어 및 개념

논술형 문항
제한된 논술형 문항
단답형 문항
괄호형 문항
완성형 문항
분석적 채점
총괄적 채점
후광효과
채점시행효과
채점자간신뢰도

연습문제

1 논술형 문항의 정의와 장단점을 설명하시오.

2 제한된 논술형 문항을 작성하고, 문항제작원리에 의하여 평가하시오.

3 분석적 채점과 총괄적 채점의 정의와 장단점을 비교 · 설명하시오.

4 후광효과를 정의하고, 이를 방지하기 위한 채점방법을 설명하시오.

5 채점시행효과를 정의하고, 이를 방지하기 위한 채점방법을 설명하시오.

6 단답형 문항의 정의와 장단점을 설명하시오.

7 단답형 문항을 문항제작원리에 의하여 평가하시오.

8 괄호(완성)형 문항의 정의와 장단점을 설명하시오.

9 괄호(완성)형 문항을 제작하고 문항제작원리에 의하여 평가하시오.

제13장

문항편집지침

문항제작은 이원분류표에 의하여 내용소와 행동소로 나뉘어 작성되며 문항의 종류와 제작방법 및 장단점에 근거하여 제작된다. 이는 문항의 내용적 측면과 관계된 것이며 형식적인 측면도 간과하여서는 안 된다. 문항의 형식, 지문, 보기, 그림, 표 제시 등의 모든 것에 대하여 일관성이 유지되어야 한다. 그러므로 검사를 시행하는 기관에서는 검사의 목적에 맞게, 그리고 피험자의 특성을 고려하여 문항편집지침이나 문항체제 통일안을 작성한다. 이 장에서 설명하는 문항편집지침이나, 문항제작 통일안은 어느 검사에나 반드시 적용되어야 하는 것을 의미하는 것이 아니라 검사에 있는 문항 제시의 일관성, 편집의 체계성, 통일성을 유지하기 위하여 검사도구를 도안할 때 고려하여야 할 사항이다. 진술형식, 문항번호 부여, 인용부호 표기, 보기 서술 등에 대하여 설명한다. 다시 강조하지만 지금부터 제시하는 **문항편집지침**은 검사 안에 있는 문항편집의 일관성을 유지하여 검사 형식의 질을 높이기 위한 안내지침이지 절대적 원칙이 아니다. 동일 기관에서 동일한 기간에 실시되는 모든 검사는 통일된 형태에 따라 편집되어야 한다. 동일한 기관에서 출제된 문제라도 검사에 따라서 지시문의 형태가 다르고 문항이나 답지 표기 형태가 다른 것을 쉽게 찾을 수 있다. 예를 들어, 서답형 문항의 경우 어떤 검사에서는

'써라'로 표기하고 다른 검사에서는 '쓰시오'로 표기하고, 선택형 문항의 경우 어떤 검사는 답지를 ①, ②, ③, ④로 하고 다른 검사는 ⓐ, ⓑ, ⓒ, ⓓ로 표기하는 등 일관성을 결여한 문제지를 쉽게 찾을 수 있다. 교과목 별로 답지 기호가 달리 표현되면 피험자가 혼돈을 일으킬 경우도 있다.

동일 기관에서 실시되는 검사들이 일관성 없이 편집되었다면 이는 피험자에 대한 기본적인 예의를 지키지 못함을 의미한다. 문항제작이나 검사편집의 수준이 이러하면 아무리 좋은 내용의 문제라도 그 문항, 그리고 검사의 질은 떨어지게 마련이다. 이 사실에 비추어 볼 때 문항편집지침은 간과할 수 없는 중요한 부분이라 할 수 있다.

1. 진술형식

① 질문이나 답지의 모든 내용은 한글로 표현함을 원칙으로 한다.

질문이나 답지들은 피험자에게 쉽게 이해되도록 서술되어야 하므로 한글의 표준어로 표기하여야 한다. 그러나 다음의 경우가 예외일 수 있다.

- 한문이나 영문을 표기하여야 의미 전달이 효과적이라 생각될 때에는 괄호를 사용하여 영문과 한문을 사용할 수 있다.
- 한글의 서술이 이중적 의미를 지닐 때 괄호 안에 한자를 사용할 수 있다.
- 흔히 쓰이고 있는 외래어의 경우 괄호 안에 영문 사용을 하지 말고 그냥 한글로 외래어를 사용한다. (예) 라디오, 텔레비전

② 질문이나 답지의 모든 내용은 현재시제로 표현함을 원칙으로 한다.

과거에 발견한 사실이라도 그 사실이 이론이나 학설일 때 현재시제를 사용하여야 한다.

③ 서답형 문항 중 논술문인 주관식 문항의 경우 질문의 문미를 '……하시오.'로 한다.

지시문을 간결 · 명확하게 하기 위하여 '……해라'체로 표현하는 경우도 있다. 예를 들어, '설명하라', '비교하라' 등의 표현을 하는 경우도 있으나 피험자를 존중하는 교육적 의미에서 존댓말을 사용하는 것이 바람직하다.

④ 선다형 문항의 경우 질문을 불완전 문장의 물음으로 종결한다.

선다형 문항은 제시된 답지에서 하나를 선택하는 것으로서 '고르시오' 등의 지시문을 사용할 수 있다. 그러나 선택형 문항의 선다형 문항은 모든 피험자가 제공된 답지 중에 정답을 선택하는 문항인지를 알고 있으므로 '고르시오'라는 표현을 생략하는 것이 바람직하다. 가능하면 넓은 영역의 많은 내용을 알고 있는지를 정확하게 측정하는 것이 검사의 목적이라면 불필요한 서술을 생략하는 것이 검사시간도 절약하고 검사의 신뢰도를 높이는 일이다. 그러므로 선다형 문항의 끝은 '……는?' 혹은 '……은?'으로 하는 것이 일반적 경향이다.

예 [수정 전] (二)의 시에 담긴 시인의 심경에 해당하는 것을 골라 그 번호를 쓰시오.

① 이전의 역사를 회고하고 마음 아파한다.
② 예전에 섬기던 임금을 다시 만나고 싶어 한다.
③ 아름다운 꽃들이 시들어 가는 것을 안타까워한다.
④ 나그네 생활에 지쳐서 고향을 그리워한다.

| 분석 | 선다형 문항의 경우 모든 피험자가 여러 개의 답지 중 정답을 선택하는 것임을 알고 있으므로 질문에 불필요한 서술을 피하고 간단하게 종결 짓는 것이 바람직하다.

[수정 후] (二)의 시에 담긴 시인의 심경에 해당하는 것은?

① 이전의 역사를 회고하고 마음 아파한다.
② 나그네 생활에 지쳐서 고향을 그리워한다.
③ 예전에 섬기던 임금을 다시 만나고 싶어 한다.
④ 아름다운 꽃들이 시들어 가는 것을 안타까워한다.

초등학교에서는 문항의 질문내용을 완전한 문장으로 표현하는 것이 교육적이라는 견해가 대두되고 있다. 고지연, 김영자, 나향숙 그리고 허선영(1995)은 아동기는 인격 형성에 중요한 영향을 주는 시기로서 모든 질문의 형태도 교육적 측면을 강조하여 완전한 형태의 질문과 답지를 서술하는 것이 바람직할 수 있다는 의견을 제시하고 있다. 현대화 과정에서 즉각적인 사고와 인스턴트식품에 길든 어린 세대들에게, 또한 유교적인 전통이 무너지면서 일어나는 비존칭어 사용과 간단한 표현으로 의사를 전달하려는 문제점을 해결하기 위하여 질문의 형태가 완전한 문장으로 서술되어야 한다는 주장에 대하여 연구가 진행되어야 할 필요가 있다.

⑤ 질문은 진한 글씨체나 고딕체로 인쇄할 수 있으며 필요한 구나 절만 진한 글씨체나 고딕체 혹은 밑줄을 친다.

질문이 답지나 보기와 구별이 분명하지 않을 경우 구분을 분명히 하기 위하여 질문의 형태를 진한 글씨체나 다른 문자체로 하고 때로는 밑줄을 그어 피험자의 주의를 환기시킴으로써 피험자의 혼란과 실수를 방지할 수 있으며, 이는 검사의 신뢰도를 증가시킬 수 있다.

2. 문항과 답지

① 선택형 문항과 서답형 문항의 번호를 달리 부여하는 것이 바람직하다.

문항 유형에 따라서 문항번호를 달리 부여한다면 피험자가 답안지에 응답할 때 편리할 뿐 아니라 채점도 용이하다. 문항 유형에 관계없이 문항번호를 부여하게 되면 문항 유형을 구분하기가 용이하지 않아 혼란이 일어날 수 있다. 문항번호를 부여하는 형식에 통용되는 절대적 규칙은 없으나 선택형 문항은 일반적으로 문항번호만, 그리고 서답형 문항은 [주관식 ×]로 표기한다. 예를 들면 다음과 같다.

예 선택형 문항번호 …… 1, 2, 3
서답형 문항번호 …… [주관식 1], [주관식 2], [주관식 3]

서답형 문항 중 단답형 문항과 논술형 문항이 출제될 때 논술형 문항의 번호를 달리하여 문항번호를 부여하는 경우도 있다. 예를 들어, [논술 1], [논술 2] 등으로 표기한다. 이같이 문항번호를 표기하는 것은 피험자에게 편안함을 주기 위한 목적이므로 다른 형태로 표기할 수도 있다.

② 답지의 번호는 원문자 번호로 표기하는 것이 바람직하다.

답지번호는 문항번호, 보기나 지문에 표기된 기호와 다르게 표현할 때 수험생의 혼동을 방지할 수 있다. 일반적으로 문항번호는 아라비아 수로 표기되므로 답지번호는 최소한 아라비아 숫자가 아닌 형태로 표기해야 한다. 문항번호와 다른 표기를 사용하기 위하여 원문자를 사용하는 경우가 많으며 그 예로 ⓐ, ⓑ, ⓒ, ⓓ나 ①, ②, ③, ④로 표기하는 경우를 들 수 있다.

③ 공통 지시문이나, 하나의 보기, 그림, 표에 연관되어 다수 문항이 출제될 경우 관련된 문항을 다음과 같이 묶는다.

예 【1-3】 【2-주관식 2】 【3-4, 주관식 3】

앞의 예 중 세 번째 예인 【3-4, 주관식 3】은 선택형 문항, 즉 객관식 문항 3번과 4번 그리고 주관식 문항 3번은 동일한 지문이나 그림 혹은 표에서 출제됨을 의미한다. 이같이 동일한 내용에 근거하여 출제되는 문항군을 묶어 놓음으로써 피험자가 문제해결전략을 세울 때 편리함을 줄 수 있다. 문항을 묶는 표기방식은 다양한 형태가 있다. 선택형 문항은 객관식 문항이므로 문항번호 앞에 '객'자를 첨가할 수도 있다. 또한 서답형 문항은 '주관식 ×'으로 표기하지 않고 '주 ×'로도 표기한다. 또한 【 】의 표기도 [ ]로 할 수 있다. 이러한 문항 묶음 표기의 다양한 예는 다음과 같다. 객관식은 선택형 문항이고 주관식은 서답형 문항으로 학문적 용어가 아니지만 피험자가 쉽게 구분할 수 있기에 '객'이나 '주'로 표기한다.

예 [1-3] [2-주관식 2] [3-4, 주관식 3]
【객 1-객 3】 【객 2-주 2】 【객 3-객 4, 주3】

어떤 형태의 표기든 검사지 안에서 일관성을 유지하면서 가장 아름다운 형태를 사용하면 된다. 검사를 출제하는 기관마다 각기 다른 형태의 편집지침에 따라 검사가 제작된다. 그러나 한 기관에서 출제되어 같은 기간에 치러지는 검사들은 통일된 검사편집지침에 의하여 제작되어야 피험자들의 혼동을 막을 수 있다.

3. 인용부호

① 문장을 인용할 때는 " ", 어구를 인용할 때는 ' ', 책이름을 인용할 때는 〈 〉를 사용한다.

어떤 학자의 시나 글의 일부, 또는 문장이나 어귀를 인용하여 문항을 제작할 때 앞서 제시한 방법으로 표기한다. 출처를 알리기 위하여 책을 〈 〉로 표기하기도 한다.

예 "인간은 사회적 동물이다."라고 한 사람은?
〈명심보감〉에 의하면

② 지문의 출처를 밝혀야 할 때는 보기 지문 우측 하단에 다음과 같이 표기한다.

예 내 무엇이라고 이름하리 그를
나의 영혼 안의 고흔 불
공손한 이마에 비추는 날

나 ------- 바다 이편에 남긴
그의 반임을 고히 지니고 걷노라.

-정지용의 〈그의 반〉-

4. 보기의 표기

보기는 질문의 내용에 답하기 위하여 참조하는 내용으로 질문 앞에 제시되는 지문이나 간단한 구문을 말한다. 또한 보기에 그림이나 표가 제시되는 경우도 흔하다.

① 보기의 내용이 시나 소설의 일부 혹은 간단한 단어일 때 보기의 내용을 상자 안에 담는다.

보기를 질문과 구분하기 위하여 보기의 내용을 상자 안에 담고 〈보기〉라는 표기를 하는 경우가 일반적이다. 예를 들면 다음과 같다.

예

보기

② 보기 속의 내용에 번호를 부여할 때 식별이 용이하고 다른 내용의 번호와 혼동되지 않도록 하여야 한다.

보기의 내용이 한글이면 a, b, c로 표기하고 영문이면 ㄱ, ㄴ, ㄷ으로 표기하여야 보기 내용과 구분하기 쉽다. 이때 문항의 답지 번호가 a, b, c, d로 표기되어야 한다면 보기 번호는 가, 나, 다로 표기하여 구분할 수 있다.

예 다음 〈보기〉에서 프랑스 혁명의 원인만 묶은 것은?

보기	
a. 계몽사상의 영향	b. 구제도의 모순
c. 나폴레옹의 출현	d. 자코뱅당의 공포 정치

① a, b　　② a, c

③ b, d　　④ c, d

③ 보기의 내용들을 선택하지 않고 참고하는 경우는 •표를 한다.

보기의 내용 중 어떤 특정 내용을 선택하거나 지적하지 않고 모두 참고하여야 할 경우는 보기 내용을 구분하기 위하여 내용 앞에 어떤 표시를 하는 것이 바람직하다. 내용 앞에 점(•)을 찍어 표시하는 것이 일반적이며, 다음의 예와 같다.

예 〈보기〉의 사실과 관련이 깊은 것은?

보기	
• 공항폐지	• 관세 자주권 상실
• 홍콩 할양	• 영사 재판권 승인

5. 글씨체와 크기

1) 글씨체

문항의 질문이나 답지들의 모든 활자는 가장 친근한 글씨체로 하는 것이 바람직하다. 한글의 글씨체는 매우 다양하며 명조체, 고딕체, 샘물체, 필기체, 신명조체, 궁서체 등이 있다. 일반적으로 대부분의 인쇄물의 경우 신명조체를 사용하고 있으므로 질문이나 답지를 신명조체로 하는 것이 피험자에게 편안함을 준다. 특이한 지시사항이나 지시문 혹은 주의사항에 대하여 고딕체나 궁서체 등의 다른 글씨체를 사용할 수 있다.

2) 글자 크기

글자 크기를 피험자 집단의 연령에 따라 달리하는 것이 바람직하다. 일반적으로 교과서의 글자 크기는 흔글에서 10포인트이며, 연수교재의 글자 크기는 11포인트이다. 흔글에서 사용하는 글자 크기 10포인트는 고등학생이나 성인들에게 적절한 글자 크기다. 연령이 어린 피험자일수록 글자 크기를 크게 하는 것이 시각적으로 편안함을 줄 수 있다. 나이에 따른 검사도구의 글자 크기에 대한 절대적 규칙은 없으나 〈표 13-1〉에 의하여 글자의 크기를 설정하는 것이 바람직하다.

〈표 13-1〉 연령에 따른 문항의 글자 크기

연 령	크 기	예(신명조체)
유아 ~ 초등 3	14	……로 가장 알맞은 것은?
초등 4 ~ 중학 3	12	……로 가장 알맞은 것은?
고등학생 이상	10	……로 가장 알맞은 것은?

유아들이나 초등학교 저학년 아동들의 경우 사물을 식별하거나 구분하는 시각적 능력이 발달하지 못하였기 때문에 문항에 사용될 글자의 크기를 다소 크게 할 필요가 있다. 유아부터 초등학교 3학년까지 학생들을 위한 글자 크기는 14포인트가 바람직하며 신명조체로 인쇄된 문항의 예는 다음과 같다.

예 •우리나라의 최초의 문예동인지는?

① 개벽 ② 백조

③ 폐허 ④ 창조

초등학교 고학년과 중학생의 경우 많은 인쇄물을 접하지만 일반적으로 글자가 큰 교재들을 사용한다. 그러므로 초등학교 4학년부터 중학생들을 위한 글자 크기는 12포인트이고 신명조체로 인쇄된 문항의 예는 다음과 같다.

예 •우리나라의 최초의 문예동인지는?

① 개벽 ② 백조

③ 폐허 ④ 창조

고등학생이 되면 많은 인쇄물을 접하게 되고 보편적인 글자 크기와 글씨체에 익숙하게 된다. 그러므로 고등학생과 성인은 일반적 글자 크기인 10포인트와 신명조체를 사용한 문항이 익숙하며 그 예는 다음과 같다.

예

• 우리나라의 최초의 문예동인지는?

① 개벽	② 백조
③ 폐허	④ 창조

연습문제

- 하나의 검사를 채택하여 검사지가 일관되게 편집되었나 확인하시오.

제5부

문항분석과 점수보고

제14장

고전검사이론에 의한 문항분석

문항에 대한 평가는 크게 두 가지 방법으로 분석한다. 하나는 질적 평가이며 다른 하나는 양적 평가다. 문항에 대한 **질적 평가**는 문항이 측정의 목적에 부합되게 제작되었는지를 점검하는 방법으로 이는 내용타당도를 확인하는 과정이며 검사내용전문가의 주관적 판단에 의존한다. 또한 문항이 문항 유형의 특성과 제작원리에 따라서 제작되었는지를 분석한다. 문항에 대한 **양적 평가**는 피험자의 응답결과를 검사이론에 입각하여 문항난이도, 문항변별도, 문항추측도를 분석하는 것이며, 선다형의 경우 답지의 매력도 등도 분석한다. 문항분석을 위한 검사이론에는 고전검사이론과 문항반응이론이 있다.

문항을 평가하기 위해서는 문항의 내용을 먼저 분석하여야 한다. 이를 위하여 문항내용이 문항제작 이전에 작성한 이원분류표와 일치하는가를 검토하여야 하며 각 문항 유형에 따른 문항제작원리에 근거하여 제작되었는지를 점검하여야 한다. 문항의 내용분석뿐 아니라 문항형식에 대한 분석도 요구되는데 보다 객관적인 방법을 통하여 체계적으로 분석하기 위하여 문항내용점검표와 문항형식점검표를 사용할 수 있다.

문항내용점검표는 문항내용과 관계된 것으로서 측정영역과 일정한 관계를 지니고 있으며 측정 교과목에 따라서 다양한 점검내용이 포함될 수 있다. 〈표 14-1〉은 문항내용점검표의 예다.

〈표 14-1〉 문항내용점검표

문항내용점검표

문제집 명:
문제집 영역:
문항번호: No.
평가자:
평가일자: 년 월 일

1. 문항내용에 대한 평가

예 아니요

___ ___(1) 문항의 내용이 수학능력시험의 기본개념과 부합합니까?
___ ___(2) 문항의 내용이 대학입학 후 학업하는 데 중요한 내용을 측정합니까?
___ ___(3) 문항이 단순기억이 아닌 고등정신(분석력, 종합, 비판)을 측정합니까?
___ ___(4) 문항의 내용이 고교 교육과정의 내용과 수준에 맞습니까?
___ ___(5) 문항의 내용이 통합교과적 출제라고 생각하십니까?
___ ___(6) 문항의 내용과 정답이 논쟁거리가 되지 않습니까?
___ ___(7) 문항과 답지가 피험자 언어수준에 적합한 단어들로 서술되었습니까?
___ ___(8) 정답이 되는 두 개 이상의 답지가 없습니까?
___ ___(9) 오답지들이 매력적입니까?
___ ___(10) 답지의 내용들이 모두 문항과 관계된 내용을 포함하고 있습니까?
___ ___(11) 문항에 답을 암시하는 단어나 내용이 포함되지 않습니까?
___ ___(12) 문항의 내용이 성별에 따른 편견성을 배제하였습니까?

2. 문항에 대한 총평:

( ) 사용가
( ) 수정 후 사용가
( ) 사용 불가

3. 특이사항 및 문항 수정내용

〈표 14-2〉 문항형식점검표

문항형식점검표

문제집 명:
문제집 영역:
문항번호: No.
평가자:
평가일자: 년 월 일

1. 문항제작 관점

예 아니요

___ ___(1) 질문의 내용이 간결, 명확합니까?
___ ___(2) 부정문을 사용하지 않았습니까? 사용하였다면 밑줄이 그어졌습니까?
___ ___(3) 질문과 답지들이 간단한 단어와 단문으로 구성되어 있습니까?
___ ___(4) 답지의 수가 4개 혹은 5개입니까?
___ ___(5) 답지들의 문법적 구조가 동일합니까?
___ ___(6) 답지들에 공통되는 단어, 구, 절들이 반복하여 포함되어 있지 않습니까?
___ ___(7) 답지들의 길이가 유사합니까? 만약 유사하지 않다면 짧은 답지부터 긴 답지로 배열되어 있습니까?
___ ___(8) 답지들이 연도나 수를 나타낼 때 작은 수부터 큰 수로 배열되었습니까?
___ ___(9) '모든 것이 정답'이나 '정답 없음'의 답지를 사용하지 않았습니까?
___ ___(10) 질문과 답지의 서술, 표현형식이 문항작성편집지침에 부합합니까?

2. 문항에 대한 총평:

( ) 사용가
( ) 수정 후 사용가
( ) 사용 불가

3. 특이사항 및 문항 수정내용

〈표 14-1〉의 문항내용점검표는 대학수학능력시험 준비를 위한 참고서의 문항들이 대학수학능력시험의 성격에 부합하는가를 평가하기 위하여 작성한 표로서 문항의 내용이 이원분류표에 의한 교과내용을 측정하고 있는지에 대해 평가하는 것은 아니다.

문항형식점검표는 문항 유형에 따라 각기 다른 점검내용을 포함하며 〈표 14-2〉와 같다. 문항제작원리 중 중요한 내용들이 문항형식점검표의 내용이 될 수 있으며, 문항형식점검표에 의하여 문항에 대한 종합적인 평가를 한 후 사용가, 수정 후 사용가, 사용 불가를 판정한다. 또한 문항 수정내용을 구체적으로 서술하면 문항 수정이 용이하다.

1. 고전검사이론

문항과 검사의 질을 분석하는 이론을 **검사이론**(test theory)이라 하며, 검사이론에는 고전검사이론과 문항반응이론이 있다.

고전검사이론(Classical Test Theory)은 문항과 검사를 검사총점에 의하여 분석하는 것으로서 1920년대 이후 개발되어 많은 이론적 발전과 더불어 응용되어 왔고, 아직까지도 우리나라에서 고전검사이론이 많이 사용되고 있는 실정이다.

1) 기본가정

고전검사이론에서 관찰점수는 진점수와 오차점수로 이루어졌다고 가정하고 검사와 문항분석은 총점에 의존한다.

첫째, 관찰점수는 진점수와 오차점수로 이루어진다.

$$\underset{\text{관찰점수}}{X} = \underset{\text{진점수}}{T} + \underset{\text{오차점수}}{e}$$

유학을 준비하는 학생의 TOEFL 점수가 550점이 나왔다면 이 점수는 유학 준비생의 영어에 대한 진짜 능력이라기보다는 관찰된, 즉 측정된 점수일 것이다. 이 측정된 능력점수는 알지 못하는 진짜 능력에 해당하는 점수와 검사를 실시하는 과정에서 발생할 수 있는 오차점수로 구성되어 있음을 말한다. 피험자가 운이 좋거나 그날의 기분이 좋았다면 오차점수는 양수로서 피험자의 진짜 능력보다 더 높은 점수를 얻게 된다.

둘째, 피험자의 진점수는 무수히 반복하여 측정된 점수의 평균값이다.

$$T = \frac{\sum X}{n} = E(X)$$

고전검사이론의 첫 번째 기본가정에서 제시된 알지 못하는 진점수를 추정하기 위한 가장 타당한 방법은 동일한 측정내용을 무한히 반복하여 얻은 모든 관찰점수의 평균으로 계산하는 것이다. 유학 준비생의 TOEFL에 대한 진점수는 그 TOEFL을 무한히 치러 얻은 점수의 평균점수가 된다.

셋째, 진점수와 오차점수의 상관은 0이다.

$$\rho_{Te} = 0$$

피험자들의 관찰점수는 진점수와 오차점수로 구성되어 있음을 가정할 때, 진점수가 낮으면 오차점수가 작고, 진점수가 높으면 오차점수가 크다는 관련성이 없음을 나타낸다. 반대로 능력이 높은 피험자는 오차점수가 작고, 능력이 낮은 피험자는 오차점수가 높다는 등의 연관성이 없음을 뜻한다.

넷째, 한 검사에서 얻은 오차점수와 다른 검사에서 얻은 오차점수와의 상관이 0이다.

$$\rho_{ee'} = 0$$

피험자들이 두 검사를 치렀을 때 한 검사에서 얻은 오차점수들과 다른 검사에서 얻은 오차점수들은 상호 독립적이므로 관계가 없다. 다수의 유학 준비생들이 어떤 TOEFL을 치르면 각 피험자마다 진점수와 오차점수를 얻게 되고, 또 다른 TOEFL을 치렀을 때도 피험자마다 진점수와 오차점수를 갖게 된다. 이때 한 TOEFL에서 얻은 오차점수와 다른 TOEFL에서 얻은 오차점수는 관계가 없음을 말한다.

다섯째, 한 검사에서 얻은 진점수와 다른 검사에서 얻은 오차점수의 상관은 0이다.

$$\rho_{Te'} = 0$$

이상의 가정에 의하여 고전검사이론에서 오차점수의 평균은 0이라는 결론에 도달한다.

$$\overline{e} = \frac{\sum e}{n} = 0$$

무한히 반복측정할 때 진점수보다 능력을 더 발휘하여 오차점수가 양수일 때도 있으며, 능력을 발휘하지 못하여 오차점수가 음수일 때도 있다. 그러므로 오차점수의 평균은 0이라는 결론에 도달한다.

여섯째, 관찰점수의 분산은 진점수 분산과 오차점수 분산으로 합성된다.

$$\sigma_X^2 = \sigma_T^2 + \sigma_e^2$$

고전검사이론의 첫 번째 가정에서 관찰점수는 진점수와 오차점수로 합성되어 있으므로 관찰점수 분산은 진점수 분산과 오차점수 분산으로 구성된다. 만약 오차점수의 분산이 0이라면 관찰점수와 진점수가 같다는 것으로서 이는 측정오차가 전혀 없음을 의미하며, 신뢰도가 완벽함을 나타낸다.

2. 문항분석

고전검사이론은 총점에 의하여 분석되는 이론으로서, 이 이론에 의한 문항난이도, 문항변별도, 문항추측도를 계산 · 추정하는 방법을 설명하면 다음과 같다.

1) 문항난이도

문항난이도(item difficulty)는 문항의 쉽고 어려운 정도를 나타내는 지수로서, 총 피험자 중 답을 맞힌 피험자의 비율, 즉 확률이 된다. 일부 미국 학자들은 지수가 높을수록 문항이 쉽다는 것을 의미하므로 Item easiness로 표현하여야 한다고 주장하고 있다. 그러나 오랜 세월 Item difficulty로 사용하여 왔기에 그대로 사용하고 있으며, 우리나라에서도 영문을 그대로 직역하여 '문항곤란도'라고도 한다. 그러나 이는 의미상 문항의 쉽고 어려운 정도를 나타내므로 문항난이도로 번역하는 것이 바람직하다.

문항난이도를 계산하는 공식은 다음과 같다.

$$P = \frac{R}{N}$$

N: 총 피험자 수
R: 문항의 답을 맞힌 피험자 수

문항난이도에 의하여 문항을 평가하는 절대적 기준은 없으나 Cangelosi(1990)는 문항난이도에 따른 평가기준을 〈표 14-3〉과 같이 제시하였다. 문항난이도가 .25 미만이면 매우 어려운 문항, .25 이상에서 .75 미만이면 적절한 문항, 그리고 .75 이상이면 매우 쉬운 문항이라고 평가한다.

〈표 14-3〉 Cangelosi의 문항난이도에 의한 문항평가

문항난이도	문항평가
.25 미만	어려운 문항
.25 이상 ~ .75 미만	적절한 문항
.75 이상	쉬운 문항

문항의 난이도를 보다 세부적으로 평가하기 위해서는 5단계로 〈표 14-4〉와 같이 분류할 수 있다.

〈표 14-4〉 문항난이도에 의한 5단계 문항평가

문항난이도	문항평가
.00 ~ .20 미만	매우 어려운 문항
.20 이상 ~ .40 미만	어려운 문항
.40 이상 ~ .60 미만	중간 난이도 문항
.60 이상 ~ .80 미만	쉬운 문항
.80 이상 ~ 1.00 미만	매우 쉬운 문항

문항난이도 지수가 높으면 쉬운 문항이고 낮으면 어려운 문항이다. 그러나 학교나 연수기관과 언론에서 문항난이도를 말할 때 '상'이라면 어려운 문항, '하'라면 쉬운 문항으로 이해하고, 문항난이도를 높인다면 어려워지게, 낮춘다면 쉽게 하는 것을 의미한다고 습관적으로 통용하고 있다.

2) 문항변별도

문항변별도(item discrimination)란 문항이 피험자를 변별하는 정도를 나타내는 지수를 말한다. 능력이 높은 피험자가 문항의 답을 맞히고 능력이 낮은 피험자가 문항의 답을 틀렸다면 이 문항은 피험자들을 제대로 변별하는 문항으로 분석된다. 반대로 그 문항에 능력이 높은 피험자의 답이 틀리고 능력이 낮은 피험자의 답이 맞았다면, 이 문항은 검사에 절대로 포함되어서는 안 될 부적 변별력을 가진 문항이라 할 수 있다. 또한 능력이 높은 학생이나 낮은 학생들이 모두 그 문항의 답을 맞히지 못하였거나 모두 답을 맞혔다면, 이 문항은 변별력이 없는, 즉 변별도 지수가 0인 문항이 될 것이다. 그러므로 문항의 변별도 지수는 문항점수와 피험자 총점의 상관계수에 의하여 추정된다.

문항변별도를 추정하는 상관계수 계산공식은 다음과 같다.

$$R = \frac{N\Sigma XY - \Sigma X \Sigma Y}{\sqrt{N\Sigma X^2 - (\Sigma X)^2}\sqrt{N\Sigma Y^2 - (\Sigma Y)^2}}$$

N: 총 피험자 수
X: 각 피험자의 문항점수
Y: 각 피험자의 총점

〈표 14-5〉 5명의 3문항검사 응답결과

문항 / 피험자	문항점수 (X)			총점 (Y)
	(1)	(2)	(3)	
A	1	1	1	3
B	1	1	0	2
C	0	0	1	1
D	0	0	0	0
E	1	1	0	2

5명의 피험자에게 3문항으로 구성된 검사를 실시하여 얻은 응답결과가 〈표 14-5〉와 같을 때 상관계수 공식에 의한 1번 문항의 문항변별도 계산절차는 〈표 14-6〉과 같으며, 1번 문항의 문항변별도를 추정하면 .88로 매우 높다. 이는 총점이 높은 A, B, E 피험자는 문항의 답을 맞혔고 총점이 낮은 C와 D 피험자는 답을 틀렸기 때문이다.

〈표 14-6〉 1번 문항의 문항변별도 추정

	X	Y	XY	X^2	Y^2
A	1	3	3	1	9
B	1	2	2	1	4
C	0	1	0	0	1
D	0	0	0	0	0
E	1	2	2	1	4
Σ	3	8	7	3	18

$$r = \frac{5(7)-(3)(8)}{\sqrt{5(3)-3}\,\sqrt{5(18)-8^2}} = \frac{11}{\sqrt{6}\,\sqrt{26}} = .88$$

3번 문항의 경우, 3점 만점을 받은 A 피험자는 3번 문항의 답을 맞혔고, 2점을 받은 B와 E 피험자는 틀렸으나, 1점을 받은 C 피험자는 답을 맞혔으므로 이 문항은 피험자의 능력에 따라 변별하는 기능이 낮음을 알 수 있다.

문항변별도 지수에 의하여 문항을 평가하는 절대적 기준은 없으나, Ebel(1965)은 검사도구의 신뢰도와 관련하여 〈표 14-7〉과 같이 기준을 설정하고 있다.

〈표 14-7〉 Ebel의 문항변별도 평가기준

문항변별도 지수	문항평가
.10 미만	변별력이 없는 문항
.10 이상 ~ .20 미만	변별력이 매우 낮은 문항
.20 이상 ~ .30 미만	변별력이 낮은 문항
.30 이상 ~ .40 미만	변별력이 있는 문항
.40 이상	변별력이 높은 문항

문항변별도가 .20 미만인 문항은 수정하거나 제거하여야 할 문항이며, 특히 문항변별도가 음수인 문항은 나쁜 문항이므로 검사에서 제외하여야 한다. 문항의 문항변별도가 높으면 검사도구의 신뢰도가 높아진다.

문항변별도를 추정하는 또다른 방법은 피험자 집단을 상위 능력집단과 하위 능력집단으로 구분하여 상위 능력집단의 정답비율과 하위능력집단의 정답비율의 차이로 추정하는 것이다(Johnson, 1951). 검사총점의 분포를 특정기준에 의해 두 집단 혹은 세 집단으로 나누고 상위 능력집단에서의 문항 정답비율과 하위 능력집단의 문항 정답비율에 차이가 있다면, 이 문항은 피험자를 변별하는 기능이 있다고 해석한다. 만약, 두 집단에서의 문항 정답비율의 차이가 없다면, 그 문항은 변별력이 없는 것으로 해석된다. 1,000명이 실시한 20점 만점의 수리검사에서 12점을 준거로 상위 능력집단과 하위 능력집단으로 구분하였을 때 집단별 문항의 정답 여부는 [그림 14-1]과 같다.

	상위집단	하위집단	
정답	300	180	480
오답	100	420	520
	400	600	1,000

$$U-L=\frac{300}{400}-\frac{180}{600}=.45$$

[그림 14-1] 상 · 하위 능력집단의 정답비율에 의한 문항변별도 지수

1,000명의 피험자 중 상위능력 피험자는 400명이고, 그중 문항의 답을 맞힌 피험자는 300명이므로 정답비율은 .75이고, 하위능력 피험자는 600명 중 180명이 문항의 답을 맞혔으므로 정답비율은 .3이다. 그러므로 문항변별도는 .45임을 알 수 있다.

두 집단 간의 정답비율 차이에 의한 문항변별도 추정은 간단하지만, 준거점수를 어떻게 정하느냐에 따라 문항변별도가 변화되는 문제점을 지니고 있다. 또한 집단을 구분할 때, 준거점수에 의하지 않고 총 피험자 수에 근거하여 피험자 수가 같도록 집단을 구분하거나 상위 27%와 하위 27%를 규정한 후 문항변별도를 추정하기도 한다(Kelly, 1939). 이 경우에도 피험자 수를 어떻게 배분하는가에 따라 문항변별도가 달리 추정된다.

준거점수에 의하여 피험자를 완전학습자 집단과 불완전학습자 집단으로 구분하고 두 집단에서의 정답비율을 계산한 후 문항변별도를 계산하는 방법이 준거참조검사에서 사용되었으나 최근에는 거의 사용되지 않는다.

3) 문항추측도

진위형 문항이나 선다형 문항에서 문항의 답을 맞힌 피험자 중에는 추측에 의하여 문항의 답을 맞힌 피험자도 있다. 틀린 문항에 벌점을 주지 않는 경우 추측은 검사에서 일어날 수 있는 행위이므로 문항추측도 역시 문항분석의 요소가 된다.

문항추측도(Item guessing)를 추정하기 위해서는 총 피험자 중 문항의 답을 알지 못하여 추측으로 응답한 피험자의 수와 추측하여 문항의 답을 맞힌 피험자 수를 파악하여야 한다. 그러나 검사가 미치는 영향이 클수록 추측하여 문항의 답을 맞혔다고 대답하는 피험자는 없을 것이므로 확률이론에 의해 추측을 한 피험자 수와 추측하여 문항의 답을 맞힌 피험자 수를 추정한다. 따라서 추측하여 응답한 피험자 수를 G라 할 때 추측하여 문항의 답을 맞힌 피험자 수는 다음과 같다.

$$G_R = G \times \frac{1}{Q}$$

G_R: 추측하여 문항의 답을 맞힌 피험자 수
G: 추측한 피험자 수
Q: 답지 수

추측한 G명의 피험자는 답을 모르기 때문에 확률적으로 균등하게 각 답지에 응답하였을 것을 가정하므로 각 답지에 응답한 피험자는 G/Q명이 된다. 500명의 피험자 중 정답을 모르는 100명의 피험자가 오지 선다형 문항에 무선적으로 응답하여 답을 맞힐 수 있는 피험자의 수는 20명이 된다.

반대로 추측하여 문항의 답을 맞히지 못한 피험자는 정답지가 아닌 오답지들을 선택하였으므로 추측에 의하여 문항의 답을 맞히지 못한 피험자는 다음과 같다.

$$G_W = G \times \frac{Q-1}{Q}$$

G_W: 추측하여 문항의 답을 맞히지 못한 피험자 수

앞의 예에서 답지는 5개이므로 오답지는 4개다. 그러므로 100명의 추측자 중 80명이 문항의 답을 맞히지 못하였다.

실제 추측한 피험자의 수를 알 수 없으므로 추측에 의하여 문항의 답을 맞히지 못한 피험자 수를 파악할 수는 없지만 어떤 검사에서 문항의 답을 틀린 피험자 수는 알 수 있다. 문항의 답을 틀린 피험자 수는 문항의 답을 알지 못하여 추측을 하였으나 문항의 답을 맞히지 못한 피험자 수와 같다.

$$G_W = G \times \frac{Q-1}{Q} = W$$

$$G = \frac{WQ}{Q-1}$$

W: 문항의 답을 맞히지 못한 피험자 수
Q: 답지 수

이의 공식에서 추측하여 응답한 피험자의 수는 문항의 답을 틀린 피험자 수에 답지 수를 곱한 값을 답지 수에서 1을 뺀 값으로 나눈 값이다. 앞의 예에서 500명의 피험자 중 80명이 오지 선다형 문항에 응답하여 답을 맞히지 못하였으므로 추측한 피험자의 수는 100명이 된다.

$$G = \frac{80 \times 5}{5-1} = 100$$

추측에 의하여 문항의 답을 맞힌 피험자 수는 처음에 설명한 문항추측도 개념에 의하여 다음 공식과 같이 계산된다.

$$\begin{aligned} G_R &= G \times \frac{1}{Q} \\ &= \frac{WQ}{Q-1} \times \frac{1}{Q} \\ &= \frac{W}{Q-1} \end{aligned}$$

앞의 예에서 500명의 피험자 중 100명이 추측한 것으로 분석되므로 추측하여 문항의 답을 맞힌 피험자 수는 20명이 된다.

$$G_R = 100 \times \frac{1}{5} = 20$$

문항추측도는 문항의 답을 모르고 추측으로 문항의 답을 맞힌 비율이 되므로 다음 공식에 의하여 추정된다.

$$\begin{aligned} P_{G_R} &= \frac{G_R}{N} \\ &= \left(\frac{W}{Q-1}\right)/N \end{aligned}$$

앞의 예에서 추측하여 문항의 답을 맞힌 피험자는 20명이므로 문항추측도는 20/500으로 .04가 된다.

문항이 매우 어려운 경우 문항추측도가 문항난이도보다 높은 모순이 나타나는 경우가 있음을 인지하기 바란다.

4) 문항교정난이도

문항난이도는 총 피험자 중 문항의 답을 맞힌 피험자의 비율이라 하였다. 여기에는 추측하여 문항의 답을 맞힌 피험자의 비율도 포함되어 있으므로 이를 제거하여야 한다. 문항난이도에서 문항의 답을 추측하여 맞힌 피험자의 비율인 문항추측도를 제거한 난이도를 **문항교정난이도**라 하며, 다음 공식에 의하여 계산한다.

$$P_C = P - P_{G_R}$$

500명의 피험자가 오지 선다형 문항에 응답하여 80명의 피험자가 문항의 답을 틀린 앞의 예에서 420명의 피험자가 문항의 답을 맞혔으므로 문항난이도 P는 .84이고 문항추측도 P_{G_R}는 .04이므로 문항의 교정난이도 P_C는 .80이 된다.

5) 오답지매력도

선다형의 문항에서 답지 작성은 문항의 질을 좌우할 뿐 아니라 고등정신능력의 측정에도 영향을 준다. 답지들이 그럴듯하고 매력적일 때 문항이 어려워지며 비교, 분석, 종합 등의 고등정신능력을 측정할 수 있게 된다. 만약 답지의 매력이 전혀 없을 경우 답지의 기능을 상실하게 되므로 사지 선다형 문항은 삼지 선다형 문항으로 변하게 된다. 따라서 선다형 문항에서 답지에 대한 분석은 문항의 질을 향상시키는 중요한 작업이 된다.

답지 중 오답지를 선택한 피험자들은 문항의 답을 맞히지 못한 피험자들이고, 이들은 확률적으로 균등하게 오답지를 선택하게 된다. 그러므로 문항의 답을 맞히지 못한 피험자들이 **오답지를 선택할 확률**은 다음과 같다.

$$P_O = \frac{1-P}{Q-1}$$

P_O: 오답지 선택 확률
P : 문항난이도
Q : 답지 수

오답지 매력도는 각 오답지에 대한 응답비율에 의해 결정되는데, 오답지에 대한 응답비율이 오답지 매력도보다 높으면 매력적인 답지, 그 미만이면 매력적이지 않은 답지로 평가한다.

1,000명의 피험자가 사지 선다형 문항의 각 답지에 응답한 결과와 그에 따른 오답지 매력도 추정의 예는 〈표 14-8〉과 같다.

〈표 14-8〉 오답지 매력도 추정

내용 / 답지	응답자	응답비율	비 고
ⓐ	100	.1	매력적이지 않은 오답지
ⓑ	400	.4	정답
ⓒ	300	.3	매력적인 오답지
ⓓ	200	.2	매력적인 오답지

〈표 14-8〉에서 전체 피험자 중 문항난이도 .4에 해당하는 피험자들이 문항의 답을 맞혔다. 이는 피험자 중 .6에 해당하는 비율의 피험자들이 오답을 선택하였음을 의미하며 사지 선다형 문항에서 오답들의 매력이 균등하다면 3개의 각 오답지에 균등하게 응답할 것이므로 각 오답지에 응답한 비율은 .2가 된다.

오답지의 매력을 판단하는 기준은 앞의 공식에 의해서도 .2로서 답지 매력도를 판단하는 기준은 .2가 되어 ⓐ 답지는 매력적이지 않은 답지로 평가된다. 실제 응답자료를 가지고 답지를 분석할 경우 어떤 답지의 응답비율이 너무 낮은 경우를 볼 수 있다. 이런 경우 답지를 수정함으로써 선다형 문항의 질을 향상시킬 수 있다. 앞의 문항에서 ⓐ 답지의 매력도를 높이면 이 문항을 어려운 문항으로 수정할 수 있고, ⓒ 오답지의 매력도를 낮추면 더 쉬운 문항으로 수정할 수 있다.

3. TestAn에 의한 문항분석 실행과 해석

1) 프로그램 설치와 소개

TestAn(성태제, 송민영, 2000, 2001)은 고전검사이론에 의하여 문항과 검사의 특성을 분석하는 한글윈도우즈용 프로그램으로 학지사 홈페이지에 접속하여 설치하며 절차는 다음과 같다.

학지사 홈페이지(http://www.hakjisa.co.kr/)에 접속하여 로그인 또는 회원가입 후 검색창에 '현대교육평가'를 검색한다.

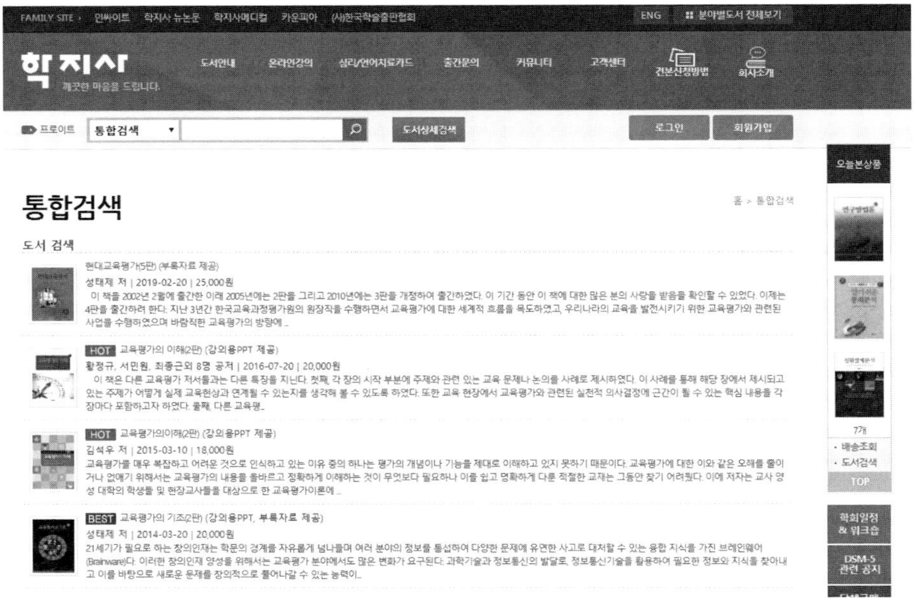

검색 결과에서 '현대교육평가(5판)'을 클릭하면 '도서 상세정보' 페이지로 들어가게 된다.

하단의 'PPT/도서자료'란에 있는 압축파일을 다운로드 받는다.

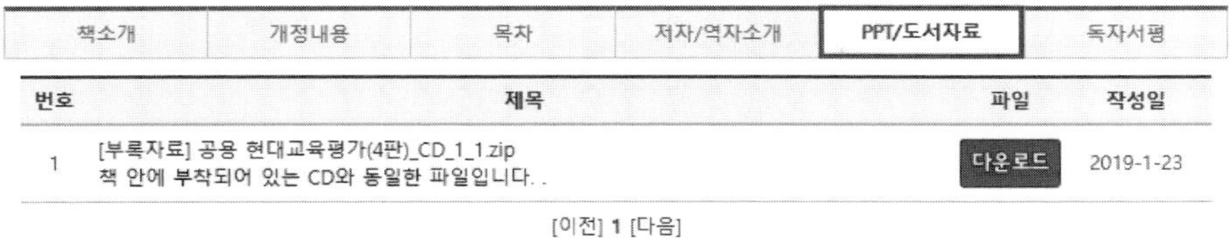

다운로드 받은 파일의 압축을 해제하고 폴더를 열어 'main' 프로그램을 실행한다.

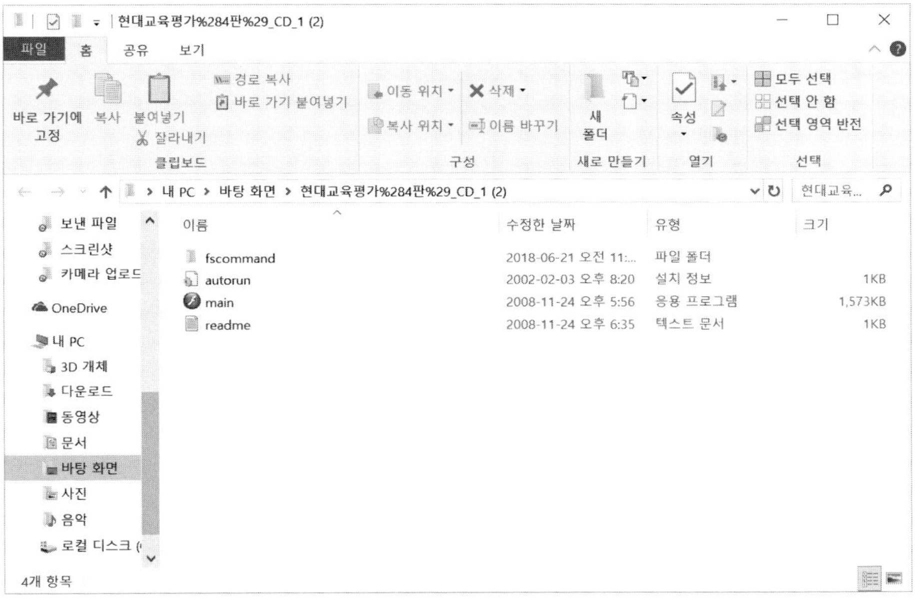

'main' 프로그램을 실행하면 아래와 같은 화면이 뜨며, TestWizard, TestAn, RaschAn, BayesiAn 프로그램의 설치 및 매뉴얼 열람이 가능하다.

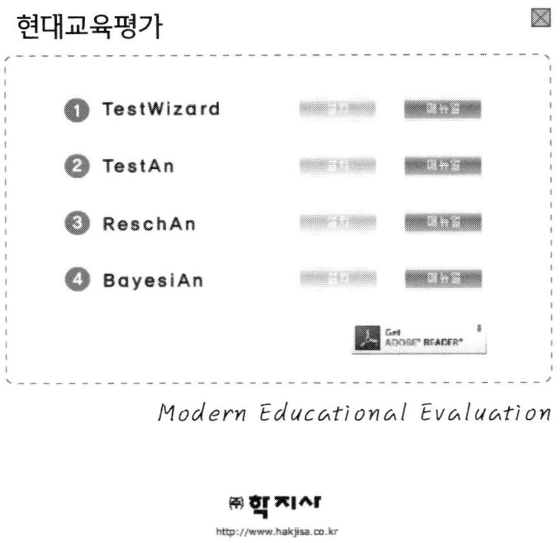

TestAn 프로그램은 '설치'와 'Next'를 차례대로 누르면 자동으로 설치가 진행되며, 바탕화면에 아이콘이 생성된다.

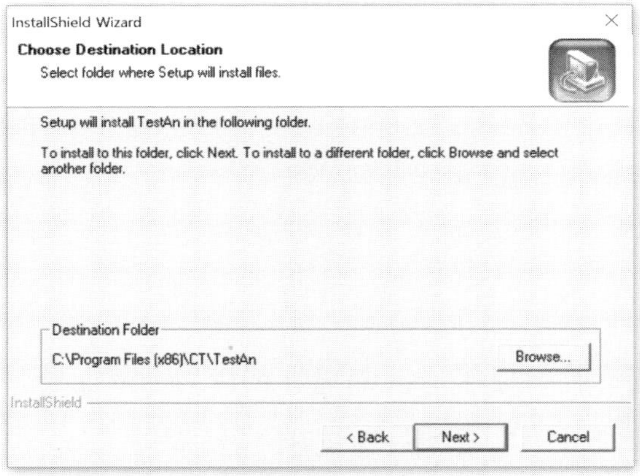

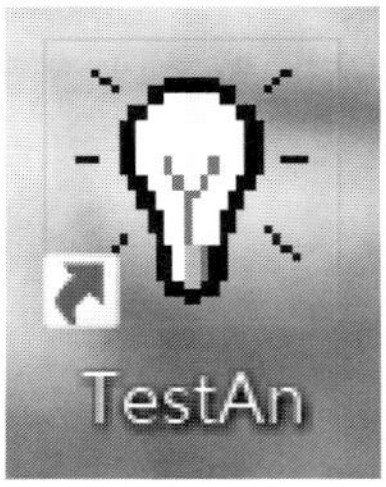

TestAn 프로그램은 분석파일 설정하기, 분석 실행하기, 분석파일 설정하기, 분석실행하기, 분석결과 보기의 세 부분으로 구성되어 있다. TestAn이 분석할 수 있는 최대 문항 수는 200문항이며, 피험자 수는 제한이 없다. 피험자가 검사문항에 응답한 자료 파일을 가지고 검사분석을 실시하면 네 가지의 파일을 생성한다. TestAn에 의한 검사분석에 필요한 입력파일과 결과파일을 정리하면 〈표 14-9〉와 같다.

〈표 14-9〉 파일 확장자의 의미와 내용

확장자	의 미	내 용
dat	data	입력자료 파일
out	output	검사문항 분석결과 파일
scr	score	피험자 점수(맞힌 문항 수) 파일
grp	graph	피험자 점수의 분포, 선 그래프 파일
srt	sort	문항난이도 또는 문항변별도 정렬 파일

자료파일은 문항분석을 위한 입력파일로서 *.dat나 *.txt의 확장자로 명명되어야 한다. 이 파일에는 자료에 대한 정보인 문항 수, ID 칸 수와 정답, 답지 수, 문항분석 포함 여부 코드, 응답 데이터 등이 포함되어 있어야 한다.

검사분석결과 생성되는 첫 번째 파일은 문항분석과 점수에 대한 분석결과를 포함하며 *.out의 확장자를 갖는다. 고전검사이론에 의하여 문항난이도, 문항점수와 총점의 상관계수에 의한 문항변별도, 그리고 Kelly(1939)가 제안한 상위 27% 피험자 집단의 정답비율과 하위 27% 피험자 집단의 정답비율의 차에 의한 문항변별도가 제시된다. 또한 각 답지에 응답한 피험자 비율, 답지에 대한 반응과 피험자 총점과의 상관계수가 제시된다. 이어 문항난이도의 전체평균, 문항변별도의 전체평균, Cronbach α , 측정오차, 피험자 점수의 평균, 표준편차, 분산, 최저점수, 최고점수, 중앙값, 첨도와 왜도, 상위 27% 피험자 집단의 피험자 수와 최저점수, 그리고 하위 27% 피험자 집단의 피험자 수와 최고점수가 보고된다. 또한 해당 문항을 제외하였을 때 추정한 신뢰도 지수도 제시된다.

두 번째 파일은 점수파일로서 *.scr의 확장자를 가진다. 점수파일은 전체 피험자 수와 각 피험자의 일련번호(ID) 및 점수를 제시한다.

세 번째 파일의 확장자는 *.grp이며, 피험자들이 획득한 점수들에 대한 빈도 수와 백분율, 누가백분율, 점수의 선 그래프를 제시해 준다.

네 번째 파일은 문항난이도 혹은 문항변별도에 의하여 내림차순으로 분석결과를 정렬시켜 주며, 확장자는 *.srt이다. 문항난이도에 따른 정렬을 선택하므로 파일이름에 자동으로 '_diff(difficulty)'가 붙고, 문항변별도에 따른 정렬을 선택하므로 '_disc(discrimination)'가 붙는다.

2) 프로그램 실행

TestAn을 실행하기 위하여 피험자가 응답이 입력되어 있는 응답자료 파일(*.dat)이 필요하다. 응답자료 파일의 작성은 사용자가 직접 편집하여 사용하는 방법과 TestAn을 이용하여 작성하는 방법이 있다. 여기서는 사용자가 직접 응답자료 파일을 작성하는 방법을 설명한다. TestAn 실행을 위한 응답자료 파일은 아스키(ASCII) 코드 형식으로 저장하여야 한다. TestAn의 편집기능을 활용하거나 다른 워드 프로세서 프로그램을 이용하여 응답자료 파일을 만들 수도 있다.

응답자료 파일에는 자료의 입력 형태를 설명해 주는 control line, 각 문항의 정답번호와 답지 수, 문항을 분석에 포함시킬 것인가의 여부 등이 반드시 포함되어야 하며, 자료에 대한 설명(comment)이 들어간다. 응답자료 파일을 구성하는 첫째 줄인 control line은 〈표 14-10〉의 형식에 맞추어서 작성되어야 한다.

control line의 첫째 칸부터 셋째 칸까지는 분석할 문항 수를 표기하며, 최대문항수는 200문항이다. 넷째 칸부터 여덟째 칸은 공백으로 하며, 아홉째 칸과 열째 칸에 ID가 차지하는 칸수를 표시한다. 피험자의 ID가 한글일 경우에도 ID 칸 수만 맞추어서 응답자료 파일을 작성한다. 글자의 폭이 다르기 때문에 줄이 맞지 않는 것처럼 보일 수 있으나, ID 칸 수가 4칸이라면 그 4칸 안에 피험자의 ID가 들어 있기만 하면 된다.

〈표 14-10〉 control line의 구성

칸(column)	입력할 내용
1 ~ 3	문항 수(최대 200문항)
4 ~ 8	빈 칸
9 ~ 10	ID의 칸 수(최대 99칸)

피험자가 응답하지 않았거나, 답지가 아닌 것을 선택하였을 경우에는 피험자의 응답 줄에서 해당번호에 해당하는 칸을 공백으로 비워 주거나 답지가 아닌 숫자로 표기해 준다.

응답자료 파일을 작성하는 예는 [그림 14-2]와 같다.

```
A  70    4
B  4313341213123143421334411134233322311322321111211121131334332213432413
C  4424442544444444444444444444444444444444444444422242444444444444444444
D  yyyyyyyyyyyyyyyyyyyyyyyyyyyyyyyyyyyyyyyyyyyyyyyyyyyyyyyyyyyyyyyyyyyyyy
   000123133422231231444243344111321333222133423211131111111 2314332233432423
   00022323342223223123422332411214113222311333322411212221244314332223241432
                                    :
                                    :
   01182324431213123143411334411334132222313233341333211121232314332421332411
   01191313342112133123412334411134124322312232311113212121243314231143231123
```

[그림 14-2] 응답자료 파일(answer.dat)

응답자료 파일 해설

A 자료를 설명해 주는 control line
70문항의 검사이며, ID가 차지하는 자리 수는 4자리로, 다섯 번째 줄을 보면 처음 네 칸은 '0001'로서 피험자의 ID이며, 그 뒤의 나머지 숫자들은 각 문항에 대한 피험자의 응답이다. 즉, ID가 '0001'인 피험자가 1번 문항에는 '2'라고 응답하고, 2번 문항에는 '3'이라고 응답하였으며, 70번 문항에는 '3'이라고 응답한 것이다.

B 각 문항의 정답 번호

C 각 문항의 답지 수

D 분석에 포함시킬 것인지의 여부(포함시키지 않으려면 'n'을 대소문자 상관없이 입력)

자료파일이 작성되면 [그림 14-3]과 같은 TestAn의 시작화면에서 설정 아이콘( )을 눌러서 자료파일과 결과파일을 설정한다.

[그림 14-3] TestAn의 초기 실행 시 아이콘 상태

설정 아이콘( )은 응답자료 파일과 결과파일의 위치를 지정해 주고, 다른 선택적인 파일들을 생성할 것인지의 여부를 정하는 모듈이다. 앞의 화면에서 마우스로 설정 아이콘( )을 누르면 나오는 화면과 그 기능은 [그림 14-4]와 같다.

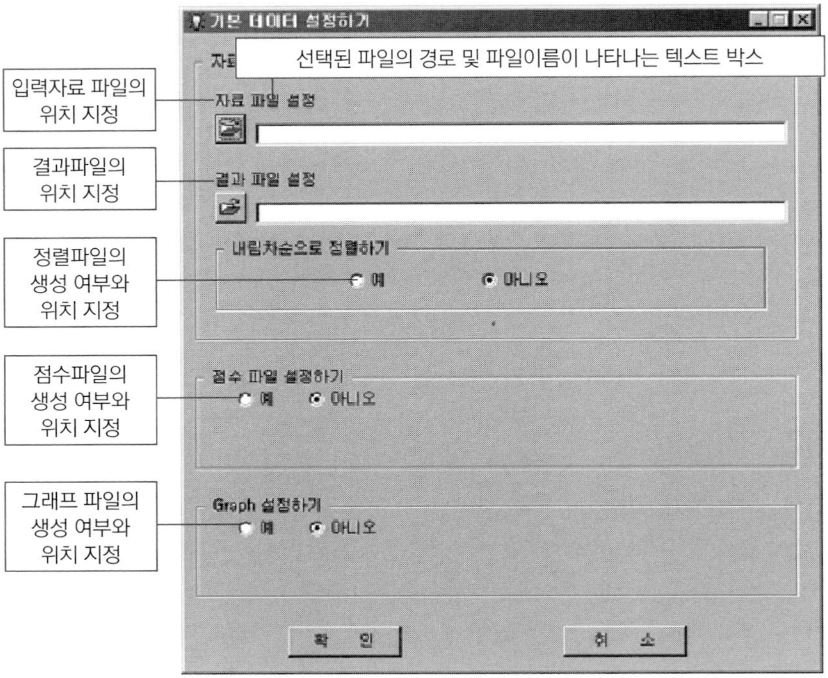

[그림 14-4] 기본 데이터를 설정하는 화면

자료파일을 설정하려면 '자료 파일 설정' 부분의 폴더 그림( )이 있는 버튼을 누른다. 이때 나타나는 파일설정 대화 창에서 파일을 지정하여 주면 버튼 옆의 텍스트 필드에 파일의 위치와 이름이 나타난다. 사용자가 직접 텍스트 박스에 키보드로 파일의 경로와 이름을 입력하여 지정해 줄 수 있다.

결과파일의 지정도 폴더 그림이 있는 버튼을 누른 후, 나타나는 대화 창에서 파일의 위치와 이름을 정해 주고 생성시킨다. 결과파일의 경로와 파일 이름이 표시되는 텍스트 박스를 더블클릭하면 입력파일과 파일 이름은 동일하고 확장자는 '.out'인 결과파일이 자동으로 지정된다. 혹은 사용자가 직접 텍스트 박스에 키보드로 입력하여 정할 수도 있다.

점수파일, 그래프 파일과 내림차순 정렬파일은 '◉ 예' 옵션을 선택해야만 파일 설정이 가능하다. 이들도 결과파일 설정과 마찬가지로 '◉ 예' 옵션을 선택하면 나타나는 텍스트 박스 위에 마우스를 올려놓고 더블클릭해 주면 파일을 자동으로 지정해 주며, 사용자가 직접 키보드로 입력하여 주어도 된다. 내림차순 정렬파일을 설정하는 것도 이와 동일하게 진행한다. '◉ 예' 옵션을 선택하여 이미 설정한 내림차순 정렬파일을 바꾸거나 확인하고자 할 때에는 '◉ 예' 옵션을 더블클릭해 주면 된다. 정렬파일 설정하기의 '◉ 예'를 선택하여 나오는 정렬파일을 설정해 주는 화면은 [그림 14-5]와 같다.

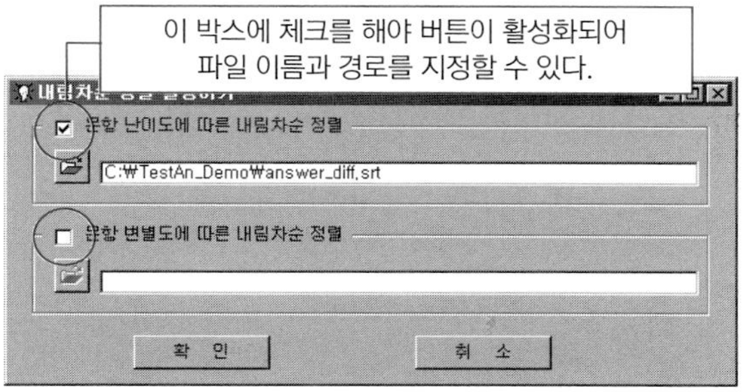

[그림 14-5] 정렬파일을 설정하는 화면

문항난이도의 크기 순서에 따라 문항을 정렬하려면 해당 부분에 표시(✔)하고 파일 이름을 부여한다. 이때 파일 이름은 자동으로 '사용자 정의 이름_diff.srt'가 된다. 예를 들어, 사용자가 파일 이름을 'answer.srt'로 준다면 파일이 자동으로 'answer_diff.srt'로 바뀌어 저장된다.

자료파일과 결과파일의 경로와 이름을 모두 설정하고 확인 을 누른 다음 초기화면에서 분석실행 버튼( )을 누르면 문항분석이 실행된다. 문항분석이 완료되었다고 알리는 화면이 [그림 14-6]과 같이 나타날 때 확인 을 누른다.

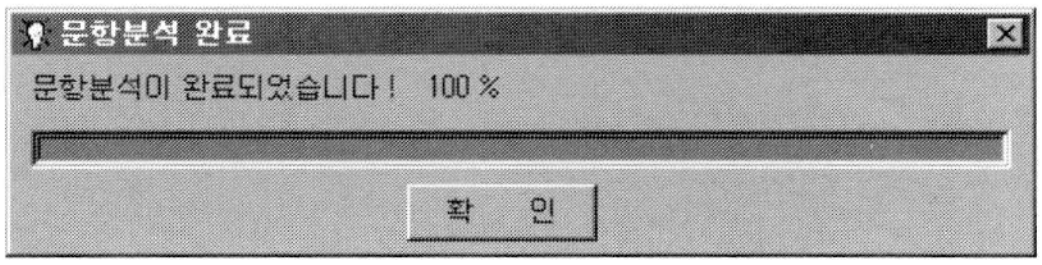

[그림 14-6] TestAn의 분석완료 화면

문항분석 결과파일의 내용을 보고 싶으면 분석결과 아이콘( )을 클릭하여 [그림 14-7]과 같이 분석결과를 확인할 수 있다. 또한 메뉴에서 편집을 선택하면 *.dat 파일과 *.out 파일뿐만 아니라 *.scr이나 *.grp, *.srt 파일도 편집창을 통해서 보고 편집할 수도 있다. 인쇄 버튼( )을 클릭하면 해당 파일을 프린터로 출력하여 준다.

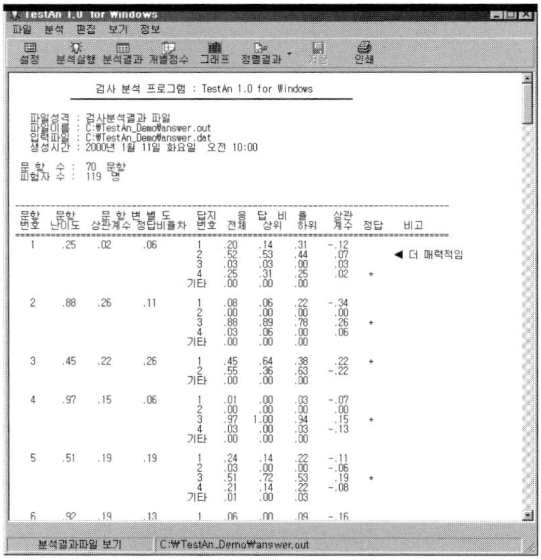

[그림 14-7] 분석결과 파일을 열었을 때의 화면

3) 분석결과 해석

TestAn을 실행하고 나면 기본적으로 *.out 파일이 생성된다. 만일 기본 데이터 파일 설정 창에서 점수파일 설정하기에 '◉ 예'를 선택하면 *.scr 파일이 생성되고, 그래프 설정하기에 '◉ 예'를 선택하면 *.grp 파일이 생성된다. 그리고 내림차순으로 정렬하기에 '◉ 예'를 선택하면 내림차순 정렬을 위한 대화 창이 떠서 사용자가 원하는 정렬파일의 종류와 파일 이름을 설정할 수 있다.

각 파일에 대한 구체적인 해석방법은 앞에서 제시되었던 응답자료 파일인 [그림 14-2]의 answer.dat를 가지고 TestAn으로 문항분석을 실시한 예를 가지고 설명한다.

① 검사 분석결과 파일(*.out)

검사 분석 프로그램 : TestAn for Windows

파일성격 : 검사 분석 결과 파일
파일이름 : C:\TestAn_Demo\answer.out
입력파일 : C:\TestAn_Demo\answer.dat
생성날짜 : 2001년 1월 11일 화요일 오전 10:00

문 항 수 : 70개
피험자 수 : 119명

문항 번호	문항 난이도	문항변별도 상관계수	문항변별도 정답비율차	답지 번호	응답비율 전체	응답비율 상위	응답비율 하위	상관 계수	정답	비고
1	.25	.02	.06	1	.20	.14	.31	-.12		
				2	.52	.53	.44	.07		◀ 더 매력적임
				3	.03	.03	.00	.03		
				4	.25	.31	.25	.02	*	
				기타	.00	.00	.00			
2	.88	.26	.11	1	.08	.06	.22	-.34		
				2	.00	.00	.00	.00		
				3	.88	.89	.78	.26	*	
				4	.03	.06	.00	.06		
				기타	.00	.00	.00			
3	.45	.22	.26	1	.45	.64	.38	.22	*	
				2	.55	.36	.63	-.22		
				기타	.00	.00	.00			
4	.97	.15	.06	1	.01	.00	.03	-.07		
				2	.00	.00	.00	.00		
				3	.97	1.00	.94	.15	*	
				4	.03	.00	.03	-.13		
				기타	.00	.00	.00			
5	.51	.19	.19	1	.24	.14	.22	-.11		
				2	.03	.00	.00	-.06		
				3	.51	.72	.53	.19	*	
				4	.21	.14	.22	-.08		
				기타	.01	.00	.03			

< 중 략 >

66	.92	.32	.22	1	.00	.00	.00	.00	
				2	.01	.00	.03	-.21	
				3	.92	1.00	.78	.32	*
				4	.05	.00	.16	-.23	
				기타	.02	.00	.03		

67	.05	-.17	-.04	1	.66	.64	.69	.00	
				2	.05	.06	.09	-.17	*
				3	.25	.31	.13	.20	
				4	.02	.00	.06	-.26	
				기타	.02	.00	.03		
68	.57	.28	.45	1	.37	.14	.53	-.26	
				2	.02	.00	.00	.02	
				3	.03	.00	.03	-.01	
				4	.57	.86	.41	.28	*
				기타	.02	.00	.03		
69	.15	.17	.14	1	.15	.17	.03	.17	*
				2	.34	.31	.50	-.17	
				3	.42	.47	.34	.13	
				4	.08	.06	.09	-.11	
				기타	.02	.00	.03		
70	.66	.16	.21	1	.05	.03	.00	.01	
				2	.04	.00	.09	-.15	
				3	.66	.81	.59	.16	*
				4	.23	.17	.28	-.08	
				기타	.02	.00	.03		

◀ 더 매력적임
◁ 부적 변별문항

문항분석 결과

문 항 수	:	70
평균난이도	:	.644
평균변별도	:	.180
Alpha 값	:	.633
측정 오차	:	3.201

검사점수 분석 결과

피험자수	:	119
평 균	:	45.059
표준편차	:	5.282
분 산	:	27.904
최저점수	:	31
최고점수	:	57
중 앙 값	:	45
왜 도	:	-.342
첨 도	:	-.144

【 상위 27% 집단 】

피험자수	:	36
최저점수	:	49

【 하위 27% 집단 】

피험자수	:	32
최고점수	:	41

해당문항을 제외한 검사의 신뢰도

문항번호	신뢰도	문항번호	신뢰도	문항번호	신뢰도	문항번호	신뢰도	문항번호	신뢰도
1	0.641	2	0.626	3	0.630	4	0.630	5	0.631
6	0.629	7	0.631	8	0.631	9	0.621	10	0.632
11	0.622	12	0.635	13	0.633	14	0.627	15	0.623
16	0.630	17	0.629	18	0.633	19	0.623	20	0.627
21	0.634	22	0.623	23	0.633	24	0.629	25	0.635
26	0.633	27	0.628	28	0.635	29	0.645	30	0.626
31	0.639	32	0.628	33	0.628	34	0.634	35	0.633
36	0.631	37	0.637	38	0.624	39	0.636	40	0.625
41	0.617	42	0.621	43	0.635	44	0.630	45	0.637
46	0.632	47	0.631	48	0.633	49	0.635	50	0.614
51	0.628	52	0.630	53	0.629	54	0.642	55	0.633
56	0.609	57	0.641	58	0.619	59	0.617	60	0.625
61	0.623	62	0.617	63	0.638	64	0.612	65	0.626
66	0.624	67	0.641	68	0.625	69	0.631	70	0.633

[그림 14-8] 결과파일(answer.out)

문항난이도는 총 피험자 중 문항의 답을 맞힌 피험자의 비율을 나타내며 1번 문항의 문항난이도는 .25로서 어려운 문항으로 분석된다. 문항난이도 .25는 정답지인 ④번 답지에 대한 응답비율을 말한다.

상관계수에 의한 문항변별도는 문항점수와 총점과의 상관계수로서 1번 문항의 상관계수에 의한 문항변별도는 .02이고, 정답비율 차에 의한 문항변별도는 상위 27% 피험자 집단의 정답비율(.31)과 하위 27% 피험자 집단의 정답비율(.25)의 차이로서 1번 문항의 정답비율 차이에 의한 문항변별도는 .06이다. 1번 문항은 변별력이 없는 문항으로 최소한 수정되거나 제외되어야 할 문항이다.

'응답비율 전체'는 전체 피험자들이 각 답지에 응답한 비율을 말한다. 1번 문항의 경우 ①번 답지에 전체 피험자의 20%, ②번 답지에 52%, ③번 답지에 3%, ④번 답지에 25%가 응답하였다. 여기서 정답지 ④에 대한 응답비율은 총 피험자 중 정답지를 선택한 비율로서 문항난이도를 나타낸다.

'응답비율 상위'는 상위 27%에 있는 피험자들이 각 답지를 선택한 비율을 말하며, ④번 답지에 대한 응답비율은 .31로 상위집단 피험자들이 가장 많이 응답하였고, ③번 답지에는 가장 적은 비율인 .03에 해당하는 피험자들이 응답하였다. '응답비율 하위'는 하위 27% 집단에 있는 피험자들이 각 답지에 응답한 비율을 말한다.

비고란에 표시된 '◀ 더 매력적임'이란 표기는 앞 절에서 설명한 답지의 매력도 분석결과에 의한 것이다. 1번 문항의 경우 ①번 답지의 응답비율은 .20, ②번 답지의 응답비율은 .52, ③번 답지의 응답비율은 .03 그리고 ④번 답지의 응답비율은 .25다. 정답지는 ④번으로 .25의 비율, 즉 25%의 피험자들이 정답인 4번 답지를 선택하여 문항난이도는 .25이다. 이때 세 개의 틀린 답지의 매력도가 동일할 경우 .75의 비율, 즉 75%에 해당하는 피험자들은 각 답지에 25%, 즉 .25씩 응답할 것이다. 그러나 ②번 답지의 경우 52%의 피험자가 ②번 답지를 정답지로 생각하여 응답하였으므로 매력적인 답지로 분석할 수 있다.

'◀ 더 매력적임'이란 표기가 있는 경우에는 문항제작자나 교사들은 그 답지가 왜 매력적인지를 분석하여 볼 필요가 있다. 이와 같은 분석결과는 정답 시비의 우려가 있는 문항이 될 수 있다. 일반적으로 오답지의 반응비율이 정답지에 대한 반응비율보다 높지 않다. 이럴 경우 매력적인 오답지도 분석하여 그에 대한 검토와 함께 다른 답지들도 분석하여 보는 것이 바람직하다.

②번 오답지의 응답비율이 .52로 매우 높은 이유는 두 가지로 생각해 볼 수 있다. 첫째는 ②번 답지가 정답이 될 수 있다는 점이다. 둘째는 ③번 오답지의 응답비율이 .03으로 매우 낮기 때문에 ②번 답지의 응답비율이 높아졌다고 분석할 수 있다. 이는 ③번 답지는 답지로서의 매력을 상실한, 즉 없는 것과 마찬가지인 답지로 분석할 수 있다. 그렇다면 이 문항은 형식적으로는 사지 선다형 문항이지만 실질적으로는 삼지 선다형 문항이 된다.

이와 같은 분석에 근거하여 ③번 답지를 매력 있는 내용으로 수정한다면, ②번 답지에 대한 응답비율과 정답인 ④번 답지의 응답비율이 변화된다. 이러한 분석과정을 통하여 피험자들의 응답비율을 조절할 수 있기 때문에 선다형 문항의 경우 문항난이도는 답지의 내용에 의하여 변화된다.

답지분석에서 상관계수를 보면 일반적으로 정답지의 상관계수는 높으며 정적이고 오답지의 경우는 상관이 매우 낮거나 부적 상관계수를 나타낸다. 이는 각 답지의 선택 여부와 총점과의 상관계수이므로 정답지의 경우 정답지 선택 여부(선택 1, 선택하지 않음 0)와 총점의 상관계수 추정에서 정답지를 선택한 피험자의 경우 일반적으로 총점이 높으므로 상관계수가 양수다. 그러나 각 오답지의 선택 여부(선택 1, 선택하지 않음 0)와 총점의 상관계수는 오답지를 선택한 피험자들의 총점이 낮고 오답지를 선택하지 않은 피험자들의 총점이 높으므로 상관계수는 음수이거나 0에 가깝다.

'◁ 부적 변별문항'이란 표기는 상관계수에 의한 문항변별도가 음수임을 말하는 것으로 문항의 정답지 선택 여부(선택 1, 선택하지 않음 0)와 총점의 상관계수가 음수이므로 이 문항은 좋지 않은 문항으로 분석할 수 있다. 이런 문항은 수정하거나 제거하는 것이 바람직하다.

문항 분석결과와 검사점수 분석결과는 검사에 대한 서술적 정보를 제공한다. 문항 분석결과에 의하면 119명 피험자 점수의 평균은 45.059, 표준편차는 5.282, 분산은 27.904, 최저점수는 31점이며, 최고점수는 57점으로 점수의 범위는 26점이다. 70문항들의 문항난이도의 평균은 .644로서 중간수준 난이도의 검사로 해석할 수 있으며, 문항변별도의 평균은 .180으로서 검사변별력이 낮은 검사임을 알 수 있다. 검사의 신뢰도인 Cronbach α는 .633이며, 측정오차는 3.201로서 신뢰할 수 있는 것으로 해석할 수 있다.

중앙값은 점수를 가장 낮은 점수부터 높은 점수까지 배열하여 중간에 위치한 점수로서 이 검사에서는 45점이다. 왜도는 점수분포가 대칭성을 벗어난 정도와 편포 정도를 나타내며 0에 가까울수록 정규분포가 된다. 왜도가 양수이면 정적 편포이고, 음수이면 부적 편포다. 이 자료에 의한 검사점수와 분포의 왜도는 −.342로 부적 편포를 나타낸다. 부적 편포란 분포의 꼬리가 왼쪽으로 늘어진 형태의 분포를 말한다. 첨도란 분포의 뾰족한 정도를 나타내는 지수로서 정규분포의 첨도는 0으로, 양수이면 정규분포보다 뾰족하고, 음수이면 정규분포보다 완만하다.

119명의 피험자 중 점수의 상위 27%에 해당하는 피험자 수는 36명으로 그들 중 최저점수는 49점이다. 점수의 하위 27%에 해당하는 피험자 수는 32명으로 그들 중 최고점수는 41점이다.

'해당 문항을 제외한 검사의 신뢰도'란, 그 문항을 제외하고 나머지 문항들로 구성된 검사의 신뢰도를 추정하였을 때 나타나는 Cronbach α를 말한다. 결과파일을 예로 들어 설명하면, 총 70문항에 대한 검사의 Cronbach α값은 .633인데, 1번 문항을 제외한 Cronbach α값은 .641이다. 1번 문항을 제거하면 검사의 신뢰도가 .641로 오히려 증가함을 알 수 있다. 이는 문항분석에서도 좋지 않은 문항으로 분석된 것과 관련이 된다. 2번 문항을 제거하면 Cronbach α값은 .633에서 .629로 감소하기 때문에 제거하면 안 될 좋은 문항임을 알 수 있다.

4. 고전검사이론의 장단점

고전검사이론은 19세기 말부터 전개되어 현재까지 사용되고 있는 이론으로서 비교적 간단한 절차에 의해 문항분석과 검사분석을 실시할 수 있다. 문항난이도, 문항변별도, 문항추측도, 신뢰도, 타당도 등의 용어들은 고전검사이론에서 연유되었으며, 우리나라 교육현장에서는 추정방법과 계산이 쉬운 고전검사이론을 사용하고 있다. 그러나 고전검사이론은 **문항 모수의 불변성 개념**과 **피험자 능력의 불변성 개념**이 유지되지 않으며 피험자 능력도 정확하게 추정하지 못한다는 문제점이 있다.

고전검사이론에 의한 문항난이도 추정의 문제점은 그 문항에 응답한 피험자 집단의 특성에 의하여 문항 특성이 달리 분석된다는 것이다. 즉, 어떤 문항에 응답한 피험자 집단의 능력이 높으면 쉬운 문항으로 분석되고, 피험자 집단의 능력이 낮으면 어려운 문항으로 분석된다.

고전검사이론에 의한 피험자 능력추정은 검사의 난이도에 따라 피험자 능력추정이 변화된다는 문제점이 있다. 다시 말하면, 검사가 쉽게 제작되면 피험자 능력은 과대 추정되고, 검사가 어렵게 제작되면 피험자 능력이 과소 추정된다.

고전검사이론에는 총점에 의하여 피험자들의 능력을 비교한다. 만약 두 학생이 다섯 문항의 검사를 실시하여 〈표 14-11〉과 같이 동일한 3점을 얻었을 때 두 피험자의 능력은 같다고 해석한다.

〈표 14-11〉 두 학생의 문항 응답결과와 총점

문 항	피험자	
	철 수	영 희
1	1	0
2	1	1
3	1	1
4	0	1
5	0	0
총 점	3	3

1번부터 5번 문항까지 문항의 어려운 정도가 균일하다면 철수와 영희의 능력은 같다고 할 수 있다. 그러나 다섯 문항의 문항난이도를 동일하게 제작하기는 거의 불가능하다. 사실상 앞에서 다섯 문항의 문항난이도가 다르므로 쉬운 문항부터 어려운 문항으로 배열하였다고 가정한다면 철수는 매우 쉬운 세 문항만 맞혔으므로 영희보다 능력이 낮다고 할 수 있다. 영희가 철수보다 능력이 높음에도 불구하고 매우 쉬운 1번 문제를 틀린 것은 부주의에 의한 결과일 수 있다.

고전검사이론의 단점을 살펴보면 크게 다음의 세 가지로 요약할 수 있다.

첫째, 문항난이도, 문항변별도와 같은 문항의 고유한 특성이 피험자 집단의 특성에 의하여 변화된다.

둘째, 피험자의 능력이 검사도구의 특성에 따라 달리 추정된다.

셋째, 피험자들의 능력을 비교할 때 총점에 근거하므로 정확성이 결여된다.

이상의 문제점을 해결하기 위하여 문항반응이론이 등장하게 되었다.

주요 단어 및 개념

고전검사이론	관찰점수	진점수
오차점수	문항난이도	문항변별도
문항추측도	문항 교정난이도	오답지 매력도

연습문제

1 고전검사이론의 기본가정을 설명하시오.

2 고전검사이론의 장단점을 설명하시오.

3 〈표 14-5〉의 (3)번 문항의 문항난이도와 문항변별도를 구하고, 그 결과에 대하여 해석하시오.

4 부적 변별도가 나오는 응답자료의 예를 들고, 부적 변별도가 나온 이유에 대하여 설명하시오.

5 문항추측도를 계산하는 공식을 말로 설명하여 보시오.

6 문항추측도와 오답지 매력도는 어떤 관계가 있는지 밝히고, 왜 그런지 설명하시오.

7 TestAn 프로그램에 의하여 응답자료를 분석하고, 그 결과를 해석하시오.

제15장

문항반응이론에 의한 문항분석

1. 문항반응이론

고전검사이론이 관찰점수는 진점수와 오차점수에 의하여 합성되었음을 가정하고 총점에 의하여 문항을 분석하고 피험자 능력을 추정하는 검사이론이라면, **문항반응이론**(Item Response Theory)은 총점에 의하여 문항을 분석하고 피험자의 능력을 추정하는 것이 아니라 문항 하나하나에 근거하여 분석하는 이론이다. 그러므로 문항반응이론은 각 문항마다 고유한 문항특성곡선에 의하여 문항을 분석한다. 문항반응이론은 고전검사이론이 극복하지 못하는 문항 특성의 불변성 개념과 피험자 능력 불변성의 개념을 극복하기 때문에 문항 특성 추정과 피험자 능력 추정에 널리 사용되고 있다.

문항반응이론은 이론적 모형이나 수리적 배경에서 전개되었다고 하기보다는 경험적 필요에 의하여 전개되었다고 할 수 있다. Binet와 Simon(1916)은 지능을 측정하기 위한 문항을 제작한 후 [그림 15-1]과 같이 연령에 따라 문항에 정답한 피험자의 비율을 표시한 점들을 연결하는 곡선을 그려서 연령에 따른 정답률의 변화를 파악하고 이를 기초로 연령에 적합한 문항을 선택하여 검사를 제작하였다.

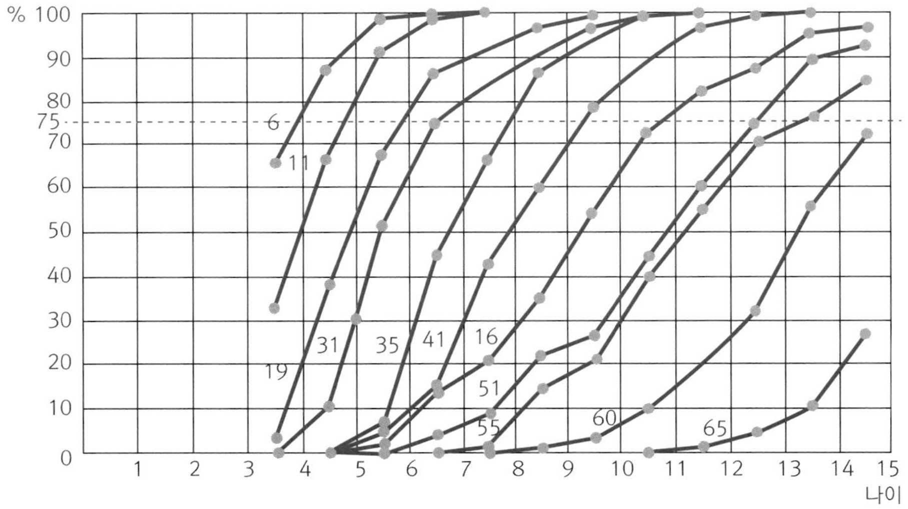

[그림 15-1] 연령에 따라 문항의 답을 맞힌 피험자의 비율

6번 문항의 경우 3.5세 아동들의 65%가 문항의 답을 맞혔고, 4.5세 아동들의 88%, 5.5세 아동들의 99%, 6.5세 이상의 아동들은 모두가 문항의 답을 맞혔다. 41번 문항의 경우 4.5세 이하의 아동들은 문항의 답을 전혀 맞히지 못하였으며, 5.5세 아동들의 5%, 6.5세 아동들의 15%, 7.5세 아동들의 43.5%, 8.5세 아동들의 60%, 9.5세 아동들의 78%, 11.5세 아동들의 97%, 12.5세 아동들의 99.5%, 13.5세 아동들은 모두가 문항의 답을 맞혔다. 6번, 41번의 곡선에서 알 수 있는 것은 나이가 증가하면서 문항의 답을 맞히는 아동들의 비율이 증가함을 알 수 있고, 더욱 중요한 것은 6번, 41번 문항이 나이에 따라 달리 기능함을 알 수 있다. 6번 문항은 3세부터 7세 아동들의 지능을 잘 측정할 수 있는 문항이고, 41번 문항은 5세 이상 13세 이하 아동들의 지능을 측정할 수 있는 문항임을 알 수 있다.

연령에 적합한 문항을 선정하기 위하여 Binet와 Simon은 피험자 집단의 정답비율이 .75에 해당되는 기준을 설정하여 정답비율 .75에 해당되는 나이가 그 문항을 실시하기에 적합한 나이로 판정하였다. 그러므로 6번 문항은 4세 아동에게, 41번 문항은 9세와 10세 아동에게 실시할 수 있는 적합한 문항으로서 나이에 따른 지능검사를 구성하는 문항이 된다.

교육학 분야에서 지능검사를 제작할 때 연령에 적합한 문항을 선정하기 위한 방법과 같이 생물학 분야에서 동·식물의 시간에 따른 성장률에 대한 연구가

1800년대 중반부터 이루어졌다. 어느 시점에 동 · 식물의 성장이 가장 활발히 이루어지거나 완료되는지를 파악하기 위하여 로지스틱 함수를 사용하였다. 그 이후, 문항반응이론은 이론적 공백기를 가져오다 Richardson(1936)이 고전검사이론에 의한 문항 특성 추정과 문항반응이론에 의한 문항특성 추정의 관계를 처음으로 증명하였으며, Lawley(1943)가 문항반응이론과 고전검사이론과의 관계를 재정립하고 문항 특성을 추정하는 수리적 모형과 방법을 제안하였으나 계산상의 복잡함과 어려움으로 발전이 늦어지다가 1980년대 들어 컴퓨터를 사용하면서 많이 발전하여 교육측정 분야에 보편화되고 있는 검사이론이다.

문항반응이론을 전개하기 위해서는 일차원성 가정과 지역독립성 가정이 충족되어야 한다. **일차원성 가정**(unidimensionality assumption)이란 검사가 측정하는 내용은 하나의 특성(single trait)이어야 한다는 가정이다. 예를 들어, 수리력을 측정하는 검사는 수리력을 측정하여야 하지 어휘력이 영향을 주어서는 안 된다는 가정이다. 이는 한 검사는 하나의 내용을 측정하여야 한다는 의미다. 최근에 와서 검사가 여러 특성을 측정하는 경우도 적지 않으므로 다차원 문항반응이론(multiple item response theory)이 전개되고 있으나 여기서는 다루지 않는다.

둘째, **지역독립성 가정**(local independence assumption)이란 어떤 능력을 가진 피험자의 하나의 문항에 대한 응답은 다른 문항의 응답에 영향을 주지 않는다는 가정으로서, 어떤 문항과 다른 문항의 답을 맞힐 확률은 상호 독립적이라는 의미다.

문항반응이론은 문항모수, 즉 문항난이도, 문항변별도, 문항추측도를 안정적으로 추정하여 문항 특성이 불변하기 때문에 양질의 문항을 모아 문제은행을 구축하는 것과 나아가 컴퓨터화 검사에 이용된다.

2. 문항특성곡선

[그림 15-1]의 나이에 따라 문항의 답을 맞힐 확률을 나타내는 곡선에서 나이가 많으면 능력이 높음을 가정하여 나이를 능력으로 바꾸면 이 곡선은 능력에 따라 문항의 답을 맞힐 확률을 나타낸 곡선이 되며, 이를 **문항특성곡선**(Item Characteristic

Curve: ICC)이라 한다. 문항특성곡선이라는 용어는 Tucker(1946)에 의하여 처음 사용되었다. 문항특성곡선은 피험자 능력과 문항의 답을 맞힐 확률과의 함수관계를 나타내며, 피험자 능력에 따라 문항의 답을 맞힐 확률을 나타낸다. 문항특성곡선의 형태는 다양하나 일반적으로 [그림 15-2]와 같이 S자 형태의 곡선을 나타낸다.

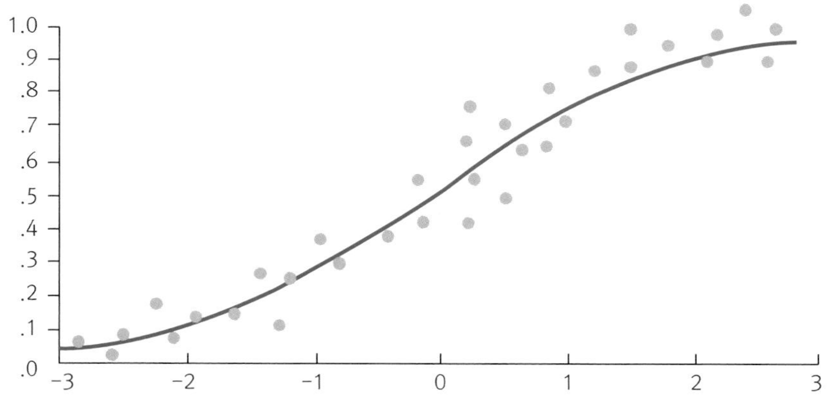

[그림 15-2] 능력수준에 따른 관찰된 정답비율과 문항특성곡선

문항특성곡선의 X축은 피험자 능력을 나타내며 θ로 표기하고, 피험자 능력은 평균이 0이고 표준편차가 1인 표준점수척도를 사용하므로 대부분의 피험자 능력은 −3에서 +3에 위치한다. 문항특성곡선의 Y축은 피험자 능력 θ에 따라 문항의 답을 맞힐 확률을 나타내며, $P(\theta)$로 표기한다. 문항특성곡선은 능력수준에 따라 문항의 답을 맞힐 피험자들의 정답비율, 즉 관찰된 정답비율의 점들을 대표하는 곡선이다. [그림 15-2]에서 각 능력수준에 있는 많은 피험자 중에 그 문항에 답을 맞힌 피험자들의 정답비율은 어느 특정 선상에 있는 것이 아니라 흩어져서 어떤 경향을 띠게 된다.

[그림 15-2]에 제시되어 있는 문항특성곡선을 통하여 능력이 −2에 있는 피험자가 문항의 답을 맞힐 확률은 약 .1이고 능력이 +3에 있는 피험자가 문항의 답을 맞힐 확률은 1.0에 가까움을 알 수 있다.

문항특성곡선은 문항마다 고유한 특성을 지니고 있으므로 각기 다른 형태로 나타난다. 만약 세 문항의 문항특성곡선이 [그림 15-3]과 같다고 하자.

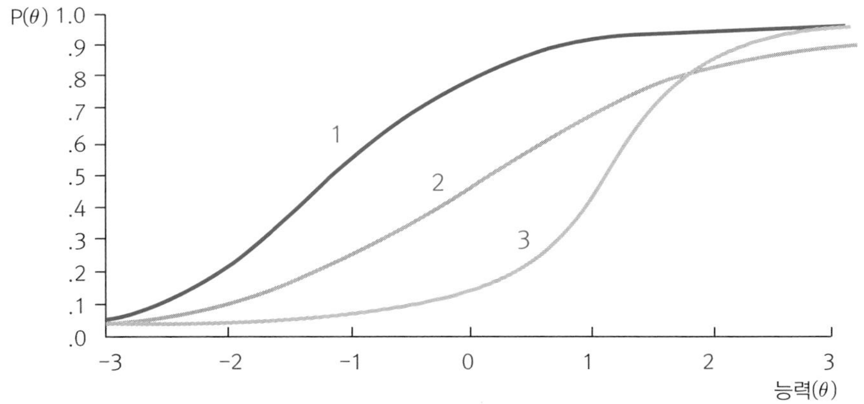

[그림 15-3] 세 문항의 문항특성곡선

1번, 2번, 3번 문항 모두 다른 형태의 문항특성곡선을 가지고 있으며, 이는 각기 달리 기능함을 의미한다. 1번 문항과 3번 문항을 비교할 때, 3번 문항은 1번 문항보다 오른쪽에 위치하여 능력이 높은 피험자들에게 기능하고 1번 문항은 능력이 낮은 피험자들에게 기능한다. 이를 볼 때 3번 문항이 1번 문항보다 더 어렵다는 것을 알 수 있다. 2번 문항과 3번 문항을 비교하면, 피험자 능력이 증가할 때 3번 문항은 2번 문항보다 피험자가 문항의 답을 맞힐 확률의 변화가 심하므로, 즉 확률의 차이가 크므로 피험자의 능력을 더 잘 변별할 수 있다. 그러므로 문항특성곡선에 의하여 그 문항의 어려운 정도, 변별 정도, 추측 정도를 분석할 수 있다.

3. 문항반응이론에 의한 문항분석

1) 문항난이도

문항난이도(item difficulty)는 문항의 어려운 정도를 나타내는 지수로서 문항반응이론에서는 문항특성곡선이 어디에 위치하여 기능하는가와 연관된다. 어떤 문항은 높은 능력수준의 피험자들에게 기능하고, 어떤 문항은 능력수준이 낮은 피험자들에게서 기능할 수 있다. 문항의 기능이 각기 다른 세 문항의 문항특성곡선이 [그림 15-4]와 같다고 가정하자.

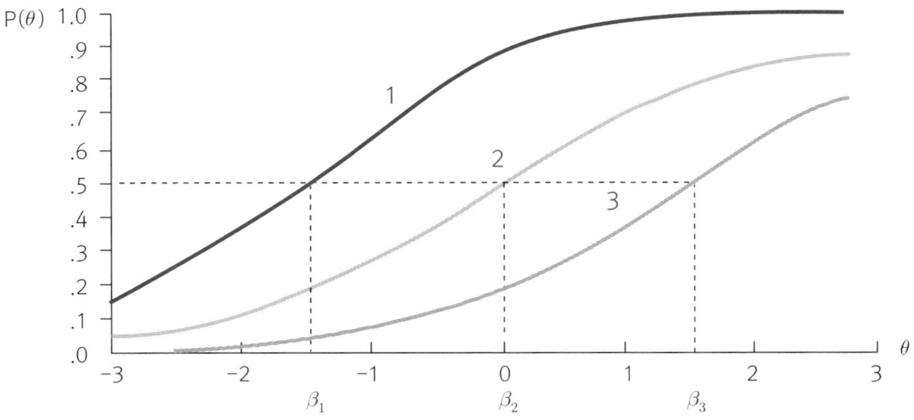

[그림 15-4] 문항난이도가 다른 세 문항의 문항특성곡선

앞의 세 문항이 기능하는 위치는 전체 능력범위에 걸치나, 1번 문항은 주로 능력수준이 낮은 피험자들에게서 기능하고, 3번 문항은 보다 높은 능력수준의 피험자 집단에서 기능함을 알 수 있다. 그러므로 직감적으로 3번 문항이 1번 문항보다 어렵다는 사실을 알 수 있다. 1번, 2번, 3번 문항의 문항특성곡선을 보고 설명을 하더라도 능력수준이 0에 있는 피험자가 1번 문항의 답을 맞힐 확률은 .8이며, 2번 문항의 답을 맞힐 확률은 .5, 3번 문항의 답을 맞힐 확률은 .1로서 3번 문항이 가장 어려움을 알 수 있다.

문항반응이론에서 문항특성곡선이 나타내는 문항난이도는 문항의 답을 맞힐 확률이 .5에 해당되는 능력수준의 점을 의미한다. 즉, 문항난이도란 문항의 답을 맞힐 확률이 .5에 해당되는 능력수준의 점을 말하며, β 혹은 b로 표기한다. 문항난이도의 이론적 범위는 $-\infty$에서 $+\infty$에 존재하나 실제로는 -2에서 $+2$ 사이에 일반적으로 존재하며, 그 값이 클수록 그 문항은 어렵다고 해석된다. 문항반응이론에 의한 문항난이도는 총 응답자 중 정답자의 비율로 정의하는 고전검사이론에 의한 문항난이도와 다르다.

문항반응이론에 의한 문항난이도에 따른 언어적 표현은 〈표 15-1〉과 같다. 이와 같은 문항난이도에 대한 해석의 기준은 절대적 기준이라기보다는 이해를 돕기 위한 서술적 표현이다.

〈표 15-1〉 문항난이도의 범위에 따른 언어적 표현

문항난이도 지수	언어적 표현
−2.0 미만	매우 쉽다
−2.0 이상 ~ −0.5 미만	쉽다
−0.5 이상 ~ +0.5 미만	중간이다
+0.5 이상 ~ +2.0 미만	어렵다
+2.0 이상	매우 어렵다

2) 문항변별도

문항변별도(item discrimination)는 문항난이도를 나타내는 피험자 능력수준 보다 낮은 능력의 피험자와 높은 능력의 피험자를 변별하는 정도를 나타낸다. 즉, 문항이 피험자의 능력수준을 변별하는 정도를 나타낸다. 문항반응이론에 의한 세 개의 문항특성곡선에 의하여 문항변별도를 설명하면 [그림 15-5]와 같다.

1번, 2번, 3번 세 문항의 문항난이도는 같으나 문항특성곡선의 기울기가 다름을 볼 수 있다. 3번 문항은 피험자의 능력수준이 증가하여도 문항의 답을 맞힐 확률의 변화가 심하지 않은 반면에 1번 문항은 능력수준이 변함에 따라 문항의 답을 맞힐 확률이 심하게 변함을 알 수 있다. 따라서 1번 문항이 3번 문항보다 피험자를 잘 변별하여 준다고 말할 수 있다.

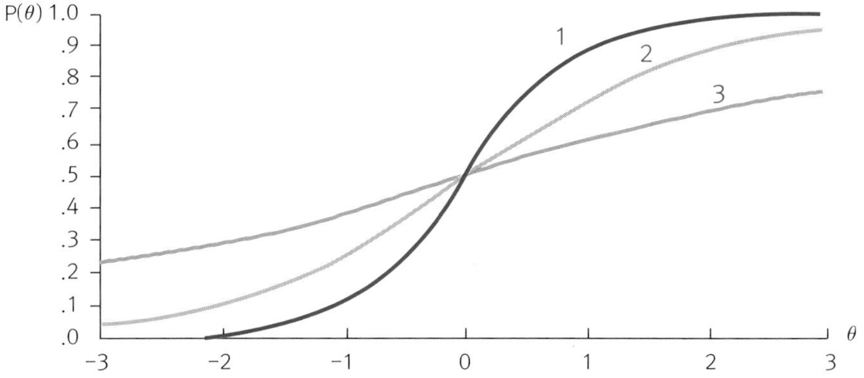

[그림 15-5] 문항변별도가 다른 세 문항의 문항특성곡선

두 문항특성곡선의 기울기가 다름을 통해 1번 문항의 변별력이 3번 문항의 변별력보다 높다는 사실을 두 문항특성곡선을 볼 때 알 수 있다. 즉, 문항특성곡선의 기울기가 가파를수록 문항변별도가 높은 것이다. 그렇다면 문항특성곡선의 어느 지점에서의 기울기인가가 문제가 된다. 문항특성곡선에서 문항의 기울기가 가장 가파른 부분은 문항난이도를 나타내는 문항특성곡선상의 점이므로 문항변별도는 문항난이도를 나타내는 점에서의 문항특성곡선의 기울기를 말한다. 문항변별도는 a 혹은 α 로 표기하며, 일반적으로 0에서 +2.0의 범위에 있다.

문항변별도의 언어적 표현에 대응하는 문항변별도 지수의 범위는 〈표 15-2〉와 같다.

〈표 15-2〉 언어적 표현에 의한 문항변별도의 범위

정규오자이브 모형	로지스틱 모형	언어적 표현
.00	.00	없다
.00 이상 ~ .20 미만	.00 이상 ~ .35 미만	거의 없다
.20 이상 ~ .39 미만	.35 이상 ~ .65 미만	낮다
.39 이상 ~ .80 미만	.65 이상 ~ 1.35 미만	적절하다
.80 이상 ~ .99 미만	1.35 이상 ~ 1.70 미만	높다
1.0 이상	1.70 이상	매우 높다
+∞	+∞	완벽하다

고전검사이론에 의한 문항변별도는 문항점수와 검사 총점과의 상관계수에 의하여 추정되나 문항반응이론에 의한 문항변별도는 문항특성곡선의 기울기를 말하므로 문항변별도에 대한 두 정의가 상이함을 알 수 있다.

3) 문항추측도

능력이 전혀 없는 피험자는 문항의 답을 전혀 맞히지 못한다. 그러나 실제 시험에 있어서 능력이 전혀 없는 학생도 추측에 의하여 문항의 답을 맞힐 수 있다. 이를 **문항추측도**라 하며, 문항특성곡선에 의하면 [그림 15-6]과 같다.

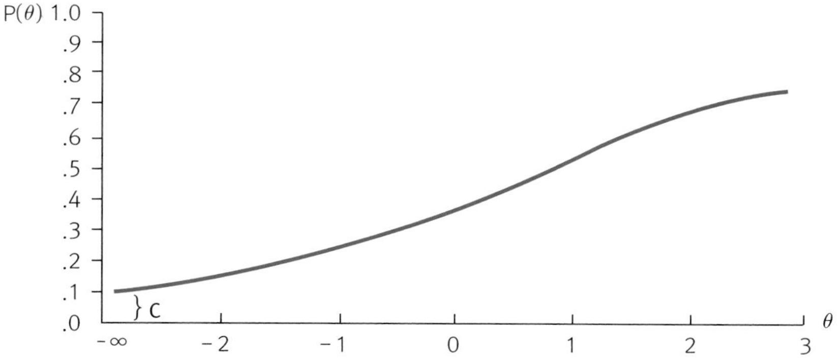

[그림 15-6] 문항특성곡선상의 문항추측도

이 문항특성곡선에서 능력이 전혀 없는, $-\infty$에 있는 피험자가 문항의 답을 맞힐 확률은 0이 아니라 .1이다. 문항추측도는 c로 표기하며, 일반적으로 사지 선다형 문항에서 .2를 넘지 않는다.

4. 문항반응모형

문항반응이론에 의한 문항모수인 문항난이도, 문항변별도, 그리고 문항추측도 추정은 문항반응모형에 의존한다. 문항특성곡선을 추정하는 수리적 모형은 정규분포에 근거한 **정규오자이브 모형**과 이를 간단히 한 **로지스틱 모형**으로 구분한다. 그리고 문항모수 중 문항난이도만 고려한 **1-모수 모형**, 문항난이도와 문항변별도를 고려한 **2-모수 모형**, 문항추측도까지 고려한 **3-모수 모형**이 있으며, 각 모형의 공식은 〈표 15-3〉과 같다.

〈표 15-3〉 정규오자이브 모형과 로지스틱 모형의 공식

	정규오자이브 모형	로지스틱 모형
1-모수	$P_i(\theta_j) = \int_{-\infty}^{(\theta-b)} \frac{1}{\sqrt{2\pi}} e^{\frac{-z^2}{2}} dz$	$P_i(\theta_j) = \frac{1}{1+e^{-1.7(\theta-b)}}$
2-모수	$P_i(\theta_j) = \int_{-\infty}^{a(\theta-b)} \frac{1}{\sqrt{2\pi}} e^{\frac{-z^2}{2}} dz$	$P_i(\theta_j) = \frac{1}{1+e^{-1.7a(\theta-b)}}$
3-모수	$P_i(\theta_j) = c+(1-c)\int_{-\infty}^{a(\theta-b)} \frac{1}{\sqrt{2\pi}} e^{\frac{-z^2}{2}} dz$	$P_i(\theta_j) = c+(1-c)\ \frac{1}{1+e^{-1.7a(\theta-b)}}$

i : 문항　　j : 피험자

3-모수 모형의 공식을 보면 문항추측도인 c와 문항변별도인 a, 그리고 문항난이도인 b가 포함되어 있으나, 2-모수 모형의 공식에는 문항추측도가 없으며, 이는 문항추측도를 0으로 간주하는 모형이다. 1-모수 모형은 문항난이도만 고려한 문항반응모형으로 모든 문항의 문항변별도는 1로, 그리고 문항추측도는 0으로 가정한다. Rasch **모형**은 1-모수 로지스틱 모형과 같으며, 수식이 간단하기 때문에 1970년대 문항반응이론을 널리 보급하는 데 사용되었으나 최근에는 3-모수 모형에 의하여 문항을 분석하고 피험자 능력을 추정하고 있다.

동일한 응답자료를 가지고 문항모수와 피험자 능력을 추정할 때 정규오자이브 모형이나 로지스틱 모형 중에서 하나를 선택하고 1-모수, 2-모수, 3-모수 모형 중 하나를 선택할 수 있다. 문항반응모형은 문항분석가가 선택할 수 있으나 일반적으로 수리적으로 간단한 로지스틱 모형을 선택하고 문항난이도, 문항변별도, 문항추측도를 모두 고려하는 3-모수 모형을 선택하는 경향이다. 왜냐하면 1-모수 모형은 문항변별도와 문항난이도가 모든 문항에 동일하다고 보고 두 문항모수를 고려하지 않은 모형이고, 2-모수 모형 역시 문항추측도를 고려하지 않기 때문에 문항특성곡선, 즉 문항모수를 정확하게 추정할 수 없기 때문이다. 수리적 모형이나 모수의 수가 다르면 문항난이도, 문항변별도, 문항추측도는 달리 추정된다.

문항반응모형에 의해 문항특성곡선을 추정하는 방법은 2-모수 로지스틱 모형에 의한 계산절차를 예로 설명한다. 어떤 문항의 문항난이도가 1.0이고, 문항변별도가 .5라고 하였을 때, 문항특성곡선의 추정절차는 다음과 같다.

문항난이도$(b)=1.0$

문항변별도$(a)=0.5$일 때,

$P_i(\theta_j)=\dfrac{1}{1+e^{-1.7L}}=\dfrac{1}{1+e^{-1.7a(\theta-b)}}$ 를 계산하기 위하여,

첫째, 각 능력수준에서 $a(\theta-b)$를 계산한다. $a(\theta-b)$를 로지스틱 편차(logistic deviate), 다른 말로 로지트(logit, L)라 한다. 능력수준 −3에서 로지트는,

$$L=a(\theta-b)=.5(-3.0-1.0)=-2.0\text{이다.}$$

둘째, $e^{-1.7L}=e^{3.4}=29.96$이다.

셋째, 문항의 답을 맞힐 확률을 계산하는 공식의 분모는 다음과 같이 계산된다.

$$1+e^{-1.7L}=1+29.96=30.96$$

마지막으로 $P_i(\theta_j)=\dfrac{1}{1+e^{-1.7L}}=\dfrac{1}{30.96}=.03$이다. 그러므로 −3.0의 능력수준에서 이 문항의 답을 맞힐 확률은 .03이다. 〈표 15-4〉는 −3부터 +3까지의 능력범위를 균등하게 7개의 능력수준으로 구분하여 로지스틱 모형에 의한 각 능력수준에서 문항의 답을 맞힐 확률을 보여 준다.

〈표 15-4〉 a=.5, b=1.0인 문항의 2-모수 로지스틱 모형의 능력수준에 따른 문항의 답을 맞힐 확률

$$P_i(\theta_j)=\frac{1}{1+e^{-1.7a(\theta-b)}}=\frac{1}{1+e^{(-1.7)(.5)(\theta-1)}}$$

능력(θ_j)	로지트 $a(\theta-b)=L$	$e^{-1.7L}$	$1+e^{-1.7L}$	$P(\theta)$
−3	−2.0	$e^{3.4}=29.96$	30.96	.03
−2	−1.5	$e^{2.55}=12.81$	13.81	.07
−1	−1.0	$e^{1.7}=5.47$	6.47	.15
0	−.5	$e^{.85}=2.34$	3.34	.30
1	0	$e^{0}=1.00$	2.00	.50
2	.5	$e^{-.85}=.43$	1.43	.70
3	1.0	$e^{-1.7}=.18$	1.18	.85

〈표 15-4〉에 의한 문항특성곡선은 [그림 15-7]과 같고 수직의 화살표는 문항난이도를 말하며, 문항난이도를 나타내는 지점에서의 문항특성곡선상의 기울기는 문항변별도를 나타낸다.

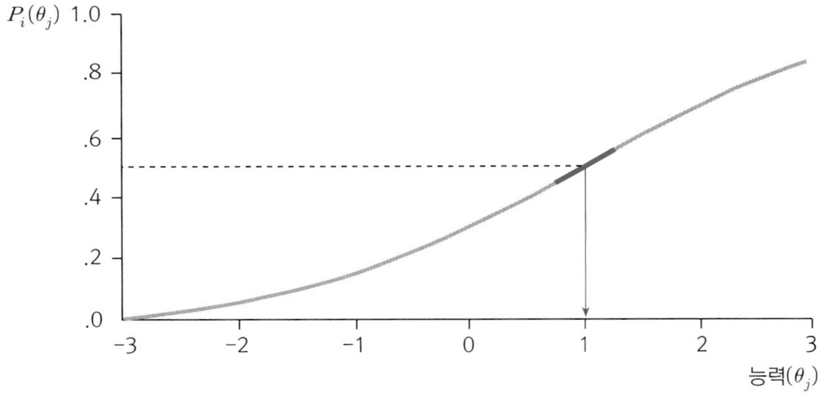

[그림 15-7] a=.5, b=1.0인 문항의 2-모수 로지스틱 문항반응모형에 의한 문항특성곡선

참고적으로 정규오자이브 모형과 로지스틱 모형을 비교해 볼 때, 이 두 모형이 수리적으로 다르더라도 정규오자이브 모형에 의하여 추정된 문항변별도에 1.7을 곱하면 어떤 수리적 모형을 선택하더라도 능력수준에 따라 문항의 답을 맞힐 확률에 차이가 없음을 알 수 있다. 계산상의 편의를 위하여 1.7을 곱하였으나 Harley(1952)가 발견한 상수는 1.702이다.

문항반응모형에 대한 수리적 개념을 이해하기 위하여 성태제(1991), 성태제(2001), Baker(1992), Baker와 Kim(2004), Hambleton과 Swaminathan(1985), Lord(1980)를 참고하라.

5. 진점수

3개의 문항으로 구성된 검사를 실시하였고, 문항을 분석하여 문항특성곡선들이 [그림 15-8]과 같다고 하자.

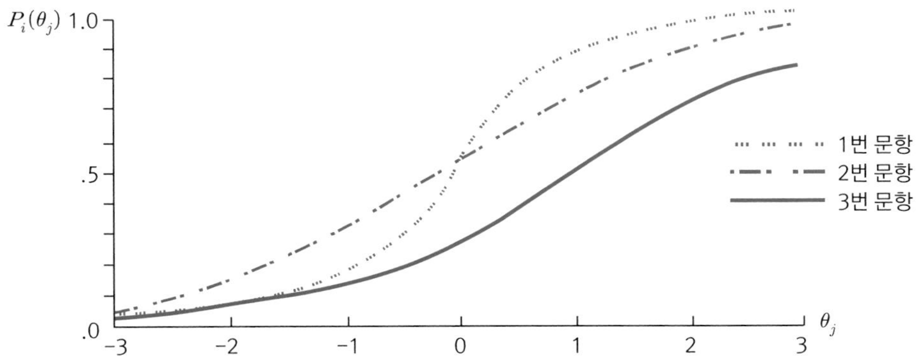

[그림 15-8] 세 문항의 문항특성곡선

각 능력수준에서 각 문항의 답을 맞힐 확률 $P(\theta)$들을 합하면 [그림 15−9]와 같은 곡선이 그려지고 이는 그 검사에서 얻을 수 있는 점수의 기대값이 된다.

[그림 15−9]는 세 문항특성곡선을 더하여 그린 곡선으로 능력 θ가 −3인 피험자가 얻을 수 있는 점수는 .2점이고 능력이 +3인 피험자는 3점을 얻게 된다. 이와 같이 문항특성곡선을 합하여 그린 곡선을 **검사특성곡선**(Test Characteristic Curve: TCC)이라 하며, 이는 능력에 따라 얻을 수 있는 점수를 말하여 준다. 그러므로 [그림 15−9]의 검사특성곡선에서 Y축은 **진점수**(true score)라 하고, 이 진점수는 다음 공식에 의하여 얻을 수 있다.

$$TS = \sum P_i(\theta_j)$$

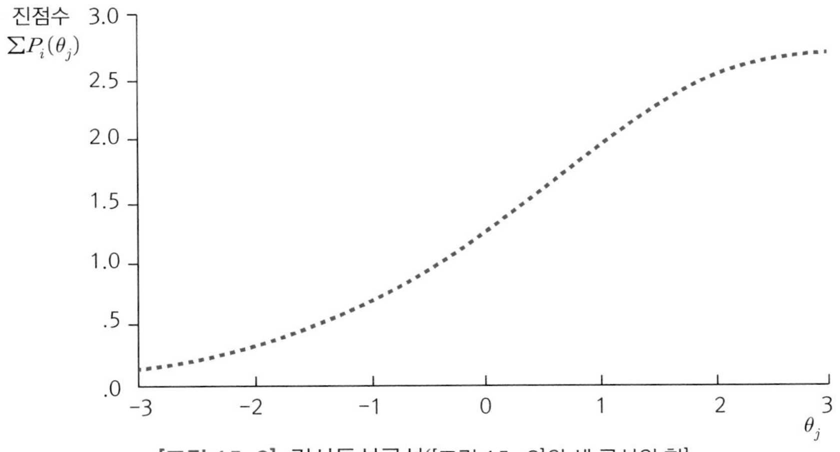

[그림 15-9] 검사특성곡선([그림 15-8]의 세 곡선의 합)

고전검사이론에서 진점수는 같은 검사를 무한히 반복적으로 실시하여 얻은 점수의 평균으로 추정하였으나 문항반응이론에 의한 진점수는 문항모수에 의하여 계산된 문항의 답을 맞힐 확률의 합이 된다.

6. 정보함수

1) 문항정보함수

문항정보함수(Item information function)란 문항이 전체 능력범위에 흩어져 있는 피험자의 능력을 얼마나 정확하게 추정하고 있는지를 말하여 준다. 특정 문항을 사용하여 피험자의 능력을 측정함에 있어서 측정의 오차가 상대적으로 작으면 문항정보가 크고, 반대로 측정의 오차가 크면 문항정보는 작다. 문항난이도가 피험자의 능력수준과 같을 때 피험자의 능력을 가장 오차 없이 정확하게 추정할 수 있다. 너무 어려우면 피험자의 검사불안이 높아져 실수하는 경우가 있을 뿐 아니라 너무 쉬우면 부주의하여 실수할 수 있기 때문이다. 문항정보곡선의 예로 [그림 15-10]을 들 수 있다.

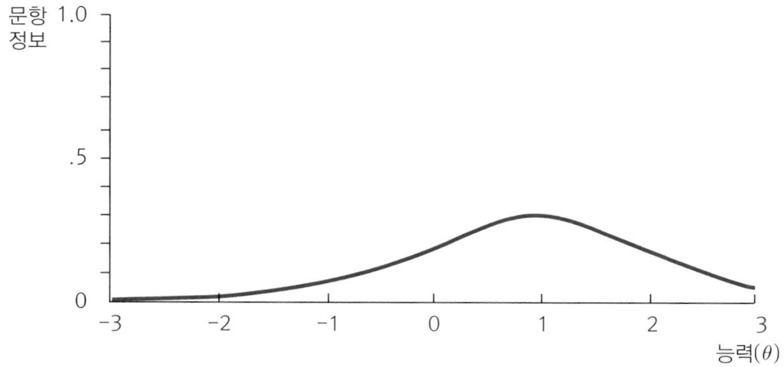

[그림 15-10] 문항모수 b=1.0, a=1인 문항의 2-모수 모형에 의한 문항정보곡선

[그림 15-10]의 문항정보곡선은 능력이 1.0인 지점에서 정보가 많으며 좌우로

정보가 급격하게 감소한다. 이는 능력수준이 1.0에 있는 피험자의 능력을 가장 정확하게 측정하고 능력 1.0에서 멀어질수록 능력추정의 정확성이 감소됨을 의미한다. 문항정보곡선은 피험자 능력에 따라 각기 다른 정보의 양을 나타낸 것이다. 로지스틱 모형의 경우 각 모수에 따른 **문항정보함수**의 **추정공식**은 〈표 15-5〉와 같다.

〈표 15-5〉 문항정보함수의 수학적 공식

	문항정보함수
1-모수	$I_i(\theta_j) = P_i(\theta_j)\ Q_i(\theta_j)$
2-모수	$I_i(\theta_j) = a_i^2 P_i(\theta_j)\ Q_i(\theta_j)$
3-모수	$I_i(\theta_j) = a_i^2 \dfrac{Q_i(\theta_j)}{P_i(\theta_j)} \left[\dfrac{P_i(\theta_j) - c_i}{1 - c_i} \right]^2$

2) 검사정보함수

문항정보함수는 검사의 각 문항으로부터 계산할 수 있지만 문항정보함수를 사용하는 일은 드물다. 한 문항을 통해 계산된 정보의 양은 매우 작기도 하지만 일반적으로 하나의 문항으로 피험자의 능력을 추정하는 경우는 거의 없기 때문이다. 특정검사가 피험자의 능력을 얼마나 정확하게 추정하고 있는가는 **검사정보함수**(Test Information Function)를 통해 알 수 있다. 하나의 검사는 문항들의 집합체이기 때문에 검사정보는 문항정보의 총합으로 계산된다. 그러므로 검사정보함수는 문항정보함수의 합이 되며, **공식**은 다음과 같다. 문항정보함수의 예는 [그림 15-11]과 같다.

$$I(\hat{\theta}) = \sum_{i=1}^{n} I_i(\hat{\theta_j})$$

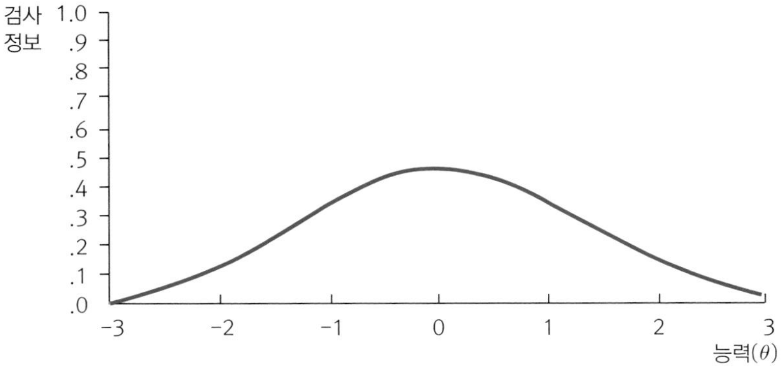

[그림 15-11] 검사정보함수

[그림 15−11]에서 검사정보의 최대값은 적절하다 할 수 있으며 최대 정보의 양을 갖는 능력수준은 .0이며, 이 능력수준에서 멀어질 때 검사정보 양은 완만하게 감소한다. 그러므로 이 검사는 능력척도의 거의 중심 부분에 있는 피험자들의 능력을 가장 정확히 추정한다. 또한 능력수준이 매우 높거나 낮은 피험자의 능력을 보다 정확히 추정하고 있지 못함을 알 수 있다.

검사정보함수곡선은 문항정보함수곡선을 합하여 만들어진 곡선으로 어느 능력수준의 피험자의 능력이 보다 정확히 추정되었느냐에 대한 정보를 제공한다. 규준참조평가의 목적을 지닌 검사의 검사정보함수곡선은 모든 능력수준에서 균일하게 높은 정보함수를 지니는 것이 바람직하고, 준거참조검사에서는 준거에 해당하는 능력수준에서의 정보함수가 가장 높은 검사가 바람직하다.

7. 문항반응이론의 장점

고전검사이론에 의하여 문항난이도, 문항변별도, 문항추측도를 추정하면 동일한 문항일지라도 피험자 집단의 특성에 따라 달리 추정된다. 동일한 문항이라도 어떤 집단에서 검사를 실시하느냐에 따라 쉬운 문항으로 분석되거나 그와 반대로 어려운 문항으로 분석될 수도 있다. 또한 문항변별도도 피험자들의 능력수준이 보다 유사한 경우에는 낮게 추정된다.

이에 비하여 문항반응이론은 피험자 집단의 특성에 관계없이 문항마다 고유한 하나의 문항특성곡선을 그리게 된다. 이를 문항반응이론에서는 **문항특성의 불변성 개념**을 유지한다고 한다. 예를 들어, 능력수준이 다른 두 피험자 집단에게 각기 검사를 실시한 후 문항특성곡선을 그렸을 때 두 문항특성곡선은 동일하다.

능력이 낮은 피험자 집단에 검사를 실시한 후 그 응답자료를 가지고 문항난이도, 문항변별도, 문항추측도를 추정하고, 능력이 높은 집단에 검사를 실시한 후 문항난이도, 문항변별도, 문항추측도를 추정하였을 때 이들 값은 같다. 능력이 낮은 피험자 집단에게 검사를 실시하여 얻은 피험자 집단의 관찰된 문항 정답비율과 이를 대표하는 문항특성곡선은 [그림 15-12]와 같다.

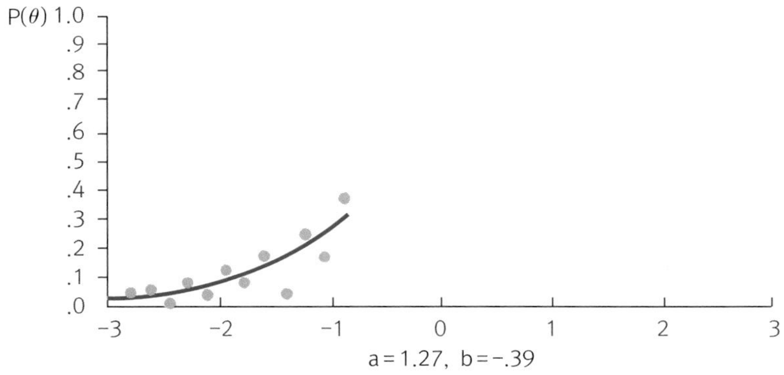

[그림 15-12] 능력이 낮은 피험자 집단의 관찰된 문항 정답비율과 문항특성곡선

능력수준이 낮기 때문에 능력수준이 −1 이하에서 피험자 능력수준별로 정답비율이 나타나고 그를 대표하는 문항특성곡선을 그리게 된다. 수리적 모형에 의하여 이 문항특성곡선은 능력수준 −1 이상으로도 연속적으로 그려질 수 있다. 능력수준이 낮은 피험자 집단의 응답자료에 의하여 추정된 문항난이도는 −.39이고 문항변별도는 1.27이다. 고전검사이론에 의하여 문항난이도를 추정하면 문항의 답을 맞힌 확률이 능력수준 −3에서 능력수준 −1까지 낮기 때문에 문항난이도가 .2 정도로 매우 어려운 문항으로 분석된다.

같은 문항을 능력이 높은 피험자 집단에게 실시하여 얻은 피험자 집단의 관찰된 문항 정답비율과 이를 대표하는 문항특성곡선은 [그림 15-13]과 같다.

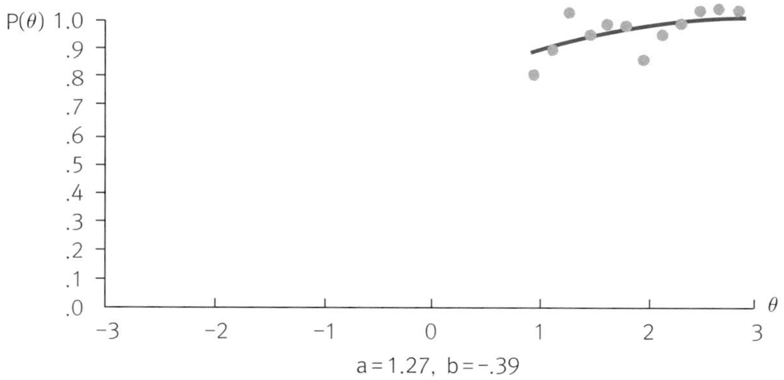

[그림 15-13] 능력이 높은 피험자 집단의 관찰된 문항 정답비율과 문항특성곡선

능력수준이 높은 피험자 집단에게 검사를 실시하였기에 능력수준이 1.0 이상인 범위에서 피험자의 정답비율이 나타나며, 그 점들을 대표하는 문항특성곡선은 능력수준이 1.0 이상인 범위에서 그려지게 된다. 능력수준이 1.0 이상에서 그려진 문항특성곡선은 수리적 모형에 의하여 능력수준이 1.0 이하로도 연속적으로 그려질 수 있으며, 추정된 문항난이도는 −.39이고 문항변별도는 1.27이 된다. 고전검사이론에 의하여 문항난이도를 분석하면 능력이 1에서부터 3까지인 학생들이 문항의 답을 맞힌 피험자의 비율이 높기 때문에 문항난이도는 .9 정도로 쉬운 문항으로 분석된다.

그러나 문항반응이론에 의하면 능력수준이 낮은 피험자 집단의 응답자료로 나타낸 문항특성곡선이나, 능력수준이 높은 피험자 집단의 응답자료로 나타낸 문항특성곡선이나 [그림 15-14]와 같이 동일한 문항특성곡선임을 알 수 있다. 그러므로 문항반응이론에 의하여 문항을 분석하였을 때는 피험자 집단의 특성에도 불구하고 문항난이도, 문항변별도, 문항추측도가 일관성 있게 추정된다.

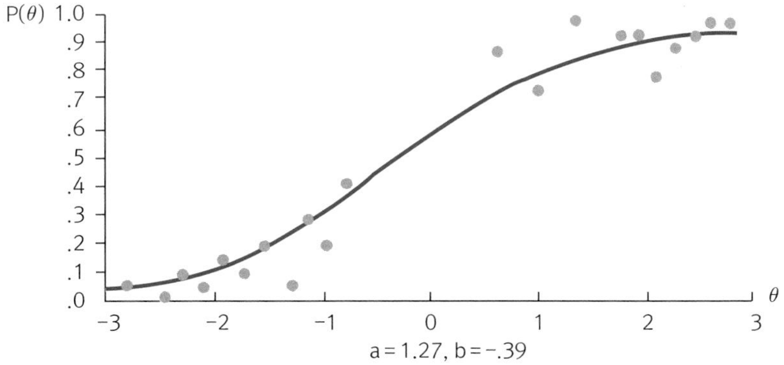

[그림 15-14] 두 피험자 집단의 문항 정답비율에 의한 문항특성곡선

문항반응이론의 다른 강점으로는 피험자의 능력을 추정할 때 쉬운 검사나 어려운 검사를 실시하여도 검사의 난이도에 관계없이 일관성 있게 피험자의 능력을 추정한다는 것이다. 이를 **피험자**의 **능력**의 **불변성 개념**이라 한다. 예를 들어, 검사를 구성하는 문항들의 평균 문항난이도가 1.0인 어려운 검사를 가지고 어떤 피험자의 능력을 추정하였을 때, 그 피험자의 능력이 1.25였다면 평균 문항난이도가 −2.0인 쉬운 검사를 가지고 그 피험자의 능력을 추정하여도 1.25가 된다. 이와 같은 강점은 서열에 의하여 당락이 결정되는 경우 피험자 능력추정의 정확성과 안정성을 확보하므로 매우 바람직하다고 할 수 있다.

피험자의 능력을 추정할 때 고전검사이론은 총점에 근거하므로 문항의 답을 맞힌 문항 수가 같다면 피험자의 능력은 같다고 판명된다. 그러나 똑같은 문항을 맞히지 않았다면 엄밀히 능력이 같다고 말할 수 없다. 따라서 보다 어려운 문항의 답을 맞힌 피험자가 능력이 높게 추정되어야 할 것이다. 1차 대학수학능력시험을 치른 피험자들의 수리능력의 문항반응을 추정하였을 때 20문항 중 답을 맞힌 문항 수와 피험자 능력추정치는 〈표 15-6〉과 같다.

〈표 15-6〉 답을 맞힌 문항 수와 문항반응이론에 의한 능력추정치

피험자	답을 맞힌 문항 수	능력추정치	진점수
A	8	.3773	7.7
B	8	.2332	7.3
C	5	-.6800	4.8
D	18	2.4760	17.5
E	6	-.4406	5.8
F	7	-.1342	6.5
G	6	-.6194	5.2

고전검사이론에 의하면 A 피험자와 B 피험자는 20문항 중 8문항을 맞혔기에 능력이 똑같다고 판정한다. 그러나 A, B 두 피험자가 답을 맞힌 문항들의 문항난이도를 분석할 때 A 피험자가 보다 어려운 문항의 답을 맞혔으므로 문항반응이론에서는 A 피험자의 능력이 B 피험자의 능력보다 높게 추정된다. E 피험자와 G 피험자의 경우도 답을 맞힌 문항 수는 같으나 E 피험자가 보다 능력이 우수한 것으로 분석되었다. 이와 같이 문항반응이론은 피험자의 능력을 보다 정확하게 추정하므로 현재 대학수학능력시험에서 사용하고 있는 임의적 차등배점제를 사용할 필요가 없다.

답을 맞힌 문항 수가 같은 A와 B 피험자라 하더라도 동일한 문항들의 답을 맞히지 않았기 때문에 두 피험자의 능력은 달리 추정되었다. A 피험자가 보다 어려운 문항의 답을 맞혔음을 알 수 있으며 그에 따라 A 피험자의 진점수가 B 피험자의 진점수보다 높게 추정되었다. 즉, 문항반응이론이 고전검사이론보다 피험자의 능력을 더 정확하게 추정한다는 것이다.

8. 문항반응이론에 대한 연구와 적용

이상에서 언급한 문항반응이론의 장점만 보더라도 문항반응이론이 고전검사이론보다 논리적으로 타당하다. 문항반응이론은 1930년대에 제안되어 1970년대까지 이론적 발전을 거듭하였으며, 수많은 측정학자들이 이에 공헌하였다. 문항반응이론

은 고전검사이론에 비하여 수리적으로 복잡하지만 지속적인 연구에 의한 이론적 발전으로 수리적 모형에 의한 문항 특성과 피험자 능력추정절차가 거의 확립되었다. 1980년 초반만 하더라도 미국교육학회(AERA)의 측정분과와 국제측정학회(NCME) 연차학술대회의 발표 논문 중 고전검사이론에 관한 논문이 50%, 문항반응이론에 관한 논문이 50%이던 추세가 1983년을 기점으로 문항반응이론과 관련된 논문이 주류를 차지하고 있다.

학교현장에서, 혹은 상업검사제작회사 등에서 문항반응이론을 적용하는 경향이 날로 증가하기에 이르렀다. 특히 문항을 분석하여 문항을 저장하는 문제은행 구축, 피험자의 능력추정, 자격을 인정하기 위한 자격시험에서의 준거설정, 검사를 여러 번 실시하였을 때 첫 번째 실시한 검사에서 얻은 점수가 다음 번 검사에서의 얻은 몇 점과 동일한지를 분석하는 검사동등화, 컴퓨터화 검사 등 수많은 영역에 문항반응이론이 적용되고 있으며, 그 적용범위는 날로 확산되고 있다. 다행스러운 것은 컴퓨터의 성능이 발달함으로써 문항반응이론에 의한 문항분석과 피험자 능력추정이 매우 용이하게 되었다는 것이다. Mislevy와 Bock(1986, 1991)은 PC용 프로그램을 제작하여 문항반응이론에 의한 문항분석과 피험자 능력추정을 용이하게 하였다. 최근에는 Assessment Systems Corporation(1996)에서 윈도우즈용 프로그램을 제작하여 Rasch 모형뿐 아니라 3-모수 모형으로도 문항분석을 쉽게 실시할 수 있게 하였으며, 우리나라에서도 RaschAn(에버케이션, 2000), BayesiAn(에버케이션, 2000) 프로그램이 개발되었다.

문항반응이론을 숙지하는 과정에서 유념하여야 할 점은 문항반응이론이 고전검사이론보다 정밀하다는 주장이지, 고전검사이론이 틀렸다는 주장이 아니라는 점이다. 문항반응이론은 피험자의 모집단을 대표하는 표본으로 문항을 분석할 경우 문항 특성의 불변성 개념을 유지할 수 있으며, 또한 고전검사이론도 좋은 장점을 지니고 있다.

9. BayesiAn에 의한 문항분석 실행과 해석

1) 프로그램 설치와 소개

BayesiAn 프로그램은 문항반응이론의 2-모수 로지스틱 모형에 의하여 문항특성과 피험자 능력을 추정하는 프로그램이다. 이 프로그램은 TestAn과 동일하게 학지사 홈페이지(http:// www.hakjisa.co.kr/)에 접속하여 로그인 또는 회원가입을 하고 검색창에 '현대교육평가'를 검색한 후 다음 절차에 따라 설치할 수 있다.

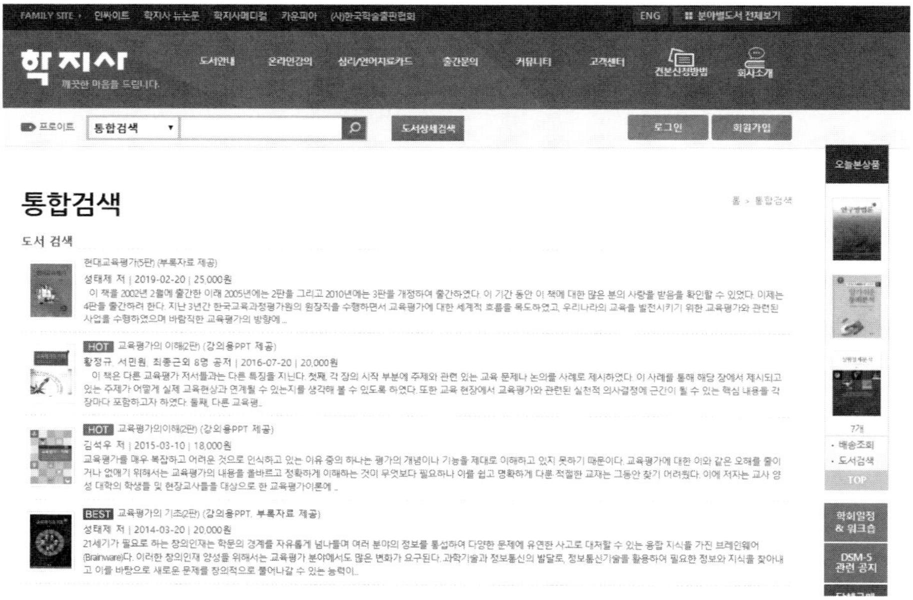

검색 결과에서 '현대교육평가(5판)'을 클릭하면 '도서 상세정보' 페이지로 들어가게 된다.

하단의 'PPT/도서자료'란에 있는 압축파일을 다운로드 받는다.

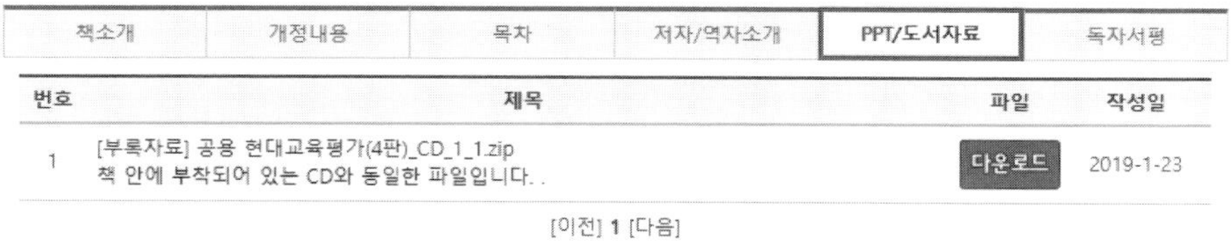

다운로드 받은 파일의 압축을 해제하고 폴더를 열어 'main' 프로그램을 실행한다.

'main' 프로그램을 실행하면 아래와 같은 화면이 뜨며, TestWizard, TestAn, RaschAn, BayesiAn 프로그램의 설치 및 매뉴얼 열람이 가능하다. 참고적으로 설명하면 **TestWizard**는 컴퓨터화검사의 데모버젼이고, **RaschAn**은 라쉬모형, 즉 1-모수 로지스틱 모형에 의한 문항분석 프로그램이다.

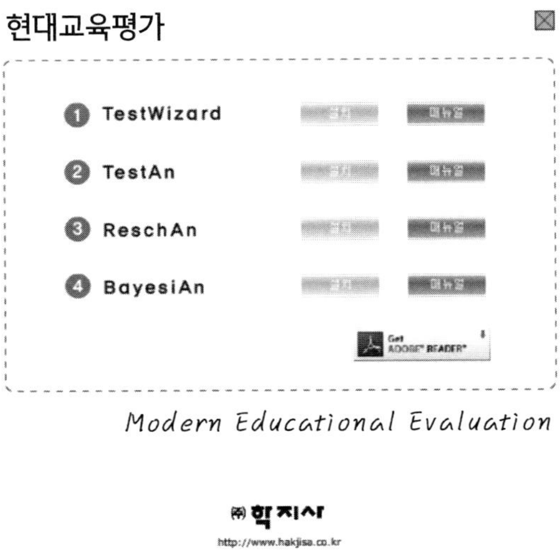

BayesiAn에서 '설치'와 'Next'를 차례대로 누르면 자동으로 설치가 진행되며, 바탕화면에 아이콘이 생성된다.

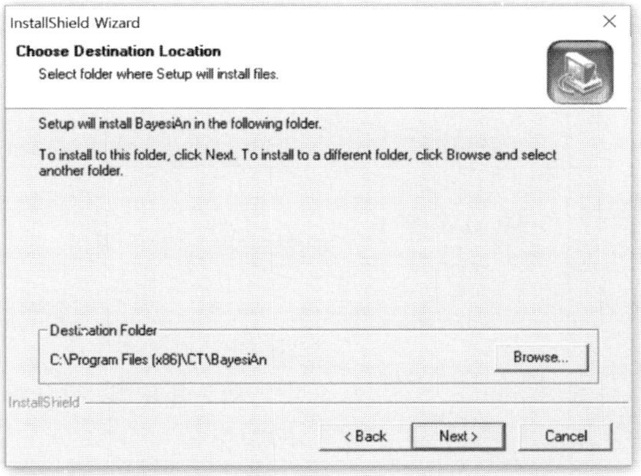

BayesiAn 프로그램은 문항반응이론의 2-모수 로지스틱 모형에 의하여 문항특성을 분석하고 피험자 능력을 추정하는 프로그램으로 사용자가 1-모수 문항반응모형과 2-모수 문항반응모형을 선택하고 EM Cycle 수를 지정하여, 분석을 실행할 수 있다. 1-모수 문항반응모형에 의해서는 문항난이도만 분석되며, 2-모수 문항반응모형을 선택할 경우 문항난이도와 변별도가 분석된다. 또한 피험자의 능력을 분석하는 방법으로 **EAP**(Bayesian Expected a Posteriori Estimation), **MAP**(Bayesian Modal Estimation), **MLE**(Maximum Likelihood Estimation)가 지원되며, 이 중에서 한 방법을 선택하도록 한다. MLE는 최대우도추정법에 의한 능력추정방법이며, EAP와 MAP는 사전분포를 가정하는 베이지안 추정방법이다.

피험자가 문항에 응답한 자료파일을 가지고 검사분석을 실시하면 〈표 15-7〉과 같이 총 4개의 파일이 생성된다. 자료파일은 문항분석의 데이터 파일로서 *.dat나 *.txt의 확장자를 가지고 있어야 한다. 입력 데이터 파일에는 문항 수, 피험자 ID 칸 수와 정답, 답지 수, 문항분석 포함 여부 코드, 응답 데이터 등이 포함되어야 한다.

〈표 15-7〉 BayesiAn 파일 확장자의 의미와 내용

<table>
<tr><th colspan="2">확장자</th><th>의 미</th><th>내 용</th></tr>
<tr><td colspan="2">＊.dat/＊.txt</td><td>data</td><td>입력자료 파일</td></tr>
<tr><td rowspan="2">Bout</td><td>＊_1P_＊.Bout</td><td rowspan="2">1-모수/2-모수
output</td><td rowspan="2">검사문항 분석결과 파일</td></tr>
<tr><td>＊_2P_＊.Bout</td></tr>
<tr><td rowspan="2">Bpar</td><td>＊_1P.Bpar</td><td rowspan="2">1-모수/2-모수
parameter</td><td rowspan="2">문항모수 파일</td></tr>
<tr><td>＊_2P.Bpar</td></tr>
<tr><td rowspan="3">Bsco</td><td>＊_＊P_EAP.Bsco</td><td rowspan="3">EAP/MAP/MLE
score</td><td rowspan="3">능력모수와 진점수 파일</td></tr>
<tr><td>＊_＊P_MAP.Bsco</td></tr>
<tr><td>＊_＊P_MLE.Bsco</td></tr>
<tr><td rowspan="2">Bgrp</td><td>＊_1P.Bgrp</td><td rowspan="2">1-모수/2-모수
graph</td><td rowspan="2">그래프 파일
진점수 백분율표 및 검사특성곡선,
검사정보함수</td></tr>
<tr><td>＊_2P.Bgrp</td></tr>
</table>

검사분석결과 생성되는 첫 번째 파일은 문항모수와 피험자 능력모수의 추정결과를 포함하며 ＊.Bout의 확장자를 갖는다. Bayesian 통계방법에 의해 추정된 문항의 난이도와 변별도 및 추정오차, 피험자 능력모수 및 추정오차, 문항모수의 전체 평균 및 표준편차, 능력모수의 전체 평균 및 표준편차, Cronbach α 신뢰도를 추정한다. 또한 진점수의 백분율표와 검사특성곡선, 검사정보함수를 작성하여 준다. 두 번째 파일은 ＊.Bpar 파일로 문항분석결과 추정된 문항난이도 및 변별도, 추정오차, 전체 평균 및 표준편차를 보여 주며, 세 번째 ＊.Bsco 파일은 EAP, MAP, MLE 중 선택된 방법으로 추정된 피험자 능력모수를 정렬하여 보여 준다. 또한 ＊.Bgrp는 진점수의 백분율표와 검사특성곡선, 검사정보함수의 그래프 파일이다.

2) 프로그램 실행

BayesiAn을 실행하기 위해 피험자가 응답한 응답자료 파일(＊.dat/.txt)이 필요하다. 응답자료 파일의 작성은 사용자가 직접 편집하여 사용하는 방법과 BayesiAn의 [응답자료 파일 생성하기]를 이용하여 작성하는 방법이 있다. BayesiAn의 자료파일의 형식은 TestAn의 자료파일의 형식과 동일하며, 실행하는 방법도 매우 유사

하다.

자료파일이 준비가 되면 [그림 15-15]의 초기화면에서 설정 아이콘( )을 클릭하여 [그림 15-16]의 기본 데이터 설정 화면에서 분석할 자료파일의 경로와 이름을 입력하고, 결과파일(.Bout)이 저장될 경로를 지정해 준다. 이때 결과

[그림 15-15] BayesiAn의 초기화면

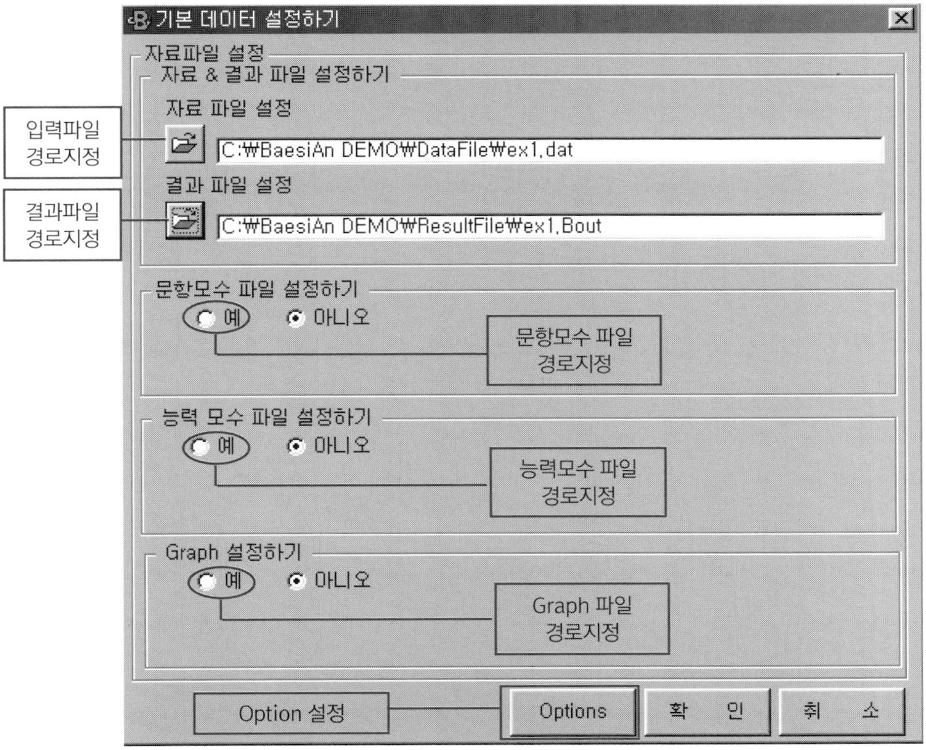

[그림 15-16] 기본 데이터 설정 화면

파일의 경로가 표시되는 텍스트 박스를 더블클릭하면 입력파일과 파일 이름만 동일하고, 확장자가 '.Bout'인 결과파일이 자동으로 생성된다. 문항모수 파일, 능력모수 파일, 그래프 파일 등을 별도의 파일로 저장할 수 있다. '◉ 예' 옵션을 선택하면

경로를 지정할 수 있으며, 이때 텍스트 박스를 더블클릭하면 자동으로 파일 이름을 지정해 준다.

Options 을 클릭하면 열리는 [그림 15-17]과 같은 화면에서 분석방법을 지정할 수 있다. Options 과 관련된 내용을 모를 경우 프로그램에 입력된 대로 놓아두고 문항분석을 실행한다.

Options 에서는 우선 1-모수 문항반응모형에 의한 분석을 실행할 것인지 2-모수 문항반응모형에 의한 분석을 실행할 것인지에 관한 IRT모형을 설정한다. [Float Option]에서 '◉ Yes'는 정규분포라는 가정 아래 문항모수의 사전분포의 평균이 **주변최대우도추정**(Marginal Maximum Likelihood Estimation)의 방법 으로 추정된다는 의미이며, '◉ No'는 고정된 값으로 추정한다는 의미다. [Maximum Cycle]에서는 최대 EM Cycle 수를 지정할 수 있으며, 디폴트는 15회다. [능력모수 추정방법]은 MLE / MAP / EAP 등 세 가지가 있으며, 이 중에서 한 가지 방법을 선택하도록 한다.

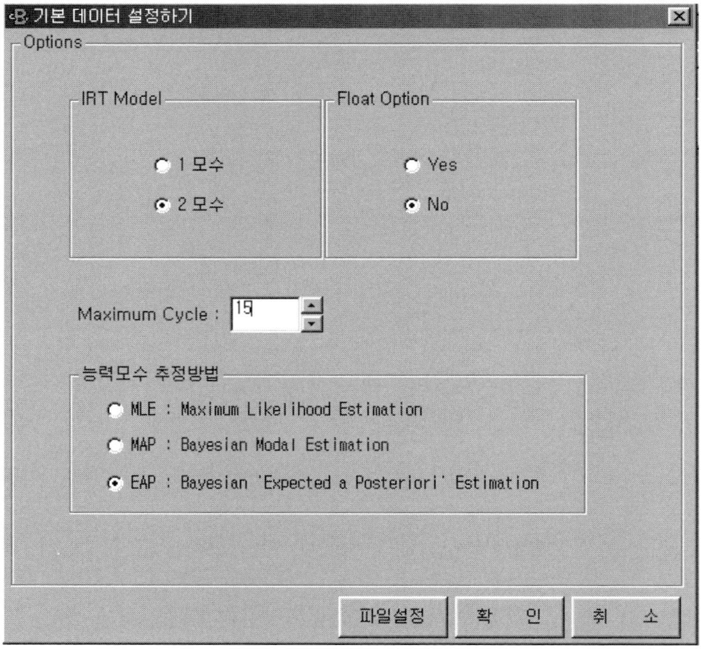

[그림 15-17] option 설정 화면

[기본데이터 설정]과 Options 설정이 끝난 후 분석실행 아이콘( )을 클릭하면

분석이 실행된다. 분석이 완료되면 [그림 15-18]과 같이 메뉴가 활성화된다. 검사를 분석한 결과를 보려면 분석결과 아이콘( )을 클릭하여 결과를 확인할 수 있다. 설정에 따라 문항모수( ), 능력모수( ), 그래프( ) 파일을 볼 수 있으며, 인쇄 아이콘( )을 클릭하면 해당 파일을 출력할 수 있다.

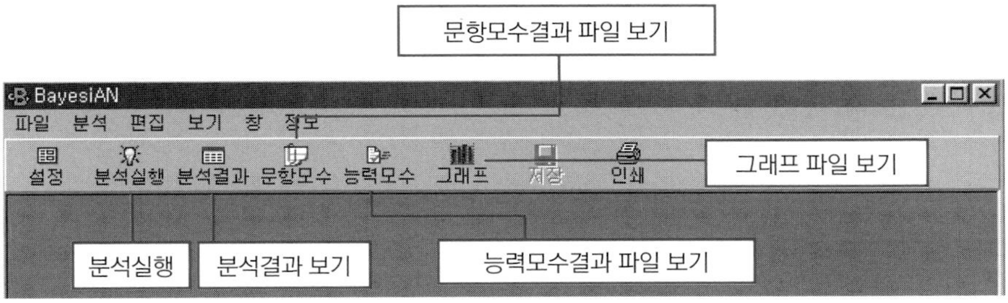

[그림 15-18] 분석 완료 후 메뉴가 활성화된 화면

3) 분석결과 해석

검사분석결과 생성되는 파일은 모두 4개다. BayesiAn을 실행한 후 기본적으로 생성되는 *.Bout 파일, 문항모수 설정 시에 생성되는 *.Bpar, 능력모수 설정 시에 생성되는 *.Bsco, 그래프를 설정할 때 생성되는 *.Bgrp 파일이다.

(1) 검사분석결과 파일

검사분석결과 파일에는 파일 성격 및 입력파일 정보, 결과파일 정보, 파일 생성시간, 분석방법 등 분석에 관한 기본적인 정보와 함께, 문항난이도, 변별도 추정결과, 난이도 · 변별도에 따른 문항의 내림차순 정렬결과, 피험자 능력모수 추정결과, 평균 및 표준편차, 신뢰도, 검사특성곡선 및 검사정보함수, 진점수 백분율표 등이 제공된다.

```
            검사 분석 프로그램 : BayesiAn 1.0 for Windows

파일성격           : 검사분석 결과 파일
입력파일           : C:\BaesiAn DEMO\DataFile\answer.dat
문항분석 결과파일  : C:\BaesiAn DEMO\ResultFile\answer2P_EAP.Bout
생성시간           : 2001년 4월 28일 토요일 오후 04:30

【 분석 데이터 정보 】

  피험자 수     : 119명
  문 항 수      : 70개
  정    답      : 4313341213123143421334411134233322311322321111211121131334332213432413
  답 지 수      : 4424442544244444444444444444444444444444444444444442224244444444444444
  문항분석 포함 : yyyyyyyyyyyyyyyyyyyyyyyyyyyyyyyyyyyyyyyyyyyyyyyyyyyyyyyyyyyyyyyyyyyyyy
  여부
```

【분석 데이터 정보】는 읽어들인 자료파일에 대한 정보를 확인하기 위한 부분으로 프로그램 실행을 위한 자료파일과 문항분석을 위하여 읽은 자료파일의 정보가 같은지를 확인한다. 70개의 문항에 119명이 응답한 자료이며, 정답은 4, 3, 1, ……, 4, 1, 3이다.

```
【 분 석   방 법 】

    분석에 사용된 IRT 모형  : 2모수 Logistic Model

    Float Option            :  No

    사전분포 형태           : Normal

    최대 EM CYCLE 수        :   15회
    최대 Iteration 수       :    2회
    EM CYCLE 수렴 기준      :   0.01
    모수 추정 CYCLE 수      :   15회
```

2-모수 로지스틱 모형이 BayesiAn 프로그램의 지정값으로 설정되어 있으며 그 방법에 의하여 문항을 분석하였음을 알려 주고 있다. 2-모수 로지스틱 모형에 의하여 70문항의 문항변별도와 문항난이도 추정치 및 추정오차, 그리고 해당 문항의 최대문항정보는 다음과 같다.

문항모수 추정결과

문항번호	문항변별도	문항변별도 추정오차	문항 난이도	문항난이도 추정오차	최대문항정보
1	.527	.379	2.268	.861	.069
2	1.076	.316	-1.931	.602	.289
3	.663	.322	.434	.297	.110
21	.815	.463	-5.051	2.388	.166
22	1.222	.281	-1.471	.413	.373
23	1.000	.500	-14.917	134.315	.250
24	1.107	.373	-2.758	.981	.306
25	.686	.462	-5.355	2.534	.118
26	.692	.399	-3.304	1.345	.120
27	.835	.302	-1.096	.410	.174
28	.610	.339	.930	.400	.093
29	.441	.442	4.984	2.170	.049
30	.729	.310	-.534	.324	.133
<중략>					
55	1.000	.500	15.527	114.534	.250
56	2.829	.194	-.561	.112	2.001
57	.533	.439	4.947	2.116	.071
58	1.420	.250	-1.105	.285	.504
59	1.485	.235	-.863	.228	.551
60	.799	.318	-1.437	.520	.160
67	.546	.454	5.639	2.504	.075
68	.890	.277	-.214	.232	.198
69	.719	.361	2.661	.900	.129
70	.618	.342	-1.011	.482	.096

【 난이도 평균 】 -.697
【 난이도 표준편차 】 3.471

【 변별도 평균 】 .890
【 변별도 표준편차 】 .414

가장 변별도가 높은 문항은 56번 문항으로서 문항변별도는 2.829이고 가장 변별도가 낮은 문항은 29번 문항으로서 .441이다. 가장 어려운 문항은 55번 문항으로서 문항난이도가 15.527이며, 가장 쉬운 문항은 23번 문항으로서 −14.917이다. 모든 문항의 평균난이도는 −.697이며 평균변별도는 .890이다.

119명의 정답 문항 수, 즉 총점과 2-모수 로지스틱 모형에 의한 능력추정치와 추정오차 및 진점수는 다음과 같다.

피험자 능력 추정결과

피험자 ID	맞은 문항수	능 력	능 력 모 수 추 정 오 차	진 점 수
0001	52	.950	.170	51.357
0002	41	-.280	.090	42.080
0003	49	.720	.153	49.918
0004	45	.290	.123	46.915
0005	48	.151	.113	45.829
		< 중략 >		
0035	47	.404	.131	47.759
0036	42	-.358	.088	41.329
0037	49	.608	.145	49.179
0038	46	-.172	.095	43.077
0039	57	1.773	.228	55.717
0040	52	.840	.162	50.680
		< 중략 >		
0081	31	-1.556	.088	29.024
0082	31	-1.546	.088	29.119
0083	49	.612	.145	49.211
0084	46	.348	.127	47.346
0085	41	-.126	.097	43.492
		< 중략 >		
0115	47	.216	.118	46.342
0116	45	.167	.115	45.961
0117	40	-.181	.094	42.998
0118	44	-.116	.098	43.584
0119	41	-.286	.090	42.018

【능력 평균】 .124
【능력 표준편차】 .627

119명 중 능력이 가장 낮은 피험자는 ID가 81번으로서 능력추정치가 −1.556이고 그의 진점수는 29.024이다. 능력이 가장 높은 피험자는 ID가 39번이고 능력추정치는 1.773으로서 진점수는 55.717이다.

검사에 대한 종합적인 분석결과는 다음과 같다.

검사 분석 결과

	난 이 도	변 별 도	능 력
평 균	-.697	.890	.124
표준 편차	3.471	.414	.627
【신뢰도 (Cronbach α)】	.633		

문항의 평균난이도는 −.697로서 쉬운 검사라 할 수 있으며, 평균변별도는 .890으로서 변별도가 높은 검사다. Cronbach α는 .633이다.

주요 단어 및 개념

문항반응이론(Item Response Theory: IRT)
문항특성곡선(Item Characteristic Curve: ICC)

일차원성 가정	지역독립성 가정	문항난이도
문항변별도	문항추측도	로지스틱 모형
정규오자이브 모형	1-모수 모형	Rasch 모형
2-모수 모형	3-모수 모형	로지트
진점수	검사특성곡선	문항정보함수
검사정보함수	문항특성의 불변성 개념	
피험자능력의 불변성 개념		

연습문제

1 문항반응이론의 정의, 가정, 장단점을 설명하시오.

2 문항특성곡선의 정의와 특징, 그리고 문항난이도, 문항변별도, 문항추측도를 설명하시오.

3 정규오자이브 모형과 로지스틱 모형의 차이를 설명하시오.

4 1-모수, 2-모수, 3-모수 모형의 차이를 설명하고, 어떤 모형이 가장 적합한 모형인가를 논하시오.

5 고전검사이론에 의한 진점수와 문항반응이론에 의한 진점수를 비교 · 설명하시오.

6 문항정보함수와 검사정보함수가 의미하는 것이 무엇인지 설명하시오.

7 고전검사이론과 문항반응이론을 비교하여 장단점을 논하시오.

8 BayesiAn 프로그램을 이용하여 응답자료를 분석하고, 그 결과를 해석하시오.

제16장

차별기능문항 추출

1. 차별기능문항의 정의

인간의 특성이나 집단의 특성을 평가하기 위하여 검사를 사용하였고, 검사 결과는 개인차 연구를 활발히 하였다. 나아가서는 지난 20년간 여러 가지 검사에서 집단 간의 차이, 즉 성별 차 혹은 인종 차 그리고 사회계층 차에 대한 논쟁을 불러일으켰다. 대표적인 논쟁으로 Jensen의 백인지능우위론을 들 수 있다. Jensen(1969)은 백인의 지능점수가 흑인의 지능점수보다 1 표준편차 높다고 주장하였다. 이와 같은 인종 간의 지능 차에 대한 주장은 흑백 간의 인종 분쟁뿐 아니라 교육측정 분야에 새로운 연구과제를 낳게 하였다. 지능을 측정하는 검사도구가 흑인집단과 백인집단에 공정한가를 확인한 후 집단 간 비교가 가능하기 때문에, 검사 및 문항의 편파성에 대한 연구가 활발하게 전개되었다. William(1971)은 교육에 관계된 시험과 고용검사는 일반적으로 백인 중산층에 유리하게 제작되었다고 주장하였다. Faggen-Steckler, McCarthy와 Title(1974)도 표준화 검사에 성별과 관계된 많은 명사와 대명사가 존재한다고 주장하였다.

자격이 중시되는 현대사회에서 자격 부여를 결정하기 위한 검사들은 어느 누구에게나 공정하여야 한다. 우리나라와 같은 상황에서 상급 학교 진학을 위한 입학시험은 더 공정해야 한다. 만약 어떤 검사나 문항이 특정 집단에 불리하게 제작되었다면 윤리적 측면뿐 아니라 법률적 문제로까지 비화될 가능성이 있다. 그러므로 편파성 문항이나 검사를 찾아내는 방법에 대한 연구는 윤리적 · 법률적 문제이기 이전에 교육 · 심리측정학적 측면에서도 간과할 수 없는 과제다. 이에 교육 · 심리 측정학자들은 검사나 문항의 편파성 문제를 개념적 수준에서 벗어나 검사에서 편파성 문항을 추출하는 방법을 제안하였다. 편파성 문항 추출방법은 1970년대 이후 교육측정학의 주요 연구주제가 되었으며, *Journal of Educational Measurement*의 1976년 봄호에 편파성 문항 추출방법을 특집으로 다루었다.

Biased item을 편중문항(안창규, 차경옥, 1984) 혹은 편파성 문항(문용린, 1987)이라 번역하고 있다. **편파성**(bias)이란 Webster's international dictionary(1981)에 의하면 통계학적 관점에서 '진점수(true value)로부터 일정 방향으로 떨어진 정도'를 말한다고 하였고, 사회학적 관점에서 보면 '다른 뜻을 의미한다'고 하였다. 표준국어대사전(국립국어원, 2008)에 의하면 '어느 한쪽으로 치우쳐 공평성을 잃는 성질'을 의미한다고 하였다. Angoff(1982)에 의하면 검사는 편파성(bias)과 공정성(fairness)의 문제를 지니고 있으며, 편파성이란 피험자들의 응답에 기인하고, 공정성은 검사의 목적에 기인한다고 말하고 있다. 예를 들면, 예비 택시운전사에게 Manhattan에 있는 세 공원에 대하여 물었을 때, 이 문항은 예비 택시운전사가 얼마나 뉴욕의 지리에 대하여 잘 알고 있느냐를 묻는 질문이기에 타당한 문항이 될 수 있다. 그러나 만약 예비 운전사가 뉴욕에 거주한 경험이 없다면 이 문항은 그들에게 불리한 편파성 문항이 되는 것이라 설명하였다.

편파성 문항에 대한 보편타당한 정의는 같은 능력수준을 가진 피험자들이 그들이 속한 집단의 특성 때문에 문항의 답을 맞힐 확률이 다른 문항을 편파성 문항이라 한다. 예를 들면, 어휘력검사에서 어휘능력 수준이 같은 두 피험자가 있을 때, 남녀집단의 특성이나 혹은 인종집단의 특성 때문에 한 피험자에게는 쉬운 문항이 되고, 다른 피험자에게는 어려운 문항이 된다면 이 문항은 편파성 문항이 된다.

집단에 따라서 문항의 기능이 다르기 때문에 문항편파성(item bias)이란 용어보다는 차별기능문항(DIF: differential item function 또는 differential item performance)이라는 용어를 사용하고 있다.

차별기능문항에 대한 정의는 문항반응이론에 의한 문항특성곡선에 의하여 설명하면 매우 명료하다. **차별기능문항**이란 피험자의 능력이 같음에도 불구하고 그들이 속한 집단의 특성 때문에 문항의 답을 맞힐 확률이 다른 문항이다. 즉, 집단에 따라 문항특성곡선이 달리 그려지는 문항을 차별기능문항이라 한다.

비차별기능문항과 차별기능문항을 문항특성곡선에 의하여 설명하면 [그림 16-1]과 같다.

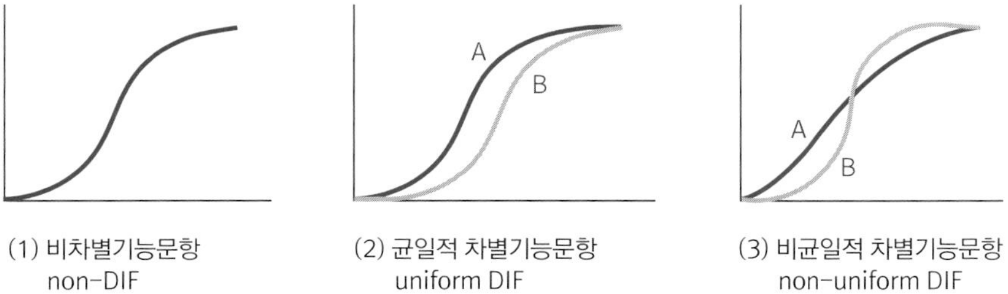

[그림 16-1] 문항특성곡선에 의한 비차별기능문항과 차별기능문항

(1)번 문항은 모든 집단에서 문항의 답을 맞힐 확률이 같으므로 **비차별기능문항**이다. 즉, 각 집단에 따른 문항특성곡선이 같다. 그러나 (2)번 문항과 (3)번 문항은 문항의 답을 맞힐 확률이 집단에 따라 다른 문항특성곡선을 가지고 있기 때문에 차별기능문항이라 한다. Mellenberg(1982)는 (2)번 문항을 능력수준의 모든 범위에서 A 집단의 피험자들이 B 집단의 피험자들보다 일률적으로 문항의 답을 맞히는 확률이 높으므로 이런 형태의 차별기능문항을 **균일적 차별기능문항**(uniform DIF)이라 정의하였고, (3)번 문항은 두 문항특성곡선이 교차하는 능력수준의 점까지는 A 집단의 피험자들에게 쉬운 문항이고, 그 교차점 이상에서는 B 집단의 피험자에게 쉬운 문항으로서 이와 같은 차별기능문항을 **비균일적 차별기능문항**(non-uniform DIF item)이라 구분하였다.

차별기능의 정도는 문항특성곡선 간 넓이에 비례한다. 즉, 문항특성곡선 간 넓이가 넓을수록 차별기능이 심하다는 것을 뜻한다.

2. 차별기능문항의 추출방법

차별기능문항을 추출하는 방법은 크게 고전검사이론에 기초한 방법과 문항반응이론에 기초한 방법으로 분류한다. 다양한 방법이 제안되어 사용되고 있으나 두 검사이론에 의한 보편적인 방법을 소개하면 다음과 같다.

고전검사이론에 기초한 DIF 추출방법

- Cleary와 Hilton의 분산분석방법
- Angoff와 Ford의 변환난이도 방법
- Camilli의 χ^2 방법
- Mantel–Haenszel 방법
- 로지스틱 회귀분석 방법
- 로지스틱 판별분석 방법

문항반응이론에 기초한 DIF 추출방법

- 문항모수치 비교방법
- 문항특성곡선 간 넓이 추정방법
  - –Rudner의 방법
  - –Raju의 방법
- SIBTEST 방법
- 다국면 Rasch모형 방법

차별기능문항을 추출하는 방법들은 차별기능문항에 대한 기본 정의는 같으나 방법상으로는 다소 다르다.

분산분석(analysis of variance)**방법**에 의한 편파성 문항 추출방법을 제안한 Cleary와 Hilton(1968)은 문항과 집단 간의 상호작용이 존재하는 문항을 차별기능문항이라 정의하였다. 그러나 분산분석방법에 의한 편파성 문항에 대한 정의는 많은 학자에 의하여 비판을 받았다(Hunter, 1975; Lord, 1977; Camilli & Shepard, 1987). Camilli와 Shepard(1987)는 두 집단의 성취수준에 차이가 존재할 때, 문항변별도가 높은 문항이 편파성 문항으로 규명되는 모순점을 지니고 있다고 밝히고 있다.

Angoff와 Ford(1973)는 한 집단에 대한 문항난이도가 다른 집단에 의한 문항난이도보다 높거나 낮은 문항을 차별기능문항이라 정의하였다. Angoff의 변환 문항난이도에 의한 편파성 문항 추출방법은 두 집단의 능력이 차이가 있을 때, 변별력이 높은 문항을 편파성 문항으로 추출하는 문제점이 있다고 지적되고 있다(Hunter, 1975; Lord, 1977; Angoff, 1982).

χ^2방법을 처음 제안한 Scheuneman(1975, 1979)은 동일 검사에서 같은 점수를 받은 피험자들이 속한 집단 특성에 따라 문항의 답을 맞힌 피험자의 비율이 다른 문항을 편파성 문항이라 정의하였다. Camilli(1979)도 χ^2방법을 사용하여 차별기능문항을 추출하는 방법을 제안하였다. 그러나 χ^2방법은 동일 피험자 집단을 점수의 범위에 의하여 집단화하는 방법에 따라 차별기능의 정도가 달리 계산되는 문제점을 안고 있다. 이러한 문제점으로 인해 Mantel과 Haenszel이 고안한 방법을 사용하게 되었다.

여기서는 고전검사이론에 근거한 추출방법 중 가장 널리 사용되는 Mantel-Haenszel 방법과 문항반응이론에 근거한 방법 중 문항특성곡선 간 넓이를 추정하는 Raju의 면적 측정법, Raju 방법의 확장인 DFIT 방법 그리고 비모수적 방법으로 잠재변수를 활용한 SIBTEST 방법을 개념적 수준에서 설명한다.

1) Mantel-Haenszel 방법

Mantel-Haenszel(MH) 방법은 차별기능문항, 즉 두 집단에 기능을 달리하는 문항을 추출하기 위한 방법으로 각 점수별로 집단과 문항 정답 여부의 두 요인에 따른 2×2 분할표에 의한다. MH방법은 Mantel과 Haenszel(1959)에 의하여 생물통계학 분야에서 질병분석을 위하여 사용되던 통계적 방법으로 Holland(1985)가 MH 방법을 차별기능문항 추출에 처음 적용하였으며, Holland와 Thayer(1985, 1986, 1988)가 차별기능문항 추출을 위한 방법으로 정립하였다. MH방법은 Scheuneman (1975)과 Camilli(1979)의 χ^2방법의 연장이라 볼 수 있으며, 구체적인 내용은 다음과 같다.

MH방법을 적용하기 위해서는 두 집단이 존재하여야 하며 한 집단을 연구집단

(focal group)이라 하고 다른 집단은 참조집단(reference group)이라 가정한다. 피험자들을 원점수에 따라 J개의 집단으로 구분한다. 만약 30점 만점의 검사라면 원점수는 0점부터 30점까지 있으므로 31개 집단이 될 수 있다. J개의 집단이란 연구집단과 참조집단의 능력수준이 같은, 즉 원점수가 같은 집단을 의미한다. 원점수가 j 점수인 집단에서 연구집단 혹은 참조집단과 해당 문항의 정답 여부를 나타낸 2×2 분할표는 [그림 16-2]와 같다.

		집 단	
		R(참조집단)	F(연구집단)
정답 여부	1	P_{R_j}	P_{F_j}
	0	Q_{R_j}	Q_{F_j}

P_{R_j}: j 점수를 얻은 참조집단의 피험자 중 답을 맞힌 피험자 비율
Q_{R_j}: j 점수를 얻은 참조집단의 피험자 중 답을 틀린 피험자 비율
P_{F_j}: j 점수를 얻은 연구집단의 피험자 중 답을 맞힌 피험자 비율
Q_{F_j}: j 점수를 얻은 연구집단의 피험자 중 답을 틀린 피험자 비율

[그림 16-2] 원점수를 일치시킨 j 점수 능력집단의 정답 여부에 따른 피험자 비율의 2×2 분할표

[그림 16-2]에서 어떤 문항이 차별기능을 하지 않는다면 P_{R_j}와 P_{F_j}는 같을 것이다. 즉, j 점수를 얻는 피험자들 중 참조집단에서 그 문항의 답을 맞힌 비율이나 연구집단에서 그 문항의 답을 맞힌 피험자의 비율이 같다는 것이다. 더 확장하여 특정 j 점수가 아니라 모든 점수 수준에서 두 비율이 같다면 이 문항은 차별적으로 기능하지 않는 좋은 문항이 된다. 만약 두 비율이 차이가 있다면 각 j 점수 수준에서 정답비율의 차이를 계산하여야 한다. 보다 자세한 절차는 Holland(1985), 성태제(1993), 김신영(2001)을 참고하라.

2) Raju 방법

문항반응이론이 측정분야의 새로운 이론으로서 타당성을 입증받으면서 차별기능문항을 추출하는 방법에 응용되었다. 문항반응이론을 이용한 차별기능문항 추

출방법은 비교집단들로부터 추정된 문항모수치를 비교하는 방법과 문항특성곡선을 비교하는 방법으로 크게 양분할 수 있다.

두 방법 중 두 문항특성곡선 간의 넓이에 의하여 차별기능문항을 추출하는 방법의 가장 타당한 방법으로 인정받고 있다. 이는 문항반응이론에 의한 문항특성곡선 간 넓이 추정방법이 차별기능문항에 대한 보편적 정의와 일치하기 때문이다. 즉, 같은 능력을 지니고 있으면서도 소속한 집단 특성 때문에 문항의 답을 맞힐 확률이 다른 문항이 차별기능문항이므로, 문항의 차별기능 여부는 문항특성곡선에 의존하여야 한다. 어떤 문항의 문항특성곡선이 다른 두 집단, 즉 연구집단과 참조집단에서 다른 형태를 나타낼 때 이 문항은 차별기능문항이라 할 수 있다.

차별기능의 정도를 두 문항특성곡선 간의 넓이에 의하여 계산하는 방법으로 Rudner(1977), Rudner와 그의 동료(1980), 그리고 Shepard와 그의 동료(1981, 1984)에 의한 방법이 있다. 이들의 방법은 두 문항특성곡선 간의 넓이를 계산할 때, 능력범위를 제한하여 그 능력범위를 같은 간격으로 세분한 뒤, 각기 다른 문항특성곡선에 의한 문항의 답을 맞힐 확률의 차와 세분한 능력수준의 간격인 $\Delta\theta$를 곱한 후 제한된 능력범위 안에서 모두 더하여 계산한다.

$$Area = \sum_{k=1}^{K} [P_{iF}(\theta_k) - P_{iR}(\theta_k)] \triangle \theta$$

$P_{iF}(\theta_k)$: k 능력수준을 가진 연구집단에 소속한 피험자가 문항 i에 답을 맞힐 확률

$P_{iR}(\theta_k)$: k 능력수준을 가진 참조집단에 소속한 피험자가 문항 i에 답을 맞힐 확률

$\Delta\theta$: 세분한 능력수준의 간격

이 방법은 일단 능력범위를 제한하고 그 능력범위를 급간으로 구분하는 인위적 조작이 필요하므로 정밀성이 떨어진다. 이를 해결하기 위하여 Raju(1988, 1990)가 수리적으로 문항특성곡선 간의 넓이를 계산하는 공식을 제안하였으며, Kim과 Cohen(1991)은 제한된 능력범위에서 문항특성곡선 간의 넓이를 계산하는 방법을 제안하였다.

Raju(1988, 1990)는 문항특성곡선 간의 넓이를 적분에 의하여 추정하는 방법을

제안하였다. [그림 16-1]의 (2) 균일적 차별기능문항, (3) 비균일적 차별기능문항에서 모두 두 집단의 문항특성곡선 간 넓이를 다음 공식에 의해 추정한다.

$$Area = \int_{-\infty}^{+\infty} [P_{iF}(\theta_j) - P_{iR}(\theta_j)]d\theta$$

$P_{iF}(\theta_j)$: j 능력수준을 가진 연구집단에 소속한 피험자가 문항 i에 답을 맞힐 확률

$P_{iR}(\theta_j)$: j 능력수준을 가진 참조집단에 소속한 피험자가 문항 i에 답을 맞힐 확률

Raju방법(1988)은 능력범위를 세분하지 않고 전체 능력범위에서 두 문항특성곡선 간의 넓이를 추정하기 위하여 적분을 한다. 문항이 참조집단과 연구집단 중 어느 집단에 유리한가에 대한 분석은 부호화 면적(Signed Area: SA)으로, 집단에 관계없이 차별기능 정도에 대한 분석은 비부호화 면적(Unsigned Area: UA)으로 추정하며 다음의 공식에 의한다. 비부호화 면적은 비균일적 차별기능문항일 때 적용한다.

$$SA = \int_{-\infty}^{+\infty} [P_{iF}(\theta_j) - P_{iR}(\theta_j)]d\theta$$

$$UA = \int_{-\infty}^{+\infty} | P_{iF}(\theta_j) - P_{iR}(\theta_j) | d\theta$$

SA와 UA를 추정함에 있어 문항반응모형은 1-모수, 2-모수, 3-모수 모두 적용할 수 있으나 3-모수 문항반응모형을 적용할 때에는 문항추측도를 하나로 고정해야 하는 한계점이 있다.

Raju, Linden와 Fleer(1995)는 피험자들이 많이 몰려 있는 능력수준 구간에서 나타나는 차별기능이 더욱 중요하다는 사실에 주목하였고, 문항특성곡선 간 면적에 의해 차별기능 정도를 추정하는 면적측정법을 확장하여 피험자들의 능력수준을 반영한 **문항과 검사의 차별기능**(Differential Function of Item and Test: DFIT) 추정방법을 제안하였다. 문항과 검사의 차별기능 추정방법은 피험자가 많이 몰려 있는 능력수준 구간에 가중치를 부여하여 능력수준 분포의 차이를 고려한 점과 Raju (1988) 방법에서 문항추측도를 고정해야 했던 한계를 극복한 점에서 기존의 면적

측정법보다 개선된 방법이다(Oshima & Morris, 2008).

DFIT에는 검사와 문항의 차별기능정도를 나타내는 세 가지 차별기능지수가 있으며, 전체 검사의 차별기능정도를 반영한 지수인 차별기능검사(DTF)와 문항 수준의 차별기능지수인 보상적 차별기능(Conpensatory DIF: CDIF), 비보상적 차별기능(Noncompensatory DIF: NCDIF)이 있다.

먼저 **차별기능검사**(DTF)는 연구집단과 참조집단 피험자의 진점수, 즉 검사특성곡선이 다르면 검사가 차별기능을 한다고 평가한다. 문항 수준에서 나타난 차별기능을 차별기능문항이라고 하듯이 전체 문항의 합, 즉 검사 수준에서 차별기능을 나타내면 차별기능검사라고 한다. 피험자의 능력이 같더라도 속해 있는 집단의 특성에 의해 진점수가 다르게 나타난다면 이 검사는 차별기능을 하는 검사가 된다. 즉 차별기능검사는 전체 검사 수준에서 차별기능의 정도를 파악할 수 있으며, 모든 피험자(S)의 능력(θ)에 대해 다음과 같이 추정한다.

$$DTF = \epsilon_F(DTF_S) = \epsilon_F(T_{sF} - T_{sR})^2$$

ϵ_F: 연구집단의 능력(θ)분포 기댓값

T_{sF}: 연구집단의 검사특성곡선

T_{sR}: 참조집단의 검사특성곡선

ϵ_F는 연구집단 피험자 능력의 기댓값을 의미하며, 기댓값, 즉 평균값으로서 가장 많은 피험자가 몰려 있는 능력수준 분포를 반영하는 가중치 역할을 한다.

다음으로 문항 수준의 차별기능지수는 보상적 차별기능(CDIF)과 비보상적 차별기능(NCDIF)으로 구분한다. 하나의 검사에 속해 있는 문항들 중에서 어떤 문항은 연구집단에 유리하게 작용하지만, 어떤 문항은 참조집단에 유리하게 작용할 수도 있다. 이때 문항의 차별기능지수는 연구집단에 유리할 경우 양수(+)의 값이 되는 반면, 참조집단에 유리할 경우 음수(−)의 값이 된다. 양수 또는 음수의 값을 갖는 문항의 차별기능지수들을 합산하였을 때 서로 상쇄되어 없어지거나 양이 줄어들 수 있다. 이렇게 반대되는 부호의 지수들이 서로 상쇄되는 것을 '보상'이라 한다.

보상적 차별기능(CDIF)지수는 양수와 음수의 차별기능지수들이 있으면 서로 상쇄되는 성격인 보상성을 가지며, 보상적 차별기능(CDIF)지수의 총합은 차별기능

검사(DTF)지수와 같다. 또한 보상적 차별기능(CDIF)지수는 문항 수준의 차별기능이 전체 검사의 차별기능에 미치는 영향을 파악하기 위해 문항과 검사의 공분산을 지수에 반영한다.

비보상적 차별기능(NCDIF)은 보상적 차별기능과 달리 문항이 어느 집단에 더 유리하게 작용하는지는 관심이 없으며, 문항의 차별기능이 균일적이든 비균일적이든 오직 차별기능의 양 그 자체에만 관심이 있다. 그러므로 비보상적 차별기능(NCDIF)은 참조집단과 연구집단의 문항특성곡선 간 차이를 제곱한다. 문항 간에 반대되는 부호의 차별기능이 있더라도 이를 제곱한 값은 모두 양수이므로 상쇄되거나 양이 줄어들지 않는다.

비보상적 차별기능(NCDIF)지수는 연구자가 검정하고자 하는 연구문항을 제외한 모든 문항에 차별기능이 없다는 것을 전제로 한 지수이므로, 검사 수준의 차별기능이나 문항과 검사의 차별기능 간 관련성을 알고자 할 경우 비보상적 차별기능(NCDIF)이 아닌 보상적 차별기능(CDIF)지수를 추정하여야 한다. 보상적 차별기능지수는 검사 수준의 차별기능이나 문항과 검사의 차별기능이 연구집단이나 참조집단 중 어디서 나타나는지를 분석할 때 사용한다. 비보상적 차별기능지수는 집단에 관계없이 차별기능의 정도를 분석할 때 사용한다.

3) SIBTEST

차별기능문항의 추출방법은 맞고 틀리는 이분적 문항의 차별기능 정도를 추정하기 위하여 제안되었으나 최근에는 정답이 없는 심리검사 등에서 사용될 수 있는 다분 문항을 위한 차별기능문항의 추출방법이 제안되고 있다(Raju et al., 2006). 특히 **SIBTEST**(simultaneous item bias test)의 경우 Shealy와 Stout(1993)가 개발한 것으로, 처음에는 이분문항만을 다룰 수 있는 검사로 출발하였으나 지금은 추가적으로 차별기능문항군(Differential Bundle Functioning; DBF)의 추출, 다분 문항의 차별기능문항을 다루는 부분까지 확장되었다. SIBTEST는 비모수적 방법으로 각 능력수준에서 문항수행을 결정하기 위해 수학적 모형을 사용하지 않고, 단순히 각 능력수준에서 관찰된 문항수행을 집단마다 고려하는 방법이다. 따라서 SIBTEST의 주요한 특징은 문항에서의 수행을 비교하기 위해 동일한 잠재적 능력 수준에서 두 집단의 피험자들을 대응하는 회귀선 교정방법을 사용한다(전현정, 2010; 진수정, 성태제, 2004).

SIBTEST의 첫 단계는 검사 문항들을 대응 하위검사와 연구 하위검사 혹은 문항으로 분리하며, 각 참조집단과 연구집단에 속하는 피험자들은 대응 하위검사 점수에 따라서 J개의 그룹으로 나누어지고, 대응 하위검사에서 같은 점수를 갖는 참조집단과 연구집단의 피험자들의 연구 하위검사 문항에 대한 수행을 비교한다. 이때 차별기능문항의 부재를 검사하는 통계적 가설은 다음과 같다.

$$H_0 : \beta_{UNI} = 0, \;\; H_A : \beta_{UNI} \neq 0$$

β_{UNI}는 하나의 문항이 연구되어지는 경우 일방적 DIF의 양을 나타내는 모수로서 같은 능력을 가진 참조집단과 연구집단 피험자 사이의 가중된 기대값의 차이이다.

$$\beta_{UNI} = \sum_{j=1}^{J} P_j (\overline{Y}^*_{Rj} - \overline{Y}^*_{Fj})$$

여기서 P_j는 하위집단 j에 속한 연구집단의 비율이고, $\overline{Y}^*_{Rj}$과 $\overline{Y}^*_{Fj}$는 참조집단과 연구집단에 있는 피험자들의 연구 하위검사 문항의 조정된 평균이다. 즉, SIBTEST는 고전진점수이론에 근거하여 대응변수의 진점수를 추정하고, 그 추정치 위에 문항 수행을 회귀시킨다. 이러한 β_{UNI} 값의 검증 통계치는 $Z = \dfrac{\beta_{UNI}}{\sigma(\beta_{UNI})}$이며, 검증 결과 유의한 양수의 β_{UNI}값은 참조집단에 유리하게 기능하는 문항이고, 유의한 음수의 β_{UNI}값은 연구집단에 유리하게 기능하는 문항이다.

SIBTEST는 최근 차별기능문항을 추출하기 위해서 주로 사용되는 방법으로 최대 150문항과 최대 7,000명의 피험자를 대상으로 실행할 수 있다. 이것은 비균일적 차별기능문항을 추출할 수 없다는 제한점을 갖지만, 균일적인 차별기능문항을 확인하는 데 MH방법과 유사하게 실행되는 것으로 본다(진수정, 성태제, 2004). SIBTEST는 문항군에서의 차별기능문항이 없어질 때까지 체계적으로 차별기능문항을 제거하는 과정을 반복적으로 수행하여 차별기능문항을 추출할 수 있는 장점이 있다(Roussos & Stout, 1996).

이상에서 소개한 MH방법과 Raju방법, SIBTEST방법 이외에 차별기능문항을 추출하는 방법이 많이 제안되고 있다. Swaminathan과 Rogers(1990)의 로지스틱 회귀분석(logistic regression)방법과 Miller와 Spray(1993)의 로지스틱 판별분석(logistic discriminant function analysis) 등이 있다. 최근에는 DIF 효과 분산 추정법(DIF effect variance estimators)(Penfield & Algina, 2006)과 비선형 다층모형에 의한 DIF 추출(hierarchical generalized linear model DIF)방법(Williams & Beretvas, 2006)과 같은 다양한 방법들이 차별기능문항을 추출하기 위해 활용되고 있다. Raju, Oshima와 Wolach(2005)가 이분문항과 다분 문항의 차별기능문항과 차별기능검사를 추출하는 컴퓨터 프로그램(IPR software)을 개발한 이후 최근에는 R통계 프로그램의 다양한 Package를 이용한 차별기능 관련 연구가 활발히 진행되고 있다.

3. 차별기능문항에 대한 연구와 적용

국제적으로 차별기능문항 추출방법에 대한 타당성 연구가 활발하듯이 국내에서도 많은 연구들이 발표되고 있다. 안창규와 차경옥(1984)에 의한 변환 문항난이도 방법, χ^2 방법에 의한 비교연구는 정범모와 김호권(1983)이 제작한 표준화지능검사 중 일반지능검사 I 과 이상노(1975)가 제작한 지능집단검사 초등학교 고학년용 검사의 언어검사문항 중 문화적 배경에 따른 차별기능문항이 존재한다고 밝히고 있다. 문용린(1987)은 문항반응이론에 의한 문항특성곡선을 이용한 차별기능문항 추출방법을 개념적 수준에서 소개하였다. 이후 대학수학능력시험의 차별기능에 대한 연구로서 추정아와 성태제(1993)의 연구, 직업적성검사의 차별기능에 대한 서영숙(2000)의 연구 등이 있으며, 최근 각광을 받고 있는 수행평가도구에 적용할 수 있는 다분차별기능문항에 대한 송미영(2001)의 연구 등이 있다. 그 외에도 많은 연구들이 있다(진수정, 성태제, 2004; 손원숙, 2009; 전현정, 2010).

새로운 차별기능문항 추출방법에 대한 연구로는 Williams와 Beretvas(2006)의 비선형 다층모형, 인지진단이론을 적용한 차별기능문항 탐색연구(De la Torre &

Nandakma, 2014; Li & Wang, 2015; 권승아, 송미영, 성태제, 2017), Geroge와 Robitzsch (2014)의 다집단 인지진단이론을 적용한 확장된 차별기능문항 연구, 다차원 문항반응이론의 토대에서 MCMC(Markov chain Monte Carlo)를 적용한 연구(Yao & Li, 2010), 구조방정식의 개념으로 잠재변인들에 대한 MIMIC(Multiple indicates Multiple causes)모형을 적용하여 균일적 차별기능과 비균일적 차별기능 탐지에 대한 연구 등이 있다(Woods & Grimm, 2011; Jin et al., 2012; Lee, Bulut, & Suh, 2017).

차별기능을 하는 오답지에 대한 분석 연구로 고전검사이론에서는 선형로그방법(Green et al., 1989), 표준화접근(Dorans, Schmitt, & Bleistein, 1992) 방법이 있고, 문항반응이론에서는 LR검정(Thissen, Steinberg, & Gerrad, 1986; Thissen, Steinberg, & wainer, 1988, 1993)방법이 있다. Thissen(1988)은 선다형문항에 따라 모수화된 모든 응답범주들이 연관된 응답곡선에서 집단 간의 차이를 측정하는데 LR 검정을 사용하였으며. Suh와 Bolt(2011)는 2단계 LR검정을 사용하여 차별기능문항과 오답지의 차별기능을 분석하는 연구를 진행하였다. 차별기능의 추출을 다차원 자료에 대해 적용한 연구로는 MULTISIB(Stout et al., 1997), Multidimensional DFIT(Raju & Flowers, 1997), MIRT모수로 집단에 구체화된 DIF 양 측정(Fukuhara & Kamata, 2011), χ^2(우도비검정), Lord의 χ^2검정과 Raju의 면적측정법을 다차원 IRT모형에 적용하는(Yao & Li, 2010) 등의 방법들이 있다.

특정 조건에서 추출률과 정확성을 높이기 위한 추출방법으로 일정 조건 하에서 가장 타당한 분석방법을 탐색하기 위한 Finch(2005)의 연구가 있다. 차별기능의 원인을 탐색하는 연구로 Wu와 Ercikan(2006)이 국제 학업성취도 평가에서 발생한 차별기능의 원인에 대하여 학습기회, 방과 후 학습 시간 등과 같은 문화적 요인을 포함한 학생의 배경변인이 차별기능의 원인이 될 수 있다고 보고한 바 있다.

우리나라만큼 검사가 개인에게 영향을 주는 나라도 드물다. 대표적으로 대학진학을 위한 검사가 있고 사회진출을 위한 각종 자격검사(교원임용시험, 공무원시험, 의사 · 약사 · 간호사 고시, 정보처리기사시험, 한국어능력시험, 한자능력시험 등)를 들 수 있다. 이렇게 많은 검사가 시행되고 있음에도 불구하고 성별에 따른 차별기능문항이 존재하는지에 대한 연구는 교육 분야에 국한될 뿐 다른 분야에서 연구가 활성화되지 못함은 차별기능에 지식과 관심이 부족하기 때문이라 할 수 있다. 특히 성별에 따라 달리 기능하는 문항이 있는지 혹은 검사가 차별기능을 하는지를 분석하여 보는 것이 자격고시의 공정성을 보장하는 방법 중 하나가 된다.

차별기능이란 주제로 이 책의 한 장을 차지하게 한 것은 앞으로 실시되는 모든 검사에서 차별기능문항이 없어야 함을 강조하기 위함이고, 이를 통해 검사의 질이 향상되며 불필요한 성차별의 문제를 해결하는 데 과학적으로 공헌할 수 있게 하기 위함이다. 그러므로 검사가 있는 한 차별기능문항에 대해 관심을 가져야 하고 주관적으로라도 차별기능문항의 제작을 미연에 방지해야 하며, 과학적인 방법에 의하여 차별기능문항을 제거하도록 노력해야 한다.

주요 단어 및 개념

편파성 문항	차별기능문항	균일적 차별기능문항
비균일적 차별기능문항	Mantel-Haenszel 방법	Raju 방법
차별기능검사	SIBTEST	

연습문제

1 차별기능문항의 정의를 내리고, 차별기능문항을 왜 추출하여야 하는지 논하시오.

2 문항반응이론에 의하여 차별기능문항의 유형을 설명하고, 추출하는 방법을 설명하시오.

3 우리나라에서 실시하고 있는 자격시험을 선택하여 차별기능이 있는지 논리적으로 검증하시오.

제17장

검사점수 보고와 해석

1. 검사점수

검사는 사용목적에 따라 준거참조검사와 규준참조검사로 구분된다고 하였다. 규준참조검사는 피험자가 얻은 검사점수가 전체 피험자 집단에 비추어 어디에 위치하는가를 나타내는 상대서열 점수를 제공한다. 그러므로 규준참조검사에서 중요시되는 것은 규준과 그에 따른 규준점수다. 규준점수는 원점수의 상대적 위치를 알려 주므로 상호비교는 용이하지만 무엇을 알고 모르는지에 대한 정확한 정보를 제공하지는 못한다.

준거참조검사는 피험자가 학습목표인 준거에 도달하였는지의 여부를 판정하기 위한 검사로서 무엇을 측정하느냐와 준거점수가 몇 점인지가 관건이 된다. 그러므로 준거참조검사일 경우 일반적으로 학생들이 얻은 점수와 학습목표 도달 여부를 밝히는 준거(criterion), 준거수준(criterion-level), 분할점수(cut-off score, cut score)를 제시한다. 준거를 설정하는 방법은 간단한 방법이 아니며, 주관적일 수 있다. 그러나 준거를 보다 과학적이고 체계적이며 객관적으로 설정하는 방법이 제안되었다.

준거참조검사에서 얻은 검사점수로서 준거 혹은 분할점수에 비추어 피험자가 어떤 영역을 얼마만큼 알고 있는지에 대한 정확한 정보를 제공할 수 있다. 1960년대 말 미국에서 상대비교평가인 규준참조평가가 비판을 받으면서, 절대평가인 준거참조평가가 여러 분야에서 널리 이용되고 있는 추세다.

2. 규준점수

1) 정 의

제5장에서 규준은 원점수의 상대적 위치를 알기 위하여 쓰이는 자료서 모집단을 대표하는 표본을 통해 얻은 점수에 기초한다고 설명하였다. 검사의 목적상 상대비교에 의한 서열점수를 알고자 할 때, 규준참조검사를 실시하여 상대서열에 대한 정보를 얻을 수 있다. 이와 같이 규준에 비추어 피험자의 원점수에 대한 상대서열을 나타내는 점수를 **규준점수**라 한다. 규준점수에는 퍼센타일, Z점수, T점수, 스테나인 점수가 있다. 규준점수는 모집단의 모든 피험자 능력이나 특성이 정규분포를 이루어야 한다는 가정을 필요로 한다. 만약 정규분포 가정을 충족하지 않는다면 규준점수를 사용하지 않아야 한다.

2) 종류와 계산방법

(1) 퍼센타일

퍼센타일(percentile)은 백분위수로서 얻은 자료를 크기 순으로 늘어놓아 100등분한 값을 말한다. 그러므로 가장 작은 수부터 가장 큰 수 사이의 중간에 있는 점수는 50퍼센타일 혹은 50백분위수가 된다. 백분위수보다 퍼센타일이란 용어가 보편적이므로 퍼센타일로 통용한다. 원점수가 50점인 학생의 규준점수가 40퍼센타일이라면, 그 학생의 상대적 서열이 40%에 해당됨을 나타낸다.

원점수에 해당되는 규준점수는 정규분포에 의하여 계산되므로 평균과 표준편차의 개념 및 정규분포의 특성에 대하여 이해하여야 한다. 평균은 모든 값을 더한 후, 총 사례 수로 나눈 값으로 분포의 위치를 말해 주고, 표준편차는 각 값이 평균들로부터 떨어진 편차들의 평균으로 분포의 흩어진 정도를 말해 준다. 평균과 표준편차는 각각 다음 공식에 의하여 계산된다.

$$\overline{X} = \frac{\sum X}{N}$$

$$S_X = \frac{\sqrt{\sum (X - \overline{X})^2}}{N}$$

정규분포는 좌우대칭이면서 평균, 중앙값, 최빈값이 같은 단봉분포를 말하며 [그림 17-1]과 같다.

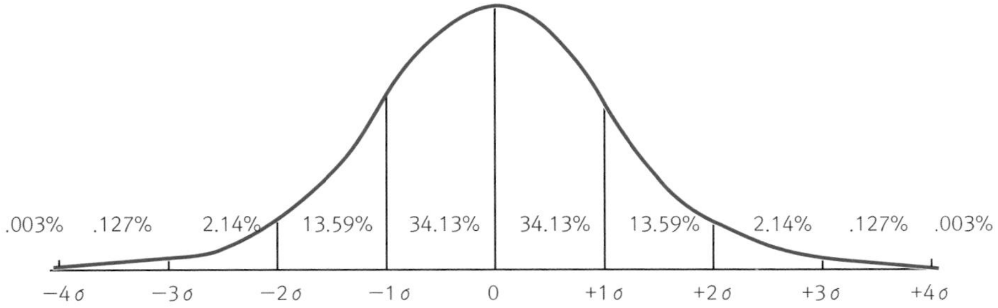

[그림 17-1] 정규분포에 의한 퍼센타일

정규분포에서 어떤 피험자의 점수가 평균점수와 같았다면, 그 학생의 규준점수는 50퍼센타일이다. 또한 다른 학생의 점수가 평균보다 1 표준편차 위에 있다면 84.13퍼센타일이 된다. 이를 상위 15.87퍼센타일이라 부르기도 한다. 예를 들어, 400점 만점의 학업성취도검사에서 평균이 200점이며, 표준편차가 50점일 때, 300점을 얻었다면 평균점수보다 2 표준편차 위에 있으므로 정규분포에서 97.72퍼센타일에 해당하며, 이를 상위 2.28퍼센타일로 표현하기도 한다.

규준점수로서 원점수에 해당하는 퍼센타일이 제공되면 학생의 상대적 서열을 쉽게 알 수 있다. 현재 대학수학능력시험의 경우, 원점수와 그에 해당하는 퍼센타일 점수가 제공되고 있다.

(2) 표준점수

정규분포 가정하에서 원점수에 해당하는 상대적 서열을 나타내는 점수에는 **표준점수**(standard score)가 있으며, 표준점수에는 Z점수와 T점수가 있다.

① Z 점수

Z 점수는 평균을 0, 표준편차를 1로 하는 점수로서 계산공식은 다음과 같으며, 앞의 예의 Z점수는 2가 된다.

$$Z = \frac{X - \overline{X}}{S_X} = \frac{300 - 200}{50} = 2$$

피험자가 얻은 점수를 표준점수인 Z점수로 표현하였을 때, 평균점수 미만을 받은 모든 피험자의 Z점수는 음수가 되며, 소수점이 되는 경우도 많다. Z점수에 해당하는 백분위는 [부록 1]에서 찾을 수 있다. 예를 들어, 어느 학생의 Z점수가 1.65이었다면 누적백분율은 95.05%임을 알 수 있으며, 상위 4.95%에 있다.

② T 점수

음수나 소수로 표현되는 Z점수의 불편함을 해결하기 위하여 McCall(1939)이 T점수를 제안하였다. **T 점수**는 평균은 50, 표준편차는 10으로 하는 점수로서 계산공식은 다음과 같다.

$$T = 50 + 10Z = 50 + 10 \times 2 = 70$$

이 경우, 평균이 200점이고 표준편차가 50점인 검사에서 300점을 얻어 Z점수는 2이었으므로, T점수는 70점이 된다. 정규분포 아래서 평균과 표준편차에 따른 Z점수와 T점수는 [그림 17-2]와 같다.

[그림 17-2]는 원점수, Z점수, T점수에 의한 상대적 서열, 즉 퍼센타일을 알려준다. 만약 어떤 학생이 평균보다 1 표준편차 위인 점수를 얻었다면 Z점수는 1, T점수는 60점이며, 상대적 퍼센타일은 84.13%이다. 다른 예로 어떤 학생이 대학

수학능력시험의 언어 영역에서 T점수를 40점 받았다면 그의 Z점수는 −1점이고 상대적 서열은 15.87%임을 알 수 있다.

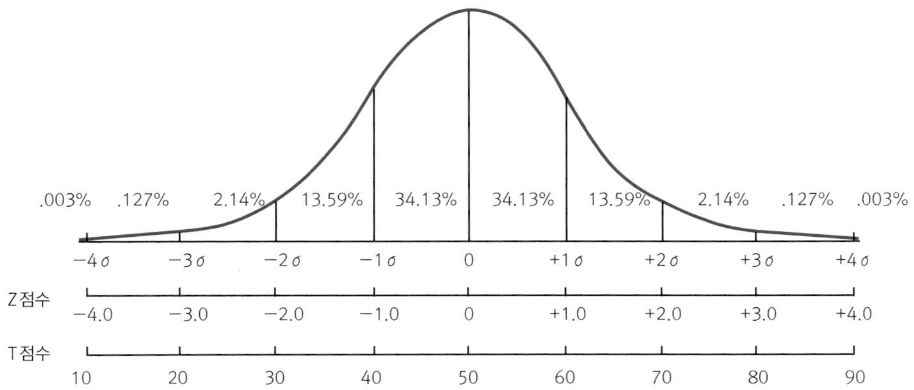

[그림 17-2] Z점수와 T점수

③ 스테나인

스테나인 점수(stanine scores)는 9개의 범주를 가진 표준점수로서 제2차 세계대전 중 미공군에서 개발한 것으로 평균을 5, 표준편차를 2로 표준화한 점수다(Hopkins, Stanley, & Hopkins, 1990). 정규분포에 기초한 스테나인 점수와 그에 해당하는 Z점수, T점수는 [그림 17-3]과 같다.

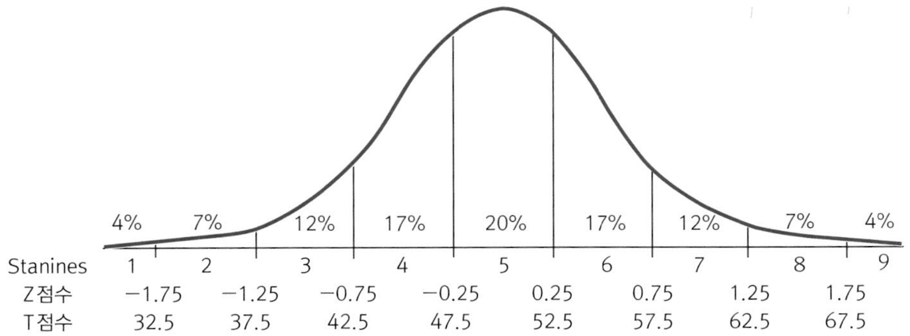

[그림 17-3] 스테나인 점수와 Z점수, T점수

스테나인 점수는 원점수의 분포를 정규분포로 가정하고 가장 낮은 점수부터 높은 점수로 배열한 후, 맨 아래의 4%에 1을, 그다음 7%에 2를, 그다음 12%에 3을, 그다음 17%에 4를, 그다음 20%에 5를 부여하며, 상위 4%에 만점인 9를 부여한다. 스테나인 점수 1점과 2점을 구분하는 지점의 Z점수는 −1.75이며 2점과 3점을 구분하는 지점은 −1.25이다. 스테나인 점수를 구분하는 지점의 Z 점수는 [그림 17−3]에서와 같이 0.5의 간격으로 등간성을 유지하고 있으며, T 점수도 5점의 간격으로 구분되어 있다.

정규분포 가정을 충족하지 않으면 스테나인 점수를 적용하는 것이 적합하지 않다(Anastasi, 1976). 스테나인 점수는 상대적 서열에 대한 자세한 정보를 얻을 수는 없지만 유사집단을 하나로 묶어 한 자리 수의 지수를 제공하는 특징이 있으며 점보다는 구간으로 묶는 특징을 지니고 있다. 이 스테나인 점수는 상대비교평가에서 점수가 주는 영향을 교육적으로 약화시키기 위하여 사용되는 점수로서 우리나라에서도 2002학년도부터 대학수학능력시험에서 이 점수를 제공하였다. 다만 스테나인 점수 1을 9로, 9를 1로 하는 것이 다르다.

(3) 변환점수

변환점수(transformed score)는 Z 점수를 특정한 평균과 표준편차를 갖도록 선형변환한 것이다. SAT 점수와 GRE 점수, 지능점수인 Wechsler 점수와 Binet−Simon 점수를 예로 들 수 있다. SAT, ACT, Wechsler 및 Stanford Binet IQ 점수는 [그림 17−4]와 같다.

SAT의 평균은 500점이고 표준편차는 100점으로서 어떤 학생이 SAT의 언어 영역에서 600점을 받았을 때 84.13%에 해당됨을 알 수 있다. ACT의 평균은 20점, 표준편차는 5점이다. 지능검사의 평균은 100점이며 Wechsler 검사의 표준편차는 15점, Stanford−Binet 검사의 표준편차는 16점이다.

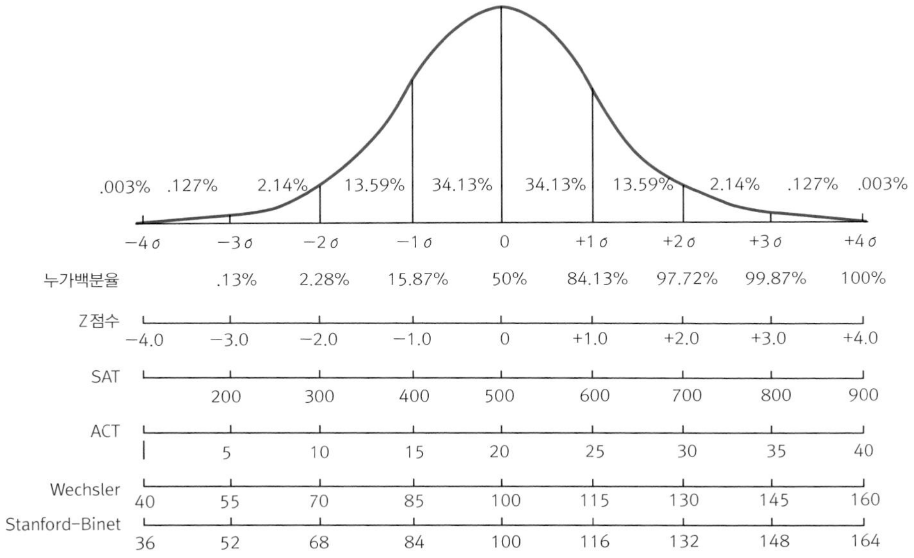

[그림 17-4] SAT, ACT, Wechsler, Stanford-Binet 변환점수

3) 규준 점수의 특징과 해석

학교현장에서 학생들이 얻을 점수의 등위가 보고되고 있으며, 대학수학능력 모의시험이나 적성검사 등에는 T점수가 보고되고 있다.

규준점수인 퍼센타일이나 Z점수, T점수에 의하여 피험자의 상대적 서열을 파악하여 의사결정을 용이하게 내릴 수 있다. 그러나 규준점수는 모집단을 대표하는 표본이 대표성을 띠어야 하며 규준을 작성하기 위하여 사용되는 검사가 타당하고 신뢰할 수 있어야 한다. 규준점수가 지니는 한계는 무엇을 얼마만큼 알고 모르는지에 대한 직접적인 정보를 제공해 주지 못함으로써 교수·학습에 충분한 도움을 주지 못한다는 점이다.

3. 준거점수

1) 정 의

준거(criterion, cut-off, standard)란 피험자가 어떤 일을 수행할 수 있다고 대중(public)이 확신하는 지식 혹은 기술수준을 말한다(AERA/APA/NCME, 1985). AERA, APA, NCME(1999)에서 **분할점수**(cut score)란 성패나 당락을 구분하는 점수라 정의하고 있다.

Glaser(1963)는 인간의 성취수준을 지식획득의 연속선상에서 영점인 상태에서부터 완전한 상태까지 나타낼 수 있다고 보기 때문에 준거는 개인의 성취 적합성에 따라 어느 점에서도 설정할 수 있다고 주장한다. 특히 학교학습에서 학생의 학업성취가 수업목표에 도달하였는지의 여부를 결정하기 위하여 준거를 설정할 필요가 있으며, 학습자를 이 준거에 의해 완전학습자 혹은 불완전학습자로 구분한다. 그러므로 준거는 준거참조검사의 매우 중요한 요소다.

Glass(1978)는 모든 준거설정방법은 임의적이며, 근본적으로 결함을 가지고 있기 때문에 교육적 의사결정이나 검사점수를 해석하기 위하여 사용될 수 없다고 주장하였다. 그러나 Block(1978)과 Popham(1978b)은 임의적(arbitrary)이란 단어의 사전적 의미를 분석해 보면 '제멋대로의 변덕스러운'이라는 의미도 있지만, '심사숙고한 재량'이라는 뜻도 있으므로 준거설정방법은 무원칙에 의한 것이 아니라 이론적 배경을 근거로 하여 과학적 방법을 동원한 주관적 판단이 요구되는 방법이라고 반박하였다. 교육현장에서 일어나는 모든 연속변인을 인위적인 이분법에 의하여 분류할 때 판단의 오류를 전혀 배제할 수는 없다. 그러나 특정 준거를 기점으로 교수 · 학습의 장에서 완전학습자와 불완전학습자로 분류하거나 자격검사에서 자격부여를 결정하기 때문에 준거는 과학적이고 객관적으로 설정하여야 한다.

2) 준거설정방법

준거설정방법은 무원칙에 의한 임의성에서 탈피하여야 하며, 이론 혹은 규칙을 근거로 하는 타당하고 과학적인 방법이어야 한다. 물론 연구자에 따라 상정하고 있는 이론적 방법이 고유하므로 각 방법에 따라 설정된 준거는 차이가 있을 수 있다. Shepard(1984)는 준거설정방법은 절대적 혹은 규준적 기준을 도출하기 위한 것으로서 그 기준은 준거설정방법 내에 존재하기보다는 교사나 평가전문가의 마음속에 가정하고 있는 심리적 구인이라고 설명하고 있다.

Hambleton과 Eignor(1980)는 그 당시까지 제안된 18가지의 준거설정방법을 주관적 유형(Judgemental model), 경험적 유형(Empirical model), 조합적 유형(Combinational model)으로 구분하였다. Berk(1986)는 지난 20년간 제안된 총 38가지의 준거설정방법을 분석하여 장단점을 지적하고 크게 상태적 방법과 연속적 방법으로 분류하였다. 상태적 방법에는 경험적이고 주관적 방법이 포함되며, 연속적 방법에는 주관적 방법, 주관적이고 경험적 방법, 경험적이고 주관적 방법이 포함된다.

Mills와 Melican(1988)은 현재까지 제안된 준거설정방법을 네 가지 범주로 구분한다. 네 범주는 규준적 준거설정방법, 피험자 집단특성평가에 의한 준거설정방법, 검사도구 내용분석평가에 의한 준거설정방법, 절충적 준거설정방법이며, 각 범주에 속하는 준거설정방법은 다음과 같다. 최근에는 문항반응이론에 의한 문항난이도를 고려한 북마크(book mark) 방법과 맵마크(map mark) 방법이 사용되고 있다. 준거설정방법에 대하여 보다 자세한 내용은 성태제(1991, 2005)나 Cizek와 Bunch (2007)를 참고하라. Cizek와 Bunch의 책은 성태제(2010)에 의해 번역되었다.

- 규준적 준거설정방법
- 피험자 집단특성평가에 의한 준거설정방법
  - 집단비교방법
  - 경계선 집단방법
- 검사도구 내용분석평가에 의한 준거설정방법
  - Nedelsky 방법
  - Angoff 방법
  - Jager 방법
  - Ebel 방법
  - 북마크 방법
  - 맵마크 방법

- 절충적 준거설정방법
  - Hosfee 방법
  - Beuk 방법
  - de Gruijter 방법

이상의 여러 준거설정방법 중 여기서는 규준적 준거설정방법, 피험자 집단특성 평가에 의한 준거설정방법, 검사도구 내용분석평가에 의한 보편적인 준거설정방법을 설명한다.

(1) 규준적 준거설정방법

규준적 준거설정방법은 검사를 택한 피험자들의 상대적 서열이나 피험자 집단의 일정 비율에 의하여 준거를 설정하는 방법이다. 예를 들면, 어떤 검사를 택한 피험자 집단의 상위 20% 학생들에게 자격증을 부여한다면 20%가 준거가 된다.

이 방법은 검사를 실시하기 전에 일정한 비율을 쉽게 결정할 수 있으므로 의사결정을 할 때 많이 사용된다. 그러나 일정한 비율에 의하여 선발된 피험자들이 기대하는 성취수준에 도달하였는지에 대해서는 확신할 수 없다. 앞의 예에서 상위 20% 학생들에게 자격증을 부여한다면 상위 20%에 해당되는 피험자 중에는 성취수준 또는 **최소한의 능력수준**(Minimum competence level)에 도달하지 못한 피험자도 포함될 수 있다. 그러므로 교수 · 학습 프로그램 개발이나 개인의 학습발달 정도를 분석하고자 할 경우에는 이 규준적 준거설정방법을 사용하지 않는다. 또한 Ebel(1979)도 규준적 준거설정방법은 합리적이지 않은 비율을 임의로 설정하기 쉽다고 지적하였다. 이 방법은 준거를 설정하기 때문에 준거참조평가를 위한 방법이라 간주할지 모르나 엄밀하게 분류하면 규준참조평가를 위한 준거설정방법이라 할 수 있다.

(2) 피험자 집단특성평가에 의한 절대적 준거설정방법

① 집단비교방법

집단비교방법(Contrasting groups method)은 Zieky와 Livingston(1977)이 제안한

방법으로서 교사 혹은 교과전문가 또는 평가전문가가 피험자 집단의 개개인을 주관적으로 완전학습자 혹은 불완전학습자로 구분하여 검사를 실시한 후 완전학습자의 점수분포와 불완전학습자의 점수분포가 교차되는 점을 준거로 설정하는 방법이며, [그림 17-5]와 같다.

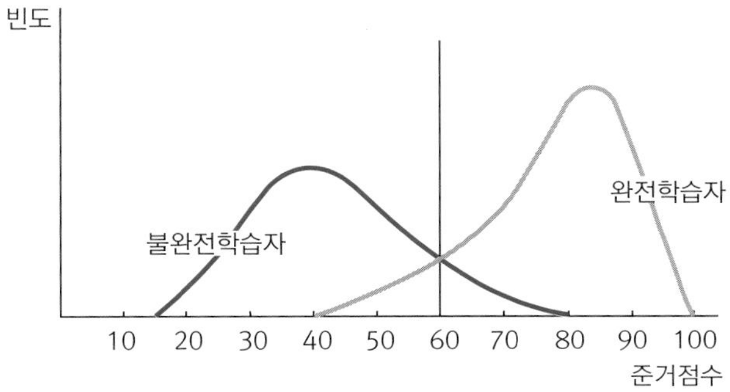

[그림 17-5] 두 집단 비교에 의한 준거점수 설정방법

피험자 개인을 완전학습자 혹은 불완전학습자로 분류하는 방법은 일반적으로 교사가 학점을 부여할 때 사용하는 것으로서 교수·학습 이전이나 진행 중에 평가의 대상이 되는 모든 자료를 수집하여 판정하거나 규준적 준거설정방법을 이용하여 분류할 수 있다.

집단비교방법의 단점은 다음과 같다.

첫째, 완전학습자와 불완전학습자의 집단분류에 따라 준거점수가 변화한다는 것이다. 즉, 두 집단의 능력 특성에 따라 준거점수가 달라진다.

둘째, 준거점수가 불완전학습자로 분류된 소수의 고득점 피험자들에 의해 높아지거나 완전학습자로 분류된 소수의 하위점수 피험자들에 의해 낮아질 수 있다는 것이다.

셋째, 준거점수에 도달하지 못하였어도 완전학습자로 분류되거나 준거점수를 능가하였음에도 불완전학습자로 분류되는 판정의 오류가 일어날 수 있다.

집단비교방법에 의한 준거점수는 여러 요인, 즉 불완전학습자와 완전학습자 표본의 비율, 완전학습의 정도를 어떻게 정의하느냐에 따라 변화되기 때문에 안정적이지 못하다는 비판을 받고 있다.

② 경계선 방법

경계선 방법(Borderline group method)은 집단비교방법의 두 집단 분류에 의해 준거점수가 변화되는 모순점을 해결하기 위하여 Livingston과 Zieky(1982)가 제안한 방법이다. 경계선 방법은 모든 피험자를 완전학습자와 불완전학습자로 분류하고 완전학습자로 분류된 피험자 집단에서 검사점수의 중앙값을 준거점수로 설정하는 방법이다. 두 집단 비교방법에서 준거점수는 불완전학습자 집단에 의해 영향을 받지만 Livingston과 Zieky 방법에서는 불완전학습자 집단을 고려하지 않기 때문에 불완전학습자 집단의 점수분포가 준거설정에 영향을 주지 않는다.

Mills(1983)가 제안한 경계선 방법은 다음 세 가지 점수를 설정해야 한다.

첫째, 완전학습자로 분류할 수 있는 확실한 최저점수, 즉 완전학습자로 규명하기 위한 기준점수를 설정한다.

둘째, 어느 점수 미만이면 불완전학습자로 분류할 수 있는 확실한 최고점수, 즉 불완전학습자로 분류하기 위한 기준점수를 설정한다. 예를 들어, 100점 만점의 검사에서 80점 이상이면 완전학습자로 분류하고, 60점 미만이면 불완전학습자로 분류한다는 판단을 내린다.

셋째, 불완전학습자로 분류되는 최고점수와 완전학습자로 분류되는 최저점수 사이에 있는 피험자들의 검사점수들의 중앙값을 준거점수로 설정한다. 앞의 예에서 60점 미만이면 불완전학습자로, 그리고 80점 이상이면 완전학습자로 분류된다고 하였을 때 60점 이상과 80점 미만의 피험자들은 어느 집단으로도 분류할 수 없으므로 60점 이상과 80점 미만 사이에 있는 피험자들의 점수를 나열한 후 그 가운데 있는 피험자의 점수를 준거로 설정하며 [그림 17-6]과 같다.

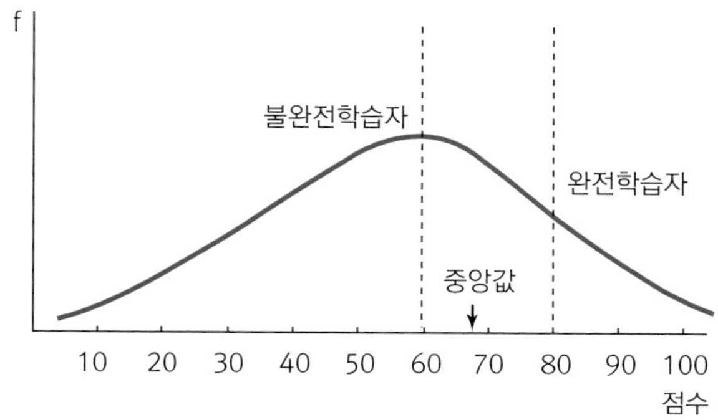

[그림 17-6] Mills에 의한 경계선 방법

Mills의 경계선 방법은 두 집단으로 구분하여 나타나는 분포의 영향은 받지 않으나 불완전학습자로 분류하는 최고점수와 완전학습자로 분류하는 최저점수에 의하여 준거점수가 변화될 수 있다는 단점을 지닌다.

(3) 검사도구 내용분석평가에 의한 절대적 준거설정방법

규준적 준거설정방법이나 집단비교방법, 경계선 방법은 검사도구 내용분석에 의한 것이 아닌 규명된 집단의 상대적 정보에 의해 준거점수를 설정하는 방법이다. Glaser(1963)는 준거참조검사의 문항을 작성하기 위해서는 상대적 규준에 의한 정보보다 검사내용에 주안점을 두어야 한다고 주장하였다. 역사적으로도 검사도구의 내용분석에 기초하여 준거를 설정하는 것이 타당하다고 보았다. 검사내용에 근거하여 준거를 설정하면 피험자 집단의 특성에 영향을 받지 않으므로 준거점수가 변화되지 않는 장점이 있다.

검사도구 내용분석평가에 의해 준거를 설정하는 방법으로는 Nedelsky 방법, Angoff 방법, Ebel 방법, Jaeger 방법, 북마크 방법, 맵마크 방법 등이 있다. 이 준거설정방법은 문항 하나하나에 대한 분석과 평가 과정을 통하여 준거점수를 설정한다.

① Nedelsky 방법

Nedelsky(1954)가 제안한 방법으로서 준거를 설정하는 방법 중 가장 오래되었으며 보건의학과 관련된 자격증을 부여하기 위한 최소능력검사(Minimum competency test)에 많이 쓰였다. Nedelsky는 피험자들이 문제를 읽은 후 확실하게 정답이 아닐 것이라고 생각하는 답지들을 일단 제거한 후 나머지 답지들 중에 임의로 선택하여 문항의 답을 맞힐 것이라 생각하였다. 그러므로 Nedelsky 방법은 교사나 평가전문가가 완전학습자로 분류할 수 있는 최소한 능력을 보유한 피험자(Minimum competency examinee)를 가정하고 최소한 능력을 보유한 피험자가 문항을 읽은 후 정답이 아니라고 생각하는 답지를 몇 개 제거하느냐에 초점을 둔다. 그리고 제거되고 남은 나머지 답지들 중 추측에 의하여 무작위로 선택하여 문항의 답을 맞힐 것이라는 가정에서 출발한다. 예를 들면, 사지 선다형의 문항에서 교사나 평가전문가가 최소능력 보유 피험자는 네 개의 답지 중 하나의 답지만 정답지가 아니라 생각할 것이라고 판단하면, 최소능력 보유 피험자는 나머지 세 개의 답지 중 추측하여 답을 맞히기 때문에 그 문항의 답을 맞힐 확률은 1/3이 된다. 만약 최소한 능력을 보유하고 있는 피험자가 그 문항을 보고 네 개의 답지 중 2개가 정답이 아니라고 생각한다면 나머지 두 개의 답지 중 하나를 추측하여 문항의 답을 맞힐 것이므로 문항의 답을 맞힐 확률은 1/2이 된다. 문항의 내용이 어렵다면 정답이 아니라고 제거할 수 있는 답지는 적을 것이고 문항의 내용이 쉽다면 정답이 아니라고 제거할 답지가 많아지게 될 것이다.

Nedelsky 방법에 의한 준거점수는 정답이 아닌 답지를 제거한 후 문항의 정답을 맞힐 확률을 모두 더한 것이며, 이를 **최저통과수준**(minimum pass level)이라 한다.

$$C = \sum P_i = \sum_{i=1}^{n} \frac{1}{Q - IQ}$$

P_i : 최소능력 보유 피험자가 문항 i를 맞힐 수 있는 확률

Q: 문항의 전체 답지 수

IQ: 교사나 평가전문가들이 최소한 능력을 보유한 피험자가 정답이 아니라고 생각하는 답지의 수

다섯 문항으로 구성된 검사에서 최소능력을 보유한 피험자가 정답이 아니어서 제거할 수 있는 답지 수가 〈표 17-1〉과 같을 때 준거점수는 2.4이다.

〈표 17-1〉 Nedelsky 방법에 의한 준거점수

문 항	답지 수	정답 아닌 답지	P_i
1	4	2	1/2
2	4	3	1
3	4	0	1/4
4	4	1	1/3
5	4	1	1/3

C = 2.4

만일 각 문항의 중요도에 따라 가중치를 부여하면, 즉 문항배점이 다르면 준거점수는 다음 공식에 의하여 계산된다.

$$C = \sum_{i=1}^{n} W_i \times P_i$$

W_i : 문항의 가중치

P_i : 문항을 맞힐 확률

Nedelsky 방법은 문항의 내용을 분석하여 준거를 설정하는 방법이나 다음과 같은 문제점을 가지고 있다.

첫째, 피험자들이 정답이 아니라고 생각하는 답지를 제거하고 난 후 나머지 답지에서 정답을 선택할 때 무선적으로 추측하지 않는다(Brennan & Lockwood, 1980; Melican, Mills, & Plake, 1987). 즉, 피험자들이 정답이 아니라고 생각하는 답지를 일차적으로 제거한 후 남은 답지가 두 개일지라도 추측에 의해 무선적으로 선택하는 것이 아니라, 그중에 가장 매력적인 답지를 선택한다는 주장이다.

둘째, 문항을 맞힐 수 있는 확률은 오답이라고 생각하는 답지 수를 전체 답지 수에서 제거한 후 남은 답지 수의 역함수에 의해 계산되므로 문항을 맞힐 수 있는 확률의 범위가 다양하지 못하다(Brennan & Lockwood, 1980). 사지 선다형의 문항에서 문항을 맞힐 수 있는 확률은 〈표 17-1〉에서 보듯이 1, 1/2, 1/3, 1/4 이 된다.

셋째, 사지 선다형의 문항의 예에서 보듯이 문항을 맞힐 확률에서 1과 1/2 사이의 확률이 이론적으로 존재할 수 없기 때문에 Nedelsky 방법에 의한 준거점수는 일반적으로 다른 준거설정방법에 비하여 낮다(Shepard, 1980).

넷째, 선다형 문항 유형에만 적용 가능하다.

② Angoff 방법

Angoff(1971)가 제안한 것으로 교사나 평가전문가가 문항을 분석한 후 최소능력 보유 피험자들로 구성된 가상적 집단에서 어느 정도 비율의 피험자가 문항의 정답을 맞힐 수 있는가를 판정한 다음, 각 문항의 답을 맞힐 피험자 비율의 합을 준거점수로 설정하는 방법이다. 예를 들어, 5문항으로 구성된 검사에서 준거를 설정하는 절차는 〈표 17-2〉와 같다.

〈표 17-2〉 Angoff 방법에 의한 준거설정방법

문 항	P	가중점수 W	WP
1	.5	2	1.0
2	.8	3	2.4
3	.7	1	.7
4	.9	1	.9
5	.1	2	.2
	C = 3.0		C = 5.2

교사나 내용전문가가 내용을 보고 분석한 결과, 최소능력을 소유한 완전학습자 100명을 가상하였을 때 1번 문항에 대해서는 50명이 문항의 답을 맞힐 것이라 판단하였고, 2번 문항은 80명, 5번 문항은 10명만이 문항의 답을 맞힐 것이라 판단하였다. 이와 같이 각 문항의 내용을 분석하여 확률을 구한 뒤 그 값을 더하면 3이 되므로 준거점수는 3점이다. 그러므로 5점 만점의 검사에서 피험자의 점수결과를 통보할 때, '준거점수는 3점이고, 홍길동의 점수는 1점이다.'는 식으로 보고한다.

만약 문항마다 점수가중치가 다른 경우 점수가중치를 확률에 곱하여 얻은 점수를 더한 값이 준거가 된다. 〈표 17-2〉의 각 문항점수가 다른 상황에서 준거점수는 5.2점이 된다. 그러므로 가중치가 다른 검사에서는 "9점 중 5.2점이 준거점수이며, 피험자의 점수는 7점이다."라고 통보한다.

최소한 능력을 보유한 100명의 가상적 피험자 집단을 상상하기가 어려운 경우 대안적 방법으로 교사나 평가자가 최소한 능력을 보유한 피험자 한 명이 문항난이도가 같다고 생각되는 100문항을 연상한 후 그 100개 문항 중 몇 %를 맞힐 수 있는가를 판정한 다음, 각 문항의 정답 확률을 합하여 준거점수를 설정할 수 있다.

Angoff 방법은 Nedelsky 방법에 비해 절차가 간단하고 문항을 맞힐 수 있는 확률이 다양하며 선다형이 아닌 문항에도 적용할 수 있는 장점이 있다. 그러나 교사나 평가전문가가 문항의 난이도를 부여할 때 문항의 내용보다는 문항의 줄거리나 문항의 답지에 의해 영향을 받게 되어 문항난이도가 과소 추정되거나 과대 추정되는 단점이 있다. 즉, 교사나 평가전문가에 따라 문항난이도가 다르게 추정되면 준거점수도 달라지게 된다. 준거점수가 변화되는 문제를 해결하기 위하여 다수의 교사나 평가전문가가 Angoff 방법을 사용하여 준거를 설정한 후 준거점수들의 평균을 추정하면 보다 타당한 준거점수를 얻을 수 있다.

③ Jaeger 방법

Jaeger(1978)가 제안한 방법으로 개념적으로 가장 간단하다. 교사나 평가전문가가 최소능력을 보유한 피험자가 각 문항을 맞힐 수 있는지 없는지를 판정한 후, 맞힐 수 있는 문항의 수를 합한 것이 준거점수가 된다. 확률에 의한 결정이 아니라 정답 여부 질문에 대한 '예', '아니요'의 판정에 의해 준거가 결정된다. 이 방법의 장점은 교사나 평가전문가가 개념적으로 가상적 최소능력 보유 피험자 집단을 연상할 필요가 없어 간단명료하다는 것이다.

〈표 17-2〉의 문항들을 Jaeger 방법에 의하여 분석한 뒤, 준거를 설정하는 절차는 〈표 17-3〉과 같다.

〈표 17-3〉 Jaeger 방법에 의한 준거설정방법

방법 / 문항	Angoff(P)	Jaeger
1	.5	0
2	.8	1
3	.7	1
4	.9	1
5	.1	0

C = 3

Jaeger 방법은 Angoff 방법보다 간단하다. 두 방법 모두 각 문항의 내용을 분석하여 그 결과에 의해 준거를 설정하였으므로 막연하게 검사도구 전체의 느낌을 보아 준거를 설정하는 것보다 객관적이고 과학적이라 할 수 있다. 한 명의 교사나 내용전문가의 판단에 의하여 준거점수를 설정하는 것보다는 다수의 교사나 내용전문가의 판단에 의하여 준거를 설정하는 것이 바람직하다. 이때는 교사나 내용전문가가 각각 문항을 분석하여 교사나 내용전문가마다 계산된 각기 다른 준거점수의 평균이 준거점수가 된다. 앞으로 많은 전형제도에서 준거참조평가가 이용될 것이므로 준거참조검사 결과에 대한 해석과 보고 방법에 관심을 기울여야 할 것이다.

④ Ebel 방법

Ebel(1972, 1979)이 제안한 방법으로, 검사도구의 내용을 분석하여 준거를 설정하는 방법 중 가장 복잡한 방법이라 할 수 있다. 교사나 평가전문가는 문항을 두 가지 판단기준에 따라 분류한다. [그림 17-7]에서 제시된 바와 같이 하나는 문항의 난이도를 기준으로 쉬운 문항, 적당한 문항, 어려운 문항의 세 범주로 구분하는 것이며, 다른 하나는 문항의 적절성에 따라 필수적(essential) 문항, 중요한(important) 문항, 수용할 만한(acceptable) 문항, 문제가 있는(questional) 문항의 네 범주로 구분한다. 즉, 3×4의 행렬표에 의해 각 문항을 분석한 후 각 칸에 떨어진 문항들을 맞힐 기대 확률을 부여하고, 그 확률들을 더하면 준거점수가 된다.

		문항의 적절성			
		문제가 있는 문항	수용할 만한 문항	중요한 문항	필수적 문항
문항 난이도	쉬운 문항				
	적절한 문항				
	어려운 문항				

[그림 17-7] Ebel 방법에 의한 분류

Ebel 방법의 장점은 준거점수 설정 시 문항난이도뿐 아니라 문항의 적절성도 고려된다는 점이다. 그러나 이 방법의 단점은 교사들이 두 가지의 판단기준을 적용하여 문항을 분류하는 것이 어렵다는 것이다.

⑤ 북마크 방법

북마크(bookmark) 방법은 Angoff 방법의 단점을 보완하기 위해 Lewis, Mitzet, Green(1996)에 의해 소개되었고, 최근에 널리 사용하는 준거설정방법이다. 이 방법은 선택형 문항과 서답형 문항으로 구성된 검사에서도 사용하며, 준거설정자들이 단순하게 준거를 설정할 수 있도록 하고, 성취수준에 대한 기술을 용이하게 하기 위하여 개발되었다. 북마크 방법의 기본적인 특징은 문항반응이론에 의하여 문항난이도를 추정하고 문항난이도에 따라 문항을 배열한 문항순서집에 의하여 준거를 설정한다. **문항순서집**(ordered item booklet: OIB)이란 문항난이도에 의해 쉬운 문항부터 어려운 문항 순서로 각 문항의 위치를 결정하여 한 페이지에 한 문항씩 정렬한 문항집을 말한다.

문항순서집에는 선택형 문항과 서답형 문항이 모두 하나의 문항집에 포함되는데, 선택형 문항이든, 서답형 문항이든 해당 부분 점수마다 한 번씩 문항집에 등장하게 된다. 또한 서답형 문항의 경우 각 부분점수를 받기 위한 채점기준과 학생들의 응답 예시가 함께 제시된다. 문항순서집에는 실제 검사에 포함된 문항들로만 구성되어야 하는 것은 아니다. 실제로 시행된 검사의 문항보다 더 많거나 적은 수의 문항을 포함하기도 한다. 만약 실제 검사에 포함된 문항보다 더 많은 문항을 문항순서집에 포함시킨다면 다양한 내용의 문항과 문항난이도가 다양하여 난이도 간격을 채워 줄 수 있으므로 준거설정자들에게 더 많은 정보를 제공할 수 있다. 예를 들어, 1.05와 1.25의 난이도를 가지는 두 문항 사이에 실제검사에 포함되지 않은 1.10, 1.15, 1.20 난이도의 문항들을 포함시킨다면 준거설정자들이 더 정확한 분할점수를 설정하는 데 도움을 줄 수 있다(Cizek & Bunch, 2007). 이렇게 제작된 하나의 문항순서집을 통해 준거설정자들은 문항의 위치척도와 실제 문항번호, 문항이 측정하고자 하는 내용에 대한 정보뿐 아니라 한 문항이 다른 문항보다 더 어렵거나 쉬운 이유와 같은 준거설정에 필요한 다양한 정보를 한 번에 얻을 수 있다.

북마크 방법의 기본질문은 "최소능력보유자가 이 문항의 답을 맞출 만한가?"하는 것이다. 이 질문에서 '할 만한가(likely)'에 관한 정의, 즉 숙달 정도에 대한 정의를 내리는 것이 가장 중요한 일이다. 일반적으로 북마크 방법에서는 최소능력보유자의 정답률이 67% 이상이 되는 경우를 '숙달'로 정의하고, 이 값을 응답확률 혹은 숙달준거라 한다. 그러나 응답확률 50%도 널리 사용되는데, 이는 준거설정자들이 '할 수 있다'와 '할 수 없다'를 구분하는 이분법적 판단에서 보편적으로 사용되는 값이고, 이론적으로도 지지되기 때문이다. 준거설정자들은 이 기본질문을 바탕으로 문항순서집의 첫 번째 문항부터 검토를 시작하여 최소능력보유자의 정답률이 사전에 설정된 응답 확률보다 낮은 정답률을 가질 것이라고 판단되는 문항에 북마크하고, 그 문항의 모수를 바탕으로 준거를 설정한다. 예를 들어, 50문항으로 구성된 문항순서집이 있을 때 가장 쉬운 문항부터 문항내용전문가가 그 문항의 내용을 분석하여 최소한 능력보유자의 50%(혹은 67%) 이상의 피험자들이 그 문항의 답을 맞힐 수 있을지 여부를 판정한다. 다음 문항에 대하여도 그와 같은 분석을 실시하여 최소한 능력보유 피험자들 중 50%(혹은 67%) 이하의 피험자들이 답을 맞힐 것이라 판정하면 그 문항에 마크를 하는 절차다. 마크가 된 문항의 난이도가 준거가 되어 이를 준거점수로 선정하고 문항내용도 참고한다.

북마크 방법의 장점은 첫째, 선택형 문항과 서답형 문항으로 구성된 검사에서도 준거를 설정할 수 있으며 둘째, 개념이 명료하여 다른 준거설정방법에 비해 간단하고, 준거설정에 필요한 시간이 절약될 수 있다. 단점으로는, 첫째, 문항순서집을 제작하여야 한다는 번거로움과 둘째, 문항난이도에 의한 문항순서집을 만들기 위하여 문항반응모형과 이때 사용되는 응답확률에 대해 여전히 다양한 의견이 존재한다. 셋째, 문항난이도에 의해 문항이 정렬되므로 문항의 변별도와 추측도 그리고 문항의 외적 요인이 경시될 수도 있다는 것이다. 이러한 단점에도 불구하고 북마크 방법은 절차적 · 개념적으로 문항반응이론을 적용함으로 인해 다양한 분야에서 선호하는 준거설정방법 중 하나다.

다음의 준거설정자가 참여하여 준거를 설정하는 것이 바람직하며, 마크한 문항이 다른 경우는 논의를 통하여 합의한 준거를 설정할 수 있다.

준거설정방법의 선택은 각 준거설정방법의 논리적 과학성과 그 방법들을 사용할 수 있는 상황에 의존하게 된다. 각 준거설정방법은 각기 다른 논리적 배경에 의해 전개되고 있으나, 일반적으로 준거참조평가를 지향하는 검사도구에서 준거를 설정하기 위해서는 피험자 집단의 비율에 의한 규준적 준거설정방법과 완전학습자와 불완전학습자 두 집단을 비교하여 준거를 설정하는 두 집단비교방법을 흔히 쓰고 있다. 준거참조평가를 위한 준거설정방법에는 검사도구의 내용을 문항별로 분석하여 준거점수를 설정하는 Angoff 방법이 널리 쓰이며, Jaeger 방법도 자격증 부여를 위한 준거설정방법으로 많이 쓰이고 있다. 최근에는 평가자의 논의를 통한 북마크 방법이 널리 이용되고 있다. 절충적 준거설정방법은 상대적으로 네덜란드 학자들에 의하여 제안된 방법으로 각 방법에 대한 타당성과 유용성에 관한 경험적 연구가 비교적 적은 편이다. 절충적 준거설정방법은 규준적 준거설정방법과 검사도구 내용분석평가에 의한 두 방법을 절충하여 개념적으로는 논리적이고 분석적이라 할 수 있으나 계산의 복잡성 때문에 흔히 쓰이지 않고 있다.

3) 준거설정에 대한 연구와 적용

Berk(1986)는 지난 20년간 제안된 총 38가지의 준거참조검사를 위한 준거설정 방법을 사용자 관점에서 분석 · 평가하였으며, 22편의 준거설정방법 비교연구를 검토하였다. 그 결과, 비교연구 중 과반수 이상이 검사도구 내용분석평가에 의한 절대적 준거설정방법에 대한 비교연구였다고 밝히고 있다. Jaeger(1989)는 여러 편의 준거설정방법 비교연구에 의하면 동일한 평가전문가나 교사 혹은 평가전문가에 의하여 동일한 검사에 대한 준거를 설정하여도 각기 다른 준거점수가 설정되며, 특히 Nedelsky 방법이 Ebel 방법이나 Angoff 방법에 비하여 낮은 준거점수를 갖는다고 지적하였다. Shepard(1980) 역시 Nedelsky 방법에 의한 준거점수는 다른 Angoff 방법, Ebel 방법, Jaeger 방법에 의한 준거점수보다 낮음을 발견하였다. Van der Linden(1982)의 경험적 연구결과에 의하면 Angoff 방법과 Nedelsky 방법은 문항을 맞힐 수 있는 확률에 대한 불일치성 때문에 준거점수의 부정확성 문제를 야기하며, 이는 평가자들의 완전학습에 대한 개념과 학습목표에 대한 해석이 다르기 때문이라고 주장하였다. Subkoviak와 Huff(1986)는 교사나 평가전문가들이 문항난이도를 알 때 Angoff 방법이나 Nedelsky 방법에 의한 준거점수들의 표준편차가 감소함을 발견하였다. 또한 그들은 두 준거설정방법에 의한 준거점수의 유의한 차이를 발견하지 못하였으나 문항난이도를 알 때와 모를 때 준거점수에 유의한 차이가 있었고, 준거설정방법과 문항난이도 인지 여부 간의 상호작용이 없음을 발견하였다. Smith와 Smith(1988)는 Angoff 방법에 의한 준거설정에서 고려하는 문항난이도가 Nedelsky 방법에 의한 문항 최저통과율보다 실제 문항난이도와 관계가 높다고 주장하였다. 일반적으로 검사도구 내용분석평가에 의한 절대적 준거설정방법인 Angoff 방법, Ebel 방법, Jaeger 방법, Nedelsky 방법에 대한 경험적 비교연구들은 공통적으로 Nedelsky 방법에 의한 준거점수는 다른 방법에 의한 준거점수보다 낮다고 보고하고 있다.

소개한 북마크 방법과 같이 맵마크 방법, Item-Descriptor Matching 방법 등이 개발되었고 이에 대한 비교연구와 적용방법이 다양하게 소개되고 있다(Cizek & Bunch, 2007).

국내에서는 준거설정에 대한 연구가 흔하지 않다. 성태제(1991)는 대입학력고사의 수학고사에서 우리나라 고등학교 수학교육을 정상적으로 이수한 학생들이 얻을 수 있는 점수가 몇 점인지를 밝히는 연구를 수행하였고, 장윤선(2008)이 북마크와 맵마크, 그리고 Item-Descriptor Matching의 세 준거설정방법을 비교하였다. 많은 검사에 의하여 자격증이 부여되고 있고, 자격증의 중요성에 대한 인식이 높아지고 있으므로 검사의 준거를 설정하는 방법이 교육계뿐만 아니라 모든 분야에 널리 이용되어야 할 것이다.

외국에서 준거설정에 대한 연구가 활발히 진행되었음은 자격증을 부여하는 모든 검사에서 준거점수의 설정이 중요한 교육적 의사결정이기 때문이다. 예를 들어, NCLB와 IDEA에 따른 피험자 분류를 들 수 있다. 우리나라의 경우 자격증을 부여하는 검사에서 일반적으로 특정점수를 설정하여 준거점수로 사용하고 있으며, 검사의 내용, 세부적으로는 문항의 내용에 의하여 준거점수를 설정하는 경우는 드물다. 현재 적용하고 있는 고교내신 9등급제 이전에 적용하던 '수' '우' '미' '양' '가'의 준거참조평가의 경우 준거참조평가를 위한 준거설정방법을 전혀 적용하지 않았다고 할 수 있다. 이명박 정부에서는 준거참조평가를 실시하기 위하여 준거설정을 위한 종합적인 연구를 진행한바 있다(성태제 외, 2009).

준거점수의 특징으로서 점수가 의미하는 전제는 어떤 내용에 의존한다. 준거참조평가에서 가장 중요한 요소는 측정하고자 하는 영역(domain)과 준거라고 제5장에서 강조하였듯이 준거점수가 제시되었을 경우 측정내용이 무엇인지를 먼저 밝혀야 하고, 그 준거에 비추어 피험자가 획득한 점수가 보고되어야 한다.

4. 점수보고

점수를 보고하는 방법은 원점수를 보고하는 방법, 규준점수를 보고하는 방법, 준거에 비추어 보고하는 방법이 있다. 원점수에 대한 상대비교의 의미를 갖게 하기 위하여 규준점수를, 절대기준에 의한 평가를 위하여 준거점수를 제공한다.

1) 원점수와 규준점수의 보고

원점수와 규준점수를 동시에 보고할 경우, 평균점수와 표준편차를 동시에 보고하여 상대적 서열을 알 수 있을 뿐만 아니라, 학생들이 얻은 점수의 분포도 분석할 수 있도록 하며, 그 예는 [그림 17-8]과 같다.

[그림 17-8]의 예에서 알 수 있듯이, 일반계 고등학교에서는 학생의 원점수와 함께 석차와 석차등급을 제공하여 학생의 상대적인 성취도를 파악할 수 있도록 하고 있으며, 과목 평균과 표준편차가 보고되어 과목별로 학생들의 분포를 분석할 수 있다.

학생의 원점수를 평균점수와 표준편차를 고려하여 변환한 표준점수, 백분위, 등급(스테나인 점수)을 보고하는 대학수학능력시험 성적통지표는 [그림 17-9]와 같다.

2019학년도 1학기
국어과 성적일람표

제1학년 (강의실명) 교과담당교사 ( ) 인

평가방법 (반영비율)		지필평가 (60%)		수행평가 (40%)				합계	원점수	석차등급	석차 (동석차수) /수강자수
반/번호, 성명	명칭. 영역 (반영비율)	1회 (30%)	2회 (30%)	○○○ (10%)	◇◇◇ (10%)	□□□ (10%)	△△△ (10%)				
1/1	김○○	28.50	29.40	8.80	9.60	8.80	10.00	95.10	95	1	4(15)/532
1/2	나○○	25.50	19.20	6.00	8.00	7.00	5.00	70.70	71	5	273/532
1/3											
수강자 최고점		30.00	30.00	10.00	10.00	10.00	10.00	100.00			
수강자 최저점		9.95	10.00	5.00	6.00	7.00	6.00	43.95			
수강자 평균		23.42	25.74	8.40	8.16	8.76	7.59	82.07			
강의실 평균		21.24	24.43	8.50	7.52	8.91	7.35	77.95			
과목 평균									82.1		
과목 표준편차									10.1		

[그림 17-8] 일반계 고등학교 성적통지표 예시

〈2019학년도 대학수학능력시험 성적통지표(예시)〉

수험번호	성 명	생년월일	성별	출신고교 (반 또는 졸업연도)
12345678	홍 길 동	00.09.05.	남	한국고등학교 (9)

구 분	한국사 영역	국어 영역	수학 영역	영어 영역	사회탐구 영역		제2외국어/한문 영역
			나형		생활과 윤리	사회 · 문화	일본어 I
표준점수		131	137		53	64	69
백분위		93	95		75	93	95
등 급	2	2	2	1	4	2	2

2018. 12. 5.

한국교육과정평가원장

[그림 17-9] 2019학년도 대학수학능력시험 성적통지표 예시

(2) 원점수와 준거점수 보고

준거점수는 앞에서 설명한 바와 같이 설정되고, 이에 대하여 학생이 얻은 점수를 해석한다. 이는 상대적 서열에 관심이 있다는 것이 아니라 준거에 비추어 어느 정도 달성하였는지를 해석할 수 있게 하며, 그 예는 [그림 17-10]과 같다.

[그림 17-10]에서 알 수 있듯이 홍길동 학생은 읽기, 쓰기에서 준거점수 이상의 점수를 받았다. 이와 같이 준거점수에 비추어 학생의 성취를 보고하면 준거의 도달 여부와 함께 준거로 설정한 내용에 비추어 학생이 무엇을 할 수 있는지를 확인할 수 있다.

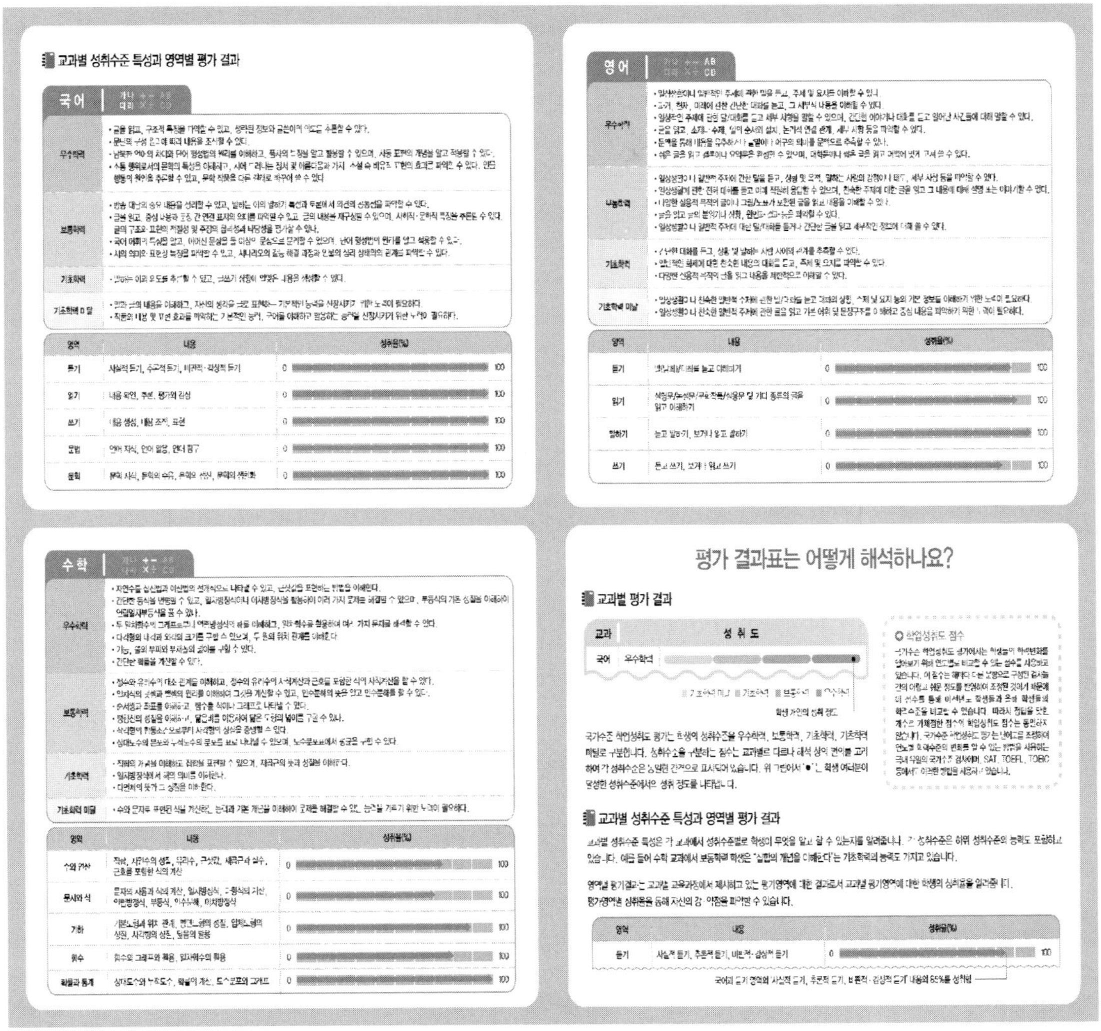

[그림 17-10] 국가수준 학업성취도 평가 결과 보고 예시

주요 단어 및 개념

규준점수	퍼센타일	Z 점수
T 점수	스테나인	SAT와 GRE 점수
준거점수	집단비교방법	경계선 방법
Angoff 방법	Jaeger 방법	Nedelsky 방법
Ebel 방법	북마크 방법	

연습문제

1 한 학급 학생들에게 검사를 실시하여 규준점수를 계산하여 보고, 학생들의 퍼센타일, Z 점수, T 점수를 산출하시오.

2 스테나인 점수를 설명하고, T 점수와 같은 점과 다른 점은 무엇인지, 그리고 어떤 효과가 있는지 설명하시오.

3 집단비교방법에 의하여 준거점수를 설정하는 방법을 설명하고, 장단점을 설명하시오. 그리고 가장 타당한 준거점수를 설정하기 위한 방법을 논하시오.

4 Mills가 제안한 경계선 방법을 설명하고, 장단점을 논하시오.

5 Nedelsky, Angoff, Jaeger 방법에 의한 준거설정방법을 비교 · 설명하고, 장단점을 논하시오. 그리고 실제로 세 방법에 의하여 준거점수를 설정하여 보시오.

6 Ebel 방법에 의한 준거설정방법을 설명하고, 장단점을 논하시오.

7 북마크 방법을 설명하고 장단점을 논하시오.

8 우리나라 중 · 고등학교에서 사용하였던 준거참조(절대)평가의 문제점을 지적하고 개선점을 제시하시오.

9 현재 사용하고 있는 고교내신 9등급제(Stanine)의 문제점을 지적하고 개선점을 논하시오.

제**6**부

타당도와 신뢰도

제18장

타당도

1. 정 의

키를 측정하기 위하여 자를, 그리고 무게를 달기 위해서는 저울을 사용하는 것이 타당하듯이 인간의 잠재적 특성인 지능을 측정하기 위하여 지능검사를, 적성을 측정하기 위하여 적성검사를, 인성을 측정하기 위하여 인성검사를 사용하는 것이 타당하다. **타당도**(validity)는 검사도구가 측정하고자 하는 것을 얼마나 충실히 측정하였는가를 의미한다.

타당도의 이론적 개념에 대한 발전은 계속적으로 진화되어 왔으며 검사점수나 측정치의 의미와 관계되어 있다. 미국심리학회(American Psychology Association: APA)에서 *Technical Recommendation*을 1954년에 발간하여 타당도에 대하여 언급하였으며, 이어 *Standards for Educational and Psychological Testing*(AERA, APA, NCME, 1966)에서 타당도를 세 종류로 구분하였고, 이 세 종류의 타당도가 개념적으로 독립적인 것이기 때문에 한 측정도구의 타당도를 검증함에 있어 모든 종류의 타당도로 검사도구의 타당성을 검증하는 것이 바람직하다고 하였다. AERA, APA, NCME에서 1974년 *Standard for Educational and Psychological Testing*을 개정하면서 내용타당도를 검사에서 측정되는 행위들이 어떤 행동들의 표본을 얼마나 잘 대표하느냐의 개념으로 확대하여 행위에 대한 주관적 판단도 포함하였으며, 검사의 편파성, 검사의 응용에 따른 사회적 문제 등을 거론하였다.

타당도에 대한 개념에도 변화가 있어 타당도는 검사가 갖는 고유한 속성이라기보다 검사에서 얻는 결과를 가지고 검사의 타당성의 근거를 제시하는 것이라는 것이 최근 견해다. 또한 타당도를 타당성의 근거를 수집하는 과정으로 본다. 1985년 개정된 *Standards for Educational and Psychological Testing*(AERA, APA, NCME)에서는 타당도를 개념으로 간주하여 검사점수로 만들어진 추리의 적합성, 의미성, 유용성을 말한다고 정의하였다.

타당도는 검사점수가 검사의 사용목적에 얼마나 부합하는가의 문제다. 즉, 검사도구 목적의 적합성에 해당된다. 타당도는 항상 무엇을 측정하는가와 타당한 정도를 언급한다. 모든 내용에 타당한 검사는 존재하지 않고 타당도가 있다 혹은 없다의 이분적 판단을 하기보다는 타당도의 정도를 나타낸다. 또한 타당도(validity)란 단어 대신에 타당도의 근거(related evidence of validity; evidence based on)란 용어를 사용한다. 예를 들어, 내용타당도(content validity)란 단어 대신에 내용과 관련된 타당도의 근거(content-related evidence of validity; evidence based on test content)란 용어를 사용한다. 그리고 검사도구의 타당성을 검증하기 위하여 세 종류의 타당도로 검증하는 것이 바람직하며, 때로는 두 종류 이상의 타당도의 복합(combination)적인 증거를 얻는 것이 바람직하다고 밝히고 있다.

1999년에 발간된 개정판에서는 타당도를 검사점수의 해석에 대하여 근거나 이론이 지지하여 주는 정도(the degree to which evidence and theory support the interpretations of test score entailed by proposed uses of tests)로 정의하였다. 이 정의 또한 타당도를 검사 자체의 문제가 아니라 이론이나 근거가 검사점수의 해석을 얼마나 지지하는가를 논하므로 1985년 정의에 포함된 유용성(usefulness)을 배제하더라도 개념적으로 정의를 넓히고 있다. 그리고 타당도로서 '~related evidence validity'란 용어 대신에 'evidence based on~'이란 용어를 사용하고 있다.

타당도의 영문을 'validity'에서 '~related evidence of validity'로 그리고 'evidence based on~'으로 변화됨에 비추어 볼 때 타당도란 용어보다는 '~와 관련된 타당도의 근거'로 나아가 '~에 기초한 근거'로 번역할 수 있다. 타당도에 대한 정의, 역사, 종류, 종류에 따른 정의와 추정방법 그리고 장단점의 구체적 내용은 타당도와 신뢰도(성태제, 1995a; 성태제, 2000)를 참조하라.

Gronlund와 Linn(1990)은 타당도를 이해하는 데 다음의 네 가지 주의점을 제시하고 있다.

첫째, 타당도는 피험자 집단에 사용된 측정도구나 검사를 통해 얻은 검사결과의 해석에 대한 적합성이지 검사 자체와 관련된 것이 아니다. 그러므로 편의상 검사의 타당도라 표현하지만 정확히 말하여 검사결과로부터 만들어진 해석에 대한 타당성을 말하는 것이다.

둘째, 타당도는 정도의 문제다. 타당도가 있다 혹은 없다로 말하는 것이 아니라 어느 정도, 즉 낮다, 적절하다, 높다 등으로 표현하여야 한다.

셋째, 타당도는 특별한 목적이나 해석에 제한된다. 즉, 한 검사가 모든 목적에 부합할 수 없듯이 이 검사는 무엇을 측정하는 데 타당하다고 표현하여야 한다.

넷째, 타당도는 단일한 개념이다. 타당도 개념을 다양한 종류로 구분하기보다는 다양한 종류의 근거에 기초한 단일한 개념으로 해석하고 있다.

2. 역사와 종류

지금까지 많은 학자에 의하여 혼미스러울 정도로 다양한 이름의 타당도가 제안되었다. Anastasi(1954)가 타당도를 안면타당도(face validity), 내용타당도(content validity), 요인타당도(factorial validity), 경험타당도(empirical validity)로 구분하였으나, 제2판(1961)에서 타당도를 정리하여 내용타당도(content validity), 예언타당도(prediction validity), 공인타당도(concurrent validity), 구인타당도(construct validity)로 구분하였다. Anastasi의 제3판(1968), 제4판(1976), 제5판(1982), 제6판(1988)에서 AERA, APA, NCME(1985)에서와 같이 세 종류의 타당도로 구분하고 validity 대신에 validation이란 용어를 사용하여 내용 관련 타당성(content-related validation), 준거 관련 타당성(criterion-related validation), 구인 관련 타당성(construct-related validation)으로 구분하고 있다.

Cronbach(1949)는 타당도를 논리적 타당도(logical validity), 경험적 타당도(empirical validity)로 구분하였으나 그의 저서 제2판(1960)에서 Anastasi의 제2판(1961)과 같이 타당도를 네 종류로 구분하였고, 제3판(1970)과 제4판(1984), 제5판(1990)에서 세 종류의 타당도로 분류하여 content-related inquiry, criterion-oriented inquiry, construct validation으로 명하고 있다.

Anastasi, Cronbach 등은 AERA, APA, NCME에 의한 타당도 분류방법을 따르고 있다.

타당도의 종류와 정의에 대하여 학회중심의 발전 경향을 살펴보면 다음과 같다. 미국심리학회에서 타당도를 내용타당도, 예측타당도, 공인타당도, 구인타당도의 4종류로 구분하였다. 이어 AERA, APA, NCME(1966)에서 예측타당도와 공인타당도를 준거타당도(criterion-related validity)로 통합하여, 내용타당도, 준거타당도, 구인타당도로 구분하였다. 이후 1985년에는 타당도란 단어 대신에 타당도의 근거란 단어를 사용하였다. 예를 들어, 내용타당도(content validity)란 용어 대신에 내용과 관련된 타당도의 근거(content-related evidence of validity)를, 구인타당도(construct validity) 대신에 구인과 관련된 타당도의 근거(construct-related evidence of validity)를, 준거타당도(criterion-related validity)란 용어 대신에 준거와 관련된 타당도의 근거(criterion-related evidence of validity)라는 용어를 사용하였다. 준거와 관련된 타당도의 근거에는 예언근거와 공유근거의 두 종류의 타당성 근거가 있다.

AERA, APA, NCME(1999)에서는 타당도의 개념을 보다 확대하고 교육현장뿐 아니라 산업현장에 적용될 수 있으며 계량적 접근에 의한 타당도 수준을 초월하여 질적인 접근에 의한 타당도의 개념으로 넓혀 다섯 종류의 타당도를 소개하고 있다. 1966년, 1985년, 1999년, 2014년에 분류한 타당도의 종류는 〈표 18-1〉과 같다.

1999년 분류에서는 검사내용에 기초한 근거, 반응과정에 기초한 근거, 내적 구조에 기초한 근거, 다른 변수와의 관계에 기초한 근거, 검사결과에 기초한 근거로 분류하였으며, 다른 변수와의 관계에 기초한 근거에 수렴 및 판별근거, 검사-준거 관련성, 타당도 일반화가 있다. 다섯 종류의 타당도 중 새로운 개념의 타당도는 반응과정에 기초한 근거, 수렴 및 판별근거, 타당도 일반화, 그리고 검사결과에 기초한 근거다.

〈표 18-1〉 AERA, APA, NCME에서 제시한 타당도

APA(1966)	AERA, APA, NCME(1985)	AERA, APA, NCME(1999, 2014)
• content validity • construct validity • criterion-related validity	• content-related evidence of validity • construct-related evidence of validity • criterion-related evidence of validity	• evidence based on test content • evidence based on response processes • evidence based on internal structure • evidence based on relations to other variables – convergent and discriminant evidence – test-criterion relationships · predictive evidence · concurrent evidence – validity generalization • evidence based on consequences of testing

1) 내용타당도: 검사내용에 기초한 근거

(1) 정 의

내용타당도(내용에 기초한 근거, evidence based on test content)는 논리적 사고에 입각한 분석과정으로 판단하는, 주관적인 타당도로 객관적 자료에 근거하지 않는다. 이는 검사내용 전문가에 의하여 검사가 측정하고자 하는 속성을 제대로 측정하였는지를 주관적으로 판단한다. 그러므로 내용타당도에 의한 검사도구의 타당성 입증은 논란이 따르게 마련이다. 예를 들어, 인성검사를 제작하였을 때 성격심리를 전공한 전문가가 문항들의 내용을 분석한 후 주관적인 판단에 의하여 내용타당도가 있다고 판정하였어도, 다른 내용전문가는 성격의 정의에 대하여 다른 견해를 지니고 있으므로 그 검사에 대하여 내용타당도가 결여되어 있다고 주장할 수 있다.

교수 · 학습과정에서 설정하였던 교육목표의 성취 여부를 묻는 학업성취도검사의 타당성 검증을 위해서도 내용타당도가 많이 쓰인다. 그래서 내용타당도를 교과타당도와 교수타당도로 구분하는 의견도 있다. **교과타당도**(curriculum validity)란 검사가 교육과정에 있는 내용을 얼마나 잘 포함하고 있느냐 하는 문제이고, **교수타당도**(instructional validity)란 교수 · 학습 중에 가르치고 배운 내용이 얼마나

포함되었느냐를 말한다. 학업성취도검사에서는 교과, 교수타당도를 증진시키기 위하여 내용소와 행동소로 나누는 이원분류표를 체계적으로 작성하는 것이 중요하다.

종전에는 내용타당도란 용어와 유사하게 안면타당도(face validity)란 용어를 사용하기도 하였다. 안면타당도는 검사도구의 문항들이 검사제작자나 피험자에게 친숙한 정도를 말한다. 이는 문항들이 피험자들과 얼마만큼 친숙도를 형성하고 있는가와 일반적 관계를 지니고 있느냐의 문제로서, 어떤 특성을 측정할 때 자주 접해 본 문항들이 있으면 안면타당도가 있다고 한다. 이 같은 개념은 학문적으로 과학성을 상실하므로 안면타당도란 용어를 사용하지 않는다.

AERA, APA, NCME(1999)에서 분류한 **검사내용에 기초한 근거**(evidence based on test content)는 검사의 문항, 질문, 목적이 측정을 위하여 규정된 내용 영역이나 혹은 전체를 얼마나 잘 대표하느냐의 정도를 나타내며 검사의 내용과 측정하고자 하는 구인과의 관계를 분석하는 작업으로 검사내용은 검사시행과 점수화와 관련된 절차를 위한 안내, 주제, 어휘, 문항 유형, 검사의 질문, 과제와 관련된다. 내용 영역을 상세화 하는 작업에서 시작하여, 내용을 구체적으로 기술하고, 내용 영역과 문항 유형의 분류 등을 포함하게 된다. 이를 검증하기 위하여 논리적이거나 경험적으로 검사문항이 검사내용을 적절하게 대표하고 있는가, 내용 영역과 검사점수의 해석에 차이가 있는가를 분석한다. 그러므로 이러한 검사와 검사를 구성하는 요소 사이의 관계에 대한 분석은 일반적으로 내용전문가들의 판단에 의해 이루어지며 종전의 내용타당도를 검증하는 방법을 사용한다.

검사내용에 기초한 근거는 검사개발에서 중심 관건이며, 전문가의 전문적 판단이 측정내용의 전집, 내용 선택, 문항 유형 선택, 점수화 등의 의사결정을 하는 데 중요한 역할을 한다. Anastasi(1988)는 준거참조검사 제작 시 내용타당도가 강조되어야 한다고 주장한다. 그러므로 내용타당도가 계량화되지 않는다고 하여도 과학성이 상실되었다고 볼 수는 없다.

(2) 추정방법

내용타당도는 주관적 판단에 의하므로 객관적 자료를 사용하지 않으며, 타당도에 대하여 수치로 나타내는 객관적 정보를 제공하지 않는다. 검사내용전문가의 전문지식에 의하여 내용타당도가 검증된다. 학업성취도검사의 내용타당도 검증은 문항들이 검사제작 전 작성한 이원분류표에 의하여 제작되었는지를 확인하는 방법을 사용한다.

(3) 장단점

내용타당도는 계량화되어 있는 정보를 제공하지 못한다 하여도 전문가들의 판단에 의하여 검사의 타당성을 입증받게 되므로 검사의 목적에 부합함의 여부를 검증할 수 있는 장점이 있다. 일반적으로 전문가들이란 어느 측정 영역에 대한 인식을 공유하므로 검사의 타당성 입증에 다른 견해를 표출하는 경우는 많지 않다.

그러나 정의에 대한 공통된 인식이 없는 특성, 특히 정의적 행동 특성을 측정할 때 전문가마다 각기 다른 견해를 가지므로 내용타당도에 대한 각기 다른 검증결과를 얻을 수 있다. 예를 들어, 성격에 대한 정의가 60개 이상 존재하면 한 연구자가 작성한 성격검사에 대하여 어떤 전문가는 내용타당도가 있다고 평가하였으나 다른 전문가는 내용타당도가 없다고 평가할 수 있는 단점을 지니고 있다. 또한 내용타당도는 계량화되지 않기 때문에 타당성의 정도를 표기할 수 없는 단점도 지니고 있다.

2) 반응과정에 기초한 근거

반응과정에 기초한 근거(evidence based on response process)란 피험자의 응답에 대한 분석으로 이루어지며 반응과정에 대한 이론적이고 경험적인 분석을 통하여 검사가 측정하고자 하는 구인과 피험자의 수행 또는 반응이 얼마나 일치하는가에 근거하여 타당도를 검증한다. 예를 들어, 학생들의 수학적 추론능력을 측정하기 위한 검사에서 일반적 공식에 따르기보다는 주어진 자료에 대하여 학생들이 실제로 추론하는가를 검증하는 것을 중요시한다.

반응과정에 대한 연구는 피험자에게만 국한된 것은 아니다. 학생들의 수행을 관찰하고 판단하는 관찰자 혹은 평가자들도 연구의 대상에서 제외될 수 없으며, 이 경우 평가자의 관찰과 판단이 의도한 점수 해석과 어느 정도 일치하는지를 분석하게 된다. 만약 학생들의 수행을 채점하는 데 있어 특별한 준거를 적용하도록 되어 있다면, 적절한 준거를 적용하였는지, 의도된 해석에 부적절한 요인이 개입되지는 않았는지 등을 확인하는 일이 중요하다. 따라서 반응과정에 기초한 타당화는 의도한 점수 해석과 구인에 비추어 반응과정이 얼마나 적절한가를 분석하는 경험적인 연구가 필요하다.

반응과정에 기초한 근거를 밝히는 작업은 전문가의 판단에 의존하며 반응하는 과정에 대한 내용분석을 통하여 검증할 수 있다.

3) 구인타당도: 내적 구조에 기초한 근거

(1) 정 의

구인타당도(내적 구조에 기초한 근거, evidence based on internal structure)란 조작적으로 정의되지 않은 인간의 심리적 특성이나 성질을 심리적 구인으로 분석하여 조작적 정의를 부여한 후, 검사점수가 조작적 정의에서 규명한 심리적 구인들을 제대로 측정하였는가를 검증하는 방법이다. 즉, 검사점수를 관심 있는 심리적 속성의 측정자로 보는 데 주안점을 두고 있다. 구인타당도는 구성타당도라고도 한다.

AERA, APA, NCME(1985)는 다음과 같이 구인타당도를 정의하고 있다.

> "The evidence classed in the construct-related category focuses primarily on the test score as a measure of the psychological characteristic of interest."

예를 들어, 창의력을 측정할 때 창의력은 민감성, 이해성, 도전성, 개방성, 자발성, 그리고 자신감의 구인으로 구성되어 있다는 조작적 정의에 근거하여 검사를 제작, 실시한 뒤 그 검사도구가 이 같은 구인들을 측정하고 있다고 판단되면 그 검사는 구인타당도를 지니고 있다고 한다. 만약 검사결과가 조작적으로 규정한 어떤 심리적 특성의 구인들을 제대로 측정하고 있지 못하거나 다른 구인들을 측정한다면 이는 구인타당도가 결여되어 있는 것이다.

구인(構因, construct)이란 심리적 특성이나 행동양상을 설명하기 위하여 존재를 가정하는 심리적 요인을 말한다. 창의력검사의 예에서 민감성, 이해성, 도전성 등을 구인이라 할 수 있다. 지능검사에서는 Thurstone이 제안한 일곱 가지 기본정신능력, 즉 어휘력, 수리력, 추리력, 공간력, 지각력, 기억력, 언어유창성이 구인이다.

내적 구조에 기초한 근거(evidence based on internal structure)는 문항과 검사 구성 요소와의 관계가 구인에 어느 정도 합치되는가를 분석한다. 검사가 측정하고자 하는 구인들을 측정할 수 있도록 구성되어 있는가의 문제로서 문항들의 관계가 검사구조의 가정을 지지하는 정도를 말한다. 예를 들어, 건강에 대한 지각을 묻는 검사가 신체적 건강지수와 정신적 건강지수를 측정한다면 검사는 두 구인에 의하여 측정이 적합하도록 구조화되어야 한다.

검사는 단일한 영역을 측정하거나 동질성을 지닌 여러 요소를 측정한다. 검사의 일차원성이 지켜지지 않은 검사일 경우에는 내적 구조에 기초한 타당도의 증거를 찾아보기 어렵다. 그러므로 내적 구조에 기초한 근거를 확인하기 위하여 종전의 구인타당도를 검증하는 방법으로 사용되는 요인분석을 사용한다.

(2) 추정방법

구인타당도, 내적 구조에 기초한 근거는 어떤 심리적인 특성이 무엇인가를 규명한 다음 이에 근거하여 문항을 작성하고 시행하여 얻은 응답결과를 분석하여 정의된 심리적 특성이 제대로 측정되었는가를 수량적으로 규명한다. 이와 같은 기본 개념에 의하여 내적 구조에 기초한 근거를 찾는 세부적인 절차는 다음과 같다.

첫째, 측정하고자 하는 심리적 특성을 구성하는 구인, 즉 요소들이 무엇인지 이론적 · 경험적 배경에 의하여 밝힌다. 즉, 심리적 특성에 대한 조작적 정의를 내린다.
둘째, 구인과 관련된 이론에 근거하여 구인을 측정할 수 있는 문항을 제작한다.
셋째, 구인들을 측정하는 문항들로 검사를 제작한다.

넷째, 측정대상에게 검사를 실시하여 응답자료를 얻는다.
다섯째, 응답자료를 분석하여 검사가 측정하고자 하는 구인들을 제대로 측정하였는지를 밝힌다.
여섯째, 심리적 특성을 규명하는 조작적 정의에 포함되어 있는 구인과 관계가 없는 문항을 제거한다.

이상의 여섯 단계에 의하여 내적 구조에 기초한 근거를 찾는 통계적 방법으로 상관계수법, 실험설계법, 요인분석을 들 수 있다.

상관계수법은 각 구인들을 통해 얻은 점수와 심리 특성을 측정하는 총점과의 상관계수에 의하여 타당도를 검증하는 방법으로, 만일 특정 구인을 나타내는 점수와 심리적 특성 점수와의 상관계수가 낮으면 그 구인은 심리적 특성을 설명하여 주지 못함을 알 수 있다. 예를 들어, 창의성은 민감성, 이해성, 도전성, 개방성, 자발성, 자신감, 그리고 암기능력으로 구성되어 있다고 조작적 정의를 내렸다면 각 구인에 의한 점수와 창의력 총점과의 상관계수를 구할 수 있다. 각기 10문항으로 각 구인을 측정하고 70문항 점수를 각 구인별로 점수를 내어 점수를 계산한 후 총점과 상관계수를 추정하고, 각 구인들의 점수 간의 상관계수를 추정한 결과는 〈표 18-2〉와 같다.

〈표 18-2〉 창의성을 구성하는 구인과 총점 간의 상관계수

	민감성	이해성	도전성	개방성	자발성	자신감	암기능력
이해성	.7						
도전성	.8	.7					
개방성	.9	.8	.9				
자발성	.8	.8	.8	.8			
자신감	.7	.9	.9	.9	.8		
암기능력	.2	.3	.2	.1	.3	.2	
총 점	.8	.9	.8	.8	.7	.9	.2

〈표 18-2〉에서 창의성을 구성하는 7개의 구인 중에 암기능력을 제외한 모든 구인은 창의성 총점과 상관계수 .7 이상으로 높은 데 비하여 암기능력은 창의성 총점

과의 상관계수가 .2로 상관이 거의 없다고 할 수 있다. 또한 각 구인들 간의 상관계수가 높은 데 비하여 암기능력은 다른 여섯 개의 구인들과 상관계수가 낮다. 그러므로 암기능력은 창의성을 나타내는 구인이 될 수 없다고 판단하게 된다.

실험설계법에서 심리적 특성을 구성하는 심리적 구인을 실험집단에는 처치를 하고 통제집단에는 처치하지 않았을 경우, 실험집단과 통제집단에서 심리적 특성의 차이가 나타나면 그 구인은 심리적 특성을 설명하는 구인으로 간주할 수 있다. 예를 들어, 불안을 정의할 때 심리적으로 안정되지 않은 상태로서 죽음에 대한 불안, 직장에 대한 불안, 가정생활에 대한 불안, 시험에 대한 불안 등으로 구성되었다고 조작적 정의를 내릴 수 있다. 이때 시험에 대한 불안이 불안을 설명하는 구인인지를 알아보기 위하여 실험설계법을 사용한다.

피험자 집단을 실험집단과 통제집단으로 구분하여 실험집단에 시험에 대한 예고를 하고 통제집단에는 아무 조치를 하지 않은 경우, 만약 두 집단에서 불안도의 차이가 있다면 시험불안은 불안을 설명하여 주는 구인이 될 수 있다. 반대로 시험의 예고가 실험집단에 영향을 주지 않아 통제집단과 불안도 수준이 같다면 시험불안은 불안을 구성하는 구인이 될 수 없다.

내적 구조에 기초한 근거를 찾기 위하여 가장 많이 쓰이는 통계적 방법은 요인분석이다. **요인분석**(factor analysis)이란 복잡하고 정의되지 않은 많은 변수들 간의 상호관계를 분석하여, 상관이 높은 변수들을 모아 요인으로 규명하고 그 요인의 의미를 부여하는 통계적 방법이다. 내적 구조에 기초한 근거를 찾기 위한 요인분석의 기본 절차는 다음과 같고, 『타당도와 신뢰도』(성태제, 2005)를 참고하라. 요인분석에 대한 자세한 설명은 김석우와 최용석(2001)을 참고하라.

첫째, 문항을 제작하여 검사를 실시한 후 문항점수를 얻는다.
둘째, 문항들 간의 상관계수 행렬을 구한다.
셋째, 회전하지 않은 요인을 추출한다.
넷째, 요인을 회전시킨다.
다섯째, 회전된 요인과 관계있는 요인부하량이 큰 문항들의 문항내용에 근거하여 해석하고 이름을 부여한다.

(3) 장단점

내적 구조에 기초한 근거는 응답자료에 의하여 계량적 방법에 의하여 검증되므로 과학적이고 객관적이라 할 수 있다. 또한 심리적 특성에 부여한 조작적 정의의 타당성을 밝혀 주므로 많은 연구의 기초가 될 수 있다. 단점으로는 요인분석을 실시할 경우 변수 혹은 문항들 간의 보다 안정적인 상관계수를 얻기 위하여 많은 연구대상이 필요하다는 것이다. 요인분석을 하기 위하여 일반적으로 300명 이상의 응답자가 필요하다.

4) 다른 변수에 기초한 근거

다른 변수와의 관계에 기초한 근거(evidence based on relations to other variables)는 검사점수와 외적 변수와의 관계를 분석하여 검사의 타당도를 검증하는 방법이다. 외적 변수에는 동일하거나 관련된 구인을 측정하는 검사점수, 고용상황에서의 수행준거, 집단분류와 같은 범주변수 등이 포함된다. 다른 변수와의 관계에 기초한 근거는 크게 수렴 및 판별 근거(convergent and discriminant evidence)와 검사-준거 관련성(test-criterion relationships), 타당도 일반화(validity generalization)로 분류한다.

(1) 수렴 및 판별 근거

수렴 및 판별 근거(convergent and discriminant evidence)에서 검사점수와 유사한 구인을 측정하는 측정치는 수렴근거를 제공하고, 검사점수와 다른 구인을 측정하는 측정치들로부터는 판별근거를 얻을 수 있다. 예를 들어, 학생들의 독해력을 알아보기 위한 선택형 검사점수와 동일한 능력을 측정하는 논술형 검사점수 간에 관련성이 높으면 이를 통해 수렴 증거를 확인하게 된다. 반면 독해력 검사점수는 논리적 추론과 같은 기능과는 관련이 없기를 기대하게 되며, 이는 판별근거를 의미한다. 다시 말해서 수렴근거는 동일한 대상을 다른 측정방법으로 측정하여 얻은 결과와의 부합 정도로 타당성을 검증하며, 판별근거를 다른 방법으로 측정하여 얻은 결과와의 상이한 정도로 타당성을 확인한다. 이와 같이 구인을 측정하는 다른 검사와의 관계는 점수의 의미를 명료화하고 구체적인 해석을 하는 데 도움을 준다. 여러 방법으로 동일한 특성을 측정할 때 그들 간의 상관이 높으면 수렴근거가 있으며, 동일한 방법에 의하여 다른 특성을 측정할 때 다른 특성들 간의 상관이 높지 않으면 판별근거를 가진다(임인재, 1980). 수렴 및 판별 근거를 확인하기 위하여 중다특성–중다방법을 사용할 수 있다.

(2) 검사-준거 관련성: 준거타당도

검사–준거 관련성(test–criterion relationships)은 기본적으로 검사점수가 얼마나 정확하게 다른 준거, 즉 고려되는 내용과 준거 수행을 예측하는가에 관심을 둔다. 준거변수는 학교운영자, 회사 경영자, 고객 같은 검사 사용자들이 관심을 가지는 속성이나 결과를 말한다. 그러므로 검사–준거 관련성은 주어진 검사를 적용하는 상황에서 준거변인에 기초한 해석과정의 적합성, 신뢰도, 타당도에 따라 달라진다. 예전의 예측타당도와 공인타당도가 검사–준거 관련성에 포함된다. 예측근거는 검사자료가 얼마나 정확하게 차후의 준거점수를 예측하는가를 확인하는 것이라면, 공인근거는 같은 시간에 다른 검사로부터 예측치와 준거 정보를 획득하는 것이다. 검사점수와 준거변수 간의 상관계수를 산출하여 검증할 수 있다.

① 예측타당도: 준거와 관련된 예측근거

a. 정 의

예측타당도(**예측근거**, criterion–related evidence–predictive)는 준거타당도의 하나로서 제작된 검사에서 얻은 점수와 준거로서 미래의 어떤 행위와의 관계로 추정되는 타당도다. 즉, 검사점수가 미래의 행위를 얼마나 잘 예측하느냐 하는 문제다. 예를 들어, 비행사 적성검사를 보았을 때 그 적성시험에서 높은 점수를 받은 비행사가 안전 운행 기록이 높다면 그 검사의 예측타당도가 높다고 할 수 있다. 예측타당도를 예언타당도, 예측근거라고도 한다.

일반적으로 적성검사가 예측근거를 중요시하는 경향이 있으며, 임상심리에서 사용되는 심리검사 등에도 자주 이용된다. 대학입시제도에서 시행되는 대학수학능력시험도 예측근거가 중요시된다. 즉, 대학수학능력시험에서 높은 점수를 획득한 학생이 대학에서 성공적으로 학업을 수행할 때, 다시 말하여 학점이 높을 때 대학수학능력시험의 예측근거는 높다고 할 수 있다. 예측근거 역시 검사점수와 미래의 행동과의 관계에 의하여 추정되므로 계량화되는 특징을 지니고 있다.

b. 추정방법

예측근거는 상관계수에 의하여 추정되며, 추정절차는 다음과 같다.

첫째, 피험자 집단에게 새로 제작한 검사를 실시한다.
둘째, 일정기간 후 검사한 내용과 관계가 있는 피험자들의 행위를 측정한다.
셋째, 검사점수와 미래 행위의 측정치와 상관 정도를 추정한다.

주의해야 할 사항은 미래 행위에 대한 측정이다. 미래의 행위에 대한 측정은 이전에 만들었던 검사로 다시 측정하는 것이 아니라 검사에서 특정한 내용과 관련된 행동이어야 한다. 그러므로 미래의 행동을 측정하는 데 어려움이 있을 수 있다.

예측근거를 검증하는 예로 10점 만점인 비행사 적성시험을 치룬 결과와 비행사 교육을 마친 후 1년 동안 무사고 운행거리의 결과는 〈표 18-3〉과 같다.

〈표 18-3〉 비행사의 적성시험점수와 무사고 운행거리

비행사	적성시험(X)	운행거리(Y: 만 Km)
A	9	8
B	8	6
C	6	7
D	5	5
E	8	6

〈표 18-3〉에 있는 자료에 의하여 비행사 적성검사의 예측근거를 검증하는 절차는 〈표 18-4〉와 같다.

〈표 18-4〉 비행사 적성시험의 예측타당도 추정

비행사	적성시험(X_i)	운행거리(Y_i)	X_iY_i	X_i^2	Y_i^2
A	9	8	72	81	64
B	8	6	48	64	36
C	6	7	42	36	49
D	5	5	25	25	25
E	8	6	48	64	36
Σ	36	32	235	270	210

$$r = \frac{n\sum X_iY_i - \sum X_i \sum Y_i}{\sqrt{n\sum X_i^2 - (\sum X_i)^2}\sqrt{n\sum Y_i^2 - (\sum Y_i)^2}}$$

$$r = \frac{5(235) - 36(32)}{\sqrt{5(270) - 36^2}\sqrt{5(210) - 32^2}} = \frac{23}{\sqrt{54}\sqrt{26}} = .614$$

비행사 적성검사의 예측근거는 .614로서 예측근거가 높은 편이다.

c. **장단점**

예측근거의 장점으로는 검사도구가 미래의 행위를 예언하여 주기 때문에 예측근거가 높으면 선발, 채용, 배치 등의 목적을 위하여 검사를 사용할 수 있다. 예를 들어, 약사고시, 의사고시 등의 검사에서는 예측근거가 중요시되어야 하며 높은 예측근거를 지녀야 한다. 단점으로는 동시 측정이 불가능하므로 검사의 타당성을 검증하기 위하여 시간적 여유가 필요하다는 것이다. 또한 일정한 시간 뒤에 측정한 행위와 검사의 점수 간에 상관계수에 의하여 타당도를 검증하기 때문에 검사를 실시하고 난 후 인간의 특성이 변화되지 않았다는 보장을 하기가 힘들다. 그러나 예측근거는 적성검사를 위한 중요한 타당도가 된다.

예측근거는 과소 추정되는 특징을 지니고 있다. 과소 추정되는 이유는 미래의 행위를 동시에 측정할 수 없으며, 시간의 흐름에 따라 평가대상의 사고나 행동이 변화되기 때문이기도 하지만 통계적으로 자료가 절단되기 때문이다. 예를 들어, 대학입학을 위한 대학수학능력시험 점수의 예측근거는 [그림 18-1]과 같이 일정 점수 이상을 받아 대학에 입학한 학생들의 점수와 교과성적과의 상관계수에 의해 추정한다.

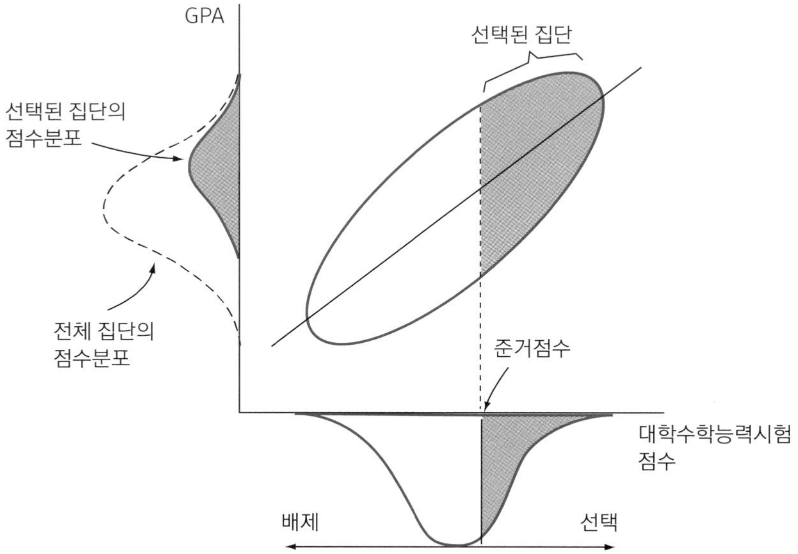

[그림 18-1] 대학수학능력시험 점수와 대학입학 후 성적과의 관계

[그림 18-1]에서 수능점수가 준거점수 미만인 학생은 입학이 허용되지 않는다. 만약 수능점수가 낮은 학생에게 입학이 허용되었을 경우 준거점수 이상에서 나타난 경향성에 비추어 볼 때 그 학생들은 낮은 학점을 얻게 된다. 그러므로 전체 학생들의 수능점수와 전공교과 학점과의 상관계수를 추정한다면 준거점수 이상의 자료에 의한 상관계수보다 높게 추정된다. 그러므로 절단된 자료에 의하여 예측근거를 추정하기 위하여 다음과 같은 교정공식을 사용하여야 한다(Lord & Novick, 1968).

$$\rho_{xy}^2 = \left\{1 + \frac{\sigma_{x^*}^2}{\sigma_x^2}\left(\frac{1}{\rho_{x^*y^*}^2} - 1\right)\right\}^{-1}$$

$\rho_{x^*y^*}^2$: 절단된 자료에 의한 상관계수

$\sigma_{x^*}^2$: 절단된 자료의 분산

σ_x^2 : 절단되지 않은 자료의 분산

예측근거는 양적 정보를 제공하므로 과학적이라는 특징이 있으나 과소 추정되는 경향이 있다. 수능의 예측근거를 추정할 때 주의할 점은 준거로서 미래의 행동이나 특성은 수능점수의 내용과 밀접한 관계가 있는 자료이어야 한다는 점이다.

대학에 입학한 후 전공교과의 성적으로 수능의 예측근거를 검증한다면 수능점수의 내용과 밀접한 단일 교과성적을 사용하여야 하며, 이를 문항반응이론에 근거한 학점(IRT based GPA; Young, 1990)이라고 한다. 또한 자료가 절단되었을 때 교정공식을 사용하여 예측근거를 추정하여야 한다.

② 공인타당도

a. 정 의

공인타당도(공인근거: concurrent evidence)는 준거타당도의 한 종류로 검사점수와 준거로 기존에 타당성을 입증받고 있는 검사를 통해 얻은 점수와의 관계에 의하여 검증하는 타당도다. 새로운 검사를 제작하였을 때 새로 제작한 검사의 타당성을 검증하기 위하여 기존에 타당성을 보장받고 있는 검사와의 유사성 혹은 연관성에 의하여 타당성을 검증하는 방법이 공인타당도이며, 공유타당도라고도 한다. APA, AERA, NCME(1999)에서는 공인근거(concurrent evidence)라고 한다. 예를 들어, 연구자가 본인의 연구에 부합하는 인성검사를 제작하였을 때 그 인성검사의 공인타당도를 검증하기 위하여 MMPI(Minnesota Multiple Personality Inventory) 검사와의 관계를 검증하여 새로 제작한 검사의 타당성을 판정한다.

공인근거는 새로 제작한 검사에 의한 점수와 준거점수로 타당성을 인정받고 있는 검사의 점수와의 상관계수에 의하여 검증되므로 계량화된다.

b. 추정방법

공인근거는 새로이 제작된 검사의 점수와 기존에 타당성을 검증받고 있는 검사의 점수 간의 상관계수에 의하여 추정되므로 공인근거의 추정절차는 다음과 같다.

첫째, 피험자 집단에게 새로 제작된 검사를 실시한다.
둘째, 동일 집단에게 동일한 시험 상황에서 타당성을 인정받고 있는 검사를 실시한다.
셋째, 두 검사점수 간의 상관계수를 추정한다.

공인근거를 검증하는 실제 예로 어떤 교사가 수리능력을 간단히 측정하는 간편수리검사를 개발하였다. 5문항으로 구성된 간편수리검사의 공인근거를 검증하기 위하여 5명의 학생에게 검사를 실시하고, 이들에게 10문항으로 구성된 표준화 수리검사를 실시한 결과 얻은 두 검사점수는 〈표 18-5〉와 같다.

〈표 18-5〉 새로 제작한 간편수리검사와 표준화 수리검사 점수

피험자	간편수리검사	표준화 수리검사
A	1	2
B	2	3
C	4	5
D	3	3
E	5	7

새로 제작한 간편수리검사의 공인근거를 추정하기 위하여 간편수리검사에서 얻은 점수와 표준화 수리검사에서 얻은 점수 간의 상관계수를 추정한다. [부록 2]에 있는 상관계수 공식에 간편수리검사와 표준화 수리검사 점수를 대입하여 상관계수를 추정하는 세부적인 계산절차는 〈표 18-6〉과 같으며, 이 검사의 공인근거는 .95로서 '매우 높은 편이다.'로 해석한다.

〈표 18-6〉 간편수리검사의 공인타당도 검증절차

피험자	간편 수리검사(X_i)	표준화 수리검사(Y_i)	$X_i Y_i$	X_i^2	Y_i^2
A	1	2	2	1	4
B	2	3	6	4	9
C	4	5	20	16	25
D	3	3	9	9	9
E	5	7	35	25	49
Σ	15	20	72	55	96

$$r = \frac{n\Sigma X_i Y_i - \Sigma X_i \Sigma Y_i}{\sqrt{n\Sigma X_i^2 - (\Sigma X_i)^2}\sqrt{n\Sigma Y_i^2 - (\Sigma Y_i)^2}}$$

$$r = \frac{5(72) - 15(20)}{\sqrt{5(55) - 15^2}\ \sqrt{5(96) - 20^2}} = \frac{60}{\sqrt{50}\ \sqrt{80}} = \frac{60}{63.25} = .95$$

c. **장단점**

공인근거는 계량화되어 타당도에 대한 객관적인 정보를 제공할 수 있으며 타당도의 정도를 나타낼 수 있는 장점을 갖는다. 그러나 기존에 타당성을 입증받고 있는 검사가 없을 경우 공인근거를 추정할 수 없으며, 기존에 타당성을 입증받은 검사가 있을지라도 그 검사와의 관계에 의하여 공인근거가 검증되므로 기존에 타당성을 입증받은 검사에 의존한다는 단점이 있다.

(3) 타당도 일반화

타당도 일반화(validity generalization)는 교육이나 고용 상황에서 검사–준거 관련성에 기초한 타당도의 근거를 새로운 상황에 일반화할 수 있는 정도를 말한다. 이는 검사가 다른 시간, 다른 상황에서 검사–준거 관련성은 매우 다양할 수 있기 때문에 타당도의 증거로써 검사–준거 관련성을 위하여 얻는 자료에 의존한다. 교육에서 새로운 상황에 대하여 타당성 연구를 하지 않고 축적된 자료를 통해 그 검사의 검사–준거 관련성에 기초한 타당도를 일반화시킬 수 있으나 주의가 요청된다. 다른 시간이나 다른 장소에서 같거나 유사한 수행능력을 예측할 때 검사–준거 관계가 매우 다양하게 관찰될 것이다.

타당도 일반화 연구가 이루어지기 전에는 다양하게 나타나는 상황에 대하여 개별적이고 지엽적인 연구가 수행되었다. 그러나 메타분석적인 연구가 이루어짐에 따라 새로운 상황에서 검사–준거 관련성을 측정하는 일에 도움을 주고 있다. 타당도 일반화 연구에서 포함되는 주요 국면은 예측하고자 하는 구인측정의 방법상의 차이, 직업 또는 교육과정의 유형, 준거측정이 사용되는 유형, 피험자 유형, 타당화 연구 시기다. 유사한 상황에서 과거의 타당화 연구인 통계값들이 새로운 상황에서도 유용하다면 이는 타당도 일반화로 간주된다. 어떤 특별한 타당화 연구나 어떤 다양한 국면에서 타당도 일반화의 목적은 경험적으로 여러 국면에서 다양성이 검사–준거 관계에 미치는 영향의 정도를 결정하는 것이다.

5) **결과타당도**: 검사결과에 기초한 근거

AERA, APA와 NCME(1985)에서 규정한 타당도 못지않게 중요한 점은 실시한 평가가 무엇을 위한 평가이고 어떠한 결과를 가져왔는지를 점검해 보는 것이다. Cureton(1951)은 동일한 검사에 의하여 측정된 점수의 의미도 검사를 치른 집단의 경험에 의존한다고 주장하였다. Cronbach(1971)도 타당도는 검사 자체의 속성이 아니라 각 검사의 활용에 비추어 새롭게 평가되어야 한다고 주장하였다. 이는 타당도의 개념을 검사점수에 기초한 기술적 해석뿐 아니라 평가결과와 그에 따른 조치에 대한 평가도 포함되어야 함을 의미한다.

1985년도에 출판된 *Standards for Educational and Psychological Testing*에서도 검사개발자는 검사의 결과와 영향을 고려하여야 한다고 하였다. 타당도의 개념이 검사도구 특성의 문제라기보다는 검사점수 결과를 적용하는 데 관심을 두면서 Messick(1989)은 1970년 후반 평가점수 사용을 둘러싼 사회적 가치와 윤리적 이유를 제기하였다. 그는 타당도의 개념이 사회적 결과와 연관되어 있다고 주장하고 검사 사용의 사회적 결과는 타당도의 틀 속에서 중요한 부분이라며 결과타당도(consequential validity)를 제안하였다.

결과타당도란 검사나 평가를 실시하고 난 결과에 대한 가치판단으로 평가결과와 평가목적 간의 부합성, 평가결과를 이용할 때의 목적 도달, 평가결과가 사회에 주는 영향, 그리고 평가결과를 이용할 때 사회의 변화들과 관계가 있다.

결과타당도가 제기되면서 결과타당도를 타당도의 범주 안에 포함하는가에 대한 논쟁이 제기되었다(Shepard, 1997; Linn, 1997; Popham, 1997; Mehrens, 1997; 성태제, 1999).

Shepard(1997)는 검사개발자가 검사의 기초가 되는 이론에 대한 검증을 하여야 하며 검사와 검사결과의 관계를 검토함으로써 검사가 의도한 결과와 의도하지 않은 결과에 대해서도 책임져야 하므로 결과타당도가 중요하다고 하였다. 검사결과 중 의도하지 않은 결과가 발생하였을 경우 부정적 충격(adverse impact)과 부수효과(side effect)에 대한 검증을 실시하여 검사의 목적에 맞게 검사도구를 수정하여야 한다고 하였다. Linn(1997)도 검사결과에 대한 고려를 타당도에서 배제시키는 것은 검사결과에 대한 배려를 등한시하게 된다면서 검사 사용 결과에 대한 검토는 검사에 대한 평가에 있어 매우 중요한 요소라 주장한다.

Popham(1997)은 검사 사용의 결과를 검토하여야 하는 당위성과 검사점수로부터의 추론이 정확하여야 함에는 동의하지만 결과타당도의 개념이 모호하여 현장의 교사나 학교행정가들에게 혼란을 야기하고 검사결과의 불합리한 활용에 관심을 갖도록 하기 때문에 사회적 결과에 대한 확인은 타당도와 분리되어야 한다고 주장하였다. 그러나 Popham(2011)은 검사자체가 타당하다 혹은 타당하지 않다라고 논하는 것이 아니라 검사점수에 근거한 추론의 정확성에 대하여 타당하다 혹은 그렇지 않음을 논하여야 하고 사려 깊은 교육자들은 검사를 사용한 결과가 중요하다는 것을 인지하여야 한다고 주장한다. Shepard(1997)도 최근에 고부담검사 제작자들이 검사결과에 대한 충분한 주의를 기울이지 않는다고 우려를 표명하였다. Mehrens(1997)는 검사결과들을 검토할 필요가 있지만 긍정적 결과 혹은 부정적 결과의 분석은 검사의 구인에 대한 추론의 정확성에 대한 타당도보다는 검사결과에 대한 처리, 그리고 사회적 허용성 등을 강조하고 때로는 정치적 가치판단을 포함하게 되므로 결과타당도는 타당도의 종류에 포함되지 않는 것이 바람직하다고 주장한다.

성태제(1999)는 [그림 18-2]와 같이 검사는 교육적 목적에 의하여 제작되나 정치, 경제, 사회, 문화와 국가의 교육이념에 둘러싸여 있으므로 시대적 배경이나 환경을 고려하여야 하며, 검사결과는 의도한 결과, 의도하지 않은 결과, 긍정적 결과, 부정적 결과, 실제적 결과 그리고 잠재적 결과를 분석하여야 한다고 주장하고 있다.

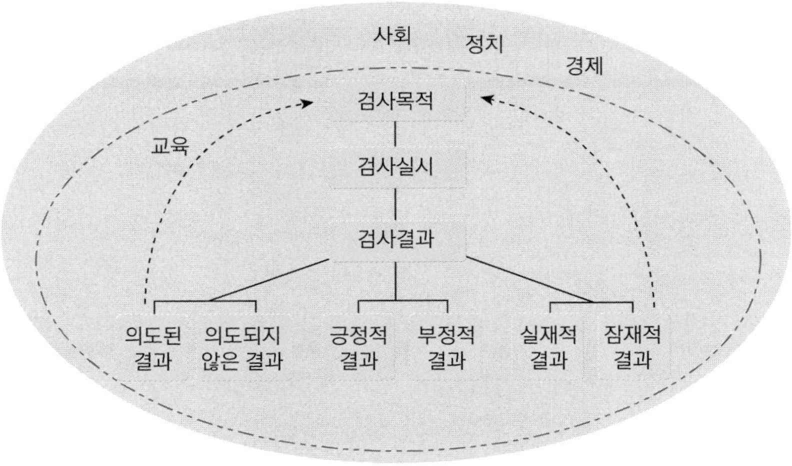

[그림 18-2] 사회 속의 검사와 검사결과

검사의 결과타당도를 고려하면 검사제작, 실시, 수집, 분석, 해석, 활용까지 체계적으로 검사를 운영하며, 검사가 사회에 미치는 영향까지 고려하기 때문에양질의 검사를 제작하게 된다. APA, AERA, NCME(1999)에서 '검사결과에 기초한 근거(evidence based on consequence of testing)'를 제시하였으며, 검사결과에 기초한 근거는 검사결과가 검사의 목적과 얼마나 부합하는가, 즉 의도한 결과를 얼마나 달성하였으며 의도하지 않은 어떤 결과가 나타났는지에 대한 검증이다. 다른 집단에 검사목적과 다른 결과가 관찰되는 것은 심각한 문제로서 검사의 타당화와 사회정책 간의 괴리에 기인한다고 볼 수 있다. 예를 들어, 고용과 승진을 결정짓는 검사점수에 집단 간 다른 효과가 있다면 관심의 수준을 넘어 문제가 된다. 검사결과의 타당성에 대한 판단은 어떠한 배경에 의하여 그러한 결과가 나타났느냐, 즉 결과에 대한 원인에 초점을 둔다. 고용시험에서 검사제작자가 검사 사용이 직원 채용을 위한 경비절감, 작업 효율성 증진, 그리고 다른 혜택을 가져왔다면 결과타당도가 있다고 할 수 있다. 다른 예로 대안적 평가방법으로 제안되고 있는 수행평가가 학생들의 학습동기를 얼마나 유발하고 학습의 변화를 어떻게 유도하는지, 그리고 의도하지 않은 부정적 결과가 무엇인지는 결과타당도를 분석하면 알 수 있다.

Linn과 Gronlund(2000)는 검사결과에 기초한 근거는 다음의 네 가지 질문을 통하여 분석할 수 있다고 하였다. 첫째, 검사가 측정하고자 하는 것이 원래 의도한 것인지, 즉 검사가 중요한 학습목표와 부합하는지, 둘째, 학생이 평가를 준비하기 위하여 더 열심히 공부한다고 믿는 이유가 있는지, 셋째, 평가가 인위적으로 학생들의 공부를 제한하지 않는지, 넷째, 평가가 학생들의 창의적 표현이나 탐구정신을 격려 혹은 좌절시키는지를 확인하여 결과에 기초한 근거를 알 수 있다.

3. 타당도의 적용

검사내용에 기초한 근거(내용타당도)는 검사도구의 타당도를 검증하는 기본적인 절차로서 검사가 측정하고자 하는 내용을 측정하는지를 검증하므로 필수적인 절차로 간주된다. 내용타당도가 학업성취도검사에만 적용되는 것으로 아는 것은 잘못된 것으로 모든 검사도구의 타당성을 검증한다.

내적 구조에 기초한 근거(구인타당도)는 심리적 특성을 측정하는 검사의 타당성을 검증하기 위하여 주로 사용되는 방법으로 알려져 있으나 임상심리학, 정신의학, 교육학, 체육학 등 모든 분야에서 적용범위가 넓혀지고 있는 타당도다. 즉, 측정하고자 하는 내용을 구인들로 규정하고 그 구인들을 제대로 측정하였는지를 검증한다. 그러므로 타당도 중 검사도구의 타당성을 검증하는 합리적인 방법으로 고려되어 검사도구의 타당도를 검증함에 있어 이를 사용하는 경향은 증가하는 추세다.

검사내용에 기초한 근거, 내적 구조에 기초한 근거, 다른 변수에 기초한 근거 모두가 개념적으로 독립되어 있으므로 각각의 타당도는 검사도구의 다른 측면의 타당성을 검증한다. 그러므로 검사도구의 타당도를 검증하기 위하여 모든 방법에 의하여 타당도를 검증하는 것이 바람직하다. 성취도검사는 내용에 기초한 근거, 적성검사는 예측근거, 인성검사는 내적 구조에 기초한 근거로 제한하는 경향으로 타당도의 선택이 검사도구의 사용목적에 의존할 수 있으나 바람직하지는 않다.

Kubiszyn과 Borich(1993)는 일반적으로 검사도구의 공인근거가 예측근거보다 높게 추정된다고 주장한다. 이는 공인근거는 동시에 추정되는 데 비하여 예측근거는 얼마간의 시간이 지난 후에 행위변수와의 관계를 추정하기 때문이다. 공인근거가 .8 이상이거나 예측근거가 .6 이상이면 타당한 검사라고 할 수 있다고 하였다.

타당도 검증은 검사도구의 측정목적의 달성 여부를 증명하므로 모든 행동과학을 위한 자료분석의 기본 절차다. 타당도의 검증 없이 얻은 자료를 가지고 심리적 증상의 진단, 인성측정, 학업성취도 비교, 교육효과 확인 등은 잘못된 결론을 유도할 수 있다.

타당도 지수에 의하여 평가하는 절대적 기준은 없으나 상관계수에 의하여 추정되는 공인근거와 예측근거는 성태제(2007)의 상관계수의 언어적 표현기준에 의하여 〈표 18-7〉과 같이 평가할 수 있다.

〈표 18-7〉 상관계수 추정에 의한 타당도 평가

상관계수에 의한 타당도 지수	타당도 평가
.00 이상 ~ .20 미만	타당도가 거의 없다.
.20 이상 ~ .40 미만	타당도가 낮다.
.40 이상 ~ .60 미만	타당도가 있다.
.60 이상 ~ .80 미만	타당도가 높다.
.80 이상 ~ 1.00 미만	타당도가 매우 높다.

주요 단어 및 개념

내용타당도	검사내용에 기초한 근거	교과타당도
교수타당도	반응과정에 기초한 근거	구인타당도
조작적 정의	내적 구조에 근거한 타당도	수렴적 판별근거
검사-준거 관련성	예측타당도	준거와 관련된 예측근거
공인타당도	타당도 일반화	결과타당도
검사결과에 기초한 근거		

연습문제

1 내용타당도에 대한 AERA, APA, NCME 학회의 정의와 분류기준 및 명칭의 변화를 설명하시오.

2 내용에 기초한 근거(내용타당도)의 정의와 장단점을 설명하시오. 그리고 2009학년도 대학수학능력시험 언어영역 검사의 내용타당도를 검증하시오.

3 반응과정에 기초한 근거를 설명하고 예를 들어 검증하시오.

4 내적 구조에 기초한 근거(구인타당도)의 정의와 검증절차를 설명하고, 내적 구조에 기초한 근거를 검증한 검사를 선택하여 내적 구조에 기초한 근거를 찾기 위한 절차가 타당한지 확인하시오.

5 수렴적 판별근거를 설명하고, 이를 검증하는 방법을 구안하시오.

6 예측근거(예측타당도)를 정의하고, 검사의 예를 들어 예측근거를 검증하는 절차를 구안하시오.

7 공인근거(공인타당도)를 정의하고, 검사의 예를 들어 공인근거를 검증하는 절차를 구안하시오.

8 타당도 일반화를 설명하고, 검증하는 절차를 구안하시오.

9 검사결과에 기초한 근거(결과타당도)를 설명하고 왜 중요한지 논하시오.

제19장

신뢰도

1. 정 의

저울은 몸무게를 측정하기 위한 목적에 타당한 측정도구라 할 수 있지만 모든 저울이 몸무게를 정확하게 측정할 수 있는 것은 아니다. 몸무게를 잴 때마다 다르게 측정되는 저울이 있을 것이고, 항상 일관성 있게 측정하는 저울이 있을 것이다. 어떤 사물의 무게를 변함없이 일관성 있게 측정하는 저울이 신뢰로운 저울이다.

검사도구의 타당성이 입증되었다면 신뢰성이 고려되어야 한다. 인간의 어떤 속성을 측정할 때마다 같은 점수를 얻는다면, 이 검사도구는 신뢰성이 있다고 한다. AERA, APA, NCME(1999)에 의하면 신뢰도란 피험자들에게 동일한 검사를 반복 실시하였을 때 측정의 일치성이라 정의하였다. 그러므로 **신뢰도**(reliability)란 측정하려 하는 것을 얼마나 안정적으로 일관성 있게 측정하였느냐의 문제며, 검사도구가 정확하게 오차 없이 측정한 정도를 의미하므로 만약 측정 시 오차가 크다면 신뢰도는 낮아진다.

2. 개 념

신뢰도를 이해하는 데 가장 기본이 되는 개념은 크게 두 가지로 설명된다.

첫째는 고전적인 접근방법으로 동일한 피험자 집단에게 동일한 검사를 반복 시행하거나, 한 검사와 동형검사를 실시하여 얻은 두 측정치 간의 상관계수를 추정하는 방법이다. 동일한 검사를 두 번 실시하여 얻은 결과는 검사도구의 안정성을 의미하며, 한 검사와 다른 동형검사 점수와의 상관계수에 의한 검사의 신뢰도는 두 검사의 유사성을 의미한다. 검사를 두 번 실시하여 검사의 안정성이나 유사성을 추정하기 위하여 두 검사 간의 상관계수를 이용한다. 이를 위하여 Pearson(1896)의 단순적률 상관계수를 이용한다. 상관계수에 대한 설명은 [부록 2]를 참조하라.

둘째 접근방법은 고전검사이론의 기본가정 중에서 측정의 오차 개념에 의한 것으로 동일 측정대상을 무한히 반복 측정하였을 때 측정치들이 유사할수록 신뢰도가 높아진다. 다시 말하여 동일한 측정대상을 동일한 측정도구로 무한히 반복 측정한 결과에 대한 진점수와 오차점수의 분산에 기초한 방법이다. 관찰점수에서 진점수가 차지하는 비중이 크고, 오차점수가 차지하는 부분이 작으면 신뢰도가 높다고 할 수 있듯이, 관찰점수의 분산에서 진점수 분산이 차지하는 비율이 높고, 오차점수의 분산이 작다면 이는 일관성 있게 측정한 것으로 간주되어 신뢰도가 높게 된다.

제13장의 고전검사이론에 의한 문항분석에서 설명하였듯이 관찰점수는 다음과 같이 그 측정대상이 지니고 있는 진짜 특성 혹은 진점수와 측정과정에서 발생하는 오차점수로 구성된다.

$$X = T + e$$

X: 관찰점수
T: 진점수
e : 오차점수

동일 대상을 무한히 반복 측정하였을 때 관찰점수가 항상 같았다면 이는 측정시마다 오차 없이 측정하였다고 할 수 있다. 그러나 이와 같은 경우는 사실상 거의 불가능하므로 관찰점수는 각각 다르게 측정되는 경우가 흔하다.

사물의 특성이나 인간의 능력을 측정하였을 때 진짜 특성이나 진짜 능력에 대한 측정치인 진점수 추정방법에 대한 의문이 제기된다. 예를 들어, 갑돌이가 10문항으로 제작된 수리검사를 5번 반복 실시하여 5, 6, 5, 4, 6점을 얻었을 때, 갑돌이의 진짜 수리능력은, 즉 진점수는 몇 점일까 하는 의문이 제기된다.

진점수를 추정하는 가장 합리적인 방법은 관찰점수의 평균을 산출하는 것이다. 그러므로 진점수는 관찰점수의 기대값으로 추정된다.

$$T = E(X)$$

관찰점수는 진점수와 오차점수로 합성되어 있으므로 반복 측정하였을 때 관찰점수의 분산은 다음의 식과 같다.

$$\sigma^2_X = \sigma^2_{(T+e)} = \sigma^2_T + \sigma^2_e + 2\sigma_{Te}$$

앞의 공식에서 진점수와 오차점수의 공분산인 σ_{Te}는 항상 0이 된다. 이는 고전검사이론 기본가정에서 진점수와 오차점수의 상관계수가 0이기 때문이다. 진점수와 오차점수의 상관이 0이라는 것은 공분산이 0임을 의미하므로 앞의 공식은 다음 공식으로 변환된다.

$$\sigma^2_X = \sigma^2_{(T+e)} = \sigma^2_T + \sigma^2_e$$

즉, 관찰점수의 분산은 진점수 분산과 오차점수 분산으로 합성되어 있음을 알 수 있으며, 이를 도식화하면 [그림 19-1]과 같다.

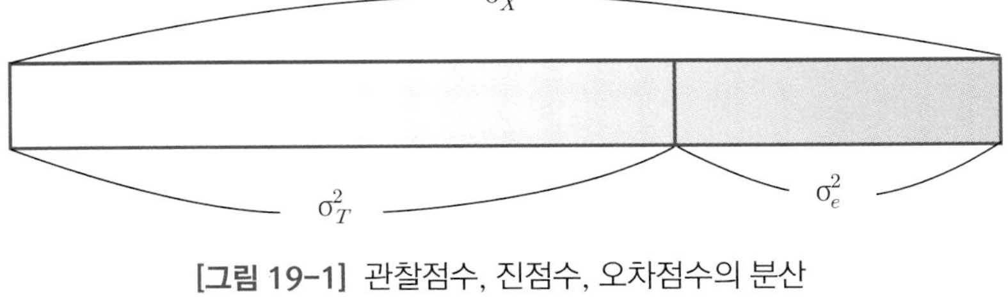

[그림 19-1] 관찰점수, 진점수, 오차점수의 분산

[그림 19-1]에서 오차점수의 분산 부분이 0이면 측정오차가 없음을 의미하는 것으로 관찰점수의 분산이 진점수의 분산과 같기 때문에 신뢰도가 1이 된다. 반대로 진점수 분산이 0이라면 모든 관찰점수의 분산이 오차점수의 분산으로 되어 있음을 의미하며, 신뢰도는 0이 된다. 그러므로 신뢰도는 관찰점수의 분산 중 진점수 분산이 차지하는 비율임을 알 수 있다. 따라서 신뢰도($\rho_{XX'}$)를 추정하는 공식은 다음과 같다.

$$\rho_{XX'} = \frac{\sigma_T^2}{\sigma_X^2}$$

앞의 공식에서 진점수 분산은 관찰점수 분산에서 오차점수 분산을 제거한 양이 되므로 신뢰도를 추정하는 공식은 다음과 같이 쓸 수 있다.

$$\begin{aligned}\rho_{XX'} &= \frac{\sigma_T^2}{\sigma_X^2} \\ &= \frac{\sigma_X^2 - \sigma_e^2}{\sigma_X^2} \\ &\quad (\because\ \sigma_X^2 = \sigma_T^2 + \sigma_e^2) \\ &= 1 - \frac{\sigma_e^2}{\sigma_X^2}\end{aligned}$$

관찰점수 분산 전체가 진점수 분산이 되는 경우에는 신뢰도는 1이고 모든 측정오차는 0이 되며, 이때 검사결과를 완전히 신뢰할 수 있다. 즉, $\rho_{XX'} = 1$이면 $\sigma_X^2 = \sigma_T^2$이고 $\sigma_e^2 = 0$으로 이때의 측정은 오차 없이 이루어졌음을 의미한다. 오차가 존재하면 신뢰도는 1보다 작게 된다. 따라서 신뢰도와 측정의 오차와의 관계는 다음 식과 같이 유도된다.

$$\rho_{XX'} = 1 - \frac{\sigma_e^2}{\sigma_X^2}$$

$$\frac{\sigma_e^2}{\sigma_X^2} = 1 - \rho_{XX'}$$

$$\sigma_e^2 = \sigma_X^2(1 - \rho_{XX'})$$

$$\sigma_e = \sigma_X\sqrt{(1 - \rho_{XX'})}$$

그러므로 **측정의 표준오차**(standard error of measurement)는 관찰점수의 표준편차와 1에서 신뢰도 계수를 뺀 값의 제곱근과의 곱이라는 것을 알 수 있다.

3. 역 사

신뢰도의 개념에 대하여 신뢰도를 두 검사점수의 상관관계로 보는 관점과 진점수 분산과 관찰점수 분산과의 비율로 보는 관점이 있다.

검사의 신뢰도를 추정하기 위하여 처음 사용된 공식은 Pearson(1896)이 제안한 단순적률상관계수 공식이다. 단순적률상관계수는 신뢰도 추정뿐 아니라 사회현상의 수많은 변수들 간의 관계를 규명하는 데 널리 이용되고 있는 통계다. 준거타당도 검증을 위해서도 상관계수를 이용한다고 설명하였다. 신뢰도의 개념은 Spearman (1904)에 의하여 소개되었으며, 각기 독립적으로 얻어진 두 검사를 구성하는 문항 간 상관들의 평균으로 정의하였다. 이 정의에 의하여 여러 용어로 신뢰도를 표현하여 오다 Spearman(1910)이 신뢰도 계수(reliability coefficient)란 단어를 처음 사용하면서 어떤 사물에 대한 여러 측정치를 두 부분으로 나누어 계산된 반분점수 간의 상관계수라 정의하였다. 이 같은 정의에 의하여 Spearman과 그의 추종자들은 신뢰도를 추정할 수 있는 수학적 모형을 제안하는 검사이론을 발전시켰다.

1913년까지 요인분석을 제외한 검사이론의 대부분이 Spearman에 의하여 정립되었다. 이어 Fisher(1925)에 의해 실험설계를 위한 분산분석의 통계적 방법이 제안되기 전까지 상관계수를 이용한 검사이론이 발전되었다. 이때의 신뢰도는 동일한 피험자에게 검사를 두 번 실시하여 얻은 두 검사점수 간의 상관계수로 추정하든가, 한 번 검사를 시행한 후 한 검사를 동형이 되게 두 부분으로 나누어 두 부분

점수 간의 상관계수를 조정하여 신뢰도를 추정하는 방법을 사용하였다. 전자를 재검사신뢰도라 하고 후자를 반분검사신뢰도라 한다. 반분검사신뢰도 추정공식은 Spearman과 Brown(1910)에 의하여 제안되었다. 초기에는 신뢰도를 추정하는 방법으로 흔히 재검사신뢰도와 반분검사신뢰도 추정방법을 사용하였다.

Kuder와 Richardson(1937)은 신뢰도 계수를 추정하기 위하여 검사의 문항들의 분산과 공분산을 사용하여 공식 KR−20과 KR−21을 제안하였다. KR−20은 문항점수들이 맞고 틀리는, 즉 1점과 0점의 이분문항으로 주어질 때 신뢰도를 추정하는 공식이고, KR−21은 문항점수가 연속점수일 때 신뢰도를 추정하는 공식이다. KR−20과 KR−21은 검사를 두 부분으로 나누지 않아도 신뢰도를 추정할 수 있는 장점이 있기 때문에 널리 사용되었다.

이어 Hoyt(1941)가 분산분석방법을 이용하여 신뢰도를 추정하는 새로운 공식을 유도하였다. 한 피험자가 여러 다른 문항에 반복적으로 응답하므로 이는 실험설계에서 동일 피험자에게 다른 처치를 반복적으로 가하는 경우와 유사하므로 반복설계방법을 이용하였다. Hoyt가 제안한 분산분석방법에 의하여 신뢰도를 추정하는 방법이 다소 복잡하기는 하지만 문항점수가 이분점수이든 연속점수이든 하나의 공식으로 신뢰도를 추정할 수 있다는 장점이 있다. Hoyt 이외에 Lindquist, Burt 등도 분산분석방법을 이용하여 검사이론을 더욱 발전시켰다.

1951년에는 Cronbach가 검사의 문항점수가 이분점수이든 연속점수이든 신뢰도를 추정할 수 있는 보다 간단한 공식을 제안하였다. Cronbach의 공식은 KR−20 공식의 변형된 형태로 이분문항의 분산이 문항에 정답할 확률과 그렇지 않을 확률의 곱으로 계산됨을 착안하여 신뢰도 계산공식을 도출하였으며, 이를 Cronbach α라 명명하였다.

KR−20, Hoyt 신뢰도보다 Cronbach α가 많은 연구에서 사용되는 이유는 신뢰도 추정공식이 간단하고 신뢰도를 추정해 주는 많은 프로그램에 널리 사용되고 있기 때문이다. 그러나 KR−20, Hoyt, 그리고 Cronbach α 모두 신뢰도는 진점수 분산을 관찰점수 분산으로 나눈 값이라는 신뢰도의 기본개념에 입각하여 전개된 공식이므로 동일한 응답자료를 가지고 세 가지 다른 공식에 의하여 신뢰도를 추정하여도 신뢰도 계수는 같다. 이는 세 종류의 신뢰도 추정 방법이 동일한 신뢰도의 기본개념에 근거하기 때문이다.

4. 종 류

신뢰도에는 검사도구의 안정성을 측정하는 재검사신뢰도, 두 검사 간의 유사성을 측정하는 동형검사신뢰도, 그리고 진점수 분산의 비율 개념에 의한 내적일관성 신뢰도가 있다.

추정방법에 의한 신뢰도는 Pearson의 단순적률상관계수 추정공식에 의한 재검사신뢰도, 그리고 동형검사신뢰도가 있으며, Spearman과 Brown의 반분검사신뢰도, 문항점수의 분산과 공분산 개념을 이용한 Kuder−Richardson 20, Kuder−Richardson 21, 분산분석을 이용한 Hoyt 신뢰도, Cronbach α가 있다.

1) 재검사신뢰도

(1) 정 의

재검사신뢰도(test−retest reliability)는 동일한 검사를 동일한 피험자 집단에 일정 시간 간격을 두고 두 번 실시하여 얻은 두 검사점수의 상관계수에 의하여 신뢰도를 추정하는 방법이다. 재검사신뢰도는 Karl Pearson의 단순적률상관계수 추정공식에 의하여 산출되며, 이는 검사도구의 안정성에 대한 지표가 된다. 재검사신뢰도 추정을 위한 검사의 실시 간격은 일반적으로 피험자의 기억이 소멸된다고 여겨지는 2주에서 4주로 설정하나 검사도구의 특성, 측정내용에 따라 달라질 수 있다.

(2) 추정방법

재검사신뢰도는 동일 검사를 동일 집단에게 두 번 실시하여 얻은 두 검사점수 간의 상관계수로 추정한다. 예를 들어, 10문항으로 제작된 수학시험의 재검사신뢰도를 추정하기 위하여 6명의 학생에게 두 번의 검사를 실시하여 얻은 점수는 〈표 19−1〉과 같다.

〈표 19-1〉 수학시험의 검사-재검사 점수

피험자	검 사	재검사
A	7	7
B	5	6
C	9	9
D	8	7
E	6	6
F	8	8

검사와 재검사에서 얻은 〈표 19-1〉의 점수를 가지고 재검사신뢰도를 추정하는 절차는 〈표 19-2〉와 같다.

〈표 19-2〉 수학시험의 재검사신뢰도 추정절차

피험자	검사(X)	재검사(X')	XX'	X^2	X'^2
A	7	7	49	49	49
B	5	6	30	25	36
C	9	9	81	81	81
D	8	7	56	64	49
E	6	6	36	36	36
F	8	8	64	64	64
Σ	43	43	316	319	315

$$r = \frac{6(316) - (43)(43)}{\sqrt{6(319) - 43^2}\sqrt{6(315) - 43^2}} = .910$$

수학검사의 재검사신뢰도는 .910으로서 매우 높다고 할 수 있다.

(3) 장단점

재검사신뢰도는 추정방법이 간단하다는 장점이 있는 반면, 많은 단점도 있다.

첫째, 시험 간격 설정에 따른 문제가 있다. 시험 간격은 검사를 두 번 시행하는 데 따른 기억효과를 배제하기 위한 기간을 의미한다. 검사의 문항 수, 검사도구의 문항 특성, 검사의 난이도 등에 의하여 시험 간격은 변화되며 시험 간격에 따라 신뢰도 계수가 달리 추정되는 근본적인 문제점을 지니고 있다. 기억효과를 배제하기 위하여 시험 간격을 3개월 혹은 6개월로 설정하는 경우도 있으나, 그 기간은 학습능력의 변화 혹은 피험자의 성장 · 성숙 등 인간의 특성이 변화되기에 충분한 기간이 되므로 검사도구의 신뢰도를 추정하는 적절한 시험 간격이라 할 수 없다.

둘째, 검사를 두 번 시행하는 데 따른 문제점이다. 실질적으로 검사를 두 번 시행해야 하는 어려움과 동일한 검사의 환경, 검사에 대한 동일한 동기와 검사 태도를 만들기 어렵다. 이와 같은 문제점에도 불구하고 재검사신뢰도를 사용하는 이유는 일반적으로 검사의 신뢰도를 과대 추정하기 때문이다.

2) 동형검사신뢰도

(1) 정 의

동형검사신뢰도(parallel-form reliability)를 구하기 위해서는 검사도구의 신뢰도를 검증하기 위하여 두 개의 동형검사를 제작한 뒤, 동일 피험자 집단에게 검사를 실시해야 한다. 이때 얻은 두 검사점수의 상관계수로 신뢰도를 추정한다. 동형검사신뢰도는 두 검사 간의 유사성을 측정하며, 평행검사신뢰도라고도 한다.

동형검사의 기본조건은 한 검사에 의한 진점수와 다른 동형검사에 의한 진점수가 같아야 하고, 한 검사에 의한 오차점수의 분산과 동형검사에 의한 오차점수의 분산이 같아야 한다. 동형검사신뢰도의 일종으로 유사검사신뢰도(alternate-form reliability)가 있다. 유사검사란 한 검사에 의한 진점수와 다른 검사에 의한 진점수는 동일하나, 두 검사의 오차점수 분산이 동일하지 않은 검사를 말한다.

동형검사를 제작할 때에는 두 검사가 동일한 내용을 측정하여야 하며, 동일한 형태의 문항과 문항 수, 그리고 동일한 문항난이도와 문항변별도를 가져야 한다. 그러므로 동형검사 제작이 용이하지 않음을 알 수 있다.

(2) 추정방법

동형검사신뢰도를 추정하기 위하여 두 개의 동형검사가 제작되어 동일 피험자에게 검사가 두 번 시행되어야 한다. 10문항으로 제작된 학업성취도검사와 동형검사를 5명의 피험자에게 실시한 결과 얻은 점수는 〈표 19-3〉과 같다.

〈표 19-3〉 학업성취도 두 동형검사 점수

피험자	검 사(X)	동형검사(X')
A	7	6
B	5	6
C	9	8
D	8	7
E	6	6

두 동형검사를 통해 얻은 두 점수의 동형검사신뢰도를 추정하는 절차는 〈표 19-4〉와 같다.

〈표 19-4〉 학업성취도검사의 동형검사신뢰도 추정절차

피험자	검 사(X)	동형검사(X')	XX'	X^2	X'^2
A	7	6	42	49	36
B	5	6	30	25	36
C	9	8	72	81	64
D	8	7	56	64	49
E	6	6	36	36	36
Σ	35	33	236	255	221

$$r = \frac{5(236) - (35)(33)}{\sqrt{5(255) - 35^2}\sqrt{5(221) - 33^2}} = .884$$

동형검사신뢰도는 .884로서 매우 높다고 해석할 수 있다.

(3) 장단점

동형검사신뢰도의 장점은 두 개의 동형검사를 동일 집단에 동시에 시행하므로 시험 간격이 문제가 되지 않는 점과 신뢰도 계수 추정이 쉽다는 점이다. 반면에 동형검사 제작이 어렵다는 단점이 있다. 검사제작전문가라도 두 개의 동형검사를

제작하기란 쉽지 않다. 뿐만 아니라 두 검사의 동형성 여부에 따라 동형검사신뢰도 계수가 달리 추정되며 재검사신뢰도처럼 검사를 두 번 시행하는 데 따른 현실적인 문제점이 있다. 동일한 검사환경, 피험자의 동일한 검사동기와 검사태도를 유지하기가 어렵다.

3) 내적일관성신뢰도

재검사신뢰도와 동형검사신뢰도는 동일 피험자에게 검사를 두 번 실시하는 번거로움이 따르며, 시험 간격과 검사의 동형성 정도에 따라 신뢰도 계수가 변화되는 문제점을 지니고 있다. 이에 비하여 내적일관성신뢰도는 검사를 두 번 실시하지 않고 검사의 신뢰도를 추정할 수 있는 방법이다. **내적일관성신뢰도**(internal consistency reliability)란 검사를 구성하고 있는 부분 검사, 또는 문항 간의 일관성의 정도를 말하며, 검사를 구성하는 부분 검사나 문항들이 측정하고자 하는 내용을 얼마나 일관성 있게 측정하였느냐 하는 문제다.

내적일관성신뢰도는 검사를 구성하는 두 부분 검사 간의 유사성에 의해 추정되는 반분검사신뢰도와 문항 간 측정의 일관성에 의해 추정되는 문항내적일관성신뢰도가 있다. 문항내적일관성신뢰도에는 KR−20, KR−21, Hoyt 신뢰도, Cronbach α가 있다. 문항내적일관성을 문항내적일치성 혹은 문항내적합치성이라고도 한다.

(1) 반분검사신뢰도

① 정 의

반분검사신뢰도(split−half reliability)는 한 번 실시한 검사를 두 부분으로 나누어 두 부분 검사점수의 상관계수를 계산한 후, Spearman−Brown 공식에 의하여 추정된다. 반분검사신뢰도는 내적일관성신뢰도의 한 종류로서 검사를 두 부분 검사로 나누어 두 부분 검사점수에 대한 측정의 유사성을 추정하는 방법이다.

반분검사신뢰도를 추정할 때 검사를 양분한 두 부분 검사점수의 상관계수를 그대로 사용하면 신뢰도가 과소 추정된다. 만약 20문항으로 제작된 검사도구를 10문항씩 양분하여 두 부분 검사점수 간의 상관계수를 추정하였다면 이는 20문항으로 구성한 검사의 내적일관성신뢰도가 아니라 10문항으로 제작된 동형검사신뢰도가 된다. 그러므로 10문항으로 구성된 동형검사신뢰도가 아니라 20문항으로 제작된 검사의 신뢰도를 추정하기 위해서는 상관계수를 그대로 사용하지 않고 Spearman-Brown(1910)이 제안한 다음 공식을 사용하여야 한다.

$$\rho_{XX'} = \frac{2\rho_{YY'}}{1+\rho_{YY'}}$$

$\rho_{XX'}$: 반분검사신뢰도 계수
$\rho_{YY'}$: 반분된 검사점수의 상관계수

Spearman-Brown의 반분검사신뢰도 추정공식에 의하면 반분검사신뢰도 계수는 양분된 검사점수의 상관계수보다 커진다. 검사도구의 길이, 즉 문항 수를 감소시키면 신뢰도 계수는 감소하고 문항 수를 증가시키면 신뢰도 계수는 증가함을 알 수 있다. 〈표 19-5〉에 의하면 검사의 길이를 두 배로 할 때 신뢰도 계수는 증가하며 양분한 검사 간의 상관계수와 반분검사신뢰도 사이에는 함수적 관계가 있다. 〈표 19-5〉를 통하여 단위검사에 의한 신뢰도 계수($\rho_{YY'}$)를 가지고 동형검사를 유지하며 검사의 문항 수를 두 배로 증가시켰을 때의 신뢰도 계수 $\rho_{XX'}$를 추정할 수 있다.

〈표 19-5〉 검사의 길이를 두 배로 증가시켰을 때 신뢰도 계수의 변화

$\rho_{YY'}$	.050	.100	.200	.300	.400	.500	.600	.700	.800	.900	.950
$\rho_{XX'}$	.095	.182	.333	.462	.571	.667	.750	.824	.889	.947	.974

단위검사신뢰도가 중간 수준일 때 검사의 길이를 두 배로 증가시키면 신뢰도가 큰 폭으로 증가하나 신뢰도가 매우 높거나 낮은 경우에는 증가폭이 적어짐을 알 수 있다.

② 공식 유도과정

Spearman-Brown 공식을 유도하는 과정은 다음과 같다. 만약 X검사가 Y검사

와 Y' 검사로 구성되어 있다면 두 부분 검사 Y와 Y'의 진점수와 오차점수는 다음과 같이 쓰인다.

$$X = Y + Y'$$
$$X = T_X + e_X$$
$$Y = T_Y + e_Y$$
$$Y' = T_{Y'} + e_{Y'}$$
$$T_X = T_Y + T_{Y'}$$
$$e_X = e_Y + e_{Y'}$$

Y검사와 Y'검사가 동형검사일 때 다음 조건을 충족시켜야 한다.

$$T_Y = T_{Y'}$$
$$\sigma_{e_Y} = \sigma_{e_{Y'}}$$
$$\sigma^2_{T_Y} = \sigma^2_{T_{Y'}}$$

반분검사신뢰도 역시 관찰점수 분산에 대한 진점수 분산의 비율이므로 반분검사신뢰도 공식이 유도되는 절차는 다음과 같다.

$$\rho_{XX'} = \frac{\sigma^2_{T_X}}{\sigma^2_X}$$
$$= \frac{\sigma^2_{T_Y + T_{Y'}}}{\sigma^2_{Y+Y'}}$$
$$= \frac{\sigma^2_{T_Y} + \sigma^2_{T_{Y'}} + 2\sigma_{T_Y T_{Y'}}}{\sigma^2_Y + \sigma^2_{Y'} + 2\sigma_{YY'}}$$
$$\left(\because \sigma^2_Y = \sigma^2_{Y'},\ \sigma^2_{T_Y} = \sigma_{T_Y T_Y} = \sigma_{T_Y T_{Y'}} = \sigma^2_{T_{Y'}}\right)$$
$$= \frac{4\sigma^2_{T_Y}}{2\sigma^2_Y + 2\sigma_{YY'}}$$
$$\left(\because \rho_{YY'} = \frac{\sigma_{YY'}}{\sigma_Y \sigma_{Y'}}\right)$$

$$= \frac{4\sigma^2_{T_Y}}{2\sigma^2_Y + 2\rho_{YY'}\sigma_Y\sigma_{Y'}}$$

$$= \frac{4\sigma^2_{T_Y}}{2\sigma^2_Y + 2\rho_{YY'}\sigma^2_Y}$$

$$= \frac{4\sigma^2_{T_Y}}{2\sigma^2_Y(1+\rho_{YY'})}$$

$$(\because \rho_{YY'} = \frac{\sigma^2_{T_Y}}{\sigma^2_{X_Y}},\ \sigma^2_{T_Y} = \rho_{YY'}\sigma^2_Y)$$

$$= \frac{2\rho_{YY'}\sigma^2_Y}{\sigma^2_Y(1+\rho_{YY'})}$$

$$= \frac{2\rho_{YY'}}{1+\rho_{YY'}}$$

③ 추정방법

반분검사신뢰도 추정 시 검사를 반분하는 방법에는 짝수번 문항과 홀수번 문항으로 반분하는 기우법과 전체 검사를 문항 순서에 따라 전과 후로 나누는 전후법, 무작위로 분할하는 단순무작위법, 문항 특성에 의하여 반분하는 방법이 있다. 문항 특성에 의한 반분법은 문항난이도와 문항변별도에 의존한다. 문항 특성에 의하여 검사를 반분하면 동일한 난이도와 동일한 진점수를 갖는 두 부분 검사를 만들 수 있다.

검사를 피험자에게 충분한 시험시간을 주어 능력을 발휘하게 하는 역량검사와 제한된 시간에 많은 문제를 풀게 하는 속도검사로 구분하며, 속도검사를 위한 반분검사신뢰도를 추정할 때, 검사를 앞뒤로 나누는 전후법은 사용하지 말아야 한다. 왜냐하면 속도검사 시 능력이 부족한 피험자는 앞부분만을 응답하고 뒷부분은 응답하지 못하기 때문이다.

6문항으로 제작된 검사를 5명의 피험자에게 실시하여 얻은 검사의 문항점수와 총점이 〈표 19-6〉과 같다고 하자.

〈표 19-6〉 검사의 문항점수와 총점

피험자 \ 문항	1	2	3	4	5	6	총 점
A	1	1	1	1	0	0	4
B	1	1	1	1	1	1	6
C	1	1	1	0	0	0	3
D	1	1	0	0	1	0	3
E	1	0	0	0	0	0	1

이때 앞의 3문항과 뒤의 3문항으로 양분하여 반분검사신뢰도를 추정하는 절차는 〈표 19-7〉과 같으며, 이 검사의 반분검사신뢰도는 .627로 높은 편이라고 할 수 있다.

〈표 19-7〉 반분검사신뢰도 추정절차

피험자 \ 검사	앞 문항 $Y(1+2+3)$	뒤 문항 $Y'(4+5+6)$	YY'	Y^2	Y'^2
A	3	1	3	9	1
B	3	3	9	9	9
C	3	0	0	9	0
D	2	1	2	4	1
E	1	0	0	1	0
Σ	12	5	14	32	11

$$\rho_{YY'} = \frac{5(14) - 12(5)}{\sqrt{5(32) - 10^2}\sqrt{5(11) - 7^2}} = .456$$

$$\rho_{XX'} = \frac{2(.456)}{1 + .456} = .627$$

④ SPSS 프로그램을 이용한 반분검사신뢰도의 추정

한글 SPSS Windows 프로그램을 이용하여 〈표 19-6〉의 6문항으로 제작된 검사를 5명의 피험자에게 실시하여 얻은 검사자료의 반분검사신뢰도를 추정하는 절차와 실행결과는 다음과 같다.

프로그램 실행

SPSS 프로그램의 데이터 편집기에 [그림 19-2]와 같이 자료를 입력한 다음 메뉴에서 분석 ▷ 척도화 분석 ▷ 신뢰도분석 을 선택하면 [그림 19-3]과 같은 대화상자가 열린다.

반분검사신뢰도를 추정하기 위해서는 [그림 19-3]의 신뢰도분석 대화상자에서 분석할 문항을 문항 리스트로 이동하고 모형을 '반분'을 선택한 다음 확인 을 누르면 반분검사신뢰도가 추정된다.

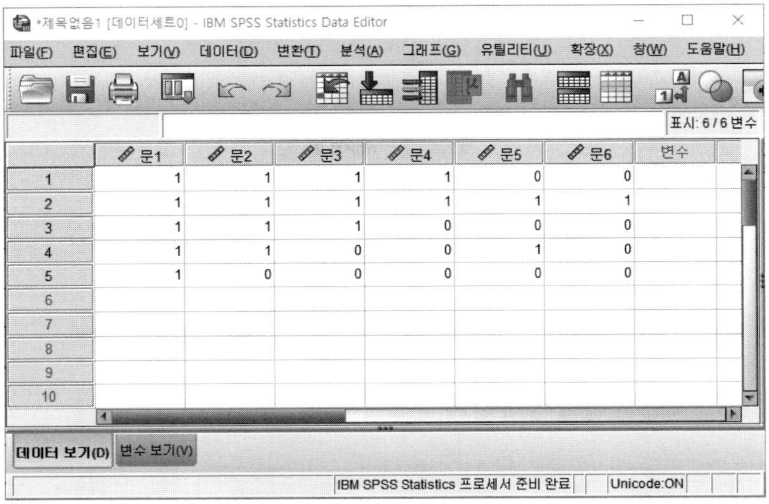

[그림 19-2] SPSS 데이터 편집기

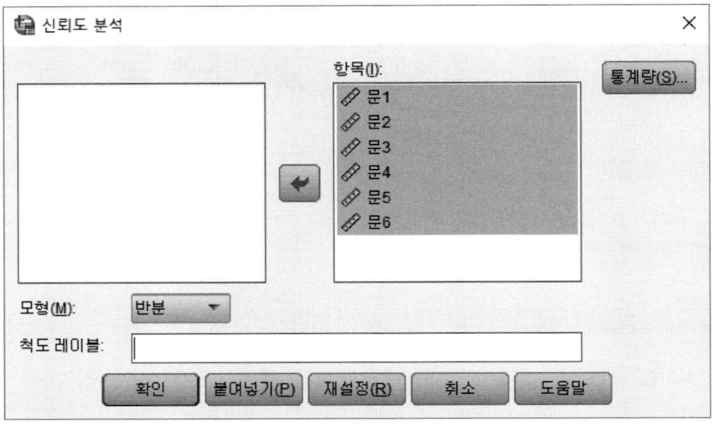

[그림 19-3] 신뢰도 분석 대화상자

실행결과

케이스 처리 요약

		N	%
케이스	유효	5	100.0
	제외됨[a]	0	.0
	전체	5	100.0

a. 목록별 삭제는 프로시저의 모든 변수를 기준으로 합니다.

신뢰도 통계량

Cronbach의 알파	파트 1	값	.563
		항목 수	3[a]
	파트 2	값	.700
		항목 수	3[b]
	전체 항목 수		6
문항간 상관관계			.456
Spearman-Brown 계수	같은 길이		.627
	다른 길이		.627
Guttman 반분계수			.606

a. 항목: 문1, 문2, 문3.

b. 항목: 문4, 문5, 문6.

추정된 반분검사신뢰도는 .627이며, SPSS 프로그램은 전후법에 의해 검사를 반분하여 신뢰도를 추정한다.

⑤ 장단점

반분검사신뢰도는 재검사신뢰도나 동형검사신뢰도를 추정할 때처럼 두 번 검사를 시행하지 않고 신뢰도를 추정할 수 있는 장점을 지니고 있다. 그러므로 시험 간격이나 동형검사 제작 등의 문제를 고려할 필요가 없다. 그러나 검사를 양분하는 방법에 따라 반분검사신뢰도 계수가 달리 추정된다는 단점이 있다. 만약 〈표 19-7〉과 같이 전후법으로 양분하지 않고 기우법으로 검사를 반분한다면 두 부분 검사점수의 상관계수는 .930이고 반분검사신뢰도는 .964가 된다. 일반적으로 반분검사신뢰도를 높게 추정하기 위해서는 문항 특성에 의하여 두 부분 검사가 동형이 되도록 검사를 반분하는 방법을 사용하는 것이 바람직하다.

(2) 문항내적일관성신뢰도

검사도구의 내적일관성신뢰도를 추정하는 방법으로 검사를 두 부분으로 나누어 부분 검사 간의 유사성을 추정하는 방법과 문항 하나하나를 하나의 검사로 간주하여 문항들 간의 유사성 혹은 측정의 일치성을 추정하는 방법이 있다고 설명하였다. 문항내적일관성을 추정하는 방법으로 KR-20, Hoyt 신뢰도, Cronbach α가 있다. 이상의 신뢰도 추정방법은 진점수의 분산을 관찰점수의 분산으로 나눈 비율에 기초한 개념으로 KR-20, KR-21, Hoyt 신뢰도, Cronbach α의 순으로 제안되었다.

KR-20은 이분문항에만 적용되고, KR-21은 이분문항이 아닌 다분문항에만 적용되며, Hoyt 신뢰도는 이분문항뿐 아니라 다분문항의 신뢰도도 추정한다. 그러나 분산분석방법을 사용하므로 추정방법이 복잡하게 여겨져 보편화되지 못하였으며, Cronbach α가 흔히 사용되고 있다. Cronbach α가 신뢰도 추정을 위하여 흔히 사용되는 이유는 이분문항뿐 아니라 연속적으로 점수가 부여되는 문항들의 신뢰도 추정이 가능하며, 신뢰도 계산공식의 유도과정과 개념이 보다 간단하기 때문이다. 역사적으로 가장 늦게 제안된 것이 Cronbach α이지만 이 장에서는 문항내적일관성신뢰도를 Cronbach α, KR-20, KR-21, Hoyt 신뢰도 순으로 설명한다.

① Cronbach α

a. 정 의

Cronbach(1951)는 문항내적일관성을 측정하기 위하여 검사를 두 부분으로 나누지 않고 문항점수의 분산을 고려한 **Cronbach α**를 제안하였다. Cronbach α 역시 신뢰도의 두 번째 기본개념에 의한 관찰점수 분산과 진점수 분산 비율에 근거한다. 그러므로 Cronbach α는 문항점수가 이분점수가 아닐 때 KR-20의 일반화된 공식이라 말할 수 있으며, 다음 공식에 의하여 문항내적일관성을 측정하는 신뢰도를 계산할 수 있다.

$$\rho_{XX'} \geq \alpha = \frac{n}{n-1}\left(1 - \frac{\sum_{i=1}^{n}\sigma^2_{Y_i}}{\sigma^2_X}\right)$$

n: 문항 수

$\sigma^2_{Y_i}$: i번째 문항 점수의 분산

σ^2_X: 총점의 분산

b. 공식 유도과정

$$\rho_{XX'} = 1 - \frac{\sigma^2_e}{\sigma^2_X}$$

$$X = T + e$$

검사도구 X가 Y_1, Y_2의 합성일 때

$$X = Y_1 + Y_2$$

$$Y_1 = T_{Y_1} + e_{Y_1}$$

$$Y_2 = T_{Y_2} + e_{Y_2}$$

$X = T_{Y_1} + T_{Y_2} + e_{Y_1} + e_{Y_2}$ 이다.

$$\sigma^2_{(T_{Y_1} - T_{Y_2})} = \sigma^2_{T_{Y_1}} + \sigma^2_{T_{Y_2}} - 2\sigma_{T_{Y_1}T_{Y_2}} \geq 0$$

$$\sigma^2_{T_{Y_1}} + \sigma^2_{T_{Y_2}} + 2\sigma_{T_{Y_1}T_{Y_2}} \geq 4\sigma_{T_{Y_1}T_{Y_2}}$$

$$\sigma^2_{(T_{Y_1} + T_{Y_2})} \geq 4\sigma_{T_{Y_1}T_{Y_2}}$$

$$\sigma^2_T \geq 4\sigma_{T_{Y_1}T_{Y_2}}$$

양변에 $\frac{1}{\sigma^2_X}$을 곱하면

$$\frac{\sigma^2_T}{\sigma^2_X} \geq \frac{4\sigma_{T_{Y_1}T_{Y_2}}}{\sigma^2_X}$$

$$\left(\begin{aligned} \because \sigma_{Y_1Y_2} &= \sigma_{(T_{Y_1}+e_{Y_1})(T_{Y_2}+e_{Y_2})} \\ &= \sigma_{T_{Y_1}T_{Y_2}} + \sigma_{T_{Y_1}e_{Y_2}} + \sigma_{e_{Y_1}T_{Y_2}} + \sigma_{e_{Y_1}e_{Y_2}} \\ &= \sigma_{T_{Y_1}T_{Y_2}} \end{aligned}\right)$$

$$= \frac{4\sigma_{Y_1Y_2}}{\sigma_X^2}$$

$$\frac{\sigma_T^2}{\sigma_X^2} \geq 2\frac{2\sigma_{Y_1Y_2}}{\sigma_X^2}$$

$$\left(\begin{aligned} &\because \sigma_X^2 = \sigma_{(Y_1+Y_2)}^2 = \sigma_{Y_1}^2 + \sigma_{Y_2}^2 + 2\sigma_{Y_1}\sigma_{Y_2} \\ &2\sigma_{Y_1Y_2} = \sigma_X^2 - \sigma_{Y_1}^2 - \sigma_{Y_2}^2 \end{aligned}\right)$$

$$= 2\frac{\sigma_X^2 - \sigma_{Y_1}^2 - \sigma_{Y_2}^2}{\sigma_X^2}$$

$$\therefore \ \rho_{XX'} = \frac{\sigma_T^2}{\sigma_X^2} \geq 2\left(1 - \frac{\sigma_{Y_1}^2 + \sigma_{Y_2}^2}{\sigma_X^2}\right) = \alpha$$

이 공식은 검사가 두 문항으로 구성되었을 때 검사의 신뢰도를 추정하는 Cronbach α 공식이다. 검사 X가 문항 Y_1, Y_2, Y_3, ……, Y_n으로 구성되었다면 Cronbach α의 일반공식은 '**a.** 정의'에서 소개한 공식과 같다.

c. 추정방법

〈표 19-6〉의 응답자료를 가지고 Cronbach α에 의한 문항내적일관성신뢰도를 추정하는 절차는 〈표 19-8〉과 같다.

〈표 19-8〉 Cronbach α에 의한 신뢰도 추정절차

피험자 \ 문항(Y)	1	2	3	4	5	6	총점(X)
A	1	1	1	1	0	0	4
B	1	1	1	1	1	1	6
C	1	1	1	0	0	0	3
D	1	1	0	0	1	0	3
E	1	0	0	0	0	0	1
$\overline{Y_i}$	1	.8	.6	.4	.4	.2	3.4

$$S_1^2 = \frac{(1-1)^2+(1-1)^2+(1-1)^2+(1-1)^2+(1-1)^2}{5} = 0$$

$$S_2^2 = \frac{(1-.8)^2+(1-.8)^2+(1-.8)^2+(1-.8)^2+(0-.8)^2}{5} = .16$$

$$S_3^2 = \frac{(1-.6)^2+(1-.6)^2+(1-.6)^2+(0-.6)^2+(0-.6)^2}{5} = .24$$

$$S_4^2 = \frac{(1-.4)^2+(1-.4)^2+(0-.4)^2+(0-.4)^2+(0-.4)^2}{5} = .24$$

$$S_5^2 = \frac{(0-.4)^2+(1-.4)^2+(0-.4)^2+(1-.4)^2+(0-.4)^2}{5} = .24$$

$$S_6^2 = \frac{(0-.2)^2+(1-.2)^2+(0-.2)^2+(0-.2)^2+(0-.2)^2}{5} = .16$$

$$\sum S_i^2 = 0 + .16 + .24 + .24 + .24 + .16 = 1.04$$

$$S_X^2 = \frac{(4-3.4)^2+(6-3.4)^2+(3-3.4)^2+(3-3.4)^2+(1-3.4)^2}{5} = 2.64$$

$$\alpha = \frac{n}{n-1}\left(1 - \frac{\sum S_i^2}{S_X^2}\right) = \frac{6}{5}\left(1 - \frac{1.04}{2.64}\right) = .727$$

Cronbach α에 의한 문항내적일관성신뢰도는 .727로 신뢰도가 높다고 할 수 있다. Cronbach α는 문항점수가 이분점수가 아닌 연속점수일 때 신뢰도를 추정할 수 있다. 학교 도서관에 대한 만족도를 묻는 4개의 문항에 5명이 응답하였을 때의 응답결과는 〈표 19-9〉와 같다. 각 문항은 5단계 Likert 척도를 사용하였으며, 1점

은 매우 불만족, 2점은 불만족, 3점은 보통, 4점은 만족, 5점은 매우 만족을 의미한다.

〈표 19-9〉 도서관에 대한 만족도 응답결과

피험자 \ 문항	1	2	3	4
A	4	3	5	4
B	3	3	4	4
C	5	5	4	5
D	2	1	3	2
E	3	2	4	3

〈표 19-9〉의 응답자료를 가지고 Cronbach α를 계산하는 절차는 〈표 19-10〉과 같다.

〈표 19-10〉 도서관 만족도 응답결과의 Cronbach α 계산절차

피험자 \ 문항(Y)	1	2	3	4	총점(X)
A	4	3	5	4	16
B	3	3	4	4	14
C	5	5	4	5	19
D	2	1	3	2	8
E	3	2	4	3	12
$\overline{Y_i}$	3.4	2.8	4	3.6	13.8

$$S_1^2 = \frac{(4-3.4)^2+(3-3.4)^2+(5-3.4)^2+(2-3.4)^2+(3-3.4)^2}{5} = 1.04$$

$$S_2^2 = \frac{(3-2.8)^2+(3-2.8)^2+(5-2.8)^2+(1-2.8)^2+(2-2.8)^2}{5} = 1.76$$

$$S_3^2 = \frac{(5-4)^2+(4-4)^2+(4-4)^2+(3-4)^2+(4-4)^2}{5} = .40$$

$$S_4^2 = \frac{(4-3.6)^2+(4-3.6)^2+(5-3.6)^2+(2-3.6)^2+(3-3.6)^2}{5} = 1.04$$

$$\sum S_i^2 = 1.04 + 1.76 + .40 + 1.04 = 4.24$$

$$S_X^2 = \frac{(16-13.8)^2+(14-13.8)^2+(19-13.8)^2+(8-13.8)^2+(12-13.8)^2}{5}$$
$$= 13.76$$
$$\therefore\ \alpha = \frac{n}{n-1}(1-\frac{\sum S_i^2}{S_X^2}) = \frac{4}{4-1}(1-\frac{4.24}{13.76}) = .922$$

문항내적일관성신뢰도 Cronbach α는 .922로 신뢰도가 매우 높다고 할 수 있다.

d. 장단점

Cronbach α에 의하여 신뢰도를 추정하면 검사를 양분하지 않아도 되는 장점과 문항 간의 일관성에 의하여 단일한 신뢰도 추정결과를 얻을 수 있는 장점이 있다. 그러므로 재검사신뢰도, 동형검사신뢰도, 반분검사신뢰도가 지니는 단점을 극복할 수 있다. 검사도구의 신뢰도를 과소 추정하는 경향이 있으나 검사도구의 질을 분석함에 있어 어느 정도의 엄격성이 요구되기 때문에 과소 추정되는 정보가 더 바람직하다.

e. SPSS 프로그램을 이용한 Cronbach α 추정방법

Cronbach α에 의한 검사도구의 신뢰도를 추정하는 컴퓨터 프로그램이 다수 있으나 한글 SPSS Windows 프로그램을 이용하여 5명의 피험자가 도서관의 만족도를 측정하는 4문항에 응답한 자료 〈표 19-9〉를 가지고 Cronbach α를 추정하는 절차와 실행결과는 다음과 같다.

프로그램 실행

Cronbach α를 추정하기 위해서는 [그림 19-3]의 신뢰도 분석 대화상자에서 분석할 문항을 문항 리스트로 이동하고 '모형'을 '알파'로 선택하면 된다.

실행결과

케이스 처리 요약

		N	%
케이스	유효	5	100.0
	제외됨[a]	0	.0
	전체	5	100.0

a. 목록별 삭제는 프로시저의 모든 변수를 기준으로 합니다.

신뢰도 통계량

Cronbach의 알파	항목 수
.727	6

SPSS 프로그램 시행결과, 5점 만점의 Likert 척도에 의한 4문항들의 평균, 표준편차, 그리고 사례 수로 1번 문항은 평균이 3.4, 표준편차가 1.1402이었으며, 피험자 수는 5명이다. 4번 문항의 평균은 3.6, 표준편차는 1.1402, 피험자 수는 5명이다. 이어 문항점수 간 상관계수 행렬을 통해 1번 문항점수와 2번 문항점수의 상관계수는 .9461, 3번 문항점수와의 상관계수는 .6202, 그리고 4번 문항점수와의 상관은 .9231이다. 2번 문항의 점수와 3번 문항의 상관은 .4767이고, 4번 문항점수와의 상관은 .9757이다. 3번 문항점수와 4번 문항점수의 상관은 .6202이다. 문항 간의 상관계수가 높으면 문항 간의 일관성이 높기 때문에 신뢰도 계수가 높게 추정된다. 4문항으로 된 도서관 만족도 검사에서 5명 피험자의 평균은 13.8이며, 분산은 17.2이다.

ITEM-TOTAL STATISTICS 부분의 끝에 ALPHA IF ITEM DELETED는 그 문항을 제거하여 3문항으로 신뢰도를 추정한 결과다. 1번 문항을 제거하고 2, 3, 4번 문항으로 Cronbach α를 추정하면 신뢰도 계수는 .8548이다. 즉, 1번 문항을 제거하면 문항내적일관성신뢰도가 낮아지므로 1번 문항은 양호한 문항이다. 3번 문항을 제거할 때 신뢰도는 .9745로 오히려 신뢰도가 증가한다. 이를 볼 때 3번 문항은 문항내적일관성신뢰도를 감소시키므로 좋지 않은 문항으로 분석할 수 있다. 상관계수행렬에서 3번 문항은 다른 문항의 점수와 상관이 낮은 편으로서 신뢰도를 감소시킬 수 있다. 문항변별도가 낮거나 음수인 문항은 신뢰도를 감소시킨다.

4문항으로 구성된 도서관 만족도 검사의 Cronbach α는 .9225로서 신뢰도가 매우 높다고 평가할 수 있다. STANDARDIZED ITEM ALPHA는 문항점수를 모두 각 문항점수의 표준점수로 치환하여 얻은 Cronbach α 값이다. 문항점수들의 배점이 다를 경우, 즉 어떤 문항은 3점 척도이고, 다른 문항은 7점 척도로서 다양할 때 신뢰도 지수를 추정하기 위하여 사용되기도 한다. 그러나 모든 문항점수가 동일 척도일 때는 고려하지 않는다.

② KR-20, KR-21

a. 정 의

검사를 반분하는 방법에 따라 신뢰도 계수가 변화하는 문제점을 해결하기 위하여 각 문항들의 분산과 공분산을 사용하여 문항들 간의 측정의 일관성을 추정하는 방법을 Kuder와 Richardson(1937)이 제안하였다. Kuder와 Richardson이 제안한 공식은 KR−20과 KR−21이 있으며, KR−20은 문항점수가 0과 1일 때 신뢰도를 추정하는 공식이다. KR−20은 문항의 답이 있는 학업성취도검사에 주로 쓰이며 공식은 다음과 같다.

$$\rho_{XX'} = KR-20 = \frac{n}{n-1}\left(1 - \frac{\sum p_i q_i}{\sigma_X^2}\right)$$

n : 문항 수
p_i : 문항의 답을 맞힌 피험자 비율
q_i : $1-p_i$
σ_X^2: 피험자 총점의 분산

KR−20은 문항점수가 연속점수일 때는 사용할 수 없으므로 이런 문제점을 해결하기 위하여 Kuder와 Richardson은 KR−21을 제안하였다. 질문의 응답이 Likert 척도에 의하여 부여되는 점수든지, 여러 범주 변수일 때 사용된다. KR−21은 문항 평균난이도를 고려하였으며, 공식은 다음과 같다.

$$\rho_{XX'} = KR-21 = \frac{n}{n-1}\left(1 - \frac{\overline{X}(n-\overline{X})}{n\sigma_X^2}\right)$$

KR−20과 KR−21은 다음과 같은 관계가 있다.

$$KR-20 \geq KR-21$$

만약 문항난이도 p_i가 동일할 때는 KR−20과 KR−21은 동일하지만 p_i가 같지 않을 때 KR−21은 KR−20보다 작아져서 검사신뢰도를 과소 추정하게 된다. KR−21은 문항점수가 연속변수일 때 신뢰도를 추정하기 위하여 제안되었으나, Hoyt 신뢰도와 Cronbach α가 제안된 후부터는 사용하지 않는다.

b. 공식 유도과정

KR−20은 개념적으로 진점수 분산대 관찰점수 분산의 비율에 근거하여 유도되므로 KR−20 역시 Cronbach α의 공식 유도과정과 동일하다. Cronbach α와 KR−20을 비교할 때 내용은 동일하나 다른 부분은 문항점수의 분산을 계산하는 부분이다. 문항점수의 분산을 계산하기 위하여 Cronbach는 $\sigma^2_{Y_i}$, Kuder와 Richardson은 $p_i q_i$를 사용하였다. 문항이 이분문항일 때 평균은 np 이고 분산은 npq 이다. 한 문항에 대한 평균과 분산은 n이 1이므로 문항점수의 분산은 pq가 된다. 그러므로 두 공식은 동일한 공식이 된다.

Kuder와 Richardson에 의하여 제안된 공식에서 문항점수 분산이 pq로 계산됨을 Cronbach α가 이항분포일 때 문항점수 분산이 pq이므로 pq 대신에 문항점수 분산을 계산하는 일반공식 $\sigma^2_{Y_i}$를 사용한 것이다. 그러므로 Cronbach α는 KR−20의 공식에서 착안되었으며 Cronbach α는 KR−20의 일반공식이라 할 수 있다.

c. 추정방법

반분검사신뢰도를 추정한 자료 〈표 19−6〉을 가지고 KR−20에 의한 문항내적일관성신뢰도를 추정하는 절차는 〈표 19−11〉과 같다.

〈표 19-11〉 KR-20에 의한 신뢰도 추정절차

피험자 \ 문항	1	2	3	4	5	6	총점
A	1	1	1	1	0	0	4
B	1	1	1	1	1	1	6
C	1	1	1	0	0	0	3
D	1	1	0	0	1	0	3
E	1	0	0	0	0	0	1
p	1.0	.8	.6	.4	.4	.2	
q	0	.2	.4	.6	.6	.8	
pq	0	.16	.24	.24	.24	.16	

$$\sum p_i q_i = 0 + .16 + .24 + .24 + .24 + .16 = 1.04$$

$$S_X^2 = \frac{(4-3.4)^2 + (6-3.4)^2 + (3-3.4)^2 + (3-3.4)^2 + (1-3.4)^2}{5} = 2.64$$

$$KR-20 = \frac{6}{5}\left(1 - \frac{1.04}{2.64}\right) = .727$$

KR-20에 의한 문항내적일관성신뢰도는 .727로 높다고 할 수 있으며 〈표 19-8〉에서 추정된 Cronbach α에 의한 문항내적일관성신뢰도와 같다.

d. 장단점

신뢰도 추정을 위하여 KR-20과 KR-21을 사용하는 데 따른 장점은 Cronbach α와 같이 검사를 두 번 실시하거나 양분할 필요가 없다는 것이다. 검사의 각 문항의 응답자료를 그대로 분석하여 신뢰도를 추정하므로 검사의 신뢰도를 과학적으로 추정하는 장점이 있다.

③ Hoyt 신뢰도

a. 정 의

Hoyt(1941)는 문항 간의 내적일관성을 추정하기 위하여 분산분석(Analysis of Variance: ANOVA) 방법을 사용하였다. 검사를 시행할 때 동일한 피험자가 여러 문항을 반복 응답하므로 이를 분산분석의 반복설계로 간주할 수 있다. 분산분석을 통하여 피험자 간 편차제곱평균과 문항과 피험자의 상호작용인 오차제곱평균(MSe)에 근거한 다음의 공식에 의하여 신뢰도 계수를 추정한다.

$$\rho_{XX'} = \frac{MS_P - MS_e}{MS_P} = 1 - \frac{MS_e}{MS_P}$$

MS_P: 피험자 간 편차제곱평균
MS_e: 오차제곱평균

Hoyt 신뢰도 역시 신뢰도의 두 번째 접근방법인 진점수 분산이 관찰점수 분산 중 차지하는 비율에 입각하여 전개되므로 동일한 검사 응답자료를 가지고 추정한 Cronbach α계수와 같다.

b. 공식 유도과정

Hoyt(1941)는 신뢰도의 기본개념으로 진점수의 관찰점수에 대한 비율을 반복설계에 의한 분산분석의 원리로 전개하였다. P명의 피험자가 I개의 문항에 응답한 결과는 [그림 19−4]와 같다.

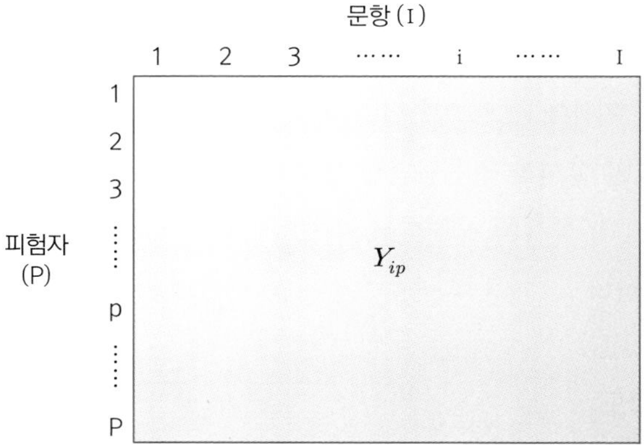

[그림 19-4] P명의 피험자가 I개의 문항에 응답한 결과

문항점수 Y_{ip}의 선형모형은 다음과 같다.

$$Y_{ip} = \mu + a_p + b_i + ab_{pi} + e_{pi(R)}$$

a_p: 피험자 간 효과
b_i: 문항 효과
ab_{pi}: 상호작용 효과
$e_{pi(R)}$: 오차

피험자와 문항은 피험자 모집단과 문항 모집단에서 무선표집된 것으로 무선효과 모형(random effect model)에 적용되어 피험자의 표집 부분은 1−P/$\mathcal{P}$, 문항의 표집 부분은 1−I/I가 되며, 이는 표집 부분이 적으므로 각각 1에 가깝다. 무선효과 모형에 의한 피험자 응답결과에 대한 편차제곱 평균의 기대값, 즉 E(MS)는 〈표 19−12〉와 같다.

〈표 19−12〉 피험자, 문항, 상호작용, 오차에 대한 편차제곱 평균 기대값

효 과	P	I	R	E(MS)
피험자 a_p	1−P/$\mathcal{P}$	I	1	$\sigma_e^2 + (1-\mathrm{I}/\mathrm{I})\sigma_{ab}^2 + I\sigma_a^2 = MSa = MS_P$
문항 b_i	P	1−I/I	1	$\sigma_e^2 + (1-\mathrm{P}/\mathcal{P})\sigma_{ab}^2 + P\sigma_b^2 = MS_b = MS_I$
상호작용 ab_{pi}	1−P/$\mathcal{P}$	1−I/I	1	$\sigma_e^2 + \sigma_{ab}^2 = MSab = MS_{PI}$
오차 $e_{pi(R)}$	1	1	1	σ_e^2

피험자 간 분산은 다음과 같이 계산된다.

$$\begin{aligned}\sigma_a^2 &= (MS_P - MS_{PI})/I \\ &= \left[\left\{\sigma_e^2 + (1-\mathrm{I}/\mathrm{I})\sigma_{ab}^2 + \mathrm{I}\,\sigma_a^2\right\} - \left\{\sigma_e^2 + \sigma_{ab}^2\right\}\right]/I \\ &= \left[I\sigma_a^2 - \mathrm{I}/\mathrm{I}\sigma_{ab}^2\right]/I \\ &= \sigma_a^2 - \sigma_{ab}^2/I\end{aligned}$$

(∵ I는 문항의 모집단이므로 매우 크다)

$$\begin{aligned}&= \sigma_a^2 \\ &= \sigma_{person}^2\end{aligned}$$

그러므로 피험자 간 분산은 (MSP−MSPI)/I로 계산됨을 알 수 있다. 피험자 내 상관 $\rho_{intraclass}$는 다음과 같이 계산된다.

$$\rho_{intraclass} = \frac{\sigma_P^2}{\sigma_P^2 + \sigma_e^2}$$

$$= \frac{\sigma_P^2}{\sigma_P^2 + \sigma_{PI}^2}$$

$$= \frac{(MS_P - MS_{PI})/I}{[(MS_P - MS_{PI})/I] + MS_{PI}}$$

$$= \frac{MS_P - MS_{PI}}{MS_P + (I-1)MS_{PI}}$$

$\rho_{intraclass}$ 공식을 Spearman−Brown 공식에 대입하면 신뢰도는 다음과 같다.

$$\rho_{XX'}^2 = \frac{\sigma_T^2}{\sigma_X^2}$$

$$= \frac{I\rho_{YY'}^2}{1 + (I-1)\rho_{YY'}^2}$$

$$= \frac{I\rho_{intraclass}}{1 + (I-1)\rho_{intraclass}}$$

$$= \frac{I \times \dfrac{MS_P - MS_{PI}}{MS_P + (I-1)MS_{PI}}}{1 + (I-1) \times \dfrac{MS_P - MS_{PI}}{MS_P + (I-1)MS_{PI}}}$$

$$= \frac{I(MS_P - MS_{PI})}{MS_P + (I-1)MS_{PI} + (I-1)(MS_P - MS_{PI})}$$

$$= \frac{MS_P - MS_{PI}}{MS_P}$$

$$= 1 - \frac{MS_{PI}}{MS_P}$$

c. 추정절차

분산분석에 의하여 Hoyt 신뢰도를 계산하기에 앞서 편차제곱합을 계산하는 절차를 숙지하여야 한다. 총 편차제곱합, 피험자 간 편차제곱합, 피험자 내 편차제곱합, 문항 간 편차제곱합, 그리고 오차제곱합을 계산하기 위한 수식은 [그림 19-5]와 같다.

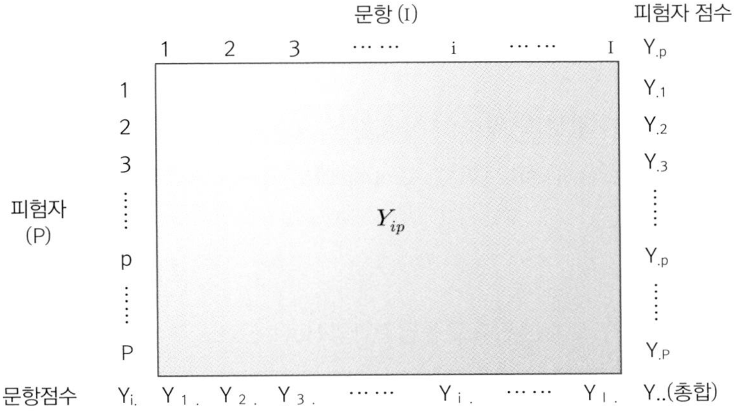

[그림 19-5] p 피험자와 i 문항의 응답결과 분산분석을 위한 도표

총 편차제곱합, 피험자 간 편차제곱합, 피험자 내 편차제곱합, 문항 간 편차제곱합, 피험자와 문항 간 상호작용인 오차제곱합은 다음과 같이 계산된다.

$$SS_T = \Sigma\Sigma Y^2_{IP} - \frac{Y^2_{..}}{IP}$$

$$SS_P = \frac{\Sigma Y^2_{.P}}{I} - \frac{Y^2_{..}}{IP}$$

$$SS_W = \Sigma\Sigma Y^2_{IP} - \frac{\Sigma Y^2_{.P}}{I}$$

$$SS_I = \Sigma \frac{Y^2_{I.}}{P} - \frac{Y^2_{..}}{IP}$$

$$SS_{PI} = \Sigma\Sigma Y^2_{IP} - \frac{\Sigma Y^2_{.P}}{I} - \frac{\Sigma Y^2_{I.}}{P} + \frac{Y^2_{..}}{IP}$$

그리고 피험자 간 편차제곱 평균, 피험자 내 편차제곱 평균, 문항 간 편차제곱 평균, 그리고 상호작용으로 오차제곱 평균은 편차제곱합을 해당되는 자유도로 나눈 값이 된다.

$$MS_P = SS_R / (P-1)$$

$$MS_W = SS_W / P(I-1)$$

$$MS_I = SS_I / (I-1)$$

$$MS_{PI} = MS_{PI} / (I-1)(P-1)$$

Cronbach α를 추정하기 위하여 사용한 자료 〈표 19-9〉인 학교 도서관 만족도 응답결과를 가지고 Hoyt의 신뢰도 공식에 의하여 신뢰도를 계산하는 절차는 〈표 19-13〉과 같다.

〈표 19-13〉 도서관 만족도 응답결과의 Hoyt 신뢰도 계산절차

피험자 \ 문항	1	2	3	4	총점
A	4	3	5	4	16
B	3	3	4	4	14
C	5	5	4	5	19
D	2	1	3	2	8
E	3	2	4	3	12
$Y_{I.}$	17	14	20	18	69

$$\sum Y_{IP}^2 = 4^2 + 3^2 + 5^2 + \cdots\cdots + 3^2 + 2^2 + 4^2 + 3^2 = 263$$

$$\sum \frac{Y_{.P}^2}{I} = \frac{16^2}{4} + \frac{14^2}{4} + \frac{19^2}{4} + \frac{8^2}{4} + \frac{12^2}{4} = 255.25$$

$$\sum \frac{Y_{I.}^2}{P} = \frac{17^2}{5} + \frac{14^2}{5} + \frac{20^2}{5} + \frac{18^2}{5} = 241.8$$

$$\frac{Y_{..}^2}{IP} = \frac{69^2}{4 \times 5} = 238.05$$

총 편차제곱합, 피험자 간 편차제곱합, 피험자 내 편차제곱합, 문항 간 편차제곱

합, 상호작용인 오차제곱합은 다음과 같다.

$$SS_T = 263 - 238.05 = 24.95$$

$$SS_P = 255.25 - 238.05 = 17.2$$

$$SS_W = 263 - 255.25 = 7.75$$

$$SS_I = 241.8 - 238.05 = 3.75$$

$$SS_{PI} = 263 - 255.25 - 241.8 + 238.05 = 4$$

피험자 간 편차제곱 평균, 피험자 내 편차제곱 평균, 문항 간 편차제곱 평균, 상호작용인 오차제곱 평균은 다음과 같다.

$$MS_P = 17.2/(5-1) = 4.3$$

$$MS_W = 7.75/5(4-1) = .517$$

$$MS_I = 3.75/(4-1) = 1.25$$

$$MS_{PI} = 4/(5-1)(4-1) = .333$$

5명의 피험자가 4문항을 응답한 결과의 분산분석 결과는 〈표 19-14〉와 같다.

〈표 19-14〉 5명의 피험자가 4문항에 응답한 결과의 분산분석표

분산원	제곱합	자유도	제곱평균
피험자간	17.2	4	4.3
피험자내	7.75	15	.517
문항	3.75	3	1.25
오차	4.0	12	.333
총	24.95	19	

그러므로 Hoyt 신뢰도는 다음과 같다.

$$\rho_{XX'} = 1 - \frac{MS_{PI}}{MS_P} = 1 - \frac{.333}{4.3} = .92$$

Hoyt 신뢰도 계산공식에서 얻은 신뢰도 계수 .92는 〈표 19-10〉에서 Cronbach α 에 의해 계산된 결과와 동일함을 알 수 있다.

d. **장단점**

Hoyt 신뢰도 추정방법은 Cronbach α, KR-20과 같이 검사를 두 번 시행하거나 양분하지 않아도 되는 장점이 있다. 또한 신뢰도의 추정치가 변하지 않는다는 장점이 있으나, 계산절차에서 보듯이 계산상의 복잡함이 단점이기도 하다. 그러나 분산분석의 반복설계를 인지하고 있으면 그리 어려운 계산절차는 아니다.

5. 신뢰도의 적용과 영향을 주는 요인

1) 적 용

검사를 개발할 때 신뢰도에 대한 정보를 제공하여야 하고, 검사를 선택할 때 신뢰도에 대한 정보를 참고하여야 한다. 검사도구의 신뢰도를 추정할 때 재검사신뢰도, 동형검사신뢰도, 반분검사신뢰도, 문항내적일관성신뢰도를 사용한다.

예전에 개발된 검사도구나 검사제작회사에서 만든 검사에는 신뢰도 계수가 가장 높게 추정되는 재검사신뢰도를 보고한다. 그러나 재검사신뢰도는 신뢰도의 과대 추정과 과학성을 결여하기 때문에 최근에는 사용을 권장하지 않는다.

신뢰도 계수의 관점에서 볼 때, 일반적으로 재검사신뢰도 계수가 가장 높고, 동형검사신뢰도, 그리고 반분검사신뢰도, 문항내적일관성신뢰도 순이다. 문항내적일관성신뢰도에서 설명하였듯이 문항내적일관성신뢰도는 과학적이고 가장 낮은 계수를 제공하므로 검사에 대한 가장 확실한 정보를 제공한다. 그러므로 검사도구를 개발하거나 선택할 때 문항내적일관성신뢰도를 사용하는 것이 바람직하다.

2) 영향을 주는 요인

검사도구제작자는 검사도구의 신뢰도를 높이기 위하여 신뢰도에 영향을 주는 요인을 숙지하여야 한다.

첫째, 신뢰도에 영향을 주는 요인은 문항 수다. 만약 적은 수의 문항으로 인간이 지니고 있는 속성을 측정할 때보다 많은 수의 문항으로 검사를 실시할 때 측정의 오차를 줄일 수 있다. 이때 문항은 문항 제작절차와 제작원리에 준하여 제작된 문항이어야 한다. 양질의 문항 수를 증가시키면 신뢰도 계수는 계속 선형적으로 증가하는 것이 아니라 곡선형적으로 증가한다. 검사의 길이와 신뢰도 계수의 관계는 〈표 19-15〉와 [그림 19-6]에 제시되어 있다(Ebel & Frisble, 1991).

〈표 19-15〉 검사의 길이와 신뢰도 계수

문항 수	5	10	20	40	80	160	320	640	∞
신뢰도 계수	.20	.33	.50	.67	.80	.89	.94	.97	1.00

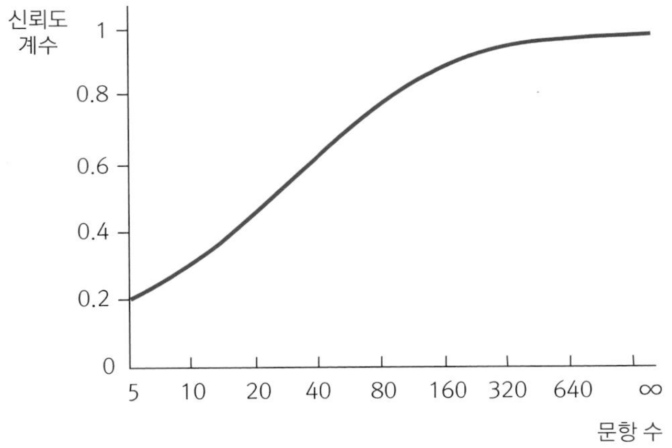

[그림 19-6] 검사 길이에 따른 신뢰도 계수 증가 곡선

둘째, 문항의 난이도가 적절할 때 검사의 신뢰도는 증가한다. 검사가 너무 어렵거나 쉬우면 피험자의 검사불안과 부주의가 발생하여 일관성 있는 응답을 하지 못하므로 신뢰도가 저하된다.

셋째, 문항변별도가 높을 때 검사의 신뢰도는 증가한다. 즉, 문항이 피험자를 능력에 따라 구분할 수 있는 문항변별력이 있어야 검사의 신뢰도가 높아진다.

넷째, 검사도구의 측정내용이 보다 좁은 범위의 내용일 때 검사의 신뢰도는 증가한다. 예를 들어, 한국사 시험에서 검사의 내용범위가 근대사로 제한된다면 한국사 전체의 내용을 포함하는 검사보다 신뢰도가 높을 것이다. 이는 검사내용의 범위를 좁힐 때, 문항 간의 동질성을 유지하기가 용이하기 때문이다.

다섯째, 검사시간이 충분하여야 한다. 이는 문항 수와 관계되는 문제이기도 하다. 충분한 시간이 부여될 때 응답의 안전성을 보장받을 수 있다. 그러므로 속도검사보다는 역량검사가 신뢰도 측면에서 바람직하다.

검사가 중간 정도의 난이도를 가지며 변별도가 높은 문항이 많고 검사 길이가 길 때 신뢰도는 증가한다. 이를테면, 동일한 내용을 측정하고 검사의 다른 측정학적 조건이 동일하다고 가정할 때 난이도가 다양한 검사 중에서 중간 난이도 검사의 신뢰도 계수가 가장 높고, 변별도가 다양한 검사들 중에서는 변별력이 높은 검사의 신뢰도가 계수가 가장 높으며, 동일한 난이도와 변별도의 특성을 가진 검사들에서는 검사의 길이가 길수록 신뢰도 계수는 높게 나타난다(김경희, 1993). 일반적으로 좋은 문항은 변별도가 높으며 타당도는 물론 신뢰도도 높인다. 이와 같은 문항은 제작할 때부터 주의를 기울인 문항으로써 문항 제작지침에 근거하여 제작된 문항이다. 그러므로 문항을 제작할 때 세심한 배려를 하기 위하여 성태제(2004, 2판)의 『문항제작 및 분석의 이론과 실제』를 참조하라.

6. 정보함수

고전검사이론의 신뢰도와 유사한 개념은 문항반응이론의 정보함수다. 인간의 능력을 추정할 때 각 피험자마다 능력추정의 표준오차가 다르다. 즉, 능력수준에 부합하는 난이도를 지닌 문항에 의하여 능력이 추정될 때 표준오차가 가장 적다. 피험자의 능력추정에서 표준오차가 적다는 것은 검사도구가 피험자의 능력을 정확히 추정하였으므로 그 검사가 지니고 있는 정보가 많다고 해석할 수 있다. 반대로 능력추정의 표준오차가 크다는 것은 검사도구가 피험자의 능력을 보다 정확히 추정하지 못하였으므로 적은 정보를 지닌다고 할 수 있다. 고전검사이론은 검사의 신뢰도에 의해 측정의 정확성을 검증한다면 문항반응이론은 정보함수에 의하여 피험자 능력추정의 정확성을 검증한다.

Fisher는 **정보**란 측정의 표준오차, 또는 측정오차의 분산과 관계있다고 설명하였으며 문항반응이론에 의한 정보함수는 피험자의 능력을 추정할 때 피험자 능력추정의 표준오차와 밀접한 관계를 지니고 있음을 알 수 있다. 능력추정의 표준오차가 작다는 것은 피험자 능력추정이 보다 정확히 추정되었다는 의미이며, 이때 정보함수의 값은 크다. 이를 다시 말하면 정보함수가 높을수록 피험자의 능력을 보다 정확히 측정하였다는 의미다. 문항은 문항이 지니고 있는 문항정보와 문항들로 구성된 검사의 검사정보가 있으며, 여기에 대해서는 제15장 6절에서 설명하였다.

검사정보함수(test information function)는 검사가 능력점수의 전체 범위에서 얼마나 정확하게 능력을 추정하는가를 근본적으로 말해 준다. 또한 검사정보곡선은 검사의 목적에 부합한 검사를 제작하는 데 유용하다. 만약 어떤 검사가 자격증을 부여하거나 장학금을 수여하기 위한 목적을 지니고 있다면 자격증이나 장학금을 수여받는 피험자 능력수준에서 정보함수가 최대가 되게 검사를 제작하여야 한다. 즉, 준거참조평가를 추구하는 검사라면 준거 혹은 목표에 대응되는 능력수준에서 최대 정보를 갖는 검사도구를 제작하여야 한다. 만약 규준참조검사로서 상대비교를 목적으로 한 검사라면 모든 능력 범위에서 높은 검사정보함수가 나타나도록 문항을 제작하여야 한다. 그러므로 검사정보함수는 피험자 능력 추정뿐 아니라 검사도구 제작을 위한 유용한 정보를 제공한다.

기대하는 검사정보곡선의 모양은 검사의 목적에 따라 다르지만 검사정보함수에 대하여 일반적인 해석을 할 수 있다. 능력의 어느 점에서 절정을 이루는 검사정보곡선은 능력척도에 따라 동일하게 능력을 측정하지 못한다. 그러한 검사는 최고의 검사정보함수를 나타내는 능력수준과 동일한 능력을 가진 피험자들의 능력을 가장 정확하게 추정한다.

어떤 검사의 검사정보함수곡선은 능력척도의 특정 범위에서 다소 평평하다. 이 같은 검사는 특정 범위에 있는 피험자들의 능력을 같은 수준으로 정확하게 추정한다. 그러므로 그 검사는 특정한 능력 범위에 있는 피험자들의 능력을 정확하게 추정하는 데 바람직한 검사가 될 것이다.

준거참조검사는 그 준거에 해당하는 능력수준에서 최대 정보를 갖게 하여야 하므로 문항변별도가 높고, 준거에 상응하는 수준의 난이도를 지닌 문항들로 검사를 구성하면 검사정보곡선은 준거수준에서 매우 높은 검사정보를 갖게 되며, 그 준거에서 멀어지는 능력수준에서는 낮은 검사정보를 갖게 된다.

상대비교를 목적으로 하는 규준참조검사는 넓은 능력 범위에서 검사정보가 높으며 수평적인 검사정보곡선을 나타내는 것이 바람직하다. 규준참조검사는 모든 능력수준에서 균등하게 정확히 능력을 추정하여야 하므로 검사를 구성할 때 문항변별도가 높은 문항 중 쉬운 문항부터 어려운 문항까지 고르게 선택하여야 검사정보곡선이 높은 수준에서 평행선을 그리게 된다.

7. 타당도와 신뢰도의 관계

타당도는 검사도구가 측정하고자 하는 내용을 얼마나 충실히 측정하였느냐 하는 검사목적에 따른 검사도구의 적합성이고, 신뢰도는 측정하고자 하는 내용을 얼마나 정확하게 오차 없이 측정하였느냐 하는 검사도구의 일관성을 말한다. 타당도와 신뢰도가 다른 개념이라 할지라도 분리하기보다는 연관성을 두고 분석하는 것이 두 개념을 이해하는 데 도움이 된다.

검사점수를 구분한다면 진점수와 오차점수로 구분할 수 있고, 진점수는 타당한 진점수와 타당하지 않은 진점수로 구분되며, [그림 19-7]과 같다.

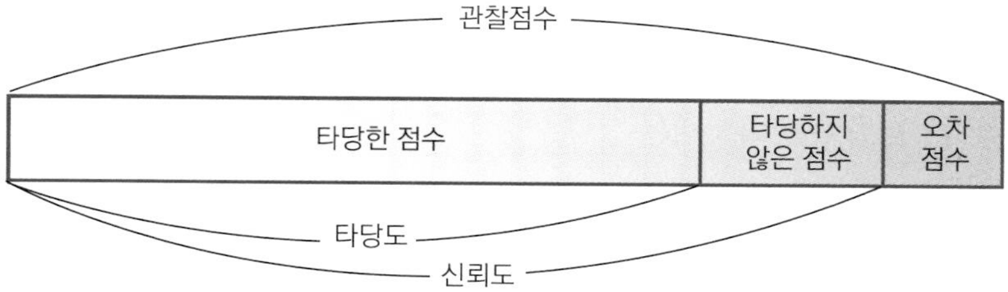

[그림 19-7] 관찰점수의 구성 요소

검사도구에 의한 관찰점수는 크게 진점수와 오차점수로 구분되고 신뢰도는 진점수에 해당되는 부분을 말한다. 진점수는 검사도구의 특성상 측정하고자 하는 내용을 측정한 타당한 점수와 다른 특성을 측정한 타당하지 않은 점수로 구분된다. 전체 관찰점수 중 타당한 점수 부분이 타당도가 된다.

그러므로 신뢰도는 타당도의 중요한 선행요건으로서 타당도가 높기 위하여 신뢰도는 높아야 한다. 그러나 신뢰도가 높다고 반드시 타당도가 높은 것은 아니다. 신뢰도와 타당도의 관계에서 신뢰도는 타당도를 위한 필요조건이지 충분조건은 아니다. 또한 타당도는 신뢰도의 제곱근 값보다 작거나 같다.

타당도와 신뢰도의 관계를 수식으로 전개하면 다음과 같다.

$$\begin{aligned}
\rho_{XY} &= \frac{\sigma_{XY}}{\sigma_X \sigma_Y} \\
&= \frac{\sigma_{(T_X + e_X)Y}}{\sigma_X \sigma_Y} \\
&= \frac{\sigma_{T_X Y} + \sigma_{e_X Y}}{\sigma_X \sigma_Y} \\
&= \frac{\sigma_{T_X Y}}{\sigma_X \sigma_Y} (\because \sigma_{e_X Y} = 0) \\
&= \frac{\rho_{T_X Y} \sigma_{T_X} \sigma_Y}{\sigma_X \sigma_Y} \\
&= \frac{\rho_{T_X Y} \sigma_{T_X}}{\sigma_X} \\
&= \rho_{T_X Y} \sqrt{\rho_{XX'}} \ (\because \rho_{XX'} = \sigma^2_{T_X} / \sigma^2_X)
\end{aligned}$$

즉, 타당도 ρ_{XY}는 $\rho_{T_X Y}$ 곱하기 신뢰도의 제곱근과 같음을 알 수 있다. 앞의 등식에 절대값을 씌우면 다음과 같은 결론을 얻는다.

$$\begin{aligned}
&\rho_{XY} = \rho_{T_X Y} \sqrt{\rho_{XX'}} \\
&|\rho_{XY}| = |\rho_{T_X Y} \sqrt{\rho_{XX'}}| = |\rho_{T_X Y}| \sqrt{\rho_{XX'}} \\
&|\rho_{XY}| \leqq \sqrt{\rho_{XX'}} \ (\because |\rho_{T_X Y}| < 1)
\end{aligned}$$

그러므로 타당도는 신뢰도 제곱근과 같거나 작다.

주요 단어 및 개념

관찰점수 분산	진점수 분산	오차점수 분산
측정오차	신뢰도 계수	재검사신뢰도
동형검사신뢰도	반분검사신뢰도	문항내적일관성신뢰도
KR-20	KR-21	Hoyt 신뢰도
Crobach α	정보함수	검사정보함수

연습문제

1 신뢰도를 정의하고, 분산의 개념에 의하여 설명하시오.

2 재검사신뢰도를 정의하고, 검증하는 절차와 장단점을 설명하시오.

3 동형검사신뢰도를 정의하고, 검증하는 절차와 장단점을 설명하시오.

4 반분검사신뢰도를 정의하고, 검증하는 절차와 장단점을 설명하시오. 그리고 〈표 19-6〉의 자료를 이용하여 기우법에 의한 반분검사신뢰도를 계산하시오.

5 가장 높은 반분검사신뢰도를 얻기 위하여 검사를 양분하는 방법을 설명하시오.

6 문항내적일관성신뢰도를 정의하고, 검증하는 절차를 설명하시오.

7 반분검사신뢰도에서 Spearman-Brown 공식을 사용하는 이유를 설명하시오.

8 KR-20, Hoyt 신뢰도, Cronbach α의 공통점과 차이점에 대하여 설명하시오.

9 KR-20과 KR-21의 다른 점을 설명하고, 그 관계를 논하시오.

10 신뢰도에 영향을 주는 요인을 설명하시오.

11 신뢰도와 검사정보함수를 비교·설명하시오.

12 공인타당도와 동형검사신뢰도의 같은 점과 다른 점, 그리고 그 관계를 설명하시오.

13 신뢰도와 타당도의 관계를 설명하시오.

제20장

채점자내, 채점자간 신뢰도

1. 채점자내신뢰도

채점자내신뢰도(intra−rater reliability)는 한 채점자가 모든 측정대상에 대하여 계속적으로 일관성 있게 측정하였는지를 나타낸다. 채점자내신뢰도인 개인의 일관성이 전제가 되지 않는다면, 채점자 개인의 채점기준이 변화된다는 것을 의미한다. 그러므로 채점자내신뢰도는 채점자간신뢰도 추정의 기본전제 조건이 된다.

2. 채점자간신뢰도

1) 정 의

'작품이 훌륭하다', '다이빙을 멋지게 했다' 혹은 '글을 잘 썼다' 등의 표현은 행위나 수행(performance)에 대한 주관적 판단이다. 주관적 판단은 보는 사람의 눈에 비추어 판단한 결과로서 사람마다 다를 수 있어 논쟁의 소지가 있다. 어떤 사물과 사건에 대한 평가가 이와 같이 언어적으로 표현될 때 판단기준이 달라 타인과의 의사소통이 원활하지 못한 경우는 물론, 모호성과 막연성 때문에 판단에 따른 실수를 유발할 가능성이 있다. 그러므로 경험과학에서는 타인과의 의사소통을 원활히 하고 언어적 표현에 따른 모호성과 주관성을 배제하기 위하여 보다 객관적인 정보를 제공하려 한다. 예를 들어, 그 작품은 A, B, C, D, E로 분류할 때 A급이라든지, 다이빙 행위는 10점 만점에 9점이라든지, 그 글은 5단계 평정법에 의하여 5점을 받았다든지 등으로 표현한다.

인지적 또는 정의적 행동 특성을 측정하는 단답형의 검사도구는 제17장과 제18장에서 설명한 타당도와 신뢰도 문제로 검사의 질을 분석한다. 그러나 논술형 고사나 예체능계의 심동적 영역의 수행결과에 대한 채점 혹은 평가결과는 객관도에 의하여 분석된다. **객관도**(objectivity)란 평정자의 주관적인 편견을 얼마나 배제하였느냐의 문제다. 그러므로 객관도란 한 채점자가 다른 채점자와 얼마나 유사하게 평가하였느냐의 문제와 한 채점자가 많은 측정대상에 대하여 계속적으로 일관성 있게 측정하였느냐의 문제로 구분할 수 있다. 전자를 **채점자간신뢰도**(inter-rater reliability) 혹은 **평정자간신뢰도**라 하며, 후자를 **채점자내신뢰도**(intra-rater reliability) 혹은 **평정자내신뢰도**라 한다. 객관도란 용어는 평정의 주관성 배제 유무를 확인하는 매우 포괄적인 용어로 학문적 용어로 쓰이는 경우는 드물다.

평가의 결과를 등급으로 부여한다면 평정자간신뢰도 그리고 평정자내신뢰도란 용어를 사용하고, 평가결과가 점수로 부여된다면 채점자간신뢰도(inter-scorer reliability), 그리고 채점자내신뢰도(intra-scorer reliability)란 용어를 사용한다. 채점자간신뢰도와 채점자내신뢰도는 인지적 능력을 측정하는 논술형 고사에서 문항에 점수가 부여되므로 흔히 사용된다. 만약에 관찰에 의한 결과라면 **관찰자간신뢰도**(inter-observer reliability), 그리고 **관찰자내신뢰도**(intra observer reliability)란 용어를 사용한다.

채점자간신뢰도란 채점결과가 채점자들 사이에서 얼마나 유사한가를 의미하여, 채점자들의 채점결과의 유사성을 뜻한다. 채점자내신뢰도란 한 채점자가 모든 평가대상에게 얼마나 일관성 있게 평가하였느냐를 의미한다.

교육현장에서 채점자간신뢰도와 채점자내신뢰도가 특히 중요시 되는 분야는 예체능계뿐 아니라 학업성취도검사의 논술형 고사와 면접시험 등을 들 수 있다.

예체능계 실기고사 결과에 대한 채점결과, 그리고 논술형 문제에 의한 인지적 능력 측정은 필히 채점자간신뢰도와 채점자내신뢰도를 분석한 후 점수결과를 행정적 기능을 위하여 이용하여야 한다. 만약 이 같은 과정을 거치지 않고 입학의 당락을 결정한다든지 우열을 가리면 많은 문제점을 야기한다. 그러므로 채점자내신뢰도인 채점자 개인의 일관성이 전제될 때 채점자간신뢰도가 높을 수 있다. 채점자내신뢰도가 없다면 채점자 자신의 채점기준이 변화된다는 것을 의미하므로 채점자간신뢰도를 추정할 필요가 없다.

2) 기본가정

채점자내신뢰도가 채점자간신뢰도 추정의 기본전제조건이 됨을 설명하였다. 이외에도 채점자간신뢰도 혹은 관찰자간신뢰도를 추정하기 위한 기본가정은 다음과 같다.

첫째, 피험자는 동일한 행위나 같은 문항에 응답하여야 한다.
둘째, 평정자는 상호 독립적이어야 한다.
셋째, 평정자는 동일 대상을 평정하여야 한다.

채점의 공정성을 확보하기 위하여 앞의 세 가정이 충족되어야 함에도 불구하고 채점자들이 동일 대상을 평정하기가 용이하지 않기 때문에 A 채점자는 전반부의 피험자를, B 채점자는 후반부의 피험자들의 수행결과를 평정하여 얻은 자료로 평정자간신뢰도를 추정하는 방법을 간혹 볼 수 있다. 관찰도 마찬가지로 관찰자간신뢰도를 추정하기 위하여 앞의 가정을 충족하여야 한다.

이상의 가정을 충족시키는 예로서 세계 올림픽 대회의 다이빙이나 피겨 스케이팅 경기를 들 수 있다. 한 선수가 경기를 펼친 후 다수의 심판관들이 동시에 관찰하여 각각의 점수를 부여한다.

3) 종 류

채점자간신뢰도를 추정하는 방법은 크게 점수가 양적 변수인지 질적 변수인지에 따라 구분한다. 양적 변수일 경우는 상관계수법이나 일반화가능도이론을 적용하고 질적 변수 혹은 범주변수일 경우는 일치도 통계와 Cohen의 Kappa 공식을 사용한다.

(1) 상관계수법

채점결과가 점수로 부여될 때, 두 채점자가 동일한 집단의 피험자에게 얼마나 유사하게 점수를 부여하였나를 분석하는 방법으로 채점자간신뢰도 추정은 단순적률상관계수 공식에 의한다. 〈표 20-1〉은 학습자들의 수행이나 그 결과에 대한 채점자들의 채점결과이며, 〈표 20-2〉는 채점자간신뢰도를 상관계수로 추정한 결과다.

〈표 20-1〉 3명의 채점자가 5명의 학습자의 수행에 부여한 점수

학습자 \ 채점자	R_1	R_2	R_3
A	9	8	9
B	10	9	9
C	6	6	5
D	8	7	7
E	6	9	6

〈표 20-2〉 3명의 채점자간 채점점수의 상관계수

	R_1	R_2
R_2	.41	
R_3	.95	.56

첫 번째 채점자와 두 번째 채점자간신뢰도는 .41이며, 두 번째 채점자와 세 번째 채점자와의 신뢰도는 .56으로서 낮다. 첫 번째 채점자와 세 번째 채점자간 신뢰도는 .95로 높다.

〈표 20-2〉에 의하면, 두 번째 채점자는 첫 번째 채점자와 세 번째 채점자와 낮은 상관의 정도를 보임으로써 두 채점자와 다른 채점기준을 가진 것으로 해석할 수 있다.

세 명의 채점자의 채점결과를 분석할 때 가장 우수한 학습자는 B이며, 수행이 낮은 학습자는 C이다. 그리고 세 명의 채점자 중 첫 번째 채점자가 높은 점수를 부여하는 경향이 있고, 두 번째와 세 번째 채점자는 첫 번째 채점자보다 낮은 점수를 부여하고 있다. 이런 채점 경향에 비추어 볼 때 E학습자의 경우 두 번째 채점자는 6점을 부여하든지 혹은 5점을 부여하여야 채점의 일관성을 유지할 수 있다. 그러나 E학습자에게 9점을 부여함으로써 두 번째 채점자는 채점자내신뢰도를 잃을 뿐 아닐 채점자간신뢰도도 낮게 추정되었다. 이런 경우는 E학습자의 수행결과를 다시 채점하는 기회를 갖는 것이 바람직하다. 만약 어떤 채점자가 다른 채점들과 매우 다르게 채점한다면 해당 채점자에게 채점에 대한 훈련을 다시 하든지 아예 채점자를 제외시키는 것이 바람직하다.

(2) 일반화가능도이론

고전검사이론에 의하면 관찰점수의 분산은 진점수와 오차점수의 분산으로 구성되어 신뢰도는 진점수의 분산을 관찰점수의 분산으로 나눈 값을 말한다. 신뢰도 개념에 의하면 오차점수의 분산을 하나의 덩어리로 더 세분하지 않으나, **일반화가능도**(generalizability)이론은 오차점수의 분산을 여러 개의 구성 요소로 세분하여 구성 요소의 크기를 규명하고 각 오차의 원인을 밝히는 특징을 지니고 있다. 일반화가능도이론의 목적은 오차점수 분산의 원인을 밝힐 뿐 아니라, 측정방법, 절차 그리고 목적에 따라 어떤 요인이 어떤 오차점수와 관계가 있는지를 밝힌다. 그러므로 일반화가능도이론이란 고전검사이론의 연장으로 중다오차원을 포함하는 측정모형에 특정 분산분석 절차를 적용하는 것으로 간주할 수 있다(이종성, 1988; Brennan, 1983).

일반화가능도이론은 Cronbach, Rajaratnam과 Gleser(1963), Gleser, Cronbach와 Rajaratnam(1965)에 의하여 교육측정 분야에 소개된 이래 널리 이용되고 있다. Cronbach, Gleser, Nanda와 Rajaratnam(1972)은 일반화가능도이론을 위한 인지적 틀(cognitive frame)은 허용 가능한 관찰전집(universe of admissible observation), 일

반화 전집(universe of generalization), G 연구설계, D 연구설계가 있다고 하였다. 모든 피험자의 수행결과를 다수의 채점자가 점수를 부여한 자료를 가지고 채점자의 영향을 분석하려면 단일국면교차설계(single-facet crossed design)를 이용한다.

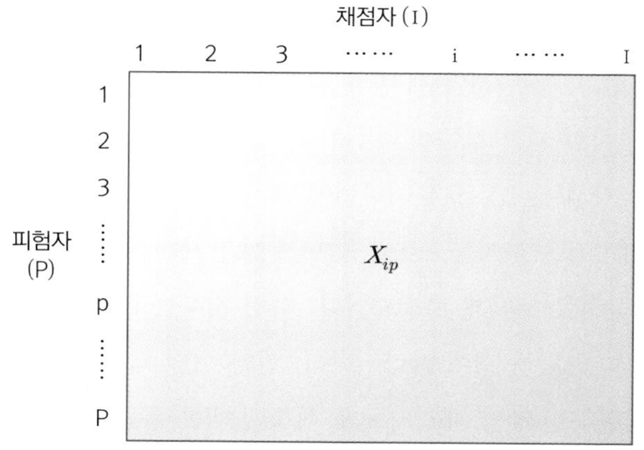

[그림 20-1] 단일국면교차설계

P명의 피험자 수행결과를 I명의 채점자가 채점한 결과가 [그림 20-1]과 같은 단일국면교차설계에서 p번째 피험자의 i 번째 문항점수 X_{ip}의 선형모형은 다음 공식과 같다.

$$X_{ip} = \mu + \mu_i^{\sim} + \mu_p^{\sim} + \mu_{ip}^{\sim}$$

μ : 총 평균
μ_i : 채점자 효과
μ_p : 피험자 효과
μ_{ip} : 채점자와 피험자 상호작용 효과

선형모형에 의하여 제곱합(sum of square)과 제곱평균(mean of square)의 용어로 분산의 구성 요소를 계산하는 절차와 분산분석표는 〈표 20-3〉과 같다. 단일국면교차설계의 제곱합과 제곱평균 계산절차는 일원분산분석의 반복설계와 동일하며 분산성분 계산은 다음과 같다.

〈표 20-3〉 단일국면교차설계의 구성 요소 계산공식과 분산분석표

효과	df	SS	MS	분산성분
채점자(i)	i−1	SSi	SSi/(i−1)	σ_i^2 =[MSi−MSip]/p
피험자(p)	p−1	SSp	SSp/(p−1)	σ_p^2 =[MSp−MSip]/p
상호작용(ip)	(i−1)(p−1)	SSip	SSip/(i−1)(p−1)	σ_{ip}^2 =MSip

채점자 효과에 해당하는 σ_i^2이 크면 이는 채점자 간의 채점기준이 상이하여 채점자의 주관이 채점에 영향을 주었음을 뜻한다. 채점자에 의한 분산성분이 작을수록 채점의 주관성이 배제되고 객관성이 확보되었으므로 동일한 채점기준에 의하여 피험자의 수행결과에 대한 채점이 이루어졌다고 할 수 있다. 또한 채점자와 피험자의 상호작용에 해당하는 σ_{ip}^2이 크면 채점자가 채점의 일관성을 유지하지 않고 특정 피험자에 다른 채점을 한 것으로 분석할 수 있다.

일반화가능도이론에 의한 일반화가능도 계수는 D연구의 분산성분을 이용하여 다음 공식에 의하여 추정된다.

$$E\rho^2 = \frac{\sigma_p^2}{\sigma_p^2 + \sigma_{ip}^2}$$

σ_p^2: 피험자 분산
σ_{ip}^2: 채점자와 피험자 상호작용 분산

일반화가능도 계수는 D연구를 위한 분산성분 중 피험자 간 분산을 피험자 분산과 상호작용 분산을 더한 값으로 나눈 것으로서 채점의 일관성을 의미한다. 피험자 효과에 해당하는 σ_p^2가 크고 상호작용 효과에 대한 σ_{ip}^2가 작을 경우 일반화가능도 계수는 높게 추정됨을 알 수 있다. 일반화가능도이론의 이해를 위하여 김성숙과 김양분(1993), 김성숙과 김양분(2001), 이종성(1988), 그리고 Brennan(1983)의 저서를 참고하라.

(3) 일치도 통계

일치도 통계는 채점자가 관찰대상의 행위나 수행결과에 점수를 부여하기보다

는 어떤 유목이나 범주로 분류할 때 채점자 간의 분류 일치도를 추정하는 방법이다. 일치도 통계는 관찰법에서 관찰자들이 관찰대상의 행위를 분류하여 관찰자 간 분류의 유사성을 추정하기 위하여 흔히 사용된다. 두 관찰자가 어떤 행위나 수행결과를 J개의 범주로 분류하여 평정한다면 평정결과는 〈표 20-4〉와 같다. 두 관찰자에 의하여 일치되게 평정된 피험자 수는 J×J 분할표에서 대각선에 위치한 N_{11}, N_{22}, N_{33}, ……, N_{JJ}로서 두 평정자 간의 일치도 통계(agreement statistics)는 다음 공식에 의한다.

$$P_A = \frac{N_{11} + N_{22} + N_{33} + \cdots\cdots + N_{JJ}}{N}$$

〈표 20-4〉 두 관찰자에 의한 행위나 수행평정

		관찰자 O_1						
		1	2	3	……	J-1	J	
관찰자 O_2	1	N_{11}						$N_{1\cdot}$
	2		N_{22}					$N_{2\cdot}$
	3			N_{33}				$N_{3\cdot}$
	⋮							⋮
	J-1							
	J						N_{JJ}	$N_{J\cdot}$
		$N_{\cdot 1}$	$N_{\cdot 2}$	$N_{\cdot 3}$	……	$N_{\cdot J-1}$	$N_{\cdot J}$	N

3명의 관찰자들이 10명의 아동들의 행위를 관찰하여 공격적 행위, 방어적 행위, 우호적 행위, 중립적 행위로 분류한 결과가 〈표 20-5〉와 같을 때, 첫 번째 관찰자와 두 번째 관찰자는 아동들의 행위를 유사하게 분류하였으나 세 번째 관찰자는 다소 상이하게 아동들의 행위를 분류하였음을 알 수 있다.

〈표 20-5〉 아동들의 행위 관찰 결과

학생 \ 관찰자	O_1	O_2	O_3
1	D	D	N
2	F	F	F
3	O	O	F
4	F	F	O
5	N	N	N
6	D	D	N
7	N	N	F
8	F	N	F
9	O	O	O
10	D	D	D

O: 공격적 행위
D: 방어적 행위
F: 우호적 행위
N: 중립적 행위

첫 번째 관찰자와 두 번째 관찰자의 일치도 통계를 계산하기 위한 절차는 〈표 20-6〉과 같다.

〈표 20-6〉 일치도 통계의 계산절차

O_2 \ O_1	O	D	F	N
O	2			
D		3		
F			2	
N				2

PA = (2 + 3 + 2 + 2) / 10 = .9

〈표 20-6〉에 의한 일치도 통계 계산절차에 의하여 세 관찰자 간 아동의 행위관찰 결과의 일치도 통계는 〈표 20-7〉과 같다.

〈표 20-7〉 아동 행위에 대한 세 관찰자 간 일치도

	O_1	O_2
O_2	.9	
O_3	.5	.4

첫 번째 관찰자와 두 번째 관찰자 간 일치도는 .9로서 매우 높으나 첫 번째 관찰자와 세 번째 관찰자 간, 그리고 두 번째 관찰자와 세 번째 관찰자 간 일치도 통계는 .5와 .4로서 높지 않다. 일반적으로 관찰자간 일치도 통계가 .85 이상일 때 높다고 한다.

일치도 통계는 평정이나 관찰의 결과가 이름이나 유목으로 분류될 때 관찰자간 신뢰도를 추정하는 매우 쉬운 방법이다. 매우 쉽다는 것이 장점이나 우연에 의하여 동일하게 평정되는 확률을 포함하므로 관찰자간신뢰도를 과대 추정할 수 있다.

(4) Kappa 계수

일치도 통계는 두 평정자가 일치하게 평정하는 대각선 부분에 우연에 의하여 평정된 피험자가 포함되어 있어 두 평정자 간의 일치도가 과대 추정되는 문제점을 지니고 있다. 이 문제점을 해결하기 위하여 Cohen(1960)은 우연에 의한 확률을 제거한 **Kappa 계수**를 제안하였다. 우연에 의하여 J×J 분할표의 대각선에 있는 칸에 분류되는 사례 수는 다음과 같이 해당 칸과 관계된 주변 피험자 수를 곱한 값을 총 사례 수로 나누어 계산한다.

$$N_{jc} = \frac{N_{.j} \times N_{j.}}{N}$$

그러므로 J×J 분할표에서 두 평정자에 의하여 동일하게 분류되는 모든 사례 수는 우연에 의하여 대각선 칸에 동일하게 분류되는 사례 수를 더하면 되고, 이것을 전체 사례 수로 나누면 전체 N명의 피험자 중 우연히 두 평정자에 의하여 일치된 평정을 받은 피험자의 비율이 계산된다.

$$N_c = \sum_{j=1}^{j} \frac{N_{.j} \times N_{j.}}{N}$$

$$P_c = \frac{N_c}{N}$$

우연에 의하여 평정결과가 일치할 비율을 제거한 Cohen의 **Kappa 계산공식**은 다음과 같으며, 일치도 통계보다 항상 작은 값이다.

$$K = \frac{P_A - P_C}{1 - P_C}$$

P_A: 일치도 통계

P_C: 확률적으로 우연에 의하여 일치될 확률

100명의 평가대상을 두 평정자가 채점한 결과가 〈표 20-8〉과 같을 때, Kappa 계수를 산출하는 절차는 다음과 같다.

〈표 20-8〉 두 명의 평정자가 면접한 결과

		R_1 A	R_1 B	R_1 C	
R_2	A	15	1	4	20
	B	5	35	10	50
	C	4	6	20	30
		24	42	34	100

A: 우수, B: 보통, C: 미흡

$$P_A = \frac{70}{100} = .70$$

확률적으로 우연에 의하여 두 채점자 간의 일치된 평정을 받을 기대빈도 N_A, N_B, N_C는 다음과 같이 계산된다.

$$N_A = \frac{24 \times 20}{100} = 4.8$$

$$N_B = \frac{42 \times 50}{100} = 21$$

$$N_C = \frac{34 \times 30}{100} = 10.2$$

100명 중 20명이 A로 분류되었기에 24명 중 20%에 해당하는 4.8명이 두 평정자가 모두 A로 분류한 15명 중에 확률적으로 포함되어 있다는 것이다.

확률적으로 우연히 일치될 확률, P_C, 그리고 Kappa K는 다음과 같다.

$$P_C = \frac{4.8 + 21 + 10.2}{100} = .36$$

$$K = \frac{.7 - .36}{1 - .36} = .53$$

3. 채점자내, 채점자간 신뢰도의 적용

성태제(1989)는 채점자간신뢰도 추정으로 채점자료에 대한 신뢰성을 인정하는 절대적 기준은 없으나 채점결과가 점수로 부여될 때, 상관계수가 .6 이상 그리고 채점결과가 범주로 부여될 때 일치도 통계는 .85 이상, Kappa 계수는 .75 이상을 제안하고 있다. 채점결과에 대한 채점자간신뢰도 검증은 필수적이다. 교육현장에서 평가의 결과는 학습자에게 중요한 영향을 주기 때문에 신뢰로운 결과를 확보하는 일은 극히 중요하다. 예를 들어, 대학입학전형에서 실시되는 논술고사, 최근에 강조되고 있는 심층면접, 특히 예체능계 실기고사에 대한 채점결과를 전형자료로 사용하기 전에 채점자내, 그리고 채점자간신뢰도가 먼저 검증되어야 한다. 채점자간신뢰도를 검증하는 간단한 방법으로 평가대상이 얻은 가장 높은 점수와 가장 낮은 점수를 제외하고 나머지 점수들의 평균을 사용하는 방법은 과학적이지도 이론적이지도 않다.

학교현장뿐 아니라 산업현장에서 고용과 승진을 결정하기 위해서도 평가된 자료의 평가자내신뢰도와 평가자간신뢰도가 검증되어야 한다. 평가자내신뢰도와 평가자간신뢰도가 확보되지 않는다면 객관성을 결여하여 여러 가지 문제가 나타날 수 있다.

교육기관평가, 교사평가 등 평가자의 주관이 개입되는 평가결과는 평가자내신뢰도와 평가자간신뢰도가 검증된 후 평가결과가 행정적 기능을 위하여 사용되어야 한다.

주요 단어 및 개념

객관도	채점자내신뢰도	채점자간신뢰도
상관계수	일반화가능도이론	일치도 통계
Kappa		

연습문제

1 채점자내 · 간 신뢰도를 정의하고, 기본가정을 설명하시오.

2 상관계수에 의하여 채점자간신뢰도를 예를 들어 추정하고, 그 결과를 해석하시오.

3 유목분류에 의한 관찰결과를 제시하고, 일치도 통계와 Kappa를 계산한 후, 그 결과를 해석하시오.

4 채점자간신뢰도를 높이는 방법이 무엇인지 설명하시오.

제7부

컴퓨터화 검사와 수행평가

제21장

컴퓨터화 검사

1. 컴퓨터화 검사의 정의

컴퓨터는 워드프로세서, 빠른 자료 처리와 저장, 그래픽과 동화상, 온라인 전송 등의 다양한 기능을 가지고 있다. 이러한 기능이 검사의 제작, 시행, 채점, 결과분석 및 자료저장, 관리에 이르기까지 검사의 모든 과정에서 검사를 보다 빠르고 용이하게 수행하는 데 도움을 준다.

컴퓨터를 이용한 모든 검사를 컴퓨터화 검사라 하며, 컴퓨터화 검사의 종류로는 지필검사의 종이와 연필 대신에 컴퓨터의 화면과 키보드를 사용하여 실시하는 검사인 컴퓨터 이용검사와 피험자의 개별능력에 따라 다음 문항을 선택하여 제시하는 개별적인 적응검사인 컴퓨터화 능력적응검사가 있다.

2. 컴퓨터화 검사의 발달

1900년대 후반 이후 문항반응이론이 출현함으로써 검사이론 분야에 많은 학문적인 발전을 가져왔으며, 이러한 검사이론을 교육현장에 적용하는 데 컴퓨터의 신속한 계산수행능력이 필요하게 되었다. 이처럼 컴퓨터화 검사는 검사의 이론적 발전에 고도화된 컴퓨터 관련 기술이 결합하여 급속도로 발전하게 되었으며, Bunderson, Inouye와 Olsen(1989)은 **컴퓨터화 검사**를 **컴퓨터 이용검사**, **컴퓨터화 능력적응검사**, **연속측정**, **지적측정**의 **4세대**로 구분하였다.

제1세대는 **컴퓨터 이용검사**(CBT)로 전통적인 지필검사와 동일한 내용의 검사를 컴퓨터를 이용하여 실시하는 단계를 말한다. 그저 단순히 매체만 종이에서 컴퓨터로 전환하여 실시하여도 검사결과의 채점 및 보고에 소요되는 시간과 경비를 절감하고, 즉각적인 송환으로 검사를 통한 학습 향상을 도모할 수 있으며, 동영상이나 음향파일을 이용하여 다양한 형태의 문항을 제작할 수 있다.

컴퓨터를 이용한 검사의 제2세대는 **컴퓨터화 능력적응검사**(CAT)로 모든 피험자에게 동일한 검사를 실시하는 것이 아니라, 개별 피험자의 능력에 맞는 문항을 제시하여 문항을 맞추면 더 어려운 문항을, 틀리면 더 쉬운 문항을 제시하여 피험자의 응답결과에 적응하는 방식으로 실시하는 검사다. 컴퓨터화 능력적응검사의 실현을 위해서는 즉각적인 채점과 다음 문항 선택을 위한 컴퓨터의 빠른 실시간 계산능력이 필수적이며, 이를 통해서 피험자 능력에 적합한 보다 효율적이고 개별적인 검사가 가능하게 되었다.

연속측정(Continuous measurement: CM)은 컴퓨터를 이용한 검사의 제3세대에 해당하며, 컴퓨터화 검사를 일회적으로 시행하는 것이 아니라 학습진행에 따른 학생의 변화를 연속적으로 측정하는 방법이다. 그러므로 측정이 교육과정의 수립과 더불어 학습의 시작에서부터 목표 달성에 이르기까지 지속적으로 실시되어 학습진행 상태의 변화과정을 파악할 수 있게 되었다. 이에 따라 검사를 통하여 학습에 도움을 줄 수 있으며, 학습능력 향상을 위한 많은 정보를 얻을 수 있다. 뿐만 아니라 학생의 변화과정을 측정할 수 있으므로 성장참조평가를 실시하는 데 유용하다.

컴퓨터를 이용한 검사의 마지막 단계는 **지적측정**(Intelligent measurement: IM)으로 소위 인공지능으로 불리는 지식중심연산(knowledge-based computing)을 이용하여 학습자의 인지구조를 분석하고 잘못된 부분을 교정하여 학습의 극대화 실현에 그 목적이 있는 매우 고도화된 측정단계다. 이 단계에서는 측정결과에 대한 전문가적 해석과 견해가 필요하다. 따라서 이러한 복합적인 과정을 정교하게 프로그래밍하여 컴퓨터의 인공지능이 전문가의 역할을 대신할 수 있어야만 실현될 수 있다. 지적측정을 통해 Findley(1963)가 주장하는 검사의 교수적 기능이 강화될 수 있다.

미국에서는 이미 1970년대 중반부터 표준화된 지필검사를 컴퓨터화 검사로 전환하기 위한 연구가 시도되어, 다양한 검사가 컴퓨터화 검사의 형태로 실시되고 있다. 예를 들면, 대표적인 성격검사인 MMPI(Minnesota Multiphasic Personality Inventory), ETS에서 개발한 GRE(Graduate Record Examination)와 TOEFL 등이 컴퓨터화 검사의 형태로 시행되고 있다.

현재 컴퓨터화 검사는 컴퓨터 이용검사의 단계를 지나서 컴퓨터화 능력적응검사로 발전하고 있으며, 연속측정을 위한 연구들이 시도되고 있다. 이미 미국에서는 지필검사의 형태로 실시되었던 많은 대규모의 표준화 검사들을 컴퓨터화 검사로 전환하였다가, 점차 컴퓨터화 능력적응검사로 개발하려는 노력이 지속되고 있다. 예를 들면, 군대에서 실시되는 적성검사로 미국 해군 입대자들의 배치를 위한 ASVAB(the Armed Services Vocational Battery)나 미국 육군에서 실시하는 CAST(the Computerized Adaptive Screening Test) 등이 컴퓨터화 능력적응검사로 개발되어 지필검사와 병행하여 실시되고 있다(McBride & Sympson, 1985; Sands, 1985). ETS에서도 대부분의 학력, 자격검사를 컴퓨터화 능력적응검사 형태로 개발 · 실시하고 있다. 일반 대학원 입학시험인 GRE, 경영대학원 입학시험인 GMAT 등은 이미 전 세계적으로 컴퓨터화 능력적응검사 형태로 실시하고 있으며, 간호사 자격시험인 NCLEX(the Nurse Licensure Examination)와 같은 자격시험들도 컴퓨터화 능력적응검사의 형태와 병행하여 시행되고 있다. 또한 미국 임상병리학회에서 실시하는 의학기술자 자격검사인 MLT(Medical Laboratory Technician Examination)도 컴퓨터화 능력적응검사와 지필검사 중에서 선택하여 검사를 치르도록 하고 있다. 국내에서는 한국교육과정평가원에서 컴퓨터를 이용한 초 · 중 · 고등학교의 수학 · 과학 교과에 대한 학력검사개발 연구를 실시하여, 네트워크상에서 컴퓨터화 검사와 컴퓨터화 능력적응검사 형태의 학력검사를 시범 시행하고 있다(백순근, 채선희, 1998).

3. 컴퓨터화 검사의 장점

컴퓨터 이용 검사는 지필검사를 컴퓨터를 이용하여 실시하는 검사로서 문항의 제시순서가 지필검사의 문항순서와 동일하다. 다만, 컴퓨터의 기능에 따라 그래프, 사진, 동영상, 육성 등 문항의 제시 형태가 다양할 수 있다는 특징을 지닌다. 시험을 종이로 보는 것보다 컴퓨터로 보는 것의 장점은 다음과 같다(Wise & Plake, 1989; 성태제, 1992).

첫째, 응답결과나 검사결과의 즉각적인 송환은 학습능력 향상을 촉진할 수 있으며, 채점과 결과 통보에 걸리는 인력과 시간, 경비를 절약한다.

둘째, 그래프, 사진, 동영상, 음성 등의 새롭고 다양한 형태의 문항을 통하여 지금까지 지필검사로는 측정하지 못했던 능력을 측정할 수 있으며, 피험자에게 질문을 보다 쉽고 정확하게 이해시킬 수 있고, 검사에 대한 흥미를 유발시킬 수 있다.

셋째, 실시상의 어려움이 따르던 수행평가도 컴퓨터를 이용한 모의실험(simulation)을 통하여 다양하고 편리한 방법으로 실시할 수 있다. 예를 들어, 환자의 증상을 컴퓨터로 보고 그 증상에 대한 진단과 치료방법을 서술하게 하든가 아니면 실제로 키보드나 마우스와 같은 컴퓨터의 입력장치들을 치료도구로 하여 환부의 치료를 시행하도록 할 수 있다. 뿐만 아니라 실험 · 실습과 관련된 내용의 인지 여부를 확인할 수 있다.

넷째, 검사일정에 구애받지 않고 언제라도 원하는 시기에 검사를 실시할 수 있다. 또한 네트워크를 이용하면 굳이 검사장에 입실하지 않아도 컴퓨터만 있다면 어디에서든지 응시가 가능하다.

다섯째, 기존의 지필검사를 치르지 못하던 피험자에게도 검사를 실시할 수 있다. 지시문을 읽지 못하는 시각장애자나 유아에게도 음성을 이용하여 검사를 실시할 수 있는 등 장애 정도에 따라 적절한 평가환경을 제공하는 것이 가능하다.

여섯째, 문항과 피험자에 대한 다양한 정보를 제공하고 지속적으로 저장, 관리할 수 있다. 피험자의 응답결과뿐 아니라, 각 문항마다 응답에 걸리는 시간, 문항의 재검토나 수정 여부 등을 알 수 있으므로 보다 정확한 피험자의 능력추정을 위한 자료로 이용될 수 있다.

일곱째, 검사를 종이에 인쇄하여 운반하거나 보관할 필요가 없으므로 검사내용에 대한 비밀보장이 용이하고, 그만큼 경비도 절감할 수 있다.

이상과 같이 많은 장점이 있지만, 컴퓨터화 검사를 실시하기 위해서는 검사내용의 입출력을 위한 컴퓨터 하드웨어 설비와 문제은행을 관리하고 검사결과를 분석하기 위한 소프트웨어가 갖추어져야 한다. 컴퓨터화 검사를 실시할 때에는 지필검사에서 검사환경을 동일하게 하여 피험자 평가에 공정성을 기하는 것과 마찬가지로 컴퓨터 사양과 설정양식을 동일하게 하는 것이 필요하다.

국내에서 컴퓨터 통신망을 이용한 간단한 형태의 검사나 설문들이 실행되고 있으며, 컴퓨터 보조학습(Computer-Assisted Instruction: CAI) 프로그램의 중간에 형성평가를 목적으로 실시되기도 한다. 또한 TestWizard(에버케이션, 2000)와 같은 컴퓨터화 검사의 제작 · 실행을 위한 프로그램이 개발되었다.

4. 컴퓨터화 능력적응검사

1) 역 사

지금까지 시행되어 온 지필검사에서 개별검사와 집단검사는 검사의 목적을 동시에 만족시킬 수 없는 특성을 가지고 있다. 개별검사를 실시하면 피험자에게 적절한 문항만을 선택하여 검사를 치르고 피험자가 과제를 이해했는지 여부를 자세히 알 수 있는 반면, 검사환경의 동일성을 유지하고 비용을 절감할 수 있는 집단검사의 장점을 잃게 된다. 이러한 이유로 집단검사가 현재 더 널리 사용되고 있지만 집단검사는 너무나 넓은 범위의 능력수준을 가정하고 있다는 문제점이 있다. 측정의 정확도는 능력수준에 맞는 문항을 제시할 때 높아지지만, 대부분의 집단검사에서는 평균수준의 능력자들에게 초점을 맞추기 때문에 중간난이도 수준의 문제가 대부분이고 아주 쉽거나 어려운 문제는 소수다. 이러한 검사의 구성으로 인하여 문제가 발생할 수 있다. 능력이 높은 피험자에게 능력보다 쉬운 문제를 제시하는 것은 많은 시간과 노력의 낭비일 뿐 아니라 지루함에 의한 부주의와 같은 측정의 방해요인이 발생하기 쉽다. 또한 능력이 낮은 피험자에게 어려운 문항이 주는 정보는 거의 없으며, 오히려 검사불안, 혼란이 발생하고 측정에서 잡음 변수가 되는 추측의 가능성이 증가하는 역효과를 초래하게 된다.

이러한 검사상의 문제점을 해결하기 위한 시도로 등장한 것이 **맞춤검사**(tailored test) 또는 **적응검사**(adaptive test)다. 검사의 난이도가 피험자의 능력수준에 적합할 때 측정의 오차가 최소화되어 가장 많은 검사정보를 얻을 수 있다는 논리에 기초하여, 제시된 문항을 맞추면 더 어려운 문항을, 틀리면 더 쉬운 문항을 제시하도록 문항의 제시순서를 미리 정해 놓은 검사다.

적응검사의 기원은 구술형식의 검사에서 찾아볼 수 있다. 실제로 구술시험은 공식적 · 비공식적 상황에서 거의 매일 행해지고 있다고 볼 수 있다. 질문을 하는 사람은 응답자가 맞추면 더 어려운 질문을 하고 틀리면 더 쉬운 질문을 하게 된다. 이렇게 질문의 난이도를 피험자의 능력에 적합하도록 맞추는 것이 적응검사의 가장 기초적이고 핵심적인 특성이다. 보다 형식적인 최초의 적응검사는 1900년대 초 아동의 지능발달 정도를 측정하기 위한 검사(Binet & Simon, 1905)로, 연령단계에 따라 난이도가 점차 증가하는 지능검사를 제작하여 아동의 연령에 맞춰서 검사를 시작하고, 어떤 연령단계 문항을 모두 틀렸을 때 검사를 종료하며, 응답한 마지막 연령 수준의 지능을 가지고 있다고 해석하였다.

Binet 이후 1950년대 초반까지는 특별한 발전이 없다가, 1950년대 중반에 이르러 지필검사 형태의 적응검사가 시도되었다. Lord(1971)는 적응검사의 가장 간단한 형태로 첫 번째 검사의 수행에 기초하여 보다 능력에 부합하는 두 번째 검사를 제시하는 2단계 검사(two-stage test)를 시도하였으며, 이후에 유동수준 검사(flexilevel test)로 발전시키면서, 이러한 검사원리를 통칭하여 맞춤검사(tailored test)라고 명명하였다.

측정학적으로 많은 이점을 가지고 있음에도 불구하고 실행상의 복잡성으로 발전하지 못했던 적응검사는 1970년대 중반에 이르러 검사에 컴퓨터의 사용이 가능하게 되면서부터 컴퓨터화 능력적응검사로 발전되었다. 그동안 많은 기관들이 적응검사의 장점을 인식하고 연구를 실행해 왔지만 강력하고 경제적인 최초의 진정한 적응검사는 컴퓨터에 의해 실현되었다고 볼 수 있다. 문항은 컴퓨터 화면을 통해서 제시되고, 피험자는 키보드를 이용하여 응답하며, 컴퓨터의 연산장치에 의해 다음 문항이 선택되므로 컴퓨터가 검사를 위한 수단으로 사용되는 것이다.

다시 말하면, 컴퓨터화 능력적응검사는 지필검사와 같이 모든 피험자에게 동일한 순서에 의해 동일한 문항을 제시하는 것이 아니라, 사전에 구축된 문제은행에서 컴퓨터의 연산능력을 이용하여 피험자의 정답 여부에 따라 능력수준에 부합하는 난이도를 가진 문항을 선택하여 제시하는 과정을 반복함으로써 피험자의 능력을 추정하는 컴퓨터를 이용한 검사방법이다(성태제, 1992; 임현정, 1999).

2) 특 성

컴퓨터화 능력적응검사는 컴퓨터 이용 검사와 마찬가지로 컴퓨터라는 매체를 이용함으로써 얻을 수 있는 일반적인 컴퓨터화 검사의 장점과 피험자 능력수준에 적합한 문항만을 선별하여 개별화된 검사를 치름으로써 얻을 수 있는 적응검사만의 장점을 가지고 있다.

컴퓨터화 능력적응검사에서는 현명한 검사시행자나 교사가 검사를 실시하는 것과 같은 논리로 검사가 진행된다. 그러므로 컴퓨터화 능력적응검사의 모든 장점은 측정의 효율성에서 기인한다. 효율성이란 검사의 길이를 고려한 측정의 정확도를 의미한다. 피험자의 능력수준에 부합한 검사를 실시하였을 때 보다 정확한 결과를 얻을 수 있으므로 다양한 능력수준의 피험자에게 동일한 형태의 검사를 실시하는 것보다 컴퓨터화 능력적응검사를 이용하면 보다 적은 수의 문항으로 보다 정확한 피험자의 능력을 추정한다. 컴퓨터화 능력적응검사의 이러한 특성에 의해 얻을 수 있는 장점은 다음과 같다.

첫째, 누구에게나 공정하고 정확한 검사결과를 얻을 수 있다. 컴퓨터화 능력적응검사를 실시하면 피험자에게 높은 정보를 주는 문항만을 선별적으로 제시할 수 있으므로 모든 피험자의 능력을 같은 정도로 정확하게 측정할 수 있다.

둘째, 피험자의 능력에 맞는 문제를 제시함으로써 동기를 유발시키고 사기를 진작시켜, 검사상황에서 유발되는 측정의 오차를 감소시킬 수 있다.

셋째, 효율적인 검사를 실시할 수 있기 때문에 검사에 소요되는 시간을 단축할 수 있으며, 검사 실시에 따르는 경비절감에도 기여한다.

넷째, 개인마다 다른 형태의 검사를 시행함으로써 검사 도중에 발생하는 부정행위를 방지할 수 있다.

다섯째, 검사문항 내용에 대한 정보유출의 가능성을 최소화시킬 수 있다.

이와 같이 많은 장점을 지니고 있는 컴퓨터화 능력적응검사는 가장 발전된 검사 형태의 하나로 실시되고 있다. 그러나 실제 컴퓨터화 능력적응검사의 양호도 검증문제나 검사를 실시하는 데 발생하는 문제점들이 없는 것은 아니다. 컴퓨터화 능력적응검사와 관련되어 문제가 되거나 특히 주의해야 할 사항들은 다음과 같다.

첫째, 컴퓨터화 능력적응검사와 지필검사를 병행하여 실시하는 경우, 두 검사 점수의 상호 교환 가능성 충족 여부를 증명해야 한다. 특히, 검사시기와 관계없이 검사점수를 개인자료로 이용하는 경우에는 추정된 능력의 동등성 여부가 더욱 중요하다.

둘째, 최초의 문항모수치 추정방법에 대한 것으로 최초에 컴퓨터화 능력적응검사를 위한 문제은행의 문항모수치를 추정하기 위해서 일반적으로 지필검사를 실시하여 얻은 자료를 이용하는데, 지필검사 문항과 컴퓨터화 검사 문항이 서로 다른 결과를 얻게 된다면 구축된 문제은행은 컴퓨터화 능력적응검사를 위해 올바로 기능하지 못하게 될 것이다.

셋째, 컴퓨터화 능력적응검사에서 맥락효과를 가지는 문항이 있다면 공정한 검사를 실시하는 데 문제가 된다. **맥락효과**(context effect)란 먼저 풀었던 문항이 이후에 계속되는 문항에 대한 응답에 미치는 영향을 말한다. 예를 들어, 앞선 문항이 다음 문항을 푸는 데 도움이 되는 정보를 가지고 있는 경우에 컴퓨터화 능력적응검사에서는 문항이 제시되는 순서가 모두 다르기 때문에 두 문항을 순서대로 푸는 피험자에게만 정보를 제공하게 되는 불공정한 경우가 발생할 수 있다.

넷째, 단순히 문제를 화면에 제시하였는데도 지필검사와는 다른 반응을 보였다면, 그 문항은 양식효과를 가지고 있다고 볼 수 있다. **양식효과**(mode effect)란, 검사방식에 따른 효과로 특히 그림이나 긴 지문이 있는 문항, 복잡한 계산을 요구하는 문항의 경우에 컴퓨터화 검사와 지필검사 결과에 차이가 있는 경우가 있다. Kingsbury(1990)는 문항 전체가 컴퓨터의 한 화면에 표출되는데 제한점이 있을 때 컴퓨터화 능력적응검사의 타당도를 저해하는 요소가 된다고 하였다.

다섯째, 검사의 타당도와 관련하여 컴퓨터화 능력적응검사의 문제점이 될 수 있는 것은 내용 영역의 불균형에 관한 문제다. 검사내용의 균형이 이루어져 있어야 검사의 내용타당도를 보장받을 수 있으며, 피험자에게도 보다 공정한 검사를 제공할 수 있다.

여섯째로 컴퓨터화 능력적응검사에서 피험자가 체감할 수 있는 문제점은 검사 진행 중에 문항을 재검토 또는 수정하거나, 문제를 풀지 않고 다음 문항으로 건너뛸 수 없다는 것이다. 이러한 제약이 피험자에게 검사불안을 유도할 수 있기 때문에 검사 실시 이전에 컴퓨터화 능력적응검사를 치르는 방법에 대한 자세한 설명이 필요하다.

컴퓨터화 능력적응검사의 제작과 실행을 위해서는 문제은행을 구성하는 다수의 문항제작, 하드웨어 설비, 소프트웨어 개발에 많은 비용이 소요된다. 컴퓨터화 능력적응검사를 제작하고 실행하는 초기에는 지필검사에 비해 많은 비용이 들지만, 정기적으로 실시되는 검사의 경우에 시간이 지날수록 비용의 절감효과를 얻을 수 있다. 지필검사의 경우에 검사를 실시할 때마다 출제자를 격리시켜 문항을 제작해야 하는 비용과 검사지의 인쇄, 이동, 보관, 검사결과의 채점과 보고에 소요되는 모든 비용을 고려한다면, 지속적인 검사 실시에서 오히려 컴퓨터화 능력적응검사가 보다 더 경제적일 수 있다.

3) 구성 요소

컴퓨터화 능력적응검사는 문제은행, 문항반응모형, 검사 알고리즘의 **세 가지** 요소가 밀접하게 연결되어 **구성**된다.

첫째, 문제은행은 컴퓨터화 능력적응검사뿐만 아니라 모든 검사의 기본적인 구성 요소이며, 특히 컴퓨터화 능력적응검사는 지필검사보다 충분한 수의 양질의 문항을 가진 문제은행을 필요로 한다.

둘째, 피험자 능력과 문항모수 추정의 불변성을 유지함으로써 고전검사이론보다는 문항반응이론이 보다 안정적인 컴퓨터화 능력적응검사를 실시하는 데 필수적이다.

셋째, 검사 시행의 논리라고 말할 수 있는 검사 알고리즘은 컴퓨터화 능력적응검사의 고유한 특성을 나타내는 부분으로 검사를 시작할 때 특정 문항을 제시하는 기준, 다음 문항을 선택하는 기준, 검사를 종료하는 기준으로 구성되어 있다.

(1) 문제은행과 문항개발

① 문제은행의 정의 및 구성 요소

문제은행은 다양한 문항을 체계적으로 분류하여, 그 문항의 내용과 함께 관련된 다양한 정보까지 저장하여 검사제작에 있어 편의를 도모하는 문항관리 체제다. 과거에 문제은행은 문항분류카드에 그 문항의 내용과 관련 정보를 기록하여 보관해 두었지만, 컴퓨터 사용이 일반화된 요즈음에는 문제은행의 모든 내용을 컴퓨터에 입력하여 전산화함으로써 보안 유지가 용이하고, 문항 수정이 간편하며, 체계적이고 조직적으로 관리할 수 있게 되었다.

문제은행의 구성 요소는 다음의 세 가지로 나누어 볼 수 있다.

첫째, 가장 기본적인 문항 자체의 내용과 이에 따른 정보로, 해당되는 교육과정이나 교과내용과 같은 분류 사항, 각 답지에 대한 설명, 문항제작자와 내용전문가의 의견이나 평가결과 등과 같은 정보를 말한다.

둘째, 문항에 대한 통계적인 정보로 고전검사이론이나 문항반응이론으로 분석한 문항의 난이도, 변별도, 추측도와 같은 문항모수치와 검사전문가의 평가에 의한 문항 양호도 수준, 응답 소요시간 등을 들 수 있다.

셋째, 문항 유형, 제작자, 제작시기, 수정시기, 문항 사용 내역 등 문항 형식과 관련된 정보가 있다. 문제은행에 저장되어 있는 내용 정보, 통계적 정보, 형식 정보 모두 그 정보가 풍부할수록 적합한 문항을 선택하는 데 도움이 된다. 그러므로 다양한 문항정보의 확보를 위해서 문항에 대한 지속적인 분석과 수정이 필요하다.

피험자의 능력에 따라 적절한 문항을 제시해야 하는 컴퓨터화 능력적응검사에서 좋은 문제은행은 필수적인 요소이며, 이를 위해서는 양질의 문항을 다수 확보해야 한다. 다양한 검사의 제작을 위해서는 내용, 형태, 난이도별로 양질의 문항이 고루 확보되어 있어야 한다.

② 컴퓨터화 능력적응검사를 위한 문제은행의 개발단계

컴퓨터화 능력적응검사 제작에 필수 요소인 문제은행은 다음의 단계에 따라 개발될 수 있다(Flaugher, 1990).

첫째, 검사목적에 기초하여 각 내용 영역별로 충분한 수의 문항을 제작한다. 새로운 문항을 작성하기 위해서는 측정하고자 하는 내용 영역과 문항 작성의 기본원리를 숙지하여야 하며, 이에 따라 다양한 형태와 난이도를 가진 다수의 문항을 제작하도록 한다.

둘째, 제작된 문항의 질을 검토한다. 지필검사와 비교하여 상대적으로 적은 수의 문항을 사용하는 컴퓨터화 능력적응검사에서는 결과에 미치는 각 문항의 영향력이 크므로 문항의 검토가 더욱 중요하다고 할 수 있다. 문항의 검토는 검사전문가의 검토와 더불어 차별기능문항 여부를 가려내는 공정성 검토 등이 있다.

셋째, 예비검사를 실시한다. 예비검사에서는 표집이 중요한 문제다. 이상적인 표집은 앞으로 검사가 실시될 대상과 동일한 다수의 피험자를 대상으로 하는 것이다.

넷째, 부적절한 문항을 제거하거나 수정하기 위하여 문항분석을 실시하고, 그 결과로 얻은 문항모수치와 정보에 기초하여 문항을 분류한다. 컴퓨터화 능력적응검사를 위한 문제은행은 지필검사보다 넓은 범위의 난이도를 가진 양질의 문항으로 높은 변별도와 낮은 추측도를 가진 문항이 바람직하다.

다섯째, 컴퓨터를 이용한 모의시험을 실시한다. 이때 보다 실제적인 자료를 얻기 위해서 다양한 능력수준의 피험자를 가정하고 모의시험을 실시하여 사용된 문항들의 내용을 검토한다.

여섯째, 개발되는 컴퓨터화 능력적응검사가 지필검사와 병행하여 시행될 경우에는 두 형태의 검사에서 같은 결과를 산출하는 동등성이 입증된 문항만을 선택하여 컴퓨터화된 문제은행에 입력하도록 한다.

(2) 컴퓨터화 능력적응검사와 문항반응이론

컴퓨터화 능력적응검사의 제작과 시행을 위해서 검사이론은 다양한 역할을 한다. 제작된 문항을 분석하여 문항모수치를 추정하고 문항의 질을 관리하며, 피험자 응답을 분석하여 피험자 능력이나 점수를 추정한다. 또한 추정된 능력과 문항의 특성을 고려하여 피험자에게 적합한 문항을 선택한다. 그리고 능력추정의 정확성을 판단하는 기준치를 제공하며, 이를 종료기준에 이용할 수도 있다.

컴퓨터화 능력적응검사에는 고전검사이론보다 문항반응이론이 적합하다. 컴퓨터화 능력적응검사를 위해서 우선 양질의 문항과 이들 문항의 모수가 저장된 문제은행이 필요하다. 이러한 문제은행의 구축을 위해서 대규모 집단을 상대로 지필검사나 컴퓨터화 검사를 실시하여 얻은 자료를 통하여 문항모수를 추정하게 된다. 이때 고전검사이론에서와 같이 표집된 표본집단의 능력에 따라서 문항모수가 변화된다면 표본집단 이외의 피험자에게 검사를 실시하는 것이 문제가 된다. 그러나 문항반응이론은 문항모수의 불변성으로 인하여 검사대상집단의 능력에 관계없이 비교적 안정된 문항모수를 얻을 수 있다.

문항모수 추정과 마찬가지로 피험자 능력을 추정할 때에도 제시된 문항의 난이도에 따라서 검사점수가 변화하는 고전검사이론을 이용하면 올바른 능력추정치를 얻을 수 없다. 컴퓨터화 능력적응검사에서 피험자들은 다른 난이도를 가지는 개별적인 검사를 치르게 되는데, 단순히 정답한 문항 수만을 이용하여 피험자의 점수를 계산하는 고전검사이론의 방법은 컴퓨터화 능력적응검사에 적합하지 않다. 문항반응이론은 검사의 난이도와 관계없이 피험자의 능력을 안정적으로 추정하는 능력모수의 불변성을 가지기 때문에 적응검사의 목적에 부합하는 점수를 산출할 수 있다. 그러므로 문항모수와 피험자 능력모수의 불변성을 가지는 문항반응이론이 컴퓨터화 능력적응검사에 적합한 검사이론이다.

4) 검사 알고리즘

실제로 피험자에게 검사를 실행하기 위해서는 검사의 진행과정에 대한 규칙이 명확히 규명되어 있어야 한다. 이러한 검사 진행방식을 **검사의 알고리즘**이라 하며, 검사의 시작, 진행, 종료를 위한 기준으로 나누어 볼 수 있다. 컴퓨터화 검사의 알고리즘은 지필검사의 경우와 동일하지만, 컴퓨터화 능력적응검사는 다른 검사와는 차별되는 적응검사만의 고유한 알고리즘에 따라 진행되며, [그림 21-1]과 같다.

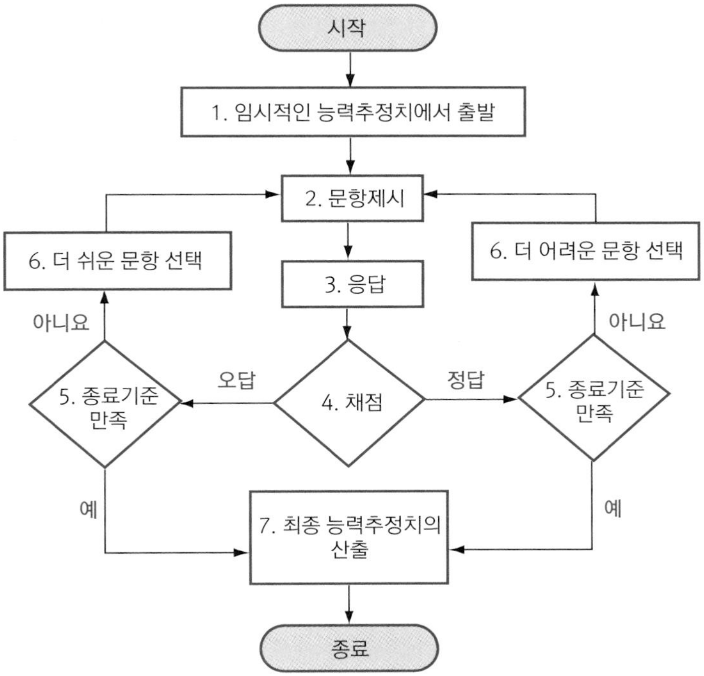

[그림 21-1] 컴퓨터화 능력적응검사 알고리즘의 순서도

컴퓨터화 능력적응검사에서는 피험자의 사전정보에 의해 임시적으로 추정된 능력수준에 해당하는 난이도를 가진 문항에서 검사를 시작하여, 맞히면 어려운 문항이 제시되고 틀리면 보다 쉬운 문항이 제시되어 제시된 문항에 대한 정답 여부에 따라 새로운 능력이 추정되고, 다시 이 능력에 적합한 문항을 선정하는 방식으로 검사가 진행된다. 그리고 컴퓨터화 능력적응검사는 일정 수준의 능력추정 정확도에 도달하거나, 검사시간이나 문항 수에 대한 기준이 만족되면 종료된다. 그러므로 컴퓨터화 능력적응검사에서 피험자들은 각자의 능력수준에 해당되는 난이도를 가진 문항으로 검사를 시작하여, 능력수준에 따라서 다른 수의 다른 문항에 응답하게 되며, 종료기준을 만족하면 언제라도 검사를 마칠 수 있다.

(1) 시작기준(entry level)

컴퓨터화 능력적응검사에서는 앞선 문항에 대한 응답에 따라서 다음 문항을 선택하기 때문에 어떤 문항으로 검사를 시작하는지가 검사의 진행에 중대한 영향을 미칠 수 있다. 따라서 검사의 목적과 그 검사를 치르게 될 피험자의 특성을 고려하여 검사의 시작문항을 고르는 방법을 선정해야 한다.

컴퓨터화 능력적응검사는 시작문항을 선정하는 방법에 따라 고정출발검사(fixed entry test)와 변동출발검사(variable entry test)로 나뉜다. **고정출발검사**는 모든 피험자에게 처음부터 동일한 문항을 제시하는 반면에, **변동출발검사**에서는 피험자마다 다른 문항으로 검사를 시작한다. 만일 검사를 실시하기 이전에 유사한 검사를 치른 결과나 피험자 능력에 대한 정보를 얻을 수 있다면, 임시적이나마 피험자의 사전능력을 추정할 수 있다. 이러한 경우에는 사전능력에 적합한 문항을 제시하는 변동출발의 기준을 적용하는 것이 바람직하다. 피험자의 능력에 가까운 문항을 제시할수록 피험자 능력추정의 오차를 최소화하여 보다 효율적인 능력추정을 가능하게 한다. 피험자에 대한 사전정보가 전무하여 능력추정이 불가능할 경우에는 고정출발 방식을 적용하는데, 일반적으로 문제은행에 입력된 문항 중에서 난이도가 중앙값이나 평균에 해당되는 문항을 제시하는 방법인 **중앙점 출발**(middle starting point) 방법을 사용하고 있다.

이외에도 검사결과에 따라 자격증을 수여하거나 당락을 결정하는 준거참조검사(criterion-referenced test)의 경우에는 그 검사의 준거에 해당하는 수준의 난이도를 가진 문항으로 시작한다.

(2) 진행규칙(branching rule)

진행규칙이란 다음 문항을 선택하는 방법을 의미한다. 컴퓨터화 능력적응검사에서는 피험자의 응답에 따라 개별화된 검사를 치르게 된다. 컴퓨터화 능력적응검사의 진행규칙은 정답 여부에 따라 다음 문항을 미리 구조화시켜 놓고 그 단계를 따라가는 **고정문항선택원리**(fixed-branching principle)와 앞선 문항의 난이도와 정답 여부에 따라 피험자 능력을 추정하여 이에 부합하는 다음 문항을 선정하는 **변동문항선택원리**(variable-branching principle)로 구분된다.

고정문항선택원리는 Lord(1971)의 2단계검사(two-stage test)나 유동수준검사(flexilevel test), Hansen(1969)의 피라미드식검사(pyramidal test)처럼 고정된 알고리즘을 사용하는 방식으로 검사의 실행이 단순하여 비용이 절감된다. 그러나 문항의 순서를 고정시키면 다양한 문항 특성을 고려하지 못하며, 문항이 비교적 쉽게 노출된다는 문제점이 있다.

최근에는 검사를 진행하면서 그때 그때의 응답결과를 분석하여, 보다 개인의 능력에 적합한 문항을 제시함으로써 개별검사를 실행하는 변동문항선택원리를 적용하는 검사가 대부분이다. 일반적으로 가장 높은 문항정보를 줄 수 있는 문항을 다음 문항으로 선택하는 **최대정보 문항선택방법**(Maximum information item selection)과 지금까지의 응답을 통해 추정된 능력수준에서 사후분산을 최소화할 수 있는 문항을 선택함으로써 능력추정의 정밀성을 높이는 Owen(1969)의 **베이지안 문항선택방법**(Bayesian-based item selection)이 많이 사용된다.

(3) 종료기준(stopping rule)

컴퓨터화 능력적응검사를 언제 끝낼 것인가를 결정하는 **종료기준**은 추정오차 종료기준, 최대문항수 종료기준, 시간제한 종료기준의 세 가지로 나누어 볼 수 있다. **추정오차 종료기준**은 피험자 능력추정의 오차가 일정수준 이내에 도달하면 검사를 종료하는 방법이다. 이 방법을 사용하면 모든 피험자의 능력추정치가 동일한 수준의 추정오차를 가지게 되어 검사제작자가 의도하는 수준의 정확도를 지닌 양질의 추정치를 얻을 수 있으며, 검사결과에 대하여 동등하게 신뢰할 수 있다는 해석을 가능하게 하는 장점이 있다. 그리고 모든 피험자가 동일한 수준의 추정오차를 가지게 되어 고전검사이론의 신뢰도 지수와 비교 가능한 단일한 수치의 산출이 가능하다. 그러나 문제은행에 다양한 난이도를 가진 문항이 풍부하지 못하거나 특정 능력을 가진 피험자에 부합하는 문항이 거의 없는 경우에는 상당수의 문항에 응답하여도 추정오차가 일정 기준보다 작아지지 않아서 검사가 종료되지 않을 수 있다.

이러한 문제점을 해결하기 위하여 정해진 검사문항을 다 풀었을 때 검사를 종료하는 **최대문항수 종료기준**이나, 주어진 검사시간이 경과되었을 때 종료하는 **시간제한 종료기준**이 함께 사용된다. 최대문항수 종료기준을 적용하면 검사시행이 용이하며, 각 문항마다 검사에 사용된 비율을 보다 잘 예측할 수 있으므로 문제은행 관리에 도움을 준다. 그러나 피험자 능력에 대한 추정오차가 클수록 검사결과를 신뢰하기 어렵게 된다는 점을 감안할 때, 피험자마다 다양한 수준의 추정오차를 가지게 되는 최대문항수 종료기준이나 시간제한 종료기준을 적용한 검사에서는 검사결과 해석에 대한 신뢰의 정도가 공정하지 않게 된다. 역량검사에서 시간제한 종료기준만을 사용하는 것은 바람직하지 않지만, 제한시간 동안에 정답으로 응답한 문항 수를 이용하여 속도와 정확성을 측정하는 것과 같은 속도검사에서는 필수적으로 사용된다.

5) 컴퓨터화 능력적응검사와 컴퓨터

컴퓨터화 능력적응검사의 실행에 있어서 컴퓨터의 역할은 매우 중요하다. 검사내용을 화면에 제시하는 것뿐만 아니라 문항과 피험자에 대한 모든 자료를 계산하고 저장해야 한다. 이와 같은 컴퓨터화 능력적응검사의 제작, 시행, 결과 보고의 기능을 수행하기 위해서 컴퓨터의 용량, 시스템, 입력장치, 프로그램 등의 선택에 있어서 신중을 기해야 한다.

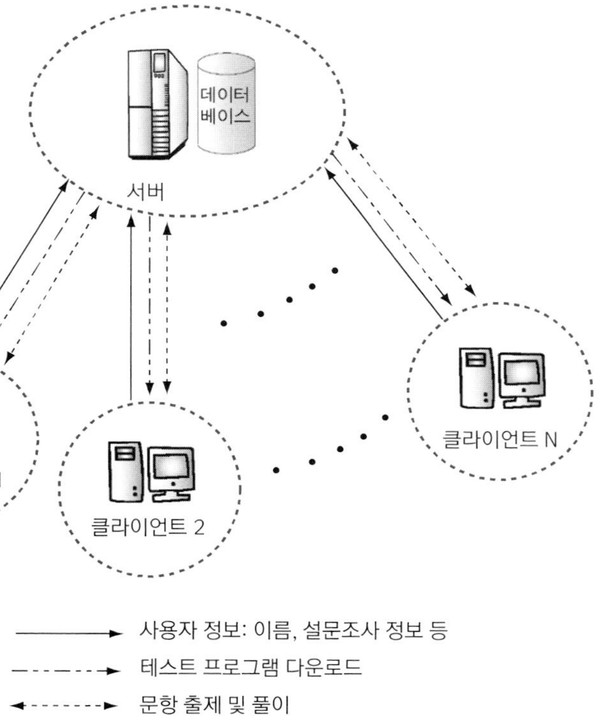

[그림 21-2] 컴퓨터화 능력적응검사의 정보 흐름도

일반적인 컴퓨터화 능력적응검사는 [그림 21-2]와 같이 서버 컴퓨터와 클라이언트 컴퓨터 사이의 정보교환으로 진행된다.

우선 클라이언트 컴퓨터, 즉 피험자가 신상정보를 입력하여 서버 컴퓨터에 전달되면 서버 컴퓨터는 이를 받아들여 데이터베이스에 저장한 후, 피험자 인증과정을 거쳐 검사를 시작할 수 있도록 해 준다. 이때부터 피험자는 문항을 풀기 시작하는데, 각 문항을 풀 때마다 반복적으로 서버 컴퓨터와 클라이언트 컴퓨터 간에 다음과 같은 과정으로 서로 정보를 교류하게 된다.

첫째, 클라이언트 컴퓨터는 지정된 시작기준에 부합하는 문항을 선택하여 문항의 고유번호를 서버 컴퓨터로 전송한다.

둘째, 서버 컴퓨터는 전송받은 문항번호의 문항내용, 문항모수 등의 데이터를 데이터베이스에서 추출하여 해당 클라이언트 컴퓨터로 전송한다.

셋째, 클라이언트 컴퓨터는 문항의 내용을 전송받아서 화면을 통해 피험자에게 제시한 후, 피험자 응답의 정답 여부, 응답한 문항의 난이도 정보, 응답에 소요된 시간 등을 서버 컴퓨터로 전송한다.

넷째, 서버 컴퓨터는 전송받은 피험자 응답 정보를 능력추정 모듈에 입력한 다음 피험자의 새로운 능력추정치를 산출하여 클라이언트 컴퓨터로 전송한다.

다섯째, 클라이언트 컴퓨터는 서버 컴퓨터로부터 전송받은 추정치를 정보로 하여 진행규칙에 따라 다음 문항을 추출하여, 해당 문항번호를 서버 컴퓨터로 전송한다.

이처럼 서버 컴퓨터와 클라이언트 컴퓨터가 필요한 정보를 전송하는 과정을 피험자가 각 문항을 풀 때마다 반복적으로 수행함으로써 컴퓨터화 능력적응검사가 진행되는 것이다.

6) 컴퓨터화 능력적응검사 제작을 위한 프로그램

컴퓨터화 능력적응검사의 실시와 운영을 위해서 컴퓨터는 문제은행을 관리하고, 검사의 실시 규정에 맞추어 각자의 능력에 따른 문항을 제시하고, 최종적으로 피험자의 능력을 산출하여 보고해야 하는 등 매우 다양한 기능을 수행해야 한다. 특히 피험자의 응답에 즉시 반응하여 그때마다 적절한 의사결정을 해야 하는 상호

교환적인 능력을 가지고 있어야 한다. 그러므로 컴퓨터화 능력적응검사를 제작하기 위해서는 Visual FORTRAN, Visual C^{++}, Visual BASIC 등과 같은 프로그래밍 언어를 이용하여 검사의 목적과 용도에 적합하도록 프로그램을 작성할 수 있는 고도의 컴퓨터 프로그래밍 능력이 요구된다. 따라서 현재 미국에서 대부분 실시되고 있는 대표적인 컴퓨터화 능력적응검사도 그 개발을 위해서 교과전문가, 교육측정평가전문가, 컴퓨터 프로그래머, 그래픽 전문가 등이 하나의 팀을 이루어 제작하고 있다.

그러나 최근 컴퓨터 전문가가 아니라도 검사제작을 목적으로 하는 일반 사용자를 위하여 간편한 명령어나 메뉴를 이용하여 컴퓨터화 능력적응검사 제작을 가능하게 하는 소프트웨어가 개발되어 판매되고 있다. 미국에서 대표적인 컴퓨터화 능력적응검사 제작을 위한 프로그램으로는 MicroCAT Testing System(Assessment Systems Corporation, 1996)과 CAT Software System(Computer Adaptive Technologies, Inc., 1996), 그리고 FastTest Professional(Assessment Systems Corporation, 1999) 등이 있으며, 국내에서는 TestWizard(에버케이션, 2000)가 개발되었다.

(1) MicroCAT Testing System

최초의 컴퓨터를 이용한 각종 검사를 개발, 시행, 채점, 분석할 수 있는 종합적인 검사 패키지라고 할 수 있으며, 문항을 제작하고 보관하는 문제은행 모듈(Item Banker Module)과 검사를 시행하는 컴퓨터 검사 모듈(Computerized Testing Module), 그리고 검사결과를 분석할 수 있는 문항 및 검사분석 모듈(Item and Test Analysis Module)로 구성되어 있다.

MicroCAT를 이용하면 검사제작자의 목적에 따라 다양한 컴퓨터화 검사를 제작할 수 있으며, 그 결과를 다각도로 분석할 수 있다. 비교적 초기에 개발된 MS-DOS 기반 프로그램이므로 최근에는 사용이 감소되고 있다.

(2) CAT Software System

CAT Software System도 MicroCAT와 유사한 구성과 기능을 가진 프로그램으로 각종 검사를 만들고 시행하며, 그 결과를 분석할 수 있으며, MicroCAT와는 달리 Windows 체제에서 사용하도록 개발되어 보다 편리하게 사용할 수 있다. CAT

Software System을 구성하는 하위 프로그램들과 그 관계는 [그림 21-3]과 같다.

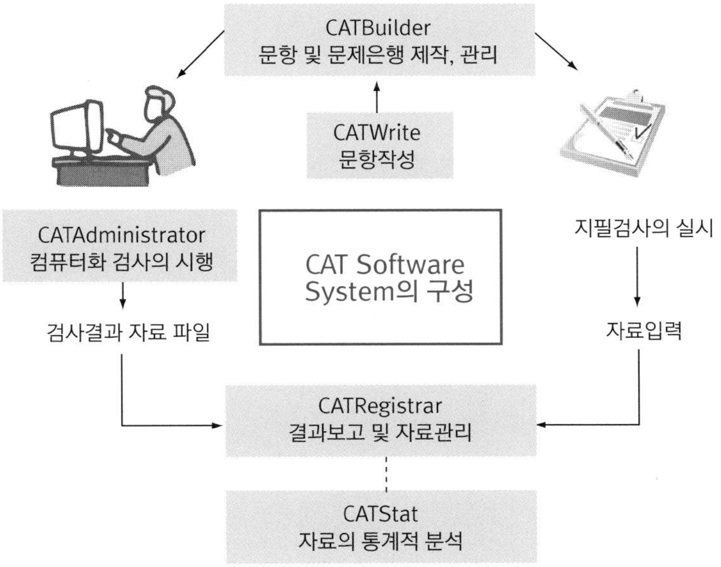

[그림 21-3] CAT Software System의 구성

(3) FastTEST Professional

FastTEST Professional(1999)은 MicroCAT를 개발한 Assessment Systems Corporation에서 Windows용으로 개발한 컴퓨터화 능력적응검사 제작을 위한 프로그램이다. 이 프로그램은 기존에 있던 지필검사와 컴퓨터화 검사제작을 위한 프로그램인 FastTEST 프로그램의 기능에 적응검사의 기능을 추가하고, 네트워크를 통한 원격검사가 가능하도록 개발한 것이다. 특히 동영상을 이용한 문항을 제작 · 시행할 수 있으며, 문항의 지문이 긴 경우에는 스크롤(scroll)이 가능한 본문과 답지의 화면을 분할하여 제시할 수도 있다는 장점이 있다. 외국어 시험의 경우 영어를 다른 언어로 자동변환하여 질문을 하는 기능도 포함되어 있다. 나아가 각종 멀티미디어를 이용하여 보다 다양한 형태의 검사를 제작하고, 인터넷상에서 검사를 실시한 후 즉시 결과를 분석할 수 있게 하였다. MicroCAT나 FastTEST Professional에 대한 자세한 내용은 www.assess.com에 접속하면 알 수 있다.

한편, FastTEST Professional의 웹버전인 FastTEST Web이 2009년에 개발되었

다([그림 21-4]참조). FastTEST Web은 www.fasttestweb.com이나 www.assess.com에 접속하여 별도의 프로그램 설치 없이 검사를 구성할 수 있으며 CAT의 구성도 가능하다. 현재 미국 내 기업체, 인증기관, 대학, 의료기관 및 K-12 교육기관 등에서 활용하고 있다.

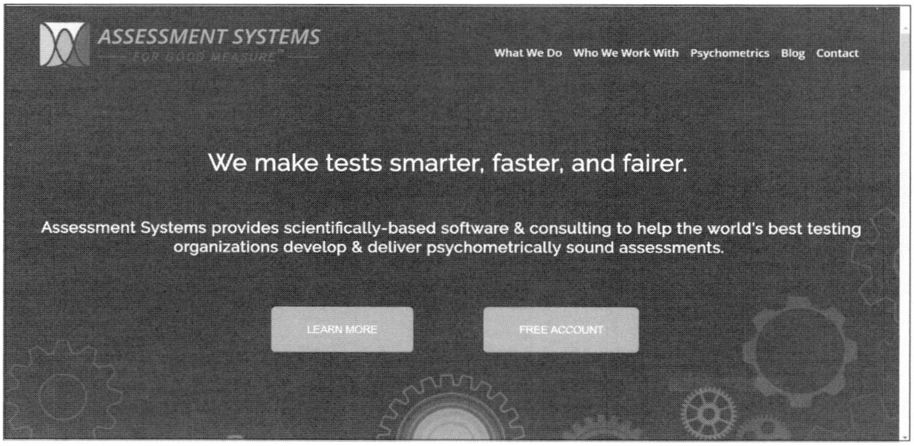

[그림 21-4] FastTEST WEB의 특징

(4) TestWizard

TestWizard는 컴퓨터 프로그래밍 언어를 모르는 사람도 쉽게 문항을 작성하고, 작성한 문항을 이용하여 문제은행을 만들고, 만들어진 문제은행을 이용하여 컴퓨터를 이용한 검사를 개발 · 시행하고 그 결과를 분석 · 보고할 수 있도록 국내에서 개발된 프로그램이다.

TestWizard의 구성은 다른 프로그램들과 유사하지만, 사용에 있어서 편리한 몇 가지 특징을 가지고 있다.

첫째, 문항 및 검사의 구성체제가 Windows 기본 프로그램과 유사하여 사용이 용이하며, 한 화면에서 문제은행의 구조 및 검사지 구성까지 확인할 수 있기 때문에 보다 쉽고 편리하게 문항 및 검사를 구성하고 관리할 수 있다.

둘째, 소리, 그래픽, 그림은 물론 동영상 문항까지 다양한 유형의 문항제작이 가능하며, 언어 영역이나 외국어 영역의 듣기평가 문항 및 주관식 문항, 지문형 문항 등 모든 검사의 문항 유형을 지원한다.

셋째, 문항제작 정보뿐 아니라 문항분석 정보가 검사를 치르고 난 후 자동으로 문제은행에 저장되므로 문제은행의 질 관리가 편리하다.

TestWizard 프로그램과 사용설명서는 이 책의 CD에 포함되어 있다.

(5) NEAT 시스템

정보통신기술의 발전에 따라 국내에서도 국가단위 평가를 컴퓨터 기반 평가로 전환하고 있다. 국가영어능력평가시험(National English Ability Test: NEAT)이 그 대표적인 예로, 국가영어능력평가시험은 클라우드 컴퓨팅 기술을 활용한 인터넷 기반 시험(Internet-based Test: IBT)의 형태로 시행되고 있다. 클라우드 컴퓨팅 방식의 IBT에서는 가상공간(Virtual Desktop Infrastructure: VDI)인 중앙서버에 접속하면 시험이 진행된다. 따라서 수험생들이 사용하는 PC 환경의 차이로 인해 나타날 수 있는 문제점을 최소화하고 개별 시험장의 환경을 최적화함으로써 시험 운영의 효율성을 극대화할 수 있으며, 시험문제 유출 등의 보안 사고를 철저히 예방할 수 있다.

NEAT 시스템은 인력풀 관리, 문제은행, 시험 시행, 채점, 결과 분석 및 성적 산출, 결과 보고 모듈로 구성되어 있으며, 이 모든 과정이 클라우드 환경에서 상호 유기적으로 연동될 수 있도록 설계되어 있다([그림 21-5] 참조).

클라우드 환경에서 출제된 문항이 문제은행에 탑재되어 관리되며, 검사지는 시험 시행 시 문제은행에 저장되어 있는 문항들 중에서 조건에 맞는 문항을 수동 또는 자동으로 추출하여 구성할 수 있도록 설계되어 있다. 수험생들은 시험장의 컴퓨터를 이용하여 중앙서버에 접속한 후 시험에 응시하면, 답안은 입력 즉시 중앙센터로 전송된다. 감독관이나 중앙상황실 담당자는 시험 진행 과정을 실시간으로 모니터링할 수 있으며([그림 21-6] 참조), 장애가 발생할 경우 각 수험생의 VM 상태에 대한 모니터링을 통해 중앙상황실에서 원인을 진단한 후 신속하게 대응할 수 있다. 시험이 완료되면 학생들의 응답은 자동으로 채점되어 저장된다. 말하기, 쓰기와 같은 수행형 문항은 현재 인간 채점자가 시스템에 접속하여 채점을 수행하는 방식으로 진행하고 있으나 자동채점 프로그램에 대한 연구가 계속 진행 중이다. 채점이 완료된 검사 결과를 동등화하고 성적 산출을 위해 수준 설정을 진행하는 과정 모두 클라우드 환경에서 자동화되도록 시스템에 탑재되어 있으며, 이 결과가 다시 문제은행에 저장되어 향후 시험 시행을 위한 정보로 활용되고 있다. NEAT 시스템의 구성과 특징에 대해서는 이문복 외(2013)를 참고하기 바란다.

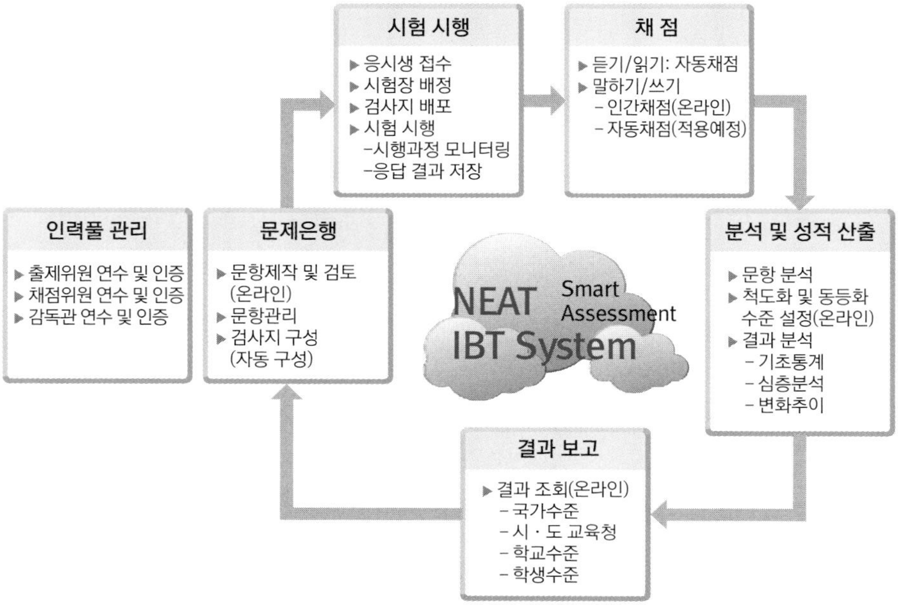

[그림 21-5] NEAT 시스템의 구성

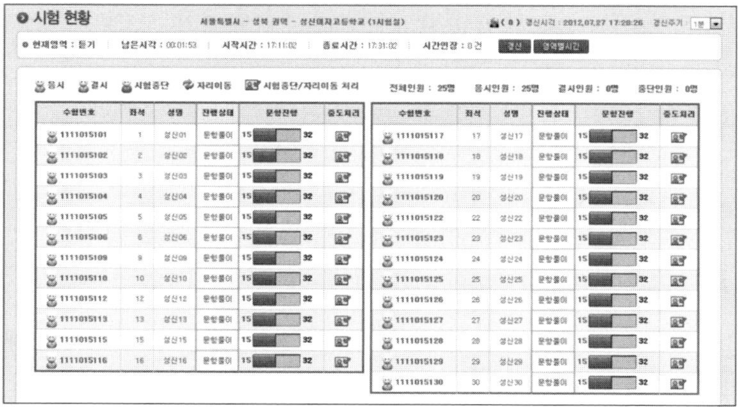

[그림 21-6] 개별 수험생 시험 진행 상황 모니터링 화면 예시

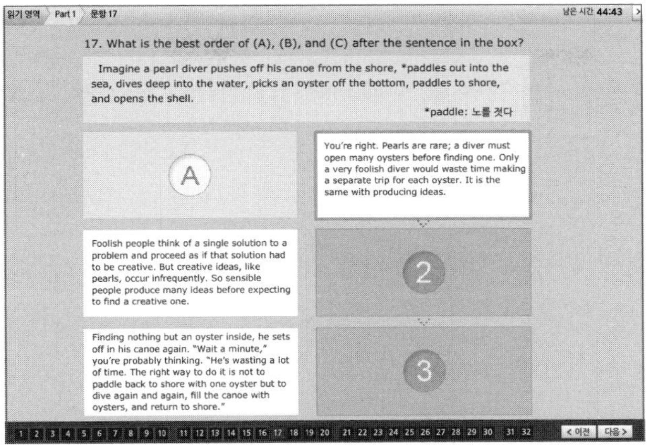

[그림 21-7] NEAT 문항 예시(드래그 앤 드롭형)

(6) Questionmark

미국 Questionmark사에서는 다양한 방식의 평가솔루션을 제공하고 있으며, Windows 기반의 설치형 솔루션인 Questionmark Perception과 웹브라우저 기반의 SaaS(Software as a Service) 형태로 제공하는 Questionmark OnDemand를 개발하고 있다. 문항제작도구는 비교적 단순하게 설계되어 있으며, 시험 시행 시 PC에서부터 스마트폰까지 다양한 환경에서 쉽게 전환할 수 있도록 설계되어 있고, CAT의 시행도 가능하다. 웹사이트(www.questionmark.com)에서는 Perception과 OnDemand의 30일 무료 Trial Version을 사용해 볼 수 있다.

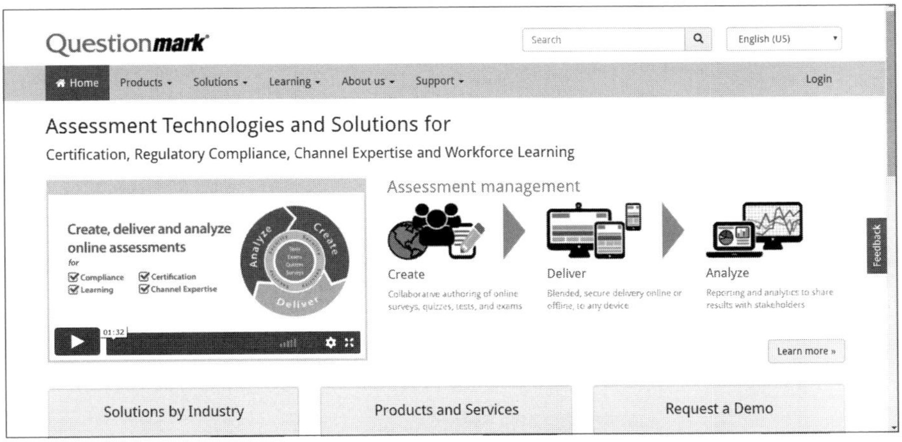

[그림 21-8] Questionmark의 특징

(7) 기타

최근에는 기존의 시험 개발 및 시행 기관들의 전문적인 솔루션도 타 기관에서 사용할 수 있도록 공개하는 추세이나 완전히 공개되어 있지는 않다. 대표적인 솔루션으로는 ETS(Educational Testing Service) 산하의 Prometric사에서 개발한 Intelitest (http://www.prometric.com/)와 Pearson(http://www.pearsonassessments.com)사의 Access와 TESTNAV 등이 있다. 최근에는 문제은행 시스템(Item Banking System)과 시행시스템(Test Delivery System)을 구별하여 별도로 개발하고 있는 추세다.

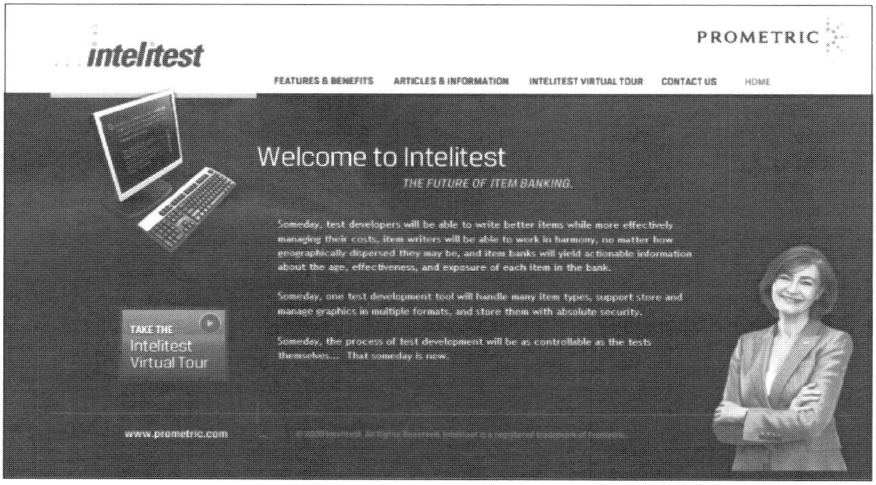

[그림 21-9] Prometric사의 Intellitest

[그림 21-10] Pearson사의 Access

주요 단어 및 개념

컴퓨터화 검사	컴퓨터 이용검사	컴퓨터화 능력적응검사
연속측정	지적측정	맞춤검사
양식효과	맥락효과	진행효과
문제은행	문항반응이론	고정출발검사
변동출발검사	고정문항선택원리	변동문항선택원리

연습문제

1 컴퓨터화 검사의 4세대를 설명하고, 컴퓨터화 검사가 추구하는 목적이 무엇인지 논하시오.

2 컴퓨터화 검사의 장단점을 논하시오.

3 맞춤검사와 컴퓨터화 능력적응검사의 원리를 설명하고, 장단점을 논하시오.

4 컴퓨터화 능력적응검사를 실시할 때, 처음 제시하는 문항의 난이도 수준을 결정하는 방법을 설명하시오.

제22장

수행평가

교육평가방법은 평가의 내용과 목적에 따라 매우 다양하다. 특히 평가대상이 교수 · 학습내용을 어느 정도 알고 있는지를 평가하는 학업성취도 평가방법은 학습내용과 특징, 그리고 평가목적에 따라 다양하다. 최근 교육 분야뿐 아니라 사회 전반에서 관심이 높아지고 있는 수행평가는 다양한 학습내용과 학습자의 능력을 평가할 수 있는 방법으로 알려져 있다. 이 장에서는 학업성취도 평가방법의 변화와 본래의 수행평가를 설명하고 수행평가의 정의와 특징, 그리고 문제점을 설명한다.

1. 학업성취도 평가방법의 변화

교육의 대상인 인간의 특성은 인지적 · 정의적 · 심동적으로 분류되며, 각 특성을 평가하는 방법은 〈표 22-1〉과 같다.

〈표 22-1〉 인간의 세 가지 특성과 평가방법

특성	평가방법
인지적 특성	대화, 구술, 지필검사(논술, 단답, 괄호, 진위, 배합, 선다), 실험 · 실습
정의적 특성	자연관찰, 관찰기록, 면접, 관찰점검표, 자기서술, 질문지
심동적 특성	관찰에 의한 수행과정평가, 지필검사

인지적 행동 특성에 대한 평가의 목적은 가르치고 배운 내용을 어느 정도 알고 있는지를 확인하는 것이다. 인지적 특성을 평가하는 최초의 평가방법은 대화였으나 평가대상의 증가에 따른 시간적 제한 때문에 대화는 보다 구조화된 형태의 구술시험으로 대치된다. 대화나 구술시험에 의한 평가결과는 기록으로 남길 수 없는 취약점 때문에 종이가 발명되면서 논술형 지필검사가 개발되었다. 논술형 문항에 의한 지적능력평가는 채점의 신뢰도 문제를 근본적으로 지니고 있어 경쟁이 심한 산업사회에서는 채점의 객관성을 높일 수 있도록 구조화된 형태의 문항을 사용하게 되었다. 구조화된 문항 유형은 단답형, 괄호형, 진위형, 배합형, 선다형을 들 수 있다. 또한 교과내용이 다양해지면서 과학교과인 경우 특정 지식을 알고 있는가보다는 실제로 실험을 할 수 있는지를 평가하는 실험 · 실습방법이 사용되기도 하였다.

정의적 행동 특성을 평가하기 위해서는 실제적이고 자연적인 상황에서 사람들의 태도나 가치관 등과 관련된 행동이 어떻게 나타나는가를 평가하는 방법이 가장 타당하다. 그러나 실제상황에서 모든 정의적 행동 특성을 평가하기가 불가능하기 때문에 실생활과 근접한 맥락이나 인위적인 상황에서 관찰이나 면접을 통하여 정의적 행동 특성을 평가한다. 이와 같은 평가방법조차 실시하기 어려울 때는 질문지에 의한 평가를 실시할 수 있다. 예를 들어, 인성이나 가치관 혹은 도덕성을 측정하기 위하여 질문지를 사용할 수 있다. 이와 같은 평가방법은 허위반응이나 가치중립화 경향을 배제할 수 없는 간접적인 평가방법이므로 결과 해석에 제한이 있을 수 있다.

신체적 활동이나 기능과 관련된 심동적 영역의 교육은 실제로 행위를 잘하게 하는 데 목적이 있다. 그러므로 심동적 행동 특성 평가방법은 행위를 전개하는 과정과 행위의 결과에 대한 수행 정도를 평가하여야 하므로 관찰에 의존한다. 예를 들어, 고전무용을 가르치고 난 후 학생이 얼마나 고전무용을 잘하는지, 혹은 다이빙 자세를 가르치고 난 후 바른 동작으로 다이빙을 하는지를 관찰에 의하여 평가한다. 체조의 경우도 체조를 준비하는 단계에서부터 체조하는 과정, 체조 행위를 종료하는 순간까지 모든 과정과 결과를 평가한다. 그러므로 심동적 영역에서의 평가는 아느냐 혹은 모르느냐를 확인하는 작업도 중요하지만, 얼마나 잘 행위하느냐에 관심을 두며 행위하는 과정의 수준과 질에 관심을 둔다. 다시 말해서, 앎(knowing)보다도 행함(doing)에 초점을 두는 수행(performing)하는 정도를 평가하므로 이를 수행평가라 한다. 그러나 심동적 행동 특성을 평가함에 있어 모든 행위의 정도를 평가하기가 수월하지 않으므로 자연적인 상황에서의 수행평가보다는 인위적인 상황에서의 수행평가, 그것도 불가능할 경우에는 지필검사로 대치하는 경우도 있다.

각 행동 특성에 따른 전통적 평가방법으로 지적 능력을 평가하는 방법은 대화법이었으며, 정의적 행동 특성을 평가하는 방법은 자연관찰, 그리고 심동적 행동 특성을 평가하는 방법은 관찰에 의한 수행 정도를 평가하는 방법이었다. 그러나 인지적 행동 특성을 평가함에 있어 평가대상이 많아지고 평가결과가 개인이나 사회에 중요한 영향을 미침에 따라 평가결과를 기록·보존하여야 하는 필요성이 제기되었다. 이에 따라 인지적 행동 특성의 평가는 지필검사의 형태로 정착되면서 보다 객관적인 평가방법을 구안하고 평가 유형을 구조화하여 선택형 문항으로 구성된 학업성취도검사에 의한 평가로 발전하였다. Mislevy(1997)는 미국의 경우도 1930년대 말부터 대단위 형태의 검사 프로그램이 구술시험이나 서술시험에서 표준화된 선다형 문항의 검사로 대치되기 시작하였다고 하였다. 평가에 있어서 타당도보다는 평가결과의 객관성으로서 신뢰도를 강조하게 되므로 평가방법은 구조화될 수밖에 없었으며, 구조화된 평가문항 중 선다형 문항이 가장 발전된 문항 형태라 할 수 있다. 보다 간편하고 구조화된 평가방법을 사용하면 교육목적을 달성하는 데 어려움이 있을 수 있다. 예를 들어, 정의적 행동 특성을 교육하는 데 평가의 편리함과 객관성을 높이기 위하여 Likert척도에 의한 질문지로 도덕성을 측정한다면 도덕성을 함양하는 교육보다는 문항에 어떻게 잘 반응하는가에 치중할 수 있다.

최근 들어 지적 능력을 함양하기 위한 방법으로 선택형 문항보다는 논술형의 문항에 의한 평가에 비중을 두는 추세고, 정의적 영역의 평가는 지필검사보다는 심층면접을, 심동적 영역의 평가는 지필검사보다는 실기 위주의 평가에 비중을 두는 경향이다. 나아가 각 영역의 행동 특성을 평가함에 있어 다른 영역의 특성을 평가하는 방법을 상호 참고하여 보완해 나가는 추세다.

지식과 정보를 알고 이해하는 능력과 지식과 정보를 다룰 줄 아는 능력을 함께 요구하는 지식산업사회에서 인간에 대한 평가는 어떤 사실을 아는 정도는 물론, 알고 있는 지식을 얼마만큼 잘 행하는지, 즉 실제 생활에 얼마만큼 적용하는지를 평가하는 수준까지 요구한다. 예를 들어, 워드프로세서를 사용하는 방법에 대한 지식과 더불어 실제로 워드프로세서를 사용하여 문서를 작성하는 수준까지 평가하는 것이 문서편집과 관련된 능력을 총체적으로 평가하는 것이다. 이와 같이 어떤 지식을 이해하고 기억하며 재생하는 능력뿐 아니라 지식을 수행하는 정도까지 평가하는 방법이 모든 교과 영역에 적용되고 있다.

Herman, Aeschbacher와 Winter(1992)는 선택형 문항에 의한 평가방법을 **전통적 평가방법**이라 하고 이에 대응되는 평가방법을 **대안적 평가방법**이라 하였으며, 두 가지 평가방법을 〈표 22-2〉와 같이 비교하였다.

〈표 22-2〉 전통적 평가방법과 대안적 평가방법

	전통적 방법	대안적 방법
학습관	학습결과에 관심	학습과정과 결과에 관심
학습자관	수동적 관점 분리된 지식과 기술을 평가	능동적 관점 통합된 지식과 기술을 평가 메타인지적 관점
평가형태	지필검사	수행평가 참평가 포트폴리오
평가실시	일회적 평가	지속적 평가
평가내용	단일 속성	다원적 속성(여러 측면)
평가대상	개인평가 강조	집단평가 강조(협동)

선택형 문항 위주의 전통적 평가방법은 문제풀이 과정을 분석하지 못하고 성취에만 관심이 있으며, 지필검사에 의존한다는 특징이 있다. 반면 대안적 평가방법은 학습결과뿐 아니라 학습자의 학습과정도 평가할 수 있다. 또한 대안적 평가는

학습자가 자신의 학습과정이나 문제풀이과정을 스스로 검토하고 평가할 수 있다는 메타인지적 관점에서 학습자를 보며 평가의 유형으로 수행평가, 참평가, 포트폴리오 등을 들고 있다. 전통적 평가방법은 단일 속성을 평가하는 반면 대안적 평가방법은 문제를 풀어 가는 과정 중에 필요한 모든 능력을 평가하는 특징이 있기 때문에 다양한 정보를 다루는 복합적인 능력과 기술을 요구하므로 공동과제의 형태로 제공될 수 있다. 이러한 경우는 개인평가보다는 공동으로 문제해결에 참여하는 집단평가를 강조한다.

앞에서 설명한 것처럼 지적 능력을 평가하는 최초의 방법은 대화나 구술이었고 과학교과인 경우는 실험 · 실습이 주된 평가방법이었다. 그러나 평가의 편리성과 객관성이 강조되면서 평가방법은 선택형 위주의 지필검사를 실시하게 된다. 즉, 선택형 위주의 지필검사에 의한 평가방법은 대화나 구술 그리고 실험 · 실습에 의한 평가방법의 대안이었다. 선택형 위주의 평가방법이 지난 수십년 동안 인지적 능력을 평가하는 방법으로 주로 사용되었으나, 다시 수행평가, 포트폴리오 등의 대안적 평가방법이 대두되는 추세다. 성태제(1995)는 고등정신능력 신장을 위한 교육평가 방안의 탐색으로 수행평가, 참평가, 포트폴리오를 제안하였다. 특히 최근에 수행평가에 대한 관심이 높아지면서 수행평가에 대한 서적들이 출간되고 있다(권오남, 김경자, 1997; 김경자, 2000; 남명호 외 2인, 2000; 배호순, 2000; 백순근 외 11인, 1998; 석문주 외 7인, 1997).

2. 수행평가의 정의

수행평가에 대한 관심이 높아지면서 수행평가에 대한 다양한 정의가 소개되고 있다. 수행평가의 정의들은 대체로 수행평가의 장점과 선다형 문항 위주의 평가방법이 갖는 단점을 대비하는 차원에서 서술되는 경향이 있다. 즉, 선다형 문항에 의한 지필검사를 전통적 평가방법으로 규정하고 그 외 다른 평가방법을 수행평가로 정의하여, 우리나라에서 실시하는 선다형 문항 위주의 평가방법은 모두 잘못된 것이므로 수행평가를 실시해야 한다는 논리들이 그것이다. 그러나 이러한 주장은 최소한 두 가지의 오류를 가지고 있다. 첫째, 수행평가의 정의에 대하여 올바르게 이해하고 있지 못하는 것이고 둘째, 수행평가와 선다형 문항에 의한 평가의 기능과 목적이 다름을 이해하지 못하고 있다.

앞에서 설명한 것과 같이 수행평가는 전혀 새로운 평가방법이 아니라 심동적 영역의 행동 특성을 평가하기 위하여 사용되던 평가방법을 인지적 영역의 행동 특성의 평가에 도입한 것이다. 그러므로 인지적 영역에서의 수행평가는 기존의 선택형 검사에 근거한 평가방법을 보완하는 측면에서 해석하는 것이 타당하다. 남명호(1995)도 수행평가는 관련 있는 과제에 대해 학생들의 실제적인 수행을 검사하고 판단하는 평가로서 최근에 처음 사용되는 평가방법이 아니라고 하였으며, 오래 전부터 실시되었던 예체능계의 실기평가와 과학실험평가, 그리고 의과대학의 실습 등이 대표적인 수행평가의 예라고 하였다.

1) 수행평가의 개념적 구분

수행평가의 개념을 이해하기 위해서는 수행평가와 관련되거나 혹은 수행평가와 혼용하여 사용되고 있는 용어들을 이해할 필요가 있다. 이러한 용어로는 참평가, 포트폴리오, 직접평가, 대안적 평가가 있다. 성태제(1998a; 1998b)는 수행평가와 혼용되어 사용되고 있는 이러한 용어들에 대해 〈표 22-3〉과 같이 설명하고 있다.

〈표 22-3〉 수행평가와 관련된 용어 정의

용어	정의
수행평가	지식이나 기능, 혹은 기술의 수행 정도를 측정하는 평가
참평가	실제 상황에서 수행 정도를 측정하는 평가
포트폴리오	개인의 작업이나 작품을 모아 둔 자료집이나 서류철
직접평가	표출되는 행위에 대한 직접관찰을 통하여 실시하는 평가
대안적 평가	기존의 어떤 평가방법을 대치할 수 있는 평가

수행평가(performance assessment)는 배운 내용이나 지식, 그리고 습득한 기술이

나 기능을 행위로 나타내는 정도를 측정하여 판단하는 평가방법을 말한다. **참평가**(authentic assessment)는 실제 생활에서 실시되는 수행평가로서 평가상황이 평가의 목적에 따라 인위적으로 고안되지 않는 특징을 지니고 있다. 그러므로 Meyer(1992)는 교육현장에서 의미 있는 평가방법이 되기 위해서는 수행평가와 참평가가 구분되어야 한다고 주장한다. 정의에 의하면 참평가는 모두 수행평가가 될 수 있으나 모든 수행평가가 참평가가 될 수는 없다. **포트폴리오**(portfolio)는 작업결과나 작품 혹은 어떤 수행의 결과를 모아 놓은 자료집이나 서류철을 보고 평가하는 방법으로 자료집에 넣을 작업결과를 학생이 스스로 선택하는 방법이다. **직접평가**(direct assessment)는 간접평가와 반대되는 개념으로 사용되는 용어다.

인간의 능력은 잠재되어 있기 때문에 잠재되어 있는 속성을 직접측정하기가 불가능하므로 검사라는 도구를 사용하여 간접측정을 실시하게 된다. 그러나 수행평가는 검사에 의한 간접적인 측정이 아니라 어떤 행위를 직접 관찰하면서 평가하기 때문에 직접평가라는 용어를 사용한다. **대안적 평가**(alternative assessment)는 평가방법의 특성을 염두에 두고 사용된 용어가 아니며 기존의 어떤 평가방법을 대치할 수 있는 평가방법을 말한다. 의미상으로 대안적 평가가 수행평가의 동의어는 아니다. 다만, 대안적 평가가 수행평가를 지칭하여 사용되는 경우는 기존의 평가방법이 다루지 못한 영역을 수행평가가 다룰 수 있기 때문에 수행평가가 기존의 평가방법에 대한 하나의 대안이 될 수 있다는 측면을 부각시킨 것이다.

〈표 22-3〉에 제시되어 있는 용어들은 수행평가와 혼용되어 사용되면서 수행평가의 특성을 잘 나타내고 있기 때문에 이러한 용어들에 대한 이해는 수행평가의 개념을 정의하는 데 도움이 된다. 특히, 수행평가 중 하나의 방법이 될 수 있는 참평가와 포트폴리오의 정의, 특성 등의 이해는 수행평가를 구체적으로 정의하는 데 도움이 될 것이다.

(1) 참평가

수행평가는 학습자들의 과제수행이 실제 생활의 문제들과 직접적으로 관련되기 때문에 참평가(authentic assessment)로 불리기도 한다(Linn & Baker, 1996). Wiggins (1989)에 의하여 처음으로 소개된 **참평가**는 학습자들의 지식과 기술을 학교 밖의 실제 세계(real world)에서 사용하는 것과 동일한 방식으로 적용하도록 요구하는 평가를 의미한다.

수행평가와 참평가는 대체로 구분없이 사용되지만 수행이 이루어지고 있는 맥락에 따라 다소 다른 의미를 가지기도 한다. 수행평가가 학습자들에게 평가될 구체적인 행동을 수행하도록 요구하는 경우라면, 참평가에서 학습자는 요구된 행동을 완성하거나 드러내는 것이 아니라 실생활의 맥락에서 행동한다. 수행평가가 학생들에게 제한된 조건과 기준하에서 결과를 산출하거나 문제를 해결하길 요구한다면, 참평가는 평가의 과제와 맥락의 실생활적 성격을 부각시킨다고 볼 수 있다(Khattri & Sweet, 1996). 즉, 참평가에서는 어떤 기술이나 지식을 교수·학습의 맥락이 아니라 실제적인 맥락에서 적용하도록 요구한다(Oosterhof, 1994). 수행평가와 참평가의 구분은 평가상황이 실제에 얼마나 근접한가에 달려 있다. 따라서 모든 참평가는 수행평가라 할 수 있지만, 모든 수행평가가 참평가가 되는 것은 아니다. 그러나 좋은 수행평가 과제가 갖추어야 할 준거 중의 하나가 평가과제의 실제 맥락성(혹은 진실성, authenticity)이기 때문에 이런 측면에서 참평가는 수행평가의 특성 중의 하나가 될 수 있다.

(2) 포트폴리오

앞에서 언급했듯이 **포트폴리오**는 하나 이상의 영역에서 학습자들의 진보가 드러나는 학습결과에 대한 작품집으로서 수행평가 방법의 하나지만, 포트폴리오 평가라는 용어로도 종종 사용된다. 그것은 포트폴리오가 한 학기나 한 해 등의 가장 장기간의 평가시간을 필요로 하며, 학습자들의 자기평가를 중요한 판단으로 사용한다는 점에서 다른 수행평가 방법들과 구별되는 경향이 있기 때문이다. 포트폴리오의 예로서 언어나 문학에서 자주 사용되는 작문 표본집과 연설 녹음테이프들, 미술에서의 작품집, 과학에서의 실험기록들, 수학에서 문제풀이에 사용하는 연습장(worksheets) 등을 들 수 있다.

포트폴리오의 유형은 대체로 과정중심의 폴리오(process folio)와 결과중심의 포트폴리오(portfolio)로 나뉘기도 한다. **과정중심의 폴리오**는 학습하는 과정이나 산출물을 만들어 가는 과정의 특징과 범위를 기록하는 학습과정중심의 평가기법이고 **결과중심의 포트폴리오**는 학습결과물 자체의 특징과 범위를 기록하고 스스로 평가하는 방법이다.

학습자들은 포트폴리오를 통하여 종합적인 인지능력을 활용하며, 자신들의 학습을 반성하고, 스스로 학습을 구안하며, 다양한 학습의 형태를 활용할 수 있게 되므로 평가를 수업의 과정으로서 인식할 뿐 아니라, 수업의 과제와 학교 밖에서의 그들의 생활을 관련시키게 된다(Gordon, Bonilla-Bowman, 1996). 학습자들은 한 학기 혹은 한 해 동안 모아 온 작품집에서 작품을 선별하여 평가자에게 제출하기 때문에 포트폴리오에서는 학습자의 자기반성과 평가의 과정이 포함된다. 또한 포트폴리오는 수행과정이나 그 결과에 대한 평가뿐 아니라, 학습자들의 발달과정까지 평가할 수 있다는 장점이 있다(성태제, 1998a). 즉, 포트폴리오는 학습자들에게 자기평가의 기회를 제공할 뿐 아니라 교사와 학부모에게도 학생들의 학습의 진보와 강약점에 대한 정보를 제공하여 학생들의 성취에 대한 의사소통을 하는 데 용이하다. 또한 포트폴리오는 개별화된 수업목표에 쉽게 적응할 수 있다는 장점도 있다. 학생들은 스스로 자신의 작품집을 준비하고 교사들은 이러한 작품집을 개별적으로 검토하기 때문에 학생 개개인의 구체적인 수업목표가 설정될 수 있다(Oosterhof, 1994).

2) 수행평가의 정의

수행평가, 참평가, 포트폴리오 그리고 직접평가 등은 동일한 의미로 사용될 때가 많다. 그러나 앞에서 논의되었듯이 참평가, 포트폴리오, 직접평가, 대안적 평가 등은 수행평가의 범주 속에 모두 포함될 수도 있다. 이런 경우의 수행평가를 광의의 수행평가라 한다. 그러므로 주목하여야 할 것은 수행평가의 정의가 〈표 22-3〉에서 설명한 본래의 수행평가의 정의가 있고 확산된 개념으로 광의의 수행평가에 대한 정의가 있다는 것이다. 본래 수행평가에 대한 정의를 기초로 수행평가의 범위를 넓히는 것이 수행평가를 이해하기가 용이하다.

본래 의미의 수행평가는 심동적 행동 특성을 평가하기 위하여 음악이나 체육 등과 같은 분야에서 주로 사용하던 평가방법으로 학습한 지식이나 습득한 기능, 기술을 얼마나 잘 수행(doing, preforming)하느냐를 판단하는 평가방법으로 일반적으로 관찰에 의존하여 행위를 수행하는 모든 과정과 수행이 끝났을 때의 결과를 종합적으로 판단하는 평가방법이다. 그러므로 본래 의미의 수행평가는 행위의 정도를 보여 주는 분야에서 개발된 평가방법이라 할 수 있다.

수행평가의 장점 때문에 심동적 행동 특성을 평가하던 수행평가는 인지적 행동 특성뿐 아니라 정의적 행동 특성을 평가하는 방법으로 이용되었으며, 그에 따라 수행평가의 정의는 확대되었다. 확대된 수행평가는 참평가, 포트폴리오, 직접평가 등을 모두 포함하고 있으며, 다양한 평가방법을 사용한다. **수행평가**(Performance Assessment)의 정의는 습득한 지식, 기능이나 기술을 실제 생활이나 인위적 평가상황에서 얼마나 잘 수행하는지(doing, performing) 혹은 어떻게 수행할 것인지(how to do, how to perform)를 서술, 관찰, 면접 등의 방법을 통하여 종합적으로 판단하는 평가방법으로서 지식이나 기능에 의한 정답 여부나 산출물에만 관심이 있는 것이 아니라 수행과정과 그 결과를 총체적으로 평가한다(성태제, 1999; 최연희, 권오남, 성태제, 1999).

수행평가가 많은 교과 영역에 적용되면서 선다형 문항에 의한 평가를 제외한 모든 평가방법은 수행평가라고 하며, 서술형 및 논술형 검사, 구술시험, 토론, 실기시험, 실험실습, 면접, 관찰, 자기평가 및 동료평가 보고서, 연구보고서, 포트폴리오, 나아가 역할놀이, 프로젝트, 신문활용교육, 작품감상, 만들기, 심지어 운동시합까지도 수행평가라 하므로 학교현장에서는 수행평가에 대한 개념의 혼동, 나아가서 교수법과 교육평가방법의 혼동까지 야기하고 있다.

이와 같은 혼동이 생기는 이유는 평가방법을 임의적으로, 그리고 인위적으로 구분하려 하기 때문이다. 실험 · 실습이나 실기시험은 수행능력을 평가할 수 있으므로 넓은 의미의 수행평가에 포함시킬 수 있으나 운동경기까지 수행평가라 함은 수행평가에 대한 과도한 해석이다. 이런 이유로 성태제(1998a; 1998b)는 인지적 행동 특성을 평가하는 선택형 문항의 평가와 수행평가를 구조화의 정도에 따라 연속선상의 개념으로 보고 [그림 22-1]과 같이 설명한다.

선다형 문항에 의한 평가로부터 참평가에 이르는 연속선상에 있는 두 평가방법은 강조점이 다르다. 진위형 문항에 의한 평가는 무엇을 알고 있는지 여부를 판단하는 데 초점이 있으나 참평가는 인위적 상황보다는 실제 생활에서 알고 있는 것을 얼마나 잘할 수 있느냐에 관심을 둔다. 그러므로 선택형 문항에 의한 평가는 고정된 형태의 평가방법에 의존하나 수행평가는 개방된 형태의 평가방법을 사용하며, 결과뿐 아니라 진행과정까지 평가한다. 선택형 문항에 의한 평가는 일반적으로 정답이나 정도의 차이를 나타내므로 평가도구의 타당도와 신뢰도를 객관적으로 추정할 수 있는 장점이 있다. 그러나 수행평가는 평가항목이 구조화되어 있지 않으므로 내용타당도와 준거타당도에 의존하여 평가도구의 타당도를 검증하고 관찰에 의하여 평가가 이루어지므로 관찰자인 채점자내, 그리고 채점자간신뢰도에 의하여 평가결과의 신뢰도를 검증한다.

선택형 문항에 의한 평가	수행평가
[구조화]	[비구조화]
진위형 선다형 배합형 괄호형 단답형 논술형 구술시험 수행평가 포트폴리오 참평가	
인지	인지 / 정의 / 심동
앎	앎 + 행함
학습결과	학습진행 / 결과
고정형 평가	개방형 평가
이분적 평가(하나의 정답)	다분적 평가(다양한 정답)
타당도 - 내용타당도 - 구인타당도 - 준거타당도	타당도 - 내용타당도 - 준거타당도
신뢰도 - 재검사신뢰도 - 동형검사신뢰도 - 내적일관성신뢰도	신뢰도 - 채점자간신뢰도 - 채점자내신뢰도
분석적 접근	총체적 접근
인위적 상황	실제적 상황
일회적 평가	지속적 평가
정적 평가	동적 평가
행정적 기능	교수적 기능

[그림 22-1] 선택형 문항의 평가와 수행평가의 연속적 개념

등위판정과 서열화 등의 행정적 기능이 강조될 때 측정의 오차와 관련된 신뢰도를 높여야 하므로 선택형 문항에 의한 평가방법이 사용된다. 반면, 행정적 기능보다는 교수적 기능이 강조되고 채점자내와 채점자간 신뢰도에 보다 자유로운 수행평가를 실시할 수 있다. 만약 상호 경쟁이 치열하여 평가결과의 공정성과 신뢰성이 절대적이라면 수행평가 결과를 사용하는 데는 한계점이 있다.

연속선상에 있는 선다형 문항에 의한 평가와 참평가 사이에서 어떤 평가방법을 수행평가로 볼 수 있는 기준은 논술에 의한 평가 형태 이상의 수준이라 말할 수 있

으나 논술에 의한 평가를 모두 수행평가라고 할 수는 없다. 평가방법의 유형으로 수행평가 여부를 판단하는 획일적 기준은 없으나 무엇을 평가하느냐, 즉 알고 있는 지식의 정도를 행위로 나타내거나, 행위로 나타내지 못하더라도 어떻게 할 것이라는 내용(how to do)을 서술하는지를 수행평가의 판단기준으로 삼는 것이 바람직하다(성태제, 1998b). 수행평가가 전통적인 평가의 대안으로 등장하게 된 궁극적인 쟁점은 평가도구의 형식보다는 평가의 내용이 무엇인가, 곧 무엇을 평가하는가에 있기 때문이다(김경희, 2000). 곧 수행평가는 전통적인 평가가 잘 다루지 못했던 복합적인 사고과정, 기술이나 기능 등의 고등정신능력을 평가하고자 하기 때문에 수행평가의 개념 정의는 평가형식보다는 평가의 내용이나 목적을 근거로 이루어져야 할 것이다. 이런 의미에서 논술형 평가 형태는 학생들에게 무엇을 요구하는가에 따라 전통적인 평가가 될 수도 있고 대안적인 평가가 될 수도 있다.

수행평가는 학습자의 사고과정을 측정하고, 아는 것을 행하는 정도까지 측정하여 평가하므로 고정된 평가 유형에 의한 평가방법보다 고차원적이고 복합적인 능력을 측정한다. 교육평가 과목의 문항제작원리와 관련된 선다형 문항의 평가와 수행평가 도구의 예는 다음과 같다.

예 [선다형 문항의 예]

다음 답지 중 선다형 문항제작원리와 관계가 먼 것은?

ⓐ 질문에 부정문 사용을 삼간다.
ⓑ 답지들이 상호 독립적 내용이 되도록 한다.
ⓒ '정답 없음' 답지를 사용하는 것이 바람직하다.
ⓓ 틀린 답지에 '절대'나 '항상'이란 단어를 쓰지 않는다.
ⓔ 정답이 두 개 이상일 때 최선의 답을 선택하도록 한다.

[수행평가의 예]

선다형 문항제작원리에 기초하여 사지 선다형 문항을 제작하여 제출하시오.

앞의 예에서 선다형 문항은 선다형 문항제작원리에 대한 기본적인 이해를 다루고 있지만, 수행평가 과제는 선다형 문항제작원리에 대한 기본이해뿐 아니라 원리를 활용하여 문항을 개발하는 복합적인 능력까지 다루고 있다. 선다형 문항은 문항제작원리를 이해하여 틀린 내용을 답지 중에서 선택하면 된다. 그러나 수행평가과제는 선다형 문항제작원리를 모두 이해하고 이를 바탕으로 선다형 문항을 실제로 제작하고 제작한 문항을 분석하여 다시 수정하고 평가하는 작업까지 수행하도록 요구한다.

이상의 두 평가방법을 비교할 때 수행평가가 보다 복합적인 능력을 평가하는 방법이라 할 수 있다. 그렇다고 모든 교과나 모든 상황에서 수행평가를 실시하여야 한다는 발상은 위험하다. 평가목적을 이루기 위해 가장 합리적인 평가방법을 선택하는 것이 바람직하다. 다시 강조하지만 평가결과가 학생들에게 주는 영향이 매우 클 경우는 채점의 주관성을 최소화하기 위하여 선택형을 사용한 평가방법을 사용하여야 하고 점수에 대하여 보다 관대할 수 있다면 수행평가 나아가 참평가를 실시할 수 있다. 참고로 최연희, 권오남, 성태제(1999)의 연구에서 사용한 중학교 영어와 수학의 수행평가 도구와 채점기준을 [부록 3]에 첨부한다.

3. 수행평가의 역사

수행평가는 기존 평가방법의 문제점을 보완하는 새로운 평가방법으로서 인식되어 온 것이 사실이다. 그러나 논의되었듯이 수행평가는 교육뿐 아니라 사회의 전반적인 관심을 끌기 이전에도 교육에서 사용해 왔던 평가방법이었다. 학교교육에서 수행평가는 새로운 평가방법으로 등장한 것이 아니다. 체육이나 무용과 같이 주로 심동적 영역을 측정하는 방법이었던 실기평가의 형태가 학습자가 수행하는 과정을 모니터할 수 있고 그들의 지식이나 능력을 드러내도록 요구함으로써 직접적으로 평가할 수 있다는 장점 때문에 인지적 · 정의적 영역의 평가방법으로 활용하게 된 것이다. 이렇게 수행평가가 학교교육에서 새롭게 등장한 평가방법이 아니라면 이제까지 어떠한 개념과 목적으로 활용되어 왔는지 수행평가의 역사적 기원을 살펴보는 것은 최근에 활용되고 있는 수행평가의 개념을 이해하는 데 도움이 될 것이다.

Ward와 Murray-Ward(1999)에 의하면 수행평가의 기원은 중국에서 관리를 선발하기 위해 사용되었던 과거시험(civil service testing)에서 찾을 수 있다. 기록에 의하면 관리를 선발하기 위해 실시되었던 중국의 과거시험제도는 B.C. 1115년에 5가지의 기본적인 시험과목(basic arts)으로 음악, 활쏘기, 말타기, 작문, 산술, 의식 절차에 대한 기술 등을 포함하고 있었다. 이 시험은 시험에 응시하는 관리후보들에게 이와 같은 과목에서의 능력을 입증하도록 요구하는 수행검사들이었다(Wainer, 1990, 2000).

또한 수행평가의 유래를 유럽의 도제제도에서 찾기도 한다. 남명호(1995)는 산업혁명 이전, 유럽의 도제제도하에서 스승이 제자에게 특정한 기술과 능력을 가르치고 배우는 과정에서 사용하던 평가방법이 수행평가의 원형이라고 주장한다. 학습자의 능력이나 기술, 지식 등을 입증하도록 요구한다는 측면에서 도제제도는 수행평가의 기원으로 볼 수 있다는 것이다. 한편 김호권은 제2차 세계대전 당시에 미군에서 사용한 첩보 · 유격요원 선발방법에서 그 기원을 찾기도 한다(김호권, 1999). 이 선발제도는 60명 이상의 심리학자, 정신의학자, 군사전략전문가가 참여하여 개발되었는데, 요원으로서의 능력이나 자격을 갖춘 후보들이 그러한 능력을 직접적으로 보여 줄 수 있도록 설계되었다고 한다.

역사적으로 살펴본 중국의 과거제도, 유럽의 도제제도, 첩보 · 유격요원 선발제도, 혹은 심동적 영역의 측정방법 등으로 활용되었던 수행평가기법들은 활용되었던 시기나 목적에서는 차이가 있지만 모두 피험자로 하여금 자신의 특정한 능력이나 기술, 지식 등을 보여 주도록 구안되었다는 공통적인 특징을 가지고 있다. 즉, 수행평가는 피험자 혹은 학습자로 하여금 자신의 능력이나 기술을 보여 주도록 구안된 평가 형태라 할 수 있으며, 이러한 개념은 현재 사용하고 있는 수행평가의 개념에도 그대로 반영되고 있다는 것을 알 수 있다.

1980년대 초반부터 미국에서 각광받던 수행평가가 지속적으로 학교현장에서 적용되어 오다 차세대 교육평가정책 2.0(Assessment 2.0 for Next Generation)에 와서는 더욱 강화되었다. PARCC와 SMARTER에 의한 포괄적 평가 시스템은 학생들이 읽기, 쓰기, 수학적 추론으로부터 대학에 진학하기 위해 준비 정도나 경력을 보여 주며, 연구나 실험, 논술 등에서 그들의 기술과 능력을 시연할 것을 요구하고 있어 앞으로 포괄적인 평가 시스템으로 시행되는 수행평가가 교육현장에서 널리 이용될 것이다.

4. 수행평가의 특징

수행평가의 다양한 방법들은 대체로 다음의 공통적인 특징들을 갖는다(Linn & Baker, 1996; Baron & Boschee, 1995; Herman et al., 1992).

첫째, 수행평가의 특징은 고정되어 있는 선택으로 반응하는 것이 아니라 개방형의 과제에 대하여 학생들이 반응을 구성하거나 활동을 수행한다는 것이다. 단어의 철자를 쓰거나 간단한 덧셈을 완수하는 것도 과제로 볼 수 있지만 수행과제는 더욱 복잡한 기술을 요구한다.

둘째, 수행평가는 학생들에게 문제를 제기하고 해결하며, 분석하고, 연구하는 등의 다양한 활동을 허용한다. 학생들의 이러한 활동은 판단력, 문제해결력, 고등사고능력, 의사소통과 같은 복합적인 기술을 포함한다.

셋째, 수행평가는 학생들이 풍부한 반응을 구성하고 산출할 수 있도록 충분한 시간을 필요로 한다. 수행평가는 문항당 1분 정도를 소요하는 표준화 검사에 비해, 장시간의 과제수행의 과정을 요구한다.

넷째, 수행평가는 학생 개인뿐 아니라 학생집단에 의해 수행하도록 설계되기도 한다. 학교 밖의 실제 생활에서 각 개인은 항상 다른 사람과 함께 일하고 무엇인가를 생산해 낸다. 실제로 어느 누구도 다른 사람의 비판과 도움을 받지 않고서 무엇을 수행하거나 만들어 내는 일이 거의 없다.

다섯째, 모든 학생에게 일률적으로 시행되는 표준화 검사에 비해 수행평가는 학생과 교사 모두에게 과제에 대한 선택을 허용한다. 수행평가에서는 교사와 학생은 함께 과제를 만들 수도 있고, 과제수행에 대한 평가의 준거도 논의할 수 있다.

여섯째, 수행평가의 점수화 규칙은 학생들의 수행과정이나 결과에 대한 판단에 기초한다. 수행평가에서는 점수 부여 기준이나 준거를 개발하고 채점자를 훈련하는 일이 중요하다.

이상의 특징에 비추어 볼 때 수행평가는 수행평가를 실시하는 교사들에게 보다 더 많은 자율성이 부여되는 개방적 형태의 평가방법임을 알 수 있다. 즉, 교사의 전문적 판단에 근거하여 수행평가도구의 제작, 채점기준표 작성, 점수 부여, 보고서 작성 등이 이루어진다.

5. 수행평가 개발 및 절차

수행평가도구를 개발하고 시행하여 결과를 활용하는 일련의 평가**절차**는 다음과 같다.

첫째, 수행평가 과제를 개발하고 내용타당도를 검증한다.
둘째, 수행평가를 실시한다.
셋째, 수행평가의 채점기준을 개발한다.
넷째, 수행결과를 채점하기 위하여 채점자를 훈련한다.
다섯째, 채점을 실시한다.
여섯째, 채점자내신뢰도와 채점자간신뢰도를 검증한다.
일곱째, 수행결과에 대해 점수나 등급을 부여한다.
여덟째, 학생과 학부모에게 통보한다.

(1) 수행평가 과제를 개발하고 내용타당도를 검증한다.

수행평가도구는 크게 수행평가 과제와 채점기준으로 구분되기 때문에 수행평가도구의 개발도 과제 개발과 채점기준 개발로 구분할 수 있다. 수행평가의 과제는 학습자에게 특정한 능력이나 지식을 입증할 수 있도록 개발되어야 하고, 과제에 대한 학습자의 반응이 수행과제가 요구하는 지식이나 능력을 드러내고 있는지를 평가하는 채점기준은 수행과제가 요구하는 바를 반영하도록 개발되어야 한다.

McMillan(1997)은 수행평가 과제 개발을 세 단계로 설명한다.

첫째, 학습자들의 어떤 능력과 기술을 평가할 것이며, 어떤 과제수행 활동을 유도할 것인지 등의 과제에 대한 일반적인 아이디어를 생성하는 단계를 통해 과제에 대한 전체적인 틀을 계획한다.

둘째, 전체적인 아이디어와 교육과정 혹은 교수과정을 구체적으로 연계하고 평가의 목표를 결정하여 과제를 상세화하는 단계를 거친다. 이 단계에서는 과제에 어떤 내용이 들어갈지를 상세화하고 과제수행의 조건을 구체화한다.

셋째, 학생들에게 부여하는 과제의 진술문을 기술한다. 과제 진술문에는 평가할 내용, 학생들의 활동, 필요한 자료, 점수화 규칙 등의 기술이 포함된다.

일반적인 검사도구를 개발하는 절차에서 볼 수 있는 것과 같이 수행평가에서도 타당하고 신뢰할 수 있는 검사도구를 개발하기 위한 양호도 검증과정을 거치게 된다. 이를테면 타당한 수행과제는 모종의 타당화 준거를 충족시켜야 한다. Linn과 Baker(1996)는 수행평가의 타당화 준거들을 내적 타당도와 외현적 타당도로 구분한다. 내적 타당도 준거는 과제내용이 교수 · 학습과정을 개선하는 데 도움을 줄 수 있는 수준인가, 과제가 교육과정의 중요 부분을 다루고 있는가, 과제들이 교육과정의 내용을 대표할 수 있고 다양한 영역의 통합을 추구하고 있는가, 학생들의 복합적인 인지기술을 측정할 수 있는가가 관건이다(Linn & Baker, 1996). 수행과제들이 의도된 교수목표들을 포함하고 있으면, 과제들의 수행을 통하여 학생들이 그들의 능력과 기술을 충분히 입증할 수 있는지를 판단할 수 있다. 이러한 준거들은 과제개발자나 교사들이 상호 검토할 수 있도록 체크리스트로 만들어 활용할 수 있다.

(2) 수행과제를 실시한다.

특정한 능력이나 기술을 요구하도록 개발된 과제를 학습자에게 부여하여 수행하게 한다. 전통적 평가방법인 지필검사의 경우 다수의 문항에 의하여 학생들의 능력을 평가하지만 수행평가의 경우 일반적으로 소수의 과제가 부여된다. 특히 어떤 행위를 보여 주는 수행평가의 경우 과제당 1시간 이상을 소요하는 과제도 있다. 과제수행은 개인활동 단위일 수도 있고 협동과제가 부여된 집단활동 단위일 수도 있다.

(3) 수행평가의 채점기준을 개발한다.

채점기준은 수행과제가 요구하는 능력이나 기술을 반영하도록 개발되어야 하기 때문에 과제와 채점기준은 논리적인 관계를 이루어야 한다. 따라서 수행과제를 개발한 후에 채점기준에 대한 전체적인 틀이 마련되어야 하며, 실제적으로 학습자가 수행한 표본을 참조하여 채점기준을 구체화한다.

실제로 수행평가가 지니는 가장 큰 취약점은 채점에 있다. 그러므로 채점기준의 명료화가 중요할 수밖에 없다. 채점기준을 구체화하기 위하여 어떤 요소를 채점할 것인가, 그 요소가 무엇이고, 각 요소별로 어떤 채점기준을 설정할 것인가, 각 채점기준에 관련된 수행수준은 무엇인지를 밝혀야 한다. 또한 채점 척도를 '예' '아니요'의 점검표로 할 것인지, 점수를 부여하는 점수척도로 할 것인지, 유목화하여 평가하는 질적 채점척도를 작성할 것인지 결정하여야 한다.

이에 따라 점수를 부여하는 규칙을 설정하여야 한다. 선다형 문항을 제작하는 수행평가과제와 채점기준의 예는 〈표 22-4〉와 같다.

〈표 22-4〉 선다형 문항제작 수행평가 과제와 채점기준

수행평가

선다형 문항제작원리에 기초하여 사지 선다형 문항을 제작하여 제출하시오.

수행평가과제의 구체적인 내용

수행평가 내용(작업): 선다형 문항제작

수행평가 상황

관찰 내용:	과정	결과
상황:	자연적	인위적
자극(처치)	부여	미부여

수행평가를 위하여 필요한 전제조건

학생들은 선다형 문항을 제작하는 내용을 학습하였다.

평가자(관찰자)에게 지시사항

학생들에게 선다형 문항을 제작하라고 지시하나 세부적인 설명적 지시는 하지 않는다.

학생에 지시사항

① 선다형 문항을 문항제작원리에 입각하여 제작할 것
② 문항응답을 위하여 학생에서 적절한 지시문을 작성할 것
③ 학생들이 검사지에 바로 응답할 것을 염두에 둘 것
④ 제작한 문항 제출시간을 명시할 것

채 점 기 준

평가 영역	구체적인 내용	점수 (10점)
질문의 내용	① 문항이 교과의 중요한 내용을 포함한다.	2점
	② 질문의 내용이 간결하다.	2점

답지의 형식	③ 부정문을 사용하지 않았다. 혹은 사용했다면 부정어구에 밑줄 혹은 진하게 표시하여 강조하였다.	1점
	④ 답지들의 문법적 구조가 동일하다.	1점
	⑤ 답지들에 공통적인 구나 절이 반복되지 않았다.	1점
	⑥ 답지 배열이 적절하다(예: 길이순, 가나다순, 유사내용 인접 등).	1점
	⑦ 답지들이 매력적이다.	1점
	⑧ 답지의 내용이 서로 독립적이다.	1점

(4) 수행결과를 채점하기 위하여 채점자를 훈련한다.

채점자는 학생들의 활동이나 그 결과에 대하여 점수를 부여하기 전에 채점기준을 명확하게 알고 있어야 하며 일관성 있는 점수를 확보하기 위한 방법으로써 채점자들 간의 공통된 준거를 확보하기 위한 채점자 훈련을 실시하여야 한다. 채점자 훈련을 통해 채점자들은 수행평가가 의도하는 것, 채점준거들이 의미하는 것과 각 점수가 표현하는 수행이 무엇인지 등을 명확하게 알 수 있다. Herman, Aschbacher와 Winter(1992)에 의하면 채점자 훈련을 위하여 채점훈련 안내서를 준비하여야 하고, 채점자 오리엔테이션, 채점기준표 숙지, 채점연습, 채점자간신뢰도 추정, 채점기준 수정, 점수기록 등의 훈련을 통하여 채점자간신뢰도를 유지할 수 있도록 한다.

(5) 채점을 실시한다.

수행평가의 특징은 정답이 아니라 다양한 답이 존재하므로 학생들의 수행결과를 이분적으로 채점하지 않는다. 수행평가를 위한 채점방법은 총괄적인 채점방법(holistic scoring method)과 분석적인 채점방법(analytic scoring method)이 있다.

총괄적인 채점방법은 학생들의 반응을 전체적인 특징이나 하나의 측면에 근거하여 단일한 점수를 부여할 때 선호되는 방법으로서 하나의 특성에 초점을 둔다는 의미에서 Herman, Aschbacher와 Winter(1992)에 의하면, 주요 특성 준거(primary trait criteria)라고도 한다. 평가결과에 대하여 다양한 영역으로 구분하지 않고, 종합적으로 판단하여 점수를 부여하는 이러한 방법은 채점하기가 쉽고, 채점시간도 빠르나 전체적인 인상에 의하여 점수를 줄 수 있으므로 채점의 일관성을 잃기 쉽다.

분석적인 채점은 평정자가 학생들의 활동이나 그 수행결과를 요소요소로 구분하여 점수를 부여하는 방법이다(성태제, 1996). 이러한 방법을 통해 얻은 측정치는 교사와 학생 모두에게 유용한 정보를 제공할 수 있다(Arter, 1999; Herman, Aschbacher & Winter, 1992). 분석적인 채점방법은 학생들이 질문이나 과제의 여러 가지 영역에서 얼마나 잘 수행하는지에 대한 정보를 주므로 학생들의 강점과 약점을 쉽게 알 수 있다. 채점기준이 명확할수록 채점은 일관성이 있고 신뢰할 수 있다. 그러나 분석적인 채점방법은 총괄적인 채점방법에 비하여 세부적 절차가 필요하므로 채점자 훈련과 실제 채점할 때 시간이 많이 걸리는 약점이 있다. 학생들의 응답을 세세하게 분석할 수 있는 충분한 시간이 확보되어야 가능한 채점방법이라 하겠다.

(6) 채점자내신뢰도와 채점자간신뢰도를 검증한다.

채점자내신뢰도란 채점자 한 사람이 평가대상 모두에게 얼마나 일관성 있게 점수를 부여하였느냐의 문제이며, 채점자간신뢰도는 한 채점자가 다른 채점자들과 얼마나 유사하게 점수를 부여하였느냐의 문제로서 제20장에 채점자내신뢰도와 채점자간신뢰도의 추정방법을 설명하였다.

채점자간신뢰도를 판단하는 기준은 없으나 수행평가를 위한 판단기준으로 상관계수가 .6 이상이면 채점자간신뢰도가 있다고 할 수 있다. 채점자간신뢰도가 낮으면 채점자 훈련을 다시 하여야 한다. 수행평가는 관찰과 판단에 의존하는 평가이기 때문에 점수를 부여하는 과정에서 일관성이나 공정성을 잃기 쉬우므로 채점자 훈련과 명료한 채점기준의 마련은 반드시 거쳐야 할 과정이다.

(7) 수행결과에 대한 점수나 등급을 부여한다.

수행평가의 결과에 대한 평가는 점수를 부여하거나 등급을 부여할 수 있으며 때로는 질적으로 서술할 수도 있다. 앞에서 제시한 선다형 문항제작의 수행평가의 예에서는 채점기준을 선정하고 채점 항목별로 점수를 부여하여 총점을 계산할 수 있다. 분석적 채점방법에 의하면 점수를 부여하기가 용이하다. 수행과제의 특성상 분석적 채점보다는 총괄적 채점에 의하여 수행과제의 수행 전반에 대한 종합적 평가를 하기 위해서 A, B, C 혹은 매우 우수, 우수, 보통, 부족, 매우 부족 등의 등급으로 평가하는 경우도 있다.

일반적으로 수행평가결과가 영향을 많이 줄 경우에는 보다 명료한 채점기준에 의한 다양한 평가결과가 효과적이므로 변별이 큰 평가방법을 사용한다. 그렇지 않을 경우 점수나 등급보다는 질적 평가로 서술에 의한 평가를 실시할 수도 있다. 예를 들어, 과제를 수행하는 과정에서 학생의 장점, 단점 그리고 자세와 태도, 적성 등도 기록할 수 있다.

(8) 학생과 학부모에게 통보한다.

평가결과가 점수든, 등급이든, 질적 서술이든 그 결과를 학생과 학부모에게 알린다. 이 과정에서 평가기술이 명확히 전달되어야 하고, 그와 같은 평가결과가 산출된 것에 대하여 학생이나 학부모가 이해할 수 있도록 하여야 한다. 수행평가의 결과를 보고하는 과정은 평가의 결과가 관련 집단에 중요한 영향을 줄수록 민감하고 어려운 부분이다. 보다 객관적이고 공정한 평가를 실시하였다는 보장을 하기 위하여 타당화 준거를 검토하고 채점자내와 채점자간 신뢰도를 검증하는 등의 다양한 노력을 기울여야 한다. 이는 학생이나 학부모가 평가결과에 대한 이의를 제기할 경우도 있기 때문이다. 그러므로 채점기준이나 점수 혹은 등급 부여 절차는 학생과 학부모에게 명료하여야 한다.

6. 수행평가의 장단점

수행평가의 장점은 다음과 같다. [그림 22-1]에서 설명한 것과 같다.

첫째, 인지적 능력, 정의적 특성, 심동적 특성을 모두 평가할 수 있는 총체적 접근이다.

둘째, 개방형 형태의 평가방법은 다양한 사고능력을 함양시킨다.

셋째, 수행평가는 과제의 성격상 협동학습을 유도하므로 전인교육도 도모한다.

넷째, 검사결과뿐 아니라 문제해결과정도 분석할 수 있다.

다섯째, 학습동기와 흥미를 유발한다. 맞거나 틀리는 이분적 평가가 아니라 어떠한 답도 수용할 수 있으므로 학생들을 격려하여 학습동기와 흥미를 증진시킨다.

여섯째, 행정적 기능이 강조되지 않을 때 수행평가가 실시되므로 검사불안이 적은 편이다.

그러나 수행평가 실시에 따른 장점 못지않게 어려움도 적지 않다. Wolf와 Miller(1997)는 미국의 16개 중등학교 교사들이 포트폴리오 방법을 사용하는 데 나타나는 가장 큰 문제점은 시간과 점수화 과정이라고 밝히고 있다. 포트폴리오 평가방법 설계와 적용, 채점에 소요되는 많은 시간, 점수화하는 기준, 점수 부여 방법, 학생과 학부모에게 통보, 그리고 점수 사용에 어려운 점이 있다고 보고하고 있다. 특히 교사가 수행평가 결과에 대하여 학생이나 학부모와 의사를 교환하는 데 애로사항이 많다고 토로하고 있다.

수행평가를 실시하는 데 소요되는 비용도 만만치 않다. Reckase(1995)는 포트폴리오에 의한 평가결과의 신뢰도는 낮으므로 훈련된 채점자에게 평가를 의뢰하여야 하며 Miami 대학에서 포트폴리오 하나를 분석하는 데 $17.5의 비용이 소요된다고 보고하고 있다. Stecher와 Klein(1997)은 과학교과에서 수행평가가 생각했던 것보다 훨씬 많은 비용이 소요된다고 결론지으며, 학기당 한 학생을 위하여 드는 수행평가 비용은 $34이고 신뢰도를 .8로 유지하려면 $102가 소요되며, 이는 표준화 검사를 실시하는 비용의 약 20배 정도가 된다고 발표하였다. 또한 Wisconsin 주의 경우 수행평가가 3년간 연구과제로 선정되어 진행되다가 1년 반 만에 주정부의 결정으로 연구가 중단되는 사례도 있다. 미국은 우리나라에 비하여 학급 크기가 작고 교사들의 업무가 적으며 교육에 투자하는 비용이 많은데도 불구하고 교사들은 수행평가를 실시할 때 소요되는 시간과 비용의 문제를 제기하고 있다.

이상의 연구들을 정리하면 수행평가의 문제점은 다음과 같다.

첫째, 수행평가도구 개발에 어려움이 있다. 수행평가도구를 개발하기 위하여 교과내용은 물론 학습자들의 인지구조, 그리고 학습과제들을 실생활에 적용하는 범위까지 고려하여야 하므로 전통적 방법에 의한 평가문항의 개발보다 수행평가 도구의 개발이 어렵다.

둘째, 채점기준, 즉 점수 부여 기준 설정이 용이하지 않다. 수행평가는 수행과정까지 고려하여 점수를 부여하게 된다. 이런 경우 어느 정도까지 몇 점을 주어야 하는지에 대한 판단이 필요한데, 이 점수 부여 기준 설정에 어려움이 있다.

셋째, 채점자내신뢰도와 채점자간신뢰도 확보에 어려움이 있다. 전통적 평가방법보다 주관이 개입될 소지가 많은 수행평가에서 일관성 있게 점수를 부여하는 것은 쉬운 일이 아니다. 논술형 문항을 채점하더라도 채점자 한 사람이 시간의 변화에 상관없이 일관되게 채점하는 것이 쉽지 않으며, 나아가 여러 채점자가 서로 유사하게 채점하는 것 역시 쉬운 일이 아니다.

넷째, 시간이 많이 소요된다. 평가도구 개발, 점수 부여 등에 많은 시간이 소요된다. 컴퓨터에 의하여 기계적으로 채점하는 선다형 문항에 비하여 수행평가는 검사시행은 물론 채점에 필요한 시간이 늘어난다.

다섯째, 비용이 많이 든다. 수행평가의 전략과 채점방식에 따라 소요되는 시간과 필요한 교사의 수가 달라질 수 있으므로 실제적인 비용을 정확히 산출하기 어렵다 하더라도 전통적 평가방법에 비하여 많은 비용이 소요된다.

여섯째, 점수결과 활용에 어려움이 있다. 학생과 학부모가 평가결과를 인정하지 않을 경우 점수결과를 활용하는 데 많은 문제가 야기된다. 나아가 교사를 불신하는 일까지 일어나게 된다.

7. 수행평가의 적용과 과제

수행평가를 성공적으로 실시하기 위하여 각 교과 분야뿐 아니라 교육평가 분야에서 해결하여야 할 과제가 적지 않으며 동시에 학교의 교육환경 변화도 요구된다. 교육의 국제 경쟁력 제고를 위하여 성태제(1995b)는 고등정신능력을 함양하여야 하고, 이를 위하여 학교현장에서 수행평가를 사용할 것을 제안하였다. 그러면서 수행평가 실시를 위하여 다음의 아홉 가지를 제안하였다.

첫째, 교육평가에 대한 학생 그리고 학부모의 인식 변화
둘째, 인지심리학에 대한 연구 활성화
셋째, 교과교육 연구 활성화
넷째, 교사들에게 수행평가 연수 실시

다섯째, 수행평가를 위한 타당도와 신뢰도 증진방법
여섯째, 교과별 혹은 단원별 수행평가 연구 및 도구 개발
일곱째, 교육과정과 교과내용 개편
여덟째, 학급단위 축소
아홉째, 수행평가 실시를 위한 경비 지원

우리나라의 경우 수행평가가 고등정신능력을 함양하고 학교교육의 모든 문제를 해결할 수 있는 유일한 방법이며, 최선의 방법으로 생각하여 수행평가를 현장에 적용하도록 권장하여 수행평가에 대한 관심이 매우 높다. 수행평가에 대한 관심이 높은 만큼 수행평가가 무엇인지, 교과별 수행평가는 무엇인지, 교과별로 어떻게 수행평가 도구를 만드는지, 수행평가를 어떻게 실시하는지, 채점기준을 어떻게 작성하고 어떻게 채점하는지, 수행평가결과는 어떻게 보고하고 활용하는지에 대한 체계적이고 실질적인 연수가 필요하다. 더 나아가 각 교과별로 교과 특성에 따라 수행평가에 대한 모든 절차에 대한 실질적인 연수는 수행평가에 대한 이해를 높임은 물론 학교현장에서 수행평가를 적용하는 데 따르는 문제점을 미연에 방지하고 수행평가의 장점을 최대화할 수 있다. 또한 수행평가가 지니고 있는 어려운 점에 대한 이해와 이를 해결하거나 최소화할 수 있는 내용도 연수에 포함되어야 한다.

수행평가는 학생들에게 교과에 대한 흥미, 학습동기 등을 높이고 능동적으로 학습과 평가에 참여하며 '왜'라는 질문을 자연스럽게 하므로 학습자의 고등정신능력을 함양할 수 있다고 보고하고 있으며, 이를 위하여는 학교환경의 변화와 교사들의 노력이 필요하다고 주장하고 있다(최연희, 권오남, 성태제, 1999). 수행평가는 수행평가가 싹틀 수 있는 토양, 즉 개인차를 존중하고 다양한 교육방법으로 다양한 사고를 허용하는 교육환경에서 수행평가가 활성화될 수 있다. 그러므로 국가는 교사들이 수행평가를 개발하여 이용할 수 있는 교육환경을 만드는 노력이 필요하고, 교사들 역시 어려운 교육환경이라도 적극적이고 능동적인 자세로 수행평가에 대한 올바른 이해와 적용을 위하여 노력하여야 한다. 물론 교육평가전문가는 수행평가 실시에 따른 제반 절차에 대한 전문적인 지식을 제공하여야 하고, 교과전문가들은

각 교과 특성에 따른 수행평가 도구를 개발하고 학교현장에 적용하는 방법에 대한 연구를 하여야 한다.

수행평가를 실시하기 위하여 변화해야 할 우리의 교육환경은 교과교사당 학생 수를 줄여야 하며, 교사의 잡무를 감소시켜야 한다(성태제, 1998b). 미국의 경우 수행평가를 실시하는 데 따른 교사들의 불만에서도 알 수 있듯이 수행평가를 실시하기 위하여 많은 시간이 소요되므로 교사들이 수행평가를 위하여 많은 시간을 할애할 수 있도록 배려되어야 한다.

모든 수행평가결과를 점수화하여 학생부에 기록하여 대학입학 전형요소로 사용하거나 이와 같이 수량화된 수행평가결과가 대학입학에 많은 영향을 준다면 학교현장에서 수행평가를 실시하는 데 많은 어려움이 따르게 마련이다. 수행평가는 교수적 기능을 강조할 때 학생들의 고등정신 사고능력을 함양시킬 수 있는 방법으로 수행평가의 기능을 발휘할 수 있다. 즉, 수행평가의 목적과 평가상황에 부합할 때, 수행평가의 교육적 순기능이 발휘될 수 있다. 수행평가의 목적에 부합하지 않거나 수행평가를 보편화할 수 없는 상황에서 수행평가를 실시한다면 제대로 실시해 보지도 못하고서 수행평가의 문제점만이 노출되어 섣불리 수행평가는 올바른 교육평가방법이 아니라는 결론을 내릴 수 있다.

결론적으로 수행평가는 선택형 위주의 전통적 평가방법보다 다양한 형태의 평가방법을 사용하여 다양한 사고를 허용함으로써 학생들의 고등정신능력을 증진시킬 수 있는 방법으로서 우리 교육현장에서 다양한 교수방법과 함께 적용할 수 있는 평가방법이다.

주요 단어 및 개념

수행평가	참평가	포트폴리오
대안적 평가	수행과제	채점기준
채점자 훈련	채점훈련 안내서	총괄적 채점
분석적 채점		

연습문제

1 인지적 특성 평가방법의 변화를 설명하시오.

2 정의적 특성 평가방법의 변화를 설명하시오.

3 전통적 평가방법의 대안적 평가방법으로 수행평가가 강조되는 이유를 설명하시오.

4 수행평가, 참평가, 포트폴리오를 정의하고 차이점을 비교하시오.

5 인지적 행동 특성을 평가하는 모든 방법을 구조화의 정도에 따라 나열하고, 그 특징을 설명하시오. 그리고 수행평가의 범위를 규정하시오.

6 수행평가의 특징을 논하시오.

7 수행평가의 절차에 의하여 수행평가도구를 개발하고, 수행평가를 실시 · 채점하여 보시오.

8 수행평가의 장단점을 논하고, 우리나라에 수행평가를 실시하기 위한 교육환경의 변화에 대하여 제언하시오.

제8부

평가모형

제23장

교육평가모형

평가에 대해 어떤 관점을 택하는가에 따라 평가의 정의나 평가방법 및 절차가 달라진다. 그러므로 평가에 대한 올바른 이해를 위해서는 그 토대가 되는 기본관점이 드러나는 평가모형들에 대한 고찰이 필요하다.

1960년대 중반 이후 공식적 평가행위의 증가에 따라 많은 평가모형이 등장하게 되었고 여러 학자에 의해 다양한 평가모형이 철학적 배경이나 평가목적 및 모형의 주요 요소 등과 같은 특정 준거에 의해 분류되는 시도들이 이루어졌다.

House(1983)는 객관적-주관적 인식론, 객관적-주관적 윤리론, 공리주의적-직관적 · 다원적 정치론을 토대로 8개의 평가모형, 즉 체제분석모형, 행동목표모형, 탈목표모형, 예술비평모형, 인정모형, 반론모형, 상호작용모형으로 구분하였다. Worthen, Sanders와 Fitzpartrick(1997)은 House의 객관적-주관적 인식론이라는 준거를 중심으로 목표중심평가, 운영중심평가, 소비자중심평가, 전문가중심평가, 반론중심평가, 참여자중심평가의 여섯 가지 평가모형으로 분류하였다. 한편, Smith(1994)는 평가모형을 일곱 가지 유형, 즉 목표적 접근, 경영적 접근, 연구적 접근, 정책분석적 접근, 배심원적 접근, 판단적 접근, 다원적 · 직관적 접근으로 분류하였다.

Guba와 Lincoln(1983, 1989)은 합리주의적 탐구방식과 자연주의적 탐구방식, 전통주의적 관점과 구성주의적 관점을 토대로 평가의 세대를 네 시기로 구분하였다. 제1세대 평가에서는 측정과 평가를 동일시하며, 제2세대 평가에서는 현상에 대한 기술을 강조한다. 반면, 제3세대 평가에서는 대상에 대한 가치판단을 중요시하며, 제4세대 평가에서는 평가 이해 관련자들 간의 타협을 통한 평가를 강조한다. Guba와 Lincoln은 합리주의적 탐구방식에 근거하고 있는 전통적 평가방식인 제1, 2, 3세대 평가를 대체하기 위해 자연주의적 탐구방식과 구성주의적 평가방법에 초점을 두는 제4세대 평가모형이 요구된다고 주장하였다.

이 책에서는 보편적으로 사용되고 있는 Worthen, Sanders와 Fitzpartrick(1997)의 분류에 따른 평가모형을 소개한다. 여섯 가지 유형의 평가모형을 House의 공리주의적–직관적 · 다원적 관점의 연속선상에서 분류하면 [그림 23–1]과 같다.

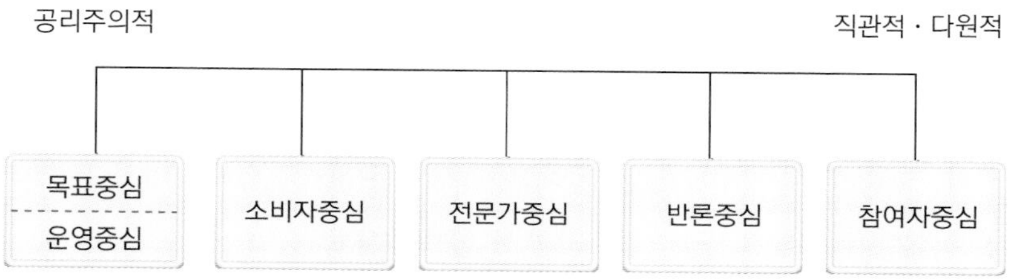

[그림 23-1] 공리주의적-직관적 · 다원적 관점에 따른 평가모형의 분류

1. 목표중심평가

목표중심평가모형(objective–oriented evaluation approach)은 목표를 미리 설정한 후 그 목표가 어느 정도 달성되었는지를 판단하는 데 초점을 두는 입장으로서 이 모형에서는 평가를 통해 얻게 되는 정보를 근거로 교육목표와 교육내용 및 평가절차와 평가도구를 개선하게 된다.

교육 분야에서 목표중심평가를 개념화하고 일반화하는 데 가장 많은 영향을 미친 학자는 Tyler로서 목표중심적 접근을 취하는 모형들을 일컬어 Tylerian 평가모형이라고도 한다. 여기서는 대표적 목표중심평가모형으로 분류되는 Tyler의 평가모형, Metfessel과 Michael(1967)의 평가모형, Provus(1971)의 불일치평가모형, Hammond의 평가모형에 대해 소개한다.

1) Tyler의 평가모형

Tyler는 평가에 대해 프로그램의 목표가 실제 어느 정도 달성되었는지를 결정하는 과정으로 정의하였다. 평가에 있어 목표를 강조하는 Tyler의 관점은 진보주의 교육의 효과를 평가하기 위한 8년 연구의 경험에 근거한 것이다. 그는 8년 동안(1933~1941)의 연구를 통해 교육목표가 다르면 평가도구도 달라져야 한다고 주장하였다. 즉, 교육목표가 다른 전통적 교육과 진보주의 교육을 동일한 평가도구에 의해 판단하는 것은 타당하지 않다고 보았다. **Tyler의 평가모형**을 도식화한 것은 [그림 23-2]와 같다.

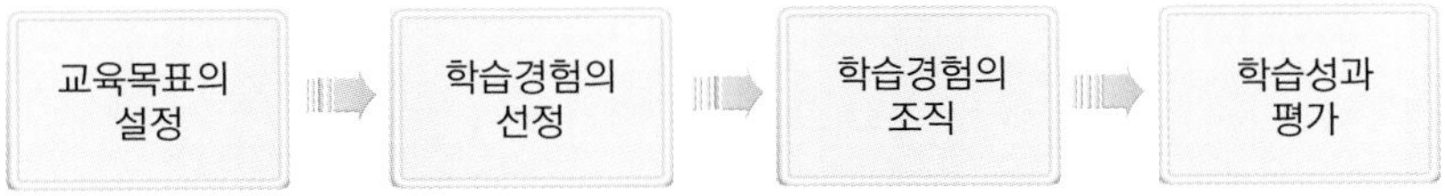

[그림 23-2] Tyler의 목표중심평가모형

Tyler가 제시한 평가절차는 다음과 같다.

① 광범위한 목적 또는 목표들을 설정한다.
② 설정된 목적 또는 목표들을 분류한다.
③ 분류된 교육목표를 행동적 용어로 정의한다.
④ 교육목표의 달성이 측정될 수 있는 평가장면을 설정한다.
⑤ 측정도구를 개발하거나 선택한다.
⑥ 수행자료를 수집한다.
⑦ 수행자료를 행동용어로 진술된 목표와 비교한다.

Tyler는 목적을 설정할 때 광범위한 목적을 먼저 세우고 이를 특정 준거에 의해 여과시켜 구체적 행동목표로 전환하여야 함을 강조하였다. 그는 잠정적으로 설정한 목적을 여과시키기 위한 준거로 철학적 가치(지식의 본질), 사회적 가치(사회의 특성), 교육적 가치(학습자와 학습과정의 특성)를 제시하였다. 또한 평가과정에서 수행결과와 목표 사이의 불일치가 나타나면 문제를 수정 · 보완한 후 동일한 평가절차를 반복할 것을 제안하였다.

이러한 Tyler의 평가에 대한 이론적 근거는 논리적이고 과학적인 것으로 인식되어 평가전문가들에게 많은 영향을 미치게 되었다.

2) Metfessel과 Michael의 평가모형

Metfessel과 Michael(1967)이 제안한 평가모형은 Tyler의 영향을 받기는 하였지만 교육목표의 달성 정도를 확인하기 위해 다양한 측정도구들을 활용할 것을 제안하였다는 점에서 Tyler 모형과 구별된다. 그들이 제시한 평가단계는 다음과 같다.

① 평가와 관련된 이해 당사자들을 프로그램 평가의 촉진자로서 참여시킨다.
② 광범위한 목적과 구체적 목표들을 연계시킬 수 있는 모형을 명확히 설정한다.
③ 구체적 목표들을 의사소통이 가능한 형태로 번역한다.
④ 프로그램의 효과를 추론할 수 있는 측정도구들을 선정하거나 개발한다.
⑤ 내용타당도가 검증된 검사나 척도, 행동측정들을 이용하여 주기적으로 관찰한다.
⑥ 적절한 방법을 사용하여 자료를 분석한다.
⑦ 기대하는 수행수준에 적합한 판단기준을 사용하여 자료를 해석한다.
⑧ 광범위한 목적과 구체적 목표들을 개선하거나 보다 잘 실천할 수 있도록 권고한다.

3) Provus의 불일치 평가모형

Provus(1973)는 평가를 프로그램의 운영과 프로그램 개발에 대한 의사결정을 도와주기 위해 정보를 지속적으로 관리하는 과정으로 파악하였다. 그에 의하면 평가는 첫째, 성취기준에 동의하고 둘째, 프로그램의 수행결과와 성취기준 사이에 불일치가 존재하는지를 파악하며 셋째, 프로그램의 개선, 유지, 종료 여부를 결정하기 위하여 불일치에 대한 정보를 사용하는 과정이다. Provus(1973)의 이러한 평가에 대한 관점을 불일치평가모형이라고 명명한다.

그가 제시한 평가절차는 다음의 다섯 단계로 구분된다.

① 프로그램의 정의 및 설계
② 프로그램의 개설
③ 프로그램의 실행과정(중간 산출물)
④ 프로그램의 결과
⑤ 비용효과분석

이 모형에서는 평가과정에서 밝혀진 모든 불일치가 제거될 때가지 다음 단계로 진행하지 못하도록 함으로써 효과적인 프로그램 개발이 이루어질 수 있다고 본다.

불일치평가모형의 가장 큰 특징은 프로그램 개발이나 운영과 관련된 운영자의 의사결정을 도와주기 위해 불일치와 관련된 정보를 활용한다는 점이다. 의사결정을 위한 정보제공을 강조한다는 점에서는 운영중심평가모형의 성격을 띠고 있으며, 프로그램 담당자들과 평가자들 간의 협력적인 문제해결과정을 강조하고 있다는 점에서도 전통적 목표중심평가모형과 구별된다. 그러나 평가모형의 주요 특성들은 Tyler모형의 영향을 받고 있다.

4) Hammond의 평가모형에 근거한 목표설정과 분석을 위한 스키마

Hammond(1973)는 교육 프로그램에서 고려될 수 있는 다양한 목표의 설정과 이에 대한 평가를 위해 3차원 입방체 모형(evaluation cube)을 개발하였다. 서부 Michigan 대학의 평가센터에서는 Hammond의 평가모형에 근거하여 지역사회의 젊은이들을 대상으로 하는 프로그램들의 목표를 분석하기 위해 3차원의 구조를 개발하였다. 각 차원의 내용은 다음과 같다.

- 프로그램 수혜자의 요구: 지적, 직업적, 사회적, 도덕적, 예술/문화적, 정서적 요구
- 프로그램 수혜자의 나이(다른 특성으로 대치 가능)
- 평가수혜자(주요 관련자)를 위한 서비스의 근원 : 주택, 사회 봉사, 건강, 경제 발전, 공공업무, 사회정의, 교육, 종교

이 모형은 각 차원의 내용에 대한 적절한 수정을 통하여 목표지향적 접근을 취하고 있는 어떠한 프로그램에도 적용할 수 있다.

5) 목표중심평가의 장점과 제한점

평가에 대한 목표중심평가는 검사나 측정으로부터 평가를 분리함으로써 평가를 하나의 독립된 학문 영역으로 발전시켰다는 점에서 그 의의가 크다고 할 수 있다. 또한 목표를 측정하기 위한 평가절차와 도구의 개발을 자극하여 평가방법 및 기술을 발전시키게 되었고, 경험적 · 실증적 연구를 촉진시키는 데에도 공헌하였다. 장점을 구체적으로 제시하면 다음과 같다.

첫째, 논리적이고 합리적이며 명확한 절차를 제시함으로써 어떤 상황에도 쉽게 적용할 수 있다.

둘째, 교육목표를 구체적으로 제시할 것을 강조함으로써 명확한 평가기준에 의해 평가를 실시할 수 있다.

셋째, 계열성 있는 절차는 교육과정과 평가 간의 논리적 일관성을 유지할 수 있도록 해 준다.

넷째, 목표의 중요성을 강조함으로써 프로그램 개발자나 교사로 하여금 평가결과를 통해 자신의 교육활동에 대한 책무성을 가지도록 자극한다.

목표중심평가모형이 지니고 있는 한계는 다음과 같다.

첫째, 목표를 미리 설정할 것을 강조함으로써 수업 중에 생겨나는 부수적 · 확산적 목표의 중요성을 간과하게 된다. 따라서 목표로 설정되지 않은 교육의 부수적인 결과에 대해서는 평가하기가 어렵다.

둘째, 겉으로 평가할 수 있는 행동만을 강조함으로써 행동 용어로 진술하기 어

러운 교육목표에 대한 평가가 어렵다. 따라서 잠재적 교육과정, 학생들의 내면적 인지 구조의 변화, 가치와 태도 및 감정의 변화를 파악하는 데 한계가 있다.

셋째, 목표에 근거한 평가를 강조함으로써 수업이 평가에 종속되는 경향이 있다.

넷째, 결과에 대한 평가만을 강조하여 교육의 효과와 학생의 성취를 직접적으로 연결시킴으로써 가르치고 배우는 과정 자체에 대한 평가를 간과할 수 있다.

다섯째, 기술적 합리성만을 강조함으로써 교육 실제의 복합적이고 복잡한 측면을 평가하기가 어렵다.

2. 운영중심평가

운영중심평가모형(management-oriented evaluation approach)에서는 평가를 의사결정자에게 필요한 정보를 제공함으로써 의사결정을 도와주기 위한 것으로 파악한다. 이 모형은 투입, 과정, 산출을 기준으로 운영되는 체제적 접근을 취하며 의사결정자의 관심, 정보에 대한 요구 및 효율성을 위한 준거에 관심을 둔다. 이 모형의 대표적 학자인 Stufflebeam과 Alkin은 1960년대와 1970년대에 성행하던 경영이론을 받아들여 평가자는 행정가가 올바른 의사결정을 하도록 도와주고 구체적 준거에 근거하여 각 결정에 따른 장점과 단점에 대한 충분한 정보를 제공해 주어야 한다고 주장하였다.

1) Stufflebeam의 CIPP 평가모형

Stufflebeam(1971)은 평가를 의사결정을 위한 유용한 정보를 기술하고 획득하고 제공하는 과정으로 정의한다. 그는 조직 내에서 이루어지는 의사결정의 유형을 계획 결정, 구조화 결정, 실행 결정, 재순환 결정으로 구분하고 각 단계의 의사결정을 도와주기 위해 다음의 네 가지 평가 유형을 제시하였다.

- 계획(planing) 단계의 의사결정을 위한 상황평가(Context evaluation): 프로그램에서 다룰 요구들을 결정하기 위한 것으로 프로그램의 목표를 설정하는 데 도움을 준다.
- 구조화(structuring) 단계의 의사결정을 위한 투입평가(Input evaluation): 요구를 충족시키기 위해 사용 가능한 자원, 고려할 수 있는 대안적 전략, 최상의 잠재력을 가진 계획을 결정하기 위한 단계로서 프로그램 절차를 설계하는 데 도움을 준다.
- 실행(implementing) 단계의 의사결정을 위한 과정평가(Process evaluation): 계획의 원활한 진행 여부, 실행상의 장애요인, 개선의 필요성 등을 파악하기 위한 평가단계다. 이 과정에서 프로그램 절차상의 결점을 확인할 수 있으며, 이를 통해 절차들이 조정되고 정련된다.
- 재순환(recycling) 단계의 의사결정을 위한 산출평가(Product evaluation): 획득결과, 요구충족 정도, 필요한 후속조치들을 파악하기 위한 평가단계로서 프로그램의 목표달성 정도를 판단하는 데 중요하다.

Stufflebeam(1971)은 각 평가 유형의 설계를 위한 논리적 근거에 따라 평가자들이 다음의 단계를 따를 것을 제안하였다.

① 평가 초점의 명료화(focusing the evaluation)
② 정보수집(collection of information)
③ 정보조직(organization of information)
④ 정보분석(analysis of information)
⑤ 정보기록(reporting of information)
⑥ 평가시행(administration of evaluation)

2) UCLA평가모형(CSE모형)

Alkin(1969)이 UCLA대학 평가연구센터(Center for the Study of Evaluation)의 소장으로 재직 중일 때 CIPP모형과 유사한 평가모형을 개발하였다. Alkin은 평가를 의사결정자들이 여러 대안 중에서 적절한 것을 선택할 수 있도록 유용한 자료를 보고하기 위해 관심사인 의사결정 영역을 확인하고, 적절한 정보를 선택하며, 정보를 수집하고 분석하는 과정으로 정의하였다.

Alkin의 모형은 다음의 다섯 가지 평가 유형을 포함하고 있다.

- 체제 사정(systems assessment): 체제의 현상태에 대한 정보를 제공하며 CIPP모형의 상황평가와 유사하다.
- 프로그램 계획(Program planning): 구체적 교육요구의 부응에 효과적인 특별 프로그램의 선택에 도움을 주며 CIPP모형의 투입평가와 유사하다.
- 프로그램 실행(program implementation): 프로그램이 의도한 바대로 대상집단에 소개 · 실천하고 있는지에 대한 정보를 제공한다.
- 프로그램 개선(program improvement): 프로그램의 기능 정도, 목표달성 정도, 예상치 못한 결과의 산출 등에 대한 정보를 제공하며 CIPP모형의 과정평가와 유사하다.
- 프로그램 인증(program certification): 프로그램의 가치와 다른 상황에 대한 잠재적 적용 가능성에 관련된 정보를 제공하며 CIPP모형의 산출평가와 유사하다.

Alkin(1991)의 평가모형은 평가에 대한 다음의 네 가지 가정을 전제로 한다.

- 평가는 정보수집 과정이다.
- 평가를 통해 얻은 정보는 주로 대안적 조치에 대한 의사결정을 위해 사용될 수 있다.
- 평가정보는 의사결정자가 효과적으로 사용할 수 있는 방식으로 표현되어야 하고 의사결정자에게 도움을 줄 수 있도록 설계되어야 한다.
- 다른 종류의 의사결정은 다른 종류의 평가절차를 요구한다.

CIPP모형과 UCLA모형은 선형적이고 연속적인 것처럼 보이지만 각 평가단계들이 반드시 계열적으로 이루어질 필요는 없다.

앞서 목표중심평가모형의 예로 제시하였던 Provus의 불일치모형은 프로그램

운영자의 정보에 대한 요구에 도움을 주며 다섯 가지 평가단계들이 투입, 과정, 산출에 초점을 둔다는 점에서 체제중심적(systems-oriented)이라고 할 수 있다.

Patton의 활용중심평가모형(utilization-focused evaluation approach)도 의사결정자와 정보 사용자를 규정하고 조직하는 과정이 평가의 첫 번째 과정이라고 강조한 점에서 의사결정접근모형으로 간주할 수 있다. 그에 의하면 평가결과의 사용은 의사결정자가 다양한 사람이 요구하는 정보가 어떤 것인지를 결정하고 어떤 정보들이 수집되고 사람들에게 제공되어야 할지를 결정하는 데 도움을 준다.

3) 운영중심평가의 장점과 제한점

운영중심평가모형의 중요한 특징은 프로그램의 개선에 초점을 두어 의사결정을 도와주기 위한 평가의 기능을 강조한다는 점이다.

운영중심평가모형의 장점은 다음과 같다.

첫째, 지속적인 평가를 통하여 피드백을 제공하고 의사결정을 위한 유용한 정보를 제공함으로써 프로그램의 개선에 직접적으로 기여할 수 있다.

둘째, 평가자에게 평가의 각 단계에서 다루어야 할 중요한 질문을 생성할 수 있도록 도움을 주어 평가의 초점을 명료화한다.

셋째, 프로그램 진행과정의 어느 단계에서도 필요에 따라 평가를 시행할 수 있다. 따라서 프로그램의 시행과 변화에 따른 모든 요소를 평가할 수 있다.

운영중심평가가 갖는 제한점은 다음과 같다.

첫째, 평가자와 의사결정자의 역할이 구분됨으로써 평가자는 의사결정자의 관심과 요구에 적합한 정보만을 제공하게 되고, 의사결정자는 평가자가 제공하는 정보의 수준과 범위 내에서만 판단을 하게 되는 상호 구속적인 관계를 갖게 된다. 따라서 평가의 중요한 측면이면서도 의사결정자의 관심이 아닌 경우 평가에서 제외되는 경우가 발생한다.

둘째, 의사결정자에게 가치판단을 위임함으로써 평가자의 역할이 경시될 수 있다. 평가자의 정보제공을 위한 기능만을 강조하므로 평가자라기보다는 방법론자의 역할만을 제한적으로 수행할 수 있다.

셋째, 완벽하게 실천하기에는 경비가 많이 들고 너무 복잡하다.

3. 소비자중심평가

소비자중심평가모형(consumer-oriented evaluation approach)은 1960년대 중후반부터 미국 연방정부의 기금이 교육과정개발에 투입되면서 그 프로그램들이 학생이나 교사에게 얼마나 필요한지를 설명하고, 시장성, 유용성, 생산성 대비 효과 등을 분석하는 과정에서 Scriven(1974)에 의하여 제안되었다고 볼 수 있다. 이 모형은 교육을 위하여 사용되는 모든 것을 교육상품으로 보고 나아가 교육의 행위도 서비스로 간주하여 교육 프로그램의 대상인 소비자가 무엇을 원하고 필요로 하는가에 관심을 두는 평가모형이다.

1) Scriven의 평가모형

Scriven은 평가를 사물의 가치나 장점을 체계적으로 판단하는 일이라고 정의하고, 교육 프로그램을 평가하는 데 있어서 단지 목적달성 여부만을 판단하는 것이 아니라 그 목적달성이 소비자의 복지향상에 기여하는지를 판단해야 한다고 주장하였다. 또한 교육 프로그램의 목적에 관계없이 소비자의 요구를 기준으로 실제적인 가치를 판단해야 한다고 보았다.

그러므로 평가전문가는 소비자의 대리인으로서 역할을 하여야 하며, 실제적으로 소비자 요구분석을 실시하고 그 결과를 고려하여 마치 '소비자 보고서'의 형식과 유사하게 교육 프로그램의 가치를 판단해야 한다. Scriven(1974)은 교육 프로그램의 선택이나 존속 여부를 진단해 줄 수 있는 평가준거로서 교육목표의 달성 여부, 예상되는 결과, 의도되지 않은 부수적인 효과, 교육관계자들에게 미치는 긍정적·부정적 효과, 실용성, 도덕적인 고려, 비용의 7가지를 제시하였다.

이후에 이 준거체제를 근거로 하여 미국 연방정부의 지원하에 개발된 90개 이상의 교육 프로그램을 심의·평가하는 데 사용하면서 지속적으로 평가준거의 수정 및 보완이 이루어졌으며, 1991년에 다음과 같은 핵심적인 평가 체크리스트를 제시하였다. 이 체크리스트는 평가에 관한 다양한 관점을 수용하여 다양한 방법으로 여러 차원을 측정하려는 복합적인 활동으로서의 평가관을 반영하고 있다.

- 평가대상(evaluand)에 대한 기술
- 평가 의뢰자 확인
- 평가와 평가대상의 배경 및 상황 파악
- 사용 가능한 자원의 파악
- 평가대상의 수행에 대한 기술
- 실행체제에 대한 파악
- 소비자(사용자 및 수혜자) 확인
- 각 소비자 집단의 요구와 가치 파악
- 교육 프로그램의 의도적 · 비의도적 효과 파악
- 일반화 가능성
- 비용
- 유사 프로그램과의 비교 결과
- 프로그램의 특성에 대한 종합적인 기술
- 제언
- 평가보고서 작성
- 메타평가

2) CMAS 체크리스트

소비자중심평가모형에서 제안하는 체크리스트들은 교육 프로그램의 선택에 필요한 정보를 수집해야 할 책임이 있는 교육자에게 유용한 보조기구가 될 수 있다. 그중에 하나인 Morrisett과 Stevens(1967)에 의해 개발된 CMAS(Curriculum Materials Analysis System)는 다음과 같은 단계로 시행된다.

① 교육 프로그램에 대한 기술
② 프로그램의 원리 및 목적에 대한 분석
③ 프로그램 시행을 위해 요구되는 선행조건 고려
④ 프로그램의 인지적 · 정의적 내용 고려
⑤ 교수 · 학습이론 및 교수전략에 대한 고려
⑥ 프로그램에 대한 기술, 보고, 제언을 포함한 포괄적인 판단

이 외에도 1960년대 중반 Komoski에 의해 주도되었던 Educational Products Information Exchange(EPIE)에서 제공하는 체크리스트, 미국 교육부 산하 Program Effectiveness Panel에서 사용된 평가준거(Tallmadge, 1977)를 비롯하여 Tyler와 Klein(1967), Eash(1970) 등에 의해 소비자중심평가를 반영하는 다양한 분석체제 및 체크리스트들이 개발되어 교육 프로그램의 평가에 유용한 도구로 사용되었다.

3) 소비자중심평가의 장점과 제한점

소비자중심평가는 정보나 시간이 부족한 교육자들로 하여금 교육 프로그램을 포함한 관련 상품에 대한 평가결과를 구체적이고 신속하게 제공해 줄 수 있다는 장점이 있다. 또한 교육 프로그램의 선택에 있어서 중요시 해야 할 준거가 무엇인지에 대한 구체적인 지침을 제공하며, 앞서 소개된 체크리스트들은 교육 프로그램에 대한 간편하고 유용한 평가도구로 활용될 수 있다.

그러나 교육 프로그램의 사전 심의 및 평가를 위해 소요된 시간과 비용이 교육상품의 가격을 높이게 되어 결국에는 소비자의 부담이 증가되는 결과를 초래할 수 있다. 또 엄격한 평가준거를 강조하게 되면 프로그램의 개발 및 시행에 있어서 창의성을 제약할 수 있으며, 표준화된 준거는 학교나 지역 고유의 독창성을 제대로 반영하지 못한다는 제한점이 있다. 그리고 소비자의 입장만을 고려한 나머지 교사나 교육과정 개발자들의 의욕이 저하될 수 있다는 점을 유의해야 한다.

4. 전문가중심평가

전문가중심평가모형(expertise-oriented evaluation approach)은 가장 오래되고 널리 쓰이는 모형으로 전문가의 판단에 의하여 교육제도, 프로그램, 교육상품, 교육활동 등을 평가하는 방법을 의미한다. 전문가의 판단을 중시하는 접근은 그 기원을 정확히 파악하기가 어렵지만 교육 분야에서 공식적으로 사용되기 시작한 것은 1800년대 각 대학이 입학조건을 표준화하기 시작했을 때부터이며, 비공식적으로는 공적으로 전문성을 부여받은 개인이 최초로 교육적 노력에 대한 판단을 하기 시작한 때부터 존재해 왔다고 볼 수 있다.

Worthen, Sanders와 Fitzpatrick(1997)은 전문가중심평가모형을 공식적 심의체제, 비공식적 심의체제, 특별전담위원회의 심의, 특별전담 개인심의 등으로 구분하고 있다. 그 분류준거와 각 모형들의 차이점은 〈표 23-1〉과 같다.

〈표 23-1〉 전문가중심평가모형의 특징

유형	전담 기구	공표된 기준	구체화된 계획	다수 전문가의 의견	평가결과의 영향력
공식적 심의체제	있음	있음	있음	포함됨	대체로 있음
비공식적 심의체제	있음	거의 없음	가끔	포함됨	대체로 있음
특별전담위원회의 심의	없음	없음	없음	포함됨	때때로 있음
특별전담 개인심의	없음	없음	없음	포함되지 않음	때때로 있음

교육적 감식과 비평모형은 앞의 분류기준에는 적합하지는 않으나 전문가중심모형의 하나로 볼 수 있으므로 여기서 함께 소개한다.

1) 공식적 전문심의체제(formal professional review systems)

공식적 전문심의체제는 정기적 심의를 행하기 위한 구조나 조직, 심의에서 사용할 공표된 기준과 도구, 사전에 수립한 계획, 가치판단을 위한 여러 전문가들의 견해, 심의대상에 대한 평가결과의 영향력 등을 포함하고 있다.

가장 친숙한 공식적 전문체제는 **인정평가**(accreditation)체제로서, 이것은 인정평가협회와 같은 공식적 기구가 학교, 대학, 병원과 같은 기관을 승인하는 과정을 의미한다. 1800년대 후반에 미국은 서구유럽의 학교감사체제를 도입하여 국가적 · 지역적 수준의 인정평가협회를 설립하기 시작하였고, 이와 유사한 노력들이 교육뿐 아니라 의료와 법률 등 여러 분야에서 시도되었다.

현재의 인정평가체제는 전문성을 가진 사람들만이 동료의 활동을 평가할 수 있다는 가정에 근거하고 있다. 따라서 인정평가팀의 구성원들은 전문직으로부터 선출되어야 하고 평가기준과 준거 역시 전문단체의 구성원들에 의해 개발되어야 한다. 예를 들어, 교사교육기관에 대한 인정평가기준은 현장교사나 교사교육을 맡고 있는 전문가들로 구성된 위원회에서 결정되어야 한다.

Scriven(1984)은 현재의 인정평가체제에 나타나는 공통적인 특성으로 공표된 기준, 기관의 자체연구, 전문가로 구성된 외부평가팀의 구성, 현장방문 평가, 대상기관에 대한 현장평가팀의 결과보고(조언 포함), 전담위원회에 의한 보고서 심의, 인정기관에 의한 최종보고와 인준결정 등을 제시하였다.

2) 비공식적 전문심의체제(informal professional review systems)

심의를 위한 기구가 조직되어 있고 다수의 전문가들로 구성되어 있으나 공표된 기준이나 구체화된 심의계획을 가지고 있지 않는 심의체제를 의미한다. 연방정부의 요구에 따른 주정부 교육국의 재정지원을 받은 프로그램과 프로젝트에 대한 평가체제, 교수의 승진이나 종신재직을 결정하기 위한 심의체제, 전공별 전문가로 구성된 대학원생 평가를 위한 장학위원회의 심의, 전문적인 정기간행물에 투고된 논문에 대한 동료들의 심의 등이 그 예가 된다.

3) 특별전담위원회 심의(ad hoc panel review)

상황에 따라 필요한 경우에만 전문위원회에 의해 비정기적으로 실시되는 심의를 의미한다. 이와 같은 심의에서는 평가를 위해 조직화된 기구나 미리 결정된 기준이 거의 없으며 평가정보에 대한 요구가 있을 경우에만 일회적으로 이루어진다.

이러한 예로 자금지원기관의 전문위원회(funding agency review panels)에 의한 심의와 관련 분야의 최고권위자로 구성된 특별전문위원회(blue ribbon panel)에 의한 심의를 들 수 있다. 자금지원기관의 전문위원회에 의한 심의에서는 일반적으로 동료심의위원회(peer-review panels)를 이용하여 연구계획서를 검토한다. Worthen과 White(1987)는 연구계획서 심의를 위해 심의준비(심의자 선정, 심의단 구성, 심의도구의 사용에 대한 심의자 훈련 등), 심의실시(개별평가 절차, 전체 심의단 평가절차, 편견 제거방법 등), 심의결과의 제시(심의결과의 요약) 등과 같은 절차를 활용할 것을 제안하였다.

최고권위자로 구성된 특별전문위원회에 의한 심의에서는 관련 분야에서의 경험과 전문성을 바탕으로 특정 상황을 검토하고 관찰한 것을 문서화하며 조치를 위한 권고를 하게 된다. 많은 지방교육자치단체에서는 교육활동에 대한 평가를 위하여 전문위원회에 의한 심의체제를 활용하고 있다. 이 경우 심의위원회의 권고가 중요한 영향을 미치기도 하지만 그 권고를 따르게 할 만한 공식적 기구가 없기 때문에 무시되는 경우도 적지 않다.

4) 특별전담 개인 심의(ad hoc individual review)

해당 분야의 권위자로 인정받고 있는 특정 개인에게 프로그램을 심의하도록 하는 방법으로서 교육적 · 사회적 · 상업적 프로그램이나 활동에 대해 개인이 검토하도록 고문을 기용하는 방법은 실제에서 많이 활용되고 있다. 특히, 교재 · 훈련 프로그램, 수업매체, 직업관련 검사, 프로그램 계획과 같은 것을 평가하는 데 유용하게 사용되고 있다.

5) 교육적 감식과 교육비평(educational connoisseurship and criticism)

Eisner(1975, 1991)는 과학적 · 기술적 접근을 취하고 있는 목표중심평가, 운영중심평가가 개별현상의 고유성을 무시하고 현재 또는 인간의 경험이 지닌 질적인 측면을 경시하고 교육의 개별화와 인간화를 가로막는 장애물이 되어 왔다고 비판하였다. 그는 이러한 문제를 해결하기 위해 그의 예술교육에 대한 관점을 질적인 형태로 조합하여 교육적 감식과 교육적 교육비평이라는 평가관점을 제시하였다. 그에 의하면 교육평가는 예술작품을 평가할 때 그 분야의 전문가들이 사용하는 방식과 절차에 의해 이루어져야 한다.

감식은 관찰대상의 특징을 이해하고 그들 사이의 관계를 깨닫는 감상술(art of appreciation)로서 감식가는 실세계의 복잡성을 파악하고 그러한 복잡성을 인식할 수 있는 세련된 지각능력을 소유한다. 감식가의 예리한 지각력은 대부분 그에 대한 지식과 관련 선행경험의 축적을 통해 얻게 된다. 감식은 공적인 기술이나 판단을 요구하지는 않으며, 이후의 비평 영역으로 감식가를 끌어들이기 위한 사적인 성질의 행동이다.

비평은 감식을 통해 지각한 사건이나 사물의 특질과 중요성을 밖으로 표현하는 일종의 표출술(art of disclosure)로서 공적인 성질의 행동이다. 대상의 속성을 얼마나 언어적으로 생생하게 조명해 주느냐가 관건이 되며, 이를 위해 은유, 유추, 시사, 암시 등의 방법이 사용된다. 비평은 부정적 평가가 아닌 평가대상이 지니고 있는 특성을 인식하도록 하기 위한 교육적 과정이다. 비평이 제대로 이루어지기 위해서는 관찰대상에 대한 기술과 해석 및 평가가 모두 이루어져야 한다.

기술적 측면의 비평은 교육현상을 사실 그대로 묘사하고 표현하는 것으로서 관찰과 감상을 통해 얻은 교육현상의 질적 속성을 정확하게 기술하고 묘사하는 데 중점을 둔다. 해석적 측면의 비평은 교육현상에 대한 기술을 바탕으로 사회적 맥락 속에서 수행된 다양한 형태의 행동이 지닌 의미와 중요성을 이해하고, 그 가치를 논리적으로 설명하는 것을 의미한다. 이는 다양한 사회과학적 지식과 교육적 경험을 통한 실제적 지혜를 바탕으로 이루어진다. 평가적 측면의 비평은 기술하고 해석한 현상에 대해 교육적 의미와 가치를 발견하고 질적으로 판단하는 것을 의미한다. 평가자는 평가대상에 대한 관찰과 해석을 바탕으로 교육 실제의 성격과 그의 개선에 관한 결론을 유추해 내야 한다.

감식과 비평의 관계에 대해 Eisner는 감식이 비평의 대상을 제공해 준다는 점에서 감식과 비평은 상호 관련되어 있다고 보았다. 즉, 감식은 비평 없이 이루어질 수 있으나 감식을 거치지 않은 비평은 존재하지 않는다.

Eisner의 평가관점에 대해 일반적으로 제기되는 비판은 평가의 타당성과 일반화 가능성의 문제다. Eisner는 교육비평의 타당성을 확보하기 위해 구조적 확증(structural corroboration)과 참조적 적합성(referential adequacy)을 활용할 것을 제안하였다. 구조적 확증은 현상에 관한 결론을 그 현상의 맥락에 적합한 조건과 사실들을 이용하여 확인 · 검증하는 방법을 의미하며, 참조적 적합성은 비평가가 기술 · 해석 · 가치판단한 근거가 실증적으로 그 현장에서 발견되는가를 검증함으로써 비평의 적합성을 확인하는 것을 의미한다. 한편, 교육비평의 일반화 가능성에 대해서는 일반화가 하나의 연구결과를 다른 상황에 대한 판단에 사용하는 것을 의미한다면 계속되는 교육비평을 통해 얻게 되는 정교화된 감식기술과 구체적 사례를 통해 얻게 되는 예견을 통해 일반화의 증거를 확보할 수 있다고 주장한다.

교육비평에서는 예술비평이나 포도주 감식에서 이루어지는 평가와 유사하게 평가자가 곧 평가도구가 되며, 자료수집, 분석, 판단은 주로 평가자의 내면에서 이루어진다. 따라서 평가자의 전문성이 평가의 타당성을 확보해 주는 가장 중요한 요소다.

6) 전문가중심평가의 장점과 제한점

전문가중심평가는 평가과정에서 전문가의 판단과 인간 지혜의 중요성을 강조한다는 점에서 중요한 의의를 갖지만 평가자의 개인적 편견이 반영되기 쉽기 때문에 이것이 곧 제한점이 되기도 한다.

인정평가와 같은 공식적 전문심의체제는 다음과 같은 장점을 가지고 있다.

첫째, 교육기관의 효과를 평가하기 위한 준거와 지침의 개발을 통해 교육의 수월성을 촉진시킬 수 있다.

둘째, 지속적인 자체연구와 평가를 통해 기관의 개선을 격려할 수 있다.

셋째, 학문공동체, 일반대중, 전문가, 다른 기관들에게 특정기관 또는 프로그램이 명백히 정의된 적절한 교육목표를 가지고 있고, 목표달성을 촉진하기 위한 조건을 갖추고 있으며, 실질적으로 그 목표가 달성되고 있고 지속적인 성취를 기대할 수 있도록 조직되고 지원받고 있다는 것을 확신시켜 줄 수 있다.

넷째, 기관을 설립하고 개발하는 데 상담과 지원을 제공할 수 있다.

다섯째, 교육적 효과 또는 학문적 자유를 침해하는 상황으로부터 기관을 보호할 수 있다.

한편, 공식적 전문심의체제의 단점은 다음과 같다.

첫째, 사소한 것과 중요한 것에 대한 평가기준의 가중치가 제시되지 않아 비합리적인 심의 결과를 초래할 수 있다.

둘째, 고정된 목표만을 추구함으로써 부수적 효과를 간과할 수 있다.

셋째, 심의팀을 구성하는데 관리자의 편견이 영향을 미칠 수 있다.

넷째, 기관으로부터의 심한 비판을 차단하는 과정이 존재할 수 있다.

비공식적 동료심의체제(informal peer-review systems)와 특별전문심의체제(ad

hoc professional review)는 짧은 시간에 최대한 많은 정보를 수집하여 평가정보의 중요한 측면을 요약할 수 있고, 다수의 관찰자와 면접자를 활용하여 교차타당화를 확보할 수 있는 이점을 가지고 있다. 그러나 보수적이고 배타적이며 이해관계에 좌우될 수 있고, 공적 보고서라는 것 때문에 자신들의 견해를 대담하게 밝히지 않는 경향이 있으며, 개별 전문가의 전문성과 지각에 의존하기 때문에 개인적 편견이 개입할 수 있는 제한점을 갖는다.

평가에 대한 교육적 감식과 비평모형의 가장 중요한 특징은 교육적 관찰에 대한 질적인 해석을 시도하였다는 점이다. 선행훈련, 경험, 정련된 지각능력을 강조함으로써 다양한 교육 실제에 대한 교사의 이해력을 높이고 평가자료의 해석을 깊이 있게 할 수 있는 장점을 지니고 있다. 또한 평가자의 전문적 판단능력에 대한 강조는 교사의 평가자로서의 전문성 확보라는 측면에 많은 시사점을 제공한다. 그러나 평가자의 전문성에 대한 지나친 의존은 자칫 평가의 주관성 문제를 초래할 수 있으므로 공평함과 정확함이 요구되는 공적인 프로그램 평가에는 적합하지 않다. 또한 교육적 감식과 교육비평의 능력을 소유하고 있는 평가자가 별로 없으며 동일한 방법론으로 광범위한 대상을 평가하기에는 한계가 있다.

5. 반론중심평가

반론중심평가는 대부분의 평가에서 완전히 배제될 수 없는 편견을 통제하기 위해 시도된 평가의 하나로, 평가과정 내에서 긍정적인 관점과 부정적인 관점을 결합함으로써 균형을 유지하여 평가의 공정성을 보장하기 위한 방식이다. 하나의 평가에서 대립되는 견해를 모두 다룸으로써 평가대상의 의견을 광범위하게 수렴할 수 있으며, 교육 프로그램의 장점과 단점을 조명하는 데 유용하다. 반론중심평가는 반대되는 관점을 의식하기 때문에 찬반토의식 평가라고도 불리며, 본래 법정의 배심원제와 재판형식을 평가에 도입하여 교육적 의사결정에 이용하려는 데서 출발하였기 때문에 법정모형 또는 배심원적 평가라고도 한다.

1) 법정평가모형과 찬반토의식 평가모형

반론중심평가는 낭비와 부패를 평가하고 정부의 효율성을 재고하기 위하여 모의재판과 배심원제도를 평가에 도입하려는 Rice(1915)에 의해 처음으로 제안되었다.

Guba(1965)는 평가에 법률적 패러다임을 사용해야 한다고 주장하였다. 또한 Owen(1973)은 가상적 학교교육과정평가에 반론적 평가과정(adversary proceeding)을 도입하였으며, 이로 인하여 이후의 다양한 경험적 연구들이 시행되었다.

Wolf(1975)는 배심원단에 의한 재판과 행정적인 심문에서 개념을 빌려 평가 안에 고소인, 변호인, 증인, 판사, 배심원을 포함하는 **법정평가모형**(judicial evaluation model)을 제안하였으며, 다음과 같은 단계에 따라 진행된다.

① 쟁점 일반화: 평가대상에 대한 확인을 위한 단계로 심문에서 주장될 쟁점에 대한 이해를 위해 자연주의적 연구 패러다임을 사용하는 것이 일반적이다.
② 쟁점 선택: 평가에서 다룰 수 있도록 쟁점의 범위를 축소시키고, 평가의 대상이 되는 교육현안에 대한 적절성을 분석하는 단계다.
③ 논쟁 준비: 나타날 수 있는 두 가지 반대되는 관점에 대한 논쟁을 발전시키기 위하여 증거를 수집하는 단계며, 반대되는 두 관점 사이에 정보를 공유하는 것이 필수적이다.
④ 심문(the hearing): 최종적인 심문단계다. 이 단계에서 자료가 공식적으로 제시되고 이에 대한 논쟁이 이루어진다. 이를 기초로 배심원단에 의해 쟁점에 대한 의견이 결정된다.

이와 같은 법정평가모형에 대해서 평가 프로그램에 법률적인 패러다임을 적용하는 데 문제가 있다는 비판이 있지만, Wolf(1979)는 그의 의도가 법정의 재판과정을 그대로 복사하기 위해서가 아니라 평가 프로그램에 대한 은유(metaphor)로써 사용하였다는 것을 분명히 하였다.

2) 다른 형태의 반론중심평가모형

찬반토의식 평가모형과 같이 단지 상반되는 입장을 가지는 평가방식을 변형하여 두 가지 이상의 다양한 관점을 가진 평가모형이 제안되었다. St. John은 이러한 평가방식을 위원회중심평가라고 명명하였으며, 평가와 관련된 모든 사람이 모여서 공청회를 실시하고 견해에 대해 설명함으로써 다양한 관점 사이의 합의가 도출되는 것을 특징으로 한다고 하였다. 한편 반론중심평가를 적용한 평가의 다른 형태로써 긍정적인 견해와 부정적인 견해에 대한 논쟁의 단계를 거치지만 심문의 과정이 없는 평가모형들도 있다(Kourilsky & Baker, 1976; Levine, 1974; Nafziger, Worthen & Benson, 1977).

이와 같이 반론중심평가를 변형한 다양한 평가모형이 존재한다. 이러한 평가모형들은 모두 공식적으로 주장이 표명되고, 이 주장을 듣고 공정한 판단자에 의해 판정이 내려진다는 점과 과정 중에 제시된 논의와 증거에 의해서만 결정이 이루어진다는 데 이들 모형의 공통점이 있다.

3) 반론중심평가의 장점과 제한점

평가과정에서 있을 수 있는 관점에 대한 반론을 중심으로 교육 프로그램의 질을 판단하는 평가방법은 찬반토론의 개념 자체가 평가대상의 긍정적 측면과 부정적 측면 모두를 잘 밝혀준다는 장점이 있다. 또한 경쟁의 원리를 이용하므로 청중의 정보에 대한 욕구를 가장 유익하고 흥미로운 방식으로 만족시킬 수 있다. 반론중심평가는 다양한 입장에 대해 청취하고 이해해야 하며, 이해 당사자들의 참여에 제한이 없기 때문에 개방성을 특징으로 한다. 한편, 하나의 관점이 반대의 관점에 의해 평가되기 때문에 어떤 의미에서 메타평가라고 할 수 있다. 반론중심평가는 하나의 독립된 평가모형으로 사용될 수도 있지만 어떤 평가방식과도 결합될 수 있는 광범위하고 다원적인 특성을 가지고 있다.

그러나 법률적 패러다임을 평가에 적용함으로써 교육평가에는 불필요한 법정 관행에 구속될 가능성이 있으며, 특정 위기나 쟁점이 있을 때에만 평가를 수행하는 것으로 오해할 소지가 있다. 또한 관점 간에 경쟁적인 요소를 지니기 때문에 자발적인 합의를 도출하기가 어려운 것이 사실이다. 반론중심평가를 통한 판단에 있어서 빠지기 쉬운 오류 중에 하나는 프로그램의 장점이나 단점보다 설득이나 논쟁의 기술이 판단에 많은 영향을 미칠 수 있다는 것이다. 이 외에도 재판관의 역할을 하는 판정자의 자질에 따라 평가의 결과가 달라질 수 있으며, 상대적으로 많은 시간과 비용, 준비를 요구한다는 점도 고려되어야 한다.

그러므로 반론중심평가는 다음의 경우에 유용하게 적용될 수 있다.

- 평가목표가 여러 사람에게 영향을 미치는 경우
- 평가목표에 관한 논란이 많은 관심을 불러일으키는 경우
- 총괄적인 판단을 내려야 할 경우
- 평가자들이 외부인사인 경우
- 관련된 쟁점이 명확한 경우
- 행정가들이 반론중심적 접근의 장점을 이해하고 있을 경우
- 찬반토의를 위해 요구되는 추가적인 비용이 마련되어 있는 경우

6. 참여자중심평가

1960년대 후반부터 전통적 평가방식에 대한 비판과 함께, 대부분의 교육평가에서 간과되고 있던 인적 요소에 대한 논의가 활발하게 전개되면서 교육활동과 환경에 대한 직접적인 경험을 강조하는 새로운 평가방법이 시도되었다. 참여자중심평가는 자연주의적 탐구방식과 평가하는 과정에의 참여를 강조한다는 특징이 있다.

참여자중심평가는 복잡한 맥락 속에서 인본적인 쟁점에 대한 총체적인 접근을 시도하며, 가치다원주의를 특징으로 하기 때문에 다른 평가모형에 비해 매우 다양한 접근방식을 취할 수 있다. 그럼에도 불구하고 이러한 평가모형 사이의 일반적인 특징은 다음과 같다.

• 귀납적인 추론에 의존한다.
• 다양한 자료를 사용한다.
• 표준화된 계획을 따르지 않는다.
• 단순한 사실보다는 복합적인 실제를 기술한다.

1) Stake의 반응적 평가모형

1970년대 Stake는 지금까지의 연구를 심화시켜서 **반응적 평가모형**(responsive evaluation)을 제안하였으며, 이는 프로그램의 의도보다는 실제 활동에 보다 직접적으로 관심을 가지고 정보에 대한 청중의 요구에 반응하는 평가라고 정의하였다. Stake는 자신의 평가모형은 평가에 있어서 이해 관련자의 관심과 쟁점에 주의를 기울이고 이에 반응하는 것이 본질적인 특성이기 때문에 새로운 평가모형이라기보다는 자연적으로 반응적인 평가를 하게 되는 것을 의미한다고 하였다.

반응적 평가에서는 평가자의 전문성이 절실히 요구되며, 평가에 있어서 사전에 계획을 세우는 것보다는 평가 실제에 따른 즉각적인 반응을 중요시한다. 그러므로 반응적인 평가자는 기존의 평가활동에 비해서 평가도구의 준비나 공식적인 자료처리와 보고서 작성에 드는 시간의 비중을 축소하고, 프로그램의 관찰과 이해 관련자의 의견 청취 및 비공식적인 보고서의 준비에 보다 많은 시간을 할애하게 된다.

2) Rippey의 교류적 평가모형

Rippey(1973)의 **교류적 평가모형**(transactional evaluation)은 한 상황에서 매우 성공적인 프로그램이 다른 상황에서는 그렇지 않을 수 있다는 인식에서 비롯된 것으로, 프로그램의 결과보다는 프로그램이 필연적으로 변화할 수밖에 없는 사회적 체제 내에서의 불균형과 갈등에 초점을 두는 평가다.

교류적 평가를 수행하기 위해서는 우선 중립적인 평가에 의해서 쟁점을 분류한 다음, 다양한 집단과의 만남을 통해서 자료와 정보를 수집한다. 그러고 나서 평가 이해 관련자 집단의 여론을 반영하여 프로그램을 재정의하고, 수행에 대한 동의를 얻고 프로그램을 모니터한다. 이러한 단계들은 새로운 갈등이 출현할 때마다 순환적으로 반복된다. 그러므로 교육 실제에 있어서 기대하거나 기대하지 않았던 결과에 대한 갈등을 해결하기 위해 변화에 대한 계속적인 평가를 시행해야 한다는 것을 의미한다.

3) Parlett와 Hamilton의 조명적 평가모형

조명적 평가모형은 교육 프로그램을 하나의 전체로서 인식하고 이에 대한 집중적인 연구를 위해 Parlett와 Hamilton(1976)에 의해 제안되었다. 전통적인 실험연구 패러다임에 반대적 입장을 취하며, 문화인류학적 패러다임과 부분적으로는 정신병리학, 사회참여 관찰연구에 근거하여 성장하였다. 그러므로 조명적 평가에서는 측정과 예측보다는 묘사와 해석에 평가의 일차적인 관심을 둔다.

조명적 평가를 실시하기 위해서는 우선 대상의 환경과 매일매일의 실제에 친숙해진 이후에 관찰을 시행해야 하며, 이후에는 선택한 쟁점이나 문제점에 대한 보다 심도 있는 탐구를 시행한 다음, 관찰된 결과들 사이의 인과관계를 설명하는 단계를 거친다. 이를 위해서 평가자는 현장에서 많은 시간을 보내야 한다. 그러므로 조명적 평가는 소규모의 프로그램을 평가하는 데 적절하며, 프로그램의 중요한 특징, 문제점을 설명하는 것을 목적으로 하므로 판단을 내리기보다는 발견하고 기록하고 논의하는 것을 주요 활동으로 한다.

4) MacDonald의 민주적 평가모형

MacDonald(1974, 1976)는 평가연구를 세 가지 유형으로 분류하였다. 첫째, 관료적 평가는 평가를 후원하는 행정기관이나 관료가 평가정보를 통제하고 평가보고서를 소유하는 형태며 둘째, 독자적 평가는 평가자가 평가연구의 주체로서 학술지와 후원자에게 평가결과를 보고하는 평가를 말한다. 이 두 가지 평가와는 달리 MacDonald가 제안하는 민주적 평가는 지역사회를 위해 평가정보를 활용하며, 특정한 이익집단의 주장을 평가에 반영하지 않는 평가를 의미한다.

민주적 평가에서 평가자는 다양한 관련 집단들 사이에 일어나는 정보교환의 중개역할을 한다. 민주적 평가모형은 평가가 기본적으로 정치적인 속성이 있다는 것과 가치다원주의에 대한 인정을 기반으로 하며, 청중들의 범위가 평가연구의 성패를 판단하는 주요 기준이 된다. 한편 민주적 평가모형에 의해 작성된 평가보고서는 정보의 유용성, 적절성, 내재적 흥미로 인해 널리 읽힐 수 있어야 한다고 하였다.

5) Guba와 Lincoln의 자연주의적 평가모형

Guba와 Lincoln(1981)은 자연주의적 탐구방식을 Stake의 반응적 평가에 연결하여 다양한 이해 관계자의 요구와 주장에 반응하는 것을 주요한 역할로 하는 **자연주의적 평가모형**을 제안하였으며, 이후에는 기존의 과학적 패러다임에 입각한 전통적인 합리주의적 평가의 문제점을 해결하고 대체할 수 있는 대안으로서 현상학적 · 해석학적 · 구성주의적 패러다임을 기반으로 하는 새로운 평가모형을 통칭하여 4세대 평가라고 명명하였다.

그러므로 평가방식을 미리 정하는 것이 아니라 평가과정에서 새롭게 제기되는 요구와 상황에 반응하여 평가자와 평가의뢰자가 협상을 통해 평가 근거 및 영역을 정하는 융통성 있는 반응적 논리에 의해 평가가 수행된다. 자연주의적 평가는 참여 · 관찰중심의 자연주의적 · 조명적 접근에 의거하여 협상하고 합의점을 도출해 나가는 방식으로 진행된다. 이때 평가자는 평가 관련자들의 주장 · 관심사 · 이해관계를 파악하여 이해집단 간의 합의를 통한 해결을 이끌어내기 위해 협상을 준비하며, 경쟁적인 요소가 최소가 될 때까지 해석학적 변증법적 순환과정을 거치면서 결론에 도달하도록 협상을 진행한다.

지금까지 소개된 다섯 가지의 평가모형들은 각각의 고유한 독특성을 지니고 있으면서도, 교육 프로그램 평가에 있어서 공통적으로 하나의 새로운 접근방식을 보여 준다. Hamilton(1977)은 전통적인 모형과 비교했을 때 다원주의적 평가모형은 보다 광범위하고, 보다 자연주의적이며, 보다 상황에 적응적이라고 묘사하였다. 이러한 차이는 지금까지의 전통적 평가모형이 전제하고 있던 객관적 · 실증적인 관점에서 상대적 · 다원적인 관점으로 인식론적인 토대의 전환이 전제가 된 것이다.

6) 참여자중심평가

참여자중심평가는 과학적 · 실증주의적 패러다임의 대안으로 현상학적 · 해석학적 · 구성주의적 패러다임을 배경으로 하는 새로운 평가방법을 제안하여 평가의 영역을 확대하였다. 정보수집을 위해 질적 방법을 도입, 평가과정에 있어서 가치관의 개입, 사회정치적 영향을 숨김없이 드러냄으로써 평가활동의 본질을 정확하게 이해하는 데 도움이 되었을 뿐 아니라 평가 관련자들의 반응을 중시한 유연한 평가를 수행할 수 있게 되었다.

한편, 평가에 있어서 인적 요인을 강조하며, 평가로 인해 불이익을 당할 수 있는 평가 관련자들을 고르게 배려함으로써 평가활동의 공정성과 민주성을 중시하는 계기를 제공하였다. 또한 평가 자체가 교육적이고 생산적인 활동이 되어야 함을 강조함으로써 평가활동 자체의 내재적 가치를 고양하는 데 기여하였다.

반면에 참여자중심평가에서는 평가에 개입하는 주관이나 선입견을 배제할 수 없으며, 개인적인 기준을 강조하기 때문에 매우 전문적인 평가자가 아니고서는 평가활동의 수행이 어렵다는 제한점이 있다. 평가에 있어서 평가자의 판단 역할을 배제함으로써 참여자중심평가에 속하는 일부 평가방식 자체가 평가의 역할을 수행하지 못하고 비평가적으로 되어 버릴 소지가 있으므로 적용에 주의를 요한다. 참여자중심평가를 수행하기 위해서는 과도한 시간과 비용뿐만 아니라 집중적인 노동력이 요구된다는 문제점이 있다. 이런 경우에는 연구대상의 제한을 가져오기 때문에 보다 신중한 사례 선택이 요구된다.

이상의 여섯 가지 평가에 관한 모형들은 어느 한 가지가 최상의 것이 아니며, 각 평가방법은 장점과 제한점을 가지고 있다. 또한 소개된 평가모형 중에는 개괄적이고 애매한 부분이 많아서 엄격한 의미에서는 아직 모형의 형태를 갖추지 못한 경우도 있다.

평가모형의 효과는 적용되는 상황에 따라 달라지는 것이 당연하기 때문에 특정한 평가모형에 대한 추종은 위험하다. 또한 일부의 평가자는 대안적인 평가방식을 결합시켜 사용하기도 하는데, 대안적 입장에 있는 평가모형은 각기 다른 철학적 가정에 기초한 것이 대부분이기 때문에 평가방법의 무조건적인 절충 역시 위험이 따른다. 그러므로 다양한 관점 사이에서 어느 하나의 평가모형을 선택하려 할 때에는 각각의 특성을 숙지하여 특정한 상황에서 상대적으로 보다 효과적인 모형을 선택해야 한다.

주요 단어 및 개념

목표중심평가모형
Metfessel과 Michael의 평가모형
Hammond의 평가모형
CIPP평가모형
소비자중심평가모형
CMAS 체크리스트
교육적 감식
참여자중심평가모형
법정평가모형
반응적 평가모형
조명적 평가모형
자연주의적 평가모형
Tyler의 평가모형
Provus의 불일치 평가모형
운영중심평가모형
UCLA(CSE)평가모형
Scriven의 평가모형
전문가중심평가모형
반론중심평가모형
인정평가
찬반토의식평가모형
교류적 평가모형
민주적 평가모형

연습문제

1 목표중심평가모형의 정의와 장단점을 설명하시오.

2 운영중심평가모형의 정의와 장단점을 설명하시오.

3 소비자중심평가모형의 정의와 장단점을 설명하시오.

4 전문가중심평가모형의 정의와 장단점을 설명하시오.

5 반론중심평가모형의 정의와 장단점을 설명하시오.

6 참여자중심평가모형의 정의와 장단점을 설명하시오.

제9부

교육평가의 과제와 전망

제24장

우리나라 대학입학전형제도

1. 대학입시제도의 변화

우리나라에서 현대교육의 시발점을 찾는다면 교육법이 제정된 1949년으로 볼 수 있다. 물론 한일병합 이후 일본의 점령으로부터 해방된 1945년을 우리나라 현대교육의 출발점으로 볼 수 있으나, 제도교육의 관점에서 본다면 교육법 제정 이후다. 해방 후부터 현재까지 대학입학전형제도의 변화는 〈표 24-1〉과 같다. 1986년까지는 이진재 외 4인(1986)의 분류에 기초한 것이다.

입시제도의 변화는 대학입학에 가장 큰 영향을 주는 시험으로서 국가에서 출제하였는지 아니면 대학에서 출제하였는지에 따라 크게 열 번의 변화가 있어 왔다. 또한 대학입학시험 출제의 주체가 변하지 않은 동일 시대에도 잦은 변화가 있음을 알 수 있다. 이진재 외 4인(1986)은 우리나라 대학입시제도의 개선이 해당 연도의 입시에서의 문제점을 보완하는 데 초점을 맞추거나, 근본적인 문제를 해결하기 위한 노력보다는 다른 형태의 시험으로 전환하여 문제점을 외면하였다고 비판하고 있다. 송병순(1992)도 우리나라 입시제도는 대중 요법적 특징과 순환적이며 조합적인 특징을 지니고 있다고 비판하고 있다. 성태제(1993) 역시 해방 이후 현재까지

〈표 24-1〉 대학입시제도의 변화와 내용

회	기 간	입시관리		입시 제도	입 시 내 용			비 고
		국가	대학		필수과목	선택	면접	
1	해방~1953		○	대학별 단독고사	국, 영, 수, 사회	1과목 이상		실과(선택)치중
2	1954	○	 ○	대학입학연합고사 대학별 시험	 3과목	 1과목	 ○	미반영 신체검사
3	1955~1961 1956 1958~1961		○ 일부 ○	자율경쟁 대학입시 무시험전형 무시험(10%) 시험전형(90%) 고교(30)+시험(70)	국, 영, 수, 사회, 과학 중 4과목 고등학교 성적 국, 영, 수, 사회, 과학 중 4과목	2과목 이내 2과목 이내	 ○	특정과목 학습 고교교육 저해 학적부를 생활기록부로
4	1962~1963 1963	○ ○		대학입학자격고사 대학입학자격고사	국 I, 영, 수 I, 사회, 과 1, 실 1 〃 자격만 부여	인문 1, 자연 1 실과		국가에서 자격고시와 서류전형 실시
5	1964~1968		○	대학별선발고사	3~4 과목		○	입시과목 다양화 자격고사
6	1969~1980	○	 ○	대입예비고사 대학본고사	고교 교육과정 필수, 선택과목 국, 영, 수, 사, 과			소수 과목으로 전환
7	1981	○		대입예비고사 고교내신성적	실과		○	과외금지조치 대학본고사 폐지
8	1982~1993	○		대입학력고사 + 고교내신성적	고교 교육과정의 전 과목			86~87논술고사 실시 88~93논술고사 폐지
9	1994~1999 2000~2001	○ ○	 ○ ○	대학수학능력시험 대학별 면접/논술 고교내신성적 대학수학능력시험 대학별 면접/논술 고교내신성적	언어, 외국어, 수리탐구, 과학탐구, 사회탐구	 제2외국어 추가	 ○ ○	국, 영, 수 중심 대학본고사 금지 면접/논술 6개 외국어 독일어, 프랑스어, 에스파냐어, 중국어, 일본어, 러시아어

10	2002~2004	○	○	대학수학능력시험 대학별 면접/논술 고교내신성적		특기 · 적성, 추천, 수상 경력, 봉사 활동 등	○	특별/일반전형 수시/정시모집
11	2005	○	○	대학수학능력시험 대학별 면접/논술 고교내신성적	모든 영역과 과목이 필수에서 선택으로 전환	언어, 수리, 외국어, 사회/과학/ 직업탐구, 제2외국어/ 한문	○	제7차 교육과정에 의한 대학수학능력 시험 영역 개편 (〈표 8-5〉 참조)
12	2008	○		대학수학능력시험 대학별 면접/논술 고교내신성적			○	대학수학능력시 험 점수로 9등급 점수만 제공
	2009		○	입학사정관제 도입			○	9등급 점수와 백분위점수 그리고 표준점수 제공
	2013	○	○	9차 개정교육과정에 근거한 출제로 언, 수, 외에서 국, 영, 수로 명칭 변경	수준별 교육 과정에 의한 국어 A, B 그리고 영어 A, B로 출제	수능 사탐과 과탐 과목을 3과목에서 2과목 선택으로 축소		국어 듣기 폐지, 영어 45문항 중 듣기 22문항, 동아시아사와 베트남어 추가
13	2014 ~ 2015	○	○	입학전형 방법 간소화: 수시 4개, 정시 2개 유형	영어 A, B를 통합	수시와 정시 분할 모집 금지		
14	2016	○	○		국어 A, B 통합 한국사 필수과목			수학이 다시 가, 나형으로 명칭이 변경됨, 한국사 필수, 절대평가, 표준점수 및 백분위 제공 않음
15	2017	○	○	수시 전형과 정시 전형	교육과정 변화에 따라 수능 수학 가, 나형으로 변경			한국사/영어 절대평가, 표준점수 및 백분위 제공 않음
	2018			정시전형의 학생선발 비율 30%				

대학입시제도가 여러 번 변하였어도 1958년부터 1961년까지 추천 등에 의한 일부 무시험 전형을 제외하고는, 가장 중요한 대학입학전형요소는 국어 · 영어 · 수학 중심의 지필검사의 점수였다고 지적하고 있다. 또한 2002학년도 대학입학전형제도가 다양한 대학입학전형요소를 반영한다 하여도 아직까지 대학수학능력시험 결과가 대학입학에 영향을 가장 많이 주고 있다. 물론 특별전형제도가 있어서 대학수학능력시험 점수의 영향력을 감소시키고 특기, 재능, 수상경력, 경시대회 입상 등에 의하여 대학에 입학할 수 있다. 그러나 이는 소수이며 대부분이 검사점수 결과에 의하여 대학입학이 결정된다고 볼 수 있다.

대학입시제도의 변화를 분석해 보면 대학자율에 의한 대학생 증가와 질적 저하의 문제가 나타난다. 국가에서 대학입학을 위한 검사를 실시하는 과정에서 민주화의 요구와 국가관리의 문제점이 노출되면 대학에서 대학입학시험을 출제하게 된다. 그러나 대학별 고사를 실시하는 과정에서 부정입학과 대학 신입생들의 질 저하 등의 문제가 야기되면 대학교육의 질을 통제하기 위하여 국가가 대학입학을 위한 검사를 출제하였고, 국가에서 검사출제 시 문제 유출 등의 문제가 발생하면 다시 대학에서 출제하는 순환을 거듭하였다.

해방 후에는 국가단위의 검사를 실시할 수 있는 준비가 되어 있지 않아 대학별 단독고사를 실시하였다. 대학생 정원 미달은 한국전쟁 전후 대학생들에게 병역사의 징 · 소집 유보 특전으로 대학생이 대폭 증가하였으며, 대학부정입학과 대학생 학업능력의 질 저하 등의 문제로 정부가 국가단위의 연합고사를 1954년도 실시하였으나 대통령의 지시로 각급 학교 입학은 자율경쟁에 맡겨져 시험결과를 반영하지 못하였으며, 1955년도부터 1961년까지 대학입학은 대학자율에 맡겨졌다.

일부 대학은 고등학교 성적만 가지고 대학에 입학하는 무시험전형을 실시하였고, 1958년부터 1961년까지 10%는 무시험 그리고 90%는 시험전형으로 구분하고 시험전형의 경우 고교성적과 대학별시험 결과를 반영하였다. 5 · 16 군사정부는 사립대학의 부정입학과 정원 외 입학으로 인한 대학 졸업생의 질 저하와 미취업 등의 문제가 야기되자 1962년부터 국가에서 국어, 영어, 수학, 사회, 과학, 실과의 대학입학자격고사와 대학적성시험을 실시하고 서류전형까지 문교부에서 실시하여 대학생 모집정원의 110%를 선발하였다. 그러나 정원 미달, 사학의 반발 등으로 대학입학자격시험과 대학적성시험을 폐지하고 1964년부터 1968년까지 대학별 선발고사를 실시하게 하였다. 각 대학은 입시과목의 필수와 선택과목을 자율적으로 선정하면서 일관성을 잃어 고등학교 교육의 혼란과 특정교과 위주의 교육을 조장한다는 비판을 받았다.

1969년부터 국가에서 대학입학예비고사를 실시하였다. 대학입학예비고사는 처음에 우리나라 대학의 입학 여부를 결정하는 자격고사였으나 나중에는 시·도별로 다른 점수를 부여하여 지역에 따라 지원 여부를 결정하는 형태의 검사로 변하게 되었으며, 나아가서는 시험점수가 대학입학에 반영되었다. 시험과목도 국어, 영어, 수학, 사회, 과학, 실업·가정에서 실업과 관련된 과목이 추가되고 1979년부터는 인문계와 자연계를 위하여 다른 과목의 문제가 출제되었다. 특히 1980년 군사정부는 7·30 특단의 과외금지 조치를 취하여 어떠한 형태의 과외도 불법으로 규정하였으며, 1981년에는 대학별고사를 폐지하고 대학입학예비고사 점수와 고교내신성적을 대학입학전형에 반영토록 하였다.

1982년부터 대학입학학력고사를 실시하여 검사점수가 대학입학에 중요한 영향을 주게 하였으며, 고등학교 교육에 학생들이 학교수업에 전념할 수 있도록 고등학교 내신성적을 대학입학전형 요소로 반영하게 하였으며, 대학별고사를 실시하지 못하게 하였다. 고등학교 내신성적은 전과목 평균점수에 의하여 상대적 서열을 부여한 후 11등급으로 분류하였으며, 대학들은 1986년부터 1988년까지 논술고사를 실시하였다가 1989년부터 1993년까지 폐지하였다. 대학입학학력고사가 출제하는 과목이 전 교과목이기 때문에 학습부담뿐 아니라 사교육비를 증가시켰다. 결국 학습부담을 줄이고 고등정신을 함양시키기 위하여 통합교과적으로 출제하는 대학수학능력시험을 1994년부터 실시하였고, 고교내신성적을 반영하였으며, 대학별 고사를 허용하였다.

대학수학능력시험은 200점 만점으로 실시되다 400점 만점으로 변화되었으며 2000년부터는 제2외국어가 추가되었다. 대학별 고사는 국어, 영어, 수학 중심의 지필검사였으나 1998년부터는 국어, 영어, 수학 중심의 지필검사는 금지되었고 논술과 면접시험으로 대치되었다. 1982년부터 1994년까지의 대학입시제도에서 대학입학에 가장 큰 영향을 주는 전형 요소는 크게 3가지로 분류되는데, 첫째는 정부에서 실시하는 검사, 둘째는 대학에서 실시하는 검사, 셋째는 고등학교의 내신성적의 삼각구도체제를 이룬다.

1998년에 발표된 2002학년도 대학입학전형제도는 전공적성을 중시하는 대학입학전형제도로서 특별전형과 수시모집이 허용되었으며, 특별전형은 학생의 특기, 적성, 재능, 수상경력, 봉사활동, 특이사항 등이 전형 요소로 반영되어 전공적성, 특기교육을 강화시키려 하였다. 새로운 대학입학전형제도는 대학을 특성화, 다양화하여 대학의 서열을 완화시켜서 대학들이 각 대학에 맞는 학생을 선발하도록 대학에 자율권을 확대하는 제도로서 다양하고 타당한 대학입학전형제도가 대학마다 수립될 수 있도록 하였다.

2005학년도 대학입학전형제도는 기존 대학입학시험정책의 기본방향을 일관되게 유지하는 것을 우선으로 하지만, 제7차 교육과정의 특성을 반영하여 학생의 수험부담을 적게 하고 진로와 흥미에 따른 집중이수가 가능하도록 하는 등 새로운 고등학교 교육과정의 운영을 지원할 수 있는 대학수학능력시험 체제를 유도하고 있다. 또한 대학별 전형방식의 다양화와 특성화를 강화하도록 지원하고, 대학수학능력시험을 다양한 전형자료 중의 하나로 활용하도록 하며, 대학의 모집단위 특성에 따라 선택교과의 활용을 확대하도록 유도하고 있다. 그리고 직업탐구 영역을 신설하여 실업계 고교생들의 학습의욕과 자긍심을 높여 주고자 하였다.

2007학년도에는 대학수학능력시험 점수의 영향력을 약화시키기 위하여 백분위점수나 T점수 대신에 9등급 점수를 제공하였다. 그러나 각 영역에서 출제되는 검사의 9등급 점수는 학생들의 능력을 변별하지 못하는 문제점을 제기하면서 2008학년도부터 다시 백분위점수와 표준점수인 T점수를 제공하고 있다. 2009학년도부터는 대학수학능력시험 점수, 고교내신 이외의 학생이 지닌 잠재적 특성이나 성장가능성 등을 입학전형요소로 반영하기 위하여 많은 대학이 입학사정관제도를 정부의 지원 아래 도입하게 되었다.

입학사정관제 전형을 확산하고 이를 통해 잠재능력이 우수한 학생뿐 아니라 특수 능력을 보유한 학생과 성장 가능성이 큰 학생들을 선발하는 경우가 증가되면서 입학사정관제 전형을 확대하였다. 이명박 정부가 들어서면서 강화한 대학입학사정관제는 2011년과 2012년 대학입시에 적극 반영되어 수시전형에 지원한 입학생 수도 증가하였다. 입학사정관제에 의존한 수시전형에서 전체 대학 입학생의 60% 정도를 선발하였으며, 수능점수 위주의 정시모집으로는 40% 정도의 학생을 선발하였다. 이런 입학사정관제의 적용은 소외계층에 대한 배려, 다양한 학생 선발, 대학의 학생 선발의 자율성 부여 등의 긍정적 영향도 많았으나 매우 다양한 입학사정관 전형방법이 일선 고등학교나 학생 그리고 학부모의 이해 부족으로 인한 혼란도 종종 야기되었다. 또한 교사들이 대학 진학상담에도 곤란을 겪게 되어 사교육기관의 상담 의존도가 높다는 비판을 받았다.

박근혜 정부에서는 다양한 입학전형방법을 간소화한다는 정책 결정에 의하여 입학전형제도를 일부 수정하였다. 수시전형은 학생부, 논술, 실기 위주로 학생을 선발하고, 정시전형은 수능과 실기 위주로 선발하는 대입전형 체제를 마련하여, 수시전형은 4개, 정시전형은 2개로 전형방법을 축소하였다. 또한 사회통합에 기여하는 대입전형은 확대하기로 하였다(교육부 대입제도 발전방안 연구회, 2013).

문재인 정부에서는 국가교육회의 산하에 대입공론화위원회를 구성하여 토론과 공청회를 통하여 대학수학능력시험을 현 체제로 유지하면서 수능점수만으로 학생을 선발하는 정시모집을 학생 모집정원의 30%로 확대할 것을 대학에 권유하였다.

2. 전형주체 구도

1) 대학별 고사

해방 후 대학입시제도는 대학 총 · 학장 회의에서 시험시기, 시험과목 등에 대하여 협의하였으나 대학별 단독고시제로 하였다. 그 당시는 국가가 국가단위의 검사를 실시할 수 있는 준비가 되어 있지 않으므로 대학마다 자율적으로 전 · 후기로 나누어 필기시험을 주로 하였으며 1953년도에는 국어, 사회생활, 영어, 수학의 4과목과 학교별로 한 과목 이상 선택하게 하되 실업과목에 치중하게 하였다. 1954년에는 대학별 학교고사에 응시할 수 있는 자격을 부여하기 위해 연합고사를 실시하였으나 대통령 유시로 실시결과를 사용하지 못하였다. 다만 대학입학은 대학 자유경쟁에 맡겨져 대학별 시험은 필수과목 3과목, 선택과목 1과목, 구두시험, 신체검사가 실시되었다.

1955년부터 1961년까지 대학입학은 대학별 단독시험으로 전후기로 나누어 실시하였으며, 고사과목은 필수과목으로 국어, 사회생활, 영어, 수학, 과학 등 5과목 중 4과목 이상을, 선택과목은 각 대학에서 2과목 이내로 지정하도록 문교부에서 결정하였다. 이때 각 대학들은 대학적성시험의 중요성을 인지하여 서울대학교에서는 1960년에, 연세대학교에서는 1961년에, 그리고 이화여자대학교는 1961년부터 1964년까지 대학적성시험을 실시하였다. 그리고 통계적으로 다양한 전형방법을 사용하여 신입생을 선발하려는 노력을 하였다.

1962년부터 1963년까지는 대학입학 국가자격고시제를 적용하여 대학별 고사는 실시되지 못하였다. 1964년부터 1968년까지는 국가고시가 폐지되고 대학별로 선발고사가 실시되었다. 필수 및 선택 과목은 총장이나 학장이 정하되 실과대학은 선택과목 중 실과를 넣도록 하였다. 그러나 이 기간 동안 몇 대학들은 필수과목과 선택과목 선정을 자유롭게 하여 대학입학 준비에 혼란을 유발하였고, 소수 특정과목의 시험은 고등학교 교육을 저해한다는 비판을 받게 되었다. 1969년 중학교 무시험이 발표되면서 대학입학자격은 국가에서 통제하여야 한다는 취지에서 1969년부터 1981년까지 대학입학예비고사를 실시하였으며 이에 합격한 자만이 대학본고사를 치를 수 있었다. 이때 대학본고사는 객관식 위주가 되지 않도록 출제할 것을 권장하여 대부분의 대학이 국어, 영어, 수학, 사회, 과학, 실업 · 가정을 지정하였다. 1977년 이후 대학본고사 과목을 축소하였으며 논술형 문항의 출제 비중을 높였다.

1982년부터 대학입학학력고사가 실시되면서 국어, 영어, 수학 중심의 대학본고사는 폐지되었으나 대학의 신입생 선발 자율권이 강조되어 대학본고사의 일환으로 1986년 논술고사가 실시되었으나, 채점 등의 문제로 1988년에는 폐지되었다.

1994년도부터 대학수학능력시험이 실시되면서 대학의 신입생 선발의 자율권이라는 차원에서 대학별 고사가 부활되었으며, 대학별 고사를 실시하는 대학은 전국 132개 대학 중 23%인 38개 대학으로서 필수과목과 선택과목으로 분류하였다. 대학별 고사의 형태는 선택 여부에 따라 다양하였으나 많은 대학이 국어, 영어, 수학 위주의 대학별 고사를 실시하였다. 2002학년도 대학입학전형제도가 발표되면서 1998년부터 국어, 영어, 수학 중심의 지필검사 형태의 대학별 고사가 폐지되고 논술과 면접이 대학본고사를 대신하였다.

해방 후 대학에서 실시한 검사는 일반적으로 국어, 영어, 수학, 사회, 과학 등의 필수과목과 다른 선택과목의 지필검사이거나 논술고사였다. 물론 구술시험, 면접 그리고 신체검사가 있었으나 대학입학에 영향을 준 것은 사범대학 교직적성시험으로 입학전형에 10%를 반영한 1992년 이후다.

대학별 지필고사가 대학에 그리고 사회, 특히 고등학교에 미친 영향은 긍정적이지 않다. 대학의 사명은 가르치고 배우고 연구하는 데 있다. 또한 연구는 교수·학습의 기초가 되기 때문에 연구를 중요시하지 않는 대학은 없다. 교수와 연구에 더하여 신입생 선발 작업까지 교수들에게 주어진다면, 특히 지필검사에 의하여 이루어진다면 교수들은 또 다른 업무 부담을 안게 된다. 교수들에게 대학입시에 관련된 관리와 행정업무를 제외하고 문항의 출제, 채점, 사정 등의 작업을 분담한다 하더라도 많은 교수는 대학입시를 앞둔 겨울방학 동안 신입생 선발을 위하여 필요한 작업에 참여하여야 한다. 그렇다면 상대적으로 연구시간은 감소될 수밖에 없기 때문에 대학에서의 연구기능은 약화될 수밖에 없다. 많은 교수를 확보하고 있는 대학은 대학별 고사 출제에 어려움이 없는 듯 하나 계속되는 출제에 따른 출제교수는 한계가 있으며, 출제되는 검사에 대한 타당도와 신뢰도의 문제가 제기되지 않을 수 없다.

대학의 연구기능 약화와 더불어 대학별 고사 실시에 따른 막대한 경비의 소요도 문제점으로 지적될 수 있다. 물론 수혜자 부담원칙에 따라 일본처럼 고액의 대학입시 전형료를 받는다면 이 문제는 해결될 수 있겠지만 국가적 차원에서 많은 인적·물적 낭비를 감수하면서 대학별 고사를 실시하여야 할 가치는 없다. 대학의 질을 높이기 위하여 우수한 신입생을 선발하는 것도 중요하지만 우수한 학생을 선발하는 데 소요되는 대학의 인적자원과 경비를 학교의 교육과정 개편과 교수시설의 확충에 투자하는 것이 대학교육의 질을 향상시킬 것이다. 또한 인력과 경비 소요와 더불어 매년 입시부정에 촉각을 세우는 우리 현실에서 보안문제 역시 간과할 수 없는 필수적 요소다.

2) 국가단위 검사

해방 후 현재까지 국가에서 실시한 검사는 다음과 같이 5개의 검사다.

- 1954: 대학입학연합고사
- 1962~1963: 대학입학자격시험
- 1969~1981: 대학입학예비고사
- 1982~1993: 대학입학학력고사
- 1994~현재: 대학수학능력시험

(1) 대학입학연합고사(1954년)

국가단위 검사로서 처음 실시된 검사는 1953년 12월 28일과 29일 양일간 실시된 대학입학연합고사다. 이는 해방 후 대학생 미달 사태를 해결하기 위하여 군징 · 소집을 보류하여 많은 학생이 대학에 진학하므로 대학 진학생의 질을 통제하기 위하여 1954년 제안된 것으로서 29,562명이 응시하였으며, 대학입학 정원의 140%에 해당하는 17,000명을 합격시키려 하였다. 그러나 4,000명을 제외한 25,562명을 합격시켰다. 이때 실업계 학생들도 실업계 대학 정원의 20%에 합격할 수 있는 특혜를 주려 하였다. 그러나 지도층 자녀가 불합격하여 대통령의 '각급 학교 입학은 일체 자유경쟁에 맡기라'는 지시로 연합고사 결과는 대학입학 전형자료로 사용되지 못하고 무효가 되었다. 이 후 대학입학은 1969년까지 대학 자율에 맡겨졌다. 특이한 점은 여자와 제대군인의 경우 대학입학연합고사를 면제하는 특혜를 주었다.

(2) 대학입학자격시험(1962~1963년)

1954년 이후 대학 자율로 대학별 시험이 실시되면서 정원 외 입학, 부정입학 등으로 대학생들의 양적 팽창은 질적 저하를 가져와 5 · 16 군사정부는 대학생의 질을 높이기 위하여 1962년부터 대학입학자격고사를 실시하였다. 대학입학자격고사는 필수 6과목과 선택과목이 1과목으로 세부과목은 〈표 24-2〉와 같다.

당시 문교부는 대학입학자격고사를 실시할 뿐 아니라 서류전형까지 실시하기 위하여 중앙에 대학입학고사 중앙위원회와 시 · 도에는 대학입학고사 지구위원회를 두어 대학입학 전형을 주도하였고, 전형방법도 대학적성검사와 서류심사에 의한 전형, 그리고 대학입학자격고사에 의하여 대학정원의 110%를 선발하였다.

〈표 24-2〉 대학입학자격시험(1962~1963년)

	필수과목 (6과목)	선택과목 (1과목)
인문	국어 I 사회(일반사회, 도덕, 국사) 수학 I 과학(물리, 화학, 생물, 지학 중 택 1) 실업 · 가정(공 · 농, 상, 수산, 가사 중 택 1) 영어	국어II, 세계사, 지리, 독일어, 불어, 중국어 중 택 1
자연		해석, 기하, 물리, 화학, 생물, 지학 중 택 1
예체능		음악, 미술, 체육 중 택 1 이론 및 실기고사 실시

대학입학자격고사는 1963년에는 대학입학 자격만 결정하게 되었다. 1962년에 대학입학자격고사에 61,461명이 응시하였으며, 서류전형 합격자는 1,344명 그리고 시험합격자는 15,347명이었다. 1962년과 1963년도에 문교부에서 실시한 대학입학자격시험과 서류전형은 운영상의 문제점, 대학 자율성 배제, 학과별 전형에 따른 불균형, 정원 미달 학과 속출, 서울과 지방대학 격차 노출, 그리고 대학의 반발로 인하여 1964년부터 대학에게 신입생 선발을 위임하도록 하였다. 이때 실업계의 요구에 따라 서류전형에 의하여 실업계 고등학생들의 대학 입학을 허용하였으나, 입학 후 대학생활에 적응하지 못하는 문제가 나타나 실업교육의 진흥책이 되지 못하였다.

1964년부터 1968년까지는 대학 총 · 학장 책임하에 대학별 선발고사에 의하여 신입생이 선발되었다. 1965년 5월 31일에는 그동안의 대학입학자격고사의 실패를 분석하여 1966년 대학입학자격고사를 부활시키려 하였다. 이때의 검사는 두 개의 검사로서 언어적 능력검사와 수리적 능력검사였다. 언어적 능력검사는 읽기 50문항과 어휘 150문항으로, 그리고 수리적 능력은 계산 60문항과 산수응용 60문항으로 실시한다고 발표하였으나 대학별선발고사 이외에 검사부담을 준다는 여론의 비판과 예산의 이유를 들어 실시하지 않기로 하였다.

(3) 대학입학예비고사(1969~1981년)

소수 과목에 치중한 대학별 선발고사에 따른 학교교육의 문제와 과목 변경으로 인한 혼란으로 국가는 1962년과 1963년 실시하여 실패한 대학입학자격고사를 분석하여 국가단위검사로서 1969년부터 대학입학예비고사를 실시하여 대학입학 자격을 제한하였다. 국가단위검사인 대학입학예비고사가 등장한 이유는 이 기간 동안 사립대학들이 학생들을 초과모집하고 대학교육의 질이 저하되어 취업하지 못한 실업자가 1967년 국 · 공립대학의 21%, 사립대학 졸업생의 35.4%에 이르렀기 때문에 대학 신입생의 자격을 제한하기 위해서였다. 1969년과 1970년에 실시한 대학입학예비고사의 과목은 국어, 수학, 영어, 사회, 과학, 영어, 실업 · 가정으로 각 과목당 문항 수와 배점은 〈표 24-3〉과 같다.

〈표 24-3〉 초기 대학입학예비고사의 과목, 문항 수, 배점

내용 / 과목	1969년		1970년	
	문항 수	배점	문항 수	배점
국어	60	60	50	50
수학	30	60	25	50
사회	60	60	50	50
과학	60	60	50	50
영어	60	60	50	50
실업 · 가정	60	60	50	50
총	330	360	275	300

1969년에는 총 문항 수는 330문항에 360점 만점이었으나 1970년에는 총 문항 수는 275문항에 300점 만점으로 하였다. 1969년에는 대학입학 정원의 150%를 1970년에는 180%를 합격시켰다. 그러나 1974년부터는 입학을 원하는 시 · 도에 가서 시험을 볼 수 있으며, 각 시 · 도에 있는 대학입학 정원의 200%를 합격시켰다. 1977년부터는 실업계 고등학교 졸업자에게 대학진학의 혜택을 주려고 대학입학예비고사령을 개정하여 예비고사에 공업, 상업, 농업, 수산 · 해양 4개 영역을 신설하였다. 1979년부터 1981년까지 실시한 대학입학예비고사 과목 내용은 〈표 24-4〉와 같다.

〈표 24-4〉 대학입학예비고사(1979~1981년)

교과목	고사교과목내용	
	인문계 (비자연계)	자연계
국 어	국어 I , 한문 I	좌측과 동일
사 회	국사, 국민윤리, 정치 · 경제	〃
	사회문화, 세계사, 국토지리, 인문지리	택1
수 학	수학 I	좌측과 동일
과 학	물리, 화학, 생물, 지구과학 중 택일	물리, 화학, 생물, 지구과학
외국어	영어 I · II, 독어, 불어, 중국어, 일본어 중 택1	좌측과 동일
실업 또는	기술(남자 필수)	〃
가정	가정(여자 필수)	〃
	공, 농, 상, 수산, 가사(여자에 한함) 중 택1하되 실업계열 지원자는 반드시 동계과목을 선택하여야 함	
체력검사		〃

1970년 고등학교 졸업자는 145,062명이었으며 대학진학 희망자는 51.65%이었고, 응시생 중 재학생이 74,925명, 재수생이 45,655명으로 총 120,580명이었다. 예비고사 합격생 수는 63,004로 합격률은 52.28%이었고 대학입학 정원은 46,300명이었다. 1982년 고교졸업생은 545,598명으로 대학진학 희망률은 71.48%이며 591,727명이 응시하였다. 재학생은 389,994명이었고 재수생은 201,733명으로서 그중 97.2%에 해당하는 학생이 합격하였으며 대학 정원은 323,678명이었다.

대학입학예비고사는 처음에 대학입학을 지원하는 자격고사로 실시되었으나 각 시 · 도별로 다른 합격점수와 예체능계 그리고 인문계와 자연계가 다른 형태의 검사를 치르면서 최소한 자격검사의 성격에서 대학예비고사 점수가 대학입학에 반영되는 형태의 검사로 변하게 되었다.

(4) 대학입학학력고사(1982~1993년)

1982년부터 1993년까지 대학입학학력고사가 실시되었는데, 국보위에서 대학입학예비고사를 학력고사로 바꾸고 합격선을 폐지하였으며 복수지원을 허용하였다. 고사과목과 배점은 〈표 24-5〉와 같다.

〈표 24-5〉 대학입학학력고사(1982~1993년)

구분	교과	단위	교육과정		인문계		자연계	
			인문	자연	문제수	배점	문제수	배점
국어	국어 한문 I 한문 II	24~20 4~6 4~6	필수	필수	50	50	50	50
사회	국민윤리 국사	6 6	필수	필수	55	55	55	55
	정치 · 경제 사회 · 문화 세계사 지리	4~6 4~6	필수	1과목 선택	60	60	15	15
수학	수학 I	14~18	필수	필수	25	50	25	50
	수학 II	8~14		필수				
과학	물리, 화학, 생물, 지구과학	8~10	2과목 선택	필수	15 (택1)	15	60	60
외국어	영어 I · II	20~24	필수	필수	50 (택1)	50	50 (택1)	50
	독어, 불어, 중국어 일본어	10~12	1과목 필수	1과목 필수				
실업 가정	기 술	8~10	필수 (남)	필수 (남)	30	40	30	40
	가 정	8~10	필수 (여)	필수 (여)				
	농 · 공 · 상 수산 · 가사	8~10	1과목 선택	1과목 선택				
체력검사						20		20
계			18 (15)	17 (15)	285	340	285	340

(5) 대학수학능력시험(1994~현재)

1994년부터 대학입학학력고사를 폐지하고 대학수학능력시험을 실시하였다. 대학입학학력고사 과목이 너무 많아 학생들의 학업부담이 증가하고 과열과외를 조장하기에 과목 수를 대폭 축소하며, 고등정신을 함양하기 위하여 대학수학능력시험이 제안되었다. 국립교육평가원(1992)은 대학수학능력시험을 '대학교육을 받는 데 필요한 능력을 알아보기 위하여 고등학교 교육과정의 내용과 수준에 맞추어 언어, 수리 · 탐구, 외국어(영어) 영역별로 통합교과적 소재를 바탕으로 하여 사고력 중심으로 평가하는 발전된 학력고사'로 정의하였다. 대학수학능력시험에 대한 정의뿐 아니라 제7차까지의 모의실험평가 분석결과에 의하면 대학수학능력시험은 교육평가적 측면과 검사의 성격에서 종전의 대학입학학력고사와 상이하다.

대학수학능력시험은 측정선행교수의 평가 형태로 측정선행교수가 지니고 있는 측정내용의 불명확성에 따른 혼란을 유발할 수 있는 가능성을 내포하고 있다고 볼 수 있다. 대학수학능력시험을 인간의 지적 능력을 측정하는 지능검사, 학업적성검사, 학업성취도검사의 연속선상에서 볼 때 학업성취도검사 혹은 학업적성검사라기보다는 두 검사의 혼합된 형태임을 알 수 있다. 대학수학능력시험은 학업적성검사보다는 학업성취도검사의 성향을 보다 많이 지니고 있는 검사로 특징지을 수 있다.

7차에 걸친 실험평가와 그동안의 시행과정에서 드러난 대학수학능력시험의 문제점들은 다음과 같다.

첫째, 내용 영역에 따른 고등정신이 무엇인지 불분명하고 고등정신을 측정하는 방법에 대한 합의가 결여되어 있다. 이는 문항 출제에 혼란을 초래하였다.

둘째, 통합교과적 소재를 바탕으로 한 출제의 어려움이다. 일례로 그동안 출제되었던 과학탐구 영역의 문항들을 분석해 보면 통합교과적으로 출제한 문항이라기보다는 물리, 화학, 생물, 지구과학 등의 단일교과내용을 포함한 문항들로 구성되어 있음을 알 수 있다. 결과적으로 과학탐구, 사회탐구 검사의 경우, 소수의 문항으로 각 교과목의 내용을 측정하는 형태라 볼 수 있다. 이는 통합교과적 소재를 바탕으로 한 출제의 현실적 어려움을 보여 주고 있다.

셋째, 대학수학능력시험의 출제내용, 방법 등이 규명되지 않은 상태이므로 준비교육에 많은 혼란을 빚고 있었다. 교사는 물론 학생, 심지어 문항 출제자까지도 확실한 방향을 잡지 못하고 있는 경향이 있었다.

1994학년도에 처음 시행한 대학수학능력시험은 언어, 수리 · 탐구(Ⅰ), 수리 · 탐구(Ⅱ), 외국어(영어) 영역으로 구성하였고, 수리 · 탐구(Ⅰ)은 수학, 수리 · 탐구(Ⅱ)는 사회탐구와 과학탐구를 포함하며, 200점 만점 체제로 출발하였다. 문항 당

배점은 각 영역별로 동일 배점을 적용하였고, 응시자에게는 원점수를 제공하였다. 언어영역의 문항별 배점은 문항당 1점, 수리 · 탐구(Ⅰ)영역은 2점, 수리 · 탐구(Ⅱ)영역은 1점, 외국어(영어)영역은 0.8점을 부여하였다. 또 다른 특징은 미국의 SAT처럼 다수의 시험 기회를 부여한다는 취지에서 8월과 11월에 두 번 시행한 것이다. 시험을 여러 번 치루기 위해서는 검사동등화가 필수적이나 이런 절차를 거치지 않았기 때문에 두 시험간의 평균점수 차이가 발생하여 난이도 조정의 실패라는 결과를 낳았다.

1995학년도부터 대학수학능력시험을 연 1회 실시하였으며, 고등학교 교육과정의 정상적인 운영과 계열의 특성을 살리기 위하여 수리 · 탐구(Ⅰ)과 수리 · 탐구(Ⅱ)의 사회탐구영역과 과학탐구영역에서 인문 · 예체능 계열과 자연 계열로 분리하여 출제하였다. 수리 · 탐구(Ⅰ)은 인문 · 예체능 계열 공통문항 21문항과 자연 계열을 위한 각 9문항으로 재구성하였고, 수리 · 탐구(Ⅱ)의 사회탐구영역에서 인문 · 예체능 계열 문항은 36문항, 자연 계열 문항은 24문항으로 구성하였다. 과학탐구영역에서는 인문 · 예체능 계열 문항은 24문항, 자연 계열 문항은 36문항으로 구성하였다. 그러므로 인문 · 예체능 계열의 학생은 사회탐구 36문항과 과학탐구 24문항의 시험을 보았으며 자연계열의 학생들은 사회탐구 24문항과 과학탐구 36문항의 시험을 보았다. 자연 계열 전년도 대학수학능력시험에서는 고등학교 계열과 관계없이 공통 문항으로 시험을 실시하였기 때문에, 고등학교에서 계열별 심화 과목(수학Ⅱ, 물리, 화학과 인문 계열의 세계지리, 사회문화) 수업이 파행적으로 운영되는 문제가 나타났고, 따라서 계열에 맞는 시험을 볼 수 있도록 하였다. 수리 · 탐구(Ⅰ)영역에서 문항점수를 1, 1.5, 2점으로 차등 배점하였으며, 원점수와 백분위 점수를 제공하였다. 1996학년도는 1995학년도 대학수학능력시험과 동일하게 진행하되 외국어(영어)영역에서 듣기 문항을 8문항에서 10문항으로 증가하였다. 1995학년도와 1996학년도 대학수학능력시험의 특징은 1994학년도에 실시한 인문, 자연 계열의 구분 없이 공통으로 치룬 시험을 교육과정의 정상화 운영을 위하여 계열별로 출제하였다는 점이다. 대학수학능력시험을 처음 치루고 바로 다음 해부터 시험의 모형을 수정하였다는 것은 대학수학능력시험이 출발부터 순탄하지 않음을 예고하는 것이다.

1997학년도부터는 200점 만점으로 학생을 변별하기 어렵다고 판단하여 이후 대학수학능력시험의 만점을 400점으로 정하고 문항 당 배점을 높였다. 수리 · 탐구(Ⅰ)에서 계산문제가 도입되어 그리드 문항유형이 사용되었고, 다른 영역들도 수리 · 탐구(Ⅰ)과 같이 차등배점 및 소수점 배점까지 적용하였다. 이에 언어영역은 1, 1.5, 2점, 수리 · 탐구(Ⅰ)영역은 2, 3, 4점을, 수리 · 탐구(Ⅱ)영역의 사회탐구와 과학탐구는 1, 1.5, 2점을, 외국어(영어)영역은 1.6, 1.8, 2점을 부여하였다. 그러나 과목에 따라 평균과 표준편차가 다르고 원점수를 사용할 경우 쉽게 출제한 과목을 선택한 학생들의 점수가 높아 대학 진학에 유리하므로 문제를 쉽게 출제하려는 경향이 나타나서 표준점수제를 도입하게 되었다. 또한 수리탐구(Ⅰ), (Ⅱ) 영역이 종전의 인문 · 예체능 계열과 자연 계열, 두 가지로 분리하여 출제하던 것을 인문, 자연 계열, 그리고 예체능 계열의 세 가지 계열로 세분하여 출제하였다.

1999학년도 대학수학능력시험은 제6차 교육과정에 근거하여 출제되어 영역별로 출제비율과 출제범위가 달라졌다. 수리 · 탐구(Ⅰ)영역의 문항을 인문 계열은 공통수학에서 70%, 수학Ⅰ에서 30%를, 자연 계열은 공통수학에서 50%, 수학Ⅰ에서 20%, 수학Ⅱ에서 30%가, 예체능계열은 공통수학에서만 출제하였다. 또한 수리 · 탐구(Ⅱ)인 사회탐구와 과학탐구에서는 선택과목제가 도입되었다. 사회탐구는 공통사회와 국사, 윤리를 필수과목으로 치루고, 정치, 경제, 사회문화, 세계사, 세계지리 중 택일을 하고, 과학탐구는 공통과학은 필수로 지정하고, 물리Ⅱ, 화학Ⅱ, 생물Ⅱ, 지구과학Ⅱ 중에 택일 하는 것으로 결정하였다.

2000학년도는 영역별 원점수 및 총점, 그리고 원점수에 해당하는 백분위점수와 표준점수를 제공하였으며 점수의 해석을 용이하게 하기 위하여 추가로 변환표준점수 그리고 변환점수에 해당하는 백분위 점수를 제공하였다.

2001학년도 대학수학능력시험에서 제2외국어 영역이 선택과목으로 추가되었으며 점수를 총점에 합산하지 않고 별도 표기하였고, 선택한 과목의 유불리가 작용하므로 과목명은 표기하지 않았다. 제 2외국어는 독일어, 프랑스어, 에스파니아어, 중국어, 일본어, 러시아로 구성되었고 문항은 30문항 배점은 40점이었다. 점수는 원점수, 백분위, 표준점수, 변환표준점수 및 변환표준점수에 의한 백분위 점수가 제공되었다.

2002학년도 대학수학능력시험부터 수리 · 탐구영역(Ⅰ)을 수리영역으로, 수리 · 탐구 영역(Ⅱ)를 사회탐구영역과 과학탐구영역으로 분리하여 총 5개 영역으로 구분하였다. 대학수학능력시험 5개 영역의 종합점수인 총점은 표기하지 않았으며, 소수로 표기하던 보고 점수를 정수로 표기하였다. 또한 각 영역별 성적은 소수점 이하 점수를 사사오입하여 정수로 표기하되 원점수란만 소수 첫째자리까지 표기하였으며, 스테나인 점수인 9등급 점수 체제를 도입하였다. 이는 대학수학능력시험 총점의 소수점 이하 몇째 자리에서 합격이 좌우되는 기존 대입제도의 대학수학능력시험 의존도를 줄이고, 대학수학능력시험을 자격 기준으로 활용하게 함으로써 학생의 특기, 소질, 적성을 더 중시하는 대입제도를 만들려는 교육인적자원부(1998.10.19)의 '2002학년도 대입 개선안'의 취지를 반영한 것이었다. 이러한 취지는 이후 2005학년도 대학수학능력시험에 반영되어 원점수표기를 폐기하고 9등급점수와 백분위 표준점수 그리고 변환표준점수만 제공하였다.

2004학년도부터 각 영역별 원점수는 정수로, 변환표준점수는 소수 첫째 자리에서 반올림한 정수로, 등급은 변환표준점수의 소수 첫째자리에서 반올림한 정수에 의해서 결정되며 경계선에 있는 동점자는 상위 등급으로 처리하였다. 언어영역에서 1.8, 2, 2.2점에서 1, 2, 3점으로, 수리영역은 2, 3, 4점에서 2, 3점으로, 그리고 사회탐구와 과학탐구 그리고 제 2외국어 영역은 1, 1.5, 2점에서 1, 2점의 정수로 점수를 부여하였다.

2005학년도부터는 선택 중심의 제7차 교육과정이 적용된 해로 대학수학능력시험의 기존 골격을 유지하되 언어영역과 외국어영역에서는 범교과적인 소재를 활용하고, 수리탐구, 사회탐구, 과학탐구, 직업탐구, 제 2외국어와 한문영역에서는 개별 교과의 특성을 반영하여 출제하였다. 인문/자연/예체능 계열의 구분을 없애고 각 영역과 과목을 자율적으로 선택할 수 있도록 하였다. 언어영역, 수리영역, 외국어영역 각 100점 만점으로, 과학탐구영역과 사회탐구영역에서는 각 4과목을 선택할 수 있도록 해서 각 50점씩 200점 만점으로 총 500점 만점으로 점수 체제를 전환하였다. 직업탐구영역이 신설되어 17개 교과가 추가되었으며, 제2외국어에는 한문이 추가되었다. 종전까지 제공하던 원점수는 제공하지 않고, 영역 혹은 과목별로 백분위점수, 표준점수와 9등급점수를 제공하였다. 또한 2002학년도부터 2004학년도까지 제공하던 총점의 종합등급은 제공되지 않았다. 이는 대학수학능력시험 총점으로 의한 획일화한 한 줄 세우기를 지양한다는 정책의 취지를 반영한 것이었다.

2008학년도 대학수학능력시험은 교육인적자원부(2004.10.28)의 '학교교육 정상화를 위한 2008학년도 이후 대학입학제도 개선안'에 따라 점수 경쟁을 완화하고 대입 전형에서의 대학수학능력시험 의존도를 낮추기 위하여 표준점수와 백분위 점수를 제공하지 않고 스테나인 점수인 9등급 점수만 제공하는 등급제를 도입하였다.

2009학년도 대학수학능력시험은 이명박 정부가 출범하면서 대통령직 인수위원회(2008. 1. 22.)가 발표한 '대학입시 3단계 자율화 방안'에 따라 교육의 수월성 추구를 위한 자율과 경쟁을 주장하였다. 또한 9등급제의 대학수학능력시험 점수만으로 학생을 선발하기 어렵다는 대학의 불만에 따라서 2007학년도와 같이 백분위 점수와 표준점수를 다시 제공하게 되었다.

2011학년도 대학수학능력시험부터는 대학수학능력시험-EBS 연계 강화 정책이 반영되었는데, 이는 대학수학능력시험 문항을 EBS 교재와 70% 연계하여 출제함으로써 학생들의 학습 부담을 완화하고 사교육비를 경감시키고자 하는 목적을 가진 것이다. 대학수학능력시험-EBS 연계 강화 정책은 2012, 2013학년도 대학수학능력시험에서도 지속되었다. 또한 2011학년도 대학수학능력시험이 어렵게 출제되었다는 비판에 따라 2012학년도 대학수학능력시험부터는 교육과기술부가 발표한 영역별 및 과목별 만점자가 전체의 1%가 되게 하는 목표를 반영하여 쉽게 출제하였으며, 학생들의 교과학습 부담을 줄이기 위하여 탐구영역에서는 선택과목 수가 최대 4과목에서 3과목으로 축소하였다.

2014학년도 대학수학능력시험은 교육과학기술부(2011. 1. 27.)의 '2009 개정 교육과정에 따른 2014학년도 수능시험 개편방안'에 따라 선택과 집중을 강조하는 수준별 특징을 지닌 2009 개정 교육과정을 반영하였다. 또한 입학사정관제 확산, 수시모집 확대 등으로 대입에서의 대학수학능력시험 비중을 약화하고자 하는 대입 선진화 방향에 맞추어 학생들의 대학수학능력시험 준비 부담을 줄인다는 목적 아래 다음과 같이 개편하였다. 첫째, 교육과정의 교과명과 일치되도록 언어, 수리, 외국어 영역의 시험 과목명을 '국어' '수학' '영어'로 변경하였다. 둘째, 국어, 수학, 영어에 수준별 A/B형의 시험이 도입되었는데 이는 학생들의 과도한 학습 부담을 경감하고, 본인의 진로와 적성을 고려하여 대학수학능력시험을 준비할 수 있도록 하기 위한 것이었다. 셋째, 학생들의 학습 부담을 완화하기 위하여 사회탐구영역과 과학탐구영역에서 최대한 선택할 수 있는 과목 수를 현행 3과목에서 2과목으로 축소하였다. 넷째, 국어와 영어의 경우 수험생들의 부담을 경감시키기 위해 시험 시간은 그대로 유지하였으나 문항 수는 현행 50문항을 45문항으로 축소하였다. 이 외에도 국어에서는 듣기 평가가 지필 평가로 대체되었으며, 영어에서는 실용영어 교육 활성화를 위해 45문항 중 듣기 문항을 22문항을 출제하였다. 다섯째, 사탐의 경우 동아시아사가 추가되고, 제2외국어는 기초베트남어가 추가되었다. 또한 EBS 70% 연계 정책은 유지되었고, 영역별 만점자 1% 정책은 폐지되었다.

2015학년도 대학수학능력시험은 박근혜 정부의 대입 간소화 정책에 따라 단계적으로 변화 한다. 교육과학기술부(2013.8.27)는 '학생·학부모 부담 완화와 학교교육 정상화를 위한 대입전형 간소화 및 대입제도 발전방안(시안)'에서 영어 시험은 A/B형을 선택하는 학생 수의 변화에 따라 점수 예측이 곤란하고, 그 결과가 학생들의 대입 영향을 미치는 부작용이 커서 학생 및 학부모에게 혼선을 주고 있다고 판단하여 영어 수준별 시험은 폐지한다고 발표하였다. 그러나 국어와 수학에서는 이미 고1· 2 학생들이 A/B형에 따라 편성된 교육과정에 의해 수업을 받고 있는 상황을 고려하여 2016학년도까지만 유지하기로 하였다. 그리고 영어의 경우 전체 45문항 중 듣기 문항이 22개 문항에서 17개 문항으로 축소되었다.

2017학년도부터 2019학년도 대학수학능력시험은 국어의 수준별 출제를 폐지하고, 한국사를 필수과목으로 지정하여 절대평가를 이용한 9등급 점수를 제공한다. 수학은 A/B형이 아니라 수학 가/나형으로 명칭을 교체하고, 영어 또한 절대평가에 의한 9등급 점수만 제공한다. 직업탐구가 세분화되어 전체 10과목으로 '생활서비스 산업의 이해'가 포함되었다.

1994학년도부터 도입된 대학수학능력시험은 처음에 계열별 출제를 지양하고 공통내용을 출제하는 취지를 가지고 출발하였으나 이듬해에 고등학교 교육의 정상화를 저해한다는 비판에 따라 계열별 출제로 전환하였다. 그뿐만 아니라 대학의 학생선발을 위하여 편의를 제공하려고 검사의 총점을 증가시키고 문항 점수를 임의적으로 소수점으로 배점을 하는 등 크고 작은 변화가 있었다. 그리고 교육과정의 변화와 새로운 정부가 들어설 때마다 지향하는 정책적 관점이 달라 잦은 변화를 가져왔다. 이런 변화는 고교교육의 내실화와 미래사회를 준비하기 위한 학생들의 능력을 향상시켰다기 보다는 학교현장의 혼란, 그리고 사교육비 증가 등

부정적인 영향이 적지 않았다고 할 수 있다. 이에 비해 미국 ETS의 SAT나 ACT의 ACT는 잦은 변화 없이 시행되고 있는데 이러한 점은 대학수학능력시험에 시사하는 바가 크다.

대학수학능력시험의 변화과정을 보다 상세히 알기 위해서는 [부록 4] 대학수학능력시험의 변화에 대한 내용과 김경훈 외(2013), 한국교육과정평가원(2005, 2014)에서 발간한 대학수학능력시험 10년사와 20년사를 참고하기 바란다.

3) 고교내신성적

고등학교 성적이 대학입학에 반영된 것은 1954년 대학연합고사의 무효화로 모든 대학 신입생 전형이 대학 자율로 맡겨진 1955년 이후였으며, 1956년에 대학에서 무시험으로 신입생을 선발하였다. 이때 전형요소는 고등학교 성적과 구두시험을 실시하였다. 1958년 서울대학교의 경우 10%는 무시험전형이었고 90%의 신입생을 시험으로 전형하였다. 이때 고등학교 3년간의 성적을 대학입학 총점의 30%로 반영하였다. 이를 위하여 고등학교 학적부를 생활기록부로 개정하였다. 대학진학자를 위한 출신학교의 평소 성적검사자료 작성요령을 시달하였으며, 교과성적 행동발달 및 특별활동 일람표에 의하면 교과성적은 수, 우, 미, 양, 가로 5, 4, 3, 2, 1점이 부여되고, 행동성적은 가, 나, 다로, 그리고 특별활동 성적평가는 상, 중, 하로 하였다.

과외수업이 성행하여 학교수업이 제대로 진행되기 어려웠던 1980년대에 고등학교 교육을 정상화하고 과외수업을 완화시키자는 목적으로 고교내신성적이 대학입시에 반영되기 시작하였다. 1982년부터 적용된 고교내신등급은 처음에는 고등학교 3학년 학기별 이수교과목을 수는 5, 우는 4, 미는 3, 양은 2, 가는 1로 환산하고 교육과정 이수단위를 곱한 환산점을 산출한 후 환산점을 합하여 학기별 총점을 계산하였다. 그리고 1등급은 4%, 그다음 6%가 2등급, 8%가 3등급, 12%가 4등급, 20%가 5등급, 20%가 6등급, 12%가 7등급, 8%가 8등급, 6%가 9등급, 4%가 10등급이 되었다. 1982년부터 1987년까지는 15등급으로 구분하였고, 1988년부터 1993년까지는 10등급으로 구분하였으며, 1994년도부터는 다시 15등급이 적용되었다. 입시에서 내신의 반영비율은 1997년도까지는 40% 이상이었으며, 그 이후에는 대학이 자율적으로 정하도록 하고 있다.

상대비교평가 체제하에서 점수화되는 고교내신성적제도가 학생들 간의 경쟁을 부추기고 교육적으로 바람직하지 못하다는 지적에 따라 1999년부터 절대평가가 도입되었다. 대학입시에서 내신의 반영비율은 1997년도까지는 40% 이상이었으며, 그 이후는 대학이 자율적으로 정하도록 하고 있다. 김대중 정부가 들어서면서 상대비교평가 체제하에서 점수화되는 고교내신제가 학생들 간의 경쟁을 부추기므로 교육적으로 바람직하지 못하다는 지적에 따라 1999년부터 절대평가가 도입되었다. 그러므로 종전에 상대비교로 산출한 15등급의 내신점수 대신에 '수' '우' '미' '양' '가'를 부여하기로 하였다. 그러나 고교내신은 절대평가 방법을 이용하는 반면 대학 진학은 상대비교로 결정되기 때문에 보다 높은 내신점수를 얻어야 대학 진학이 용이하다는 결론에 이르게 된다. 고등학교에서는 학생들의 내신을 과대평가하여 부여하는 현상이 발생하여 이를 언론에서는 '고교내신 부풀리기'라며 비판하였고, 일부 대학들은 고등학교의 내신을 차등 적용하여 '고교등급제'가 적용된다는 비판을 받았다. 준거참조평가인 절대평가가 학교현장에 적용되기 위해서는 해당 고등학교의 교육과정과 성적 부여 방법에 대한 교사들의 연수가 이루어진 후 체계적으로 진행되었어야 하고, 대학에서도 준거참조평가에 의한 고교내신의 의미를 분석하여 적용하여야 한다. 그러나 고등학교 현장에서 성적 부여에 대한 준비가 부족하고, 이렇게 체계적으로 준비한 내신이 적용되지 않는 상황에서 의욕만 앞선 교육정책은 혼란을 일으켰는데, 이에 대한 심층분석이나 해결방법의 시도도 없이 절대평가에 의한 내신제를 간단히 폐지하고 스테나인인 고교내신 9등급을 적용하게 되었다.

이후 선택과 집중이 특징인 제9차 개정 교육과정이 적용되면서 교육과학기술부는 소인수 교과목에 대한 성적 부여에 대한 문제와 고교내신 9등급제가 창의인성교육을 저해하는 원인 중의 하나임을 인지하였다. 이어 2011년에는 글로벌 지식기반 사회에서 요구되는 창의인재를 양성하기 위한 '중등학교 학사관리 선진화 방안'을 발표하면서 평가제도를 규준참조평가에서 준거참조평가로 전환하기로 하였다. 특히 인성교육의 부실과 학교폭력 등의 문제는 무한 경쟁으로 인한 인간성 상실이 상대비교평가와 무관하지 않고, 학생들의 창의성 향상을 위해서도 상대비교평가인 규준참조평가보다는 준거참조평가가 더 교육적이라 판단하였기 때문에 이와 같은 결정을 한 것이다. 이후 석차 등급의 기재 양식과 9등급제를 준거참조평가로 전환하도록 하면서 명칭을 성취평가로 명명하였다. 중학교는 2012학년도부터, 고등학교는 2014학년도부터 학생기록부에는 석차대신 성취수준인 A, B, C, D, E로 기록하도록 하였다. 현재 초등학교와 중학교는 성취평가를 진행하고 있으며, 2013학년도부터 특성화 고등학교는 전문교과로, 2015학년도부터는 고등학교 보통교과에도 성취평가제를 도입할 예정이었다(박은아 외, 2013).

그러나 박근혜 정부가 들어서면서 지난 정부에서 시행하기로 계획한 성취평가제를 학교현장의 준비 미흡과, 김대중 정부 당시 수, 우, 미, 양, 가로 부여한 절대평가가 고교내신을 부풀리는 부작용이 있음을 우려하여 학교에서는 이미 예고된 대로 성취평가제는 실시하되 성취평가 결과(A, B, C, D, E)의 대학입시 반영은 2019년까지 보류하는 것으로 하고, 2019학년도 성취평가 시행 여부는 2015년에 결정한다고 발표하였다(교육부 대입제도 발전방안 연구위원회, 2013).

고교내신 점수 부여의 절대평가 결과가 대학입학의 전형요소로 반영되므로 고등학교에서는 학생들에게 보다 높은 내신점수를 부여하기 위한 내신 부풀리기 현상이 발생하였다. '수'나 '우'를 부여하기 위하여 일정 점수 이상을 받게 하려고 시험을 쉽게 출제하거나 유사한 문제를 시험 전에 가르쳐 주는 행위로 고등학교의 내신점수는 타당도와 신뢰도를 잃게 되어 사회적인 문제를 야기하였다.

3. 대학입시제도의 특징

지난 60년간의 대학입학제도의 변화에 대한 비판에서도 알 수 있듯이 현재까지 실시되고 있는 대학입시제도는 학생들의 지적 능력에 가장 많은 비중을 두는 전형방법을 실시하고 있는 점이다. 시험도 대학에 입학하여 전공하는 교과목에 대한 지적 능력보다는 국어 · 영어 · 수학 중심의 지적 능력 측정에 많은 비중을 두고 있다. 현재 실시되고 있는 대학수학능력시험도 국어, 영어, 수학 가/나, 한국사 그리고 사회탐구, 과학탐구, 직업탐구 중 한 영역을 선택하여 외국어와 한문 중 택 1을 함으로써 잦은 변화에도 불구하고 역시 국어, 영어, 수학의 비중이 큰 검사다.

대학별 고사의 논술이 고전에 대한 이해나 고등정신 등의 사고력을 측정한다 하여도 문장력, 언어력 등의 능력을 배제하여 측정할 수 없으므로 국어에 대한 학업성취와 밀접한 관계를 지니고 있다고 볼 수 있다. 물론 최근에 와서 특별전형이라는 제도를 사용하여 특수한 기능이나 특기를 지닌 학생들을 선발하는 제도를 사용하고 있으나 이는 대학입학 정원의 일부에 지나지 않는다.

해방 이후 변화된 우리나라의 대학입시제도의 특징이라면, 첫째 국어 · 영어 · 수학의 시험결과가 대학입학에 영향을 가장 많이 주는 제도다. 둘째, 대학이나 전공을 고려하지 않고 획일화된 전형제도다. 셋째, 정의적 행동 특성을 고려하지 않은 제도다.

2002학년도 대학입학전형제도가 전공 적성을 중요시하여 다양한 입학전형제도를 수립하도록 권장하였고 고등학교에서는 특별활동을 강화한다고 하였다. 그러나 대학정책으로는 대학 신입생 모집단위 광역화가 장려되어 대학이나 전공을 고려하지 않은 획일적인 전형제도로 회귀하게 하였다. 모집단위 광역화는 유사전공을 묶는 효과는 있지만 대학이나 전공의 특성이 무시되고 대학들의 특성과 전문성이 약화되었다.

2005학년도 대학입학제도에서는 대학수학능력시험을 다양한 전형자료 중의 하나로서 대학의 모집단위의 특성에 맞게 활용할 수 있도록 유도하고 있다. 그리고 5개 평가 영역(언어, 수리, 외국어, 사회/과학/직업탐구, 제2외국어)을 선택영역으로 조정함으로써 제7차 교육과정의 특성을 반영하였으며, 직업탐구 영역을 신설하여 실업계 고등학교 출신자에게 고등교육의 기회를 확대할 수 있는 방법을 모색하고자 하였다. 평가 영역을 선택 영역으로 조정함에 따라 다양한 학생선발을 위한 대학 특유의 전형방법이 매우 중요하게 되었으며, 특히 대학별로 각기 다른 과목을 선택하는 것의 형평성과 기준 그리고 표준점수와 백분위점수의 제시에 따른 대학별 형평성과 공정성이 매우 중요하게 되었다.

2008년에는 대학수학능력시험의 영향력을 약화시키기 위하여 표준점수와 백분위점수 대신에 9등급 점수만 제공하였으나 2009년도부터는 다시 표준점수와 백분위점수를 제공하고 있다. 대학수학능력시험 점수의 중요성도 인식하면서 시험점수 이외의 학생이 지니고 있는 특성을 평가하여 신입생을 선발할 수 있는 제도로서 입학사정관에 의한 대학입학 전형이 다수의 대학에서 진행되었다.

입학사정관 전형제도는 여러 분야에서 잠재 능력이 뛰어난 학생을 선발하기 위하여 대학마다 다양한 전형방법을 수립하여 수시에서 학생들을 선발하였다. 수시에서 입학사정관 전형을 이용하여 학생을 선발함은 우수한 학생들을 선점한다는 효과도 있어서 수시의 학생선발 비율을 높였으며, 수능시험에 의하여 학생들을 선발하는 정시전형의 학생 선발비율을 줄어들게 되었다. 또한 진로적성을 중요시하여 학교 현장에서 진로 상담과 진학지도를 강화하였다.

2014년부터는 입학사정관제에 의한 수시전형이 지나치게 복잡하고 다양하다는 점을 지적하며 학생 및 학부모 부담 완화와 공교육의 정상화를 목적으로 대입전형 간소화를 시행하였다. 대학별로 수시전형 4개, 정시전형 2개 이내로 간소화하며 점차 수능 최저학력기준 완화, 수능성적 반영 완화, 우선선발 방식 지양 등 수능시험의 영향력을 완화시키려는 노력을 기울였다. 또한 수능시험에서 계열보다는 문과 이과를 통합한다는 차원에서 국어와 영어를 하나의 유형으로 통합하였고, 한국사를 필수과목으로 수능에 추가하였으며 상호경쟁에 의한 과도한 학습을 방지하기 위하여 절대평가에 의한 9등급 점수를 제공하였다. 수능에서 영어도 절대평가에 의한 9등급 점수를 제공하였다.

2018년에는 문재인 정부의 선거 공약인 수능의 절대평가제 도입, 종합생활기록부 반영, 수시전형의 비율을 적용하기 위하여 국가교육회의 산하에 대학입시 공론화 위원회에서 여론 조사 및 공청회를 통하여 입시제도를 논의한 결과 수능 점수의 상대평가 점수체제를 존치하고 정시전형 비율을 학생 선발 정원의 30%로 확대할 것을 제안하였다.

4. 교육의 문제점

현재까지 사용되고 있는 대학입시제도는 시험의 결과, 즉 시험점수에 의하여 대학입학의 당락이 결정되었다. 그것도 학생 개인의 특성이나 개성 혹은 적성을 고려하지 않고 총점에 의하여 대학입학 여부를 결정하는 대학입학제도를 실시하였다. 그러므로 대학에 입학하기 위하여 어떤 방법을 동원해서라도 높은 점수를 얻고자 하는 것이 우리나라 교육의 최대 목표였다. 즉, 대학의 입학 여부가 점수 1점 혹은 2점 차 혹은 소수점 차이에 의하여 결정되는 매우 미시적인 대학입시제도를 실시하므로 전인교육은 물론 진정한 교육을 실천하기가 불가능한 상태에 이르렀으며, 고득점의 획득을 위한 고액과외 등의 사교육비 지출은 국가경제에 좋지 않은 영향을 주고 있다. 사교육비가 생산적이고 교육적인 목적을 위하여 쓰인다면 개인의 발전뿐 아니라 사회발전 그리고 국가발전을 위해서도 바람직한 것이다. 그러나 현재까지 진행된 과외는 오로지 대학수학능력시험에서 높은 점수를 얻기 위하여, 고교내신 성적에서 높은 점수를 얻기 위한 목적으로 실시되고 있다.

국어 · 영어 · 수학 중심의 획일화된 특징을 지닌 대학입시제도는 종합적으로 [그림 24-1]과 같은 문제점을 유발하였다고 분석할 수 있다(성태제, 1998b). 지적 능력만을 강조하는 획일화된 교육은 인성 · 적성을 무시하는 교육을 조장하여 중등학교를 대학입학 준비기관으로 전락시켰으며, 서열화된 대학 중에 일류대학으로 진학하기 위하여 학교교육 이외의 더 많은 교육을 필요로 하여 과외가 출현하였다. 특히 경제적으로 윤택한 일부 계층은 고액과외를 하게 되었다. 이 모든 것은 학교교육의 정상화를 저해할 뿐 아니라, 홍익인간 구현의 진정한 교육목적을 달성하지 못하며, 정의적 행동 특성 교육마저 경시되어 청소년 문제를 유발하고, 지적 능력 배양에서도 문제해결능력, 창의력 등의 고등정신능력을 함양할 기회를 갖지 못하게 된다. 결과적으로 획일화된 대학입시제도는 교육과정과 교육내용의 단순화로 인재를 양성하지 못할 뿐더러 비생산적이고 비교육적인 교육비의 개인적 지출을 강요하게 되어 국민경제에 미치는 영향을 간과할 수 없으며, 국민 간의 일체감에도 부정적 영향을 주게 된다.

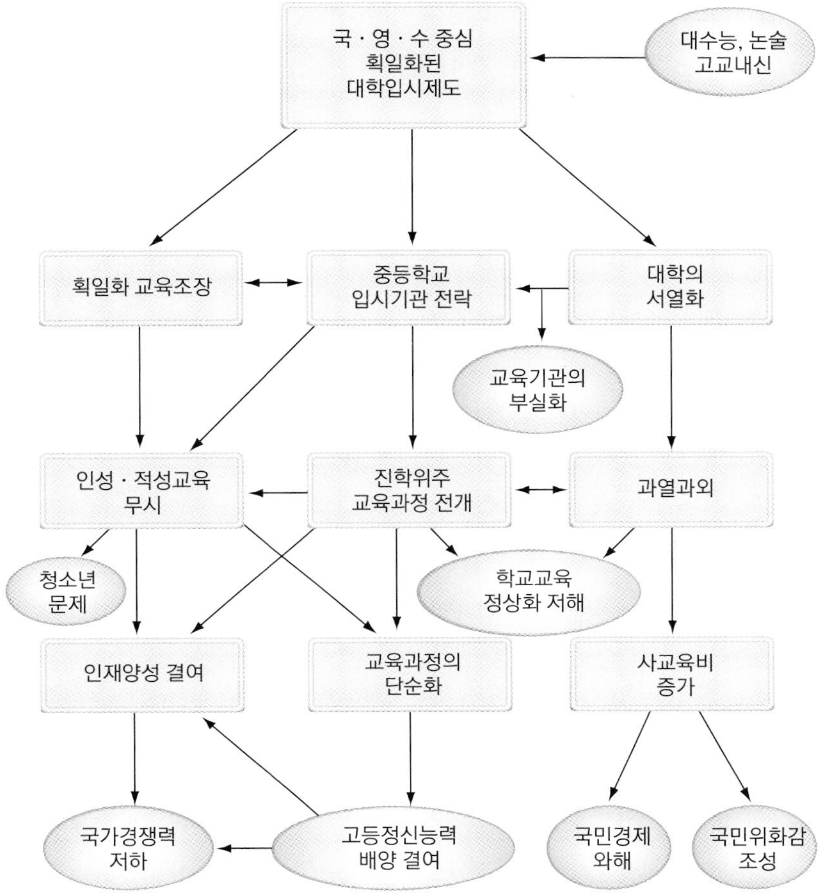

[그림 24-1] 국어, 영어, 수학 중심의 대학입시제도가 우리나라 교육에 준 영향

5. 미국 대학의 대학입학 전형요소

여기에서는 미국의 고등학생들이 지원할 수 있는 미국의 대학 및 미국 인접 캐나다와 푸에르토리코, 유럽 등에 소재한 4년제 이상의 대학으로서 대학입학 경쟁률이 높은 대학을 대상으로 살펴본다. 총 1,650여 개 대학 중 경쟁률이 가장 높은 대학(most competitive university)은 45개 학교로 〈표 24-6〉과 같다. 45개 학교는 미국 대학입학 안내서(Barrons, 2018; College board, 2017)에 근거하였다. 더 자세

한 정보를 얻으려면 College board 홈페이지(www.collegeboard.org)의 'College Search' 페이지를 참고하여 미국 각 대학들의 기초 정보, 사정 준거, 입학 경쟁률 등 정보를 얻을 수 있다.

〈표 24-6〉 미국 대학 중 경쟁률이 가장 높은 대학

Amherst College, MA	Bates College, ME	Boston College, MA
Bowdoin College, ME	Brown University, RI	Bryn Mawr College, PA
California Institute of Technology, CA	Claremont McKenna College, CA	College of William and Mary, VA
Columbia Unversity/Columbia College, NY	CooperUnionfortheAdvancementofScienceandArt,NY	Cornell University, NY
Dartmouth College, NH	Davidson College, NC	Duke University, NC
Georgetown University, DC	Harvard University/Harvard and Radcliffe Colleges, MA	Harvey Mudd College, CA
Haverford College, PA	Johns Hopkins University, MD	Massachusetts Institute of Technology, MA
Middlebury College, VT	Northwestern University, IL	Pomona College, CA
Princeton University, NJ	Rice University, TX	Stanford University, CA
Swarthmore College, PA	Tufts University, MA	UCLA, CA
United States Military Acdemy, NY	United States Naval Academy, MD	University of California: Berkeley
University of Chicago, IL	University of Notre Dame, IN	University of Pennsylvania, PA
University of Virginia, VA	Vanderbilt University, TN	Wake Forest University, NC
Washington and Lee University, VA	Webb Institute, NY	Wellesley College, MA
Wesleyan University, CT	Williams College, MA	Yale University, CT

경쟁률이 높은 대학의 지원대상은 일반적으로 고등학교 성적이 상위 10%나 20%에 있으며 평균 학점이 A나 B^+이다. 또한 SAT 검사점수가 625점부터 800점 사이에 있으며, ACT는 29점 이상이다. 경쟁률이 높은 대학의 경우 지원자의 30% 미만에게 입학이 허용된다. 경쟁률이 높은 45개의 대학 가운데 여자대학은 Wellesley

College 1개교다.

경쟁률이 높은 45개 대학 중 특이한 점은 대학들이 New York, LosAngeles, Chicago 등의 대도시에 위치하고 있으며, 대학원 중심 교육을 강조하지 않는 교육기관이 많았다.

45개 대학의 입학비율은 평균 14.71%로서 8.51 : 1의 경쟁률을 나타냈으며 가장 경쟁률이 높은 대학은 Stanford 대학과 Harvard 대학으로서 평균 20 : 1의 경쟁률을 나타냈고, 경쟁률이 가장 낮은 대학은 Byrn Mawr 대학으로서 입학비율이 40%인 경쟁률 2.5 : 1이다. 일반대학으로서 경쟁률이 높은 대학은 Stanford의 20 : 1, Harvard 대학의 20 : 1, Yale, Princeton 대학의 14.29 : 1 의 순이었다.

45개 대학이 고려하는 대학입학 사정 준거는 SAT나 ACT검사에 의한 지적 능력, 고교성적 순위, 고교재학 시 수강한 과목의 이수단위 수로, 특히 영어, 수학, 과학, 사회/역사, 외국어 과목이 고려되었으며, 우등 교육과정(honor course)과 AP(Advanced Placement) 과목 수강 여부가 참조되었다. 지원생의 정의적 행동 특성을 고려하기 위하여 개인에 대한 수필, 면접, 그리고 학교의 추천서, 그리고 인성 등을 입학사정 준거로 사용하고 있다. 또한 고교시절 지도력의 경험, 특별활동, 개인의 재능, 심지어는 동창들의 추천서를 참고하였다. 일부 대학에서는 입학생들의 지역 안배도 고려하였으며, 고등학교를 졸업하지 않아도 GED(General Educational Development Examination)를 택한 학생들에게 입학이 허가되었다. GED는 성인이 고등학교 졸업 자격을 취득하기 위하여 실시하는 검사다. 또한 보다 전문적인 지적 능력을 측정하기 위해서 SAT subject 검사 점수를 참고하는 대학도 있다.

지적 능력을 측정하는 검사로서 SAT와 ACT가 대학입학 사정 준거로 사용되어, 45개 대학 모두 SAT 혹은 ACT 중 하나를 참조하였다. SAT를 대학입학 사정 준거로 사용하는 대학 중 Critical Reading과 Math, Writing의 중앙값 평균은 각각 800점 만점 중 각각 704.56점과 719.05점, 708.52점이었다. SAT의 Critical Reading 중 가장 높은 중앙값 점수를 제시한 대학은 770점으로 California Institute of Technology 이며, 가장 낮은 중앙값 점수를 제시한 대학은 Boston College의 670점이다. Math에서 가장 높은 중앙값이 제시된 대학은 785점으로 California Institute of Technology 이며, 가장 낮은 중앙값 점수가 제시된 대학은 640점으로 Bate College이다. SAT Writing의 중앙값 중 가장 높은 점수를 제시한 대학은 765점으로 California Institute of Technology였고, 가장 낮은 중앙값을 제시한 대학은 630점의 Bate College였다.

ACT를 대학입학 사정 준거로 사용하는 대학들이 제시한 중앙값의 평균은 36점 만점 중 32.26점이며, 최저점수는 United States Military Academy로 25점이고, 최고점수는 35점으로 California Institute of Technology이다. 대학에 따라 특별과목으로 1시간씩 응시하는 800점 만점의 SAT subject를 준거로 사용하고 있다. SAT가 Critical Reading과 Math의 일반적 지식을 측정하는 데 비하여, SAT subject는 영어와 수학 이외의 여러 분야에서 깊이 있는 지식을 측정하며, 적용능력도 측정하는 검사로서 5가지 분야에 걸쳐 20개의 선택과목이 있다. 대부분의 대학에서 SAT subject는 필수가 아닌 권장사항으로 하며, 특정 전공에 지원 시에는 유리한 SAT subject 과목을 특별히 권장하고 있다. MIT는 SAT subject의 수학 Level 1 또는 2, 그리고 과학 중 한 과목의 성적을 필수로 제출할 것을 요구한다.

고등학교 재학 시 학교성적의 서열이 대학입학 사정 준거로 사용되며, 입학 경쟁률이 심한 45개 대학은 고교성적 상위 10% 집단을 선발하는 경향을 보이고 있다. 고교성적 서열을 고려하는 대학 중 상위 10% 이내의 수험생 입학 평균 비율은 84.53%이며, 고교성적 상위 10%에 해당하는 학생의 입학비율이 가장 낮은 대학은 47%로서 Bowdoin, Wesleyan 대학이다. 고교 성적 10% 이내에 해당하지 않는 학생이나, 다른 영역의 우수함을 인정받아 입학되는 경우도 적지 않다. 예를 들어 Stanford, MIT, Harvard 대학 등은 상위 10% 이하이며 25% 이내에 해당되는 학생들의 입학비율도 5%, 2%, 4%에 해당된다. Yale 대학과 Wesleyan 대학의 경우 고교성적의 상위 10% 이하이며, 상위 25%에 해당하는 학생들의 입학비율이 각각 10%, 19%로서 적지 않은 비율을 차지하고, 고교성적 50% 미만에 해당하는 학생도 1%, 6%이다.

대학들은 대학에서의 수업능력 향상을 위하여 학생들에게 고등학교 4년간에 11개 이상의 학구적 교육과정을 택하도록 하고 있다. 즉, 영어과목으로 문법, 문학, 창작, 웅변, 강독 등과 수학과목으로 기초수학, 기하, 대수, 삼각함수, 미적분 등, 과학과목으로 생물, 미생물, 화학, 물리, 지구과학 등, 사회과목으로 미국사, 세계사, 인류학, 사회학, 정치학, 경제학 등이 있으며, 그 외에 역사와 외국어 과목이 있다. 같은 학년이라 할지라도 실력에 따라 교과내용의 난이도를 고려하여 택할 수 있다. 이상의 교과 수강 이수단위가 대학입학 사정 준거로 사용되며, 대학에서 요구하는 교과이수단위(Unit or Carnegie Unit)는 일주일에 45분 수업 4시간씩 수강하여 매학년 36주 교육받은 것을 말한다. 예를 들어, 영어 4단위일 경우 4년 동안 일주일에 4시간씩 수강함을 말한다. 영어 교과의 경우 교과이수 평균단위는 3.95이며, 45개 대학 중 20개 대학이 4단위를 요구하고 있다. 수학교과의 경우 교과이수 평균단위는 3.10으로 14개 대학이 3단위, 5개 대학이 4단위를 제시하고 있다. 과학교과의 경우 교과이수 평균단위는 2.15이며, 사회와 역사 교과이수 평균단위는 1.10이었다. 외국어 교과이수 평균단위는 2.24로서 10개 대학이 2단위를, 6개 대학이 3단위를, 4단위 이수를 제시한 대학은 없었다.

대학입학 사정 준거로 AP과목과 우등 교육과정(honor course) 수강 여부도 고려된다. AP과목 수강 여부를 참조하는 대학은 29개 대학이며, 우등 교육과정 수강 여부를 참조하는 대학은 28개 대학이다. 또한 에세이를 요구하는 대학은 22개 대학, 면접을 요구하는 대학은 5개였으며 대부분의 대학에서 면접은 필수가 아닌 권고사항이었다. 작문을 요구하는 대학은 일반적으로 1개의 작문을 요구하지만 6개 대학에서 2개의 에세이 작문을 요구하였고, 그 중 Stanford 대학은 3개의 작문을 요구하였다.

지원생의 개인적 특성으로 지도력 경험이 고려된 대학이 12개 대학, 특별활동이 고려된 대학이 22개 대학, 특별한 재능을 고려한 대학이 21개 대학이며, 인성을 고려한 대학은 23개 대학이다. 학교의 추천서를 요구하는 대학은 20개 대학이며, Harvard, MIT, Yale, Vanderbilt 대학은 교사 2명의 추천서를 요구하였다. William and Mary, Harvard, MIT, Yale, Vanderbilt는 상담교사의 추천 또한 필요하다. Harvard 대학의 경우 추천서뿐 아니라 학생상담일지도 입학사정 준거로 사용하고 있다. 동창회의 추천서를 요구하는 대학은 4개 대학으로서 Northwestern, Swarthmore, Tufts, Yale 대학이다. 부모, 형제, 자매의 학교참여도를 대학입학 사정 준거로 사용하는 대학도 4개 대학으로 Middlebury, Swarthmore, Tufts, Yale 대학이다. 또한 지역적인 안배를 고려하는 대학은 William and Mary, Middlebury, Northwestern, Tufts 대학으로 4개 대학이다.

예체능계의 경우 전공의 특성상 다소 다른 입학 전형방법을 실시하고 있다. Princeton 대학은 오디션 테이프, CD, DVD 등 자료제출을 요구하며, Cooper Union for the Advancement of Science and Art의 경우 예체능계는 포트폴리오 방법을 건축계열은 집에서 작성하여 오는 프로젝트를 참고하고 있다. North Western 대학과 Notre Dame 대학의 경우 음대는 오디션을, Pennsylvania 대학은 예체능계 지원자에게 포트폴리오 제출을 요구하고, Rice 대학의 경우 음대는 오디션을 건축학과는 포트폴리오 방법을 사용한다.

특수목적을 지닌 United States Naval Academy, United States Military Academy는 지원 자격을 미혼의 17세에서 21세 혹은 22세 미만으로 제한하였으며, 신체검사나 의료검사를 필수로 하고 있다. United States Naval Academy는 국회의원이나 지방자치 단체장의 추천서를 요구하고 있다.

6. 대학입학전형제도의 방향과 과제

이상에서 나타난 복합적인 문제점은 단순하게 하나의 제도만 보완하거나 대학입학시험의 유형을 변화시켜서 대학입학전형제도에 따른 문제를 해결할 수 없다. 우리나라 교육 전반에 대한 제도를 개선하여야 하며, 특히 대학입학과 직결된 내용에 대한 근본적인 변화가 있어야 한다. 그러므로 종합적이고 체계적이며 과학적으로 대학입학전형제도에 대한 근본적인 문제를 해결하기 위한 범국가적인 차원에서 접근이 이루어져야 하며, 가장 중요한 것은 국가가 최대한 공교육의 질을 높여 국민이 원하는 기본교육을 충족시켜 주어야 한다는 것이다. 이를 위하여 공교육에 대한 범국가적으로 모든 지원이 이루어져 양질의 교육이 제공되어야 한다. 물론 교육을 둘러싸고 있는 정치, 경제, 사회, 문화적 환경이 선진화되어야 하고, 정부 그리고 대학교, 고등학교, 선생님, 학부모 그리고 학생 모두 혼연일체가 되어 지금까지 대학입학전형제도에 의하여 나타난 문제점을 해결하기 위하여 노력하여야 한다.

1) 국가에서 노력할 점

가장 중요한 것은 대학을 특성화시키고 전문화시켜서 다양한 대학이 서로 경쟁하는 체제를 갖도록 하고 자율적으로 존립할 수 있도록 하여야 한다는 것이다. 그러므로 대학에 대한 행·재정적 지원으로 구속할 것이 아니라 대학의 자율을 보장하고 자율적으로 존립하게 하여야 한다. 대학의 신입생 선발과 학교운영에 대하여 자율권을 부여하되 부정과 부조리에 관련된 사회문제가 발생하였을 때는 철저하게 책임을 물어야 한다. 또한 자율성에 따라 대학마다 전공마다 다양하고 특색있는 타당한 대학입학전형제도를 수립해야 한다. 만약 국가발전에 부정적 영향이나 국민에게 혼란이나 큰 부담을 줄 경우는 계몽·지도할 수 있다.

그리고 국가는 보다 다양한 검사를 실시하여 학생들이 그들의 능력을 발휘할 수 있게 하여야 한다. 현재 단일검사인 대학수학능력시험보다는 교육과정에 준한 국가수준에서 학생들의 학업성취도검사를 실시하여 교육목표 달성 여부뿐 아니라 교육격차에 따른 교육정책 수립과 교육과정 개선에 참고자료로 사용하여야 한다. 이런 전국단위 학업성취도검사를 실시하면 각 고등학교별로 실시하는 검사의 영향력도 감소되고 상대적 서열비교인 고교내신의 영향력도 감소시킬 수 있어 같은 학교 내에서의 학생들 간에 불필요한 경쟁도 배제할 수 있다. 이런 과정을 통하여 학생들에 대한 교사들의 평가는 질적 평가를 실시하여 각 학생들의 특성을 서술하여 현재와 같은 학교내신등급제를 폐지할 수 있다.

대학에서 수학할 수 있는 능력을 가지고 있는지를 측정하는 독립적인 대학수학능력시험도 여러 번 실시할 수 있게 하여야 한다. 현재의 경우 한 번만 실시하는 단일검사에 의하여 대학진학이 결정되기에 검사에 대한 관심이 높아질 뿐만 아니라 실수를 만회할 수 있는 기회가 없어 검사기회에 대한 문제가 제기되고 있다. 그러므로 학교의 학업기간과 관계가 먼 검사의 경우 검사를 여러 번 실시하여야 한다. 예를 들면, 1926년 실시한 SAT의 경우 원년에는 한 번 실시하였으나 현재는 1년에 6번 실시하고 있다. 여러 번 검사가 실시되어도 측정학적으로 동등화가 가능하기 때문에 쉽고 어렵게 출제된다 하여도 문제가 되지 않는다.

나아가서 학업능력과 학업적성 이외의 다른 특성을 측정하는 검사나 평가도구도 다양하게 제작·실시하여 각 대학이 그 대학의 특성에 부합하는 전형제도를 수립할 수 있는 자료를 제공하여야 한다. 전문기관에 의하여 검사는 과학적이며 체계적이고 지속적으로 운영되고 분석되어야 한다. 다양한 검사나 평가자료가 있으면 대학은 대학의 자율에 따라 전형방법을 수립할 것이고 동일한 학과라 할지라도 비교기준에 따라 다르기 때문에 성적 서열화에 의한 우수대학의 진학보다는 졸업

후 장래가 밝은 대학으로 진학하게 될 것이다. 졸업생의 진로를 중요시하는 대학은 신입생 선발에 대한 투자보다는 전공교과에 대한 교육과정 개선과 질을 높이는 데 많은 투자를 하게 될 것이다.

국가에서는 학생들의 정보를 최대한으로 제공할 수 있게 하여야 하고 대학은 대학자율로 신입생을 선발하도록 하여야 하는 전제 아래에서 국가는 대학의 신입생 모집단위 광역화, BK-21 같은 특정 대학에 연구비 지원, 대학입학전형제도의 다양화를 평가하는 균일적인 평가기준 등을 적용할 필요가 없다. 왜냐하면 이와 같은 제도가 대학입학전형제도의 획일화를 가져오기 때문이다.

국가는 고등학교에서도 입시위주의 교육에서 탈피하여 개성과 적성, 그리고 소질을 존중하는 교육을 유도하고 가치관, 인성, 도덕성 등의 교육도 강조하는 인성교육을 실시할 수 있도록 하기 위하여 복잡·다양한 제7차 교육과정을 개정하여야 한다. 현재의 제7차 교육과정의 내용은 일반선택 26과목 심화선택 56과목으로 다양하게 구성되었다. 선진 외국을 보아도 이렇게 확장된 교육과정을 볼 수 없으며, 다양한 선택교과 중심의 교육과정이 좋다고 하여도 다양한 교과목을 가르칠 수 없는 것이 우리의 교육현실이다. 일반 선택과목을 보면 논리학, 철학, 생활경제 같은 대학의 교양과목뿐 아니라 전공과목도 있다. 대학의 교양과목에 대한 개편 추세를 보면 예전보다 실용적이고 통합적인 특성을 지님을 볼 때 제7차 고등학교 교육과정과 대학의 교양교육과정은 상호 다른 특징을 보이는 모순을 지니고 있다. 그러므로 고등학교 교육과정은 고등학교에서 배울 수 있는 기초과목을 강조하는 교육과정으로 수정되어야 한다.

제7차 교육과정을 수정하여야 하는 다른 이유는 제7차 교육과정에 근거하여 국가수준의 검사를 실시하는 것이 가능하지 않기 때문이다. 그 많은 교과를 출제하는 것은 현재의 출제방법으로는 불가능하다. 그렇다면 제7차 교육과정에서 중요하다고 고려되는 교과목, 혹은 유사과목을 통합하여 출제한다면 검사에 포함되지 않는 교과나 영역은 학교의 교수·학습에서 자연히 제외될 수밖에 없다. 그러므로 제7차 교육과정의 내용 중 기초과목과 고등학교에서 필요한 내용만 교육과정에 포함시키고 다른 교과는 대학에서 학업할 수 있도록 하여야 한다.

대학진학이 담임교사나 진학지도교사가 학생의 점수에 따라 획일적으로 이루어지는 진학지도방법에서 벗어나서 학생의 개성, 적성, 자질, 취미, 잠재적 능력,

그리고 장래희망 등에 부합하는 전공을 선택할 수 있도록 지도할 수 있는 평가전문교사와 상담전문교사를 양성하여야 하며, 그들의 역할도 강화시켜야 한다. 각 고등학교마다 학교 별로 다양한 평가자료를 수집하고 분석하여 해석을 올바르게 하기 위하여는 평가전문교사가 학교에 있어야 한다. 현재와 같이 고등학교에서 산출한 성적에 의한 내신등급은 기계적이다. 이런 수준을 벗어난 전문적인 평가를 하기 위해서는 교육평가전문교사가 필요하다. 뿐만 아니라 타당하고 신뢰할 수 있는 자료에 의하여 학생들의 진로, 대학진학, 직업선택은 물론 청소년기에 겪는 어려움을 해결해 줄 수 있는 전문상담교사를 학교에 배치하여야 한다.

또한 고등학교 교육과정에서 많은 경험을 할 수 있는 취미, 오락, 여가 등을 즐길 수 있도록 학교에 지원하여 주어야 하며, 대학전공적성검사, 직업흥미검사, 인성검사 등을 개발하여 진로지도를 위한 다양한 자료와 정보를 제공할 수 있는 여건도 조성하여 주어야 한다.

서울의 일류대학의 대학진학 경쟁률이 치열해지는 이유는 교육외적 요인이 더욱 중요하다는 생각 때문이다. IMF와 국제금융위기로 청년실업이 증가하면서 학생들은 서울의 일류대학으로, 그리고 취업이 잘되는 전공으로 몰리게 되면서 대학입학 경쟁이 심화되고 있다. 그러므로 국가 경쟁을 살려 고용을 창출한다면 대학입학 경쟁률도 완화될 수 있다고 본다.

제4차 산업혁명시대를 맞이하여 산업구조가 급격하게 변화됨에 따라 학생들의 미래 핵심역량을 배양하는 교육과정으로 변화시켜야 한다. 특히 인공지능, IoT, 빅데이터, 로봇, 바이오 신기술, 3D프린팅, 드론과 자율주행 운송수단 등이 초유기적으로 연결되는 산업시대에 맞게 학생들을 가르치고 평가하는 방법도 혁신의 수준에서 일대 전환이 이루어져야 할 것이다. 평가가 교수학습의 방향을 결정함에 비추어 지필평가에 의한 모든 평가는 가능한 한 수행평가로 전환하여 새로운 것을 만들어 내는 능력을 배양하는 교육시스템을 구축하여야 한다.

1980년대 후반부터 연구하여 1994년에 실시한 대학수학능력시험은 그 당시 암기 위주의 교육을 탈피하기 위하여 고등정신능력을 함양한다는 목적으로 구안되었다. 그 후로 고등정신능력을 측정하는 평가체제를 구축하기보다는 교과목 중심으로 교과서와 EBS 방송교재에서 문항을 출제하고 있으므로 고등정신능력을 함양하는데 오히려 방해가 되고 있다. 지난 25년간 진행되어 온 대학수학능력시험은 폐기하고 새로운 평가시스템을 구축하여야 한다. 이런 관점에 비추어 볼 때 미국에서 진행되고 있는 차세대 평가정책 2.0(Assessment 2.0 for next Generation)은 현대 사회에 필수적인 문제해결력, 협동정신, 창의력 등을 배양하고자 하며 평가 방식을 컴퓨터화하여 지필평가로는 평가할 수 없었던 다양한 고등정신능력을 평가할 수 있다는 점에서 주는 시사점이 크다. 우리나라에서도 제4차 산업혁명시대에서 필수적인 역량에 초점을 맞춘 평가시스템을 국가 수준에서 연구하고 개발하여 구축하여야 한다.

2) 대학교에서 노력할 점

국가 부존자원이 부족한 우리나라에서 국가발전은 교육의 힘이 컸다는 사실을 부인할 사람은 아무도 없다. 비록 지금까지의 국가발전은 교육, 그리고 대학교육의 힘이 컸다고 하더라도 진정으로 지난 50년간 대학이 사회와 국가의 발전을 위하여 더 공헌할 수 없었는지를 냉철하게 반성해 보는 기회를 가져야 한다.

우수한 학생들을 선발하여 국제적으로 얼마나 우수한 인재를 양성하였으며, 국가와 사회를 위하여 많은 공헌을 하는 정직한 국민을 배양하였는지를 생각하여야 한다. 지금까지 우수한 학생을 선발하기 위한 방법에 더 많은 노력을 기울였는지, 아니면 대학에서 학생들을 우수하게 교육시키려는 데 많은 노력을 기울였는지 반성해 볼 필요가 있다. 또한 우수한 학생을 어떤 의미에서 해석하였으며, 1점이라도 시험점수가 높은 학생을 우수한 학생으로 규정하여 신입생을 선발하였다면 대학의 대학입시제도가 초·중등교육에 어떤 영향을 주었는지 반성할 필요가 있다. 또한 대학은 대학마다 건학이념이 다르고 교육목표가 일치하지 않는데도 불구하고 다른 대학과 경쟁하여 학생들을 유치하기 위한 졸렬한 대학입시제도를 수립하지 않았는지 반성해 보아야 한다.

이제부터는 대학들도, 특히 우리나라 초·중등교육에 가장 많은 영향을 준다고 인식하는 대학들부터 진정한 의미의 교육을 음미해 볼 필요가 있다. 다른 대학과 유사한 대학입학전형제도를 실시한다면 이는 분교와 다를 바 없음으로 해당 대학이 추구하는 교육이념, 그리고 교육목표, 나아가 특성화를 수립하고 그에 부합하는 전형제도를 초연하게 수립할 수 있는 자신감을 보여 주어야 한다.

그리고 대학입학전형방법을 구안함에 있어 현재 우리교육이 안고 있는 문제점을 해결하기 위한 방법을 강구하여야 한다. 즉, 대학이 사회와 국가에 미치는 막중한 영향력을 인지하여 대학의 순간 이득만을 추구하지 말아야 하며, 순간의 이득은 대학의 실질적 이득도 되지 않을 뿐더러 그에 발목이 묶이는 결과를 초래함을 알아야 한다. 그러므로 거국적 차원에서 대학입학전형제도가 가정, 학교, 사회, 국가에 미치는 영향을 고려하는 결과타당도(성태제, 1998a; Messick, 1989; Popham, 1997; Shepard, 1997)에 입각하여 대학입학전형제도를 수립하여야 한다.

대학입학전형제도의 수립보다 더욱 중요한 것은 대학의 교육과정을 보다 충실히 하는 것이다. 21세기를 맞아 가르치고 배워야 할 교육내용이 무엇인지를 예견하여 국제사회의 흐름을 유도할 수 있는 교육과정 개발에 박차를 가하여야 한다. 우수한 학생을 선발하여 우수한 학생으로 배출하는 것도 보람된 교육이지만, 덜 우수한 학생을 선발하여 더욱더 우수한 학생을 배출하는 것이 진정한 의미에서 보람된 교육이라 하지 않을 수 없기 때문이다.

교육과정을 충실히 하고 이를 성공적으로 공부할 학생을 선발하기 위하여 대학을 특성화시켜야 한다. 그래야만 특성화와 전문화에 맞는 교육과정을 구성할 수 있으며, 이 교육과정을 성공적으로 이수할 수 있는 특성이나 잠재적 능력을 지닌 학생을 선발할 수 있다. 그러므로 대학은 종합박물관 형태의 대학운영보다는 특성화시키는 작업을 우선하여야 한다. 이에 따라 신입생 전형방법을 특화시켜야 한다. 이를 위하여 대학들은 전공에 맞는 타당하고 신뢰할 수 있으며, 공정하고 미래를 지향하는 대학신입생 전형방법을 다양하게 구안하기 위한 지속적이고 과학적인 연구를 게을리 하지 말아야 한다. 이제 우리나라도 대학단위, 학과단위에서 보다 타당하고 독자적인 대학입학전형제도를 구안하여야 할 것이다.

미국의 대학들은 학생을 선발함도 중요하지만 대학에서 무엇을 가르쳐야 하느냐를 고민하고 있어 미국 대학들이 우리나라 대학들에게 주는 교훈이 크다. 35개 대학의 관계자들이 미국의 장래를 위하여 대학들이 제시한 비전과 미션을 분석하고 공통적으로 배양하여야 할 **대학생들의 능력**을 **열 두가지**로 축약하였으며, 그 내용은 다음과 같다(Schmit, Oswald, & Gillespie, 2005; 성태제, 2009a, 2009b).

첫째, 지식과 학습(knowledge, learning, mastery of general principles)

둘째, 학구열, 지적 관심과 호기심(learning, intellectural interest, and curiosity)
셋째, 예술 · 문화에 대한 감상과 호기심(artistic cultural appreciation and curiosity)
넷째, 다문화 수용과 이해(multi-cultural tolerance and appreciation)
다섯째, 지도력(leadership)
여섯째, 대인관계(interpersonal skill)
일곱째, 사회적 책임과 시민의식(social responsibility, citizenship, and involvement)
여덟째, 정신적 · 육체적 건강(physical and psychological health)
아홉째, 경력 지향(career orientation)
열째, 적응력과 삶의 기술(adaptability and life skill)
열한째, 인내력(perseverance)
열두째, 윤리적 태도와 성실성(ethics and integrity)

지식과 학습, 일반원리에 대한 이해는 해당 분야의 전문지식의 습득 정도 그리고 이해와 적용능력 등을 말하며 일반적으로 학점 등이 될 수 있다. 학구열, 지적 관심과 호기심은 지속적 학습을 위한 지적 호기심과 흥미를 말하며, 해당 분야나 주변 분야의 중핵에서 새로운 아이디어와 기술을 지속적으로 추구하는 자세다. 예술 · 문화에 대한 감상과 호기심은 관심을 두는 예술 · 문화 분야에서 전문가 수준이거나 단순한 수준에서 감상하는 능력을 말한다. 다문화적 수용성과 이해란 문화, 인종, 성별 등에 의한 개인의 다양성에 대한 흥미와 수용, 나아가서 개방성과 관련되어 있다. 지도력이란 집단을 운영하는 능력, 그룹 리더로서의 봉사, 그룹이나 과제를 조정하고 집단 구성원에게 동기를 부여하는 능력을 말한다. 대인관계란 공식적인 학교 관련 상황이든 비공식적 사회상황이든 타인과의 관계 형성과 의사소통능력이다. 사회적 책임과 시민의식이란 사회와 지역에 대한 책임, 시민의식의 구현, 대학 차원 혹은 국가, 사회, 지역 차원의 행사를 위한 참여활동, 지역이나 학교 혹은 선거 등에 자발적으로 참여하는 정도를 말한다. 정신적 · 육체적 건강이란 학교활동에 적극적으로 참여할 수 있는 건강으로서 올바른 식생활, 규칙적 운동, 다른 사람과 건강한 개인적 그리고 학업적 관계 등이며, 음주와 약물중독 등과 관련이 없음을 말한다. 경력지향이란 대학에 입학하기 전이나 입학해서 지향하고자 하는 경력개발에 대한 분명한 의지로서 목적과 관련된 일반적이거나 전문적 경력을 수립하고 수행하는 의지를 말한다. 적응력과 삶의 기술이란 점진적이거나 혹은 갑작스러운 변화나 기대했거나 기대하지 않았던 환경변화에 대한 적응으로 이는 일상생활을 위하여 계획을 세우거나 인생에서의 변화와 본질적 문제를 다루는 능력이다. 인내력이란 대학을 졸업하는 장기적 목적이나 하루의 학교생활에서 설정한 단기적 목적 등을 달성하고자 하는 데 나타나는 어려움이나 장애를 극복하고 목적에 전념하는 특성이다. 윤리적 태도와 성실성이란 올바른 가치를 수립하고 이 가치들과 일관되게 행동하며, 일상생활에서 정직하고 타인을 존경하는 특성을 말한다.

이 열두 가지 능력을 대학에서 가르쳐야 한다고 주장하며, 이런 능력을 향상시킬 수 있는 학생을 선발하도록 하여야 한다고 제안하고 있다. 이 제안은 열두 가지 능력이 인간이 지녀야 할, 그리고 사회에 나와서 실행해야 할 중요한 능력이므로 고등학교에서도 이러한 능력을 배양하는 교육을 실시해야 한다는 권유다. 학생선발도 중요하지만 미국의 국력을 신장하기 위하여 중등교육까지 미래 지향적으로 유도하는 미국 대학들을 보면서 자율의 의미를 다시 한번 음미하게 한다. 우리나라 대학들도 대학에서 길러야 할 인성과 품성을 설정하여 교육하고 이런 특성들을 입학사정관제를 통하여 학생선발에 점진적으로 반영한다면 홍익인간을 위한 교육, 보다 전인과 공인을 위한 교육으로 변화시킬 것이라 기대한다.

대학들도 우수한 학생을 선발하기 위하여 제4차 산업혁명시대를 인도할 인재상을 새롭게 정립할 필요가 있다. 성태제(2017)는 제4차 산업혁명시대에 학생들이 갖추어야할 인지능력으로 언어, 수리, 과학, 사회의 기초적인 문해와 특히 경제와 컴퓨터에 대한 문해 능력을 강조하였고, 인문학적 소양 그리고 전문분야의 지식과 기술, 타민족의 종교, 문화, 관습에 대한 이해를 제시하였다. 인지적 특성으로서 지적 호기심과 탐구정신, 비판적 사고, 문제 해결력, 창의력, 의사소통능력, 경력지향성을 요구하였고, 시민적 책무성이 강조되는 제4차 산업혁명시대에는 사랑과 평화, 정의와 평등, 희생과 봉사, 정직과 성실, 용서와 화해, 시민정신, 배려와 관용, 자연과 생태계 보호에 대한 인식과 같은 정의적 특성 또한 요구하였다. 특히 클라우드 환경에서의 평생교육을 추구하는 탐구적이며 창조적 자율인을 강조하였다.

그러므로 대학에서도 학생들의 이런 기본 능력과 특성을 기르도록 노력을 하여야 할 것이고, 특정 전공과 직업과 관련된 능력이나 특성에 대한 교육을 강화하여야 한다. 산업사회와 연계하여 새로운 직업을 창조하는데 공헌도 하여야 하고 이에 적합한 학생들도 배출하여야 할 것이다. 대학교육은 고등학교 교육과 연계할 때 교육의 효과가 극대화 되기에 고등학교 교육과정의 변화에 기여하여야 하며, 고등학교와 유기적인 관계를 유지하며 학생들을 선발하는 해당 대학의 전형방법도 구안하여야 할 것이다.

입학사정관제는 1900년대 초 미국에서 학업능력을 위주로 학생을 선발하다보니 Columbia 대학의 경우 1918년에 유대인의 비율이 40%, Harvard 대학의 경우 1922년에 유대인의 비율이 21.5%에 이르게 되었다. 이 현상은 특정인들로 구성된 대학은 대학의 다양성(universe)의 특성을 유지하지 못하므로 1922년 Darthmouth 대학에서 인성, 운동, 특기, 지역 등의 학생 선발기준을 제시하면서 입학사정관제도를 도입하였다. 이후 1948년 Massachusetts 주의 공정교육법(fair educational practice law)에 의하여 학생선발의 다양성이 축소되다가 1950년과 1960년대 통합무드를 타고 소수우대정책(affirmative action)이 나타남에 따라 입학사정관에 의하여 다양한 학생들을 선발할 수 있었다. 이어 1978년 소수인종 우대는 위법이라는 연방대법원의 판결이 있었으나 대학교는 학생선발의 자율재량(discretion)과 비투시성(opacity)이 용인되었으며, 2007년에는 California 주에서 고용이나 공교육 제공에 차별 혹은 특혜가 폐지되어야 한다는 법안이 통과되었다. 최근 UC-Berkeley 대학에서는 입학사정관에 의한 전형은 업무도 과다하지만 선발기준이 다양화되어 모호하므로 타당성 문제가 제기되고 비용대비 효과가 높지 않다고 판단하여, 신입생 선발방법을 유형화하고, 축약화하고 있으며, 입학사정관제 전형의 타당성과 신뢰성을 높이는 노력을 강구하고 있다(Laid, 2005).

우리나라도 2008년부터 정부의 지원 아래 대학입학사정관제 전형을 10개 각 대학에서 실시하였으며, 2009년에는 40개 대학이 정부지원 시범대학으로 선정되어 그 전형방법을 확대해 가고 있다. 대학입학사정관제란 대학이 대학전형 전문가인 입학사정관을 육성 · 채용 · 활용함으로써 대학이나 모집단위별 특성에 따라 보다 자유로운 방법으로 학생을 선발하는 제도를 말한다(교육과학기술부, 2009).

대학입학사정관제를 도입하는 이유는 지금까지 대학들은 학생부 · 대학수학능력시험 · 대학별 고사 등 성적 위주로 학생을 선발하다 보니 중등교육에서는 지나친 점수 경쟁을 유발하였고, 대학이나 모집단위의 특성에 맞는 잠재력과 소질을 가진 학생을 선발하지 못하는 한계를 극복하려고 하기 때문이라 설명한다. 그러므로 입학사정관제를 통하여 점수 이외의 다양한 전형자료를 이용하면 잠재능력이 뛰어나고 성장 가능성이 큰 인재를 선발할 수 있으며 점수경쟁을 완화시키고 사교육비를 감소시킬 수 있다는 기대에서 출발하였다.

각 대학에서 실시하고 있는 입학사정관제도를 정착시키기 위해서는 입학사정관의 정의 정립과 역할 규명, 입학사정관의 전문성 신장, 입학사정관제도에 대한 사회적 인식의 전환 등이 요구된다고 권승아(2009)는 밝히고 있다. 그러므로 각 대학들은 각 대학들의 전공이나 모집단위에 부합하는 입학사정관전형에 대한 연구와 전형 유형을 개발하여야 하며, 이 전형방법의 타당성과 신뢰성을 높이는 노력을 경주하여야 한다.

3) 고등학교에서 노력할 점

고등학교는 대학교 입학시험 준비기관에서 과감하게 탈피하여 고등학교의 교육목적에 충실하며 지 · 덕 · 체를 겸비한 시민을 양성하는 진정한 교육을 실시할 수 있어야 한다. 그러므로 교사는 학생들의 시험점수를 올리는 방법의 교수법에서 벗어나서 문제를 이해하고 판단하며 분석하고, 그 지식을 생활에 적용하고 변화된 환경에 응용하는 능력, 그리고 새로운 사실을 창조하는 능력을 배양하는 교수법을 사용하여야 한다.

교수 · 학습이론에 근거한 교수법 못지않게 최근에 관심을 모았던 평가방법은 수행평가다. 수행평가는 배운 내용이나 지식, 그리고 습득한 기술이나 기능을 행위로 나타내는 정도를 측정하여 판단하는 종합적 평가방법이나 우리나라 학교현장에서 제대로 적용되지 못하고 있다. 현재까지 학교현장에 나타난 문제점을 보완하여 교수적 기능이 극대화하는 방향으로 실시하여야 한다.

그리고 국가수준에서 학업성취도검사를 실시한다면 학교에서는 자체적으로 검사나 평가를 실시하되 모든 것은 점수화하여 서열화한 내신등급을 부여할 필요가 없다. 고등학교 내신이 학교교육의 정상화에 기여하였다고 보지만 그 이상의 문제를 야기하고 있다. 학급급우가 경쟁의 대상이며, 점수를 부여하는 과정에서 교사에 대한 불신 경향이 없다고 할 수 없다. 상대비교에 의한 내신이 지닌 의미는 크지 않다. 왜냐하면 상대적인 비교 결과이기 때문이다.

새로운 대학입학전형제도에서 사용될 추천제에 대한 추천과정, 추천결과 등에 대한 객관성 그리고 공정성을 확보하는 절차를 고등학교마다 수립하여야 한다. 고등학교의 경우 학교의 설립 유형과 환경이 다소 상이할 수 있으므로 고등학교에 적합한 추천제도를 수립하는 것이 필요하다. 지금까지 명문대학에 몇 명을 진학시켰는가가 우수한 교사로 평가받고 우수한 고등학교로 평가받던 구시대적 평가관에서 벗어나서 고등학교 교사는 학생 개인이 지니고 있는 개성, 소질, 특기, 적성, 취미, 장래희망 등을 모두 고려한 진학지도를 실시하여야 하며, 담임교사의 역할 못지않게 상담교사의 역할이 강화되어야 한다.

학생들의 평가결과로서 고교 내신점수는 대학입학에 지대한 영향을 주므로 평가가 신뢰로워야 하기 때문에 학교에서의 평가는 객관적이고 구조화되고 있다. 그러므로 학생들의 창의적 행동이나 수행능력을 평가하기가 어렵게 될 뿐만 아니라 나아가 이런 능력을 배양하기 어렵게 되는 문제가 있다. 특히나 제4차 산업사회를 살아가기 위한 핵심역량에 대한 교육이 불가능 할 수 있다. 그러므로 학교에서는 가능한 한 이를 극복할 수 있는 방안으로 학교 구성원이 합의를 통하여 미래의 핵심역량을 평가할 수 있는 방법을 개발할 필요가 있다.

4) 학부모와 학생이 노력할 점

우리나라 어머니의 교육열은 매우 높으며 아버지는 일반적으로 무관심하다. 어머니의 매우 높은 교육열도, 그리고 아버지의 무관심 모두 교육적이지 못한 것이 문제다. 어머니의 교육열은 자기 자식만 높은 점수를 얻어 남들이 부러워하는 대학에 진학시키고자 하는 데 기여하고 있으며, 아버지의 무관심은 돈을 벌어 그 돈을 부인에게 주면 보다 좋은 교육을 시킬 수 있다고 믿는 안일함 때문이다.

자식의 대학진학은 부모의 체면을 세워 주는 정도에서 전공을 선택하는 면도 적지 않음을 부인할 수 없다. 부모의 사회 · 경제적 지위 때문에 다른 사람들의 기대를 무시할 수 없어서인지도 모른다. 그러나 이제는 부모가 자식의 인생을 위하여 자식이 지니고 있는 적성이 무엇이고 어떤 특기와 소질을 지니고 있으며 장래 무엇을 하고자 하는지를 고민하여야 한다. 학교 교사의 역할도 중요하지만 부모만큼 자식에 영향을 주는 사람도 없고, 부모만큼 자식을 아는 사람도 없기 때문에 자식을 올바로 이해하여 그들이 가고자 하는 인생 길을 열어 주고 닦아 주는 역할을 수행하여야 한다. 그것이 부모의 책임이자 의무다.

학생도 역시 자신을 알아서 개인의 적성, 취미, 특기, 장래희망에 부합하는 전공을 선택하여야 한다. 그러기 위해서는 내가 누구인가, 그리고 무엇을 할 것인가라는 질문을 하면서 자신의 소질을 개발하는 방향으로 노력하여야 한다. 인생에서 가장 치열한 경쟁자는 남이 아니라 자기 자신이라는 생각을 하면서 자기 자신을 개발하는 노력을 게을리 하지 말아야 한다. 그러기 위해서 학생은 자기 관심 분야에 더 많은 시간을 투자하고 노력하여야 한다.

하고 싶은 일을 하는 사람이 사회에 대한 공헌하는 바가 크므로, 특성화되는 대학입학전형제도가 미래의 부모가 될 학생들에게 학교에서 공부하는 즐거움을, 사회에 진출하여 보람되는 생활을 하게 되고 그들은 그들이 살아온 방식대로 자식을 교육시키는 교육의 본연을 찾을 수 있게 할 수 있다고 본다.

5) 사회에서 노력할 점

교육은 사회로부터 독립적일 수 없다. 종전의 대학입시제도가 지니고 있는 문제점은 사회문제의 일부분으로 보아야 한다. 우리나라 사회의 특징은 사회의 상류층이나 지도층이 명예, 권력 그리고 재력을 모두 지니고 있는 데 문제가 있다. 옛날에는 명예로운 직업에 있는 사람은 경제적으로 윤택하지 못했고, 권력 있는 사람도 경제적으로 윤택하지 못하는 등의 세 개의 가치가 분리되었으나 현재는 모든 가치를 공유하므로 모든 국민은 상류층이나 지도층에 진입하기를 원한다.

상류층이나 지도층으로 진입하는 지름길은 일류대학에 진학하는 것이다. 이는 학연을 통한 동질의식으로 사회의 부와 권력을 공유할 수 있기 때문이다. 이제야말로 지연, 학연, 혈연에 의해서 사회가 운영되는 전근대적 모습에서 탈피하여야 한다. 또한 가능하면 명예, 권력 그리고 재력이 분리되는 정의로운 사회가 구현되어야 하며, 이런 환경에서 새로운 대학입학전형제도가 쉽게 뿌리내릴 수 있다. 개인의 능력을 인정받고 이를 존중하는 사회만이 선의의 생산적인 경쟁력을 고양시킬 수 있으며, 이를 바탕으로 국가경쟁력에서 우위를 차지하는 선진국의 반열에 동참할 수 있는 것이다. 그런 의미에서 국가가 각 기업체에 신입사원 채용 시 능력 위주의 선발방법을 권장한 것은 고무적이다.

7. 연구과제

새로운 대학입학전형제도를 실시하기에 앞서 이론적으로, 그리고 경험적인 자료에 의하여 연구 · 검토 · 분석되어야 할 과제가 있다. 대표적인 과제로서 과학적인 대학입학전형제도 구안, 교육과정 개발, 수행평가, 논술, 면접, 전공적성에 대한 연구, 그리고 직업교육 등이 있다.

국가의 지시나 권장사항에 따라서 수동적으로 대학입시제도를 수립하던 대학이 이제는 능동적이고 적극적으로 학교 교육목적에 부합하는 학생을 유치한다는 차원에서 각 대학마다 다양하고 특성화된 대학입학전형제도를 수립하여야 한다. 이를 위하여 각 대학들은 과학적이고 체계적인 연구를 통하여 대학입학전형제도를 구안하여야 한다. 많은 전형요소 중에 어느 전형요소의 예측타당도가 높은지를 점진적으로 검증하여 불필요한 전형요소는 배제하고, 새로운 전형요소를 도입하는 연구를 하여야 한다. 즉, 행정적 수준에서 구안되는 대학입시제도가 아니라 이론적 측면과 경험적 자료에 의한 연구에 근거한 대학입학전형제도 수립이 요구된다.

21세기를 맞아 고등학생이 배워야 할 교육내용에 대한 교육과정을 검토할 필요가 있다. 앞으로 시행될 2015개정 교육과정이 미래사회에 대비하고 우리교육 실정에 부합하는지를 신중히 검토할 필요가 있다.

교육평가방법에 있어서도 선택형 문항에 의한 평가에서 서답형 문항에 의한 평가방법으로, 그리고 학생들의 고등정신을 함양하는 방법인 수행평가로 변화되고 있다. 수행평가는 지식이나 기능, 혹은 기술의 수행 정도를 측정하는 평가로서 그 특징은 제22장에서 설명하였다.

[부록 3]에 있는 수행평가 문항의 예에서 보듯이 수행평가는 문제를 해결하는

과정과 결과, 그리고 지속적이며 다원적 속성을 평가하는 특징을 지닌 반면, 수행평가를 실시하는 데 따른 평가도구 개발의 어려움, 많은 시간의 소요, 채점기준 선정, 채점의 객관성, 그리고 공정성인 채점자내신뢰도와 채점자간신뢰도 검증 등의 많은 연구과제가 있다. 또한 수행평가를 성공적으로 실시하기 위해서는 선생님들의 잡무, 그리고 평가의 대상인 학생 수를 줄이는 학교환경의 변화도 요구된다.

논술고사에 대한 연구도 필요하다. 논술고사의 출현은 선다형 문항의 대학입시가 학생들의 분석력, 비판력, 종합력, 문제해결력, 창의력 등의 고등정신능력을 측정하기에 부족하고 학교 일선에서 고등정신능력을 함양하는 교육을 경시하는 문제점을 해결하기 위하여 제안되었다. 논술고사가 제안된 목적이 분명하지만 출제내용에 따라서 논술고사의 목적이 갈팡질팡하고 있다.

논술고사는 문제를 이해하는 능력, 문제를 해결하는 능력, 논리적으로 전개하는 능력, 분석적 사고력, 그리고 논리전개에 따라 결론을 유도하는 능력, 새로운 견해와 문제를 제시하는 능력 등 다양한 정신능력을 측정할 수 있다. 그럼에도 불구하고 논술고사는 마치 문장력을 측정하거나 철학적 사고능력을 측정하는 경향을 보여 왔다. 성태제(1995a)는 국문학과 신입생을 선발하는 논술고사라면 문장력과 문학적 표현이 평가항목으로 적합하고, 철학과 신입생 선발 논술고사라면 철학적 사고능력을 측정할 수 있으나, 대학별 고사에서 실시되는 논술고사는 고등학교 수준에 맞는, 그리고 선택한 전공과 관련이 있는 보편적인 주제에 대한 피험자의 생각을 서술하는 능력을 측정하여야 한다고 주장한다.

12개 대학 논술공동위원회는 1999학년도 논술고사 출제방향으로 동서고금의 고전을 예시문으로 제시하여 논리력을 측정한다고 발표하였다. 고전을 읽어서 나쁠 것은 없지만 모든 대학이 그렇게 하여야 하고, 또 모든 학생이 고전을 읽어야 할 필요가 있을지 의문이다. 이와 같은 공동연구는 대학입학전형제도를 획일화하는 방법이기에 바람직하지 않다.

시간이 지남에 따라 중요한 역할을 할 수 있는 대학입학 전형요소는 면접이다. 미국의 의과대학 신입생 선발에서 많은 대학이 면접을 실시하고 있음은 면접의 중요성을 인식하기 때문이다. 그러나 우리나라는 사범대학 신입생 전형방법에서 면접을 실시하였으나 면접점수의 객관성 문제 때문에 활성도가 떨어지고 있다. 그러므로 면접을 대학입학 전형요소로 사용하기 위해서 면접내용, 면접방법, 면접결과의 점수화 등에 대한 심층적 연구를 실시하여야 한다.

상담교사의 역할이 강조되듯이 학생들의 대학진학 및 장래 직업선택 등의 진로지도를 위한 자료개발에 대한 연구를 하여야 한다. 예를 들어, 어느 적성이 높은 학생들은 어느 전공에 적합하고 그 전공을 선택한 학생들의 유망한 직업이 무엇인지를 연구하여야 한다. 이를 위하여 대학전공적성검사의 개발, 그리고 직업교육에 대한 프로그램이 개발되어야 한다.

또한 최근에 관심이 고조되고 있는 대학입학사정관제에 대한 이론적, 그리고 경험적 배경에 의한 이론이 정립되어야 한다. 대학입학사정관 전형으로 어떤 유형이 있으며, 전형 유형에 따른 전형요소, 전형방법의 절차, 그리고 그 전형이 학생과 학부모, 중등교육 그리고 사회와 국가에 미치는 영향에 대해서는 지속적으로 연구되고 발전되어야 할 것이다.

주요 단어 및 개념

대학입학연합고사	대학입학자격시험	대학입학예비고사
대학입학학력고사	대학수학능력시험	고교내신성적
대학별 고사	모집단위 광역화	논술고사
BK-21	대학입학사정관제	

연습문제

1 우리나라 대학입학전형제도의 변화를 시대적으로 설명하고, 그 특징과 문제점을 설명하시오.

2 현행 대학입학전형제도가 지니고 있는 문제점을 열거하고 개선점을 제시하시오.

3 제7차 교육과정과 국가에서 주관하는 시험은 어떠한 관계를 가져야 되는지 논하시오.

4 면접시험의 장단점과 문제점 그리고 개선점을 제시하시오.

5 논술고사에 대한 의견과 개선점을 제시하시오.

6 대학입학사정관 전형이 지니는 장단점을 설명하고, 이 제도가 정착되기 위하여 어떤 노력이 필요한지 논하시오.

제25장

교육평가의 과제와 전망

이 장에서는 교육평가의 과제를 제도적인 측면에서 제시하고 이론적 분야의 연구과제들을 제안한다. 뿐만 아니라 교육평가의 과제에 비추어 교육평가의 전망을 논한다.

1. 제도적인 측면에서의 과제

우리나라 교육의 역사 중에 교육현장에서 지난 몇 년처럼 교육평가가 중요시된 적은 없다. 얼마 전까지만 해도 교육평가는 교육심리의 일부이며 교육과정에 포함될 수 있다고 보는 견해가 적지 않았다. 그러나 최근 학교현장에 수행평가가 강조되고 준거참조평가인 절대평가가 적용되면서 교육평가에 대한 관심이 높아지고 있다. 뿐만 아니라 교육의 책무성 관점에서 대학교는 물론 중등학교, 초등학교, 심지어는 유치원까지 기관평가가 진행되고 있다. 특히 평생교육이 강조되는 시대적 상황에서 학위수여를 위한 사설 교육기관까지 평가를 실시하고 있다.

교육기관을 평가하기 위하여 교육기관에 종사하고 있는 교사에 대한 교육평가는 필수적인 요인이 되고 있다. 대학들은 대학들대로 교수 · 학습의 질을 향상시키기 위하여 강의평가나 수업평가를 실시하여 우수교수에게 연구비를 지급하거나 그에 상응하는 보상을 하고 있다. 나아가 우수교원 확보를 위하여 연봉제를 도입하면서 연구업적 평가도 활발히 진행되고 있다. 교수평가는 물론 교육목표와 교육과정에 대한 평가, 학생들에 대한 평가, 학교시설과 환경에 대한 평가, 학교재정과 경영에 대한 평가 등 매우 광범위한 범위에서 평가가 이루어지고 있다.

학생에 국한하던 평가는 평가의 대상과 범위를 확대하고 있으며 많은 분야에서 평가를 실시하고 있다. 미국의 교육평가의 역사에 비추어 볼 때 1958년 이후 현실시대에 해당한다. Sputnik 충격으로 미국 연방정부는 교육의 질을 향상시키기 위하여 교육에 대한 투자를 증가함과 동시에 교육평가를 통하여 책무성을 확인하는 과정에서 평가의 전문성이 요구되었다. 현재 우리나라도 교육평가의 전문성이 요구되는 유사한 상황이 전개되고 있다. 평가를 할 경우 평가의 목적이 무엇인지를 명확히 규명하여야 한다. 그리고 평가의 목적에 비추어 평가의 대상과 요소가 설정되어야 하며, 평가대상과 요소를 평가하기 위한 구체적인 절차가 명시되어야 한다. 더 중요한 것은 평가를 실시할 때 타당하고 신뢰로운 평가방법이 구안되어야 하며, 각 평가내용에 따라 다양한 평가방법이 적용되어야 한다. 이를 위해서는 해당 분야의 전문가들이 평가에 참여하여야 하며, 특히 평가이론이 적용되는 평가가 이루어져야 한다.

교육기관평가를 위해서는 현재와 같이 표피적이며 일시적인 학교평가를 탈피하여 실질적으로 교육기관에 도움을 줄 수 있는 평가전문기구나 위원회가 구성되어 각 교육기관에 맞는 평가방법을 구안할 수 있도록 하여야 한다. 즉, 전문기구나 위원회에서 평가내용별로 평가내용에 대한 전문가의 의견이 반영되어야 하며, 평가이론에 의하여 평가방법이 구안되어야 한다.

학교현장에서는 교육평가이론을 보급하고 적용하기 위한 노력이 요구된다. 그 예로서 수행평가를 들 수 있으며 규준참조평가인 상대비교평가를 탈피하고 준거참조평가인 절대평가를 권장하고 있다. 또한 종전의 국어, 영어, 수학 중심의 대학입시제도는 최근 다양한 전형요소를 사용하는 대학입학전형제도로 변화되는 경향이다. 그러므로 새로운 교육평가이론을 학교현장에 소개하고 적용시키고 타당한 대학입학전형제도를 수립하기 위해서는 교육평가전담 연구기관이나 행정부서를 확대하고 전문화시켜야 한다.

교육의 변화는 학교현장에서 일어나야 한다. 교육평가전문가, 교육 관련 부서의 관계자가 교육평가이론을 적용하려 하여도 여러 이유로 학교현장에서 피하려 하면 교육의 변화는 일어나지 않는다. 그러므로 새로운 교육평가이론을 교육현장에 도입하기 위해서는 교사들이 교육평가에 대한 기본지식뿐 아니라 전문적 지식을 알아야 한다. 이를 위하여 두 가지를 제안한다.

첫째, 예비교사들에게 교육평가의 전문성을 고양시켜야 한다. 학교현장에서 학생들이 무엇을 얼마만큼 알고 있는지, 얼마나 잘 가르쳤는지를 알기 위해서 교육평가는 필수적으로 이루어져야 하므로 교육평가에 대한 전문지식을 습득하여야 한다. 지식뿐 아니라 학생들을 평가할 수 있는 수행능력도 길러야 한다.

둘째, 교육평가전문교사의 양성이 필요하다. 교직에 종사할 사람들은 교육평가의 기본지식을 숙지하여야 한다. 그러나 학생 개인이나 학급에 대한 평가의 범위를 벗어난 학교단위에서의 다양한 평가를 구안하기 위해서는 교육평가전문교사가 필요하다. 상담교사의 필요성이 대두되듯이 학교에서의 교육평가, 즉 내신등급부여, 수행평가 실시, 학교평가, 교사평가 등을 위한 전문적 지식을 갖춘 교육평가전문교사의 양성이 요구된다. 이를 위하여 연수 프로그램을 만들고 일정교육을 이수한 자에게 자격증을 부여하여 학교현장에 교육평가이론을 적용하는 것이 교육평가의 기능을 극대화할 것으로 본다.

교육평가의 결과는 개인, 기관, 나아가 사회와 국가에 영향을 준다. 그러므로 교육평가와 관련된 모든 정책, 즉 학교내신평가, 대학입학전형제도, 학교평가, 교사평가 등은 서로 연관성을 지녀야 한다. 이런 정책들이 상충한다면 이는 교육의 불협화음을 물론 부작용까지 유발하고 사회의 혼란을 가중시킨다. 그러므로 교육 그리고 교육평가와 관련된 정책과 제도를 수립할 때는 결과타당도를 고려하여야 한다.

2. 이론적인 측면에서의 과제

제도적인 측면에서 교육평가의 과제를 성공적으로 수행하기 위해서는 이론 분야에서의 연구과제가 충실히 이행되어야 한다. 학교현장에서 교육평가이론을 적용하기 위한 교육평가의 연구과제로는 이 책의 목차에 따라 성장참조평가와 능력참조평가의 절차와 모형 개발, 표준화 검사 개발, 새로운 유형의 문항개발, 논술형 고사 채점을 위한 일반화 가능도의 이론 적용과 채점 프로그램의 개발, 검사제작과 분석 프로그램 개발, 문항반응이론의 적용, 차별기능 문항 추출, 준거설정, 새로운 개념에 의한 타당도의 근거 검증방법, 컴퓨터화 검사 개발, 수행평가, 평가 프로그램 개발을 제안한다.

1) 성장참조평가와 능력참조평가의 절차와 모형 개발

인간의 행동변화를 추구하는 교육평가는 인간의 성장변화에 관심을 두는 것이 바람직하므로 성장참조평가에 관심을 두어야 한다. 이는 개인을 위주로 한 평가라 할 수 있다. 능력의 변화나 능력을 최대한 발휘하였는가에 초점을 두는 성장참조평가와 능력참조평가는 능력에 주안점을 두고 있다. 그러므로 두 평가모형이 측정하고자 하는 내용에 따라 구안되어야 한다. 성장참조평가나 능력참조평가는 최근에 제안된 평가방법으로서 타당하고 신뢰할 수 있는 평가모형과 방법을 구안하여야 하는 연구과제를 제시하고 있다. 우리나라와 같이 상대비교평가관에 각인되어 있는 교육현장에 이 두 평가모형을 적용할 수 있는 방법을 구안하는 것도 중요한 연구과제다.

2) 표준화 검사 개발

인간의 특성을 평가하기 위하여 다양한 평가도구가 개발되어야 한다. 평가의 새로운 동향은 검사에서 총평으로 변화되고 있다. 그러므로 인간을 종합적으로 평가할 수 있는 다중평가도구가 고안되어야 한다. 뿐만 아니라 인간의 평가는 수집된 자료에 의존하며 인간의 잠재적 특성은 검사라는 도구를 이용하여 측정한다. 그러므로 총평은 다양한 검사점수에 의존하여야 하므로 다양한 종류의 타당하고 신뢰로운 표준화 검사 개발이 요구된다. 다양한 표준화 검사 개발은 아직 미흡한 실정이며 학업과 관련된 지능, 학업적성, 학업성취도검사뿐 아니라 인성, 흥미, 직업적성, 특수기능에 대한 적성, 특수능력 등을 측정할 수 있는 표준화 검사 개발이 요구된다.

3) 새로운 유형의 문항 개발

현재까지 사용되는 선택형 문항과 서답형 문항 이외에 교정 진위형 문항, 연계 진위형 문항, 삽입형 문항, 배열형 문항이 소개되고 있다. 이에 따라 새로 소개된 문항 유형의 적용과 문항의 장단점, 특징에 대한 연구가 이루어져야 한다. 이외에 컴퓨터화 검사가 보편화되고 있으므로 새로운 유형의 문항이 개발되고 이 문항들이 어떤 수준의 정신능력을 측정하며, 그에 따른 장단점에 대한 연구가 있어야 한다.

미래 핵심역량으로 열거되고 있는 ICT문해 능력, 창의성, 탐구력과 협업력, 시민의식과 사회성, 경력지향성, 발표와 토론능력 등을 평가할 수 있는 역량 중심의 평가가 개발되어야 할 것이다. 한 예로 OECD의 ePIRS(e Progress in International Reading Literacy Study)를 들 수 있다.

4) 논술형 고사의 채점과 프로그램 개발

인간의 고등정신능력을 측정하고 함양하기 위하여 선택형 문항 중심의 평가에서 서답형 문항의 평가방법이 이용되고 있다. 서답형 문항 중 논술형 문항이 주로 이용되며 논술형 문항에 의하여 인간의 정신능력을 측정할 때 채점자에 의한 신뢰도 문제가 제기된다. 동일한 채점자가 모든 피험자를 채점할 수 없으므로 다양한 상황에서 채점이 이루어지므로 채점의 일관성 문제를 배제하기란 용이하지 않다. 채점자간신뢰도를 증진시키기 위하여 채점자 훈련이 필히 이루어져야 하지만 일반화가능도이론을 이용하여 채점의 오차에 대한 원인도 분석하여야 한다. 채점에 주관이 개입될 가능성이 있는 논술형 평가뿐 아니라 수행평가를 위해서도 일반화가능도이론이 이용되고 있으며, 연구의 대상이 되고 있다.

논술형 문항에서 채점자내신뢰도와 채점자간신뢰도를 확보하기 위하여 최근에는 컴퓨터 프로그램을 이용하여 채점을 하는 프로그램이 개발되어 활용되고 있다.

채점자에 의한 채점은 채점자 개인 변인에 의하여 채점의 일관성을 유지하기가 쉽지 않다. 오랜 시간 채점에 따른 피로, 채점자의 당일 기분과 건강, 채점환경에 따라 채점의 결과가 달라질 수 있다. 이를 극복하기 위하여 논술형 문항의 주요 답안이 될 수 있는 핵심단어나 문장들을 프로그램화하여 채점을 실시하고 채점의 타당성과 신뢰성을 검증하는 연구들이 진행되고 있다. 우리나라에서 논술고사의 영향이 증가되고 있는 상황에서 이와 같은 논술채점 프로그램의 개발과 적용, 그리고 장단점에 대한 연구가 이루어져야 한다.

한국교육과정평가원에서는 2012년부터 국내기업과 공동으로 국가영어능력평가시험(NEAT)의 말하기와 쓰기 채점에 적용 가능한 자동채점 프로그램 개발 연구를 수행하고 있다. 개발이 거의 완료된 쓰기 2급 자동채점 프로그램에 대한 성능 검증 결과, 인간채점과 자동채점에 따른 채점자 간 신뢰도 및 채점자 엄격성, 검사 점수의 신뢰도 등의 비교에서 자동채점 프로그램이 인간채점과 유사한 수준의 성능을 보이는 것으로 확인되었다. 특히 시간 및 비용의 효율성 측면에서는 자동채

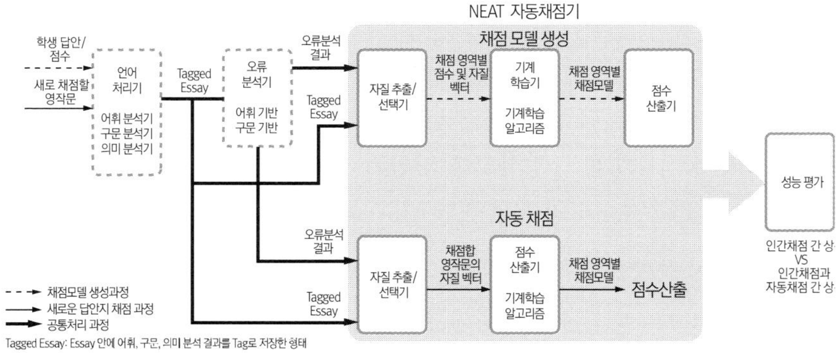

- **언어 처리기**: 인간이 사용하는 영어를 컴퓨터가 이해하고 처리할 수 있도록 분석 · 변환
- **오류 분석기**: 기계적 오류(철자 및 대소문자 오류 등), 문법적 오류, 용법적 오류(영어권에서 사용하지 않는 표현 관련 오류) 분석
- **자질 추출/선택기**: 언어 처리기 및 오류 분석기 결과에 근거하여 선정된 채점자질들의 값 계산
- **기계학습기**: 학생 답안에 근거한 채점자질들의 추출 결과와 각 답안에 대한 채점 결과를 기초로 기계학습 알고리듬에 의해 채점자질들의 값과 채점 점수 간의 정량적인 관계를 분석하고 채점모델을 생성
- **점수 산출기**: 채점되지 않은 새로운 답안으로부터 채점자질들의 값을 산출하고 기계학습기에서 생성된 자동채점모델에 따라 점수를 예측

[그림 25-1] 국가영어능력평가시험(NEAT) 쓰기 2급 자동채점 시스템의 구성

점이 매우 우수한 것으로 나타났다. NEAT의 쓰기 2급 자동채점 시스템의 구성을 소개하면 [그림 25-1]과 같다(시기자 외, 2013).

한편, 2012년부터 한국어 서답형 문항에 대해서도 단어 · 구 수준부터 적용할 수 있는 프로그램을 개발하고 그 타당성을 검증하는 연구를 진행하고 있으며 향후 문장 수준의 짧은 글을 처리할 수 있는 프로그램을 2018년까지 개발 완료할 수 있도록 중장기 개발 계획을 수립하고 있다(노은희 외, 2012). 2012년 한국어 서답형 문항 자동채점 프로그램에 대한 성능 검증 결과, 학업성취도 평가, 초3 진단평가, 한국어능력시험 등의 단어 · 구 수준의 일부 문항에서는 자동채점이 가능한 것으로 확인되었다.

대규모 평가에 자동채점 시스템을 도입할 경우 채점의 정확성 및 신뢰성 확보에 기여할 뿐만 아니라 채점자 양성 및 채점에 소요되는 시간, 비용 및 행정적 부담 완화, 성적 통지 기간의 단축으로 말하기와 쓰기 평가의 안정적 시행 및 공신력 제고에 기여할 것으로 기대한다.

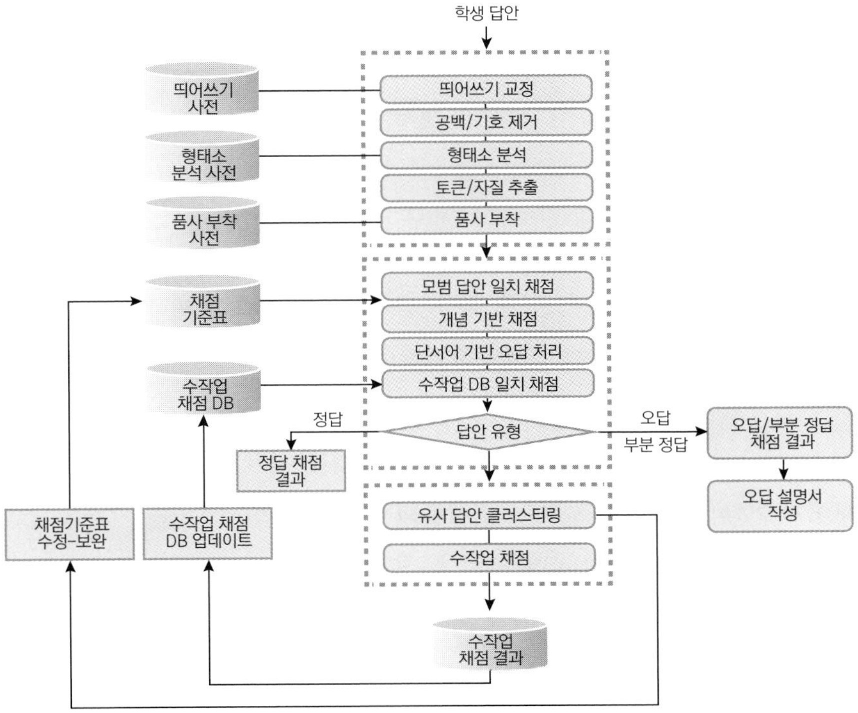

[그림 25-2] 한국어 서답형 자동채점 프로그램 시스템 구조도(노은희 외, 2012)

5) 문항반응이론의 적용

인간의 능력을 측정하기 위하여 사용되는 검사이론으로서 문항반응이론이 널리 쓰이고 있다. 문항반응이론은 문항 특성의 불변성과 피험자 능력의 불변성을 유지하지 못하고 능력을 정확하게 추정하지 못하는 고전검사이론의 한계를 극복하기 때문이다. 특히 문항반응이론은 피험자의 진점수를 보다 정확히 추정하기 때문에 인위적으로 부여하는 부분점수의 문제를 극복할 수 있으며, 양질의 문항을 보관하기 위한 문제은행 구축에 필요한 이론이다. 문항반응이론에 의한 안정적 문항모수 추정은 양질의 문항 개발과 피험자 능력을 정확하게 추정하므로 자격증 부여나 상위학교 진학 등의 행정적 기능을 위하여 사용될 수 있다.

최근에 와서는 문항에 답을 맞히고 틀리고의 수준을 벗어나서 각기 다른 답지까지 분석하는 다분문항반응이론이 이용되고 있으며 피험자가 응답한 답지까지 고려하여 피험자의 능력을 추정한다. 문항반응이론으로 이분문항반응이론뿐 아니라 다분문항반응이론을 적용하여 인지적 행동 특성과 정의적 행동 특성을 평가하는 검사를 분석하고 피험자의 능력과 특성을 추정하여야 한다. 나아가 일차원성을 가정하는 문항반응이론과 더불어 다차원의 능력을 평가하는 다차원 문항반응이론(multidimensional item response theory)에 대한 연구가 진행되어야 한다.

6) 차별기능문항 추출에 대한 연구

대학에 진학하거나 취업을 위한 검사, 그리고 자격증을 부여하는 기능을 하는 고부담검사는 모든 피험자에게 공정하여야 한다. 문항들이 특정집단에게 유리하거나 불리하게 제작되지 않아야 한다. 우리나라의 경우, 사법고시, 외무고시, 의사고시, 약사고시, 간호사고시, 교사임용시험, 변리사 시험 등 수없이 많은 시험이 치루어지고 있음에도 불구하고 그 검사들의 문항들이 집단에 따라 기능을 달리하는지를 밝히는 연구는 많지 않다.

차별기능문항의 추출연구를 통하여 차별기능이 나타나는 영역과 내용은 무엇이고, 그 원인이 무엇인지를 밝히는 연구도 중요한 연구과제라 할 수 있다.

7) 준거설정에 대한 연구

준거참조평가의 준거설정에서 설명하였듯이 준거를 능가한 피험자에게 자격을 부여하며, 이 준거는 앞으로의 일을 성공적으로 수행할 수 있다고 판단하는 기준이 된다. 그러므로 준거는 평가도구나 검사의 내용과 난이도에 따라 결정되어야 하나 우리나라의 경우 많은 시험에서 평균 60점 이상, 그리고 과목별로는 40점 이상을 준거로 설정하고 있다. 60점과 40점은 절대점수가 아님에도 불구하고 자격증 부여를 위한 점수로 인정받고 있다.

다양한 준거설정방법을 적용하여 각종 시험에 준거를 설정하는 연구가 이루어져야 하며, 그 준거에 비추어 교육목표의 달성 여부를 판단할 수 있어야 할 것이다. 특히 검사내용에 의하여 준거를 설정하고 평가결과를 부여한다면 최근 우리나라 중등학교에서 실시하고 있는 준거참조평가의 모순점을 해소할 수 있다고 본다.

8) 타당도로서 '~에 기초한 근거'에 대한 검증방법

타당도에 대한 개념이 변화되면서 제18장에서 설명한 것과 같이 새로운 타당도가 제안되었다. 반응과정에 기초한 근거, 다른 변수에 기초한 근거로서 수렴 및 판별근거와 타당도 일반화, 검사결과에 기초한 근거를 들 수 있다. 검사의 반응과정에 기초한 근거를 검증하는 방법과 모형, 설계에 대한 연구가 이루어져야 한다. 특히 결과타당도, 검사결과에 기초한 근거는 검사의 설계단계에서부터 제작, 실행, 결과분석과 활용에까지 매우 중요한 역할을 하므로 결과타당도를 검증하는 구체적 방법과 절차를 수립하여야 한다.

교육현장에 타당도에 대한 새로운 개념을 소개하고 다양한 개념의 타당도를 적용하는 연구가 이루어져야 한다. 결과타당도를 검증하기 위하여 사용되는 검증방법의 주관성을 배제하는 보다 객관적인 검증방법이 고안되어야 한다.

9) 컴퓨터화 검사 개발

컴퓨터의 성능이 빨라지고 보편화되면서 교육평가를 위하여 실시하는 검사는 지필검사에서 컴퓨터화 검사로 전환하고 있는 과정이다. 그 예로 TOEFL이 컴퓨터화 검사로 전환하였고 GRE는 컴퓨터화 검사 중 컴퓨터화 능력적응검사를 이용하고 있다. 컴퓨터화 검사를 위하여 문제은행을 구축하여야 하며, 어떠한 형태의 문항도 제작할 수 있는 프로그램이 개발되어야 한다. 뿐만 아니라 컴퓨터 이용검사, 컴퓨터화 능력적응검사를 실시할 수 있는 실행 프로그램도 개발되어야 하며, 검사결과를 분석하는 프로그램, 그리고 보고하고 해석하는 과정까지를 포함하는 통합적인 컴퓨터화 검사 프로그램의 개발이 요구된다.

컴퓨터화 검사 프로그램을 이용하여 검사를 실시하고 지필검사와의 비교를 통하여 컴퓨터화 검사의 장단점을 분석하고 학교현장에 컴퓨터화 검사를 적용할 수 있게 하여야 한다.

10) 수행평가

알고 있는 이론과 지식을 실생활에 적용할 수 있는 능력을 배양하기 위한 수행평가는 모든 전공 분야에서 관심의 대상이 되고 있다. 교육학 분야뿐 아니라 의학 분야, 산업 분야 등 모든 분야에서 지적 능력 정도와 더불어 행할 수 있는 능력을 평가하고 있다. 수행평가를 위하여 각 전공 영역에 따라 수행평가도구와 채점도구를 개발하고 실시한 후 채점하여 평가결과를 응용하는 작업이 구체적으로 이루어져야 한다.

의학계의 경우, 지필검사의 결과로 자격증을 부여할 때 암기위주의 교육을 강화시킬 뿐 아니라 의료행위에 대한 숙달 정도를 평가할 수 없는 문제점을 지닌다. 평가의 어려움이 있다 하여도 수행평가를 실시하여 의사의 자격을 부여한다면 보다 양질이 의료혜택을 받을 수 있다고 본다.

실생활의 수행 정도를 평가하는 참평가가 용이하지 않으므로 인위적 상황에서 수행평가를 실시할 때 컴퓨터화 검사를 이용할 수 있다. 예를 들어, 심장 환자의 증상을 동영상으로 보여 주고 진료계획과 치료방법을 서술하게 한다든지 나아가 컴퓨터 키보드를 통하여 수술을 할 수 있게 한다면 이는 의사의 수준뿐 아니라 의료의 질을 향상시키는 평가방법이라 할 수 있다. 그러므로 수행평가를 컴퓨터화 검사와 접목시키는 것도 중요한 연구과제라 할 수 있다.

11) 인지진단이론을 적용한 평가방법

평가를 학습과정의 하나로 인식하는 학습으로서의 평가(Assessment as learning)를 강조하면서 인지과학을 평가의 영역에 융합시키려는 시도들이 이루어지고 있다. 최근 활발히 연구되고 있는 인지진단모형(Cognitive Diagnostic Model: CDM)은 학생들의 구체적인 지식 구조, 인지 기술 등을 진단하는 측정학적 모형이다. 의사가 환자의 상태를 진단하여 그 결과를 처방에 활용하듯 인지진단모형을 통해 학생의 성취수준을 다양한 지식, 기술, 능력의 관점에서 진단하여 그 결과를 학습이나 교수활동에 활용할 수 있다. 따라서 인지진단모형을 활용한 평가에서는 학생들의 상대적 서열에 의한 성적이 아닌 세부 영역별 정보를 각 학생들에게 제공할 수 있다. 따라서 학생이나 교사는 이러한 평가결과에 기초하여 학생이 상대적으로 약점을 보이는 영역 중심으로 학습계획을 세울 수 있다.

인지진단모형 관련 연구는 아직까지 모형을 개발하는 연구가 대다수를 차지하고 있으며 해당 모형을 적용할 수 있는 다양한 조건을 탐색하는 연구들이 수행되고 있다. 현재까지 개발된 모형은 Rule Space Model(Tatsuoka, 1983), DINA Model(Haertel, 1989; Junker & Sijtsma, 2001; de la Torre & Douglas, 2004), Fusion Model(Roussos, Dibello, Stout, Hartz, Henson, Templin 2007) 등으로 62개 이상이 개발된 상태다.

인지진단이론을 교육현장에 적용한다면 학생들에게는 각 개인의 능력을 개선시키는 데 필요한 부분을 구체적으로 인식할 수 있게 도와주고, 교사들에게는 학생별로 상세화된 진단 자료를 제공해 줌으로써 개별 학생들의 수준과 요구에 따라 맞춤형 수업 전략을 수립하는 데 기여할 수 있을 것이다.

12) 형성평가에 대한 연구

최근 교육평가의 주된 변화는 결과중심의 총합평가(summative assessment)에서 과정중심의 형성평가(formative assessment)로 무게 중심이 이동하고 있다는 점이다(김성숙 외, 2013). 형성평가에서는 학생의 학습 및 교사의 수업에 유용한 교육적 정보를 다양한 경로를 통해 수집한다. 따라서 형성평가는 정보를 수집하는 방법에 따라 비형식적 형성평가와 형식적 형성평가로 구분할 수 있는데, 최근에는 비형식적 형성평가의 중요성이 강조되고 있다. 특히 수업 중에 나타나는 표정, 몸짓, 눈빛 등 학생의 비언어적인 부분을 포함하는 관찰을 통해 학생의 참여도, 협동성, 친구들 간의 관계, 의사소통능력, 흥미, 수업내용에 대한 이해도 등을 파악할 수 있으므로 교사의 관찰은 결정적이고 풍부한 정보 수집원이 될 수 있다.

UNESCO(2012)는 학생 개개인의 특성과 잠재력을 고려한 맞춤형 교육을 통해 학교교육의 질적인 성과를 극대화하도록 노력해야 한다고 강조하고 있다. 정보통신기기술을 활용한 온라인 형성평가 시스템을 구축 · 운영한다면 즉각적인 결과분석 및 피드백이 이루어질 수 있으므로 맞춤형 교육을 활성화하는 데 기여할 수 있을 것이다.

13) 평가 프로그램 개발

평가는 교수 · 학습에 국한하지 않고 모든 대상을 평가대상으로 하고 있다. 교육기관평가, 교사평가, 교육정책평가, 사회현상평가, 평가에 대한 평가 등 이런 다양한 평가대상을 위하여 보다 전문적인 평가모형과 평가 프로그램이 개발되어야 한다. 그리고 구안된 평가모형과 프로그램을 학교나 사회에 적용하여 현상을 파악하고 개선하는 작업들이 이루어져야 한다.

이상에서 언급한 열세 가지 연구과제는 상호 연관성을 지니고 때로는 독립적으로, 때로는 종합적으로 연구되고 적용되어야 할 과제이며, 미처 설명하지 못한 연구과제가 적지 않을 것이다.

3. 최근 동향 및 전망

교육평가의 최근 동향을 크게 **다섯 가지**로 요약할 수 있다.

첫째, 규준과 준거참조평가에서 능력과 성장참조평가로
둘째, 선다형 검사에서 수행평가로
셋째, 검사에서 총평으로
넷째, 고전검사이론에서 문항반응이론으로
다섯째, 지필검사에서 컴퓨터화 검사로

1) 규준, 준거참조평가에서 능력, 성장참조평가로

교육의 대상인 학생을 평가하거나 선발하는 데 있어 전통적 평가관인 규준참조평가와 준거참조평가에 의존하였으나 최근에는 능력참조평가와 성장참조평가를 활용하고 있다. 교육평가의 목적이 학습을 극대화하는 기능을 강조한다면 학생들간의 상호 비교나 학생의 성취도와 어떤 절대적 준거를 비교하는 것보다는 학생개인을 고려하는 개별화 평가방법이 필요하며, 이러한 목적을 달성하기 위하여 능력참조평가와 성장참조평가(Oosterhof, 1994)가 관심을 끌고 있다.

능력참조평가는 학생이 지니고 있는 능력에 비추어 얼마나 최선을 다하였느냐에 관심을 두는 평가방법이고, 성장참조평가는 교육과정을 통하여 얼마나 성장하였느냐에 관심을 두는 평가다. 최종 성취수준에 대한 관심보다는 노력 정도와 초기능력수준에 비추어 얼마만큼 능력의 향상을 보였느냐를 강조하는 평가다. 능력참조평가나 성장참조평가를 실시하는데 어려운 점이 없지 않으나 개인이 존중되는 미래의 선진화된 교육을 위해서는 이 이론을 발전시키고 모형을 개발하여 적용범위를 확대하여야 한다.

2) 선다형 검사에서 수행평가로

교육이 이루어지면서, 교육의 효과를 알아보기 위하여 가장 처음 사용한 지적 능력 측정방법은 '대화(conversation)'였을 것이다. Socrates는 Plato에게 특정 주제를 가르치고 난 후 얼마나 알고 있으며, 그리고 어떤 생각을 하고 있는지를 알아보기 위하여, 가르친 내용과 그 이상에 대하여 물었을 것이다. 대화를 통한 질문이 구조화되면서 구술시험으로 발전하였고, 기록과 보존을 위하여 구술시험의 형태는 논술시험으로 발전되었으며, 논술시험에 대한 채점과 평가의 객관성 등의 문제로 논술 형태의 평가방법이 단답형 형태로 변화되었다.

특히, 산업사회의 발전으로 고용의 기회가 확대되고 경쟁이 치열해지면서, 인간의 지적 능력을 평가하는 방법은 평가와 채점의 주관성이 개입되는 것을 배제하기 위하여 선택형 중심, 즉 진위형, 배합형, 선다형 문항에 의한 검사에 의하여 진행되었다. 비구조화되어 있던 지적 능력 평가방법에서 보다 구조화된 형태의 평가방법으로 변화된 주요 원인은 고등정신능력을 평가하기 위해서가 아니라 평가의 주관성을 막기 위한 노력의 일환이었다. 이는 선발대상이 과다하기 때문에 그런 결과를 가져온 것으로 구술시험이나 서술시험에서 선다형 문항을 중심으로 한 대단위 형태의 검사로 변화되었다고 볼 수 있다. 선다형 위주의 평가는 주어진 답지 중 옳은 답을 선택하는 형태의 평가방법으로 깊이 사고하고 새로운 생각을 함양하는 등의 고등정신능력을 측정하기가 용이하지 않으며, 단순정신기능을 측정하므로 암기위주의 교육과 단편적인 지식과 내용에 치중할 수밖에 없다는 결론에 도달한다. 결론적으로 고등정신능력 향상의 관점에서 평가방법을 변화시켜야 한다는 주장이 제기되면서 종래의 평가방법에 대한 대안적 방법으로서 수행평가가 1980년 후반에 제안되었다.

수행평가에 대한 교육적 관심은 학생들이 배운 교수 · 학습내용을 실제로 행하게 함으로써 지식에 그치는 것이 아니라 결과물을 산출하는 것으로 학교현장에 영향을 미칠 수밖에 없었다. 과학교육은 실험과 실습을 강화하였고, 주지과목의 교육이라 할지라도 실제 생활에 적용하는 능력을 강조하는 방향으로 교육이 전개되었다. 외국어 교육의 경우 실제 외국어를 사용하여 생활하는 능력을 고양시키는 방향으로, 사회과목의 경우 학생들의 직업선택과 수입 그리고 지출 등을 실제로 설계하는 모의생활까지 해보는 방향으로 교육이 이루어졌다. 그러면서 수행평가는 포트폴리오와 실제 생활에서 일어나는 것을 평가하는 참평가까지 발전하고 있다.

3) 검사에서 총평으로

평가에는 검사, 측정, 총평 그리고 평가가 있다고 하였다. 검사는 인간이 지니고 있는 잠재적 특성, 즉 직접측정이 불가능한 특성을 측정하기 위하여 사용하는 간접적 도구를 말한다. 인간의 특성을 종합적으로 측정하기 위한 검사는 제한적일 수밖에 없어 검사나 측정 등 다양한 방법을 동원하여 종합적으로 평가하는 작업이 이루어지고 있으며, 이를 총평이라 하였다. 정범모(2009a, 2009b)는 인간을 평가하는 방법이나 선발하는 방법은 전인을 선발하여야 하고, 국가와 사회에 책임을 지어야 하는 직책은 공인을 선발하여야 하므로 검사에만 의존한다는 것은 바람직하지 않다고 주장한다.

최근에 와서 대학생 선발방법이 검사의 수준을 벗어나야 한다는 움직임이 전개되고 있다. 성태제(2009a)는 학생을 보다 타당하고 신뢰롭게 그리고 종합적으로 평가하기 위해서는 개인을 중심으로 한 검토(individualized review)가 이루어져야 하며, 다양한 방법에 의하여, 그리고 그들이 얼마나 성장할 수 있는가에 대한 관심을 가져야 한다며 개인종합평가체제를 [그림 25-3]과 같이 제시하고 있다.

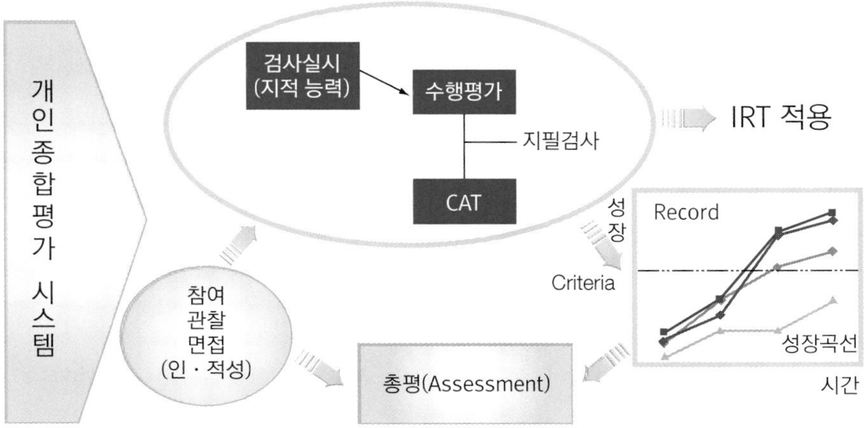

[그림 25-3] 개인종합평가체제

개인중심의 평가는 선발의 목적도 중요하지만, 인간 개인에 대한 깊은 이해를 위하여, 더 나아가 개인의 발달을 위하여 종합적으로 이루어져야 하며, 검사를 통하여 관찰, 그리고 면접뿐 아니라 최근에 제안된 새로운 이론도 적용하여 개인을 총평하여 평가하는 것이 보다 발전적이며 미래지향적인 방법이다. 그러므로 인간을 타당하게 평가하기 위해서는 총평으로 변화되는 추세다.

4) 고전검사이론에서 문항반응이론으로

제14장과 제15장에서 학생의 능력을 추정하고 문항을 분석하는 이론으로 고전검사이론과 문항반응이론을 소개하였다. 고전검사이론은 한 문항의 답이 맞으면 1점, 두 개 맞으면 2점이라는 관찰점수를 사용한다. 만약에 두 문항으로 구성된 시험에서 두 문항의 난이도가 다른데 두 명의 학생이 각각 다른 문항의 답을 맞혔다면 모두 1점의 동점으로 처리하고 있다. 다른 예로 두 학생이 1번 문제의 답은 맞히고 2번 문제의 답이 틀렸는데 각각 다른 오답지를 선택하였다면 오답지의 매력도가 다르므로 능력이 같다고 추정하는 것도 모순이다. 학생의 능력을 정확히 추정한다면 보다 어려운 문항의 답을 맞힌 학생의 능력이 높을 것이고, 오답지 중에 보다 매력적인 오답지 답을 골라서 틀린 학생의 능력이 높이 추정되어야 하는 것이 측정의 이론일 것이다.

고전검사이론에 의한 학생들의 능력추정이 정확하지 않다는 점과 문항분석이 피험자 집단의 특성에 따라 달리 추정되는 문제점 때문에 선진국에서는 고전검사이론보다는 문항반응이론을 선호하고 있다. 문항반응이론은 검사 총점에 의하여 문항이 분석되는 것이 아니라, 문항은 문항 하나하나의 고유하고 불변하는 속성을 지니고 있으므로, 그 속성을 나타내는 문항특성곡선에 의하여 문항을 분석하는 검사이론으로서 피험자들의 능력을 정확히 추정하고 문항 특성과 피험자 능력의 불변성 개념을 유지하기 때문에 문항반응이론의 활발히 적용되고 있다. 뿐만 아니라 다분문항반응이론을 이용하여 각기 다른 답지를 선택한 학생들의 능력도 달리 추정하고 있다. 이런 과학적 특성 때문에 미국의 교육현장에서는 문항반응이론, 나아가 다분문항반응이론에 의하여 피험자의 능력과 문항 특성을 분석하고 있다.

5) 지필검사에서 컴퓨터화 검사로

파피루스가 만들어진 다음부터 글을 보존할 수 있게 되었으며 종이와 연필로 시험을 보게 되었다. 지필검사가 지니는 장점도 있으나 다양한 유형의 문항과 형태를 구현하는 데는 한계가 있어 컴퓨터가 개발된 후로는 컴퓨터를 이용하여 검사를 실시하는 다양한 시도가 이루어졌다. 특히 컴퓨터로 글 작성, 자료처리와 저장, 그래픽과 동화상 구연, 온라인 전송 등의 다양한 기능을 사용할 수 있기 때문에 많은 검사를 컴퓨터를 이용하여 실시하고 있다.

컴퓨터 검사도 컴퓨터이용검사, 응답한 문항 정답 여부에 따라 다음 문항이 달리 제시되는 컴퓨터화 능력적응검사, 그리고 문제해결전략을 수정하여 주는 검사까지 발전하고 있다. 최근에 관심을 끌고 있는 인지진단평가(cognitive diagnostic assessment) 분야까지 컴퓨터 검사가 활용되고 있다.

시대적 상황의 변화로 앞에서 설명한 것과 같이 교육평가에 많은 변화가 요구되고 있다. 교육평가의 변화는 많은 연구과제를 제시하고 있음을 의미한다. 교육평가의 역사가 길지 않은 우리나라의 교육평가 분야에서 해결하여야 할 과제는 적지 않으며 지속적이고 체계적인 연구와 더불어 새로운 이론의 적용이 이루어져야 교육환경을 개선할 수 있다고 본다. 교육평가가 해결하여야 할 과제가 많음과 비례하여 전망이 밝다고 말하지 않을 수 없다.

주요 단어 및 개념

규준참조평가	준거참조평가	성장참조평가
능력참조평가	표준화 검사	논술형고사
채점 프로그램	문항반응이론	다분문항반응이론
다차원 문항반응이론	차별기능문항	준거설정
타당도	~에 기초한 근거	컴퓨터화 검사
컴퓨터화 능력적응검사	수행평가	평가 프로그램

연습문제

1 우리나라 교육의 발전을 위하여 우선적으로 적용하여야 할 평가이론 세 가지를 들고, 그 이유와 적용방법을 설명하시오.

2 교육평가의 새로운 동향을 설명하시오.

3 국가가 필요로 하는 전문인(예: 교사, 의료인, 법조인, ……)에게 자격증을 주기 위하여 실시하여야 하는 종합적인 평가방법을 구안하시오.

참고문헌

강현석, 정재임, 최윤경(2005). Bloom의 교육목표 분류학에 대한 비판과 그 대안 탐구. 중등교육 연구, 53(1), 51-84.

고지연 외 3인(1995). 교육평가 수업시간 토론. 이화여자대학교 교육대학원.

교육과학기술부(2009). 입학사정관제 홍보 브로셔.

교육과학기술부(2011). 2009 개정 교육과정에 따른 2014학년도 수능시험 개편방안.

교육과학기술부(2011). 창의인성교육 강화를 위한 중등학교 학사관리 선진화 방안: 고교석차 9등급제 평가를 성취평가제로 전환. 교육과학기술부.

교육부 대입제도 발전방안 연구위원회(2013). 대입전형 간소화 및 대입제도 발전방안(시안). 교육부 8월 28일자 발표

교육부 대입제도 발전방안 연구위원회(2013). 대입전형 간소화 및 대입제도 발전방안(시안). 교육부장관 8월 28일자 발표자료.

교육부(1991). (제7차) 경제사회발전5주년계획 교육부문계획: 1992-1996.

교육부(2001). 2001학년도 대학수학능력시험 출제방법 개선연구.

교육부(2013). 학생 · 학부모 부담 완화와 학교교육 정상화를 위한 대입전형 간소화 및 대입제도 발전방안(시안).

교육인적자원부(1998). 2002학년도 대입 개선안.

교육인적자원부(2004). 학교교육 정상화를 위한 2008학년도 이후 대학입학제도 개선안.

국립국어원(2008). 표준국어대사전 웹사전. http://stdweb2.korean.go.kr/main.jsp

국립교육평가원(1992). 새 입시 제도에 따른 대학수학능력시험 해설. 서울: 교육부.

권승아(2009). 입학사정관제도 운영 실태와 입학사정관의 인식. 이화여자대학교 대학원 석사학위논문.

권승아, 송미영, 성태제(2017). 인지진단모형에 의한 차별기능문항 추출 방법의 제1종 오류 및 검정력 비교. 교육평가연구, 30(4), 717-737.

권오남, 김경자 역(1997). 초등수학 수행평가 과제 제작 및 분석. 서울: 양서원.

김경식(1998). 유교사회의 교육적 관행. 서울대학교 연구소(편). 교육학대백과사전. 서울: 하우동설.

김경자(2000). 수행평가 과제제작의 원리와 실제. 서울: 이화여자대학교 출판부.

김경훈, 이명애, 김인숙, 정혜경, 김경주(2013). 수능점수 체제의 변화와 발전 방향. 2020한국 초 · 중등교육의 향방과 과제[성태제 편(2013)]. 서울: 학지사.

김경희(1993). 문항수, 문항난이도, 문항변별도 변화에 따른 신뢰도 계수와 검사정보함수의 변화. 이화여자대학교 대학원 석사학위논문.

김경희(2000). 수행평가의 타당도 검증을 위한 측정학적 접근. 이화여자대학교 대학원 박사학위 논문.

김동영, 김도남, 신진아(2013). 국가수준 학업성취도 평가의 성과와 발전방향. 2020한국 초 · 중등교육의 향방과 과제[성태제 편(2013)]. 서울: 학지사.

김석우, 최용석(2001). 인과모형의 이해와 응용. 서울: 학지사.

김성숙(1995). 논술문항 채점의 변동요인 분석과 일반화 가능도 계수의 최적화 조건. 교육평가연구, 제8권 제1호, 35-57.

김성숙, 김양분(1993). 일반화가능도 이론: 연구설계와 분석. 한국교육학회 교육평가연구회 세미나 자료집.

김성숙, 김양분(2001). 일반화가능도이론. 서울: 교육과학사.

김정환, 강선보(2006). 교육학개론. 서울: 박영사.

김호권(1999). 수행평가의 정당성과 문제점. 교육평가연구, 제12권 제2호, 1-10.

남명호(1995). 수행평가의 타당성 연구. 고려대학교 대학원 박사학위논문.

남명호, 김성숙, 지은림(2000). 수행평가 이해와 적용. 서울: 문음사.

노은희, 심재호, 김명화, 김재훈(2012). 대규모 평가를 위한 서답형 문항 자동채점 방안 연구. 한국교육과정평가원

대통령직 인수위원회(2008). 대학입시 3단계 자율화 방안.

문용린(1987). 문항반응이론을 이용한 문항편파성의 추정방법. 교육평가연구, 제2권 제1호, 27-33.

박은아, 박선화, 이채희(2013). 행복한 교실 구현을 위한 성취평가제 적용. 2020한국 초·중등교육의 향방과 과제[성태제 편(2013)]. 서울: 학지사.

배호순(2000). 수행평가의 이론적 기초. 서울: 학지사.

백순근 외 11인(1998). 수행평가의 이론과 실제. 서울: 원미사.

백순근, 채선희(1998). 컴퓨터를 이용한 개별적응검사. 서울: 원미사.

서영숙(2000). 종합진로적성검사 수리영역의 성차별기능문항 추출. 이화여자대학교 대학원 석사학위논문.

서울대학교 사범대학 교육연구소(편) (1997). 한국교육 심리검사 총람: 교육·심리검사의 체계적 집대성. 서울: 프레스빌.

석문주 외 7인(1997). 학습을 위한 수행평가. 서울: 교육과학사.

성태제(1989). 체육계 실기고사의 합리적 방법과 문제점에 대한 토론. 교육평가연구, 제3권 제2호, 126-130.

성태제(1991). 목표지향검사를 위한 준거설정방법. 교육학연구, 제29권 제2호, 147-164.

성태제(1992). 컴퓨터 이용검사와 컴퓨터 능력적응검사, 교육평가연구, 제5권 제1호, 73-97.

성태제(1993). 입시위주 교육과 과열 과외. 교육학연구, 제31권 제2호, 67-86.

성태제(1995a). 타당도와 신뢰도. 서울: 양서원.

성태제(1995b). 고등정신능력 신장을 위한 교육평가 방안 탐색. 국립교육평가원 전국교육평가 심포지엄 보고서 제12집, 45-90.

성태제(1996). 문항제작 및 분석의 이론과 실제. 서울: 학지사.

성태제(1998a). 수행평가 그리고 과제와 전망. 사대뉴스 12월호.

성태제(1998b). 학업성취도 평가를 수행평가의 과제와 전망. 1998 한국응용언어학회 겨울학술대회: 언어 수행평가의 과제와 전망.

성태제(1999). 수행평가의 본질과 장단점, 우리나라에서의 문제점과 원인분석 그리고 해결방안. 한국교원대학교 제5차 교육개혁대토론회: 수행평가 어떻게 할 것인가?

성태제(2000). 타당도의 새로운 개념 변화. 교육평가연구, 제13권 제2호, 1-11.

성태제(2001). 문항반응이론의 이해와 적용. 서울: 교육과학사.

성태제(2009a). 사립대 현안TFT: 입학전형제도분야. 사립대학총장협의회.

성태제(2009b). 인재의 선발과 전형: 학생선발은 무엇을 위하여 어떻게 하여야 하는가? 한림대학교 한림과학원 일송기념사업회 주최 제1회 일송학술대회: 한국교육, 어디로 가야 하나?

성태제(2017). 제4차 산업혁명시대의 인간상과 교육의 방향 및 제언. 교육학연구, 55(2), 1-21.

성태제 역(2010). 준거설정. 서울: 학지사.

성태제, 송민영(2000). TestAn1.0: 고전검사이론에 의한 문항분석프로그램. 서울: 아리수미디어.

성태제 외(2009). 창의인재 육성을 위한 초중고 교육평가제도 선진화 방안. 한국과학창의재단: 정책연구 2009-009.

성태제 외(2013). 2020 한국 초·중등교육의 향방과 과제. 서울: 학지사.

손원숙(2009). Extra matching on cultural factor to improve DIF detection for international assessment. 교육평가연구, 22(3), 889-908.

송미영(2001). 수행평가 도구의 성별에 따른 차별기능문항 추출 및 추출방법 비교. 이화여자대학교 대학원 박사학위논문.

송병순(1992). 입시제도가 사회에 미친 영향. 교육학연구, 제30권 제1호, 19-31.

시기자(1997). 피험자 적합도 분석을 이용한 문항반응형태 분류. 이화여자대학교 석사학위논문.

시기자, 채선희, 성태제(1998). Rasch 모형에 근거한 피험자 적합도 지수를 이용한 문항반응유형과 피험자 특성 분석. 교육평가연구, 제5권 제1호, 109-129.

시기자 외(2013). 국내 대규모 영어 쓰기 평가에서의 자동채점의 적용 가능성 탐색. 교육평가연구, 제26권 제2호, 319-345.

안창규, 차경옥(1984). 편중문항 추출을 위한 네 가지 통계적 방법의 비교연구. 사회조사연구, 제3권 제1호.

에버케이션(2000). Bayesian1.0: Bayesian 통계방법에 의한 검사분석 프로그램. 서울: 에버케이션.

에버케이션(2000). RaschAn: Rasch 모형에 의한 검사분석 프로그램. 서울: 에버케이션.

에버케이션(2000). Test Wizard: 컴퓨터화 검사 제작 프로그램. 서울: 에버케이션.

이문복, 시기자, 박태준, 신동광(2013). 클라우드 기반의 차세대 평가시스템: 국가영어능력평가시험. 2020 한국 초·중등교육의 향방과 과제-교육과정, 교수·학습, 교육평가-[성태제 편(2013)]. 서울: 학지사.

이상노(1975). 교육사회학. 서울: 왕문사.

이종성 편(1988). 일반화가능도이론. 서울: 연세대학교 출판부.

이종승(1987). 표준화 심리검사의 양호도 분석. 교육평가연구, 제2권 제2호, 81-105.

이진재 외 4인(1986). 우리나라 입시제도 변천사. 서울: 중앙교육평가원.

임의도, 고종열, 신세호(1966). 교육목표분류학: 지적영역. 서울: 배영사.

임인재(1980). 심리측정의 원리: 교육과학신서 제5권. 서울: 교육출판사.

임현정(1999). 컴퓨터화 적응검사와 지필검사에 의한 피험자 능력 추정의 정확성 비교. 이화여자대학교 대학원 석사학위논문.

장석우(1987). 학력검사의 발전과제와 전망. 교육평가연구, 제2권 제2호, 63-75.

장윤선(2008). 문항반응이론에 근거한 Book mark, Map mark, item · Descriptor Matching 준거설정방법 비교분석. 이화여대 대학원 석사학위논문.

전현정(2010). 문항과 검사 수준에서의 차별기능 분석 및 원인 탐색을 위한 통합적 접근. 이화여자대학교 대학원 박사학위 청구논문.

정낙찬(1992). 조선전기 성균관의 학력평가. 한국교육, 제19권, 1-22.

정범모(1971). 교육과 교육학. 서울: 배영사.

정범모(2009a). 교육의 향방. 서울: 교육과학사.

정범모(2009b). 교육을 왜 하는가? 한림대학교 한림과학원 일송기념사업회 주최 제1회 일송학술대회: 한국교육, 어디로 가야 하나?

정범모, 김호권(1965). 일반지능검사. 서울: 코리안테스팅센터.

조연순(1994). 한국초등교육의 기원. 서울: 학지사.

진수정, 성태제(2004). MH 방법과 SIBTEST 방법을 이용한 문항 유형에 따른 차별기능문항의 탐색. 교육평가연구, 17(2), 215-236.

최연희, 권오남, 성태제(1999). 중학교 영어·수학 교과에서의 열린 교육을 위한 수행평가 적용 및 효과 분석. 교육정책연구과제 보고서.

최영한(1996). 서울대 수학 I 5번 실패한 출제 사례. 조선일보 1월 17일자.

추정아, 성태제(1993). Mantel-Haenszel 방법과 Raju 방법에 의한 제4차, 제5차 대학수학능력시험 실험평가의 성별에 따른 차별기능문항 추출. 교육평가연구, 9(2), 259-286.

한국교육과정평가원(2005). 대학수학능력시험 10년사. 한국교육과정평가원.

한국교육과정평가원(2014, 출간 예정). 대학수학능력시험 20년사. 한국교육과정평가원.

한국교육학회 교육평가연구회(1987). 교육평가연구, 제1권.

한국교육학회 교육평가연구회(편) (1995). 교육측정·평가·연구·통계 용어사전. 서울: 중앙교육진흥연구소.

한국대학교육협의회(2019). 수시모집 주요사항 보도자료: 2019 대학입학전형기본사항.

한국학중앙연구원(2015). 시권: 국가경영의 지혜를 듣다. 16.

황정규(1986). 교육평가 연구의 과제와 전망. 교육평가연구, 제1권 제1호, 9-25.

황정규(1997). 학교평가: 철학과 용기. 학교평가의 과제와 발전방향. 한국교육평가학회 학술세미나 발표논문집, 3-15.

황정규(1998). 학교학습과 교육평가. 서울: 교육과학사.

Abrams, L. M., Wetzel, A., & McMillan, J. H. (2010, May). *Teachers' formative use of benchmark test data.* Paper presented at the annual meeting of the American Educational Research Association, Denver.

AERA (2000). *The AERA position Statement Concering High-Stkes Testing.* AERA.

AERA, APA, & NCME (1966). *Standards for Educational and Psychological Testing.* Washington DC: American Psychological Association.

AERA, APA, & NCME (1974). *Standards for Educational and Psychological Testing.* Washington DC: American Psychological Association.

AERA, APA, & NCME (1985). *Standards for Educational and Psychological Testing.* Washington DC: American Psychological Association.

AERA, APA, & NCME (1999). *Standards for Educational and Psychological Testing.* Washington DC: American Psychological Association.

AERA, APA, NCME (2014). *Standards for Educational and Psychological Testing.* Washington DC: American Psychological Association.

Airasian, P. W. (1991). Perspective of measurement instruction. *Educational Measurement: Issues and Practice, 10*(1), 13-16.

Airasian, P. W., & Madaus, G. F. (1972). Functional types of student evaluation. *Measurement and Evaluation in Guidance, 4*(4), 221-233.

Alkin, M. C. (1969). Evaluation theory development. *Evaluation Comment. 2,* 2-7.

Alkin, M. C. (1991). Evaluation theory development: II. In M. W. McLaughlin & D. C. Phillps (Eds.), *Evaluation and education: At quarter century.* Ninetieth Yearbook of the National Society for the Study of Education, Part II. Chicago: University of Chicago Press.

Alonzo, A., & Gearhart, M. (2006). Considering learning progressions from a classroom assessment perspective. *Measurement,* 4, 99-104.

American Psychological Assocation (1954). *Technical recommendation for psychological tests and diagnostic techniques.* Washington DC: Author.

Anastasi, A. (1954). *Psychological Testing.* New York. Macmillan.

Anastasi, A. (1961). *Psychological Testing* (2nd ed.). New York. Macmillan.

Anastasi, A. (1968). *Psychological Testing* (3rd ed.). New York. Macmillan.

Anastasi, A. (1976). *Psychological Testing* (4th ed.). New York. Macmillan.

Anastasi, A. (1982). *Psychological Testing* (5th ed.). New York. Macmillan.

Anastasi, A. (1988). *Psychological Testing* (6th ed.). New York: Macmillan.

Anderson, Lorin W., and Krathwohl, David R.(2001 Eds.) *A Taxonomay for Learning, Teaching and assessing: A Revision of Bloom's Taxonomy of Educational Objectives.* New York: Longman.

Anderson, N., Schlueter, J. E., Carlson, J. F., & Geisinger, K. F. (Eds.) (2016). *Tests in Print IX*(pp. 412-413). Lincoln, NE: Buros Center for Testing.

Angoff, W. H. (1971). Scales, norms and equivalent scores. In R. L. Thorndike (Ed.), *Educational Measurement* (2nd ed.). American Council on Education, Washington DC.

Angoff, W. H. (1982). Use of difficulty and discrimination indices for detecting item bias. In R. A. Berk (Ed.), *Handbook of Method for detecting test bias.* Baltimore, MD: John Hopkins University Press.

Angoff, W. H., & Ford, S. F. (1973). Item-race interaction on a test of scholastic aptitude. *Journal of Educational Measurement, 10,* 95-106.

ARCO (1994). *The Right College.* NY: Macmillan.

Arter, J. (1999). Teaching about performance. *Educational Measurement: Issues and Practice, 18*(2), 30-44.

Baker, F. B., & Kim, S. (2004). *Item Response Theory: Parameter Estimation Techniques* (2nd ed.). NY: Marcel Dekker Inc.

Baron. M. A., & Boschee. F. (1995). *Authentic Assessment.* Basel, Switzerland: Technomic Pub. Co Inc.

Barron's Educational Series, Inc. (1995). *Profiles of American College.* Hauppauge, NY: Author.

Barron's Educational Series (2018). *Barron's profiles of American colleges. 2019* (35th ed.). NY: Barron's Educational Series.

Beeby, C. E. (1978). The meaning of evaluation. *Current Issues in Education, No.4; Evaluation.* Department of Education, Wellington, 68-78.

Berk, R. A. (1986). A consumer's guide to setting performance standards on criterion-referenced test. *Review of Educational Research, 56,* 137-172.

Binet, A., & Simon, T. H. (1905). Methods nouvelles pour le diagnostic du niveau intelletuel des anotmaux. *L'annee Psychologique, 11.*

Binet, A., & Simon, T. H. (1916). *The development of intelligence in young children.* Vineland, NJ: The Training School.

Black, P., & Wiliam, D. (1998). Assessment and classroom learning. *Assessment in Education. 5*(1), 103-110.

Black, P., & Wiliam, D. (2004). The formative purpose: Assessment must first promote learning. In M. Wilson (Ed.), *Towards coherence between classroom assessment and accountability.* 103rd Yearbook of the National Society for the Study of Education. Chicago: University of Chicago Press.

Block, J. H. (1978). Standard and criteria: A response. *Journal of Educational Measurement, 15*(4), 291-295.

Bloom, B. S. (1956). *The Taxonomy of Educational Objectives, Handbook I, Cognitive domain.* NY: David Mckay.

Bloom, B. S., Madaus, G. F., & Hasting, J. T. (1981). *Evaluation to improve learning*, NY: McGraw Hill.

Bock, R. D. (1972). Estimating item parameters and latent parameters and latent ability when responses are scored in two or more nominal categories. *Psychometrika, 37,* 29-51.

Bormuth, J. R. (1970). *On the theory of achievement test items.* Chicago: University of Chicago Press.

Brennan, R. L. (1983). *Elements of Generalizability theory.* Iowa: ACT Publcations.

Brennan, R. L., & Lockwood, R. E. (1980). A comparison of the Nedelsky and Angoff cutting score procedures using generalizability theory. *Applied Psychological Measurement*, *4,* 219-240.

Brrokhart, S. M. (2008). *How to give effective feedback to your students.* Alexandria, VA: Association for Supervisioni and Curriculum Development.

Bruner, J. S. (1960). *The process of Education.* Cambridge, Mass: Harvard University Press.

Budescu, D. V., & Nevo, B. (1985). Optimal number of options: An investigation of the assumption of proportionality. *Journal of Educational Measurement, 22,* 183-196.

Bunderson. C. V., Inouye, D. K., & Olsen, J. B. (1989). The Four Generations of Computerized Educational Measurement. In R. L. Linn (Ed.), *Educational measurement*(3rd ed.). NY: American Council on Education.

Camilli, G. (1979). *A critique of chi-square method assessing item bias.* Unpublished paper, Laboratory of Educational Research, University of Colorado at Boulder.

Camilli, G., & Shepard, L. A. (1987). The Inadequacy of ANOVA for Detecting Test Bias. *Journal of Educational Measurement, 12*(1), 87-99.

Cangelosi, J. S.(1990). *Designing tests for evaluating student achievement.* NY: Longman.

Cattell, J. M. (1890). Mental tests and measurements. *Mind, 15,* 373-381.

Cizek, G. J., & Bunch, M. B. (2007). *Standard Setting: A Guide to Establishing and Evaluating Performance Standards on Tests.* SAGE Publications.

Cleary, T. A., & Hilton, T. L. (1968). An Investigation of Item Bias. *Educational and Psychological Measurement, 28,* 61-75.

Cohen, J. (1960). A coefficient of agreement for nominal scales. *Educational and Psychological Measurement, 20,* 37-46.

College Entrance Examination Board(2017). *College handbook 2018* (55th ed.). NY: College Board.

Conoley, J., & O'Neil, H. F. (1979). A primer for developing tests items. In O'Neil, H. F. (Ed.), *Procedures for instructional system development.* NY: Academic Press.

Cowie, B., & Bell, B. (1999). A model of formative assessment in science education. *Assessment in Education: Principles, Policy and Practice, 6*(1), 32-42.

Cronbach, L. J. (1949). *Essentials of Psychological Testing.* NY: Harper & Row.

Cronbach, L. J. (1951). Coefficient alpha and the internal structure of test. *Psychometrika, 16,* 297-334.

Cronbach, L. J. (1960). *Essentials of Psychological testing* (2nd ed.). NY: Harper & Row.

Cronbach, L. J. (1969). Validation of Educational measures. In *Proceedings of the 1969 Invitational Conference on Testing Problems: Toward a theory of achievement measurement,* 35-52. Princeton, NJ: Educational Testing Service.

Cronbach, L. J. (1970). *Essentials of Psychological Testing* (3rd ed.). NY: Harper & Row.

Cronbach, L. J. (1971). Test Validation. In R. L. Thorndike (Ed.), *Educational Measurement.* Washington DC: American Council on Education.

Cronbach, L. J. (1984). *Essentials of Psychological Testing* (4th ed.). NY: Harper & Row.

Cronbach, L. J. (1990). *Essentials of Psychological Testing* (5th ed.). NY: Harper & Row.

Cronbach, L. J., Gleser, G. C., Nanda, H., & Rajartnam, N. (1972). *The dependability of behavioral measurement: Theory of generalizability for scores and profiles.* NY: Wiley.

Cronbach, L. J., Rajartnam, N., & Gleser, G. C. (1963). Theory of generalizability: A liberalization of reliability theory. *British Journal of Statistical Psychology, 16,* 137-163.

Cureton, E. E. (1951). Validity. In E. F, Lindquist (Ed.), *Educational Measurement.* Washington DC: American Council on Education. 621-695.

Downing, S. M. (1992). True-False, alternative-choice, and multiple choice items. *Educational Measurement: Issues and Practice, 11*(3), 27-30.

Dwyer, C. A. (1994). Criteria for performance-based teacher assessments: Validity, standards, and issues. *Journal of Personnel Evaluation in Education, 8*(2), 135-150.

Dwyer, C. A., & Stufflebeam, D. (1996). Teacher evaluation. In D. C. Berliner & R. C. Calfee (Eds.), *Handbook of Educational Psychology.* NY: Macmillan.

Eash, M. J. (1970). *Developing an instrument for the assessment of instructional materials* (Form IV). Paper presented at the annual meeting of the American Educational Research Association, Minneapolis, March.

Ebel, R. L. & Frisbie, D. A. (1986). *Essential of Educational Measurement* (4th ed.). Englewood Cliffs, NJ: Prentice-Hall.

Ebel, R. L. (1965). *Measuring Educational Achievement.* Englewood Cliffs, NJ: Prentice-Hall.

Ebel, R. L. (1969). Expected reliability as a function of choices per item. *Educational Psychological Measurement, 29,* 565-570.

Ebel, R. L. (1972). *Essential of Educational Measurement*(2nd ed.). Englewood Cliffs, NJ: Prentice-Hall.

Ebel, R. L. (1979). *Essentials of Educational Measurement* (3rd ed.). Englewood Cliffs, NJ: Prentice-Hall.

Ebel, R. L., & Frisbie, D. A. (1991). *Essential of Educational Measurement* (5th ed.). Englewood Cliffs, NJ: Prentice-Hall.

Educational Testing Service (2001). *Student Instructional Report* (SIR II). NJ: Princeton.

Egelson, P. (1994). *Teacher evaluation plans that support professional growth.* Paper presented at the National Evaluation Institute of the Center for Research on Educational Accountability and Teacher Evaluation, Gatlinburg, TN, July.

Eisner, E. W. (1975). *The perspective eye: Toward the reformation of educational Evaluation.* Invited address at the American educational Research Association, Minneapolis.

Eisner, E. W. (1979). The use of qualitative forms of evaluation for improving educational practice. *Educational Evaluation and Policy Analysis, 1,* 11-19.

Eisner, E. W. (1991). Taking a second look: Educational connoisseurship revised. In M. W. McLaughlin & D. C. Phillips (Eds.), *Education and Evaluation: At quarter century.* Ninetieth Yearbook of the National Society for the Study of Education, Part II. Chicago: University of Chicago Press.

Embreston, S. E. (1985). Multicomponent latent trait models for test design. In S. E. Embreston (Ed.), *Test Design.* NY: Academic Press, Inc., 195-218.

Faggen-Steckler, J., McCarthy, K. A., & Title, C. K. (1974). A quantitative method for measuring sex bias in standardized test. *Journal of Educational Measurement, 11*, 151-161.

Finch, H. (2005). The MIMIC Model as a method for detecting DIF: Comparison with Mantel-Haenszel, SIBTEST, and the IRT Likelihood Ratio. *Applied Psychological Measurement, 29*(4), 278-295.

Findley, W. G. (1963). Purpose of school testing programs and their efficient development. In W. G. Findley (Ed.), *Sixty Second Yearbook of the National Society for the Study of Education,* Part II. Chicago: University of Chicago Press.

Finn (1978). *Generating domain-reference test items form prose passages.* Paper presented at the annual meeting of the American Educational Research Association, Toronto.

Fisher, R. A. (1924). International Mathematical Conference. *Toronto, 53.*

Fisher, R. A. (1925). *Statistical methods for research worker.* Edinburgh: Oliver & Boyd.

Flaugher, R. (1990). Item Pools. In H. Wainer (Ed.), *Computerized adaptive testing: A Primer.* NJ: Lawrence Erlbaum Associates, Inc.

Fukuhara, H., & Kamata, A. (2011). A bifactor multidimensional item response theory model for differential item functioning analysis on testlet-based items. *Applied Psychological Measurement, 35*(8), 604-622.

Furtak, E. M. (2009). Formative assessment for secondary science teachers. Thousand Oaks, CA: Corwin Press.

Gagne, R. M. (1970). *The conditions of learning* (2nd ed.). NY: Holt, Rinehart & Winston.

Gardner, H. (1983). *Frames of mind: The theory of multiple intelligences.* NY: Basic Books.

Geisinger, K. F., Spies, R. A., Carlson, J. F., & Plake, B. S. (Eds.). (2007). *The Seventeenth Mental Measurement Yearbook.* Buros Institute.

Glaser, G. V., & Klaus, D. J. (1963). Proficiency measurement: Assessing human performance. In R. M. Gagne (Ed.), *Psychological principles in systems development*, NY: Holt Rinehart and Winston, 419-474.

Glaser, R. (1963). Instructional technology and measurement of learning outcome: some questions. *American Psychologist, 18,* 519-621.

Glass, G. V. (1969). *The growth of educational methodology.* Boulder, CO: University of Colorado, Laboratory of Educational Research.

Glass, G. V. (1978). Standards and criteria. *Journal of Educational Measurement, 15,* 277-290.

Gleser, G. C., Cronbach, L. J., & Rajartnam, N. (1965). Generalizability of scores influenced by multiple source of variance. *Psychometrika, 30,* 395-418.

Goertz, M. E., Olah, L. N., & Riggan, M. (2010). *From testing to teaching: The use of interim assessment in classroom instruction.* Consortium for Policy Research in Education Research Report PR-65.

Good, T. L., & Brophy, J. E. (2008). *Looking in classrooms* (10th ed.). New York: Longman.

Goodlad, J. I. (1966). *The development of a conceptual system for dealing with problems of curriculum and instruction.* CRP-454.

Gordon, M. (1987). *Nursing diagnosis: Process and application.* New York: McGraw-Hill.

Green, B. F., Crone, C. R., & Folk, V. G. (1989). A method for studying differential distractor functioning. *Journal of Educational Measurement, 26*(2), 147-160.

Green, S. K., & Johnson, R. L. (2010). *Assessment is essential.* Boston: McGraw-Hill.

Gronlund, N. E. (1970). *Stating behavior objectives for classroom instruction.* NJ: Macmillan.

Gronlund, N. E. (1971). *Measurement and evaluation in Teaching* (2nd ed.). NY: Macmillan.

Gronlund, N. E. (1976). *Measurement and Evaluation in Teaching* (3rd ed.). NY: Macmillan.

Gronlund, N. E. (1988). *How to construct achievement tests.* NJ: Prentice-Hall, Inc.

Gronlund, N. E. (1989). *How to construct achievement tests*, NJ: Prentice-Hall, Inc.

Gronlund, N. E., & Linn, R. L. (1990). *Measurement and Evaluation in Teaching* (7th ed.). NY: Macmillan.

Guba, E. G. (1965). *Evaluation in field studies.* Address at evaluation conference sponsored by the Ohio State Department of Education, Columbus.

Guba, E. G., & Lincoln, Y. S. (1981). *Effective evaluation.* San Francisco, CA: Jossey-Boss.

Guba, E. G., & Lincoln, Y. S. (1983). Epistemological and methodological bases of naturalistic inquiry. In G. F. Madaus, M. S. Scriven, & D. L. Stufflebeam (Eds.), *Evaluation Models: Viewpoints on Educational and Human Services Evaluation.* Boston: Kluwer-Nijhoff.

Guba, E. G., & Lincoln, Y. S. (1989). *Fourth generation evaluation.* Thousand Oaks, CA: Sage.

Guskey, T. R. (2007). Formative classroom assessment and Benjamin S. Bloom: theory, research, and practice. In J. H. McMillan (Ed.), *Formative classroom assessment: Theory into practice.* New York: Teachers College Press.

Guskey, T. R. (2009). *Practical solutions for serious problems in standards-based grading.* Thousand Oaks, CA: Corwin Press.

Haladyna, T. M., & Downing, S. H. (1989). The validity of taxonomy of multiple-choice item writing rules. *Applied Measurement in Education, 1,* 51-78.

Haley, D. C. (1952). *Estimating of the dosage mortality relationship when the close is subject to error.* Technical Report No.15. Stanford CA: Stanford University, Applied Mathematics and Statistics Laboratory.

Hambleton, R. K., & Eignor, D. R. (1980). Competency test development, validation, and standard setting. In R. M. Jeager & C. K. Title (Eds.), *Minimum competency testing: Motives, models, measures, consequences,* Berkely, CA: McCutchan.

Hambleton, R. K., & Swaminathan, H. (1985). *Item Response Theory: Principles and Applications.* Hingham, MA: Kluwer-Nijhoff.

Hamilton, D. A. (1977). Making sense of curriculum evaluation. In Lee Shulman (Ed.), *Review of Research in Education*, Itasca, Illinois: F. E. Peacock.

Hammond (1973). Evaluation at the local level. In B. R. Worthen & J. R. Sanders (Eds.), *Educational Evaluation: Theory and Practice.* Belmont, CA: Wadsworth.

Hannah, L, S., & Michaelis, J. U. (1977). *A comprehensive framework for instructional objectives: A guide to systematic planning and evaluation.* Reading, MA: Addison- Wesley.

Hansen, D. N. (1969). An Investigation of computer-based science testing. In R. C. Atkinson & H. A. Wilson (Eds.), *Computer assisted instruction: A book of readings.* NY: Academic Press.

Harlen, W. (2003). *Enhancing inquiry through formative assessment.* San Francisco: Institute for Inquiry, Exploratorium.

Hattie, J., & Timperley, H. (2007). The power of feedback. *Review of Educational Research, 77*, 81-112.

Heritage, M. (2008). *Learning progressions: Supporting instruction and formative assessment.* Los Angeles, CA: National Center for Research on Evaluation, Standards, and Student Testing.

Heritage, M., & Anderson, C. (2009, April). *Laying the groundwork for formative assessment.* Paper presented at the 2009 Annual Meeting of the American Educational Research Association.

Herman, J. L., Aschbacher, P. R., & Winters, L. (1992). *A Practical Guide to Alternative Assessment.* Alexandria: Association for Supervision and Curriculum Development.

Hively, W., Patterson, H. L., & Page, S. A. (1968). A universe-defined system of arithmetic achievement tests. *Journal of Educational Measurement, 5*, 275-290.

Holland, J. L. (1985). *Making vocational choices: A theory of vocational personalities and work environments* (2nd ed.). Englewood Cliffs, NJ: Prentice-Hall.

Holland, P. W., & Thayer, D. T. (1985). *An alternative definition of the ETS delta scale of item difficulty* (Research Rep. No. 85-43). Princeton, NJ: Eduactional Testing Service.

Holland, P. W., & Thayer, D. T. (1986). *Differential item functioning and the Mantel-Haenszel procedure* (Technical Rep. No. 86-69). Princeton, NJ: Eduactional Testing Service.

Holland, P. W., & Thayer, D. T. (1988). Differential item performance and the Mantel-Haenszel procedure. In H. Wainer & H. I. Braun (Eds.), *Test Validity*, 129-145. Hillsdale, NJ: Lawrence Erlbaum Associates.

Hopkins, K. D., & Stanley, J. C. (1981). *Educational and Psychological Measurement and Evaluation* (6th ed.). Engelwood Cliffs, NJ: Printice Hall.

Hopkins, K. D., Stanley, J. C., & Hopkins, B. R. (1990). *Educational and Psychological Measurement and Evaluation.* Boston: Allyn & Bacon.

Horowitz, F. D., Darling-Hammond, L., Bransford, J., Comer, J., Rosebrock, K., Austin, K., & Rust, F. (2005). Educating teachers for developmentally appropriate practice. In L. Darling-Hammond & J. Bransford (Eds.), *Preparing teachers for a changing world.* Hoboken, NJ: Wiley.

House, E. R. (1980). *Evaluating with validity.* Beverly Hills, CA: Sage.

House, E. R. (1983). Assumption underlying evaluation models. In G. F. Madaus, M. S. Scriven, & D. L. Stufflebeam (Eds.), *Evaluation Models: Viewpoints on Educational and Human services Evaluation.* Boston: Kluwer-Nijhoff.

Hoyt, C. (1941). The reliability obtained by analysis of variance. *Psychometrika, 6*, 153-160.

Hunter, J. E. (1975). *A critical analysis of the use of item means and item-test correlation to determine the presence or absence of content bias in achievement test item.* Paper presented at the National Institute of Education Conference on Test Bias, Annapolis, MD.

Jaeger, R. M. (1978). *A proposal for setting a standard on the North Carolina High School Competency test.* Paper presented at the spring meeting of the North Carolina Association for Research in Education, Chapel Hill.

Jaeger, R. M. (1989). Certification of student competence. In R. L. Linn (Ed.), *Educational Measurement*(3rd ed.). Washington DC: American Council on Education.

Jensen, A. R. (1969). How much can we boost I. Q. and scholastic achievement, *Harvard Educational Review, 43.*

Jin, Y., Myers, N. D., Ahn, S., & Penfield, R. D. (2012). A comparison of uniform DIF effect size estimators under the MIMIC and Rasch models. *Educational and psychological measurement, 73*(2), 339-358.

Johnson, A. P. (1951). Notes on a suggested index of item validation: the U-L Index. *Journal of Educational Psychology, 62*, 499-504.

Joint Committee on Standards for Educational Evaluation (1981). *Standards for Evaluation of Educational Programs*, Projects and Materials. NY: McGraw-Hill.

Kahl, S. (2005). Where in the world are formative tests? Right under your nose! *Education Week, 25(September* (4), 11.

Kelly (1939). Selection of upper and lower groups for validation of test items. *Journal of Educational Psychology, 30,* 17-24.

Keyser, D. J., & Sweetland, R. C. (1994). *Test Critiques* (vol.·10). Austin, TX: Pro-Ed.

Khattri, N., & Sweet, D. (1996). Assessment reform: Promises and Challenges. In M. B. Kane & R. Mitchell (Eds.), *Implementing Performance Assessment.* Mahwah, NJ: Lawrence Erlbaum Associates.

Kim, S., & Cohen, A. S. (1991). A comparison of two ares measure for defecting differential function. *Applied Psychological Measurement, 15*, 269-278.

Kingsbury, G. G. (1990). Adapting adaptive testing: Using the MicroCAT testing system in a local school district. *Educational Measurement: Issues and Practice, 9*(2), 3-6.

Kluger, A. N., & DeNisi, A. (1996). The effects of feedback interventions on performance: A historical review, a meta-analysis, and a preliminary feedback intervention theory. *Psychological Bulletin, 119*(2), 254-284.

Knapp, M. L., & Hill, J. A. (2009). *Nonverbal communication in human interaction* (7th ed.). Florence, KY: Wadsworth Cengage Learning.

Kourilsky, M., & Baker, E. (1976). An experimental comparison of interaction, advocacy, and adversary evaluation. *Center on Evaluation, Development, and Research (CEDR) Quaterly, 9*(2), 4-8.

Krathwohl, D. R., Bloom, B. S., & Masia, B. B. (1964). *Taxonomy of educational objectives, Handbook 2, Affective Domain*, NY: Mckay.

Kromhout, O. M. (1987). *Guideline for test development.* Florida Department of Education.

Kubiszyn, T., & Borich, G. (1993). *Educational Testing and Measurement* (4th ed.). NY: Harper Collins College Publishers.

Kubiszyn & Borich(2010). *Educational testing & measurement: Classroom application and practice* (9th ed.).

Kuder, G. F., & Richardson, M. W. (1937). The theory of the estimation of test reliability. *Psychometrika, 2,* 151-160.

Laid, R.(2005). What is it we think we are trying to fix and how should we fot it? Areview from the admission office. In Camara, W. J., & Kimmel, E., W. (Eds.), *CHOOSING STUDENTS: Higher Education Admissions Tools for the 21st Century.* New Jersey: LEA.

Lawley, D. N. (1943). On problems connected with item selection and test construction. *Processings of the Royal Society of Edinburgh, 18*, 1-11.

Leathers, D. G., & Eares, M. H. (2008). *Successful nonverbal communication: Principles and applications* (4th ed.). New York: Macmillan.

Lee, S., Bulut, O., & Suh, Y. (2017). Multidimensional extension of multiple indicators multiple causes models to detect DIF. *Educational and Psychological Measurement, 77*(4), 545-569.

Levine, M. (1974). Scientific method and the adversary model: Some preliminary thoughts. *American Psychologist, 29,* 661-677.

Lewis, D. M., Mitzel, H. C., & Green, D. R. (1996, June). Standard setting: A bookmark approach. In D. R. Green (Chair), *IRT-based standard setting procedures utilizing behavioral anchoring.* Symposium conducted at the Council of Chief State School Officers National Conference on Large-Scale. Assessement, Phoenix, AZ.

Linn, R. L. (1997). Evaluating the validity of assessments: The consequences of use. *Educational Measurement: Issue and Practice, 16*(2), 14-15.

Linn, R. L., & Baker, E. L. (1996). Can performance-based student assessment be psychometrically sound. In J. B. Babon, & D. P. Wolf (Eds.), *Performance-based student assessment: Challenges and Possibilities.* Chicago, Illinois: University of Chicago Press.

Linn, R. L., & Gronlund, N. E. (1995). *Measurement and Assessment in Teaching* (7th ed.). Upper Saddle River, NJ: Prentice Hall.

Linn, R. L., & Gronlund, N. E. (2000). *Measurement and Assessment in Teaching* (8th ed.). Upper Saddle River, NJ: Prentice Hall.

Livingston, S. A., & Zieky, M. J. (1982). *Passing scores: A manual for setting standards of performance on educational and occupational tests.* Princeton, NJ: Educational Testing Service.

Lord, F. M. (1952). A theory of test scores. *Psychometrika Monograph, no 7.*

Lord, F. M. (1970). Some test theory for tailored testing. In W. H. Holtzman (Ed.), *Computer-assisted instruction, testing, and guidance.* NY : Harper & Row.

Lord, F. M. (1971). The self-scoring Flexilevel test. *Journal of Educational Measurement, 8*(3), 147-151.

Lord, F. M. (1977). A theoretical study of two-stage testing. *Psychometrika, 36,* 227-241.

Lord, F. M. (1980). *Applciations of item response theory to practical testing problems.* NJ: Erlbaum.

Lord, F. M., & Novick, M. R. (1968). *Statistical theories of mental test scores.* MA: Addison Wesley.

MacDonald, B. (1974). An evaluation of evaluation. *Urban Review, 7*(1), 3-14.

MacDonald, B. (1976). Evaluation and the control of education. In D. Tawney (Ed.), *Curriculum evaluation today: Trends and implications.* Schools Council Research Studies, London: Macmillan.

Madaus, G. F., & Kellaghan, T. (1992). Curriculum evaluation and assessment. In Jackson, P. W. (Ed.), *Handbook of Research on Curriculum, A project of the American Educational Research Association.* NY: Macmillan.

Madaus, G., Russell, M., & Higgins, J. (2009). *The paradoxes of High Stakes Testing.* NC: Information Age Publishing, Inc.

Mager, R. F. (1962). *Preparing instructional objectives.* Pal Alto, CA: Feardon Publisher.

Manatt, R. P. (1988). Teacher performance evaluation: A total system approach. In W. J. Popham & S. J. Stanley (Eds.), *Teacher Evaluation: Six prescriptions for success.* ASCD.

Mantel, N., & Haenszel, W. (1959). Statistical aspects of the analysis of data from retrospective studies of disease. *Journal of the National Cancer Institute, 22,* 719–748.

Marsh, J., Pane, J., & Hamilton, L. (2006). *Making sense of data-driven decision making in education: Evidence from recent RAND research.* Washington, DC: RAND Corporation.

Mayer, R. E. (2002). *The promise of educational psychology: Vol. II. Teaching for meaningful learning.* Upper Saddle River, NJ: Merrill/Prentice Hall.

Mcbride, J. R., & Sympson, J. B. (1985). The Computerized adaptive testing system development project. In D. J. Weiss (Ed.), *Proceeding of the 1982 item response theory and computerized adaptive testing conference.* Minneapolis: Deportment of Psychology, University of Minnesota.

McMillan, J. H. (1997). *Classroom Assessment: Principles and Practice for Effective Instruction.* Boston: Allyn & Bacon.

McMillan, J. H. (2014). *Classroom assessment: Principles and practice for effective standards-based instruction* (6th ed.). New Jersey: Pearson.

McMillan, J. H., & Workman, D. (1999). *Teachers' classroom assessment and grading practice: Phase 2.* Richmond, VA: Metropolitan Educational Research Consortium.

McTighe, J., & Wiggins, G. (2005). *Understanding by design: Professional development workbook.* Alexandria, VA: Association for Supervision and Curriculum Development.

Mehrens, W. A. (1997). The Consequences of consequential validity. *Educational Measurement: Issue and Practice, 16*(2), 16–18.

Mehrens, W. A., & Lehmann, I. J. (1969). *Standardized tests in education.* NY: Holt, Rinehart, & Winston.

Mehrens, W. A., & Lehmann, I. J. (1975). *Measurement and Evaluation in Education and Psychology.* NY: Holt, Rinehart, & Winston.

Meijer, R. R. (1996). Person-fit Research: An Introduction. *Applied Measurement In Education, 9*(1), 3–8.

Melican, C. J., Mills, C. N., & Plake, B. S. (1987). *The effect of the knowledge of other judge's ratings of item difficulty in an iterative process using the Angoff and Nedelsky methods.* Paper presented at the annual meeting of the American Educational Research Association, Washington DC.

Mellenberg, G. J. (1982). Contingency table models for assessing item bias. *Journal of Educational Statistics, 7,* 105–108.

Messick, S. (1989). Validity, In R. L. Linn (Ed.) *Educational Measurement* (3rd ed.). Washington DC: American Council on Education & National Council on Measurement in Education, 13–103.

Metfessel, N. S., & Michael, W. B. (1967). A paradigm involving multiple criterion measures for the evaluation of the effectiveness of school programs. *Educational and Psychological Measurement, 27,* 931–943.

Metfessel, N. S., Michael, W. B., & Kirsner, D. A. (1969). Instrumentation of Bloom's taxonomies for the writing of educational objectives, *Psychology in the school, 6,* 227–231.

Meyer, C. A. (1992). What's the difference between authentic and performance assessment? *Educational Leadership, 49*(8), 39–40.

Miller, G. J., & Spray, J. A. (1993). Logistic Discriminant Function Analysis for DIF Identification of Polytomously Scored Items. *Journal of Educational Measurement, 30*(2), 107–122.

Mills, C. N. (1983). A comparison of three methods of establishing cut-off scores on criterion-referenced test. *Journal of Educational Measurement, 20,* 283–292.

Mills, C. N., & Melican, G. J. (1988). Estimating and adjusting cutoff score: Features of selected method. *Applied Measurement in Education, 1,* 261–275.

Mislevy, R. J. (1997). Assessing student learning. In H. J. Walberg & G. D. Haertel (Eds.), *Psychology and Educational Practice.* Berkeley: MrCutrhan Publishing Corporation, 176–195.

Mislevy, R. J., & Bock, R. D. (1986, 1996). *BILOG: Item analysis and test scoring with binary logistic models* [Computer program]. Mooresville, IN: Scientific Software.

Morgan, C. D., & Murray, H. A. (1935). A method for investigating fantasies: The thematic apperception Test, *Archives of Necrology and Personality, 34.*

Morrisett, I., & Stevens, W. W. (1967). *Steps in curriculum analysis outline.* Colorado: Social Science Education consortium, University of Colorado, mimeo.

Mottet, T. P., & Richmond, V. P. (2000). *Student nonverbal communication and its influence on teachers and teaching: A review of literature.* Paper presented at the Annual Meeting of the National Communication Association.

Muraki, E. (1990). Fitting a polytomous item response model to Likert-type data. *Applied Psychological Measurement, 14,* 59–71.

Murray, H. A. (1938). *Explorations in personality.* NY: Oxford University press.

Murray, R. T. (2005). *High Stakes Testing: Coping with Collateral Damage.* New Jersey: Lawrence Erlbaum. Associates, Publishers.

Nafziger, D. H., Worthen, B. R., & Benson. J. (1977). *3 on 2 evaluation report: Volume I, technical report.* Portland, OR: Northwest Regional Educational Laboratory.

Nedelsky, L. (1954). Absolute grading standards for objective test. *Educational and Psychological Measurement, 14,* 3–19.

Nevo, D. (1983). The conceptualization of educational evaluation: An analytical review of the literature. *Review of Educational Research, 53*(1), 117–128.

Nitko, A. J. (1980). Distinguishing the many varieties of criterion-referenced tests. *Review of Educational Research, 50* (3), 461–485.

Nitko, A. J. (1983). *Educational tests and measurement: An introduction.* NY: Jarcourt Brace Jovanovich.

Oosterhof, A. (1994). *Classroom Applications of Educational Measurement.* NY: Maxwell Macmillan International.

Oosterhof, A. (2001). *Classroom Applications of Educational Measurement* (3rd ed.). NJ: Prentice-Hall, Inc.

Oosterhof, A., & Coats, P. K. (1984). Comparison of difficulties and reliabilities of quantitative word problems in completion and multiple-choice item formats. *Applied Psychological Measurement, 8,* 287–294.

Osgood, G. E. (1957). *The Measurement of meaning.* Urbana: Univ. of Illinois Press.

Oshima, T. C., & Morris, S. B. (2008). Raju's differential functioning of items and tests (DFIT). Educational *Measurement: Issues and Practice, 27*(3), 43–50.

Owen, R. J. (1969). *A Bayesian approach to tailored testing.* Princeton NJ: Educational Testing Service.

Owens, T. R. (1973). Educational evaluation by adversary proceeding. In. E. R. House (Ed.), *School evaluation: The politics and Process.* Berkeley. CA: McCutchan.

Parlett, M., & Hamilton, D. (1976). Evaluation as illumination: A new approach to the study of innovatory programs. In G. V. Glass (Ed.), *Evaluation Studies Review Annual, 1.* Beverly Hills, CA: Sage.

Pearson, K. (1896). Mathematical contributions to the theory of evolution: III. Regression, heredity and panmixia. *Philosophical Transactions, A* (187), 253–318.

Penfield, R. D., & Algina, J. (2006). A generalized DIF effect variance estimator for measuring unsigned differential test functioning in mixed format test. *Journal of Educational Measurement, 43*(4), 295-312.

Piaget, J. (1965). *The moral judgement of the child*, NY: Free Press.

Pintrich, P. R., & Schunk, D. H. (2002). *Motivation in education: Theory, research, and applications.* Upper Saddle River, NJ; Columbus, OH: Merrill/Prentice Hall.

Pohlmann, J. T. (1975). A multivariate analysis of selected class characteristics and student ratings of instruction. *Multivariate Behavioral Research, 10*(1), 81-91.

Popham, W. J. (1978). *Criteiron-referenced measurement.* Englewood Cliffs, NJ: Prentice-Hall.

Popham, W. J. (1983). Measurement as an instructional catalyst. *New Directions for Testing and Measurement, 17,* 19-30.

Popham, W. J. (1984). *Action implications of the Debra P. decision.* Symposium presented at the annual meeting of the American Educational Research Association, New Orleans, LA.

Popham, W. J. (1987). The merits of measurement-driven instruction. *Phi Delta Kappan, 68*(9), 679-682.

Popham, W. J. (1997). Consequential validity: right concern-wrong concept. *Educational Measurement: Issue and Practice, 16*(2), 9-13.

Popham, W. J. (2007). The lowdown on learning progressions. *Educational Leadership, 64*(7), 83-84.

Popham, W. J. (2011). *Classroom Assessment: What Teachrers Need to Know* (6th ed.). Boston: Pearson.

Provus, M. M. (1973). Evaluation of ongoing programs in the public school system. In B. R. Worthen & J. R. Sanders. *Educational Evaluation: Theory and Practice.* Belmont, CA: Wadsworth.

Raju, N. S. (1988). The area between two item characteristic curves. *Psychometrika, 53*(4), 495-502.

Raju, N. S. (1990). Determining the significance of estimated signed and unsigned areas between two item response functions. *Applied Psychological Measurement, 14*, 197-207.

Raju, N. S., Oshima, T. C., & Wolach, A. (2005). *Differential functioning of items and tests (DFIT): Dichotomous and polytomous* [Computer program]. Chicago: Illinois Institute of Technology.

Raju, N. S., Oshima, T. C., Fortmann, K., Nering, M., & Kim, W. (2006, February). *The new significance test for Raju's polytomous DFIT.* Paper presented at the New Directions in Psychological Measurement with Model-Based Approaches at Georgia Institute of Technology in Atlanta, GA.

Raju, N. S., Van der Linden, W. J., & Fleer, P. F. (1995). IRT-based internal measures of differential functioning of items and tests. *Applied Psychological Measurement, 19*(4), 353-368.

Raju, N. S., van der Linden, W. J., & Fleer, P. F. (1995). IRT-based internal measures of differential functioning items and tests. *Applied Psychological Measurement, 19*(4), 353-368.

Reckase, M. D. (1995). Portfolio assessment: A theoretical estimate of score reliability. *Educational Measurement: Issues and Practice, 14*(1), 12-14.

Rice, J. M. (1915). *The people's government: Efficient, bottless, graftless.* Philadelphia: John C.

Richardson, M. W. (1936). The relationship between difficulty and the differential validity of a test. *Psychometrika, 1.*

Rippey, R. M. (Ed.). (1973). *Studies in transactional evaluation.* Berkeley, Calif: McCutcheon.

Robertson, E. (1987). Teaching and related activities. In M. J. Dunkin (Ed.). *International Encyclopedia of Teaching and Teacher Education.* Oxford: Pergamon. 15-18.

Rocklin, T. R. (1994). Self-Adaptive Testing. *Applied Measurement in Education, 7,* 3-14.

Roid, G. H., & Haladyna, T. M. (1978). *A review of item writing methods for criterion-referenced tests in the cognitive domain.* Paper presented at the Annual Meeting of the American Educational Research Association. Toronto, Ontario, Canada.

Roid, G. H., & Haladyna, T. M. (1982). *A technology for test-item writing.* NY: Academic Press.

Roth, W. M. (2001). Gestures: Their role in teaching and learning. *Review of Educational Research, 71*(3), 365-392.

Roussos, L. A., & Stout,W.F. (1996). Simulation studies of the effects of small sample size and studied item parameters on SIBTEST and Mantel-Haenszel type I error performance. *Journal of Educational Measurement, 33*(2), 215-230.

Rudner, L. M. (1977). *An evaluation of select approaches for biased item identification.* Unpublished doctoral dissertation. Catholic Universtiy of America.

Rudner, L. M., Getson, P. R., & Knight, D. L. (1980). A monte carlo comparison of seven biased item detection techniques. *Journal of Educational Measurement, 17,* 1-10.

Samejima, F. (1969). Estimation of latent trait ability using a response pattern of graded scores. *Psychometrika Monograph, 17.*

Sands, W. A. (1985). *An overview of the CAT-ASVAB Program. Proceeding of the 27th annual meeting of the Military Testing Association.* San Diego, CA: Navy Personnel Research and Development Center.

Scheuneman, J. D. (1975). *A new method of assessing bias in test items.* Paper presented at the annual meeting of the American Educational Research Assocation, Washington DC.

Scheuneman, J. D. (1979). A new method for assessing bias in the test items. *Journal of Educational Measurement, 16,* 143-152.

Schmitt, N., Oswald, F. L., & Gillespie, M. A. (2005). Broadening the performance domain in the prediction of academic success. In W. J. Camara, & E. W. Kimmel (Eds.), *CHOOSING STUDENTS: Higher Education Admissions Tools for the 21st Century*(pp 195-213). New Jersey: LEA.

Scriven, M. (1967). The methodology of evaluation. In R. Tyler, R. Gagne & M. Scriven (Eds.), *Perspectives on Curricular Evaluation.* AERA Monograph Series on Curriculum Evaluation, 1.

Scriven, M. (1974). Standards for the evaluation of educational programs and products. In G. D. Borich (Ed.), *Evaluating educational programs and products.* Englewood Cliffs, NJ: Educational Technology Publications. Also in W. J. Popham (Ed.) (1974), *Evaluation in education.* Berkeley, CA: McCutchan.

Scriven, M. (1984). Evaluation ideologies. In R. F. Connor, D. G. Altman, & C. Jackson (Eds), *Evaluation studies review annual* (Vol. 9). Beverly Hills, CA: Sage.

Shavelson, R. J. (2008). Guest editorials introduction. *Applied Measurement in Education, 21*(4). 293-294.

Shavelson, R. J., Young, D. B., Ayala, C. C., Brandon, P. R., Furtak, E. M., Ruiz-Primo, M. R., Tomita, M. K., & Yin, Y. (2008). On the impact of curriculum-embedded formative assessment on learning: A collaboration between curriculum and assessment development. *Applied Measurement in Education, 21*(4). 271-314.

Shealy, R. T., & Stout, W. F. (1993). An Item Response Model for Test Bias and Differential Test Functioning. In P. Holland & H. Wainer (Eds.), *Differentialitem functioning* (pp. 197-239). Hillsdale, NJ: Erlbaum.

Shepard, L. A. (1980). Technical issues in minimum competency testing. In D. C, Berliner (Ed.), *Review of Research in Education, 8.*

Shepard, L. A. (1984). Setting performance standards. In R. A. Berk (Ed.), *A guide to criterion-referenced test construction*, Baltimore, MD: Johns Hopkins University Press.

Shepard, L. A. (1997). The Centrality of test use of consequences for test validity. *Educational Measurement: Issue and Practice, 16*(2), 5-8.

Shepard, L. A. (2004). Curricular coherence in assessment design. In M. Wilson (Ed.), *Towards coherence between classroom assessment and accountability.* 103rd Yearbook of the National Society for the Study of Education. Chicago: University of Chicago Press.

Shepard, L. A., Camilli, G., & Averill, M. (1981). Comparison of procedures for detecting test-item bias with both internal and external ability criteria. *Journal of Educational Statistics, 6,* 317-375.

Shepard, L. A., Camilli, G., & Williams, D. M. (1984). Accounting for statistical artifacts in item bias research. *Journal of Educational Statistics, 9,* 93-128.

Shoodson, R. J. (2008). Guest editorials introduction. *Applied Measurement in Education, 21*(4), 293-294.

Shute, V. J. (2008). Focus on formative feedback. *Review of Educational Research, 78*(1), 153-189.

Simpson, E. J. (1966). The classification of educational objectives, psychomotor domain. *llinois Teacher of Home Economics, 10.*

Smith, M. F. (1994). Evaluation: Review of the past, preview of the future. *Evaluation Practice, 15,* 215-227.

Smith, R. L., & Smith J. K. (1988). Differential use of item information by judges using Angoff and Nedelsky procedures. *Journal of Educational Measurement, 25,* 259-274.

Spearman, C. (1904). The proof and measurement of association between two things. *American Journal of psychology, 15,* 72-101.

Spearman, C. (1910). Correlations calculated from faculty data. *British Journal of Psychology, 3,* 271-295.

St. John, M. (Undated). Committee hearing: Their use in evaluation (Contract No.400-80-0105). *Evaluation Guides, 8,* 2-12. Portland, OR: Northwest Regional Educational Laboratory.

Stecher, B. M., & Klein, S. P. (1997). The cost of science performance assessments in large-scale testings programs. *Educational Evaluation and Policy Analysis, 19*(1), 1-14.

Sternberg, R. J. (1985). *Beyond IQ: A triarchic theory of human intelligence.* NY: Cambridge University Press.

Stevens, S. S. (1946). On the theory of scales of measurement. *Science, 103,* 677-680.

Stiggins, R. J. (2008). *Student-involved assessment For learning.* Upper Saddle River, NJ: Pearson Merrill Prentice Hall.

Stout, W., Li, H. H., Nandakumar, R., & Bolt, D. (1997). MULTISIB: A procedure to investigate DIF when a test is intentionally two-dimensional. *Applied Psychological Measurement, 21*(3), 195-213.

Stufflebeam (1967). The use and abuse of evaluation, In *Theory into Practice, 6*, 126-133.

Stufflebeam, D. L. (1971). *Educational evaluation and decision making.* Ithaca, Illinois: Peacock.

Stufflebeam, D. L., & Shinkfield, A. J. (1985). *Systematic Evaluation.* Boston: Kluwer, Nijhoff Publishing.

Subkoviak, M. J., & Huff, K. J. (1986). *Intrajudge inconsistency in the Angoff and Nedelsky methods of standard setting*. Paper presented at the annual meeting of the National Council on Measurement in Education, San Francisco.

Suh, Y., & Bolt, D. M. (2011). A nested logit approach for investigating distractors as causes of differential item functioning. *Journal of Educational Measurement, 48*(2), 188-205.

Swaminathan, H., & Rogers, H. J. (1990). Detecting Differential Item Functioning using Logistic Regression Procedures. *Journal of Educational Measurement, 27*(4), 361-370.

Tallmadge, G. K. (1977). *The Joint Dissemination Review Panel Ideabook*. Washington DC: U. S. Government Printing Office.

Tamayo, R. Joaquin, Jr. (2010). Assessment 2.0: *"Next-Generation" Comprehensive Assessment Systems*. The Aspen Institute Education & Society Program 2010.

Taylor, W. L. (1953). Cloze procedure: A new tool for measuring readability. *Journalism Quarterly, 30*, 415-433.

Thissen, D., Steinberg, L., & Gerrard, M. (1986). Beyond group-mean differences: The concept of item bias. *Psychological Bulletin, 99*(1), 118-128.

Thissen, D., Steinberg, L., & Wainer, H. (1988). Use of item response theory in the study of group differences in trace lines. In H. Wainer & H. I. Braun (Eds.), *Test validity* (pp. 147-172). Hillsdale, NJ, US: Lawrence Erlbaum Associates, Inc.

Thissen, D., Steinberg, L., & Wainer, H. (1993). Detection of differential item functioning using the parameters of item response models. In P. W. Holland & H. Wainer (Eds.), *Differential item functioning* (pp. 67-113). Hillsdale, NJ, US: Lawrence Erlbaum Associates, Inc.

Thissen, D., & Mislevy, R. J. (1990). Testing Algorithms. In H. Wainer (Ed.), *Computerized Adaptive Testing: a Primer*. NJ: Lawrence Elbaum Associates, Inc.

Thorndike, E. L. (1918). The nature, purposes and general methods of measurements of educational products. In G. M. Whipple (Ed.), *The Measurement of Educational Products, Seventeenth Yearbook of the National Society for the Study of Education, Part II*, 16-24. Bloomington, IL: Public School Co.

Thurstone, L. L. (1938). *Primary Mental Abilities*. Chicago: University of Chicago press.

Tollefson, N. (1987). A comparison of the item difficulty and item discrimination of multiple-choice items using the 'none of the above' and one correct response options. *Educational and Psychological Measurement, 47*, 377-383.

Tucker, L. R. (1946). Maximum validity of a test with equivalent items. *Psychometrika, 11*, 1-13.

Tyler, L., & Klein, M. F. (1967). *Recommendations for curriculum and instructional materials*. Unpublished manuscript, University of California, Los Angeles.

Tyler, R. W. (1942). General statement on evaluation. *Journal of Educational Researcher, 35*, 492-501.

Tyler, R. W. (1949). *Basic principles of curriculum and instruction*. Chicago: University of Chicago Press.

Van der Linden, W. (1982). A latent trait method for determining intrajudge inconsistency in the Angoff and Nedelsky techniques of standard setting. *Journal of Educational Measurement, 19*, 295-308.

Walberg, H. J., & Haretel, G. D. (1990). *The International Encyclopedia of Educational Evaluation*. NY: Pergamon Press.

Ward, A. W., & Murray-Ward, M. (1999). *Assessment in the classroom.* Belmont, CA: Wadsworth Publishing Company.

Weiss, D. J. (Ed.). (1983). *New horizons in testing: Latent trait test theory and computerized adaptive testing.* NY: Academic Press.

Wiggins, G. (1989). A true test: toward more authentic and equitable assessment. *Phi Delta Kappan, 70* (9), 703-713.

William, R. L. (1971). Abuse and misuse of testing black children. *The Counseling Psychologists, 2*, 62-73.

Williams, N. J., & Beretvas, S. N. (2006). DIF identification using HGLM for polytomous items. *Applied Psychological Measurement, 30*(1), 22-42.

Wilson, M., & Bertenthal, M. (Eds.). (2005). *Systems for state science assessment.* Washington, DC: National Academies Press.

Wise, S. L., & Plake, B. S. (1989). Research on the effects of administering tests via computers. *Educational Measurement: Issue and Practice, 3*(3), 5-10.

Wittrock, M. C. (1991). Cognition and testing. In. M. C. Wittrock. & E. L. Baker (Eds.), *Testing and Cognition.* NJ: Printice-Hall.

Wolf, R. L. (1975). Trial by jury: A new evaluation method. *Phi Delta Kappan, 57*(3), 185-187.

Wolf, R. L. (1979). The use of judical evaluation methods in the formulation of educational policy. *Educational Evaluation and Policy Analysis, 1*(3), 19-28.

Wolfe, E. W., & Miller, T. R. (1997). Barriers to the Implementation of Portfolio Assessment in Secondary Education. *Applied Measurement in Education, 10*(3), 235-251.

Wood, R. (1977). Multiple choice: A State of the art report. *Evaluation in Education: International Pro Press, 1*, 191-280.

Woods, C. M., & Grimm, K. J. (2011). Testing for nonuniform differential item functioning with multiple indicator multiple cause models. *Applied Psychological Measurement, 35*(5), 339-361.

Worthen, B. R., & White, K. R. (1987). *Evaluating educational and social programs: Guidelines for proposal review, onsite evaluation, evaluation contract, and technical assistance.* Boston: Kluwer-Nijhoff.

Worthen, B. R., Sanders, J. R., & Fitzpartrick, J. L (1997). *Program Evaluation: Alternative Approached and Practical Guidelines.* NY: Longman.

Wright, B. D., & Stone, M. H. (1979). *Best test Design.* Chicago: MESA.

Wu, A. D., & Ercikan, K. (2006). Using multipl evariable matching to identify cultural sources of differential item functioning. *International Journal of Testing, 6*(3), 287-300.

Yao, L., & Li, F. (2010, April). *A DIF detection procedure in multidimensional item response theory framework and its applications.* Paper presented at the annual meeting of the National Council on Measurement in Education, Denver, CO.

Young, J. W. (1990). Adjusting the Cummulative GPA Using Item Response Theory. *Journal of Educational Measurement, 27*, 175-186.

Zieky, M. J., & Livingston, S. A. (1977). *Manual for setting standards on the basic skills assessment tests.* Princeton, NJ: Educational Testing Service.

[참고 사이트]

http://collegereadiness/collegeboard.org

http://magazine.adiga.kr/user/0023/nd9658.do

http://www.law.go.kr/법령/교육기본법(2007)

부록

[부록 1] 표준정규분포표

z	$P(z)$	z	$P(z)$ $\alpha=1-P(z)$	z	$P(z)$ $\alpha=1-P(z)$	z	$P(z)$ $\alpha=1-P(z)$
.00	.5000000	.47	.6808225	.94	.8263912	1.41	.9207302
.01	.5039894	.48	.6843863	.95	.8289439	1.42	.9221962
.02	.5079783	.49	.6879331	.96	.8314724	1.43	.9236415
.03	.5119665	.50	.6914625	.97	.8339768	1.44	.9250663
.04	.5159534	.51	.6949743	.98	.8364569	1.45	.9264707
.05	.5199388	.52	.6984682	.99	.8389129	1.46	.9278550
.06	.5239222	.53	.7019440	1.00	.8413447	1.47	.9292191
.07	.5279032	.54	.7054015	1.01	.8437524	1.48	.9305634
.08	.5318814	.55	.7088403	1.02	.8461358	1.49	.9318879
.09	.5358564	.56	.7122603	1.03	.8484950	1.50	.9331928
.10	.5398278	.57	.7156612	1.04	.8508300	1.51	.9344783
.11	.5437953	.58	.7190427	1.05	.8531409	1.52	.9357445
.12	.5477584	.59	.7224047	1.06	.8554277	1.53	.9369916
.13	.5517168	.60	.7257469	1.07	.8576903	1.54	.9382198
.14	.5556700	.61	.7290691	1.08	.8599289	1.55	.9394292
.15	.5596177	.62	.7323711	1.09	.8621434	1.56	.9406201
.16	.5635595	.63	.7356527	1.10	.8643339	1.57	.9417924
.17	.5674949	.64	.7389137	1.11	.8665005	1.58	.9429466
.18	.5714237	.65	.7421539	1.12	.8686431	1.59	.9440826
.19	.5753454	.66	.7453731	1.13	.8707619	1.60	.9452007
.20	.5792597	.67	.7485711	1.14	.8728568	1.61	.9463011
.21	.5831662	.68	.7517478	1.15	.8749281	1.62	.9473839
.22	.5870604	.69	.7549029	1.16	.8769756	1.63	.9484493
.23	.5909541	.70	.7580363	1.17	.8789995	1.64	.9494974
.24	.5948349	.71	.7611479	1.18	.8809999	1.65	.9505285
.25	.5987063	.72	.7642375	1.19	.8829768	1.66	.9515428
.26	.6025681	.73	.7673049	1.20	.8849303	1.67	.9525403
.27	.6064199	.74	.7703500	1.21	.8868606	1.68	.9535213
.28	.6102612	.75	.7733726	1.22	.8887676	1.69	.9544860
.29	.6140919	.76	.7763727	1.23	.8906514	1.70	.9554345
.30	.6179114	.77	.7793501	1.24	.8925123	1.71	.9563671
.31	.6217195	.78	.7823046	1.25	.8943502	1.72	.9572838
.32	.6255158	.79	.7852361	1.26	.8961653	1.73	.9581849
.33	.6293000	.80	.7881446	1.27	.8979577	1.74	.9590705
.34	.6330717	.81	.7910299	1.28	.8997274	1.75	.9599408
.35	.6368307	.82	.7938919	1.29	.9014747	1.76	.9607961
.36	.6405764	.83	.7967306	1.30	.9031995	1.77	.9616364
.37	.6443088	.84	.7995458	1.31	.9049021	1.78	.9624620
.38	.6480273	.85	.8023375	1.32	.9065825	1.79	.9632730
.39	.6517317	.86	.8051055	1.33	.9082409	1.80	.9640697
.40	.6554217	.87	.8078498	1.34	.9098773	1.81	.9648521
.41	.6590970	.88	.8105703	1.35	.9114920	1.82	.9656205
.42	.6627573	.89	.8132671	1.36	.9130850	1.83	.9663750
.43	.6664022	.90	.8159399	1.37	.9146565	1.84	.9671159
.44	.6700314	.91	.8185887	1.38	.9162067	1.85	.9678432
.45	.6736448	.92	.8212136	1.39	.9177356	1.86	.9685572
.46	.6772419	.93	.8238145	1.40	.9192433	1.87	.9692581

z	$P(z)$	z	$P(z)$ $\alpha=1-P(z)$	z	$P(z)$ $\alpha=1-P(z)$	z	$P(z)$ $\alpha=1-P(z)$
1.88	.9699460	2.09	.9816911	2.30	.9892759	2.51	.9939634
1.89	.9706210	2.10	.9821356	2.31	.9895559	2.52	.9941323
1.90	.9712834	2.11	.9825708	2.32	.9898296	2.53	.9942969
1.91	.9719334	2.12	.9829970	2.33	.9900969	2.54	.9944574
1.92	.9725711	2.13	.9834142	2.34	.9903581	2.55	.9946139
1.93	.9731966	2.14	.9838226	2.35	.9906133	2.56	.9947664
1.94	.9738102	2.15	.9842224	2.36	.9908625	2.57	.9949151
1.95	.9744119	2.16	.9846137	2.37	.9911060	2.58	.9950600
1.96	.9750021	2.17	.9849966	2.38	.9913437	2.59	.9952012
1.97	.9755808	2.18	.9853713	2.39	.9915758	2.60	.9953388
1.98	.9761482	2.19	.9857379	2.40	.9918025	2.70	.9965330
1.99	.9767045	2.20	.9860966	2.41	.9920237	2.80	.9974449
2.00	.9772499	2.21	.9864474	2.42	.9922397	2.90	.9981342
2.01	.9777844	2.22	.9867906	2.43	.9924506	3.00	.9986501
2.02	.9783083	2.23	.9871263	2.44	.9926564	3.20	.9993129
2.03	.9788217	2.24	.9874545	2.45	.9928572	3.40	.9996631
2.04	.9793248	2.25	.9877755	2.46	.9930531	3.60	.9998409
2.05	.9798178	2.26	.9880894	2.47	.9932443	3.80	.9999277
2.06	.9803007	2.27	.9883962	2.48	.9934309	4.00	.9999683
2.07	.9807738	2.28	.9886962	2.49	.9936128	4.50	.9999966
2.08	.9812372	2.29	.9889893	2.50	.9937903	5.00	.9999997
						5.50	.9999999

[부록 2] 상관계수

상관(correlation)이란 두 변수의 관계를 말한다. 한 변수가 변해 감에 따라 다른 변수가 어떻게 변해 가는지를 의미한다. 예를 들어, 직업만족도와 스트레스의 관계도 상관이며, 부부간의 애정도 상관이라 한다. 그러므로 상관은 두 변수가 있어야 존재한다. 한 변수가 증가할 때 다른 변수도 증가하면 정적 상관을 가지며, 한 변수는 증가하나 다른 변수는 감소하면 부적 상관을 갖게 된다.

상관계수(correlation coefficient)란 상관의 정도를 나타내는 지수를 말한다. 그러므로 상관계수의 범위는 −1.0에서 1.0 사이에 존재하며 절대값이 커질수록 상관이 높다. 상관계수는 한 변수가 변화할 때 그에 비례하여 다른 변수도 변하면 상관계수가 높아지고, 다른 변수가 변하지 않으면 상관계수는 0이 된다. 그러므로 상관계수는 공분산의 양에 비례한다.

공분산을 설명하기에 앞서 분산을 설명한다. 분산은 표준편차의 제곱으로 변량이라고도 한다. 분산은 각 변수값이 평균으로부터의 차의 제곱의 평균으로 다음 공식에 의하여 계산된다.

$$s_x^2 = \frac{\Sigma(X_i - \overline{X})^2}{n}$$

$$s_y^2 = \frac{\Sigma(Y_i - \overline{Y})^2}{n}$$

변수가 각각 X, Y라 할 때 X변수와 Y변수의 분산은 위의 공식에 의하여 계산된다. 그러나 공분산은 한 변수가 변할 때 다른 변수가 변하는 양으로, 두 변수가 동시에 변하는 정도를 말한다. 즉, 한 변수 X_i가 그 평균값 X로부터 얼마간 떨어진 정도와 비례하여, 다른 변수 Y_i가 그 평균값 Y로부터 얼마나 떨어져 있는가를 의미한다. 그러므로 공분산은 다음 공식에 의하여 계산된다.

$$s_{xy} = \frac{\Sigma(X_i - \overline{X})(Y_i - \overline{Y})}{n}$$

분산과 공분산을 계산하기 위한 예로 국어, 영어 시험을 치른 학생들의 점수가 〈표 1〉과 같다.

〈표 1〉 중학생 5명의 국어 · 영어 점수

피험자/과목	국어	영어
A	2	1
B	3	2
C	5	4
D	3	3
E	7	5

국어에서 높은 점수를 얻은 학생은 영어에서도 높은 점수를 얻고 있으므로 두 점수 간에 정적 상관을 이룰 것을 예견할 수 있다.

두 점수들의 분산과 공분산을 계산하는 절차는 〈표 2〉와 같다.

〈표 2〉 중학생 5명의 국어, 영어 점수의 공분산 계산

국어 X	영어 Y	$(X_i-\overline{X})$	$(X_i-\overline{X})^2$	$(Y_i-\overline{Y})$	$(Y_i-\overline{Y})^2$	$(X_i-\overline{X})(Y_i-\overline{Y})$
2	1	−2	4	−2	4	4
3	2	−1	1	−1	1	1
5	4	1	1	1	1	1
3	3	−1	1	0	0	0
7	5	3	9	2	4	6
20	15	0	16	0	10	12

$$s_x^2=\frac{\Sigma(X_i-\overline{X})^2}{n}=\frac{16}{5}=3.2$$

$$s_y^2=\frac{\Sigma(Y_i-\overline{Y})^2}{n}=\frac{10}{5}=2.0$$

$$s_{XY}=\frac{\Sigma(X_i-\overline{X})(Y_i-\overline{Y})}{n}=\frac{12}{5}=2.4$$

국어 점수의 분산은 3.2, 영어 점수의 분산은 2.0, 그리고 두 점수의 공분산은 2.4이다.

한 변수가 평균값으로부터 멀리 떨어져 있을 때 다른 변수도 그 평균값으로부터 멀리 떨어져 있으면 공분산은 커지게 되며, 그런 경향이 일반화되어 있으면 상관은 높다. 만약 한 변수가 다양한 수이며, 다른 변수가 상수라면 한 변수가 변화되어도 다른 변수는 변화되지 않으므로 공분산은 0이며, 상관관계가 없으므로 상관계수 또한 0이다. 그러므

로 상관계수는 공분산의 양에 비례한다.

상관계수는 공분산의 양에 의하여 결정되나 공분산은 $-\infty$에서 $+\infty$에 존재한다. 상관계수는 절대값이 1보다 클 수 없으며, 척도의 단위 변화에 따라 상관계수가 변하여도 안 된다. 상관의 특징으로 지역독립성과 척도독립성 때문에 상관계수를 추정할 때 각 변수의 표준편차를 고려하여야 한다. Karl Pearson(1896)이 상관계수는 공분산에 비례하며, 공분산을 각 변수의 표준편차로 나누어야 한다는 사실을 발견하고 다음과 같은 단순적률상관계수(simple product-moment correlation coefficient)를 제안하였다. 이를 상관계수의 이론적 공식이라 한다.

$$\rho_{XY} = \frac{\sigma_{XY}}{\sigma_X \sigma_Y}$$

ρ(rho)는 상관계수의 모수치이고, σ_X(sigma)는 X변수의 표준편차 모수치를 나타내는 기호이며, 통계치 혹은 추정치로 상관계수는 r, 표준편차는 s로 표기한다. 추정치에 의한 상관계수는 다음과 같이 쓴다.

$$r_{XY} = \frac{s_{XY}}{s_X s_Y}$$

상관계수는 두 변수의 공분산을 각 변수의 표준편차로 나눈 값을 말한다. 〈표 1〉에 있는 두 점수의 상관계수는 다음과 같이 계산된다.

$$r_{XY} = \frac{s_{XY}}{s_X s_Y} = \frac{2.4}{\sqrt{3.2}\sqrt{2}} = .949$$

상관계수의 이론적 공식에 의하여 상관계수를 추정할 때 계산의 번거로움이 따르기 때문에 보다 간편하게 상관계수를 추정할 수 있는 계산공식은 다음과 같다.

$$r_{XY} = \frac{s_{XY}}{s_X s_Y}$$

$$= \frac{[\Sigma(X_i - \overline{X})(Y_i - \overline{Y})]/n}{\sqrt{\frac{\Sigma(X_i - \overline{X})^2}{n}}\sqrt{\frac{\Sigma(Y_i - \overline{Y})^2}{n}}}$$

$$\vdots$$

$$r = \frac{n\Sigma X_i Y_i - \Sigma X_i \Sigma Y_i}{\sqrt{n\Sigma X_i^2 - (\Sigma X_i)^2}\sqrt{n\Sigma Y_i^2 - (\Sigma Y_i)^2}}$$

상관계수의 계산공식에 의하여 국어와 영어 점수의 상관계수를 계산한 절차는 〈표 3〉과 같다.

〈표 3〉 상관계수 계산공식에 의한 국어, 영어 점수의 상관계수 계산

	국어(X)	영어(Y)	$X_i Y_i$	X_i^2	Y_i^2
	2	1	2	4	1
	3	2	6	9	4
	5	4	20	25	16
	3	3	9	9	9
	7	5	35	49	25
Σ합	20	15	72	96	55

$$r = \frac{n\Sigma X_i Y_i - \Sigma X_i \Sigma Y_i}{\sqrt{n\Sigma X_i^2 - (\Sigma X_i)^2}\ \sqrt{n\Sigma Y_i^2 - (\Sigma Y_i)^2}}$$

$$r = \frac{5(72) - 20(15)}{\sqrt{5(96) - 20^2}\ \sqrt{5(55) - 15^2}}$$

$$r = \frac{60}{\sqrt{80}\ \sqrt{50}} = \frac{60}{63.2455} = .949$$

계산공식에 의한 상관계수도 .949임을 알 수 있다. 상관분석을 위하여 통계분석 컴퓨터 프로그램으로 한글 SPSS 윈도우즈 프로그램을 실행하는 절차와 결과는 다음과 같다. 한글 SPSS 윈도우즈 자료파일 입력창이 뜨면 〈표 1〉의 자료를 입력하고 다음과 같이 실행한다.

SPSS 실행

〈표 1〉의 자료를 사용하여 두 변수가 관계되어 있는 정도를 나타내는 지수, 즉 상관계수를 구하기 위해 [분석] ⇨ [상관분석] ⇨ [이변량 상관계수]를 눌러 이변량 상관계수 대화상자를 연다.

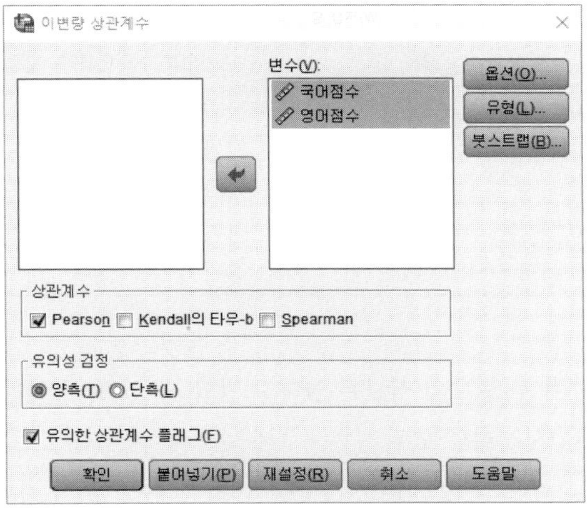

이변량 상관 대화상자에서 변수 부분에 상관계수를 구할 두 변수(국어점수, 영어점수)를 지정하고 [확인]을 누르면 된다. 또 [옵션(O)...]에서 공분산을 출력하도록 설정할 수도 있다.

분석결과

중학생 5명을 대상으로 한 국어점수와 영어점수 상관계수는 〈표 3〉과 마찬가지로 .949이다.

상관관계

		국어점수	영어점수
국어점수	Pearson 상관	1	.949*
	유의확률 (양측)		.014
	N	5	5
영어점수	Pearson 상관	.949*	1
	유의확률 (양측)	.014	
	N	5	5

*. 상관관계가 0.05 수준에서 유의합니다(양측).

두 점수 간의 상관계수가 .949라면 언어적으로 어떻게 표현하며, 무엇을 의미하는지 의문이 제기된다. 즉, 상관이 높으면 어느 정도 높다고 표현해야 하는지 기준이 필요하다. 상관계수를 언어적으로 표현하는 절대적 기준은 없으나 성태제(1995, 2001)는 〈표 4〉의 기준을 제시하고 있다.

〈표 4〉 상관계수에 따른 상관관계의 언어적 표현

상관계수 범위	상관관계의 언어적 표현
.00 이상 ~ .20 미만	상관이 거의 없다.
.20 이상 ~ .40 미만	상관이 낮다.
.40 이상 ~ .60 미만	상관이 있다.
.60 이상 ~ .80 미만	상관이 높다.
.80 이상 ~ 1.00 미만	상관이 매우 높다.

앞의 기준에 의하여 두 변수의 상관은 높다고 말할 수 있다. 공인타당도, 예측타당도, 재검사신뢰도, 동형검사신뢰도 모두 상관계수에 의하여 추정되므로 〈표 4〉의 기준에 의하여 표현할 수 있다. 만약 동형검사신뢰도를 추정하기 위해 두 번 검사를 시행한 점수들의 상관이 .38이었다면 동형검사신뢰도는 낮다고 말할 수 있다.

[부록 3] 수행평가 과제와 채점기준

[부록 3-1] 영어과 수행평가: 전화 대화 나누기

1. 다음 중 가고 싶은 곳을 짝과 함께 선택하십시오.
   (마지막 빈칸은 여러분 나름대로 정해서 선택할 수도 있습니다.)

이화예술극장

물 란

영화상영시간: 매일 10:30 1:10 3:50 6:30
교통수단: 걸어서 이대앞에서 극장까지 10분

동대문 운동장 축구구장

경기시작시간: 토요일 오후 2시
교통수단: 지하철 2호선 동대문운동장역까지 25분

대학로 라이브 2관

김 경 호
라이브 콘서트

공연시간: 토요일4시 , 7시 일요일 3시
교통수단: 지하철 2호선 이대역에서 4호선 혜화 역까지 35분

장소: ?
〈 ? 〉
시간: ?

교통수단: ?

2. 전화를 거는 사람과 전화를 받는 사람을 정하십시오.
   전화를 거는 사람: ______반 ______번 ______________
   전화를 받는 사람: ______반 ______번 ______________

3. 녹음기 앞에 놓인 테이프에 반, 번호와 이름을 적으십시오.

4. 녹음내용에 관한 준비가 되었으면 녹음기를 눌러 자신의 반과 번호, 그리고 이름을 먼저 녹음하십시오.

5. 계속해서 대화를 녹음하십시오.

[부록 3-2] 수학과 수행평가: 버몬트 포트폴리오 평가 프로그램

◎ Mitchells은 Smithville에서 Guilford로 자동차로 4시간에 걸려 여행을 하였다. 지도와 그래프는 다음과 같다. 그래프와 지도를 사용하여 Mitchells에게 무슨 일이 벌어졌는지 시간 단위로 설명하여 보시오.

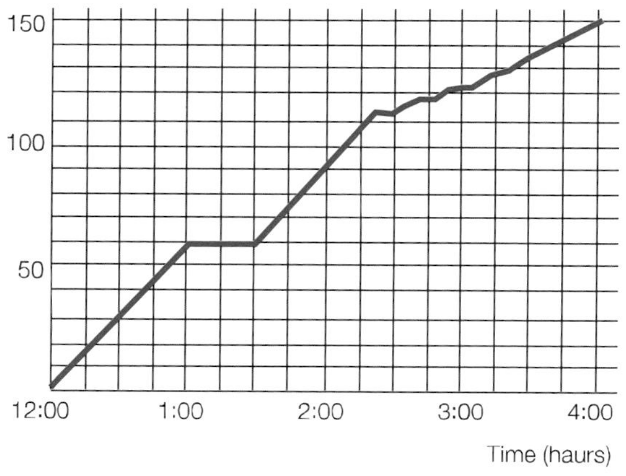

12시부터 1시까지:

____

1시에서 2시까지:

____

2시에서 3시까지:

____

3시에서 4시까지:

____

[부록 3-3] 수학과 수행평가에 대한 채점 기준

〈표 4〉 상관계수에 따른 상관관계의 언어적 표현

문제해결의 기능		
과제에 대한 이해	1점	완전하게 이해하지 못한 경우
	2점	부분적으로 이해된 경우
	3점	이해된 경우
	4점	일반화되고, 적용되며, 확장된 경우
해결의 접근방안, 전략, 절차 등의 선택	1점	부적절하거나 다룰 수 없는 접근이나 절차
	2점	부분적으로 적절한 접근이나 절차
	3점	다루어질 수 있는 접근
	4점	효율적이거나 세련된 접근과 절차
반성과 정당화, 증명, 분석의 시행	1점	결정을 내리게 된 근거나 증거가 없는 경우
	2점	결정 내린 것에 대한 추론이 가능할 때
	3점	확실성을 가지고 있고 합리적으로 조정이나 결정
	4점	조정이 보이고 정교하며 합리적인 결정이 내려짐
발견, 결론, 관찰, 연결성, 일반화	1점	확장이 없는 답안
	2점	관찰한 소견으로 한 답안
	3점	연결성 혹은 적용이 있는 답안
	4점	분석, 일반화 혹은 추상화가 있는 답안
수학적 의사소통		
수학의 언어	1점	수학적 언어의 사용이 부적절하거나 없는 경우
	2점	때때로 적절한 수학적 언어를 사용한 경우
	3점	대부분 적절한 수학적 언어를 사용한 경우
	4점	풍부하고 정교하며, 우아하고 적절한 경우
수학적 표상	1점	수학적 표상의 사용이 없음
	2점	수학적 표상을 사용함
	3점	수학적 표상의 적절하고 정확하게 사용함
	4점	수학적 표상이 지각 있게 사용됨
표현의 분명하고 명확함	1점	조직되어 있지 못하고, 불완전하며, 상세함이 결여되어 모호함
	2점	분명한 구석이 있음
	3점	대부분이 분명함
	4점	잘 정의되어 있고, 완전하며, 상세하여 명쾌함

[부록 4] 대학수학능력시험의 변화

<table>
<tr><th rowspan="3">구분
학년도</th><th rowspan="3" colspan="3">영역</th><th rowspan="3">시간
(분)</th><th rowspan="3" colspan="2">문항수</th><th rowspan="2" colspan="2">배점</th><th colspan="4">출제</th><th rowspan="3">점수
체제</th></tr>
<tr><th colspan="2">비율</th><th colspan="2">범위</th></tr>
<tr><th>문항</th><th>전체</th><th>필수</th><th>선택</th><th>필수</th><th>선택</th></tr>
<tr><td rowspan="6">1994</td><td colspan="3">언어</td><td>90</td><td colspan="2">60</td><td>1</td><td>60</td><td colspan="4">전 교과(국어교과, 인문, 사회, 과학, 예술 분야)</td><td rowspan="6">• 원점수
• 총점
• 백분위</td></tr>
<tr><td colspan="3">수리 · 탐구(I)</td><td>70</td><td colspan="2">20</td><td>2</td><td>40</td><td colspan="4">일반수학, 수학 I</td></tr>
<tr><td rowspan="2">수리
·
탐구
(II)</td><td colspan="2">사회탐구</td><td rowspan="2">100</td><td colspan="2">27</td><td rowspan="2">1</td><td>27</td><td colspan="4">국사, 국민윤리, 한국지리, 정치경제, 세계사</td></tr>
<tr><td colspan="2">과학탐구</td><td colspan="2">33</td><td>33</td><td colspan="4">과학 I, 과학 II</td></tr>
<tr><td colspan="3">외국어(영어)</td><td>80</td><td colspan="2">50</td><td>0.8</td><td>40</td><td colspan="4">전 교과</td></tr>
<tr><td colspan="3">계</td><td>340</td><td colspan="2">190</td><td></td><td>200</td><td colspan="4"></td></tr>
<tr><td rowspan="9">1995
~
1996</td><td colspan="3">언어</td><td>90</td><td colspan="2">60</td><td>1</td><td>60</td><td colspan="4">전 교과(국어교과, 인문, 사회, 과학, 예술 분야)</td><td rowspan="9">• 원점수
• 총점
• 백분위</td></tr>
<tr><td rowspan="2">수리
·
탐구
(I)</td><td colspan="2">인문 · 예체능</td><td rowspan="2">90</td><td rowspan="2">21</td><td>9</td><td rowspan="2">1, 1.5, 2</td><td rowspan="2">40</td><td rowspan="2">75%</td><td rowspan="2">25%</td><td rowspan="2">일반수학,
수학 I</td><td>–</td></tr>
<tr><td colspan="2">자연</td><td>9</td><td>수학 II</td></tr>
<tr><td rowspan="4">수리
·
탐구
(II)</td><td rowspan="2">사회
탐구</td><td>인문 ·
예체능</td><td rowspan="4">100</td><td colspan="2">36</td><td rowspan="4">1</td><td>36</td><td colspan="3" rowspan="2">국사, 국민윤리,
한국지리, 정치 · 경제,
세계사</td><td>사회 · 문화,
세계지리</td></tr>
<tr><td>자연</td><td colspan="2">24</td><td>24</td><td>–</td></tr>
<tr><td rowspan="2">과학
탐구</td><td>인문 ·
예체능</td><td colspan="2">24</td><td>24</td><td colspan="3" rowspan="2">과학 I, 과학 II</td><td>–</td></tr>
<tr><td>자연</td><td colspan="2">36</td><td>36</td><td>물리, 화학</td></tr>
<tr><td colspan="3">외국어(영어)</td><td>80</td><td colspan="2">50</td><td>0.8</td><td>40</td><td colspan="4">전 교과</td></tr>
<tr><td colspan="3">계</td><td>360</td><td colspan="2">200</td><td></td><td>200</td><td colspan="4"></td></tr>
</table>

1997 ~ 1998	언어			100	65	1, 1.5, 2	120	100%		전 교과(국어교과, 인문, 사회, 과학, 예술 분야)		• 원점수 • 총점 • 백분위
	수리·탐구(Ⅰ)	인문		100	30	2, 3, 4	80	70% 내외	30% 내외	일반수학, 수학 I	일반수학, 수학 I	
		자연									수학 II	
		예·체능									일반수학, 수학 I	
	수리·탐구(II)	사회탐구	인문	110 (97년)	48	1, 1.5, 2	72	67% 내외	33% 내외	국사, 국민윤리, 정치, 경제, 한국지리, 세계사	사회·문화, 세계지리	
			자연		32		48	100%	-		-	
			예·체능		48		72	67% 내외	33% 내외		-	
		과학탐구	인문	120 (98년)	32		48	100%	-	과학, 과학 II	-	
			자연		48		72	67% 내외	33% 내외		물리, 화학	
			예·체능		32		48	100%	-		-	
	외국어(영어)			80	55	1.6, 1.8, 2	80	100%	0	전 교과		
	계			390 (97년)	230		400					
1999 ~ 2000	언어	공통		100	65	1.6, 1.8, 2	120	100%	-	전 교과(국어교과, 인문, 사회, 과학, 예술 분야)		• 원점수 • 총점 • 백분위 • 표준점수 • 변환표준 • 변환표준 점수에 의한 백분위
	수리·탐구(Ⅰ)	인문		100	30	2, 3	80	공통수학 70% 이내, 수학 I 30% 이내				
		자연						공통수학 50% 이내, 수학 I 20% 이내, 수학 II 30% 이내				
		예·체능						공통수학 100%				
	수리·탐구(II)	사회탐구	인문	120	48	1, 1.5, 2	72	80% 이내	20% 이내	공통사회, 국사, 윤리	정치, 경제, 사회·문화, 세계사, 세계지리 중 선택	
			자연		32		48	100%	-		-	
			예·체능		48		72	100%	-		-	
		과학탐구	인문		32		48	100%	-	공통과학	-	
			자연		48		72	67% 이내	33% 이내		물리 II, 화학 II, 생물 II, 지구과학 II 중 선택	
			예·체능		32		48	100%	-		-	
	외국어(영어)			100	55		80	100%		공통영어		
	계			420	230		400					

2001	언어			90	60	1.8, 2, 2.2	120	100%	–	전 교과(국어교과, 인문, 사회, 과학, 예술 분야)		• 원점수 • 총점 • 백분위 • 표준점수 • 변환표준 • 변환표준 점수에 의한 백분위
	수리 · 탐구 (I)	인문		100	30	2, 3	80	공통수학 70% 이내, 수학 I 30% 이내				
		자연						공통수학 50% 이내, 수학 I 20% 이내, 수학II 30% 이내				
		예 · 체능						공통수학 100%				
	수리 · 탐구 (II)	사회 탐구	인문	120	48	1, 1.5, 2	72	80% 이내	20% 이내	공통사회, 국사, 윤리	정치, 경제, 사회 · 문화, 세계사, 세계지리 중 선택	
			자연		32		48	100%	–		–	
			예 · 체능		48		72	100%	–		–	
		과학 탐구	인문		32		48	100%	–	공통과학	–	
			자연		48		72	67% 이내	33% 이내		물리II, 화학II, 생물II, 지구과학II 중 선택	
			예 · 체능		32		48	100%				
	외국어(영어)			70	50	1, 1.5, 2	80	100%	–	공통영어	–	
	계			380	220		400					
	제2외국어	선택		40	30	1, 1.5, 2	40	–	100%	독일어 I, 프랑스어 I, 에스파냐어 I, 중국어 I, 일본어 I, 러시아 I 중 선택		
2002 ~ 2003	언어			90	60	1.8, 2, 2.2	120	100%		전 교과(국어교과, 인문, 사회, 과학, 예술 분야)		• 원점수 • 백분위 • 표준점수 • 변환표준 점수 및 백분위 점수 • 영역별 등급 및 5개 영역 종합등급
	수리	인문		100	30	2, 3, 4	80	공통수학 70% 이내, 수학 I 30% 이내				
		자연						공통수학 50% 이내, 수학 I 20% 이내, 수학II 30% 이내				
		예 · 체능						공통수학 100%				
	사회 탐구	인문		120	48	1, 1.5, 2	72	80% 이내	20% 이내	공통사회, 국사, 윤리	정치, 경제, 사회 · 문화, 세계사, 세계지리 중 택1	
		자연			32		48	100%	–		–	
		예 · 체능			48		72	100%	–		–	
	과학 탐구	인문			32		48	100%	–	공통과학	–	
		자연			48		72	67% 이내	33% 이내		물리II, 화학II, 생물II, 지구과학II 중 택1	
		예 · 체능			32		48	100%	–		–	
	외국어(영어)			70	50	1, 1.5, 2	80	100%		공통영어		
	계			380	220		400					
	제2외국어(선택)			40	30	1, 1.5, 2	40	–	100%	독일어 I, 프랑스어 I, 에스파냐어 I, 중국어 I, 일본어 I, 러시아 I 중 택1		

2004	언어		90	60	1, 2, 3	120	100%	–	전 교과(국어교과, 인문, 사회, 과학, 예술 분야)		• 원점수 • 백분위 • 표준점수 • 변환표준 점수 및 백분위 점수 • 영역별 등급 및 5개 영역 종합등급
	수리	인문	100	30	2, 3	80	공통수학 70% 이내, 수학 I 30% 이내				
		자연					공통수학 50% 이내, 수학 I 20% 이내, 수학II 30% 이내				
		예·체능					공통수학 100%				
	사회탐구	인문	120	48	1, 2	72	80% 이내	20% 이내	공통사회, 국사, 윤리	정치, 경제, 사회·문화, 세계사, 세계지리 중 택1	
		자연		32		48	100%	–		–	
		예·체능		48		72	100%				
	과학탐구	인문		32		48	100%	–	공통과학	–	
		자연		48		72	67% 이내	33% 이내		물리II, 화학II, 생물II, 지구과학II 중 택1	
		예·체능		32		48	100%				
	외국어		70	50	1, 2	80	100%		공통영어		
	계		380	220		400					
	제2외국어		40	30	1, 2	40	–	100%	독일어 I, 프랑스어 I, 에스파냐어 I, 중국어 I, 일본어 I, 러시아 I 중 선택		
2005 ~ 2007	언어		90	60	1, 2, 3	100	범 교과				• 표준점수 • 백분위 • 등급표기
	수리(택1)	'가'형	100	30	2, 3, 4	100	수학 I +수학II+선택과목(미분과 적분, 확률과 통계, 이산수학 등 3과목 중 택1)				
		'나'형					수학 I				
	외국어(영어)		70	50	1, 2, 3	100	범 교과				
	탐구(택1)	사회탐구	과목당 30	과목당 20	2, 3	과목당 50	한국지리, 정치, 경제, 법과 사회, 사회·문화, 세계사, 윤리, 국사, 세계지리, 한국근·현대사, 경제지리 등 11과목 중 최대 택4				
		과학탐구					물리 I · II, 화학 I · II, 생물 I · II, 지구과학 I · II 등 8과목 중 최대 택4				
		직업탐구					농업 정보 관리, 정보 기술 기초, 컴퓨터 일반, 수산·해운 정보 처리 등 컴퓨터 관련 4과목 중 최대 택 1 농업 이해, 농업 기초 기술, 공업 입문, 기초 제도, 상업 경제, 회계 원리, 수산 일반, 해사 일반, 해양 일반, 인간 발달, 식품과 영양, 디자인 일반, 프로그래밍 등 전공 관련 13과목 중 최대 택 2				
	계		380	220		500					
	제2외국어 / 한문		40	30	1, 2	50	독일어 I, 프랑스어 I, 스페인어 I, 중국어 I, 일본어 I, 러시아 I, 한문, 아랍어 I 중 택 1				

2008 ~ 2011	언어		80	50	1, 2, 3	100	범 교과	
	수리 (택1)	'가'형	100	30	2, 3, 4	100	수학Ⅰ+수학Ⅱ+선택과목(미분과 적분, 확률과 통계+이산수학 등 3과목 중 택1)	
		'나'형					수학Ⅰ	
	외국어(영어)		70	50	1, 2, 3	100	범 교과	
	탐구 (택1)	사회탐구	과목당 30	과목당 20	2, 3	과목당 50	윤리(윤리와 사상+전통윤리), 국사, 한국 지리, 세계 지리, 경제 지리, 한국 근현대사, 세계사, 법과 사회, 정치, 경제, 사회·문화 등 11과목 중 최대 택 4	• 등급만 표기 (2008) • 표준점수 • 백분위 • 등급표기 (2009~2011)
		과학탐구					물리Ⅰ, 화학Ⅰ, 생물Ⅰ, 지구과학Ⅰ, 물리Ⅱ, 화학Ⅱ, 생물Ⅱ, 지구과학Ⅱ 등 8과목 중 최대 택 4	
		직업탐구					농업 정보 관리, 정보 기술 기초, 컴퓨터 일반, 수산·해운 정보 처리 등 컴퓨터 관련 4과목 중 택 1 농업 이해, 농업 기초 기술, 공업 입문, 기초 제도, 상업 경제, 회계 원리, 수산 일반, 해사 일반, 해양 일반, 인간 발달, 식품과 영양, 디자인 일반, 프로그래밍 등 전공 관련 13과목 중 최대 택 2	
	계		370	210		500		
	제2외국어 / 한문 (택1)		40	30	1, 2	50	독일어Ⅰ, 프랑스어Ⅰ, 스페인어Ⅰ, 중국어Ⅰ, 일본어Ⅰ, 러시아어Ⅰ, 아랍어Ⅰ, 한문 등 8과목 중 택 1	
2012 ~ 2013	언어		80	50	1, 2, 3	100	범 교과	• 표준전수 • 백분위 • 등급표기
	수리 (택1)	'가'형	100	30	2, 3, 4	100	수학Ⅰ−수학Ⅱ+적분과 통계+기하와 벡터	
		'나'형					수학Ⅰ, 미적분과 통계 기본	
	외국어(영어)		70	50	1, 2, 3	100	범 교과	
	탐구 (택1)	사회탐구	과목당 30	과목당 20	2, 3	과목당 50	윤리(윤리와 사상+전통윤리), 국사, 한국 지리, 세계 지리, 경제 지리, 한국 근현대사, 세계사, 법과 사회, 정치, 경제, 사회·문화 등 11과목 중 최대 택 3	
		과학탐구					물리Ⅰ, 화학Ⅰ, 생물Ⅰ, 지구과학Ⅰ, 물리Ⅱ, 화학Ⅱ, 생물Ⅱ, 지구과학Ⅱ 등 8과목 중 최대 택 3	
		직업탐구					농업 정보 관리, 정보 기술 기초, 컴퓨터 일반, 수산·해운 정보 처리 등 컴퓨터 관련 4과목 중 택 1 농업 이해, 농업 기초 기술, 공업 입문, 기초 제도, 상업 경제, 회계 원리, 수산 일반, 해사 일반, 해양 일반, 인간 발달, 식품과 영양, 디자인 일반, 프로그래밍 등 전공 관련 13과목 중 최대 택 2	
	계		340	190		450		
	제2외국어 / 한문 (택1)		40	30	1, 2	50	독일어Ⅰ, 프랑스어Ⅰ, 스페인어Ⅰ, 중국어Ⅰ, 일본어Ⅰ, 러시아어Ⅰ, 아랍어Ⅰ, 한문 등 8과목 중 택 1	

2014	국어(택1)	A형	80	45	2, 3	100	화법과 작문Ⅰ, 독서와 문법Ⅰ, 문학Ⅰ을 바탕으로 다양한 소재의 지문과 자료를 활용하여 출제	• 표준점수 • 백분위 • 등급표기
		B형					화법과 작문Ⅱ, 독서와 문법Ⅱ, 문학Ⅱ를 바탕으로 다양한 소재의 지문과 자료를 활용하여 출제	
	수학(택1)	A형	100	30	2, 3, 4	100	수학Ⅰ, 미적분과 통계 기본	
		B형					수학Ⅰ, 수학Ⅱ, 적분과 통계, 기하와 벡터	
	영어(택1)	A형	70	45	2, 3	100	영어, 영어Ⅰ	
		B형					영어Ⅱ, 영어 독해와 작문, 심화영어회화	
	탐구(택1)	사회탐구	과목당 30분	과목당 20	2, 3	과목당 50	생활과 윤리, 윤리와 사상, 한국사, 한국지리, 세계지리, 동아시아사, 세계사, 법과정치, 경제, 사회 · 문화 10과목 중 최대 택 2	
		과학탐구					물리Ⅰ, 화학Ⅰ, 생명과학Ⅰ, 지구과학Ⅰ, 물리Ⅱ, 화학Ⅱ, 생명과학Ⅱ, 지구과학Ⅱ 8과목 중 최대 택 2	
		직업탐구	60	40	2, 3	100	농생명산업, 공업, 상업정보, 수산 · 해운, 가사 · 실업 5과목 중 택 1	
	계		310	160		400		
	제2외국어 / 한문		40	30	1, 2	50	독일어Ⅰ, 프랑스어Ⅰ, 스페인어Ⅰ, 중국어Ⅰ, 일본어Ⅰ, 러시아어Ⅰ, 아랍어Ⅰ, 기초베트남어, 한문Ⅰ 9과목 중 택 1	
2017 ~ 2019	한국사	필수	30	20	2, 3	50	핵심 내용 위주로 출제	• 표준점수 • 백분위 • 등급표기 한국사와 영어는 절대평가에 의한 9등급
	국어	공통	80	45	2, 3	100	화법과 작문, 독서와 문법, 문학	
	수학	가형	100	30	2, 3, 4	100	미적분Ⅱ, 확률과 통계, 기하와 벡터	
		나형	100	30	2, 3	100	수학Ⅱ, 미적분Ⅰ, 확률과 통계	
	영어	공통	70	45	2, 3	100	영어Ⅰ, 영어Ⅱ	
	탐구(택1)	사회탐구	과목당 30	과목당 20	2, 3	50	생활과 윤리, 윤리와 사상, 한국 지리, 세계 지리, 동아시아사, 세계사, 법과 정치, 경제, 사회 · 문화 9개 과목 중 최대 택 2	
		과학탐구	과목당 30	과목당 20	2, 3	50	물리Ⅰ, 화학Ⅰ, 생명 과학Ⅰ, 지구 과학Ⅰ, 물리Ⅱ, 화학Ⅱ, 생명 과학Ⅱ, 지구 과학Ⅱ 8개 과목 중 최대 택 2	
		직업탐구	과목당 30	과목당 20	2, 3	50	농업 이해, 농업 기초 기술, 공업 일반, 기초 제도, 상업 경제, 회계 원리, 해양의 이해, 수산 · 해운 산업 기초, 인간 발달, 생활 서비스 산업의 이해 10개 과목 중 최대 택 2	
	계		340	180		450		
	제2외국어 / 한문		40	30	1, 2	50	독일어Ⅰ, 프랑스어Ⅰ, 스페인어Ⅰ, 중국어Ⅰ, 일본어Ⅰ, 러시아어Ⅰ, 아랍어Ⅰ, 베트남어Ⅰ, 한문Ⅰ 9개 과목 중 택 1	

찾아보기

인명

▌내용▐

저자 소개

성태제(Seong Taeje)

E-mail: tjseong@ewha.ac.kr
Homepage: http://home.ewha.ac.kr/~tjseong

고려대학교 사범대학 교육학과
Univ. of Wisconsin-Madison 대학원 M.S.
Univ. of Wisconsin-Madison 대학원 Ph.D.
Univ. of Wisconsin-Madison Laboratory of Experimental Design Consultant
이화여자대학교 교육학과 교수
이화여자대학교 사범대학 교육학과장
대학수학능력시험 평가부위원장
이화여자대학교 입학처장
입학처장협의회 회장
이화여자대학교 교무처장
한국교육평가학회 회장
정부업무평가위원
경제 · 인문사회연구회 기획평가위원장/연구기관 평가단장
MARQUIS『Who's who』세계인명사전 등재(2008~현재)
홍조근정 훈장 수훈
한국대학교육협의회 사무총장
한국교육과정평가원장

저서 및 역서

문항반응이론 입문(양서원, 1991; 학지사, 2019)
현대 기초통계학의 이해와 적용
(양서원, 1995; 교육과학사, 2001, 2007; 학지사, 2011, 2014, 2019)
타당도와 신뢰도(학지사, 1995, 2002)
문항제작의 이론과 실제(학지사, 1996, 2004)
교육연구방법의 이해(학지사, 1998, 2005, 2015, 2016, 2020)
문항반응이론의 이해와 적용(교육과학사, 2001, 2016)
현대교육평가(학지사, 2002, 2005, 2010, 2014, 2019)
수행평가의 이론과 실제(이대출판부, 2003, 공저)
연구방법론(학지사, 2006, 2014, 2020, 공저)
알기 쉬운 통계분석(학지사, 2007, 2014, 2019)
최신교육학개론(학지사, 2007, 2012, 2018, 공저)
교육평가의 기초(학지사, 2009, 2012, 2019)
한국교육, 어디로 가야 하나?(푸른역사, 2010, 공저)
준거설정(학지사, 2011, 번역)
2020 한국초 · 중등교육의 향방과 과제(학지사, 2013, 공저)
교육단상(학지사, 2015)
교수 · 학습과 하나 되는 형성평가(학지사, 2015, 공저)
실험설계분석(학지사, 2018)

5판

현대교육평가

Modern Educational Evaluation

2002년 2월 5일 1판 1쇄 발행
2003년 9월 25일 1판 3쇄 발행
2005년 3월 10일 2판 1쇄 발행
2009년 4월 20일 2판 5쇄 발행
2010년 2월 10일 3판 1쇄 발행
2013년 7월 30일 3판 5쇄 발행
2014년 3월 10일 4판 1쇄 발행
2018년 9월 10일 4판 5쇄 발행
2019년 2월 20일 5판 1쇄 발행
2024년 1월 25일 5판 5쇄 발행

지은이 • 성 태 제
펴낸이 • 김 진 환
펴낸곳 • (주) 학지사
04031 서울특별시 마포구 양화로 15길 20 마인드월드빌딩 5층
대표전화 • 02) 330-5114 팩스 • 02) 324-2345
등록번호 • 제313-2006-000265호
홈페이지 • http://www.hakjisa.co.kr
인스타그램 • https://www.instagram.com/hakjisabook

ISBN 978-89-997-1923-3 93370

정가 25,000원